도조 히데키와 제2차 세계대전

도조 히데키와 제2차 세계대전

일본을 패망으로 몰고 간 한 우익 지도자의 초상

호사카 마사야스 지음

정선태 옮김

페이퍼로드
paperroad

'왜 도조 히데키에 대해 쓰는가.' 최근 5년 동안 나는 종종 이렇게 자문하곤 했다.

도조 히데키라는 인물을 나는 전후 민주주의가 지닌 개념(자유라든가 평화라든가 휴머니즘과 같은 것일 터인데)의 대척점에 있는 것으로 파악하고 있었다. 쇼와 20년대에 나는 소학교와 중학교 교육을 받았는데, 그때 '도조 히데키'는 전前 시대를 부정하는 상징으로서 내 앞에 놓여 있었다. 학교 교육에서만 그러했던 것이 아니다. 당시 사회 정세에서도 도조는 그런 위치에 놓여 있었다고 생각한다.

정직하게 고백하자면 나의 잠재심리에 구토감을 동반한 인물로서 '도조 히데키'가 존재하고 있다는 것을 감출 생각은 없다. 아니, 그것은 나와 같은 전후세대에게 공통된 감각이었으리라고 생각한다.

그러나 일본 근대사에 관심을 갖고 많은 자료와 문헌을 읽는 한편 당시 관계자들의 이야기를 들으면서, 나는 도조 히데키를 이런 생리적 감각의 범주에 남겨두는 것은 전후 일본 정치 상황이 갖는 본질적인 국면이나 그것이 던진 과제를 은폐하기 위한 효과적인 수단이었을지도 모른다고 생각하게 되었다.

극동국제군사재판의 논리는 도조 히데키와 육군의 중심인물들을 희생양으로 삼는 것으로 일관했고, 그 판결문의 단면은 전후 민주주의의 토대가 되기도 했다. 나는 민주주의의 이상이 현실 사회로부터 괴리되어가는 것을 자각할 때마다 극동국제군사재판과 연결된 전후 민주주의의 사술詐術과 작위 그리고 그 허약성을 확실히 의식하게 되었다.

당시 도조 히데키에게 저항한 것이 왜 전후의 한 시기에 지도자가 될 수 있는 효과적인 조건의 하나가 되었던 것일까. 미국을 중심으로 하는 연합군은 '교수형Death by Hanging'으로 도조 히데키와 대일본제국을 단죄했지만, 과연 그들에게 단죄할 만한 역사적 역할이 부여되어 있었던 것일까.

이 물음을 뒤집어서 나는 두 가지 문제를 끌어냈다.

하나는 도조 히데키와 육군의 중심인물들만이 쇼와 전사昭和前史에서 전적으로 부정적인 존재인가 아닌가라는 문제이다. 다른 하나는 도조 히데키의 지도자로서의 자질이나 성향을 교묘하게 근대의 정치·군사 형태의 부정적인 국면과 중첩시킴으로써 문제의 본질을 왜곡하지는 않았는가라는 점이다.

도조 히데키를 매도하는 쪽의 논리와 긍정하는 쪽의 논리가 의도적이라고 의심될 정도로 유사할 때가 많다는 것은 것은 놀랄 만한 일이다. 그것은 근대 일본의 정치·군사 형태가 제도적인 명확성을 결여하고 있었다는 것을 말해준다. '통수권'이라는 그 누구도 이해할 수 없는 요물 같은 존재가 그 한 예이다.

구체적으로 말하면 1944년 2월 도조가 수상과 육군상 외에 참모총장까지 겸임한 상황을 두고 "도조가 권력욕에 빠져 독재체제를 선포했다" 는 주장과 "대일본제국 헌법을 현실적으로 운용하여 도조는 국무와 통수의 일체화를 꾀했다"는 주장이 동시에 제기되었다. 실제로 이 두 가지 논의는 기본적으로는 다르지만 논리구조만은 대단히 유사하다.

어찌 됐든 도조 히데키를 한 번쯤 해부할 필요를 느낀 것은 이 단계에 머물러서는 안 된다고 생각했기 때문이다. 그리고 도조 히데키를 '보통명사'에서 '고유명사'로 되돌려 놓고, 거기에서 도조의 성격과 그가 한 일을 명확하게 구분하는 것이 두 가지 문제를 보는 전제가 된다. 도조 히데키는 역사적으로는 야마가타 아리토모와 이토 히로부미가 만들어낸 대일본제국의 '확대된 모순의 청산인淸算人'이었다고 생각한다. 누군가가 어느 지점에서 청산인이 될 숙명을 지니고 있었던 것이다. 그것을 바탕으로 도조 히데키의 성격이 권력자로서의 입장에 어떻게 반영되고, 시대의 양상을 어떻게 바꾸었는지를 검증하고 싶었다.

구성은 제1장에서 제4장까지 넷으로 나누었다. 제1장에서는 '도조 히데키와 그를 만든 시대', 제2장과 제3장에서는 '도조 히데키와 그가 만든 시대', 제4장에서는 '도조 히데키와 그를 버린 시대'의 의미를 담고자 했다(이 책은 단행본 형태로 1979년 12월에 상권이, 1980년 1월에 하권이 전통과현대사에서 간행되었다. 문고본으로 만들면서 상하권을 하나로 묶었다 저자).

이 가운데 상권에는 제1장과 제2장을 수록했다. 대일본제국의 발흥은 그대로 도조 히데키의 성장과 상응한다. 이런 인식에 입각하여 도조가 육군 내부의 항쟁을 거쳐 최고지도자가 되고 이어서 일미日美 개전開戰으로 나아가는 궤적을 추적했다. 개전 전야, 도조가 수상 관저 별관에서 혼자 통곡하는 장면에서 붓을 멈췄다.

하권에는 이어지는 제3장과 제4장을 수록했다. 대일본제국은 도조 히데키 그 자체가 되고, 전시 지도자로서 도조의 특질이 시대를 만들며, 이윽고 패전에 이르러 대일본제국이 붕괴하기까지의 과정이다. 그것은 도조 히데키의 종언이기도 했지만, 그가 남긴 최후의 독백은 무엇이었는 지, 그의 죽음은 무엇을 의미했는지를 착실하게 따라가보았다. 말할 필 요도 없이 상하권 모두 도조와 천황의 관계가 기축을 이루고 있다.

다시 앞에서 언급한 '왜 도조 히데키에 대해 쓰는가'라는 물음으로 되돌아가자.

나는 도조 히데키와 시대를 공유했던 많은 이들을 만나 취재를 해 왔는데, 실은 그들로부터도 몇 번이나 이 질문을 받았다. 그들의 말에는 도조 히데키 따위를 조사해봐야 아무런 의미도 없다는 뉘앙스가 깔려 있었다. 요직에 있는 어떤 인물은 "도조를 말하는 것은 우리의 치부를 말하는 것이기도 하다"며 본심을 드러내기도 했다.

그럴 때마다 나는 도조와 시대를 공유한 사람들로서는 그에 대해 말하고 싶지 않을 터이지만, 나는 다시 한 번 말해보고 싶다고 대답하곤 했다. 그리고 도조 히데키에 대해 숨김없이 말하는 것이야말로 전후 일본의 궤적을 재검토하기 위한 필수요인이 될 것이라고 나는 대답했다.

"도조라는 인물에 대해서는 사실 무엇 하나 제대로 얘기된 게 없지 않습니까?"

그동안 나는 이렇게 반문하게 되었다. 실제로 조사를 진행해나가면서 그렇게 생각했던 것이다.

이 책에서는 도조에 관해 얘기되고 있는 '사실'을 하나씩 점검했다. 그 과정에서 도조가 재임 때 쓴 메모, 일기, 그리고 스가모구치소에서 생활하면서 소감을 적은 『도조일기』, 비서관과 부관이 적어둔 메모류 등 새로운 자료도 적잖게 발견했다.

그리고 이 자료들을 분석한 끝에 나는 쇼와 전사의 '기초자료'라고 부르는 것 외에 도조 히데키에 관해 얘기되고 있는 몇몇 부분이 허위 내지 과장으로 가득 차 있다는 것을 알아냈다. 또는 전후에 다시 손을 댔다고 생각해도 이상할 게 없는 '자료'까지 있는 것처럼 보였다. 심한 경우는 도조를 매도하기에 급급한 나머지 역사적 사실을 왜곡한 저작까지 있었다.

도조를 옹호하는 자료 중에서도 이런 예를 찾아볼 수 있다. 의도적인 사실의 개변改變, 직무권한을 무시하고 행한 도조의 전횡적 언동 등에는 입을 다물고 있는 것이다. 또 도조를 옹호하는 논자가 자신의 논의에서 도조 히데키는 언제나 '승조필근承詔必謹(천황의 조칙을 받들어 삼가고 조심한다는 의미)'의 자세를 취했다고 강조하면 강조할수록(그것도 다소 과장된 것이지만) 도조의 무사상과 무정견을 간접적으로 드러내게 되는 아이러니한 경우도 있다. 그 결과 이 논자들이 가장 혐오하는 '천황의 책임'을 그들 자신이 역설적으로 '증명'하는 상황에까지 이르고 말았던 것이다.

'왜 도조 히데키에 대해 쓰는가.' 나 자신의 물음에 대해 나는 전후 민주주의가 허망하거나 불모였다고 생각하고 싶지 않기 때문이며, 이 이념을 철저하게 관철하는 것 말고는 다른 길이 없다는 나 자신의 신념 때문이라고 답할 수밖에 없다.

최근 도조 히데키에 대해 극히 피상적인 견해가 나타나고 있다. 전체적으로 전후 민주주의 그 자체를 다시 묻는 것은 '동시대사'에서 '역사'로의 이행하는 시기이기 때문에 부득이하다고 말할 수도 있겠지만, 그 흐름에 편승하여 도조가 현실과 다른 모습으로 얘기되는 경향은 짚고 넘어가야 한다.

예컨대 도조는 도쿄재판(정확하게는 극동국제군사재판)에서 당당하게 '대동아전쟁'의 정당성을 호소했다는 둥, 천황을 면책하기 위해 자신의 몸을 걸고 증언했다는 둥, 급기야는 도조가 말하는 '대동아공영권'은 '동아의 해방'으로 이어져 있다는 식의 주장들은 도조라는 지도자의 실상을 있는 그대로 그려 온 내가 보기에는 가소롭기 짝이 없는 주장일 뿐이다. 왜 이들은 도조의 이미지를 왜곡하고자 하는 것일까. 도대체 무슨 의도를 갖고 이러는 것일까.

이렇게 주장하는 논자들의 공통점은 도조 히데키라는 군사 지도자의 사상과 역사관 그리고 전쟁관의 애매하거나 불투명한 부분, 나아가 국민에 대한 책임감의 결여 등을 구체적인 사실史實에 입각해 말하지 않는다는 것이다. 25년 전 이 책을 쓴 이래 도조에 관한 새로운 자료와 증언을 수없이 검증해 온 나는 이 지도자의 기본적인 결함이 쇼와라는 시대의 전기(1926년부터 1945년 8월까지)를 불행하게 만들었다고 확신하고 있다. 도조가 남긴 기록과 여러 사람들이 들려준 증언을 참조하면, 이 군사 지도자는 정치와 군사의 관계에 대해 무지했고 국제법규에도 거의 관심을 갖지 않았다. 군인이야말로 '선택받은 백성'이라고 생각한 그는 국가를 병영으로 바꾸고 국민을 군인화하는 것을 자신의 신념으로 여겼다. 그런 그는 적어도 20세기 전반의 각국 지도자들과 비교하면 너무나도 보잘것없는 인물이었다.

왜 이러한 지도자가 시대와 역사를 움직였던 것일까. 그것이 바로 이 나라가 가장 심각하게 반성해야 할 문제이다.

쇼와 시대 15년에 걸친 전쟁에서 진실로 교훈을 얻고자 한다면 도조 히데키의 실상을 명확하게 역사에 새겨두지 않으면 안 된다. 이 책은 25년 전에 씌어졌지만 그동안 새롭게 발견된 자료도 이미 활용하여 기술했다. 골격은 전혀 바꿀 필요가 없다는 점을 저자로서 명확히 해두고 싶다. 이 책이 '동시대'에서 '역사'로 이행할 때 중요한 도표道標가 되었으면 하는 것이 나의 바람이다.

2005년 9월

호사카 마사야스

"조부는 평화를 사랑하셨으며 친절한 성품을 지니신 분이었다. 외국의 침략자들로부터 자신의 조국을 지킨 것이다. 그분이 저지른 죄라면 조국을 사랑했다는 죄밖에 없다."

제2차 세계대전 당시 침략전쟁을 주도한 도조 히데키의 손녀 도조 유코東條由布子가 어느 인터뷰(『오마이뉴스』, 2005. 5. 8)에서 털어놓은 말이다. 도조 유코는 자신의 할아버지를 주인공으로 한 소설 『일체를 말하지 말라』를 써서 일본의 전쟁 논리를 합리화하는 데 앞장선 인물이며, 이 소설은 영화 〈프라이드〉로 제작되어 일본에서 센세이셔널한 반응을 불러일으켰다. 그런 그녀가 할아버지 도조 히데키를 평화애호자로 치켜세우는 것은 조금도 이상할 게 없다.

이 인터뷰에서 난징 대학살을 비롯한 일본의 범죄 행위 일체를 부정한 그녀는 2007년 참의원 선거에 출마하기로 하면서 다시 한 번 논란의 한복판에 놓이게 된다.

유코는 7일 출마를 선언하면서 "자민당 내에 A급 전범의 분사焚死를 주장하는 사람이 있다"며 전범 분사를 지지하는 정치인들을 비판한 뒤 "제2차 세계대전 당시 전사한 일본 군인의 위패를 야스쿠니신사에 계속 보관하도록 하는 문제를 실현시키겠다"고 밝혔다. 그는 평소 야스쿠니신사의 전범 합사 문제에 대해 "A급을 분사하는 것은 그 전쟁을 침략전쟁이라고 인정하는 것이 되기 때문에 야스쿠니의 영령을 볼 면목이 없어진다"고 주장했다. (『한국일보』, 2007. 5. 9)

이처럼 도조 유코는 일본의 우익이 구사하는 언어를 그대로 되풀이하고 있다. 극우의 입장에서 전범들을 옹호해온 그녀는 1990년대 이후 일본의 보수화 바람에 편승해 공개적인 활동을 시작했다. 소설 『일체를 말하지 말라』의 출간(2000년)과 '새로운 역사 교과서를 만드는 모임'의 후원과 지지 등이 그 예이다. 바야흐로 '대일본제국'의 군인이자 정치가로 침략전쟁을 주도했던 도조 히데키가 손녀의 몸을 빌려 다시 부활하고 있는 듯하다. 이처럼 일본에서는 'A급 전범' 도조 히데키가 형장의 이슬로 사라진 지 약 60년을 전후하여 일본 우익의 정신을 상징하는 인물로서 다시금 적잖은 사람들의 입에 오르내리고 있다.

1884년에 태어난 도조 히데키는 육군중앙유년학교, 육군사관학교, 육군대학교를 졸업하고 육군의 요직을 두루 거쳐 수상에까지 오른 전형적인 '정치군인'이었다. 그의 화려한 이력은 1942년 수상, 육군상, 육군참모총장을 겸직하면서 절정에 이른다. 1937년 관동군 참모장으로 근무하면서 중일전쟁(지나사변)을 직접 경험한 그는 1941년 12월 진주만 폭격 이후 확대된 전쟁을 실질적으로 주도하면서 아시아-태평양 지역을 전쟁의 폭풍우 속으로 몰아넣는다. 그리고 패전 후 열린 극동국제군사재판에서 A급 전범으로서 교수형 판결을 받고 1948년 12월 처형된다.

도조 히데키의 삶은 근대 일본의 전개 과정과 대체로 일치한다. 메이지 유신(1868년) 이후 서구를 모방해 근대화에 박차를 가한 일본을 일약 아시아의 강국을 넘어 세계의 열강으로 키운 힘은 전쟁이었다. 메이지 유신을 전후한 시기의 크고 작은 전쟁에서 시작하여 청일전쟁·러일전쟁·제1차 세계대전·만주사변·중일전쟁·태평양전쟁으로 이어지는 일련의 '전쟁시리즈'는 근대 일본을 형성한 동력이 무엇이었는지를 가감 없이 보여준다. 전쟁을 에너지원으로 삼는 국가에서 가장 강력한 힘을 가진 집단은 군인일 수밖에 없다. 육군사관학교와 육군대학교를 졸업한 후 군부의 지도자가 되는 길은 곧 일본의 지도자가 되는 길이기도 했다. 패전 이전 수상을 지낸 사람 중 군인 출신이 적지 않다는 것도 이를 반증한다. 이러한 역사적 토양이 키운 도조 히데키는 근대 일본의 군사적·정치적 성격을 여실하게 보여주는 인물이라 할 수 있다.

패전 후 일본 국민들이 도조 히데키를 비난하면 면죄부라도 받을 수 있는 것처럼 행동하고 말했듯이, 그를 전쟁범죄자로 단죄하거나 비방하는 것은 쉬운 일이다. 그러면 어떻게 해야 할 것인가. 도조 히데키라는 인물을 낳은 근대 일본의 역사 속으로 뛰어들어야 한다. 그리고 그와 같은 지도자가 어떻게 일본 국민들의 정신과 육체를 길들이고 동원했는지를 역사적 사실에 입각하여 상세하게 살필 수 있어야 한다. 그래야 '대일본제국'의 지배 논리에서 자유로울 수 없었던 '조선'뿐만 아니라 아시아 여러 민족들을 전쟁과 죽음으로 시간으로 내몬 폭력의 정체에 좀 더 가까이 다가갈 수 있을 것이다.

이 책『도조 히데키와 제2차 세계대전』은 도조 히데키를 근대 일본의 필연적인 산물로 파악하고, 그의 삶을 다양한 자료와 취재를 통해 실증적으로 재구성한 평전이다. 저자 호사카 마사야스는 도조 히데키를 통해 근대 일본의 실상에 다가가고 싶었다고 말하거니와, 사실 총력전 시대를 주도한 대표적인 인물이었던 도조를 문제 삼는 것은 근대 일본의 정신사를 직시하려는 의지의 표현이라 할 수 있다. 그런 점에서 이 책은 근대 일본의 역사뿐만 아니라 '대일본제국'의 제국주의적 폭력에 고통을 겪어야 했던 동아시아의 역사를 조명하는 데에도 적지 않은 도움이 될 것이라 생각한다.

앞서 말했듯이 1990년대 이후 일본에서는 도조를 재평가한다는 미명 아래 그의 범죄 행위를 정당화하려는 움직임이 일고 있는 듯하다. 그에 대한 평가도 극단을 오간다. 도조 히데키를 미화하려는 움직임의 이면에는 일본 국민이 안고 있는 불안을 이용해 군사대국으로 나아가고자 하는 불순한 의도가 도사리고 있다. 서양의 침탈 아래 신음하는 아시아 민족들을 해방하고 궁극적으로 아시아가 평화롭게 공존하는 '대동아공영권'을 실현하기 위해 전쟁을 할 수밖에 없었다고 주장하는 이들의 논리는 여전히 상당한 힘을 발휘하고 있다. 이러한 논리는 당연하게도 일본의 아시아 지배 욕망, 나아가 세계 지배 욕망을 은폐하고 있다. 이런 논리와 대결하기 위해서라도 우리는 도조 히데키의 실체를 알아야 하며, 이 책은 그의 정체뿐만 아니라 폭력과 전쟁으로 얼룩진 근대 일본의 역사를 파악하는 데 의미 있는 기여를 할 것이다.

물론 이 책이 모든 것을 설명해주지는 못할 것이다. 특히 독자들이 보기에는 전쟁 지도자 도조가 전쟁을 기획하고 수행하는 과정에서 천황이 어떤 역할을 했는지가 명확하게 드러나지 않았다는 점이 아쉬울 수도 있다. 그러나 예를 들어 최종결정권을 쥐고 있었던 천황을 전범으로 몰아가지 않기 위해 사실상 극동국제군사재판을 주도한 미국이 도조를 희생양으로 몰고 가는 과정을 공들여 서술하고 있는 부분에서 저자의 의도를 파악할 수 있을 것이다. 그리고 옮긴이로서는 전쟁을 부추긴 재벌과 실제로 전쟁을 주도한 군부의 결탁에 관한 진술을 거의 찾아볼 수 없는 것이 못내 아쉽다. 하지만 한 권의 책에서 너무 많은 것을 기대하는 것도 비판적 관점에 입각하여 도조 히데키라는 인물의 삶을 사실적으로 재구성하려 애쓴 저자에 대한 예의가 아닐지도 모른다.

내가 이 책을 번역하기로 마음먹은 것은 순전히 개인적인 관심 때문이었다. 식민지 말기의 문학과 역사를 공부할 때 전쟁과 국가폭력은 피해갈 수 없는 주제이다. 나는 일본이 주도한 전쟁의 메커니즘을 조금 더 깊이 있게 알고 싶었다. 도조 히데키를 통해 근대 일본의 정치제도와 군사제도의 모순을 이해할 수 있게 되었고, 이에 근거하여 조선총독을 비롯한 식민지 지배자들의 수사를 파악할 수 있게 되었다.

아울러 도조 히데키라는 인물의 행적이 낯설지 않다는 것을 알고 적잖이 놀라기도 했다. 30년 가까이 한국을 통치한 지도자가 군인 출신이었다는 사실을 잊고 있는 사람들이 많다. 물론 모든 군인 출신 지도자들을 폄훼할 생각은 없다. 하지만 과연 도조 히데키와 같은 유형의 인물이 있었다면 어찌할 것인가. 그리고 도조의 손녀가 그렇듯이 그런 인물의 후손이 나타난다면 우리는 어찌할 것인가.

일본 우익의 비이성적인 행태를 비난하는 목소리가 높다. 그러나 여기에 그쳐서는 안 된다. 비난을 넘어 냉철하게 비판하는 수준으로 나아가는 게 당연하다. 이와 함께 우리의 (무)의식 속에 일본 우익의 논리가 깃

들어 있는 것은 아닌지 다시금 깊이 들여다보아야 한다. 자신에 대한 비판을 추동해내지 못하는 타자에 대한 비판은 자기합리화나 자기정당화로 귀결될 가능성이 높다. 도조 히데키라는 '유령'을 긍정적으로 재평가하려는 일본 사회를 비판적인 눈으로 바라보되 동시에 그 눈을 돌려 우리 사회는 어떤지 냉정하게 응시해야 할 것이다. 역사에서 아무것도 배우지 못한다면 우리는 다시 '도조 히데키들'의 광기에 휘둘릴 수밖에 없을 것이다.

끝으로 이 책이 나오기까지 묵묵히 믿고 기다려준 페이퍼로드의 최용범 대표, 원고를 다듬어준 편집 담당자에게 감사드린다. 그리고 꼼꼼하게 초벌 번역본을 교정해준 '수제자'에게도 고마움을 전한다.

2012년 7월
태풍이 지나간 북한산 자락에서
정선태 적음

차례

상징으로서의 죽음

제1장

충실한 신봉자

아버지의 유산

서리 내린 밤의 그림자

스가모구치소巢鴨拘置所는 1887년 경시청 스가모 감옥 지서支署로 만들어졌다.

도쿄부 무사시쿠니 스가모촌 무코가하라에 있었기 때문에 근처의 농민들 사이에서는 흔히 '무코가하라 감옥'이라 불렸다. 이 명칭에는 특별한 의미가 포함되어 있었다. 자유민권운동 투사와 여러 지역에서 불평사족의 반란을 지휘한 주모자들이 이 감옥에 수용되어 있었는데, 간수에게 고용된 농민은 이들 확신범의 흔들림 없는 언동에 자극을 받아 곧장 그 자리를 그만두었다. 그리고 그 이야기를 다른 사람들에게 전했다.

쇼와 시대에 들어서도 거물급 정치범 몇 명이 이곳에서 복역했다. 오모토교大本教*의 데구치 오니사부로出口王仁三郞(1871~1948), 데이진 사건帝人事件*의 가와이 요시나리河合良成(1886~1970), 기획원 사건*의 '적화' 관료들, 「전시재상론戰時宰相論•」으로 도조 히데키와 충돌했던 동방동지회의 나카노 세이고中野正剛(1886~1943). 요컨대 스가모구치소는 역사적 갈등의 국면을 짊어지고 있었던 셈이다.

처음에는 벽돌로 지어졌던 구치소도 1937년 5월에 근대적인 3층 콘크리트 건물로 바뀌었다. 덧붙이자면 제2차 세계대전이라는 재난을 견딜 수 있었던 것도 신축한 지 채 8년이 안 됐기 때문이었다. 주변이 불에 타 허허벌판이 되었음에도 불구하고, 3만 제곱킬로미터의 부지 안에 세워진 이 건물은 거의 온전하게 살아남았던 것이다.

점령군은 일본에 진주하자마자 이곳에 주목하여 이 건물을 접수했다. 명칭도 '스가모프리즌'으로 바뀌었다. 2천 명에 가까운 전쟁범죄 용의자를 수용하는 데 이른바 모든 이점을 갖추고 있다는 것이 이곳을 접수한 이유였다. 1945년 12월, 점령군은 이 구치소 내부의 조명, 채광, 벽의 색깔, 방의 배치 등을 그들의 기호에 맞춰 바꾼 다음 A급, BC급 전쟁범죄 용의자를 수용했다. 그 후 1958년까지 이 구치소는 접수 상태에 있었다.

동쪽에 있는 정문으로 들어서 감방을 따라 200미터쯤 걷다가 그곳에서 왼쪽으로 꺾어 50미터쯤 가면 본관 건물이 나온다. 수용자들 사이에서 '법당'이라고 불린 방은 본관 2층에 있었다. 점령군이 접수하기 전까지 직원 회의실로 사용된 이 방의 정면에는 사방 2척의 연단이 있고, 뒤에는 볼품없는 긴 의자 다섯 개가 2열로 늘어서 있었다. 그야말로 살풍

오모토교
일본의 신흥종교 중 하나. '미륵하생(彌勒下生)'을 내세운 데구치 오니사부로가 교조이다.

데이진 사건
1934년 제국인조견사주식회사(帝國人造絹絲株式會社, 약칭 '帝人')를 둘러싸고 발생한 뇌물수수사건. 사이토 마코토 내각 총사직의 원인이 되었지만, 기소된 전원이 무죄 처리되었다.

기획원사건
1939년부터 1941년에 걸쳐 다수의 기획원 직원, 조사관 및 관계자들이 좌익활동 혐의로 치안유지법에 따라 검거, 기소된 사건.

「전시재상론」
나카노 세이고가 1944년 1월 1일자 『아사히신문』에 발표한 글.

하나야마 신쇼
불교학자. 정토진종 본
원사파(本願寺派)의 승
려. 1946년 2월부터 스
가모구치소의 교회사로
활동했으며, 도조 히데
키를 비롯한 A급 전범
일곱 명의 처형에 입회
했다. 당시의 상황을
『평화의 발견: 스가모의
생과 사의 기록』에 남겼
다.

주산카이단
패전 후 처형대의 계단
이 열세 개였던 데서 온
말로 '처형장'을 뜻한다.

경한 방이었다.

법당이라고 불리게 된 것은 하나야마 신쇼花山信勝*
(1898~1995)라는 교회사教誨師가 들어오면서부터이다.
도쿄 대학에서 종교학을 강의했고 그 자신이 승려이기
도 했던 하나야마는 점령군의 뜻을 받아들여 이 방에
서 법어法語를 전하기 시작했다. 살기를 띠고 있던 전
범 용의자들의 기분을 달래기 위해 그는 불단과 불교
의식에 사용되는 소도구를 가지고 들어와 종교적인 분
위기를 조성했다.

더 이상 법당은 법어만 전하는 방이 아니었다. BC급
전범 용의자에 대한 재판이 시작되었고, 사형선고를
받은 젊은 수용자가 이 방에서 하나야마에게 이별을 고하고 주산카이단
十三階段*을 올라갔다. 그런 의식이 거듭되면서 이 방의 공기는 피비린내
로 가득 차게 되었다.

1948년 12월 10일 오전 9시 30분, 도조 히데키가 두 명의 미국인 장교
에게 이끌려 이 방으로 들어왔다. 불단 앞의 의자에 앉아 있던 하나야마
는 3미터쯤 떨어진 의자에 앉은 도조와 눈길을 마주치고는 언제나 그랬
듯이 가볍게 고개를 숙였다. 11월 12일에 이치가야의 극동국제군사재판
(도쿄재판) 법정에서 사형 판결을 받은 이래 다섯 번째 면담이다. 횟수가
거듭되면서 더욱 깊이 불교로 기운 도조가 신앙심의 고양을 토로하는 것
을 보고 하나야마는 만족감을 맛보고 있었다.

이날도 도조는 "불교를 알게 되어 좋았다"라고 말했다. 그리고 일방적
으로 신앙의 깊은 뜻에 대해 말을 이어나갔다.

말을 많이 하다 보니 피로가 찾아왔다. 침묵이 이어졌다. 그 후 도조는

목소리를 낮추어 천천히 다음과 같이 털어놓았다.

"우리집 묘비에는 시 한 편이 새겨져 있습니다. 〈홀로 길게 드리운 서리 내린 밤의 그림자……〉라는 시이지요. 나의 아버지가 도조 가문의 묘비를 세울 때 모리오카에 있는 증조부의 묘비에서 베껴 온 것이라고 합니다. 증조부 도조 히데마사東條英政가 지은 시인데, 할아버지도 소중하게 여겼다고 들었습니다."

"……."

"저는 최근까지 이 시에 아무런 관심도 갖지 않았습니다. 그런데 죽음이 가까워진 지금 이 시의 의미가 왠지 분명해진 느낌입니다."

무엇이 어떻게 분명해졌다는 것인지 도조는 말하지 않았다. 하나야마도 묻지 않았다. 면담 시간이 다 됐기 때문이었다. 이날로부터 2주일 후 도조는 처형되었다.

1975년 10월 어느 날, 나는 도쿄 교외 히가시쿠루메東久留米에 있는 하나야마 신쇼의 집을 찾았다. 도조 히데키에 관한 취재를 시작하면서 도조의 최후를 본 하나야마로부터 이야기를 듣기로 했던 것이다. 대략적인 이야기가 끝난 후, 하나야마는 '홀로 길게 드리운 서리 내린 밤의 그림자'라고 읊조렸다. 이따금씩 이 시구를 떠올린다는 것이다.

"도조 씨는 뭔가를 알았던 듯합니다."

하나야마는 말했다. 표정을 보니 아쉬움이 남아 있었다.

도조는 무슨 말을 하려 했던 것일까.

서리 내린 밤에 길게 드리운 그림자. 그것은 자신의 신체를 몇 배까지든 확대한다. 그러나 그것은 허상, 달빛에 비친 허상에 지나지 않는다. 확대되면 확대될수록 허상은 커져만 간다. 만약 나에게 추측이 허용된다

노가쿠시
일본 고유의 가면 음악
극인 노가쿠(能樂)를 하
는 사람.

난부번
모리오카번(盛岡藩)의
옛 이름.

면, 도조 히데키는 증조부 히데마사, 조부 히데토시英俊, 아버지 히데노리英敎의 발자취가 이 시구에 상징적으로 반영되어 있다고 느꼈음에 틀림없다. 에도의 노가쿠시能樂師*로서 촉망받다가 난부번南部藩*에 불려가 중도에 뜻을 접고 유명을 달리한 증조부. 번주藩主의 실각으로 노가쿠시의 지위를 박탈당하고, 유신으로 허무하게 무너져버린 도조 집안의 비애를 맛본 조부. 집안에서 빠져나와 혼자 힘으로 일본 육군의 요직에 나아갔지만, 조슈번벌長州藩閥에 의해 축출된 아버지. 그들의 공통점은 자신의 실력과 지원자의 힘으로 마침내 성공에 다다랐을 때 시대의 파도를 만나 붕괴했다는 것이다. 그것은 달빛에 드리운 그림자가 달이 구름에 가린 순간 사라져버리는 것과 흡사했다.

아버지의 뜻을 받들어 군인으로서 살고 마침내 군사와 정치를 움직이는 최고위직에 올랐지만, 그때 스스로가 사실상 일본 육군 70년의 모순을 청산하는 인물의 역할을 떠맡게 되면서 도조 히데키는 복잡한 생각에 빠져들었음에 틀림없다. 죽음을 눈앞에 두고 그는 자신의 실상을 알아챘으며, 인생의 대부분이 그림자와 같았다는 것을 깨달았음에 틀림없다.

이제부터 나는 도조 히데키와 그가 살았던 시대를 얼마간 비판적으로 말하고자 한다. 그러기 위해 먼저 도조 히데키의 증조부와 그 시대의 양상을 살펴보기로 한다. 쇼와 이전 역사에서 온갖 오명을 뒤집어쓰고 있는 지도자 그리고 그를 낳은 상황은, 전적으로 그의 책임으로 돌릴 수도 없는 근대 일본의 모순이 집약된 것이며, 따라서 그 세부를 들여다보지 않고 '도조 히데키'를 분석하는 것은 지금까지 이루어진 도조 히데키론을 구태의연하게 답습하는 것이나 다름없다고 생각하기 때문이다.

아버지 히데노리의 경력

도조 히데키의 가계는 노가쿠의 슌도류春藤流* 종가까지 거슬러 올라간다.

와키카타 슌도류의 창시자 슌도 로쿠로지로六郎次郎의 4대째인 로쿠우에몬六右衛門의 셋째 아들 곤시치權七*가 시모가카리호쇼류下掛寶生流* 자즈키혼座付本의 종가宗家로 독립했다. 3대 쇼군 도쿠가와 이에미쓰德川家光 시대의 일이다. 곤시치부터 헤아려 3대째부터는 호쇼라는 성을 사용했으며, 이후 장자에게는 '히데英'가 들어간 이름을 지어주었고, 일정한 나이가 되면 신노조新之丞라는 이름을 물려받았다. 5대째 신노조(1792년 사망)는 히데시게英蕃, 6대째 신노조(1798년 사망)는 히데타카英孝라는 이름을 갖고 있었다.

7대째 신노조는 1798년에 습명襲名했는데 그때까지는 히데카쓰英勝라고 불렸다.

또 곤시치 다음 대代부터 장자 이외의 남자는 자신의 뜻에 따라 도조라는 성을 사용하여 노가쿠에 정진할 수도, 별도로 생계를 세울 수도 있게 되었다.

1832년 1월, 노가쿠의 융성에 힘을 기울이고 있던 난부번에서 7대째 신노조의 지휘 아래 난부 호쇼를 진흥시키고 싶다고 제안했다. 난부번에서는 진작부터 호쇼류에 관심을 갖고 가신의 자제를 에도에 보내 입문시키기도 했고, 노가쿠시에게도 역할에 걸맞은 대가를 지불하고 있었다. 이때의 번주藩主 제38대 난부 도시타다南部利濟는 특히 노가쿠시를 초빙하

슌도류
맥이 끊긴 노가쿠 와키카타의 한 유파. 와키카타란 노가쿠에서 주인공(시테카타)의 상대역을 전문으로 맡는 자를 말한다. 시테카타에 비해 직선적이고 산문적이며, 가면을 쓰지 않는다.

곤시치
에도 시대 전기에 와키카타 전문으로 활약한 노가쿠 배우. 시모가카리 호쇼류의 창시자.

시모가카리호쇼류
호쇼류는 노가쿠에서 와키카타의 한 유파. 시테카타호쇼류와 구별하여 시모가카리호쇼류라고 불리기도 한다. 메이지 이후 와키카타의 여러 유파들이 몰락한 후 현재는 최대 유파가 되었다.

는 데 열심이었다. "장대화려壯大華麗한 계획을 좋아했다. 사치에 휩쓸려 가까이에 있는 신하들이 간언을 해도 전혀 들으려하지 않았다"(「난부번사南部藩史」)라고 했듯이, 도시타다의 성격은 화미華美와 강직剛直의 두 기둥으로 집약되었다. 더욱이 번의 재정은 풍부했다.

그러자 신노조는 도조 조노스케東條錠之助를 난부번에 추천하면서 "몸종처럼 생각하시고 앞으로 오랫동안 부려주시기 바랍니다"라고 전했다. 아울러 "형 신노조가 요청한 바도 있고 하니 앞으로 성을 호쇼로 바꿔서 사용할 수 있도록 해 주시기 바랍니다"라고 제안했다. 호쇼라는 성은 종가 상속자에게만 허용되었는데 이제 난부번에서만큼은 이 성을 사용하여 이름을 지을 수 있게 되었다.

1832년 여름, 호쇼류의 노가쿠시 일단이 조노스케를 앞세우고 에도를 출발하여 모리오카에 도착했다. 난부번에서는 노가쿠시의 지위가 가신과 맞먹을 정도였기 때문에 조노스케에게도 160석이 부여되었고 가신의 지위가 보장되었다. 그는 번 안의 유력자와 그 자제들에게 노가쿠를 지도했다.

조노스케에게는 후계자가 없었다. 그래서 외동딸을 난부번의 무사 노무라 마사노리野村政矩의 셋째 아들에게 시집보냈다. 이 셋째 아들에게 히데토시英俊라는 이름을 지어주고 노가쿠를 열심히 가르쳤다. 난부번으로 온 지 14년이 지난 1846년 12월, 조노스케는 병으로 사망했다. 그 뒤를 이어 히데토시가 2대째 호쇼 조노스케가 되었는데, 이 무렵 그는 노가쿠시로서 자립할 수 있는 기량을 지니고 있었다.

난부 호쇼는 번 안에서 순조롭게 실력을 다지고 있었지만, 다른 한편 노가쿠시를 이상하리만치 우대하던 도시타다의 처지는 가에이嘉永(1848~1854) 말기부터 안세이安政(1854~1859)에 걸쳐 점차 나빠졌다. 재정상황도 돌보지 않고 사치에 빠져 있었던 것이다.

가신은 도시타다의 장자 도시토모利義를 내세워 도
시타다에게 퇴진을 압박했다. 가신의 신뢰는 학문에
조예가 깊어 미토번水戶藩*의 미토 렛코水戶烈公*로부터
촉망을 받고 있던 도시토모에게 기울었고, 도시타다
는 고립되어 있었다. 게다가 도시토모를 지지하는 사
람 중에 에도의 유학자 도조 이치도東條一堂(1778~1857)
가 있었다. 난부번 가신의 자제들에게는 에도에서 이
치도의 문하에 들어가 도조학東條學을 배우는 것이 불
문율이었다. 대다수의 가신은 이치도의 조언에 따라

미토번
현재의 이바라키현. 근
대 일본 국가주의 사상
의 원류인 미토학(水戶
學)이 융성했던 곳이다.

미토 렛코
당시 미토번의 번주(藩
主)였던 도쿠카와 나리
아키(德川ˇ昭)를 가리
킨다.

예성
예능인에게 주어지는
성(姓).

또는 보신책의 일환으로 도시토모의 편에 섰다. 도시타다는 도조학을 탄
압하는 것으로 응수했다.

1853년, 난부번의 농민 2만 수천 명이 봉기를 일으키자 막부는 도시타
다에게 근신을 명했다. 그리고 도시타다의 차남 도시히사利剛가 번주가
되는 것을 승인했다. 분란을 일으킨 두 사람, 즉 도시타다와 도시토모를
함께 처벌하는 조치였다. 도시히사는 도시타다의 노선을 버리고 도시토
모의 정책을 채택했다. 도조학의 부흥을 도모하고, 이치도의 문하생들
을 우대했으며, 동시에 "소리하는 자들은 일체를 삼가라"는 포고를 내려
노가쿠의 자숙을 요구하기도 했다. 재정을 바로잡기 위해 화미한 풍조를
뿌리 뽑으려 했던 것이다. 노가쿠시는 일자리를 잃고 에도로 돌아갔다.
하지만 히데토시는 노가쿠시를 그만두긴 했어도 다행히 가신의 자식이
어서 이러한 변혁의 소용돌이 속에서도 가신의 지위를 지킬 수 있었다.
더욱이 1856년 3월에는 도시히사로부터 "예성藝姓* 호쇼를 버리고 본성
을 도조로 바꾸라"는 명령이 떨어졌다.

요네자와번
현재의 야마가타현 동
남부.

오우우레쓰렛반동맹
보신전쟁(戊辰戰爭) 당
시 무쓰노쿠니(陸奧國=
奧州), 데와노쿠니(出羽
ぞ =羽州), 에치고노쿠니
(越後ぞ =越州) 등 여러
번이 신정부의 압력에
대항하기 위해 결성한
동맹. 보신전쟁(1868~
1869)은 왕정복고를 거
쳐 메이지 정부를 수립
한 사쓰마번, 조슈번을
중심으로 한 신정부군
에 맞서 구 막부세력 및
오우우레쓰렛반동맹이
싸운 일본의 내전.

아이즈번
현재의 후쿠시마현 서
부와 니가타현의 일부
지역.

이런 사실은 히데토시가 1900년에 손수 저술한 『가계—도조씨』에 기록되어 있다. 실제로 그러했다면 도시히사의 명령 이면에 두 가지 근거가 있었던 것으로 보인다. 하나는, 노가쿠에서 멀어졌기 때문에 오래된 관습이었던 도조라는 성으로 돌아가도록 한다는 의미이다. 다른 하나는, 도조학에 경도되어 있던 도시히사 자신이 실직한 몇몇 노가쿠시에게 도조라는 성을 부여하여 도조학의 깊은 뜻을 궁구하도록 한 것은 아니겠느냐는 점이다.

어찌 됐든 히데토시는 도조학의 열렬한 신봉자가 되었다. "진충보국盡忠報國의 지성至誠을 깨우치려 하는 자는 충의 관념을 명징하게 하지 않으면 안 된다"라는 가르침을 몸에 익힌, 충군사상으로 가득한 사족士族으로 변모했던 것이다.

1855년 11월, 히데토시 부부 사이에서 장남이 태어났다. 히데노리英教라고 불린 이 아이는 태어나면서부터 아버지의 충군사상과 투철함을 이어받을 운명이었다고 말할 수 있다. 도조라는 성을 부여받은 지 얼마 지나지 않아 태어났고, 도조학의 진수를 마치 자장가처럼 들으며 자랐기 때문이다.

1868년 5월, 난부번은 센다이번仙台藩, 요네자와번米澤藩과 오우우레쓰렛반동맹奧羽越列藩同盟을 결성하여 아이즈번會津藩을 지원, 관군에 대항했다. 관군의 대대적인 공세에 아이즈성이 무너지면서 동북지방 일대는 관군의 지배 아래 들어갔지만, 난부번은 최후까지 저항했고 끝내 항복한 것은 메이지 원년(1868년 9월 8일~11월 18일)에 들어서였다. 일처리에 서툰 데다 융통성도 없었던 이 번은 저항의 대가로 녹봉이 13만 석으로 줄어드는 처분을 받았다.

도조 히데토시는 가신의 지위를 상실했다. 그는 모리오카의 한구석에 노가쿠 전수 간판을 내걸었고, 아울러 도조학 배움터도 열었다. 하지만 생활은 나아지지 않았다. 히데노리 밑으로 아우 둘, 누이 넷이 있었

폐번치현
메이지 유신 시기인 1871년 8월 29일, 이전까지 지방 통치를 담당하였던 번을 폐지하고 지방통치기관을 중앙정부가 통제하는 부(府)와 현(縣)으로 일원화한 행정개혁.

다. 히데노리가 어려운 형편에 처해 있던 아버지 히데토시의 슬하를 떠난 것은 폐번치현廢藩置縣*이 단행된 다다음해 그러니까 1873년이다. 18세가 된 이 청년은 도쿄에서 새로운 삶을 모색하기 위해 길을 나섰던 것이다. 시대는 이러한 청년의 야망을 채울 만한 단계에 접어들어 있었다.

그가 어렵사리 찾아간 곳은 창설된 지 얼마 되지 않은 육군교도단陸軍教導團 보병과이다. 도쿄의 아오야마靑山에 있었던 교도단은 도쿄병학료東京兵學寮 안에 설치된 하사관 양성 기관이었다.

메이지 초기부터 중기에 걸쳐 일본 육군의 지도자 양성은 네 갈래로 나뉘어 진행되었다. 무사계급 출신자를 등용한 것이 그 하나인데, 야마가타 아리토모山縣有朋(1838~1922), 오야마 이와오大山巖(1842~1916), 사이고 쓰구미치西鄕從道, 가와카미 소로쿠川上操六(1848~1899), 가쓰라 다로桂太郎(1848~1913) 등이 이 계급 출신이다. 다음으로 오무라 마스지로大村益次郎(1824~1869)가 창설한 병학교 또는 병학료, 고다마 겐타로兒玉源太郎(1852~1906) 등이 이곳 출신이다. 1875년에 설립된 육군사관학교에서는 오사코 나오미치大迫尙道, 기고시 야스쓰나木越安綱(1854~1932), 우에하라 유사쿠上原勇作(1856~1933), 이지치 고스케伊地知幸介(1854~1917) 등이 배출되었다. 메이지 중기 이후에는 사관학교 졸업생이 주류를 이룬다. 이 세 갈래에 비해 육군교도단은 약간 격이 낮은 것으로 간주되었다. 하사관

세이난전쟁
1877년 사이고 다카모
리(西郷隆盛)를 중심으
로 가고시마의 사족들
이 일으킨 대규모 반란.

양성을 목표로 하고 있었던 까닭에 관군의 군사력 정비의 일환에 지나지 않는 취급을 받았다. 이곳에는 하급무사의 자제나 출세하는 데 특별한 끈이 없는 청년들이 모여들었다.

히데노리는 교도단에서 1년 반 동안 교육을 받았다. 졸업하자 일등군조一等軍曹로서 구마모토진대熊本鎭臺 보병 제26대대로 가라는 명령이 내려왔다. 관군의 위령威令이 충분히 침투하지 않은 규슈의 한구석에 교도단 출신 하사관이 잇달아 파견되었는데, 히데노리도 그렇게 파견된 사람 중 하나였다. 얼마 지나지 않아 세이난전쟁西南戰爭•이 발발했다. 히데노리는 약간의 병사를 이끌고 우에키植木 다하라田原의 격전에 몸을 던졌다. 이때 지휘 능력을 인정받았고, 관군이 승리하자 소위로 승진하여 오구라小倉의 보병 제14연대로 옮겼다. 연대 옆에는 만도쿠지万德寺라는 절이 있었다. 히데노리는 늘 군학서軍學書를 끼고 살았는데, 이렇게 노력하는 모습을 가상히 여긴 주지의 신임을 얻어 이곳으로 옮긴 지 5개월 후 그의 딸 도쿠나가 지토세德永チトセ와 결혼했다. 히데노리는 25세, 지토세는 19세였다.

오구라에서 10개월 동안 복무한 후 히데노리는 다시 도쿄로 불려와 육군성 소속 육군도야마학교 교관으로 근무했다. 세이난전쟁에서 공을 인정받은 하급장교는 300여 명, 그 가운데 특별히 능력을 인정받아 육군성 근무를 명받은 자는 몇 명에 지나지 않았다. 이 몇 명이 육군의 요직에 나아갈 자격을 손에 넣었던 것이다. 모리오카에서 도쿄로 올라온 지 8년째였다. 1880년 1월에는 참모본부에 근무하게 된다.

그 몇 명 중에서 선두를 달리는 자가 바로 도조 히데노리였다. 세상 사람들의 주목을 끌 수 있게 되었다. 1882년 육군대학교가 설립된 것이다.

육군대학교는 다음 세대의 고급지휘관에게 요구되는 군사교육 실시를 목표로 삼았다. 야마가타 아리토모, 가쓰라 다로 등 육군의 수뇌부는 군 내의 우수한 장교 14명을 선발하여 제1기생으로 입학할 것을 명했는데, 뽑힌 사람 중 13명은 육군사관학교 졸업생이었고 도조 히데노리 혼자만 교도관 출신이었다. 야마가타와 가쓰라는 히데노리가 군인으로서 탁월한 재능이 있다고 판단했던 것이다.

육군대학교에 입학하고부터 히데노리는 오직 공부에만 매달렸다.

'사관학교 졸업생에게 져서는 안 된다.'

하사관에서 한 단계 한 단계 밟아 올라온 히데노리는 오기가 나서 공부했다. 그의 공부하는 태도가 워낙 철저해서 동료의 반감을 사기도 했다고 당시의 군사연구지는 전한다. 훗날 육군 내부에서 히데노리는 "협동심이 없고" "부하의 신망이 없는" 사람이라는 평가를 받기도 했는데, 만약 그런 점이 있었다면, 18세에 단신으로 상경하여 자신의 실력만으로 길을 개척한 사람에게서 흔히 볼 수 있는, 과감함과 편협함이 일체를 이루는 성향을 지니고 있었기 때문일 것이다.

1885년 12월, 히데노리는 육군대학교를 최우등의 성적으로 졸업했다. 같은 제1기생인 야마구치 게이조山口圭藏(1861~1931), 센바 다로仙波太郎(1855~1929)와 함께 은사恩賜 망원경을 수상했다. 전술전사관戰術戰史觀에 뛰어나고 전장에서 작전과 용병에 최적임자라는 증서도 받았다. 육군대학교 제1기생, 졸업 성적 1등, 게다가 군인 능력 최우수(참모직무적임증서 제1호)―이런 영예는 일본 육군이 존재하는 한 "불멸의 금자탑"으로서 그의 것으로 남을 터였다. 이는 틀림없이 장래 육군 간부가 되는 데 뒷받침이 될 것이었다. 실제로 그는 졸업과 동시에 육군대학교 교관으로 일하라는 사령을 받았다. 이때 히데노리는 30세였다.

하지만 그의 사생활은 운이 좋았다고 말하긴 어렵다.

결혼하고 나서 얼마 지나지 않은 1880년 4월 장남 히데오英夫가 태어났지만 돌을 채우지 못하고 병으로 죽었다. 1882년에는 둘째아들 히데미英實가 역시 생일을 앞두고 사망했다. 아내 지토세의 유방에 화장품의 연독鉛毒이 묻어 있었기 때문이라고 한다.

1884년 7월 30일 셋째 아들이 태어났다. 히데노리 부부는 의사의 충고를 받아들여 이 아이를 다른 사람에게 기르도록 했다. 무사히 자라는 것을 보고 나서야 히데키英機라는 이름을 지어 관청에 신고했다. 그 때문에 히데키는 호적상으로는 5개월 후인 12월 30일이 생일이 되었다.

히데키는 태어날 때 히데오나 히데미보다 몸도 작고 연약했는데, 손수 맡아 기르면서부터 히데노리 부부는 세심하게 주의를 기울여 이 아이를 키웠다. 장남과 차남을 잃은 후인지라 신경이 곤두서 있던 지토세는 히데키에게 모든 기대를 걸고 키웠다. 당시 장교의 집에서는 일반적으로 하녀를 두었지만, 지토세는 자신의 손으로 기르겠다고 하면서 다른 사람에게 결코 맡기려 하지 않았다. 좋은 환경을 찾아 군인과 관료들이 사는 요쓰야구四谷區 사몬초左門町로 이사했다.

히데키가 건강하게 자랄 것이라고 의사가 확약하고, 자신도 육군대학교의 젊은 교관으로서 지위를 굳히자 히데노리는 모리오카에 있는 히데토시 부부를 도쿄로 불러들였다. 그것이 그가 모리오카를 떠날 때 품었던 바람이었다.

조슈벌에 대한 저항

육군대학교 교관으로서 히데노리의 능력에는 비범한 구석이 있었던 듯하다. 일본 육군에게 독일 육군의 전술을 가르치기 위해 1885년

3월 부임한 멕켈K. W Jacob Meckel(1842~1906) 소좌가 교관실에서 옆에 앉아 있는 히데노리를 눈여겨보았던 것이다. 프랑스-프로이센 전쟁(1870. 7~1871. 5)에서 의 병사 동원, 명령과 복무, 전투 형태부터 독일의 보병 교범 나아가 교련 방법까지, 멕켈은 히데노리의 질문 공세를 받고서 이 장교에게 군제의 이상적인 모습으로서 독일참모본부의 형태를 설명했다.

멕켈의 부임은 일본 육군이 독일 육군을 모방하는 것을 의미했다. 근위사단 병사가 훈공勳功에 불만을 품고 일으킨 다케바시 사건竹橋事件(1878. 8. 23), 이에 놀란 육군경陸軍卿 야마가타 아리토모는 1878년 군인훈계軍人訓戒를 배포했다. 그리고 1882년에는 육군경 오야마 이와오가 〈군인칙유軍人勅諭〉를 훈시했는데, 이것도 독일 육군의 군사강령을 바탕으로 한 것이었다. 이 칙유 중 충절에 관한 제1항, 즉 "세론世論에 미혹되지 않고 정치에 구애되지 않으며 오직 한길 나의 본분인 충절을 지킨다"는 구절은 군인이 정치에 관여하는 것을 형벌을 동반하는 범죄행위로 간주하는 독일 육군의 모방이었다.

건군 당시의 프랑스 육군의 영향력은 급속히 사라지고 있었다.

"군제를 담당하는 것은 육군성, 작전 용병은 참모본부, 그리고 군인의 교육을 맡는 것은 교육총감부, 군대의 조직은 이 셋이 삼위일체를 이루지 않으면 안 된다."

멕켈은 이렇게 강조하면서 야마가타 아리토모를 설득했다. 야마가타도 여기에 대해서는 이론이 없었다. 이미 육군차관 가쓰라 다로, 참모본부 차장 가와카미 소로쿠川上操六(1848~1899)에게 군령과 군정의 분리를 연구하도록 명령한 참이었다. 가쓰라와 가와카미는 이를 연구하기 위해 함께 독일로 떠났다가 1885년 귀국한 뒤부터는 참모본부의 개혁을 추진하고 있었는데, 1889년에는 멕켈의 말을 받아들여 참모본부조례 개정에 나서기도 했다. 이리하여 군령의 책임자인 참모총장은 천황에게만 직접 연결되고, 정치 쪽에서는 군의 작전과 용병에 참견할 수 없는 형태가 갖추어졌다. 이보다 4년 늦게 해군군령부 조례가 만들어져 군령부장도 천황 직속이 되었다.

1888년 멕켈은 3년간의 일본 체재를 끝내고 귀국했다. 육군 수뇌부는 곧장 육군대학 제1기생 중 천황의 표창을 받은 사람, 즉 도조 히데노리와 야마구치 게이조 그리고 이구치 쇼고井口省吾 3인에게 더 많은 지식을 연마하도록 독일 유학을 명했다. 멕켈의 암시에 따른 것이었다.

요쓰야의 자택에 아내와 셋째 아들 히데키, 그 뒤에 태어난 장녀 하쓰에初枝, 그리고 부모 히데토시 부부를 남겨두고 그는 힘차게 요코하마를 떠나 독일로 향했다.

가정에 대한 불안이 없진 않았지만 새로운 군사지식을 배운다는 생각에 가슴이 떨렸노라고 훗날 그는 히데키에게 술회했다고 한다.

육군대학교 제1기생 3인이 베를린에서 어떤 연구를 했는지 판단할 수 있는 자료는 없다. 군의軍醫로서 한발 먼저 베를린에 가 있었던 모리 오가이森鷗外와 교류가 있었다는 말도 있지만 그것도 분명하지는 않다. 모리 오가이가 독일 체류 당시에 쓴 일기에는 그들의 이름이 등장하지 않는다.

다만 도조 히데노리는 독일 육군의 전술을 철저하게 연구하는 데 진력했다고 하며, 독일 참모본부에 근무하던 멕켈이 "더 이상 독일에서 배울 것이 없다"고 확실하게 보증했다는 이야기가 메이지 시대 육군 내부에서 전해지고 있었다. 그러나 다른 한편 히데노리는 베를린에서 자신의 인생 중 가장 상징적인 일도 하고 있었다.

야마가타 아리토모가 베를린을 방문한 것은 1889년 9월. 내무대신으로서 유럽 각국의 지방행정제도를 시찰하기 위한, 11개국에 이르는 유럽 여행의 막바지에 베를린에 들렀던 것이다.

일본 최초의 육군경, 게다가 참모총장을 역임한 야마가타는 군인으로서는 대선배이다. 그러나 그것만이 아니다. 조슈벌長州藩의 두령으로서 메이지 정부를 좌지우지하고 있다. 당연하게도 히데노리는 이구치 쇼고와 함께 호텔로 이 대선배를 찾아갔다. 그렇다고 그들이 야마가타에게 듣기 좋은 소리를 늘어놓기 위해 간 것은 아니었다.

"육군의 인사가 대단히 공정하지 않다고 생각합니다. 특히 각하의 출신지인 야마구치현 사람을 일이 있을 때마다 중용하는 것은 육군의 근대화를 저해하는 일입니다."

두 사람은 날카로운 어조로 야마가타에게 따지고 들었다.

이구치 쇼고는 시즈오카현 출신이었다. 두 젊은 군인에게는 조슈벌 우선 정책을 공공연하게 주장하는 이 대선배가 일본 육군의 근대화를 가로막는 원흉으로 보였던 것이다. 당시 두 사람의 말을 들은 야마가타는 특별하게 반론을 펼치지는 않았다. 야마가타는 한두 번 접촉으로 마음을 여는 인물이 아니었다. 50대인 야마가타는 30대인 두 사람의 말에 목소리를 높이는 것을 유치하게 생각했음에 틀림없다. 하지만 속으로는 몹시화가 났을 것이다. 그 후 그는 '도조 히데노리'와 '이구치 쇼고'라는 이름을 원수라도 되는 것처럼 주위에 흘리고 다녔기 때문이다. 그런 끈적끈적한 성격이야말로 권력의 자리에 도달한 그의 최대의 무기라는 것을 두 사람은 알지 못했다.

가쿠슈인
황족과 귀족의 자제들
이 다니던 학교.

귀국한 지 얼마 되지 않은 1889년 12월, 야마가타는 제1차 내각을 조직한다. 다음해 1890년에는 육군대장에 추대되어 정치가와 군인으로서 최상급의 지위에 이르렀다. 말로는 '일개 무관'에 지나지 않는다고 했지만 그의 권력은 모든 방면에 미쳤다. 얼마 지나지 않아 베를린에 있는 히데노리와 이구치에게 본국으로 귀환하라는 명령이 전달되었다. 그들 대신 육군대학 제1기생으로 천황 표창을 받았던 센바 다로가 베를린으로 향했다. 히데노리의 엄중한 힐난이 야마가타의 역린逆鱗를 건드렸다고 할 수 있을 것이다.

도쿄로 돌아온 히데노리의 군 내부 지위는 불안정해졌다. 야마가타가 위령威令을 과시하는 한 영달은 바랄 수 없었다. 그래도 히데노리는 어렵사리 육군대학 교관을 겸하여 참모본부에 머물 수가 있었다. 참모본부 차장 가와카미 소로쿠가 불러들였기 때문이었다. 정신론이나 패기만을 내세우는 군인을 혐오한 가와카미는 지식이 풍부한 군인을 중용하고, 야마가타와 가쓰라 등의 조슈벌 우선 정책을 무시했다. 참모본부는 히데노리가 독일에서 배워온 군사지식을 필요로 한다는 것이 가와카미가 히데노리를 중용한 이유였다. 그러나 군 중앙에 남긴 했지만 히데노리에게 억울함이 남았으리라는 것은 어렵지 않게 상상할 수 있다.

그의 억울함은 가정으로 향했다. 엄격한 부친으로서 히데키에게 자랑스러운 제국 군인의 모습을 주입하고자 했다.

히데키는 아버지가 베를린에 체재 중이던 1890년 9월 요쓰야소학교에 입학했다. 그런데 히데노리가 돌아오고 나서 첫 번째 신학기에 가쿠슈인學習院* 초등과 3년에 편입했다. 초등과 본원本院이 요쓰야구 산넨초三年町에 있어서 통학하기에는 편리했지만, 그것은 사회적 권위를 얻기 위한 전학이었다. 지토세가 히데노리를 설득했고 좌절을 경험한 히데노리 자신이 그것을 받아들였던 것으로 보인다.

1884년 궁내성에서 직접 관할하게 된 가쿠슈인에는 상류계급 자제들이 많았다. 학생들은 인력거를 타고 통학했으며 낮에는 하녀가 갓 지은 도시락을 날랐다. 그런데 히데키는 직접 도시락을 들고 인력거도 타지 않고 통학했다. 군인으로 자라기 위해서는 응석 따위는 허용되지 않는다는 것이었다. 얼마 안 있어 요쓰야에서 니시오쿠보西大久保로 집을 옮겼지만 여전히 인력거를 타는 것은 허용되지 않았다.

소학교 시대 도조 히데키는 지는 것을 아주 싫어하는 고집 센 소년이었다. 자기 집 주위에서는 골목대장이었다. 당시에는 학교끼리 싸움이 잦았는데, 가까운 소학교와 초등과가 싸움을 하면 이 조그만 소년은 상대방 몇 명과 맞붙었다. 변호 삼아 말하자면 과격한 기질과 반항 정신은 그 자신의 의사표시였다고 할 수 있다. 군인의 마음가짐을 설파하는 아버지, 잇달아 태어난 아우와 누이를 돌보느라 눈코 뜰 새 없는 어머니, 그저 오냐오냐 받아주기만 하는 할아버지와 할머니. 이러한 상황에서 자기를 내세울 수 있는 것이란 싸움이라는 소박한 수단밖에 없었는지도 모른다. 더불어 가쿠슈인의 사치스런 분위기와 자신의 모습을 비교하면서 거리감을 느끼기도 했을 것이다.

현재 가쿠슈인에 남아 있는 성적표를 보면 동급생 40명 가운데 그의 성적은 30등이다. 1893년 5월 1일자 성적표를 보면 25등, 히데키의 학년에서는 호소카와 모리타쓰細川護立(1883~1970)가 1등, 무샤노코지 사네아쓰武者小路實篤(1885~1978)가 5등이다.

1898년 9월, 히데키는 조호쿠심상중학교城北尋常中學校(훗날 府立四中)에 입학했다. 이 중학교는 매년 많은 학생을 도쿄육군유년학교에 입학시키고 있었기 때문이다. 1학년 과정을 마치고 유년학교 수험자격을 획득하자 히데키는 즉시 시험을 치러 합격했다. 물론 히데노리는 더할 수 없이 기뻐했다. 이리하여 14세에 육군에 들어가 그곳의 공기밖에 알지 못한 채 인생의 대부분을 보내게 된다.

육군유년학교는 청일전쟁 후 군비확장의 일환으로 도쿄, 센다이, 나고야, 오사카, 히로시마, 구마모토 그리고 과거 진대鎭臺가 있던 곳에 설립되었다. 여섯 개 유년학교의 정원은 각각 50명, 총 300명. 2년 동안은 각 학교 소재지에서 배우고, 3년째는 도쿄에서 교육을 받는다. 3년째 배우는 곳을 중앙유년학교라고 부른다. 중앙유년학교를 졸업하면 연대에 배속되며, 그 연대 이름을 짊어지고 육군사관학교에 입학한다. 사관학교의 수업연한은 2년, 졸업 후에는 연대로 돌아온다. 그때 그들은 20세의 나이로 소위 계급장을 단다. 징병으로 입대한 신병과 나이는 같지만 신분상으로는 큰 차이가 난다.

그런데 지방유년학교라고 말은 하지만 군대 내부의 조직이다. 일상생활은 규율에 따라 움직인다. 아침 5시 반 기상에서 저녁 9시 소등까지 학과와 교련이 이어지고, 셔츠와 속바지를 입은 채 잠자리에 든다. 일단 일이 발생하면 군인은 모든 것을 내던지고 사지死地로 가지 않으면 안 된다는 가르침을 깊이 새긴다. 너희들의 목숨은 대일본제국 천황 폐하께 바친 것이라고 철저하게 교육 받는다. 〈군인칙유軍人勅諭〉 복창이 집요하게 요구된다.

유년학교에서는 학생들이 토요일과 일요일에 집으로 돌아가는 것을 허용했다.

도조 집안에서는 할아버지 히데토시가 유년학교 제복을 입은 손자를 기다렸고, 다섯 명의 동생들도 자랑스러운 형의 모습을 보려고 바짝 다가앉았다. 그리고 히데노리가 경례 방법과 동작을 점검하면서 눈을 가늘게 뜨고 자식의 일거수일투족을 바라봤다. 저녁식사 후에는 자신의 방으로 히데키를 불러들여 세계지도를 펼쳐놓고 청일전쟁 후의 정세를 설명했다. 유럽은 일본보다 훨씬 앞서 가고 있다, 이 나라들과 어깨를 나란히하기 위해서는 그만큼 각오가 필요하다고 하면서 히데키의 의욕을 자극했다. 시야가 넓은 군인으로 키우려는 아버지의 영재교육이었다.

이 무렵 히데노리는 참모본부 제4부장이었다. 제4부는 전사戰史와 전술을 연구하는 부서로 육군 중추에서 벗어나 있었지만 그는 이 자리를 좋아했다. 그의 능력은 군사정책이나 정치적 조정보다 책상에서 전술을 연구하고 전사를 기술하는 데 적합했기 때문이다. 이미 그는 『독일육군 야외근무령』을 일본어로 번역하여 독일 육군의 작전을 소개했었다. 육군대학 교관을 겸임하면서부터는 이런 자료들을 강의에 활용하여 차세대 지휘관 양성에 의욕을 불태웠다.

그는 스스로를 가와카미 소로쿠의 직계로 간주하고 있었다. 이는 가와카미가 도조를 싫어하는 야마가타에 맞서 방패 역할을 해주고 있기 때문이기도 했지만, 동시에 가와카미의 성격이나 이념에 영향을 받았기 때문이기도 하다. 1894년 발발한 청일전쟁에서 히데노리는 대본영大本營 참모 자격으로 히로시마에서 육군상석참모陸軍上席參謀인 가와카미를 보좌했다. 그곳에서 그는 한층 더 가와카미의 편으로 기울어지고 있었다.

"세계정세에 비추어보면 삼국간섭은 어쩔 수 없는 일이다. 일본은 자중하고 군비확장을 도모하는 것이 바람직하다. 지금은 6개 사단이 필요하다."

청일전쟁 후 일본의 군비에 대해 가와카미는 히데노리에게 그렇게 말했다. 그는 "아시아는 유럽 열강의 횡포에 일치단결하여 맞서지 않으면 안 된다"고 말하기도 했는데, 이러한 생각은 이 시기 군인에게서 찾아보기 힘든 동아사상東亞思想이다. 집무태도도 신속한 것을 높이 샀고, 부하의 질문에는 즉석에서 결단을 내렸으며, 사무가 정체되는 것을 싫어했다.

토요일과 일요일 집으로 돌아온 히데키에게 히데노리는 가와카미 소로쿠의 인간성과 사상에 대해 말해주었다. 히데키가 아버지의 말을 얼마나 이해했는지는 알 수 없다. 그러나 도조 히데키의 가슴에 가와카미 소로쿠의 이름이 새겨진 것은 확실하다. 훗날 도조 히데키는 수상, 육군상, 내무상을 겸임하면서 모든 서류를 훑어보았는데, 그럴 때에도 서류 하나하나에 그것을 본 일시와 즉결한 일시를 적어놓았다. 왜 그렇게 하느냐는 비서의 질문을 받고 그는 이렇게 대답했다. "실은 아버지가 가와카미 소로쿠 장군으로부터 항상 그렇게 해야 한다는 가르침을 받았다는 이야기를 어린 시절부터 자주 들어왔다. 그것을 줄곧 지키고 있는 것이다."

도조 히데키가 수상이 된 지 얼마 지나지 않아 도조 내각의 고문 역할을 했던 도쿠토미 소호德富蘇峰(1863~1957)가 『육군대장 가와카미 소로쿠』 집필에 들어간 것도 어쩌면 도조의 뜻을 헤아렸기 때문인지도 모른다.

1899년 5월, 가와카미 소로쿠는 참모총장 재임 중 53세를 일기로 병사했다. 히데노리의 입장은 미묘해졌다. 군에 머물 것인지 말 것인지 결단해야 하는 갈림길까지 내몰렸다. 가와카미가 죽은 뒤 그는 아주 가까운 친구에게 이렇게 불평을 털어놓았다.

"앞뒤에서 적의 공격을 받았다. 지금 무엇을 두려워할 것인가. 호락호락 물러서진 않을 테다."

그는 이런 불평을 히데키에게도 이야기했다. 아버지가 옳긴 하다. 하지만 아버지가 불우한 것은 왜일까. 증오해야 할 것은 조슈벌의 무리다……. 히데노리는 후원자를 잃고 군 내부의 요직에서 배제되었다. 이와 함께 히데키의 심리에도 미묘한 변화가 일어났다.

이 무렵의 일인데, 히데키가 조슈벌을 얼마나 격렬하게 증오했는지를 말해주는 에피소드가 있다. 데라우치 마사타케寺內正毅(1851~1919) 육군상이 도쿄유년학교에 와서 강연을 한 적이 있다. 강당에 모인 유년학교 생도의 앞줄에서 히데키는 데라우치의 이야기를 듣고 있었는데, 그 내용보다도 "이 사람이 아버지를 괴롭히는 장본인일지 모른다"고 생각하면서 강연 내내 째려보았다고 어머니 지토세에게 말했다고 한다.

히데노리는 노골적으로 엘리트의 길에서 제외됐다.

참모본부 부장에서 히메지姬路의 보병 제8여단장으로 옮겨간 것은 1901년 5월이다. 군 내부에서는 납득하기 어려운 인사라 하여 말이 많았다.

"야마가타 각하에게 직언한 장교다. 인격도 고결한데 그것이 도리어 화를 불렀다. 하지만 머리가 좋아 무슨 일이든 이론대로 하지 않으면 받아들이지 못하는 성격은 큰 인물에게 어울리지 않는다."

이것이 당시 군 내부의 히데노리에 대한 인물평이었다. 히데노리에게 호의적이었던 장교도 그것을 인정하고 여러 차례 충고를 했지만, 그때마다 "타고난 성격은 바꿀 수 없다"며 일축해버리곤 했다.

러일전쟁 출정

그때 제4차 이토 내각이 무너지고 가쓰라 다로 내각이 탄생했다. 가쓰라 다로는 자타가 공인하는 야마가타 아리토모 직계여서 세상에서는 이 내각을 '새끼 야마가타 내각'이라고 수군거렸다. 사실 야마가타의 영향력 아래 있는 군인과 관리가 각료의 자리를 차지했다.

북청사변
흔히 의화단운동 또는
의화단사건이라 한다.
의화단운동은 중국 청
나라 말기에 일어난 외
세 배척 운동이다.
1900년 6월, 베이징에
서 교회를 습격하고 외
국인을 박해한 의화단
을 청나라 정부가 지지
하고 대외 선전 포고를
하자 미국을 비롯한 8
개국의 연합군이 베이
징을 점령, 진압한 사건
이다.

육군 내부도 야마가타의 색채가 강해졌다. 조슈벌 우선 정책이 노골화하고, 지연과 혈연으로 얽힌 파벌들이 횡행했다. 데라우치 마사타케 육군상은 야마가타, 가쓰라, 고다마 겐타로를 주축으로 조슈 출신이 아닌 사람들을 냉대하고, 반反야마가타 색채를 띤 이구치 쇼고, 아키야마 요시후루秋山好古 등 중견 장교를 군 중앙의 요직에서 배제했다. 그래도 그들은 육군대학 교관이나 청국 주둔군 참모장이었으며, 도조와 같은 경력을 갖고서 여단장으로 격하된 장교는 없었다.

"야마구치현 출신 파벌이야말로 육군 인사가 혼탁해진 근원이다. 이를 바로잡지 않으면 제국의 참된 모습을 잃고 말 것이다."

히메지에 단신 부임한 히데노리는 가끔 귀경할 때마다 히데키에게 이렇게 말했다. 그런 한을 자신의 것이라 생각하면서 히데키는 군인으로 성장하고 있었던 것이다.

1902년 9월, 히데키는 중앙유년학교에 입학했다. 그의 나이 18세였다.

1900년 북청사변北淸事變* 이래 육군 내부의 교육은 비상체제로 접어들었다. 중앙유년학교에서도 당장 내일이라도 전장에 내보낼 것 같은 자세로 생도들을 교육했다. 실탄사격과 연습을 중심으로 지휘관이 알아야 할 병학兵學을 주입했다. 팽팽한 긴장감이 생도들을 분기시켰다.

도조 히데키의 도쿄육군유년학교 성적은 그다지 좋지 않았다. 아니 아래쪽에 처져 있었다고 한다. 그런데 여섯 개 지방유년학교의 생도가 모여 교육받는 중앙유년학교에 들어가자 지기 싫어하는 타고난 성격이 발동하여 성적이 가파르게 향상되었다. 그는 좋은 성적을 얻는 비결을 알고 있었던 것이다. 교과서를 달달 외울 정도로 읽었다. 그러자 충분한 점수를 받을 수 있었고 순위도 올라갔다.

그는 이 교훈을 스스로 깊이 간직했다. 교과서를 몇 번이든 읽고 암기해버리면 되는 것이다. 노력이란 그런 것을 의미한다. 인간의 차이는 암기에 힘쓸 수 있는 시간을 갖고 있는지 여부에 달려 있다. 그는 이 생각을 죽을 때까지 벗으로 삼았다. 40년 후 수상이 되었을 때, 그는 비서관에게 다음과 같이 정직하게 고백했다.

"유년학교 시절에 한번 배운 것을 철저하게 암기해보았다. 그랬더니 성적이 올랐다. 노력이란 그런 것이라고 생각했다."

1904년 2월, 러일전쟁이 발발했다.

청나라에 영향력을 강화하려 한다는 양국의 의혹과 이해관계의 충돌이었다. 더욱이 전장이 된 만주와 그 연안은 양국의 '생명선'이었다. 일본 정부는 2, 3년 전부터 군사적 충돌을 상정하고 있었다. 하지만 국력의 차이가 확연하여 당시의 지도자는 상당한 요행이 따르지 않는 한 일본이 승리할 수 없을 것이라고 생각했다. 러시아를 상대로 개전을 결정한 어전회의에서 야마가타 아리토모가 "일본 육군은 이 전쟁에 전력을 바칠 것인데, 만일 패전할 경우 군인은 살아남아서는 안 된다. 그때는 귀하의 힘을 기다릴 수밖에 없다"고 하면서 이토 히로부미의 손을 쥐었다는 이야기가 전해질 정도였다.

열세를 스스로 알고 있었던 야마가타는 참모총장으로서 직접 작전에 관여했고, 참모총장이었던 오야마 이와오를 만주군총사령관으로 파견했다. 개전 후 2개월 동안은 일본과 러시아 모두 조선과 만주에 병력과 전비戰備를 갖추었을 뿐 대규모 충돌은 없었다. '충분한 준비를 하고 때를 기다리는' 상태가 계속되었는데, 이 사이에 일본 육군은 인사에서 기구, 교육에 이르기까지 모든 것을 전시체제로 바꾸었다.

이런 상황에서 도조 히데키는 중앙유년학교를 졸업하고 육군사관학교에 입학했다. 제17기생 363명이 동급생이었다. 본래 육군사관학교 입학까지 6개월간 부대에서 근무하는 것이 중앙유년학교 졸업생의 의무였지만 전쟁 중이어서 그것도 중지되었다. 교육 내용도 한층 엄격해져서 토요일과 일요일도 반납하고 군사훈련을 받았다. 정규 학과보다 군사훈련에 중점을 두었는데 그것은 속성으로 군인을 만들어내는 것을 의미했다. 러시아와의 전투가 시야에 들어왔을 때 야마가타와 가쓰라 다로는 중견 장교와 하급 장교가 대단히 부족하다는 것을 깨닫고 속성이든 뭐든 장교의 수를 늘리지 않으면 안 된다는 생각을 하고 있었던 것이다.

결과적으로 실용제일주의가 제17기생의 특징이 되었다. 그 반면 그들은 다른 기수의 생도와 공통되는 특징도 물려받았다. 선민의식選良意識이 그것이다. 예를 들면 363명 가운데 63명은 유년학교 이외 출신, 즉 일반 중학교를 졸업한 자였는데, 유년학교 출신 생도들은 그들을 경멸했다.

유년학교 졸업생은 중학교 졸업생을 'D'라고 불렀다. 혈통이 좋지 않은 저급의 말을 뜻하는 '다바 馬'의 'D'이다. 자신들은 '카디'라고 했다. 프랑스어로 유년학교 생도라는 의미이다. 사관학교에서는 패싸움이 흔했는데 그것도 유년학교 출신과 일반 중학교 졸업생의 대립 때문이었다.

이 무렵 유년학교생의 역겹기 짝이 없는 에피소드가 작가 야마나카 미네타로山中峯太郎의 저서 『육군반역아』에 소개되어 있다. 그는 육군유년학교와 육군사관학교를 졸업하고 장교가 되었지만 가장 형편 때문에 청년기에 군대를 떠났다.

유년학교와 사관학교에서도 신임 교관이나 구대장區隊長이 부임하면

'D'인지 '카디'인지가 생도들의 관심사가 되었고, 'D'로 밝혀지는 순간 반항적이 되어 말을 들으려 하지 않는다. 언젠가 사관학교의 'D'가 사관학교의 구대장으로 왔다. 식사 때, 어떤 생도가 이 구대장의 나무밥통 뚜껑을 주걱으로 후려갈겨서 열리지 않게 했다. 구대장이 들어와 나무밥통 뚜껑을 열려고 했지만 열리지 않아 곤란해 하는 것을 보고 생도들 사이에서 웃음소리가 들렸다.

그러자 구대장은 웃음소리가 나는 곳으로 달려갔고, 책상 위에 올라가 생도 하나를 몇 대 갈겼다.

"성명을 말하라."

"도조 히데키입니다."

"왜 웃었는지 말해."

"재밌어서 웃었습니다."

"뭐라고?"

구대장은 이렇게 소리쳤고, 점점 더 화가 나 그 생도를 때렸다. 야마나카는 "더욱 세차게 때리는 구대장을 도조는 부동자세를 유지한 채 노려보았다. 꿇어앉아 맞으면서 구대장보다 강렬한 불굴의 눈길을 보내고 있었다"라고 썼다. 도조만 웃은 것은 아니었을 것이다. 그러나 유달리 눈에 띈 점도 있었을 것이다. 어찌 됐든 구대장의 나이는 생도보다 대여섯 살밖에 많지 않다. 그들의 굴욕을 상상하지 못하고 맞으면서도 때리는 사람을 노려보는 이 유년학교 출신 생도에게는 우월의식이 있었다고 야마나카는 적어 놓았다.

2년 동안 수업해야 할 것을 10개월 만에 마친 제17기생은 1905년 3월 육군사관학교를 졸업했다. 본래의 사관학교 교육이나 군사적 기초능력

가이코샤
'굳세게 행하는 모임'이
라는 뜻으로, 옛 일본
육군 장교들의 친목 단
체.

양성보다 속성 훈련과 정신론이 졸업증서였다. 이제
막 스무 살이 된 위관尉官은 "무슨 일이든 말없이 실행
하고, 무엇보다 요령을 파악하는 것이 중요하다. 그리
고 용기와 원기元氣를 제일로" 운운하는 교관과 생도대
장의 말을 계승했다.

사관학교 졸업 당시 도조 히데키의 성적은 현재 가이코샤偕行社˚에 남
아 있는 성적명부(『제17기생보병과생도명부』)에 따르면 '예과 67등, 후기 10
등'이다. 처음에는 상위 그룹 중 하위에 속했으나 졸업 당시에는 상위 그
룹의 상위를 차지했다. 이것도 그만의 독특한 노력 덕분이었다고 육군상
시절의 비서관에게 고백한 바 있다.

졸업하자마자 신설된 지 얼마 되지 않은 제15사단 보병 59연대에 배속
되었다. 이 사단은 만주에 수비대로서 출정했다. 그런데 러일전쟁이 펑
톈회전奉天會戰에서 결말이 났고, 일본군의 펑톈 점령 후에는 이 전쟁의
국면이 해전과 외교교섭으로 옮겨 가면서 육군은 별다른 역할을 하지 못
했다. 2개월 후, 전쟁이 끝나자 그는 제대로 싸워보지도 못하고 만주에
서 도쿄로 돌아왔다. 이것이 그의 군인 생활의 출발이었다.

한편 히데노리에게는 러일전쟁이 군인 생활의 종점이었다.

그는 제10사단 제8여단장으로서 만주로 건너갔다. 사단장은 가와무라
가게아키川村景明. 보신전쟁, 세이난전쟁, 청일전쟁에 종군한 군인이었
다. 제10사단은 다구산大孤山에서 슈옌岫巖으로 나아갔고, 그 후 제4군 산
하로 들어가 라오양遼陽과 샤허沙河에서 전투를 계속했다. 가와무라의 지
휘로 작전은 성공했지만 얼마 지나지 않아 가와무라 사단장과 도조 여단
장이 전장에서의 작전용병을 둘러싸고 충돌했다. 그 결과 도조 히데노리
는 치명적인 평가를 받게 되었다. 진상은 명확하게 밝혀지지 않은 채 그

평가만이 육군 내부에 자리 잡았고, "그는 병학자이기는 하지만 군인은 아니었다"는 말이 집요하게 떠돌게 된다. 그렇다면 히데노리의 '실패'란 무엇일까.

1913년 군 내부에서는 그의 실수에 대해 다음과 같은 말이 돌았다.

"도조 소장은 우리 육군의 전략전술의 일대 권위입니다. 유익한 저술도 있고 병학자로서는 드물게 뛰어난 재능의 소유자였습니다. 그런데 러일전쟁 당시 여단장으로서 제일선에 있을 때 사단장으로부터 러시아군이 퇴각할 조짐이 보이니까 제일선 여단이 야간 습격을 감행하여 적을 격멸해야 한다는 명령을 받았습니다. 이에 대해 도조 여단장은 강고한 적의 진지, 우세한 적의 정황, 기타 다른 것을 고려할 때 야습을 결행하는 것은 헛되이 손실만을 초래할 따름이지 상책은 아니라고 하면서, 여러 차례의 독촉에도 불구하고 결행하지 않았던 것입니다. 다음 날 아침, 이미 전면의 적은 퇴각하고 그 진지에는 적의 그림자도 보이지 않았습니다. 다른 사단이 그 진지를 돌파하여 멀리 적의 배후까지 진출한 후였지요. 그러자 가와무라 사단장의 체면은 말이 아니게 되었고, 이 때문에 도조 소장이 실각했다고 들었습니다."

이것은 제15사단장 이구치 쇼고가 부관 나카야마 다케시中山健(1883~1973)에게 "자네는 도조에 대하여 어떤 평판을 들었는가"라고 물었을 때 나카야마가 한 대답이다. 나카야마는 육사 16기생, 도조 히데키의 1년 선배이다. 그런데 다이쇼 말기부터 쇼와 초기에 걸쳐 군 내부에서는 다음과 같은 말이 떠돌았다.

"제4군이 압록강에서, 제2군이 슈옌에서 함께 다구산을 향해 진군했습니다. 그때 도조 여단장은 가와무라 사단장으로부터 이 두 사단 사이를 수비하라는 명령을 받았어요. 그런데 그 범위가 넓어서 도조 여단장은 교과서대로 방어 범위는 8킬로미터밖에 되지 않는다고 말했지요. 융통성이 없는 이런 태도에 화가 난 가와무라 사단장은 대본영에 도조를 내지로 돌려보내도록 해달라고 요청했습니다. 이 때문에 도조 히데노리는 지휘관으로서 실전 지휘 능력이 부족하다는 말을 들었고, 우리들도 그가 이 일로 조수벌의 희생이 되었다고 말하기 어렵습니다. 군인으로서 자격을 상실했다는 얘기를 들어왔지요."

쇼와 초기에 육군대학 교관으로 근무했던 육사 27기생 다니다 이사무 谷田勇(1894~1990)의 증언이다.

그 외에 "술을 좋아하는 어떤 사단장을 면전에서 비난했기 때문"이라든가, "각기병으로 제일선의 지휘를 맡을 수 없게 되었기 때문"이라든가 또는 "조수 출신 부하가 발목을 잡았기 때문"이라는 소문이 있다. 이렇게 떠도는 말들 가운데 어떤 것이 사실인지는 알 수 없다. 그러나 어떤 소문에서든 강약의 차이는 있지만 도조 히데노리가 자신의 병학철학에 반하는 명령을 받았고 그 명령에 복종하지 않았다는 것만은 공통적이다. 히데노리가 일본 육군 군인으로서 최고에 속하는 영예를 짊어지고 있었기 때문에 그의 실수도 증폭되어 널리 퍼졌던 것으로 보인다.

러일전쟁이 한창 치열하게 전개되던 1904년 9월, 히데노리는 일본으로 소환되었다. 그리고 제8여단장으로서 히메지에서 고민에 찬 나날을 보냈다. 군인이면서 전시체제의 요직에서 배제된 채 전장에서 멀리 떨어진 부대의 교육을 담당하는 것이 그의 일이었다. 그리고 종전 후 첫 인사이동(1907년 11월)에서 예비역으로 편입되었다.

'실병지휘능력부족實兵指揮能力不足.'

그것이 그가 군을 떠나야 하는 이유였다.

예비역 편입 전날, 단 하루 동안 명예 중장에 임명되었다. 최소한의 은 정恩情이었다. 야마가타 아리토모에게도 그 정도의 허용의 폭은 있었다.

도쿄로 돌아온 히데노리는 니시오쿠보의 자택에 틀어박혀 종일 전술전사를 쓰는 데 몰두했다. 아직 54세, 동기생들은 현역으로 활약하고 있다. 그것만으로도 원한의 마음을 깊어졌고, 야마가타계 막료의 전술전사를 비판하는 필치는 날카로웠다.

가끔씩 이구치 쇼고가 그를 위로하기 위해 찾아왔다.

"자네의 원통함은 내가 반드시 씻어주겠네."

육군대학 제1기생이며, 함께 독일에 갔었던 이구치는 히데노리에게 이렇게 말하곤 했다. 야마가타에게 함께 간언을 했으면서도 히데노리만이 불이익을 받고 있다는 생각에 그의 고충은 깊어졌다. 히데노리가 쓰는 원고 안에 일본 육군을 독일 육군의 수준으로 끌어올리는 데에는 조슈벌 전횡을 타파하는 것이 급무라는 문맥이 흐르고 있다는 것을 알고 있는 사람은 이구치 쇼고뿐이었다.

야마가타 아리토모의 의도

히데노리가 예비역으로 쫓겨나게 된 인사이동으로부터 1개월 후, 히데키는 중위로 진급하여 근위보병 3연대에 배속되었다. 영락零落과 승룡昇龍. 이제 막 스물두 살이 된 청년 장교는 실의에 빠진 아버지를 보고 조슈벌의 두령들에게 불쾌감을 감추지 않는 장교로서 군인의 길을 걷기 시작했다. 그러나 그는 그것을 입 밖에 내지는 않았다. 그 정도의 신중함은 충분히 갖추고 있었다.

그는 겉으로는 과묵하고 온화한 청년으로 보였다. 가정에서는 얼마간 히스테릭한 기미가 있는 어머니 지토세의 감정을 상하게 하지 않으려고 배려하는 자식이기도 했다.

한편 근위보병 3연대에서의 그의 군인생활도 모범적인 청년 장교가 되려고 노력하는 나날이었다. 근위사단은 궁성을 수호하는 사단이어서 장교에게는 충족감을 주는 부대였기 때문에 도조 히데키에게는 충실한 나날이 보증되었다. 게다가 천황에 대한 그의 충성은 더욱 깊어졌다. 도조학東條學에서 비롯된 도조라는 성의 유래에, 감복할 바탕에, 권위와 위신을 지닌 사단의 장교라는 자부심이 더해졌다.

그렇긴 하지만 이것이 도조 히데키만의 성격이었던 것은 아니다. 청년 장교들은 1882년 메이지 천황이 군인에게 내린 칙유(정확하게는 〈육해군 군인에게 내리시는 칙유〉)의 참된 의미는 일본 육군이야말로 천황의 은혜로운 보살핌을 받았으며 군인은 국민의 선민選民이라는 점에 있다고 교육받았다. "짐은 너희들을 고굉股肱으로 생각하고 너희들은 짐을 머리로 받들어야 더욱 깊이 친해질 수 있을 것" 운운하는 일절은 도조 세대의 장교들이 가장 애송하는 구절이기도 했다.

차세대 군인에게 천황을 현인신現人神이라고 가르치면서 야마가타 아리토모와 가쓰라 다로를 비롯한 육군지휘관들의 천황관은 모양을 갖추기 시작했다. 야마가타는 〈군인칙유〉를 공포한 장본인이며, 천황을 국가 통치의 한 기관으로 보는 합리성이 그의 천황관을 뒷받침하고 있었다. 그에게는 천황이 국민을 지배하기에 가장 알맞은 존재로 비쳤다. 물론 육군지휘관들의 이런 생각은 군 내부의 교육에서는 전혀 언급되지 않았다. 그들은 자신들의 지휘능력을 확고하게 하기 위해 그런 위험한 측면을 결코 보여주려 하지 않았다. 어느 날엔가 그들에게 교육을 받은 다음 세대가 이 균열의 희생자가 될 터였다.

러일전쟁에서 거둔 불안정한 승리가 야마가타 아리토모에게는 불안해 보였다. 러일강화조건에 불만을 품은 국민은 폭동에 가까운 행동을 통해 정부를 뒤흔들었다. 게다가 러시아는 여전히 일본의 군사적 위협이었다. 국내외의 불안 요소가 첩첩이 쌓인 것을 보고 야마가타는 국방방침을 명확히 하여 러시아에 대응할 수 있는 군사국가를 만들어야 한다는 내용의 개인적인 생각을 정리했다. 1907년 4월 천황의 재가를 얻은 '제국국방방침'은 야마가타의 열의를 토대로 하여 다음과 같은 점을 명기하고 있다.

(1) 육군은 러시아, 해군은 미국을 가상 적국으로 한다.
(2) 국방 소요 병력은 육군 평시 25개 사단, 전시 50개 사단, 해군은 50만 톤으로 한다.
(3) 대미 작전은 해군, 대러 작전은 육해군 공동작전으로 한다.

위의 3대 방침에 기초하여 전쟁 내용까지 상정하고 있었다. 대러 전쟁은 하얼빈회전을 주전主戰으로 하고, 연해주와 사할린에서 부차적 작전을 수행하며, 해군을 주체로 하는 대미 전쟁은 남방 여러 섬을 중심으로, 오가사하라열도小笠原列島를 최전선으로 하여 미국의 함대를 격침한다는 것이다.

이 국방방침은 원칙대로라면 정치와 외교의 협력을 얻어서 결정해야만 하는 것이었다. 그러나 천황의 재가를 얻기 전에 모든 구체적인 안을 야마가타와 육군이 결정해버렸고, 정치와 외교 책임자에게는 사후승인을 구했을 따름이다. 그들은 두 측면에서 육군의 의사야말로 모든 집단의 의사보다 우선해야 한다고 믿고 있었다.

하나는 천황과 육군의 밀착이었다. 〈군인칙유〉에 보이는 천황과 육군의 직결은 그들이 정치지도자에게 으름장을 놓을 때 사용할 수 있는 유력한 무기였고, 메이지헌법 제11조 천황의 통수대권 조항은 '통수권 독립'으로서 법적인 근거가 되기도 한다고 생각했다. 더욱이 부분적이긴 하지만 러일전쟁에서 거둔 군사적 승리는 국민의 흥분을 육군 쪽으로 끌어들이고 있었다. 야마가타를 비롯한 육군 수뇌부는 그런 지원을 배경으로 정치를 능가할 수 있다고 생각했던 것이다. 그 후 육군의 정치 개입이 명백해졌다.

그리고 사이온지 긴모치西園寺公望(1849~1940)를 수상으로 하여 1911년 8월에 성립한 제2차 사이온지 내각의 육군상 우에하라 유사쿠가 연기한 내각 파괴 움직임은 육군이 내각의 생사여탈권을 쥐고 있다는 것을 더욱 분명히 했다. 우에하라는 사이온지에게 '제국국방방침'을 근거로 2개 사단의 증설을 요구했다. 가상 적국 러시아에 대항하기 위해 평시 19개 사단을 한꺼번에 25개 사단으로 증강하고 싶다는 것이었다. 그러나 사이온지는 예산난을 이유로 이를 무시했다. 그러자 야마가타는 우에하라에게 사표를 내라고 명했다. 그러고는 후임 육군상을 추천하지 않았다. 사이온지 내각은 무너졌다. 후임 육군대신을 추천하지 않는다는 이 전가의 보도야말로 육군이 정치에 개입할 때 사용하는 무기라는 것을 증명한 셈이다.

현역 군인을 육군대신으로 임명하는 것은 청일전쟁 당시에는 당연한 일이었다. 그러나 메이지 30년대(1897~1906)에 들어서 정당의 힘도 커지고 의회정치도 정착하면서 군인의 행정 능력으로는 전문성이 필요한 대신 직책을 충분히 수행할 수 없으며, 문관도 육군대신으로 취임할 수 있다는 인식이 확산되기에 이르렀다.

1900년 야마가타 내각 시대에 가쓰라 다로 육군상과 야마모토 곤베에 山本權兵衛(1852~1933) 해군상이 "육해군 대신은 현역 대장 또는 중장, 차관은 현역 중장 또는 소장이 맡도록 한다"는 칙령을 발표했다. 별것 아닌 듯이 포함된 '현역'이라는 자구字句가 일본 근대사의 열쇠를 쥘 것이라고는 그들도 생각하지 못했다. 이때 퇴역한 군인이나 군 내부에 영향력을 갖지 못한 군인이 정당의 힘을 배경으로 육군대신에 취임했다면 어떻게 되었을까. 야마가타에게 반기를 들었던 다니 다테키谷干城(1837~1911)나 미우라 고로三浦梧樓(1846~1926) 그리고 도조 히데노리 같은 군인이 정치가의 의향에 따라 육군대신 자리에 앉았다면 육군의 발언력은 현저하게 약화되었을 것이다. 결국 이를 두려워한 야마가타와 가쓰라가 야마모토를 설득하여 '현역'이라는 자구를 끼워 넣는 데 성공한 것에 지나지 않았다.

훗날 1917년 6월 야마가타 자신이 저술한 『야마가타 원수 의견서』는 1909, 1910년 당시 그가 얼마나 노심초사했는지를 말해준다. "……우리나라 육군 전투 능력을 향상시킬 필요성을 진술했다. 하지만 세상의 대다수 정론가는 국방에 충실을 기하는 것이 얼마나 시급한지를 깨닫지 못하고 있다. 그들은 오로지 편안하게 지낼 궁리만을 하면서 군비의 확장을 불필요하다고 말한다. 당국의 고심이 천하에 인정받을 날은 끝내 오지 않을 것인가……." 그런 상황에서 생각해낸 것이 육군대신 '현역무관제'였다.

앞서 이야기로 되돌아가자. 사이온지 내각이 무너진 후 제3차 가쓰라 내각이 탄생했다. 다카스기 신사쿠高杉晋作(1839~1867)의 기병대 출신으로 보신전쟁을 거쳐 독일에 유학, 그 후에는 철저하게 야마가타의 꼭두각시 노릇을 한 가쓰라는 이때 정치적 역량을 잃어버린 상태였다. 의회와 해군의 저항에 부딪쳐 조각組閣마저 불가능했다. 유력한 해군상 후보였던 사이토 마코토齋藤實(1858~1936)는 군비강화와 해군의 의향이 받아들여지지 않는 한 취임하지 않겠다고 주장했다. 가쓰라는 그의 주장을 받아들였고 간신히 조각에 성공했다. 육군과 정당의 대립이 일단락되자 이번에는 육군과 해군의 갈등이 불거졌다. 이렇듯 육군과 해군이 밀고 당기는 정세는 이미 이 시대부터 시작되었던 것이다.

근위보병 3연대에 적을 둔 히데키는 물론 지도자들 사이의 대립 따위를 알 길도 없었고, 30몇 년 후 이 시기의 모순이 그에게도 닥쳐올 것이라고는 티끌만큼도 생각하지 않고 있었다. 궁중의 한 구석에 있는 근위사단의 영내에 거주하면서 오로지 군무軍務에 힘쓰고 있었다.

이 무렵 중위 가운데 우수한 자를 선발하여 육군사관학교의 교련반장 자격으로 매주 3회 사관학교 생도를 지도하도록 한다는 내규가 있었다. 5, 6년 후배인 미래의 군인들과 직접 몸을 부딪침으로써 형제와 같은 감정을 갖게 한다는 것이 교관들의 의도였다. 히데키는 육사 제24기생 제1중대 제1구대장으로서 지도를 맡게 되었는데, 처음 그는 "신경질적이어서 첫인상이 나쁜 중위"로 인식되었다. 비쩍 마른 몸에 근시인데다 날카로운 목소리, 요지를 설명할 뿐 쓸데없는 말은 하지 않는 성격. 그의 무뚝뚝한 모습이 생도들에게는 왠지 기분 나쁜 인상을 남겼다.

게다가 교련을 지도할 때 하나의 행동에서 다음 행동으로 넘어가는 데 얼마나 시간이 걸리는지 회중시계를 꺼내 재는 그의 습관 때문에 그런 인상은 더욱 깊게 각인되었다. 그 시간이 줄어들 때마다 그는 눈웃음을 지었다.

"집합에서 번호까지는 10초 이내에 마치도록……."

히데키의 요구는 초 단위였다.

그런데도 이런 선배 장교를 존경하는 생도는 적지 않았다. 휴일이면

니시오쿠보의 자택으로 생도들이 찾아왔다. 히데키는 멋들어진 근황정신찬가를 반복했고, 그것은 16, 7세의 생도들의 귀에 쏙쏙 들어오는 말이었다. ―24기생으로 히데키의 구대區隊에 있었던 아카시바 야에조赤柴八重藏(1892~1977)는 언젠가 도조와 다음과 같은 이야기를 나눈 것으로 기억한다.

"아카시바, 자넨 도쿄에 왔을 때 군인으로서 처음으로 얼굴을 내민 곳이 어딘지 알고 있나?"

"군비사령부입니다."

장교는 여행이나 업무로 타지에 가면 그곳의 사령부를 찾아가 보고해야 하는 것이 의무 사항이었다. 도쿄에서는 근위사단과 제1사단을 통할하는 도쿄위수총독부東京衛戍總督府에 출두한다.

"틀렸어. 도쿄에서는 그렇지 않아. 무엇보다 먼저 궁중으로 가서 방명록에 이름을 적어야 해. 궁중으로 가는 것이 군인의 참된 모습이지."

그렇게까지 단언하는 구대장이 없었기 때문에 아카시바는 도조의 근황정신을 보고 배우지 않으면 안 되겠다고 생각했다. 이런 에피소드는 곧 널리 퍼져서 제2구대와 제3구대에 속한 생도 중에서도 도조의 집을 찾아오는 자가 늘었다. 누마다 다카조沼田多稼藏(1892~1961), 기타노 겐조北野憲造(1889~1960), 아야베 기쓰주綾部橘樹(1894~1980) 그리고 아마카스 마사히코甘粕正彦(1891~1945) 등이 그러했다. 그중에서도 제2구대 소속이었던 아마카스는 종종 도조의 집을 방문했다. 10여 년 후 무정부주의자 오스기 사카에大杉榮(1885~1923) 학살의 하수인으로서 재판을 받게 되는 아마카스는 도도번藤堂藩 출신으로 근황정신만은 누구 못지않았는데, 그것만으로도 히데키와 뜻이 잘 맞았다. 둘은 경쟁이라도 하듯 천황에 대한 충성을 서약하면서 이야기를 주고받았다고 한다. 원래 근황정신이 깊어지면 깊어질수록 천황은 실재를 떠난 관념 세계의 추상적 개념으로 흩어져버린다는 것을 그들 나이에는 알 수가 없었다.

생도들과 나눈 대화에서 히데키는 천황에의 귀의를 경쟁한 것만은 아니었다. 그들은 승진이나 출세에 대해서도 관심을 갖고 있었다. 육군대장이 되는 것은 군인의 길에 뜻을 둔 자의 공통된 꿈이었고, 적어도 사단장이 되어 병력을 움직이는 것은 그들의 엘리트 의식을 자극하는 장래의 특권이기도 했다. 그렇게 되려면 육군대학교를 졸업해야만 했다.

육군대학교 수험에는 2년간의 부대 근무와 연대장의 추천이 필요했다. 히데키는 그런 자격을 얻을 시기에 도달해 있었다. 아니 그에게 교련반장을 명한 이면에는 육군대학교 수험을 위해 준비하라는 의미가 담겨 있었다. 연대장은 관례에 따라 부하를 하나라도 많이 육군대학교에 입학시킴으로써 자신의 인사고과 점수를 높일 수 있었기 때문에 그런 편의를 봐주면서 격려하는 것이 흔한 일이었다.

그런데 육군대학 수험과 관련하여 생도로부터 질문을 받은 히데키는 다음과 같이 애매하게 대답했다.

"육군대학을 나오든 나오지 못하든 대단한 문제는 아니다. 중요한 것은 제국 군인으로서 마음가짐이 확고한지 여부다."

출세를 향한 욕망과 영달을 경멸하는 마음을 함께 지닌 생도들에게 이런 대답은 실망과 외경심을 동시에 불러일으켰다. 그러나 그들은 이렇게 대답하는 도조의 마음속을 정확하게 알 수는 없었다. 군 내부의 항쟁에서 무너진 아버지의 모습이 히데키를 답답하게 짓누르고 있었다. 그것을 보면서 스스로는 연대장을 끝으로 군 생활을 마칠 것이라 각오하고 있었다. 이 무렵 아버지 히데노리에 대한 육군 내부의 평판이 상당히 나빠지고 있다는 것을 그도 알고 있었던 것이다.

히데노리는 시정市井의 군사평론가 노릇을 하면서 생활하고 있었다. 그의 원고는 전술전사戰術戰史 전문 출판사와 군사연구사에서 잇달아 출판되었고, 1907년부터 2, 3년 사이에 자그만치 10권에 이르렀다. 그런 저작의 서문에는 "재야의 한 사람으로서 전술연구를 계속하고 싶다"고 적혀 있지만, 실제 내용을 보면 러일전쟁 당시 전장에서 보여준 대본영의 지휘를 비판하는 자구로 채워져 있다. 그것은 야마가타 직계의 군인을 정면에서 비판하는 것을 의미했다. 그리하여 그의 적들은 그를 더욱 깊이 증오하게 되었고, 그의 편에 선 사람들은 그를 더욱 믿음직스럽게 생각하게 되었다.

타협을 모르는 히데노리의 고독한 싸움은 히데키에게 좋은 영향을 주지 못했다. 히데키 앞에서 아버지를 비판하는 장교마저 있었던 것이다. 당연하게도 그는 소극적으로 남의 눈에 띄지 않게 행동했다. 히데노리에게는 그것이 더욱 불만이었다. 좌절된 뜻을 자식에게 맡기고 있는데 그 자식이 육군대학 수험에 미적지근한 태도를 보이는 것은 원통한 일이 아닐 수 없었다. 그는 집요하게 아들을 설득했다. 결국 육군대학을 졸업하지 않으면 자신의 의사를 관철시킬 수 없을 것이라는 말로 히데키로부터 육군대학 시험을 치르겠다는 약속을 받아냈다.

그런데 히데키가 유별나게 공부한 것은 시험을 치르기 위해서가 아니었다. 1908년 11월 육군대학 시험을 치른 것은 그저 수험 자격이 있었기 때문이었다. 1차 필기시험에는 거의 2,000명이 응시했고, 1차 시험을 통과한 100명 중에서 구술시험을 거쳐 50명이 선발되었다. 이때 히데키는 1차 시험도 통과하지 못했다. 제17기생인 마에다 도시나리前田利爲(1885~1942), 시노즈카 요시오篠塚義男(1884~1945)처럼 자격을 얻자마자 1년 만에 합격한 사람도 있었는데 이를 보고 그는 분을 삭여야만 했다. 이 두 사람에게 도조가 열등감을 가졌다는 것은 기억해두어야 한다. 특히 유년학교, 사관학교, 육군대학교를 최우수 성적으로 졸업한 시노즈카에 대해서 도조는 그 자신이 요직에 나아간 후에도 라이벌 의식을 내비쳤는데, 이는 그의 열등감을 뒤집은 것이라 할 수 있다.

한번 실패하고 나자 그는 진지해졌다. 아버지 히데노리의 거듭되는 설득과 지기를 싫어하는 타고난 성격이 힘을 발휘하기 시작했다. 연대에서 돌아오면 입시과목인 전술, 병법, 전사 등을 치열하게 공부했다. 이런 모습은 히데노리를 기쁘게 했다. 그는 너무 기쁜 나머지 이구치 쇼고에게 아들이 진지하게 육군대학 수험에 의욕을 보이고 있다고 편지를 쓸 정도였다.

육군대학교 합격

육군사관학교를 졸업한 장교의 결혼은 엄정한 조사를 받는다. 우선 결혼 상대를 육군성 인사국에 신고해야만 한다. 헌병대에서 상대 여성의 가정환경과 부양가족까지 모든 것을 조사하고 난 다음에 육군대신의 허가가 나온다.

조사의 주안점은 위험사상의 소유자인지 여부, 부양가족 중 불온사상을 지닌 범죄인이 있는지 여부, 친정의 경제상태가 안정적인지 여부 등이다. 국체 파괴를 꾀하는 사회주의자가 장교에게 위험사상을 불어넣는 것을 두려워했고, 결혼 상대의 친정이 가난하면 남편이 전사할 경우 미망인의 생활이 비난을 받지 않을까 두려워했던 것이다. 결국 장교의 결혼 상대는 일정한 수준으로 한정되어버린다. 공을 세워 이름을 떨친 장관將官이 자신의 눈에 띈 장교에게 딸을 시집보내는 예가 많았고, 또 장교 중에서도 기꺼이 그런 안이한 길을 선택하는 자가 많았다. 인척의 힘

을 빌려 출세하고자 하는 장교는 '낫토納豆'*라 불리며 **낫토**
푹 삶은 메주콩을 볏짚
꾸러미 등에 넣고 띄운
식품.

경멸을 당했고, 때로는 동료들 사이에서 철권 제재를
받기도 했다.

근위보병 제3연대에 적을 둔 중위, 그리고 부친은
조슈벌의 눈 밖에 나 있긴 했지만, 도조 히데키에게도 몇 번 혼담이 있었
다고 한다. 그중에는 '낫토'에 속하는 것도 있었다고 하는데, 그는 결혼
을 영달의 수단으로 삼지는 않았다.

그는 어머니 쪽 친척인 니혼여자대학日本女子大學 국문과 여대생, 후쿠
오카현 다가와촌田川村에 사는 이토 만타로伊藤万太郎의 장녀 이토 가쓰를
결혼 상대로 골랐다. 만타로는 이른바 지방의 재산가로 삼림과 전답을
갖고 있었으며, 그 고장의 촌장을 거쳐 나중에 현의회 의원이 된 인물이
다. 그는 딸의 도쿄 유학을 허락할 정도로 앞선 생각을 지니고 있었다.
가쓰는 오구라고등여학교小倉高等女學校 시절 히데키의 어머니 지토세의
친정인 절에 일 년 반가량 하숙하면서 학교에 다녔는데, 도쿄로 온 후에
도 도조 히데노리가 보증인이 되어준 인연도 있고 해서 그의 집에 종종
드나들었다. 결혼은 아주 자연스럽게 결정되었다. 헌병대는 가쓰의 인
물과 가정환경을 보고 즉석에서 결혼을 승인했다.

26세의 중위와 20세의 여자대학생, 시대의 첨단을 걷고 있는 것처럼
보이는 부부가 1911년 4월 11일 탄생했다. 가쓰의 친정에서는 니혼여자
대학을 졸업하고 국어교사 자격을 취득하도록 권했다. 처음 얼마 동안
가쓰는 니시오쿠보에서 메지로目白에 있는 여자대학까지 걸어서 다녔지
만 곧 가사와 시동생을 돌보느라 통학을 단념해야만 했다.

"나 역시 육군대학에 들어가고 싶소. 하지만 올해는 준비가 부족해서
시험을 치르지 않을 거요. 합격하지 못하면 연대에 폐를 끼치게 될 테니

까. 내년도 어려울 게요. 2년 앞을 목표로 힘써 보고 싶소. 도와주시오."

히데키의 말을 들은 가쓰는 배움을 향한 자신의 열정을 접었다. 남편의 말을 믿어보기로 했던 것이다.

한번 목표를 정하면 히데키는 오로지 그것만을 향해 매진했다. 수험공부 일정을 잡고 충실하게 이를 따랐다. 개별 수험과목에 얼마나 시간을 할애할 것인지, 어느 정도까지 기억할 것인지 생각한 다음 하루 동안 학습해야 할 시간을 산출하고, 이를 근거로 연간 총 학습시간을 계산한다. 그것을 가로세로 1센티미터 네모칸이 빽빽하게 들어찬 모눈종이에 명확하게 적고, 하루에 소화해야 할 시간과 실제로 소화한 시간을 적어간다.

이런 일정을 지키는 남편의 모습을 보고 가쓰의 신뢰는 높아져 갔다.

그렇다고 둘의 신혼생활이 늘 향학열로만 가득 차 있었던 것은 아니다. 어쨌든 도조 집안은 대가족이었다. 3대에 걸친 열여섯 명의 가족. 히데토시와 히데노리 부부 그리고 히데키의 동생들이 있었다. 가사를 비롯하여 노인들과 동생들을 돌보는 일은 히데키 부부의 어깨에 달려 있었다. 시어머니 지토세는 일을 했지만 성격이 드세서 마음에 들지 않은 것이 있으면 가쓰를 호되게 나무랐다. 그렇게 고부가 부딪칠 때면 히데키는 곤혹스러운 마음으로 가쓰를 두둔했다.

시어머니와 사이가 나빠지자 둘은 새로 살 집을 찾아 나섰다.

"장래가 있는 군인으로서 체면을 지키고, 거기에 걸맞은 집에서 살아야지."

히데노리는 그때마다 이렇게 말했고, 젊은 부부는 봉급 33엔 33전(실수령액 28엔) 중 임대료 13엔을 지불하고 집 한 채를 빌렸다. 그것이 육군중장 자제의 사회적 체면이라는 것이었다. 그들이 요쓰야사카마치四谷坂町와 가스미마치霞町로 이사한 것도 그 말을 받아들였기 때문이었다. 결혼

2년째 되던 해 장남이 태어났는데 요쓰야사카마치에 살고 있을 때였다.

히데키의 육군대학 수험 준비는 이런 환경 속에서 계속되었다. 점차 가쓰 쪽에서 육군대학 합격에 마음을 쏟게 되었다.

하타케야마 세이코 « 山清行의 『도쿄병단東京兵團』이라는 책에 다음과 같은 에피소드가 소개되어 있다. 상인이나 주변 사람에게 "언제일지는 모르지만 남편을 육군대신으로 만들고 싶다"고 말하면서 억척스럽게 육아와 세탁에 열중하는 가쓰의 모습은 유명했다. 육군대신은 당시 최고위직이었기 때문에 조금은 황당무계한 이야기로 받아들여졌지만, 32년 후 실제로 도조가 육군대신이 되자 이 이야기가 새삼스럽게 다시 등장하여 출세담으로 윤색되었다.

과연 그랬을까. 이와 관련하여 1979년 가쓰에게 물어보았더니, 그런 말을 하고 다닐 만한 여유가 없었다며, 매일 빨래하고 밥하고 아이 보느라 정신이 없었다고 반박한다.

시어머니가 며느리를 괴롭힌 데 대해 히데키가 마음속 깊이 불쾌감을 품고 있었다는 것이 뜻밖에도 육군차관 취임 당시 밝혀진다. 그는 총애하던 부하의 가정을 찾아가 못을 박았다.

"그는 당신들에게 둘도 없는 자식이고 의지할 남편일 것입니다. 물론 나에게도 중요한 부하입니다. 그 부하가 아무 걱정 없이 일을 할 수 있도록 며느리와 시어머니 사이에 문제가 일어나지 않게 해주십시오."

히데키는 가정불화가 군사업무에 영향을 주지 않을까 걱정했던 듯하다. 그리고 훗날 육군대신이 되었을 때는 부장과 과장들을 모아놓고 "가정에서 겪는 괴로움은 나와 상담하도록 하라"고 말했을 정도다.

군인이란 평시에는 무훈武勳을 세울 수가 없다. 평상시에 관심사로 떠오르는 것은 영달의 요인이 되는 다양한 행사의 성과나 연습의 결과이다. 그것이 전투를 대치代置하는 것이었다.

사단장과 연대장은 자신의 부대가 얼마나 잘 훈련되었는지에 관심을 가졌다. 육군대연습이라는 '모의전쟁'이 실시될 때면 다른 부대보다 행군과 작전행동이 얼마나 뛰어난지에 마음을 쏟았다. 또 그들의 인사고과 점수를 올리는 방법은 자신의 부하인 소위와 중위 중에서 우수한 자를 찾아내 육군대학교에 입학시키는 것이었다. 그렇게 하면 누군가는 자신의 지위를 끝까지 지켜줄지도 모르는 일이었다.

그랬기 때문에 육군대학 합격 가능성이 있는 자에게는 일상의 근무를 시키지 않고 수험 공부에 전념하도록 했다.

히데키가 1912년 4월 필기시험에 합격한 것도 이러한 배려가 열매를 맺은 것이었다. 2차 구술시험이 있는 12월까지 그는 수험 공부에만 거의 모든 시간을 써도 괜찮았다. 몇 명의 교관이 잇달아 퍼붓는 질문에 응하는 훈련을 종일 반복했다. 그리고 합격했다. 아버지 히데노리에게 배운 전술론이 곳곳에 포함되어 있었음에도 합격이 허가된 것은 이구치 쇼고가 1906년부터 5년간 육군대학교 교장이었을 때 조슈벌 계열의 교관을 내쫓았기 때문이라고 한다. 도조에게 질문을 한 교관은 오히려 히데노리를 존경했다고 한다.

1912년 12월, 도조는 61명의 합격자와 함께 육군대학교에 입학했다. 동기생 중에는 16기생 이소가이 렌스케磯谷廉介(1886~1967), 19기생 이마무라 히토시今村均(1886~1968), 19기생 혼마 마사하루本間雅晴(1887~1946)가 있었다. 17기생 중에서는 9명이 합격했다.

히데키의 육군대학 입학을 누구보다 기뻐한 사람은 아버지 히데노리였다. 후계자로서 이제야 자신의 지위를 굳게 해주었던 것이다. 그는 군

내의 요직에 있는 옛 친구에게 자식을 잘 보살펴달라는 내용의 편지를 썼다. 이 무렵 그는 심장각기心臟脚氣가 악화하여 오다와라小田原 해안에 있는 임대 별장에서 치료에 전념하면서 틈이 나는 대로 근처의 아이들에게 노래를 가르쳐주고 있었다. 이렇듯 평범하게 생활하고 있던 그에게 자식의 육군대학 합격은 최고의 선물이었다.

그는 마당으로 나와 그때까지 써서 묶어두었던, 육군 중추를 비판하는 메모를 불살랐다.

"이것을 공개하면 히데키의 가슴에 찬물을 끼얹게 된다. 그래서는 저놈이 불쌍해서 안 되지."

팽팽하던 실이 끊어진 것처럼 히데노리는 늙어가고 있었다. 자리에 눕는 일이 잦아졌고, 이윽고 이불 속에서 움직이지 않게 되었다.

이구치 쇼고가 몇 차례 문병을 왔다. 이때 이구치는 제15사단장이었다. 조슈벌 출신을 결코 측근으로 두지 않는 이 군인도 육군 내부에서는 고립된 느낌이었다.

"재직 중에 받았던 온갖 오해는 어떻게 해서든 씻고 싶을 것이네. 내가 해명할 테니 안심하게나. 안심하고 요양하는 게 좋아."

친구의 마음 씀씀이에 히데노리는 눈물을 흘리며 기뻐했다. 그 후 얼마 지나지 않아 히데노리는 숨을 거뒀다. 1913년 12월 26일, 59세였다. 영원히 잠든 그의 얼굴에는 억울함이 깃들어 있었다고 당시의 잡지는 전한다.

이구치는 죽은 자에게 한 약속을 지키지 않으면 안 된다고 말하고 '히데노리 옹호'라는 제목의 수기를 쓰기 시작했다. 이 글에서 그는 야마가타 아리토모를 정점으로 하는 조슈벌의 전횡을 철저하게 매도했다. 그의 부관들은 너무나 격앙된 어조에 놀라 발표를 보류하라고 진언했지만 이

구치는 자신을 뜻을 꺾지 않고 그 글을 『군사신보軍事新報』1914년 봄호에 싣도록 했다.

나는 이 잡지를 수소문해왔는데 현재 어디에도 보존되어 있지 않다. 옛 군인의 말에 따르면, 조슈벌이 날뛰면서 희생당한 사람이 열 손가락을 헤아리는데 도조 히데노리도 그 중 하나라며 애통해했다는 것, 육군의 사유화를 허용해서는 안 된다고 강한 어조로 힐책한 것 등이 그 글의 내용이었다. 조슈벌에 대한 비판은 곧 육군 수뇌부에 대한 반역을 의미하던 시대에 이구치의 각오를 담은 내용은 육군성과 참모본부의 장교들에게 놀라움을 안겨주었다.

이구치 쇼고의 입장은 더욱 불리해졌다. 그로부터 2년 후 이구치도 예비역으로 내몰리고 말았다. 당시의 육군 내부 소식을 전하는 간행물에서는 "참모총장의 자질을 가진 자"라며 그를 극찬하고 있지만, 조슈벌에 저항한 군인으로서 이름을 남긴 것에 지나지 않았다.

도조 히데키가 육군의 핵심부로 들어감에 따라 주위에서 가와카미 소로쿠, 이구치 쇼고의 이름을 들먹였고, 그때마다 그는 "이 두 사람이야말로 조슈벌의 횡행을 받아들이지 않았던 존경할 만한 어른"이라고 말했다. 이때 도조의 머릿속에 아버지 히데노리의 모습이 떠올랐으리라는 것은 어렵지 않게 상상할 수 있다.

군인으로 자립하다

「성규유집」 그 아버지에 그 아들

도조 히데키에게는 다섯 명의 동생이 있었다. 세 명의 남동생과 두 명의 여동생. 여동생 중 한 명은 국철國鐵 사원과, 다른 한 명은 육군사관학교를 졸업한 군인과 결혼했다. 첫째 남동생은 막 대학을 졸업한 기술자, 둘째 남동생은 중학생, 그리고 열아홉 살 차이가 나는 막내 동생은 소학교 학생이었다.

히데노리가 사망한 후 도조 집안에서는 니시오쿠보의 집을 팔았고, 그 돈과 히데노리가 남긴 자산으로 지토세가 아이들을 키우기로 했다. 히데키 부부는 다시 가족과 별거하면서 측면에서 지토세와 동생들을 돌봤다.

히데키가 동생들을 대하는 태도는 엄격했던 듯한데, 둘째 누이동생의 아들 야마다山田玉哉(훗날 육군성 병무국 장교)에 따르면, 나아지려는 마음이 부족하다고 판단되면 출입금지령을 내리기도 했으며, 이렇듯 까다로운 성격을 싫어해서 히데키를 가까이하지 않은 동생도 있었다.

이 무렵 히데키 부부의 생활은 결코 즐겁지 않았다. 한 달에 한 번 1엔을 주고 고기를 사다가 두 아들과 함께 식탁에 둘러앉아 먹는 것이 유일한 즐거움인 소박한 생활이었다. 수상이 되고 나서 "나의 대위 시절은 정신적·경제적으로 힘들었다. 그래서 책상에 앉아 공부만 했는데 그럴 때만 마음이 조금 차분해졌다"라고 비서에게 털어놓기도 했다.

도조 히데키의 65년 인생에서 이 시기가 자제력이 가장 많이 요구되는 때였을 것이다.

그는 육군대학에서 돌아와서도 교과서를 손에서 놓지 않았다. 그것은 독창적인 연구를 의미하는 공부가 아니라 주어진 틀을 충실하게 기억하는 공부법이었다.

육군대학 교육은 전장에서의 상황판단과 처리에 중점을 두었으며, 그 내용은 러일전쟁 당시 전장을 대상으로 했다. 수업은 교관이 문제를 내고 시간을 나눠 연구결과를 제출하도록 하는 방식으로 진행되었다. 그런데 학생 중에는 교관보다 독창적인 대답을 내놓는 사람도 있었다. 그러나 교관은 자신의 생각에 맞추도록 강압적으로 명령했다. 하지만 3학년이 되면 학생들 사이에서 군인으로서 굳은 신념을 갖고 독자적인 전술을 연구, 발표하는 자가 늘었다. 교관은 그것을 억누를 수가 없었다.

그런데 도조는 이런 쪽에 서지 않았다. 그는 충실하게 교관의 생각에 따랐다. 설령 아버지 히데노리의 군사전략을 거스르는 것이라 해도 교관에게 배운 내용을 자신의 생각으로 간주했다. 명실공히 아버지 히데노리와 이별한 것이었다. 그랬기 때문에 육군대학 교육의 결함은 도조의 결함이 되기도 했던 것이다.

태평양전쟁 후 육군대학 교육의 결함은 수많은 지적을 받았다. 적확한 지적도 있었지만 의외의 지적도 없지 않았다. 누구나 지적하는 것 중 하나는 전장교육만 있었을 뿐 일반교육은 없었다는 점이다. 역사, 수학, 통계, 철학과 같은 강좌도 있었지만 수업 시간이 적었고, 국제공법, 국법학國法學은 졸업 직전에 명목상으로만 배우는 것이었다. 육군대학 졸업생 중 성적우수자 대여섯 명에게는 천황이 하사한 군도軍刀가 수여되었다. 군도를 받은 사람들은 영달의 길에 들어섰지만 그것은 낡아빠진 전장교육의 충실한 계승자에 지나지 않는다는 것을 의미했다.

도조의 동기생으로 군도를 받은 이마무라 히토시는 전후 『개인적 기록—군인 생활 60년의 애환』을 저술했는데, 이 책에서 그는 "육군대학 교육은 어떻게 군과 사단을 운영하여 적을 물리칠 것인지를 밝히는 통수統帥 연구를 일차목표"로 삼았기 때문에 몇몇 폐해를 낳았다고 고백한다. '자기절대화' 장교의 배출, 시종일관한 즉흥적인 전술 연구, 쇼와 시대에 들어서 나타나는 육군대학 교관의 아류의식. 이런 것들이 암암리에 가리키는 것이 바로 도조 히데키라고 말하는 논자도 있다. 자기절대화가 그러하고, 임기응변식 전술 연구가 그러하다는 것이다.

하지만 그것은 가혹한 말일지 모른다. 도쿄재판 직전, 도조는 옛 부하였던 사토 겐료佐藤賢了(1895~1975)에게 다음과 같이 말하면서 이마무라 히토시와 같은 반성을 하고 있기 때문이다.

"육군대학 교육의 결함은 고급장교들에게 필요한 정신교육이 이루어지지 않았다는 점이다. 단순히 작전, 용병 등 전술교육에 지나지 않았다."

물론 도조 자신은 1944년에 들어서면서부터 육군대학 학생들에게 훈시하기를 좋아했고, 그 내용은 "황군은 은인자중 전력을 쌓아왔고 지금 호기를 포착하여 단호히 적의 전력을 격파함으로써 그들이 전쟁을 계속하겠다는 의지를 철저하게 분쇄했다"라며 지속적으로 정신론을 피력한 것이었지만……

1915년 12월, 도조는 60명 중 11위의 성적으로 육군대학교를 졸업했다. 군도는 받지 못했다. 졸업과 동시에 그는 근위보병 제3연대의 중대장으로 배속된다. 육군에서 '즐거운 보직'은 흔히 위관급의 경우 중대장, 좌관급佐官級(영관급)의 경우 연대장이라 했다. 직접 많은 병력을 지휘할 수 있기 때문이라는 것이 이유였는데 도조 중대장은 그 즐거움을 맛보지 못했다. 왜냐하면 중대장 생활 반년은 150명의 병사 모두와 관계를 맺기에 너무 짧은 시간이었기 때문이다. 그는 육군성 부관으로 자리를 옮겼다. 1916년 8월이다.

원래는 참모본부에 배속될 예정이었다. 졸업생의 근무지는 재학 당시의 성적, 본인의 희망, 적성을 감안하여 결정된다. 도조 자신은 아버지의 영향으로 참모본부를 희망했다. 군인이라면 우선 참모본부로 가는 것이 당연한 코스였다. 실제로 육군대학 27기생 중 성적이 '상하'에 속한 그룹은 대부분 참모본부에 배속되었고, 도조 역시 그러기를 희망했으리라는 것은 어렵지 않게 상상할 수 있다. 그런데 왜 육군성으로 전속된 것일까. 그 이유를 찾아가다 보면 아버지 히데노리의 존재를 알게 된다. 배속이 결정되기 전, 육군성 고급부관 와다 가메지和田龜治(1870~1945) 대좌가 도조를 불렀다. 와다는 육군사관학교 6기, 육군대학교 15기생, 교도단 출신이었기 때문인지 도조 히데노리를 존경하는 군인이었다. 그는 만년의 히데노리를 동정하고 있었다. 히데키가 부관실로 들어가자 와다는 "충고 한 마디 하겠다"라고 전제한 다음 이렇게 말했다.

"참모본부로 가고 싶어하는 듯한데 자네 부친 일도 있고 하니까 그곳에는 가지 않는 게 좋아. 자네가 그곳에 가면 괴롭힘을 당할 걸세. 아직도 자네 부친에게 반감을 품고 있는 자가 많기 때문이야."

그는 도조 히데노리의 자식이라는 이유로 냉대를 받을 것이라는 충고를 받아들였다. 참모본부의 부장 이상은 야마가타와 가쓰라, 데라우치 등을 등에 업은 장교들이 차지하고 있었고, 히데노리에 대해 이야기하는 참모본부 장교들의 말투에는 군인으로서의 능력을 염려하는 수식어가 따른다는 것도 알고 있었기 때문이다.

"자넨 내가 있는 곳으로 오게. 육군성 부관이 되는 게 어떤가? 그게 나을 걸세."

이리하여 도조는 육군성 부관이 되었다.

육군성 부관은 육군대신을 보좌한다. 그렇긴 하지만 부관이 여섯 명이나 있었고 도조는 그 말단 자리를 차지한 것에 지나지 않았다. 고급부관 와다의 명령에 따라 움직일 따름이었다. 서류 정리, 전화 연락, 온갖 잡일을 한다. 미야케자카三宅坂에 있는 육군성 관방官房에 적을 두긴 했지만, 정책의 중추를 알 길이 없었을 뿐만 아니라 육군과 정당이 대립하는 실상과도 무관했다. 하물며 육군대신과 대화를 나눌 기회 따위는 아예 없었다. 당시 육군대신은 오시마 겐이치大島健一(1858~1947) 중장이었는데, 조슈 출신은 아니지만 야마가타와 가까이 지내면서 그의 믿음을 얻어 출세한 것으로 알려진 군인이다. 덧붙이자면 오시마의 장남 오시마 히로시大島浩(1886~1975)는 도조의 육군대학 동기생이며, 태평양전쟁 전 독일대사를 역임한 군인외교관이다.

육군성 부관으로서 도조는 사무적 직무에 어울리는 성격도 갖추고 있다는 것을 주위에 보여주었다.

육군성에는 건군 이래의 관계 법규, 조례, 관행, 내규를 문서화한 두께가 20센티미터쯤 되는 「성규유집成規類集」이라는 서류철이 있다. '헌법·황실'에서 시작하여 '관제', '병역', '상전賞典', '복무' 등 17개 항목으로 분류되어 있고, 군인의 직무와 생활 일체가 이 서류를 축으로 회전한다. 육군성 관방에는 여기에 정통한 문관이 있어서 일상 업무는 그의 지시에 따라 진행된다. 군인은 문관에게 일을 맡긴 채 홀가분하게 하루하루를 보내면 그만이었다. 게다가 군인들은 책상에 앉아 업무를 보는 데 서툴렀다. 아니 오히려 경멸하는 기풍마저 있었다. 육군성 부관으로 2년만 근무하면 다른 곳으로 옮겨갈 텐데 「성규유집」을 아는 게 무슨 소용이 있겠는가. 그런데 도조는 이런 풍조에 불만을 가졌다.

문관에게 가르침을 구하고 그의 지시에 따라 업무를 보는 것도 썩 유쾌하지 않았다. 그래서 그는 집무 중 「성규유집」의 페이지를 넘기면서 중요한 부분은 머릿속에 넣었다. 서류기재요령, 관혼상제의 관례, 육군의 명령복종 방법, 연대장과 중대장의 직무 등 자질구레한 내용을 머리에 집어넣었다. 암기는 그의 '노력'을 대신하는 말이었다.

그 이후 문관이 「성규유집」을 내세워 주문을 하면 도조는 "그런데 제3

편 제2장 제6조에는 이렇게 적혀 있다. 따라서 내 의견이 옳다"라고 반론했다. 문관은 도조를 경원시했고, 막료들 사이에서는 정말 진지한 사람으로 알려지기도 했고 외골수라 불리기도 했다. 반은 선망, 반은 경멸이 포함된 평가였다. 더욱이 새로운 관행은 메모 형식으로 정리한 다음 그것을 서류처럼 묶어두었다. 그러자 그의 성실한 태도는 육군성과 참모본부에 널리 알려지게 되었다. 이는 무엇보다 있는 그대로의 사실을 그대로 인정해버리는 것이 그의 성격의 중요한 부분이라는 것을 뒷받침한다.

"누가 도조 히데노리 중장의 자식 아니랄까 봐……."

히데노리가 교과서대로 일을 추진하는 것을 높이 샀던 것처럼 그 자식도 법령대로 하지 않으면 마음이 편치 않은 타입이었던 듯하다. 그래서인지 사람들은 역시 피는 속이지 못한다며 수군거렸다. 그러나 도조는 이런 험담에 전혀 신경을 쓰지 않았다. 부친의 이야기가 나오면 아무도 알아채지 못하게 불쾌한 표정을 지었던 듯하다.

야마시타 도모유키와 교우하다

당시 일본 육군에서는 쇼와 시대에 들어서면서부터 시작된, 군의 경직성을 보여주는 몇몇 징후들이 나타나고 있었다. 예컨대 육군성과 참모본부의 장교는 다른 부서의 장교가 기안한 계획안에 쉽게 동의하지 않았다. 반드시 한마디 불만스런 말을 내뱉고는 그 계획안을 재검토하도록 했다. 그런 식으로 각각의 존재를 과시했다. 게다가 계급이 한 등급이라도 차이가 나면 상급자는 필요 이상으로 위압적인 태도로 거들먹거렸다. 그것이 상급자의 권위라고 생각했던 것이다.

도조도 이런 분위기에 익숙해져 있었다. 그리고 그것을 지위가 상승할 때마다 충실하게 계승했다. 내부에서 '불호령'이라는 이름으로 악명이 높았던 와다 가메지 대좌는, 사무 능력이 떨어지는 하급자를 보면 얼굴빛을 싹 바꾸면서 호통을 쳤기 때문에, 중견 장교들이 가까이하려 하지 않은 사람이었다. 사무의 정확성을 존중하고 「성규유집」을 충실하게 지키는 와다의 입장에서 보았을 때, 도조의 집무 태도는 다른 부서의 비판을 허용하지 않는 것만으로도 만족스러웠다. 그는 다른 장교보다 도조를 중용했다.

그런데 집에 돌아와서까지 「성규유집」만을 생각하는 장교는 육군 이외의 세계에 대해서는 아무것도 몰랐다. 그의 노력은 오로지 눈앞의 직무만을 위한 것이었고, 주어진 틀 안에서만 힘을 발휘하는 최대의 무기가 되었다. 더구나 그는 자신이 몸담고 있는 조직이야말로 우수한 무리들의 토양이자 이 나라의 부침淨沈을 틀어쥐고 있는 장소라 믿고 있었다. 군인을 지망하지 않고 기술자의 길을 선택한 동생에게 〈군인칙유〉만은 알아두는 게 낫다고 말하면서, 집안 거실에다 "국가를 보호하고 국권을 유지하는 것은 병력에 달려 있으며 병력의 소장消長은 곧 국운의 성쇠盛衰와 직결된다는 것을 알라. [……] 자신의 본분인 충절忠節을 지키고" 운운하는 〈군인칙유〉를 걸어둔 것도 이 무렵이었다.

성실한 중견 장교의 자기 연마, 군인 우위를 믿는 자의 편협하다고도 말할 수 있는 자기 단련이었다.

다이쇼 시대— 정당과 군부가 서로 고집을 부리며 불화를 일으키던 시대였다.

1913년, 호헌운동護憲運動*으로 궁지에 몰린 가쓰라 내각을 대신하여 해군과 정우회에 기반을 둔 야마모토 곤베에 내각이 성립했다. 정당 측

호헌운동
다이쇼 시대에 발생한 입헌정치를 옹호하는 국민과 정당의 운동. 이 운동에 참가한 이들은 사쓰마번과 조슈번 출신을 중심으로 한 이른바 번벌정치(藩閥政治)를 비판하고 헌법에 기초한 민주적 정치를 주장했다.

에서는 이 내각에 "육해군대신은 현역 대장이나 중장으로 한정한다"는 조항 중 '현역'이라는 말을 삭제하라고 집요하게 요구했다. 이 말이 살아 있는 한 육군이 정당 내각의 존립 여부를 쥐게 될 것이라는 우려 때문이었다. 결국 정당의 요구와 여론 그리고 이 내각의 내무상 하라 다카시原敬(1856~1921)의 주장이 열매를 맺어 이 조항은 삭제되었다. 이때 하라 다카시는 장래 군부대신 무관제를 철폐하는 것까지 상정하고 있었다.

물론 육해군은 반대하고 나섰다. 참모총장 하세가와 요시미치長谷川好道(1850~1924)는 두 차례에 걸쳐 천황을 배알하고 이 결정을 바꾸도록 압박했다. 군사비 삭감, 국방방침의 혼미, 정치에 대한 군사의 종속이라는 일련의 도식을 아무래도 참을 수가 없었던 것이다. 하지만 천황은 군부의 의향을 무시했다.

야마모토 내각은 해군 군인의 수뢰사건(시멘스 사건)으로 무너졌고, 1914년 4월에는 오쿠마 시게노부大隈重信(1838~1922)를 수반으로 하는 제2차 오쿠마 내각이 성립했다. 육군의 2개 사단 증설을 받아들이면서 탄생한 이 내각은 반反군부를 주장하는 오쿠마의 뜻에 반하여 야마가타를 중심으로 하는 육군 원로들의 손에 놀아났다. 더군다나 5개월 후에는 때마침 발발한 제1차 세계대전에서 영일동맹의 제약에 따라 독일에 선전포고를 하지 않을 수 없게 되었고, 야마가타를 비롯한 육군 수뇌부의 주장, 즉 "세계 무비無比의 대전에 참전한 이상 내부의 다툼으로 외부의 굴욕을 잊을 때가 아니다. 거국일치내각의 성립이 급선무다"라는 압력에 맥없이 무너져버렸다. 이어서 1916년 10월에는 데라우치 마사타케 내각이 탄생했다. 여기에서 관료와 군인이 주도하는 내각을 가리키는 거국일치내각이라는 애매한 관습이 시작되었다. 그것도 그들이야말로 천황에게 충성을 맹세한 집단이라고 자부하고 있었기 때문이다.

야마가타도, 데라우치도, 참모차장 다나카 기이치田中義一(1864~1929)도 제1차 세계대전을 세력 확장의 수단으로 활용했지만, 이 전쟁은 육군의 일상 업무에 별다른 영향을 끼치지 않았다. 독일이 영유하고 있던 칭타오青島를 공격하여 점령했지만 그것은 육군 내부를 흥분시킨 사건이 되지는 못했다. 영일동맹의 약속에 따라 연합국 쪽에 서 있을 뿐, 육군성과 참모본부에는 심정적으로 독일 쪽으로 기우는 분위기가 있었다. 1914년 8월 참전 통고와 동시에 독일과 관계가 끊어졌고 그런 상태가 1921년 2월까지 6년 6개월에 걸쳐 지속되었지만 친독일적인 공기는 잦아들지 않았다.

특히 1918년 봄, 서부전선에서 독일이 대대적인 공격에 나서자 참모본부에서는 "독일이 다시 힘을 내기 시작했다"는 소리가 높아졌다. 그러나 독일이 5개월 만에 총퇴각하고 휴전조약에 조인하자 실망의 소리마저 새어나왔다.

"왜 독일은 졌을까?"

이런 소리들이 들려왔고, 독일 패전 연구에 착수하는 사람들이 늘었다. 그것은 독일 육군을 모방하고 있는 일본 육군의 결함을 씻는 일이었기 때문이다. 청년 장교 중에서도 이 방면에 관심을 가진 연구자들은 독일의 정보를 모으기 시작했다. 더 깊은 관심을 가진 자들은 전쟁 도중에 일어난 러시아혁명으로 눈을 돌려 레닌의 소비에트 정부를 연구하기 시작했다. 일본이 미국과 함께 시베리아 출병을 결정하자 청년 장교의 관심은 한층 더 이 사회주의 국가로 옮겨갔다. 여전히 일본의 가상 적국은 러시아라는 점에 변함이 없었기 때문이다.

1919년 7월, 육군성 고급부관실로 불려간 도조는 '독일국 주재'를 명받았다. 와다의 후임 마쓰키 나오스케松木直亮(1876~1940)는 메이지 말기에 3년가량 독일에 주재했던 터라 예상 외로 기쁘게 사령辭令을 건넸다.

"자네와 참모본부의 야마시타 도모유키 대위 두 사람이 파견된다. 먼저 스위스의 베른으로 가서 유럽을 돌아보는 게 좋아. 베를린의 대사관이 다시 문을 열면 곧 그곳으로 가게 될 것이야."

'독일 주재'는 도조가 기다리고 있던 사령이었다. 육군대학을 졸업한 사람 가운데 상위그룹, 보통 10명에서 15명이 3년간의 외국 근무 명령을 받는다. 각자 전공 언어에 따라 러시아, 프랑스, 영국, 미국 등으로 파견된다. 독일에 유학한 사람은 다른 나라에 유학한 자보다 출세의 기회가 많았고, 더욱이 제1차 세계대전 때문에 이곳으로 가는 발길이 수년 동안 뚝 끊긴 상태였다. 독일과의 국교 재개를 앞두고 독일 주재 명령을 받는다는 것은 중견 장교의 하나로 촉망받고 있다는 것을 뜻했다.

또 그 이면에는 육군대학교 간사로 자리를 옮긴 와다 가메지의 강력한 추천이 있었다. 따라서 이 사령은 아버지의 유산이라고 말할 수도 있다.

독일 유학 명령을 받자 가쓰와 세 아이를 다가와촌으로 보내기로 했다. 두 사람은 독일 유학 동안 어떻게 생활할 것인지 자질구레한 일까지 정했다. 그런 꼼꼼함이 이 부부의 공통적인 성격이었다. 육군성에서 나오는 봉급 130엔, 이 돈을 육군성에서 가쓰에게 보내면 그 가운데 50엔은 도쿄의 어머니에게 보내고, 남은 80엔으로 가쓰와 세 아이가 생활한다. 편지는 일주일에 한 번은 쓴다.

두 사람은 확실하게 그런 생활을 했다. 가쓰는 아끼고 아껴서 남편이 없는 동안 3천 엔을 예금했고, 도조는 장인에게 받은 전별금 3천 엔을 군복 속주머니에 넣고 출국했지만 한푼도 쓰지 않고 귀국했다. 이렇게 모은 6천 엔으로 세타가야世田谷의 다이시도太子堂에 집을 짓는다. 문틈으로 바람이 들어오지 않게 한, 독일풍의 세련된 2층짜리 건물이다.

도조와 야마시타 도모유키山下奉文(1885~1946)는 1919년 9월 하순, 요코하마 항에서 스위스로 출발, 약 40일 만에 유럽에 도착했다.

두 사람이 짐을 푼 베른의 공사관에는 상당히 많은 육군 장교들이 모여 있었다. 독일대사관이 다시 문을 열기를 기다리는 장교, 그리고 유럽에 출장을 온 육군성과 참모본부의 청년 장교들이 이곳 베른에 머문다. 말하자면 양산박梁山泊 같은 느낌마저 있었다. 도조와 야마시타가 도착한 지 얼마 지나지 않아 우메즈 요시지로梅津美治郎(1882~1949)가 주재 무관으로 부임해왔다. 육사 15기로 도조보다 2기 선배인 이 군인은 1913년부터 1년 동안 독일 주재를 거쳐 제1차 세계대전 발발 후에는 덴마크로 자리를 옮겼고, 그곳에서 전국戰局의 양상을 연구하고 있었다. 그의 두 번째 부임은 군 중앙이 본격적으로 독일 패전 이유를 분석하는 데 힘을 쏟기로 한 의도의 표현이었다.

도조와 야마시타에게는 당장 특별한 임무가 주어지지는 않았다.

"유럽을 봐 두는 게 좋아."

우메즈의 명령으로 도조와 야마시타, 대기 중이던 가사이 헤이지로笠井平十郎(1884~1973), 가와베 마사카즈河邊正三(1886~1965) 등은 스위스, 오스트리아 그리고 독일과 유럽 중앙부를 둘러보았다. 그들은 육군유년학교 이래 배워온 독일어가 통했다면서 기뻐했고, 어느 나라에서든 노동자의 거리 시위가 활발한 것을 놀란 눈으로 지켜보았다. 여행을 함께하면서 도조와 야마시타의 친교는 깊어졌다. 나이는 도조가 한 살 많았지만 거의 같은 경력을 지닌 두 사람은 성격상으로도 비슷한 점이 있었다. 주의 깊고 신경질적이며 치밀한 성격. 이국에서 두 사람은 서로 그런 성

격을 확인했다. 훗날 도조에게서는 그런 성격 중 신경

베르사유 조약
1919년 6월, 독일 제국
과 연합국 사이에 맺어
진 제1차 세계대전의 평
화협정. 파리강화회의
중에 완료되었고, 협정
은 1919년 6월 28일 베
르사유 궁전 거울의 방
에서 서명되어 1920년
1월 10일 공포되었다.
조약은 국제연맹의 탄
생과 독일 제재를 규정
하는 내용을 포함한다.

격을 확인했다. 훗날 도조에게서는 그런 성격 중 신경
질과 치밀함이 두드러졌고 야마시타에게서는 대담하
게 보이는 행동이 두드러졌는데, 여기에서 둘의 균열
은 시작되었던 것이다.

가는 곳마다 둘은 카메라를 들이댔던 듯한데, 지금
남아 있는 사진에는 아직 마른 모습의 도조와 벌써
살이 찌기 시작한 야마시타의 웃는 얼굴이 보이기도
하고, 긴장감에 굳어버린 얼굴이 보이기도 한다. 유
럽의 도시 한구석에서, 또는 호텔의 로비에서 둘은
웃고 있다.

덧붙이자면 이때 베른에 있던 일본공사관의 일등서기관은 사토 나오
타케佐藤尙武, 그 아래 삼등서기관은 도고 부도쿠東鄕武德였다. 베른의 공
사관에서 이들 젊은 군인과 외교관은 여러 가지 이야기를 나누었을 테지
만, 현재 그것을 뒷받침할 자료나 기록은 전혀 남아 있지 않다. 도조와
도고는 그로부터 20년 후 출신 집단의 이해관계 때문에 서로 부딪치게
되는데, 이를 암시하는 에피소드는 찾아볼 수 없다.

1년 반쯤 후 공화제로 이행한 독일과의 국교가 회복되었고, 베를린의
일본대사관도 다시 문을 열었다. 도조와 야마시타도 이곳으로 옮겼다.

독일 제국은 붕괴했고, 베를린은 소란과 혼란 속에 있었다. 베르사유
조약*으로 국경도 애매해지고 경제도 혼란스러웠으며, 특히 좌우 양측
의 정당이 시위를 계속하고 있었다. 서민들은 하루 벌어 하루 먹고 살기
에도 바빴다. 그런 상황에서 도조는 그 나름의 방식으로 이 정세를 파악
하고자 카메라를 메고 본과 함부르크를 비롯하여 독일의 이곳저곳을 돌
아다녔다. 독일이 프랑스와 대치했던 서부전선도 확실하게 둘러보았다.

독일 국내 여행을 마치자 우메즈에게 이끌려 독일 육군성과 참모본부를 방문해 독일군 장교와 의견을 교환하기도 했다.

"독일 참모본부는 역시 훌륭하다. 이런 상황인데도 활기차게 집무하는 모습에서 재흥再興의 기운을 볼 수 있다. 그들은 서서 업무를 보고 있다."

독일 육군 장교가 패전에도 굴하지 않고 육군 재흥을 위해 일하고 있는 모습을 감동 어린 눈으로 바라보았다. 이에 비해 베를린 시민의 시위나 파업은 국가 관념이 없는 경박한 무리들의 소동으로 비쳤다. 공화제에 대한 반발 때문이었다. 그것은 이곳을 찾은 군인들의 평균적인 인상이었다.

'이 패전은 독일 제국의 군대가 패했다는 것을 의미하지 않는다. 전쟁을 싫어하는 국민적 분위기가 바로 패전의 빌미가 되었던 것이다.' ─ 그것이 그들의 해석과 결론이었다. 도조 또한 그러했다.

독일 패전의 계기가 된 것은 서부전선이었는데 그런 분석도 이 시점에서 파악되었다. 독일 참모본부의 명령과 시달은 적확했지만 개개 전투부대가 그것을 충실하게 지키지 못했다는 것이 그들의 결론이었으며, 전투부대의 전의 상실은 국민의 염전厭戰 분위기에서 비롯된 것이라고 이해했다. 도조 또한 그런 결론을 평생 바꾸지 않았다. 그가 수상이 되었을 때 그것은 구체적인 모습을 띠고 나타나게 된다.

바덴바덴의 밀약

1921년 가을, 군인 한 명이 베를린의 대사관에 들렀다. 오카무라 야스지岡村寧次(1884~1966), 육사 16기, 육군대학 25기인 중견 장교였다. 보병 14연대 소속으로 유럽 출장 명령을 받고 베를린에 온 참이었다. 중국 주재 임무를 마친 후, 특별한 목적도 없이 "유럽을 돌아보라"는 말을 듣고 나선 여행이었다. 군내 요직에 나아갈 사람에게 필수적으로 요구되는 유럽 견문여행이었다.

오카무라는 모종의 계획을 갖고 있었다. 모스크바에 주재하고 있던 오바타 도시로小畑敏四郎(1885~1947), 스위스공사관 소속 무관 직함을 갖고 스위스, 프랑스, 독일을 돌고 있던 나가타 데쓰잔永田鐵山(1884~1935) 그리고 오카무라. 동기생이었던 이 세 사람은 독일의 바덴바덴에서 만나 밀약을 나누고 있었다. 이들은 일본 육군 개혁을 위해 손잡고 일어서자는 슬로건 아래 세 가지 목표를 설정했다. 베를린에 있던 도조도 그 밀약에 가세하도록 하자는 것이 그들의 속셈이었다.

"어때요, 당신도 우리들의 생각에 동의하십니까?"

오카무라는 도조의 아파트에서 열심히 설득했다.

"조슈벌을 해체하고 인사를 쇄신하는 것이 첫째, 통수統帥를 국무國務에서 명확하게 분리하여 정치 쪽에서 군의 사단 증설에 일절 개입하지 못하게 하는 것이 둘째, 그리고 국가총동원체제의 확립이 셋째 목표입니다."

모두 도조가 공감할 수 있는 목표였다.

오카무라에 따르면, 나가타와 오바타 둘 다 선배들의 어리석은 행동을 못마땅해했고, "조슈 출신이라는 것만으로 왜 중용되는가"라며 세 사람은 이름을 걸고 인사의 불공정성을 확인했다. 이런 선배들에게 새로운 시대에 걸맞은 감각이 있을까. 지금은 전술전사도 독일의 천재적 군인 루덴도르프Erich Ludendorff(1865~1937)가 말하는 총력전체제의 시대로 접어들었다. 전쟁은 군인만 하는 일이 아니다. 국가의 모든 부문을 전쟁 완수로 향하게 하지 않으면 안 된다. 그것이 독일에서 얻을 수 있는 교훈이 아닐까. 청일전쟁과 러일전쟁에서 싸웠던 군의 원로들이 이런 것을 알까. 오카무라의 말은 거침이 없었다.

"새롭게 파벌을 만들자는 것이 아닙니다. 그래서는 모처럼의 조슈벌 타도도 의미를 잃고 맙니다. 우선 나가타가 국가총력전 관련 문서를 정리하여 국장에게 보고하도록 합시다. 우리는 그것을 지지하지 않으면 안 됩니다."

그 의견에도 도조는 찬성했다.

"오카무라 씨, 사실은 저도 같은 생각을 하고 있었습니다. 이론의 여지가 전혀 없습니다. 꼭 동지로 받아주십시오. 함께 협력하고 싶습니다."

"좋습니다. 그럼 나가타와 오바타에게도 당신의 생각을 전하도록 하겠습니다."

도조의 강한 어조에 오카무라는 뜻을 굳혔다. 이 사나이의 부친을 보면 밀약에 가담하는 것이 당연하다고 생각하고 있었던 것이 우연히도 맞아떨어졌기 때문이다. 잠시 말을 말을 끊었다가 도조는 다음과 같이 털어놓았다.

"오카무라 씨는 중국에 유학하셨다는데 참 부럽습니다. 독일에 와서 안 것이지만 일본의 장래는 중국에 달려 있습니다. 중국을 빼고서는 일본을 생각할 수 없습니다."

'일본은 지리적으로 유럽의 나라들과 싸울 기회가 없다. 일본의 적은 러시아와 중국이다. 그중에서도 중국이 중심이 되는 것은…….'

전후 오카무라의 회고(『偕行』 1959년 2월호)에 따르면, 도조의 이러한 적극적인 마음가짐이 얼굴에 나타나 있었다.

도조 히데키라는 젊은 장교가 차세대 군인으로서 자각한 지 얼마 지나지 않은 1922년 2월, 야마가타 아리토모는 85년의 생애를 마감했다. 3년 전에는 데라우치 마사타케가 죽었고, 이와 함께 조슈벌의 위력은 단숨에 줄어들었다. 야마가타의 자리를 이어받은 다나카 기이치에게는 그런 힘이 없었다. 다나카를 지탱하고 있었을 조슈벌의 군 원로들은 '조슈의 세 간신', '조슈의 세 바보'로 불리며 경멸의 대상이 되어 있었다.

야마가타계 인물이면서도 조슈벌을 이끌어갈 만한 힘이 없었던 추밀 원 의장 기요우라 게이고清浦奎吾(1850~1942)가 조각한 1924년 1월, 조슈 벌의 쇠퇴는 결정적인 시점에 이르렀다. 다나카 기이치는 군 원로 자격 으로 오카야마현 출신인 우가키 가즈시게宇垣一成(1868~1956)를 육군상으 로 밀었지만, 우가키에게는 조슈벌을 재정비할 의사도 의리도 없었으며 오히려 그것을 억제하는 데 힘을 보탰다. 한때는 육군대학 답안지에 '조 슈 출신'이라 쓰기만 하면 합격이라는 소문이 떠돌기도 했지만 그런 이 야기도 이제 완전히 사라졌다. 이리하여 반동이 찾아왔다.

다이쇼 말기에 이르러 조슈 출신은 육군대학 교관 채용에서 배제되었 다. 게다가 육군대학 교관들 사이에서는 암묵리에 '조슈 출신 육군대학 수험생은 1차 시험을 잘 치러도 2차 시험에서 떨어뜨린다'는 양해가 조 성되어 있었다. 조슈벌이 횡행하던 시대에서 조슈벌을 퇴치하는 시대로 급격히 바뀌었던 것이다.

출신지를 중심으로 한 파벌을 바로잡는다는 이름 아래 이번에는 성적 지상주의가 육군의 주류가 되었다. 성적우수자를 요직에 발탁한다는 명 분이 이런 시스템을 지탱했다. 그러나 이것도 새로운 폐해, 즉 '점수 벌 레 만능 사회'를 낳을 위험성이 있었다. 쇼와 시대 일본 육군은 이를 훌 륭하게 증명해 보였다. 육군대학 출신 중 성적우수자 상위 3분의 1 그룹 이 육군성과 참모본부의 요직을 차지해 특권적 조직을 만들고 그 의외의 군인을 배척했다. 육군대학을 졸업하지 않은 부대 소속 장교들은 이 그 룹을 '군벌'이라 하여 증오하고 공격했다. 조슈벌과 반反조슈벌의 도식 이 내용을 바꾸었을 뿐 구조는 그대로 육군 내부에 남았던 것이다.

30세 전후 3년간의 성적이 모든 역량의 바로미터가 되는 이상한 집단이 되어버린 것이다.

1922년 11월, 도조는 약 3년 동안의 주재원 생활을 마치고 샌프란시스코를 경유하는 여객선을 타고 귀국했다.

육군대학교 병학교관이 다음 사령이었다.

규슈에서 가족을 불러들인 그는 가정의 평온함 속에 흠뻑 젖어들었다. 육군대학 교관은 하루 걸러 한 번 출근하면 된다. 처음 얼마 동안 그는 3년간의 공백을 메우기라도 하듯 장남과 차남을 귀여워했다. 그의 성격에는 그렇게 자기 자식을 끔찍이 아끼는 구석이 있었다.

가끔씩 그는 육군성과 참모본부의 친구들을 찾아가 의견을 교환했다. 그가 방문한 사람은 오카무라 야스지와 나가타 데쓰잔이었다. 나가타는 교육총감부, 오카무라는 참모본부의 장교로 일하고 있었다. 근무가 끝나면 나가타의 집에 모여 바덴바덴의 밀약을 어떻게 구체화할 것인지 이야기를 나눌 때도 있었지만, 이 무렵 그들의 관심은 조슈벌 배척이 이미 현실이 되어가고 있다는 데 있었다. 그래서 한층 더 반反조슈벌 감정을 이어나가기로 다짐했다.

나가타와 오카무라에게 이끌려오는 군인 가운데 조금이라도 조슈벌 옹호론을 펼치는 자가 있으면 도조는 노골적으로 불쾌한 표정을 지었다. 그랬기 때문에 다음과 같은 이야기가 떠돌기도 했다.

도조는 1923년 가을 육군대학 37기생 입학시험에 처음으로 입회했다. 이때 1차 시험을 합격한 사람 중 17명이 야마구치현 출신이었다. 100명 중 17명. 그런데 2차 시험에서 선발된 50명 가운데 야마구치현 출신은 한 사람도 없었다. 표면적인 이유는 17명의 구술시험 성적이 나빴기 때문이었지만, 실제로는 조슈벌을 배척하는 육군대학 교관의 책동에 따른 것으로 알려졌다. 얼마 지나지 않아 이 책동을 강경하게 실행한 자가 도조 히데키 소좌라는 말이 퍼졌다. 아버지 히데노리와 조슈벌의 불화에 비춰 그것이 마치 사실인 것처럼 요란스럽게 전파되었다.

쇼와 시대에 들어서 도조가 육군성에 근무하고 있을 무렵의 일인데, 육군성이나 참모본부의 야마구치현 출신 장교와 이야기를 할 때 도조는 처음부터 흥분하는 경향이 있었다고 증언하는 사람도 있다. 아버지의 원통함을 생각할 때 감정이 고조되는 것을 억누르지 못해서였을 것이라는 얘기다. 이 증언에 따르면, 군 상층부는 도조가 요직에 나아감에 따라 "도조의 인사는 괜찮을까"라며 우려를 감추지 않았다.

자신의 감정을 숨기지 못하는 도조의 일면은 그의 강의 방식에서도 드러난다. '전사戰史' 담당교관으로서 그가 공을 들인 것은 독일에서 실제로 본 서부전선의 분석으로, 독일과 프랑스 육군의 전략 전개의 약점을 검토하는 수업이었다. "독일의 슐리펜Alfred Graf von Schlieffen(1833~1913) 원수의 적 섬멸작전은 최대한의 기동력으로 벨기에를 돌파하여 프랑스군의 약점을 넓게 포위하고 이를 몰아붙여……"라고 논하는 근간에는 '독일은 전투에서 졌지만 통수권은 지켜냈으며 최후까지 정치의 간섭을 허용하지 않았다'라는 도조의 신념이 있었다.

그런데 이런 신념은 전사를 연구하는 교관으로서 오히려 선입관에 지나치게 사로잡혀 있다는 증거가 아니냐고 질문한 학생이 있었다. 또 도조의 의견은 독일의 저작을 인용하고 있을 뿐이라고 반박하면서 프랑스 장군의 책을 읽는 학생도 있었다. 그러자 도조의 얼굴이 붉어지더니 한층 큰 목소리로 항변했다. 뜻밖에도 그것은 도조의 연구 태도가 허술하다는 것을 보여주는 예로 받아들여졌으며, 그는 독일의 군사 교육과 작전 전술을 무비판적으로 허용한다는 이야기가 퍼졌다.

그것을 보충해주는 에피소드도 있었다. 그의 강의에서는 프랑스의 지명을 모두 독일어로 읽었다. 프랑스의 '모Meaux'라는 지명을 '미약스'라고 했는데 학생이 아무리 웃어도 그 발음을 바꾸지 않았다. 학생들 사이에서는 "고집불통이다", "어쩌다가 저렇게 독일물이 들었을까" 등등, 존경이라고도 경멸이라고도 할 수 없는 말들이 떠돌았다.

해마다 두 번씩 치르는 시험에서 그의 문제는 늘 독일군의 작전을 극명하게 논하는 것으로 정해져 있었다. 망설임으로 가득 찬 대답은 그 자리에서 낙제점을 받았다. 우선 결단하는 것이 첫째이고 여기에 이유를 덧붙일 필요가 있었다. 이유가 정당하다 해도 결단이 늦으면 감점을 주는 것이 도조의 채점법이었다.

우가키 군축에 저항하다

육군대학에서는 한 달에 한 번씩 학생과 교관의 친목을 겸한 입식 파티가 열렸다. 학생과 교관이라고는 하지만 같은 엘리트 집단에 속해 있었기 때문에 한두 해 선배는 상관으로 모셨을지도 모른다. 그래서 이 파티를 통해 학생들과 교관들 각자의 뒤얽힌 이해관계가 드러나기도 했다.

교관은 키울 만한 학생을 물색하고, 학생은 장래 육군지도자의 길을 걸어갈 가망성이 있는 교관에게 잘 보이려 애쓴다. 사실 학생들 사이에는 '마그'라는 것이 있었다. 마그넷(자석)의 줄임말이다. 출세를 추구하는 것처럼 보이는 교관을 찾으면 그에게 조금씩 다가가는 모습을 가리키는 말이다.

도조는 일부 학생들의 '마그' 대상이었다. 사토 겐료佐藤賢了(1895~

1975), 아리스에 세이조有末精三(1895~1992), 도미나가 교지富永恭次(1892~ 1960) 등이 그랬는데, 입식 파티가 열리면 그들은 도조의 주위로 모여들었다. 그중에서도 도조에게 각별한 친근감을 보인 사람이 사토 겐료였으며, 그는 하루가 멀다 하고 도조의 집을 드나들었다. 강의 내용을 확인하기도 하고, 고향인 가네자와의 특산이라며 티티새를 보내기도 했다. 친근하게 다가오는 이들에게 도조는 곧 마음을 열었다.

특별히 '마그'가 될 생각이 없는 학생은 도조에게 주로 독일 육군의 실태를 알아보기 위해 방문했다. 그럴 때면 도조는 서재에 꽂혀 있는, 독일에서 가져 온 책을 꺼내 분명하게 설명을 해주었다. 도조가 독일에서 돌아올 때 가져온 군사 관련 서적은 총 700권 정도였고, 독일 육군에 대한 책은 모두 도조의 서재에서 볼 수 있었다. 나중에 육군대학 교관을 그만둘 때 이 책들을 이 학교 도서관에 기증했다고 한다.

두툼한 솜옷 차림으로 웅크리고 앉아 아버지 히데노리의 유품인 파이프를 피우면서 책을 펼쳐 놓고 열심히 설명하는 도조의 모습은 학생들에게 분명히 매력적이기도 했다. '마그'든 아니든 방문객을 환영하는 도조의 집은 학생들 사이에서 평판이 좋았다.

'가난뱅이 소위, 변통에 능한 중위, 간신히 살아가는 대위'라는 말이 유행하던 시대였다. 가계는 넉넉하지 못했다. 장녀와 차녀가 잇달아 태어났고, 1925년에는 셋째 아들이 태어났다. 전년前年에 중좌가 되긴 했지만 봉급은 그렇게 많지 않았다. 그렇듯 어려운 살림살이를 쪼개 가정요리를 맛보게 해주는 것도 좋은 평판을 얻는 데 박차를 가했다.

여기저기 해진 솜옷차림으로 학생들을 식탁으로 끌어들이는 도조의 모습에서는 인정미가 넘쳤다. 식탁에서는 세상일에 그다지 관심을 보이지 않았으나 일단 육군 내부에 관한 이야기가 나오면 거침없이 말을 쏟아냈다. 이야기에 흥이 오르면 "오로지 공무公務에 힘쓰면 천황 폐하께서 틀림없이 보살펴주실 것"이라 말하고, 나아가 "군인이란 24시간 그 몸을 천황께 바치는 자이다. 식사도 오락도 공부도 모두 천황께 바칠 몸을 단련하기 위해 있는 것이다. 이를 잊어서는 안 된다"라며 혼자 고개를 끄덕거렸다. 그런 다음 목소리를 낮춰 다음과 같이 덧붙였다.

"그런데 지방 사람은 그렇지 않다. 너희 아내들도 그렇지 않다. 24시간 중 고작해야 5분이나 10분쯤 천황을 생각할 뿐이다. 그러나 군인은 다르다……."

가쓰가 옆에 있을 때에는 조금 조심스럽게 말했다고 한다.

도조 히데키에게 비판적인 저작이나 인물의 증언에 따르면, 도조의 집에서는 도조의 아내가 언제나 도조와 학생 곁에서 이야기를 들었다(高宮太平, 『쇼와의 장수』 등). 어떤 장교의 가정에서든 아내는 인사를 하고 식사를 나른 후에는 얼굴을 보이지 않는데, 도조의 집에서는 그렇지 않았다는 말이다.

도조는 "아내에게 남자의 일이 얼마나 힘든지를 가르쳐주려 했다"고 변명했던 듯하지만, 이들 저작과 비평에서는 그가 실제로 공처가였기 때문일 것이라고 말한다. 그리고 이런 분위기를 싫어하는 자는 가까이하지 않았다고 덧붙인다.

이와 관련하여 가쓰는 화를 내면서 당시에는 아이들 돌보느라 너무 바빠서 그럴 여유가 전혀 없었다고 말한다.

그러나 어찌 됐든 도조는 자신의 영역에 들어오는 자들을 철저하게 돌봐주었다. 예를 들어 이런 일화가 있다. 간토대진재 직후, 아나키스트 오스기 사카에大杉栄(1885~1923)를 학살한 것으로 알려져 있는 아마카스 마사히코에게 은밀히 도움의 손길을 내민 것은 도조와 아마카스의 동기생들이었다.

"아마카스가 자살을 생각하고 있는 듯하다. 구치소에서 단식하고 있다. 즉시 말리는 게 좋겠다." 도조는 구대장 시절의 부하를 불러 아마카스를 설득하러 보낸 적도 있다. 아마카스 또한 평생 그 두터운 정에 머리를 숙였다고 한다.

프랑스 군대에 "위관급일 때에는 친구, 좌관급일 때에는 경쟁상대, 장관급將官級(장성급)일 때에는 적"이라는 말이 있다. 계급이 올라갈수록 동기생이나 동년배 장교의 관계가 변질되어간다는 것을 비꼬는 말이다.

이것은 일본 육군에도 그대로 들어맞는다. 당시 육군대학의 교관 중에는 오바타 도시로 외에 이시와라 간지石原莞爾(1889~1949), 다니 히사오谷壽夫(1882~1947), 사카이 고지酒井鎬次(1885~1973) 등 도조와 동년배인 좌관급 장교가 많았다. 이시와라, 다니, 사카이 등은 학생들에게 인기가 있었는데, 그것은 어떤 군사상의 지식도 일단은 그들의 필터를 통해 잘 거른 다음 학생들에게 가르쳤기 때문이었다. 그들은 도조 히데노리의 계통을 이어받아 전술, 전사 우위론을 제창한 교관들이었다고 말할 수 있다. 그들은 제1차 세계대전의 교훈으로서 '총력전'이라는 말을 학생들에게 가르쳤다. 전쟁 시에 국가의 체제는 뿌리부터 개혁하지 않으면 안 된다고 말하면서, 바로 그것이 근대국가로 가는 길이라고 설명했다.

그런데 이런 종류의 군인과 도조의 관계는 한편으로는 라이벌이자 다른 한편으로는 동지였다. 이시와라와 사카이 등은 도조의 정신론이 진부하며 정신만을 강조해서는 객관성을 존중하는 전술 교관의 소임을 맡을 수 없다고 말했고, 도조는 특별한 이유도 없이 그들을 인간적으로 싫어했다. 하지만 이 무렵에는 대립이 표면화되지 않았으며, 십 몇 년이 지나서야 본격화된다. 그리고 군 원로들의 파벌싸움에 저항하기 위해 편의상 제휴를 강화했다. 30대 중견 장교에게는 큰 틀에서 훗날을 생각하여 공동보조를 취하는 것이 상책이었던 셈이다.

공동보조가 구체화한 것은 나가타, 오카무라, 오바타 그리고 도조가 앞장을 서서 육사 15기부터 20기까지 장교 20명을 모으고, 도쿄 시부야에 있는 프랑스 요릿집 '후타바테이雙葉亭'에서 정기적으로 만나 바덴바덴의 밀약을 실현하자고 호소하면서부터이다. '후타바카이雙葉會'라는 이름의 이 회합에는 야마오카 시게아쓰山岡重厚(1882~1956), 고모토 다이사쿠河本大作(1883~1955), 구로키 지카요시黑木親慶(1887~1934), 이소가이 렌스케, 사카이 고지, 다니 히사오 등 육군성, 참모본부, 교육총감부의 고급과원高級課員이나 과장의 지위에 있는 자, 사단의 연대장급 장교들이 자기의 의도를 감추고 모여들었다.

그들이 머지않아 라이벌이 될 것을 자각하고 있었는지 여부는 분명하지 않다. 하지만 몇몇 사람은 결국 서로 증오하는 관계에 이르고 만다.

당시 육군 내부에는 크게 두 개의 파벌이 있었다.

조슈벌과 반反조슈벌의 대립이 해소되고 새롭게 육군상 우가키 가즈시게宇垣一成(1868~1956) 아래 모인 장교들이 하나의 파벌을 이루고 있었고, 우에하라 유사쿠를 정점으로 하여 일부의 육군대학 출신과 사가현 출신이 합체한 다른 하나의 파벌이 생겨났는데, 후자에 무토 노부요시武藤信義(1868~1933), 아라키 사다오荒木貞夫(1877~1966), 마사키 진자부로眞崎甚三郎(1876~1956)가 속해 있었다. 그들은 후타바카이 멤버 중 나가타, 오바타, 오카무라를 끌어들이려 애를 썼으나, 도조에게는 특별한 관심을 보이지 않았다.

훗날 우가키가 "늘 수첩을 꺼내 메모를 하는 사람으로 사무 능력은 갖추고 있는지 모르지만 큰 틀은 파악하지 못하는 자"라고 갈파했듯이, 두 파벌에서는 도조를 그다지 중요한 인물로 생각하지 않았다. 지도부에는 들어가지 못했지만 중견 장교로서 무리하게 일을 처리하는 타입이라는 것이 당시의 도조에 대한 평가였다.

1926년 3월, 도조는 육군성 군무국 군사과 고급과원으로 자리를 옮겼다. 군사과는 군 내부와 군 외부의 정치적 입장이 만나는 지점에 있는 부서로, 군 내부로 명령을 하달하는 일, 정부를 상대로 군사예산 확보를 위해 절충하는 일 등 폭넓은 업무를 담당한다. 고급과원은 과장대리에 해당하는 자리로서 실무의 중심을 담당하는 직급이었다. 하지만 도조에게 정치적인 위대한 구상력構想力을 기대했던 것은 아니다. 육군대신 우가키 가즈시게, 군무국장 하타 에이타로畑英太郎, 군사과장 하야시 가쓰라林桂(1880~1961) 등은 사무능력이 뛰어난 이 중견 장교가 군 내부의 전달사항을 원활하게 처리하면 그만이라고 생각한 것에 지나지 않았다.

도조가 고급과원이 되었을 무렵의 세태는 군인에게 그다지 유쾌하지는 않았다. 군인을 경시하는 풍조가 있었던 것이다. 연습을 마치고 돌아오는 길에 군인은 시민의 불쾌한 시선을 만났다. 딸들은 군인에게는 시집가지 말라는 소리를 들었다. 제1차 세계대전 후 군축軍縮 분위기가 일본에도 밀려들어왔기 때문이다. 게다가 간토대진재 복구를 최우선 목표로 하는 국가정책에 아무리 육군이라 해도 거스를 수가 없었고, 군사예산은 큰 폭으로 줄어들었다. "새로운 무기 개발이나 장비 개선에 예산을 할당하면 국민생활의 향상을 도모할 수 없다"는 정당의 성명도 있었다.

1922년의 워싱턴조약*에 따라 군함 건조 경쟁에 제동이 걸린 해군에 이어 육군도 철저한 군비축소 시대에 들어섰다. 가상적국 소련의 국력은 줄어들고 있다. 소련에 이어 육군의 가상적국이 된 미국도 군축의 길을 걷고 있다. 따라서 일본도 그 정도의 군비는 필요하지 않다는 압력이 육군을 짓누르고 있었던 것이다. 1925년에는 4개 사단이 폐지되면서 3만 7천 명이 군적을 떠났다. 사관학교의 정원은 8백 명에서 3백 명으로 줄었다. 이것이 이른바 '우가키 군축'이다. 군 내부에서는 우가키의 냉혹함을 비방하는 소리가 높아졌다. 그러나 우가키는 이를 무시했다.

그런데 도조는 후타바카이 회합에서 우가키 군축에 비판적인 견해를 토로했다.

"우가키 군축은 정치 쪽의 압박에 굴복해 사단 편성을 인정한 것이다. 본래대로라면 사단 편성은 통수권으로서 독립되어 있어야 한다. 이것은 군령軍令의 기본에 저촉되는 것이 아닌가."

우가키의 조치에 대해 냉혹하다고 분노하는 것이 아니라 정치가 군령을 종속시켰다는 것이 후타바카이 회원들의 의문이었고, 도조도 물론 그렇게 생각하고 있었다. 그들 중견 장교는 스스로의 시대에 이런 굴욕을 받아들일 수 없다는 점을 확실히 했다. 정치 우위를 인정하지 못하겠다는 것이다.

우가키 군축은 상당한 원성을 샀고, 실직한 군인들 중에는 마치 방랑자처럼 생활하는 자도 있었다. 육군성으로 들어오는 원망의 소리는 군사과에서 받아들여야 했는데, 이곳에서 도조는 군비축소를 용인한 군 수뇌부와 정당 정치에 대한 불만을 몰래 키우고 있었다. 그는 주변의 실직한 군인에게는 일자리를 찾아주었고, 그 자녀에게는 육사 시절의 동기생인

워싱턴조약
1922년 2월 6일 미국·영국·일본·프랑스·이탈리아가 조인한 5대국 해군감축조약(Five-Power Naval Limitation Treaty)을 말한다. 이 조약은 미국의 국무장관 찰스 에번스 휴스가 회의에서 기조연설을 통해 이들 열강에 소속된 약 190만 톤에 달하는 군함을 해체하자고 제의하면서 가시화되기 시작했다. 이 협정에서 주력함은 배수량이 1만 톤 이상이거나 구경이 20센티미터가 넘는 대포를 적재한 군함으로 정의되었는데, 기본적으로는 전함과 항공모함을 의미했다. 조약가맹국들이 보유할 수 있는 주력함의 각국별 비율은 미국과 영국이 각각 5, 일본이 3, 프랑스와 이탈리아가 각각 1.67로 확정되었다.

옛 가가번加賀藩의 마에다 도시나리를 찾아가 마에다장학금을 받을 수 있
도록 배려했다. 그러나 이러한 행위는 그의 주위에 있는 몇 안 되는 사람
에게만 한정된 것이어서 자신의 충족감을 자극했을지는 몰라도 문제의
본질적인 해결에는 이르지 못했다. 그가 초조해한 것도 이 때문이었다.

확실히 그에게는 '충족감'을 맛보고자 하는 기질이 있었고, 기회가 있
을 때마다 '정론正論'을 토로했다. 그리고 그것 때문에 사람들은 그를 경
원敬遠했다. 집단 내부의 정론이나 원칙론은 먼저 말하는 쪽이 강하기 때
문이다. 인간적으로는 폭이 좁으면서 원칙론만 내세워 사람들 위에 서려
한다는 비난을 받았다. 하지만 그는 그런 험담에 신경을 쓰지 않았다.
정론을 펼치고, 본래 그러해야 할 상태를 '절대'라고 생각하면 그는 자신
감으로 똘똘 뭉쳐 행동했다. 스스로의 행동을 제어하는 것은 하급자나
동료 장교의 험담이 아니라, 오직 하나 〈군인칙유〉뿐이었다. 칙유에 입
각하고 있는가 그렇지 않은가, 그의 자성自省은 그 점에 있었으며, 매일
아침과 저녁 반복되는 그의 칙유 암송은 일종의 의식儀式이었다.

지금 내 옆에 닳아빠진 '군대수첩'이 있다. 만년에 도조가 늘 갖고 다
니던 것이다. 그는 습관적으로 중요한 곳에는 줄을 긋곤 했다. 칙유의
서두는 "우리나라의 군대는 대대로 천황께서 통솔해오시었다"인데 이
부분에 줄이 그어져 있고, '천황께서 통솔해오시었다'는 부분에는 정성
스럽게 점이 찍혀 있다.

"무릇 병마兵馬의 대권은 짐이 통솔할 터인데, 각각의 직무는 신하에게
맡기되 그 대강大綱은 짐이 친히 통할하여 결코 신하에게 위임하지 않을
것이다", "짐은 너희 군인의 대원수이다", "짐은 너희들을 고굉股肱으로
생각하고 너희들은 짐을 머리로 받들어야 더욱 깊이 친해질 수 있을 것",
"짐과 일심一心이 되어 국가를 보호하는 데 힘을 다한다면" 등등의 구절

에 굵은 선이 그어져 있다. 모두 도조의 깊은 생각이 깃든 구절임에 틀림 없다.

'잇세키카이'의 탄생

후타바카이의 회합이 끝나도 도조는 나가타 데쓰잔의 견식見識을 배우려는 마음에 그의 곁을 떠나지 않았다. 훗날 도조는 "나의 인생에서 존경할 만한 선배이자 벗이었던 사람은 나가타 데쓰잔뿐이다. 그 사람이야말로 나의 스승이다"라고 공언하면서, 죽을 때까지 나가타를 '선생'이라 불렀다. 나가타 앞에서는 바른 자세를 잃지 않을 정도로 존경을 표했다고 후타바카이의 회원은 증언한다.

어느 날 회합이 끝난 뒤, 나가타가 도조에게 이렇게 말했다. "내 뒤에 오지 않겠나. 국가총동원체제를 조금 연구해보고 싶어서 말이야." '내 뒤'란 육군성 정비국 동원과장이라는 자리였다. 나가타가 만든 자리이기도 했다. 다이쇼 말기 육군대학 교관 시절에 나가타는 국가총동원기관설치준비위원회를 만들기 위해 군 수뇌부에 손을 쓰고 다녔다. 육군성이나 참모본부의 한 부서에 국가총동원체제를 본격적으로 연구하는 부문을 두려는 것이 그의 생각이었다. 이 제안이 받아들여져 정비국이 만들어졌고, 여기에 동원과와 통제과가 설치되었다. 그리고 초대 동원과장이 나가타였다.

게다가 나가타의 뜻을 받아들인 육군은 내각에 자원국을 설치하도록 했다. 전쟁이 시작되었을 때의 태세, 즉 정신동원부터 문교, 철도, 통신, 상업을 어떻게 전시체제로 조직화하면 좋을지를 연구하고, 관할 각 성省의 의견을 정리하는 작업을 자원국에서 다듬도록 한다는 것이다. 나가타가 도조에게 국가총동원체제를 연구하라고 말한 의도는 정비국과 자원국의 업무를 배워두게 하려는 것이었다. 도조에게 이 방면의 지식이 결여되어 있다는 것을 나가타는 꿰뚫어보고 있었던 셈이다.

1928년 3월, 도조는 육군성 정비국 동원과장 자리에 앉았다. 재임기간이 다음해 8월까지 1년 5개월에 지나지 않아서 이렇다 할 일을 하지는 못했지만, 나가타가 남긴 계획을 훑어보았고, 천성적인 성실한 자세로 국가총동원체제 관련 문헌을 찾아 읽었으며, 중요한 부분에는 붉은 선을 그은 다음 그것을 자신의 메모장에 옮겨 적었다. 나가타의 집을 찾아가 궁금한 점을 물어볼 때도 종종 있었다.

이 무렵 후타바카이에 모인 중견 장교들의 관심은 대외정책, 그중에서도 만몽滿蒙의 권익 보호에 쏠려 있었다. 러일전쟁으로 획득한 이 지역에서도 다이쇼 시대에 들어서면서부터 배일운동이 활발해졌고, 이에 비례하여 일본의 권익이 위기에 몰리고 있다는 인식이 군인들 사이에서 깊어졌다. 무력을 동원하여 이 지역을 중국에서 분리시키지 않으면 안 된다는 솔직한 논의가 그들 사이에서 빈번히 오갔다.

정비국 동원과장 자리에 앉은 지 얼마 지나지 않은 시점에 열린 후타바카이 회합에서 도조는 젊은 장교와 일본의 전쟁 상대는 어디인가를 두고 논의한다. 그 자리에서 도조는, 만몽은 일본의 생존에 불가결하다는 장교들의 논의에 동의하면서, 다음과 같이 말했다.

"국군의 전쟁 준비는 대러시아 전쟁을 중심으로 하여 제1기 목표를 만몽에서 완전한 정치적 세력을 확립한다는 주지主旨 아래 행할 필요가 있다. 다만, 러시아와 본격적으로 전쟁을 치르는 도중에 미국이 참전할 것을 고려하여 수세적으로 준비할 필요가 있다. 이 동안에 대중국 전쟁은 심각하게 고려할 필요가 없다. 단지 자원획득을 목표로 해야 한다. 그 이유는 장래의 전쟁은 생존 전쟁이 될 터이고, 미국의 입장에서는 생존을 위해서라면 아메리카 대륙만으로도 충분할 것이기 때문이다.”

그러자 소좌 한 사람이 물었다.

“완전한 정치적 세력을 확립한다는 것은 결국 만몽을 점령한다는 뜻입니까?”

도조는 주저하지 않고 동의했다. 그리고 도조의 의견이 지지를 얻어 만몽에 일본의 정치적 세력을 확립한다는 것, 즉 괴뢰정권을 만든다는 것이 후타바카이의 총의總意가 되었는데, 이는 당시의 국책보다 한 걸음 더 나간 것이었다. 이것이 도조의 ‘패배’의 시작이었다.

당시 일본의 만몽정책은 1927년 6월에 열린 동방회의東方會議의 결정으로 거슬러 올라간다. 다나카 기이치를 수반으로 하는 정우회 내각이 육해군, 외무성, 정당대표를 모아 개최한 이 회의에서, “만주를 분리하라”고 압박하는 육군과 이에 저항하는 외무성 사이에 격론이 벌어졌고, 결국 “일본의 권익이 침해당할 경우 국력을 발동한다”는 의사표시로 겨우 정리된 결정이었다. 그런데 육군 지도자들 사이에는 만몽을 특수지역화하고자 하는 생각이 뿌리 깊게 자리 잡고 있었다. 후타바카이는 이런 생각을 이미 넘어서고 있었다.

1928년에 들어서면서 장제스蔣介石(1887~1975)의 북벌에 대항하여 지방군벌인 장쭤린張作霖(1873~1928) 정권을 지킨다는 의도를 감춘 채 일본은 두 차례에 걸쳐 산둥山東 출병을 단행, 국민혁명군과 충돌하여 일방적인 무력공세로 많은 중국인을 살상했다. 이것이 도리어 반일운동에 불을 붙였다. 산둥 출병에는 거류민 보호라는 명목이 있었지만, 외교상의 교섭도 없이 일본의 편의에 따라 일방적으로 군대를 주둔하는 행위는 민족의식이 높아지고 있던 중국인에게 굴욕감을 주기에 충분했던 것이다.

관동군은 반일 경향이 강해지고 있던 장쭤린을 물러나게 한 다음, 만몽에 일본의 뜻을 받아들이는 정권을 수립하고, 그 정권을 중국 중앙정부로부터 분리 독립시킨다는 계획을 세우고 있었다. 산둥 출병을 이용하여 진저우錦州, 산하이관山海關 방면까지 군대를 파견한다는 생각까지 하고 있었다. 이를 위해 참모본부에 집요하게 출동을 요청했지만, 참모본부는 최후의 결단을 내리지 못하고 있었다. 이 무렵, 그러니까 1928년 6월 4일 새벽, 장쭤린이 탄 열차가 펑톈奉天에 도착하기 직전 폭파되었다. 관동군 참모 고모토 다이사쿠와 그 일파가 저지른 모략 행동이었다. 그럼에도 장제스의 국민혁명군은 난위안南苑, 베이징, 톈진으로 들어갔고 북벌은 성공했다. 고모토의 모략으로도 남군南軍의 힘을 누를 수 없었던 것이다.

고모토 다이사쿠는 후타바카이 회원이었다. 그는 1926년 3월부터 관동군 참모의 지위에 있었는데, 도쿄에 올 때마다 후타바카이의 모임에 참석했다. 그는 회합에 출석할 때마다 "장제스 군대는 일본의 만몽정책을 방해한다. 더구나 중국에서 벌어지고 있는 모일侮日·항일 행동을 허용해선 안 된다. 만몽을 장악하고 있는 장쭤린은 일본의 뜻을 이해하지 못한다"라고 발언했다. 바로 이런 바탕이 있었기 때문에 도조의 의견에 따라 후타바카이의 총의가 정해졌다고도 말할 수 있다.

'장쭤린 폭사'에 대해 다나카 내각은 표면상 "일본은 관계가 없다"고 말했다. 그러나 일본 군인의 행동이라는 것은 국내에서나 세계에서나 잘 알려져 있었다. 천황을 만난 다나카 자신도 일본 군인이 관련되어 있다고 에둘러 말했다. 그런데 다나카가 천황을 만나고 돌아오자 육군 지도자들이 수상 관저에서 그를 기다리고 있다가 상주上奏 내용을 취소하라고 다그쳤다. 이 사건으로부터 1년 후, 육군 수뇌부는 주모자를 행정 처분한다는 결론을 내렸다. 다나카는 천황 앞에 나아가 그 사실을 전했다.

"앞서 한 말과 다르지 않은가."

천황에게 힐문을 당하자 다나카는 할 말을 잃고 사직했다.

육군 측에서는 고모토 다이사쿠에게 1929년 7월 1일 정직 처분을 내렸지만, 그는 오히려 영웅적인 존재가 되었다. 단지 정직이라는 형태로 도쿄로 돌아온 그는 당당하게 육군성과 참모본부의 장교들을 만났고, 후타바카이의 회합에도 출석했다. 목격자 중 한 사람의 증언에 따르면, 육군성에서 고모토와 만난 도조는 "한 몸을 희생하여 나라에 봉공奉公하고자 하는 마음은 잘 알고 있습니다"라며 손을 잡았다. 후타바카이의 회원들은 고모토의 행위와 그 후의 행정 처분에 대하여 다음과 같이 생각했다. '방법은 바람직하지 않았는지 모르지만 뜻하는 바는 깊이 헤아리지 않으면 안 된다. 문제는 육군 내부에 정부가 참견하는 것이다. 특히 통수부에 대한 말참견은 허용할 수 없다.'

고모토 다이사쿠의 처분은 군 내부의 문제이며, 그것을 정부가 요구하는 것은 말도 안 되는 소리다. 군에 대한 간섭이자 통수권을 침범하는 행위이다. 그렇게 생각하는 후타바카이의 장교들은 고모토의 행위가 천황의 대권에 반한다는 점을 잊고 있었다. 고모토의 대권 침범은 용인하면서 군 내부에 대한 비판은 용납하지 않겠다는 대단히 뻔뻔스러운 사고방식이었다. 하지만 그들은 육군 내부가 그 논리를 밀고 나갈 힘을 갖고 있다고 과신하고 있었다.

'고모토의 뜻을 잇자'는 소리는 육군성과 참모본부의 30대(육사 20기에서 30기) 장교들에게도 널리 퍼졌다. 장쭤린 폭사를 만몽문제 해결책이라고 생각하는 장교들은 "국책을 연구한다"는 명목 아래 종종 회합을 열었다. 여기에 모인 사람은 이시와라 간지, 무라카미 게이사쿠村上啓作(1889~1948), 네모토 히로시根本博(1891~1966), 누마다 다카조沼田多稼藏

(1892~1961), 쓰치하시 유이쓰土橋勇逸(1891~1972), 무토 아키라武藤章 (1892~1948) 등 육사 22기생부터 27기생으로, 그들은 이 모임을 '무메이카이無名會'라 불렀다. 그리고 무메이카이의 유력 회원에게 "우리와 함께 연구하자"며 반半강압적으로 권한 사람이 나가타 데쓰잔과 도조 히데키였다.

1929년 5월 19일, 후타바카이와 무메이카이가 합체하여 '잇세키카이一夕會'라는 조직이 만들어졌다.

첫 모임에서 잇세키카이는 세 가지 방침을 결정했다. (1) 육군의 인사를 쇄신하고 여러 정책들을 강력하게 추진한다, (2) 만몽문제 해결에 중점을 둔다, (3) 아라키 사다오, 마사키 진자부로, 하야시 센주로林銑十郎(1876~1943) 세 장군을 지원한다. 우가키계系와 우에하라계가 다투고 있는 인사항쟁에 제동을 걸고 아라키, 마사키, 하야시 등 인망이 있는 장군의 시대로 일신한다는 것이 그들의 바람이었다. 세 장군을 지원한다는 것은 세 사람 모두 조슈와 관계가 없을 뿐만 아니라 조슈에 호감을 갖고 있지도 않았기 때문이다.

당면 정책으로서는 만몽분리계획을 정치적·군사적으로 추진한다는 것이 그들의 결절점이었다. 또 만몽분리계획을 정치적으로 추진하기 위해 외무 관료와 접촉을 강화하기로 결의했다. 접촉이라고는 하지만 그것은 육군의 군사적 행동을 용인하고, 아울러 그 '정당성'을 외국 여론에 납득시키기 위해 그러니까 육군의 뒤치다꺼리를 시키기 위해 포섭해 둔다는 정도의 의미에 지나지 않았다.

그런데 후타바카이와 무메이카이 회원 사이에는 세대 차이에서 비롯된 기질상의 차이도 있었다. 첫 모임에서 쓰치하시는 도조와 나가타에게 이렇게 물었다.

"조슈 출신을 극단적으로 따돌리는 것은 너무 지나친 게 아닐까요?"

육사 24기인 쓰치하시는 조슈벌이 쇠퇴하던 시대밖에 모른다. 따라서 후타바카이 회원 사이에서 조슈벌 증오에 관한 한 합의점을 찾을 수 없다. 이런 내용을 그대로 말했다. 그러자 도조는 격한 표정으로 대답했다.

"얼마나 많은 인재들이 조슈 사람들로부터 따돌림을 당했는지 생각해 보았나? 아무리 증오해도 끝이 없는 조슈 사람 따위는 사양하겠네."

도조는 나가타가 필사적으로 진정시키지 않으면 안 될 정도로 격앙되어 있었다.

"자네 의견도 물론 맞아. 하지만 지금은 과도기여서 어쩔 수 없는 사정이 있지. 얼마 동안 시간이 필요하다고 생각하네."

도조의 격노는 무메이카이 회원들에게 인상적인 모습으로 남았는데, "얼마 동안 시간이 필요하다"는 나가타의 말은 참석자들마저도 다양하게 이해할 수 있는 암호와도 같은 것이었다. 어느 무메이카이 회원의 일기를 보면, 잇세키카이는 비합법적 수단이나 쿠데타를 통해 군 내부를 통제하는 것이 아니라 시간에 따라 군 내부를 통제한다고 적혀 있다. 그것은 정론이었다. 시간이 지나면 그들의 시대가 될 터였기 때문이다.

마음속의 줄을 퉁기자 도조의 감정이 곧 얼굴에 드러났다. 군에서 지위가 낮았을 때에는 불쾌한 사람들과 가까이할 필요가 없었다. 그러나 계급이 올라가고 교제의 폭도 넓어짐에 따라 성격의 맨살이 드러나게 마련이다. 일반 사회에서라면 그런 타입의 인간은 폭넓은 교우관계를 맺지 못하는 경우가 상당히 많은데 도조도 꼭 그러했다. 그가 흉금을 털어놓은 상대는 그다지 많지 않다. 그 대신 한번 믿으면 그를 끝까지 돌봐주고 그의 가족까지 보살핀다. 그런 단계에 이르면 그의 눈은 객관성을 잃어버린다. 그 결과 군 내부에서 문제시되고 있는 인물을 내치지도 못한 채 몇 번이고 기회를 주어 중용하여 필요 이상으로 군 내부의 반감을 사기도 한다.

도조의 대인관계는 "군자의 사귐은 물과 같이 담백해야 한다"는 말과 정반대였다. 자신이 의지할 수 있거나 자신에게 의지하는 관계를 무엇보다 좋아했다.

이 무렵까지는 도조 인맥이라는 것의 징후도 없었다. "도조 선생을 위해 운운"이라고 말하는 부하나 동료는 전혀 없었다고 해도 지나친 말이 아니다.

그런데 1929년 4월 제1사단 보병 제1연대 연대장이 되면서부터 도조 인맥이 형성된다. 45세, 서서히 육군을 움직이는 지위에 오르고 있었던 도조는 어쩌면 그것을 의식하기 시작했는지도 모른다. 이 사단은 육군의 엘리트 사단으로, 사단장은 마사키 진자부로, 제3연대장은 존경하는 나가타 데쓰잔이었다. 마사키는 군의 원로로서 그들이 받들어 모시려 한 인물이다. 도조에게 마사키나 나가타와 관계를 잘 유지하여 출세를 도모하려는 심산이 없었다고는 말할 수 없을 것이다. 그렇기 때문에 우수한 장교를 산하에 두려는 생각을 했다 해도 이상할 게 없다.

힘을 얻는 고급장교

제1연대장 시절

제1사단 보병 제1연대는 아자부麻布의 롯폰기六本木에 있었다.

건군 이래 제1연대는 육군의 역사를 그대로 떠맡고 있었다. 청일전쟁과 러일전쟁을 '무훈武勳'으로 장식한 세로 80센티미터, 가로 1미터 크기의 연대기連隊旗는 이미 깃발이 아니라 누더기로 변해 있었다. 그것은 천황에 대한 충성의 누적이자 이 연대에 배속되는 장교의 감정을 자극하는 상징이었다.

도조는 그 연대기를 뒤에 두고 부하들에게 훈시를 하곤 했다.

부하라고는 하지만 중대장과 대대장으로, 육사를 졸업하고 배속된 장교들이다. 도조보다는 20세 정도 젊다. 그들에게 훈시한 내용은 연대에 긍지를 가질 것, 병사들을 배려할 것 두 가지였다. 가끔씩 장교실의 큰 방에 걸려 있는 서예가 오하라 로쿠이치小原錄一가 쓴 '노력즉권위努力卽權威'를 인용하면서, 노력하면 반드시 인정을 받을 것이며 언젠가 상응하는 지위에 오를 것이라고 말하기도 했다.

"병사들은 불안한 마음으로 입대한다. 여러분은 이들을 아버지처럼 자애롭게 대하고, 나이가 많은 병사들에게는 형으로 대하도록 명령해야 한다. 그리고 입대하는 자의 가정환경, 본인의 직업, 능력을 모두 알아 두어야 한다. 입대하는 그날까지 중대의 신병의 이름을 기억하라. 왜 그래야 하는가. 병사는 태어난 날은 달라도 죽는 날은 같을 것이기 때문이다. 함께 저승길을 갈 동료이기 때문이다."

중대장들은 일제히 수긍한다. 그들은 겉으로만 그렇게 말하는 게 아니라는 것을 알고 있다. 연대장으로 부임한 날 도조는 그들을 모아놓고 훈시를 했는데, 그때 사적인 얘기를 주고받는 장교를 지목하며 주의를 주었다.

"우로부터 세 번째, 사담私談하지 마라!"

보통 이런 식이었기 때문에 그들은 깜짝깜짝 놀라곤 했다. 그리고 머지않아 이것이 도조식 인사관리의 요체라는 것을 알았다.

연대장으로 복무하라는 명령을 받자 도조는 확실하게 신상조서를 작성하고, 장교의 얼굴, 이름, 성격, 가정환경 그리고 육사 시절의 성적까지 모든 것을 암기해버렸다. 제1연대에는 아홉 개 중대 외에 몇 개의 병설 부대가 있었고, 총 병력 천 명에 장교는 수십 명이었다. 이 수십 명 모두를 머리에 새기고 제1연대에 들어왔던 것이다.

연대에서는 매년 한 차례 군기제軍旗際가 열린다. 연대가 탄생한 날이다. 이때 다음해 입대 예정자가 부형과 함께 초대된다. 군기제가 열리기 1개월 전부터 중대장은 매일 훈련을 마친 후 한 방에 모인다. 그곳에서 신상명세서를 꼼꼼하게 살펴보고 자신의 부하가 될 70명의 경력을 꿸 수 있어야 한다. 중대장들은 몇 번이고 도조의 질문을 받는다.

"야마다라는 병사에 대해 말해봐."

"예. 야마다 미치오山田道夫, 훗사福生에서 농사를 짓고 있습니다. 가정에는 어머니와 누이동생이 있고, 학력은 고등소학교 졸업입니다. 특기는 육체노동입니다."

이런 대화가 되풀이된다. 군기제 당일, 입대 예정자가 병영에 오면 이미 얼굴을 알고 있는 중대장이 달려가 이름을 부르고, 군대생활을 알기 쉽게 설명한다. 부형에게는 도조가 "귀한 자식을 맡겨주셨으니 끝까지 보살피겠습니다"라고 약속한다. 당연하게도 부형과 입대 예정자 모두 군대에 친근감을 갖는다.

입대 예정자 중에는 한 집안의 기둥도 있다. 그가 입대하면 가정은 어려워진다. 그 경우 입대 전에 중대장을 지방 행정 사무소에 보내 생활보호 신청을 하여 그의 불안을 해소한다. 그런 일이 거듭되다 보면 병사들은 '도조 연대장'을 칭송한다. 더욱이 나이 많은 초년병에 대한 제재나 중대장의 방약무인한 태도는 제1연대에 있는 한 허용되지 않았다. 결국 도조는 「성규유집」에 적혀 있는 내용을 겉치레로 이해한 것이 아니라 진짜 있는 그대로 실행에 옮겼던 것이다.

도조의 그런 재능이 사단장 마사키 진자부로의 인정을 받았다. 마사키의 입장에서 보자면 도조와 같은 부하를 가진 것은 지도 능력을 평가받는 것이나 다름없다. 연대장이나 중대장의 능력이 우수한지 여부를 파악하기 위해서 굳이 장교 개개인을 볼 필요가 없다. 그들이 지휘하는 부대의 교육이나 훈련을 보면 된다. 병사의 움직임이 이치에 맞다면 그것은 장교의 지도력이 뛰어나다는 증거이다. 도조 자신은 수상이 된 후 관병식觀兵式에 참석할 때마다 "'우로 봐'를 할 때는 알 수 없지만 '쉬어' 자세에 있을 때의 태도를 보면 빈틈없이 훈련이 이뤄진 부대가 어딘지 알 수 있다"고 말했다. 마사키는 찾아오는 사람들에게 "도조 연대장의 훈련을 보는 게 어떤가"라든가 "내 부하 중에 훌륭한 사람이 있다"고 말하면서 기쁜 표정으로 자랑을 했다.

마사키와 나가타 그리고 도조의 밀월시대였다. 육군성과 참모본부에 있는 우가키계 군인의 압력으로 우에하라 직계인 마사키가 고립되어 쫓겨날 것이라는 소문이 돌자 도조와 나가타가 유임운동을 전개할 정도였다. 그러나 얼마 지나지 않아 도조는 호기롭게 보이는 마사키의 거동이 실은 정치적 야심을 채우기 위한 것일지 모른다고 의심하기에 이른다. 계기는 사소한 일이었다.

사단장 관사는 연대의 주변에 있었는데, 마사키가 자택 응접실에 청년장교들을 불러 모아 그들의 호기를 부추기고 있다는 얘기가 귀에 들어왔다. "너희 연대장은 바보다. 그런 놈이 말하는 건 듣지 않는 게 좋아"라든가 "젊은 너희들이 시대를 잘 알고 있어. 생각대로 해봐"라며 선동한다. 이런 일이 반복되면 연대장이나 대대장을 경시하는 분위기가 생겨난다. 이른바 하극상이다. 그렇지만 마사키가 나가타나 도조를 헐뜯었던 것은 아니다. 그들을 애지중지하는 부하로 생각하고 있었기 때문이다.

이처럼 표리부동한 마사키의 태도에 불신을 품고 도조는 점차 마사키에게 거리를 두게 된다.

도조의 자택에도 중대장급 청년 장교들이 놀러 오곤 했다. 그럴 때면 도조는 갓 태어난 셋째 딸을 안고 솜옷 차림으로 술 상대를 해주었다. 그런데 도조 자신은 일정량에 이르면 술잔을 놓았다. 의지가 얼마나 강한지 시험이라도 하듯 스스로 결정한 양 이상은 아무리 권해도 마시지 않았다. 술보다 담배를 손에 들고 이야기를 들었다.

그런 가운데 도조의 집을 찾는 제1연대 장교들의 멤버가 정해졌다. 아카마쓰 사다오赤松貞雄(1900~1982), 고다 기요사다香田淸貞(1903~1936), 스즈키 요시카즈鈴木嘉一, 이시구로 사다조石黑貞藏, 이시마루 다카시石丸貴, 니시 히사시西久, 가토 다카시加藤隆, 우스다 간조臼田完三. 그들은 온순하고 진지하며 직무에 충실한 성격을 공통적으로 지니고 있었다.

이들 중에는 가토 다카시와 스즈키 요시카즈라는 성격이 전혀 다른 두 사람이 있었다. 육군대학 수험 준비 당시 가토 다카시는 유달리 과묵한 장교로서 누가 보아도 근황정신勤皇精神으로 가득 차 있었다. 도조는 그런 그가 맘에 들어서 정성을 다해 군사상의 지식을 가르쳤다. 이윽고 그가 육군대학에 진학하자 주위에서는 장녀의 반려자로 삼으라고 권유했다고 한다. 그러나 그는 1935년 8월 육군대학 2학년 때 늑막염에 걸려 허망하게 사망했다. 그때 도조는 가장 사랑하는 자식을 잃은 것처럼 낙담했다. 그는 가토의 묘 앞에서 목놓아 울었다고 한다.

스즈키는 가토와 달리 호방한 성격이었다. 도조 앞에서 주눅 들지 않고 말하고 싶은 것을 말해 도조를 화나게 했다. 하지만 거꾸로 그런 주눅들지 않는 태도가 도조는 맘에 들었다. 스즈키의 사생활은 순조롭지 않았으며, 가정에는 때때로 파란이 일었다.

"자신의 가정도 챙기지 못하는 자가 어떻게 부하를 장악할 수 있겠는가!"

화가 난 도조는 자기 집 가까운 곳에 그를 하숙시키면서 생활을 감시했다. "이렇게까지 감시를 당하면서 살 수는 없어"라고 말하면서도 스즈키는 도조의 집에 드나들었다.

사실 도조는 자택을 방문한 청년 장교들을 넌지시 시험하고 있었다. 그리고 시험을 통과한 자는 가토나 스즈키처럼 대했다.

그 외에 도조의 시험을 통과한 장교는 아카마쓰 사다오이다. 육사 34기, 연대 근무 6년째인 그는 도조가 부임했을 때 교육주임 보조관이었다. 처음 도조에게 서류를 건넸을 때 도조는 이렇게 말했다.

"자네의 직무는 뭔가?"

"교육주임의 보조관입니다."

"이런 중요한 서류는 교육주임이 직접 가져오는 것이 당연하지 않을까?"

그리고 덧붙였다.

"간부후보생의 교육 목적은 무엇인지, 이 서류의 핵심은 무엇인지 말해보게."

아카마쓰가 어렵사리 대답하자 그제야 서류를 놓고 가라고 허락했다. 훗날 그것이 제1관문 돌파였다는 것을 알았다. 시험을 통과하지 못할 경우 일단 서류를 돌려보내는 것이 통례였기 때문이다. 왜 그렇게 했느냐는 물음에 도조는 관습에 젖어 일을 하거나 타락한 간부가 되는 것을 막기 위해서였다고 대답했다. 도조는 아카마쓰가 자택을 찾아오는 것을 기뻐했고, 일과 관련된 이야기뿐만 아니라 인생에 대해서 이런저런 말을 해주었다. 가끔 함께 산책을 하기도 했으며, 육군대학 수험을 권하기도 했다.

"육군대학 졸업장을 받아두면 자신이 생각하는 일을 할 수 있어. 자신의 적성에 맞는 자리에서 맘껏 일을 할 수 있지."

육군대학을 졸업하면 맘껏 일을 할 수 있다. 다시 말해 직무권한이 커진다. 군인으로서 이만큼 보람 있는 일은 없을 것이다. 그것이 도조의 의견이었는데, 이는 공교롭게도 아버지 히데노리의 말과 일치했다. 게다가 아카마쓰에게는 마음속 깊은 곳에 감춰둔 생각까지 털어놓았다.

"저놈이 하는 짓이라곤 메모밖에 없다는 말을 들었을 것이야. 나는 결코 머리가 좋지 않아. 나가타는 타고난 천재인데 나는 그 사람의 절반에도 미치지 못하지. 그러니 열심히 노력해야 군무를 처리할 수 있지 않겠는가. 기억력도 나빠서 메모를 해두지 않으면 금세 잊어버린단 말이야."

확실히 장교들 사이에서 메모광으로 알려진 도조는 두려움의 대상이었다. 그는 언제나 두 권의 메모용 수첩을 갖고 있었는데, 한 권은 그날그날의 사건을 기록하기 위한 것이고, 다른 한 권은 일주일 단위로 여러 일들을 점검한 다음 중요한 사항을 적어 넣기 위한 것이었다. 연대장실 서가에는 주제별 메모용 수첩이 있었는데, 그 안에는 누가 언제 어디서 무슨 말을 했는지 분명하게 기록되어 있었다.

처음 보고와 다른 보고를 하면 "귀관이 말하는 것은 지난번의 보고와 다르지 않은가"라며 화를 냈다. 그때 상황을 대충 얼버무리는 자는 신뢰를 잃었다. 지난번의 보고를 살펴보니 여러 가지 결함이 있어서 달리 생각했는데 역시 이번 보고가 나은 것 같다고 말하거나, 이리저리 고심한 결과 이런 결론에 도달했다는 식으로 말하면 화가 풀렸다. 물론 그의 기질을 잘 아는 자는 쉽게 도조를 농락했다. "연대장에게 올리는 안건의 승인을 얻으려면 연기력이 필요하다"며 험담을 늘어놓는 사람도 있었다.

도조의 규칙적이고 깐깐한 성격을 싫어하는 장교도 많았는데, 그들은 서류를 가지고 연대장실에 들어가는 것조차 두려워 아카마쓰나 가토 또는 스즈키에게 함께 가자고 부탁하기도 했다. 도조 앞에서 일거수일투족에 신경을 쓰다가 연대장실을 나와 심호흡을 하며 근육을 푸는 장교들의 모습을 보기란 어려운 일이 아니었다.

취업알선위원회

싸움의 뜻이 어디에 있든 병사가 전장에서 목숨을 바치겠다고 결의하는 것은 늘 접하는 상사의 인간성에 따른다. "저런 연대장을 위해서라면……" 또는 "저런 사단장을 위해서라면……", 이런 생각이 최후의 도약대가 된다. 전하는 이야기에 따르면 도조는 확실히 일반 병사들로부터는 존경을 받았다. 그 이유는 병사를 대하는 도조의 태도가 장교를 대할 때와 달랐기 때문이다. 그는 선뜻 병사의 방에 들어가 건강상태를 확인하고, 식사에 대한 불만이 없는지 물었으며, 훈련이 힘들지 않은지 하나하나 세심하게 살폈다. 그런 연대장은 많지 않았다. 병사들은 도조에게 친근감을 보였다.

연대장실에 군의관이나 취사반장이 호출되는 경우도 종종 있었다.

"부모님들이 믿고 맡긴 병사들이다. 상처를 입혀 돌려보내는 일이 있어서는 안 된다."

제1연대 군의관 마쓰자키 요松崎陽(1899~1981)는 게이오 대학 의학부를 졸업했다. 그는 추운 날, 더운 날, 계절이 바뀔 무렵, 그때마다 연대장실에 불려가 병사들의 건강상태를 확인하는 질문을 받았다. 마쓰자키가 도시 출신 병사에 비해 군 단위 출신 병사는 면역력이 약해 2년째에는 폐결핵에 걸릴 가능성이 높다고 말하자, 도조는 폐결핵 조기 발견을 위해 뢴트겐 도입을 즉석에서 결정한 일도 있었다.

어느 밤늦은 시각, 의무실 업무를 마치고 자신의 방으로 돌아가던 마쓰자키는 복도에서 쓰레기통을 뒤지고 있는 도조의 모습을 보았다. 부하의 눈에 띄지 않으려고 남몰래 하나씩 하나씩 쓰레기통을 들여다보고 있었다.

"연대장님, 뭘 하고 계십니까?"

마쓰자키가 말을 걸자 도조는 뒤돌아보며 쓴웃음을 지었다. 쑥스러운 듯한 웃음이었다.

"좀 알고 싶은 게 있어서 그러네."

이렇게 말하며 그는 머리를 돌렸다. 도조의 말로는 취사반장으로부터 병사들이 즐겁게 식사를 하고 반찬 하나 남기지 않는다는 보고를 받았는데, 그것이 이상해서 쓰레기통을 둘러보고 있다는 것이다. 마쓰자키는 도조와 함께 쓰레기통을 둘러보았다. 그러자 상당량의 잔반이 버려져 있었다.

취사병은 손쉽게 마련할 수 있는 부식副食을 식탁에 내놓는다. 남기면 꾸중을 듣기 때문에 병사들은 남몰래 쓰레기통에 버린다. 식기에는 아무런 잔반이 없다. 병사들은 다 먹었다 하고, 취사계는 책임을 추궁당하지 않는다. 도조는 그런 구조를 알아챘던 것이다. 도조는 취사반장을 불러 "쓰레기통은 무언의 항의다. 내일부터 식단을 다시 마련하라"고 질책하고, 다음과 같이 덧붙였다.

"우리 연대에 속한 병사들의 건강을 책임지고 있는 사람이 바로 귀관들이다. 체력이 나아지는지 그렇지 않은지는 여러분의 손에 달려 있다. 소화가 잘되고 맛이 있어서 즐겁게 먹을 수 있는 음식을 만들어라."

그 후에도 식단이 천편일률적이다 싶을 때에는 어김없이 도조의 쓰레기통 뒤지기가 남몰래 시작되었다.

연대에서는 해마다 두 차례 대연습大演習이 거행된다. 그때에도 도조의 성격이 두드러지게 나타났다. 병사들마다 체력 차이가 있으니까 행군에서도 핸디캡을 매기도록 중대장들에 명령한다. 그러면서 그는 이렇게 말했다.

"제대한 병사들은 언젠가 병영생활을 떠올릴 것이다. 행군에서 낙오했다는 것은 고통스러운 기억으로 평생 따라다닐 것이다."

그는 군대생활이 마치 병사의 전 생애를 규정할 것처럼 생각했던 것이다.

연습 당일, 체력이 약한 병사들은 아자부의 제1연대에서 나라시노習志野의 연병장으로 이어지는 도로에서 행군을 기다리고, 육체적인 핸디캡이 있는 자는 연병장 근처에서 기다리고 있었다. 도조는 연병장 입구에 서서 낙오자가 없는 행군을 흐뭇하게 바라보았다. 연병장에서 제1연대로 돌아올 때 병사들은 광장에 모여 군장 검사를 받는다. 장교가 병사의 배낭을 조사한다. 마침 햇볕이 쨍쨍한 날이었다. 도조는 중대장들을 불러 주의를 주었다.

"왜 배낭을 병사들 곁에 두는 건가. 배낭은 나무그늘에 두는 게 낫지 않겠나. 봐라, 배낭은 직사광선을 받고 있다. 그 안에는 이른 아침부터 넣어둔 밥이 들어 있다. 저걸 짊어지고 땡볕 속을 걸어왔단 말이야."

이처럼 세심한 배려는 장교들에게는 얼마간 당황스러웠지만, 병사들에게는 인정미가 넘치는 연대장이라는 이미지를 심어주었다. 확실히 이 무렵 도조에게는 그런 이미지가 어울렸다.

1929년부터 1930년에 이르는 시기, 금융공황이 시작되어 실업자가 증가하고 농촌은 피폐해지고 있었다. 2년에 걸친 병역을 마치고 제대하는 많은 병사들은 당장 내일부터 뭘 하고 살 것인지 걱정하지 않을 수 없었다. 그래서 도조는 제1연대 안에 '취업알선위원회'를 만들었다. 일할 곳이 없는 병사의 직장을 찾아 돌아다니는 것이 이 위원회의 역할이었다. 중대장과 대대장을 위원으로 임명했다. 위원이라고는 하지만 실제로는 회사를 돌아다니는 것이었다. 어디나 종업원을 해고할 때인데 새로 채용해달라며 머리를 조아리고 다니는 것이 그 일이었다.

"잔심부름 하는 일도 좋고 청소부도 좋습니다. 우리 병사를 써 주시지 않겠습니까."

장교들은 머리를 숙이며 돌아다녔다. 이리하여 어떻게든 제대일까지는 전원 직장을 찾았다.

다른 한편 이 위원회의 활동은 장교의 사회적 관심을 넓히는 것이기도 했다. 그들 대부분은 육군유년학교와 육군사관학교 출신으로 평생 육군 안에서만 생활한다. 그런 장교가 회사를 돌아다니면서 자신들이 전혀 모르고 있던 사회의 단면을 보게 되는 것이다.

장교들이 모이는 곳에서는 사회정세에 대한 관심을 강조하는 대화가 많아졌다. 그들의 분노는 곧바로 정치가들을 향했다.

"농촌은 빈궁하고 도시에서는 실업자가 늘고 있는데 정당은 뭘 하고 있단 말인가. 사리사욕을 채우기 위해 움직일 따름이지 않은가."

그것이 그들의 공통된 의견이었다. 신문을 펼치면 의옥사건疑獄事件*이 실려 있다. 사철私鐵* 매수 과정에서 의원이 헌금獻金을 횡령했다는 소식을 전한다. 재벌의 약탈에 가까운 횡포에 장교의 정의감이 불타오른다. 장교집회소에 모인 장교들의 분노는 높아만 갔다. 훗날 2·26 사건*에 가담하는 중대장 구리하라 야스히데栗原安秀(1908~1936)와 고다 기요사다는 함께 분통을 터뜨렸다. 분노는 그들이 비합법 활동으로 기우는 계기가 되었다.

그런데 장교들의 분노에 찬 목소리를 들은 도조는 "모든 생활을 천황 폐하께 바치고 있는 군인은 폐하께서 통할하는 군대 안에서 생각하고 행동해야만 한다"며 진정시키듯이 말했다. 결국 젊은 장교 시절에는 사회에 눈을 뜰 필요가 없다는 것이다.

그 말은 육군 내부에서 잇세키카이계 군인이 주도권을 쥐게 되면 분노하는 청년 장교들의 원흉인 정당의 퇴폐는 용납하지 않겠다는 의미를 포함하고 있었다. 천황에게 모든 생활을 바친 군인과 달리 지방인은 자신의 이해득실이나 타산에 따라 움직이는데, 그 정신에는 이른바 사악한 것이 깃들어 있다. 그것이 도조가 말하고 싶은 것이었다. 하지만 도조의 의견은 청년 장교들에게 미온적인 것으로 비쳤다.

장교집회소에 모인 청년 장교들은 두 가지 현상에 분노를 감추지 않았다. 경제공황과 1930년의 런던군축조약* 조인이 그것이다. 더욱이 이 두 현상의 뿌리는 하나였다. 즉 전자는 정당정치의 실정失政과 부패이

의옥사건
정치문제화한 대규모 뇌물수수사건

사철
사기업이 운영하는 철도.

2·26 사건
1936년 2월 26일 일본 육군의 황도파 청년 장교들이 '전면적 국가 개조'를 요구하며 일으킨 쿠데타 사건.

런던군축조약
군비축소를 논의하고 워싱턴 회담(1921~1922)에서 체결되었던 조약들을 재검토하기 위해 런던에서 개최된 런던군축회의(1930. 1. 21~4. 22)에서 조인된 조약. 런던군축회의에는 개최국인 영국을 포함하여 미국·프랑스·이탈리아, 일본의 대표가 참가했다. 회의는 3개월간에 걸친 논의 끝에 잠수함전투를 규제하고 민간상선의 건조에 대해서도 5년간 금지하자는 합의에 도달했다. 항공모함의 건조를 제한하는 워싱턴 5대 열강 조약(1922)의 유효기간도 연장되었다. 미국·영국·일본은 전투함의 건조를 각각 10 : 10 : 7의 비율로 톤 수를 제한하는 데에 합의했다. 반면에 프랑스와 이탈리아

는 각각 비율을 정하는
것에 반대하거나 비율
의 불평등성에 반대하
면서 조인을 거부했다.
이 회의에서 합의된 조
약들은 1936년까지 효
력을 발휘했다. 1930년
조약의 규정에 따라
1935년 12월 영국에서
군축회의가 다시 열렸
다. 그러나 일본이 참여
하지 않음에 따라 1936
년 3월에 조인된 군축
조약은 상호협의의 수
준에 머물렀을 뿐이다.
1938년 12월 이탈리아
가 몇몇 조항에 합의하
기도 했으나 1939년 9
월 제2차 세계대전이
발발함으로써 모든 조
약은 취소되었다.

고, 후자는 정치권 측의 통수권 침범이라는 사태였다. 런던군축조약은 해군의 문제라 해도 통수권 침범이라는 점에서는 육군의 청년 장교로서도 승복하기 어려웠다.

워싱턴회의(1922년)에서 약속한 기한을 연장하기 위해 열린 런던군축회의(1930년)에는 전 수상 와카쓰키 레이지로若槻禮次郞(1866~1949)가 전권全權 자격으로 참석했으며, 해군상 다카라베 다케시財部彪(1867~1949)도 수행원 자격으로 출석했다. 그들은 현지에서 재량권을 이용하여 조인調印 단계로 넘겼다. 이 안案의 내용은 조약 기한인 5년 동안 일본과 미국의 순양함 비율을 69퍼센트 : 75퍼센트로 정하고, 잠수함은 쌍방이 5만 2,000톤으로 한다는 것이었다.

조인 전후부터 해군의 장비가 뒤떨어졌다며 초조해하는 군령부와 부득이한 조약 체결이라고 말하는 해군성이 대립각을 세웠다. 흔히 해군성을 조약파라 하고 군령부를 함대파라 부르는데, 군령부장 가토 히로하루加藤寬治(1870~1939)와 차장 스에쓰구 노부마사末次信正(1880~1944)는 목소리를 높이며 이 안을 받아들일 수 없다고 주장했다. 그들은 전권사절단이 현지에서 일방적으로 조인하는 것은 '통수권 침범'이라는 결론을 내렸다. 헌법 제12조를 보면 "천황은 육해군의 편제 및 상비병 수를 정한다"고 적혀 있는데, 이 조문에 따라 국무상의 보필기관인 국무대신과 군령상의 보필기관인 참모총장, 군령부장이 대등하게 천황에게 조언하는 입장에 있다고 육군은 주장한다. 정부가 이 조항은 군정軍政의 범위 안에 있기 때문에 국무대신의 직무라고 주장해온 역사적 대립이 조약파와 함대파의 저류에 놓여 있었다. 깊어지던 해군 내부의 균열은 도고 헤이하치로東鄕平八郎(1848~1934)를 비롯한 원로들이 주선에 나서 가토, 스에쓰구, 다카라베 세 사람이 잘잘못을 불문하고 사임하는 것으로 표면상 일단락지어졌다. 하지만 얼마 지나지 않아 하마구치 오사치濱口雄行(1870~1931) 수상이 우익 청년의 총탄에 쓰러졌다. 그 배경에 이 사건이 관련되어 있었다.

이러한 일련의 움직임은 육군의 청년 장교를 자극했다. 도조 연대장의 주위에서도 위세 좋은 장교가 정부를 공격하자는 말을 꺼냈다. 도조는 그들에게 영합하는 시국 관련 발언을 결코 하지 않았지만, 자택에서는 마음을 허락한 청년 장교의 물음에 대답하는 형식으로 신중하게 대답했다.

"군령부의 생각이 옳다고 생각하네. 현지에서 제멋대로 조약안을 상정하고 그것으로 정리되었다고 말하는 것은 역시 통수권 침범이라 할 수 있지."

그러나 국가개조운동의 필요성을 공공연하게 외치는 청년 장교 중에는 민간의 사상가나 활동가와 제휴를 강화하는 자도 있었다. 그들이 기타 잇키北一輝(1883~1937)의 뜻에 따라 움직이는 니시다 미쓰기西田稅(1901~1937)와 깊은 관계를 맺자 도조는 신경질적으로 반복해서 주의를 주었다.

"군인은 군대 이외의 집회나 회합에 나가서는 안 된다. 기타 잇키, 오카와 슈메이大川周明(1886~1957), 니시다 미쓰기 등의 선동에 놀아나서는 안 된다."

도조는 장교집회소를 둘러보면서 장교들의 언동을 확인했다. 자신의 집에 얼굴을 내미는 횟수가 줄어들면 넌지시 동료 장교에게 물었다.

"최근 고다와 구리하라는 밖으로 나도는가?"

외출이 잦다는 것을 알면 눈살을 찌푸렸다. 하지만 도조는 그들을 설득할 만한 효과적인 말을 찾을 수가 없었다.

"고다에게 우리 집에 한번 오라고 전해주게."

아카마쓰에게 이렇게 말할 따름이었다. 〈군인칙유〉와 연대장으로서의 정을 모두 동원해 그들의 행동을 억제하고자 했던 것이다. 도조가 기관총중대의 중대장 고다 기요사다를 평가했던 것도 그가 과묵하고 진지하게 군무에 힘쓰는 데다 솔직담백한 성격이 마음에 들었기 때문이다. 그래서 도조는 고다를 국가개조운동으로부터 떼어놓으려는 생각에 애를 태웠다.

고다와는 별도로 사회주의 운동에 관심을 가진 장교들도 있었다. 그들은 휴일에 노동조합의 강연을 들으러 가도 좋을지 허가를 얻기 위해 도조를 찾아왔다. 그러면 도조는 집회에 나가는 것은 안 되지만 책을 읽는 것은 괜찮다고 말하고, 헌병대가 압수한 그런 종류의 저작물을 가져와 장교들에게 빌려주었다. 그 대신 독후감을 써 오라고 다짐을 두었다. 그것은 '이런 불충한 사상은 박멸하지 않으면 안 된다'는 답을 기다리겠다는 의미였다. 실제로 장교들은 예상하고 있던 그대로 감상문을 써 왔다.

그러나 도조는 군대 밖의 사상가와 결탁한 청년 장교나 사회주의 운동으로 기울고 있는 장교의 운동을 대국적으로는 그렇게 문제시하지는 않았다고 말할 수 있다. 실태를 알아감에 따라 그런 운동이 국가적 규모로 전개되리라고는 믿지 않게 되었다. 그의 경계심은 군 내부의 좌관급이나 위관급 장교가 결집한 새로운 조직의 실태와 그 동향으로 옮겨가고 있던 것이다.

1930년 10월 런던군축조약이 추밀원樞密院에서 비준되었고, 그 무렵 '사쿠라카이櫻會'가 탄생했다. 평소 "부패하고 타락한 의회정치를 개혁하기 위해 조속히 혁명을 수행하지 않으면 안 된다"고 큰소리치던 참모본부 러시아반장 하시모토 긴고로橋本欣五郎(1890~1957)가 중심이 된 조직으로, 강령의 제1항에서 결사의 목적을 국가개조를 위해 무력행사도 불사한다고 밝혔다. 또 취지서에서는 "메이지유신 이래 왕성하게 발달해온 국운國運이 지금 쇠퇴의 길로 향하고 있는바, 우리는 통분우수痛憤憂愁를 억누를 수가 없다"고 말했다. 회원은 "중좌 이하 국가개조에 관심을 갖고 있으며 사심私心이 없는 자"로 한정한다고 명기되어 있다.

네모토 히로시, 쓰치하시 유이쓰, 무토 아키라, 도미나가 교지 등 무메이카이 멤버들도 사쿠라카이에 들어갔다. 하지만 그들은 곧 탈퇴했다. 잇세키카이 회합에서 도조가 열성적으로 설득했기 때문이었다.

"쿠데타를 일으키자고 말하는 무리들과 함께 모여서는 안 된다. 과격한 행동은 단호히 배격하고, 어디까지나 합법적인 수단에 의지해야 한다. 조금만 더 기다려라. 나가타 선생을 중심으로 한 우리들의 시대가 올 것이다. 그 때부터 모든 일을 시작하자."

그 뒤를 이어 나가타와 오카무라가 입을 열었다.

"국사는 걱정하지 않아도 좋다. 경거망동하지 말고 군무에 전념하라."

그 말에 용기를 얻은 회원들도 그들 쪽으로 돌아왔다. 조금만 더 참고 견뎌 많은 것을 얻을 수 있다면 초조해할 필요가 없다는 것이었다.

3월 사건 이후

사쿠라카이 결성 배경에는 육군성과 참모본부의 혈기 넘치는 장교들의 초조감이 있었다.

무력으로 중국으로부터 만몽지역을 분리하고 아울러 국내를 개조해 군부독재국가를 만들자고 주장하는 사쿠라카이의 주도자 하시모토 긴고로의 호소는 장교들의 초조감을 정치적 에너지로 바꾸려는 것이었다. 하시모토는 육군대학 졸업 후 터키대사관 소속 무관이 되었으며, 터키 혁명을 보고 자극을 받았다. 그는 동지를 모으는 과정에서 다음과 같이 말했다.

"혁명은 러시아혁명처럼 처음부터 많은 피를 흘려 과거의 부정을 청산하지 않으면 안 되는 것이다. 그런데 일본에는 황실문제도 있고, 국민은 유혈을 허락하지 않는다. 게다가 일본 국민은 위의 지시에 따라 움직이는 습성이 있다. 그런 까닭에 우리나라의 혁명전은 육군을 중심으로 속전속결하는 쿠데타 방식을 택하지 않을 수 없다."

이것이 터키혁명의 중심인물이었던 케말 파샤Mustafa Kemal Atatürk(1881~1938)와 친분이 있었다는 하시모토의 혁명관이었다. 장교들 중에는 이 의견에 공감하는 자가 많았던 것이다. 실제로 사쿠라카이는 1931년 3월 쿠데타 실행 직전까지 행동을 밀고 나가고 있었다.

왜 이 쿠데타(3월사건)는 미수에 그쳤는가. 그것을 살펴보기 전에 당시 육군 내부에는 세대에 따라 구분되는 네 그룹이 있었다는 것을 명기해두지 않으면 안 된다. (1) 군사참의관 우가키 가즈시게, 군무국장 고이소 구니아키小磯國昭(1880~1950), 육군차관 스기야마 겐杉山元(1880~1945), 참모차장 니노미야 하루시게二宮治重(1879~1945) 등 육사 10기에서 15기에 이르는 그룹. 이미 육군성을 움직이고, 육군성의 정책 결정에 관여하고 있는 장성들이다. (2) 나가타 데쓰잔, 이타가키 세이시로板垣征四郎(1885~1948), 오카무라 야스지, 도조 히데키를 비롯하여 이시와라 간지, 무토 아키라 등 잇세키카이계 장교로, 16기에서 24, 25기까지의 군인을 포함한다. 이들은 최종적인 정책 결정 권한은 갖고 있지 않지만 실제로 육군을 움직이는 장교로서 정책의 입안에 지속적으로 관여했다. (3) 사쿠라카이에 결집한 22, 23기부터 32, 33기에 속한 장교들인데, 이들은 아직 반장급이어서 실무상의 역할은 크지만 군 내부의 정치적 역량은 약했다. (4)32, 33기부터 40기까지, 아직 육군대학 수험 전이거나 육군대학 재학 중인 청년 장교들이다. 이들은 중대장으로 100명 가까운 부하를 거느리고 있었기 때문에 부하를 통해 농업공황이나 이에 동반한 국민의 생활고를 알고 있었다. 그래서 이들은 의회정치를 무너뜨리고 천황과 직접 연결되는 황도정치皇道政治를 주장했다.

덧붙이자면, 오카와 슈메이는 (1), (3)그룹과 손을 잡았고, 기타 잇키와 니시다 미쓰기는 (4)의 사상적 흑막黑幕이었다.

(1)은 정치가, 관료와 길항하면서 육군독재정권의 꿈을 추구하고 있었다. 그랬기 때문에 (3)그룹의 계획을 이용할 의도를 갖고 있었다. (2)는 (1)의 정치적 방종성을 비판적으로 견제하면서 (3)이나 (4)의 비합법 활동을 두려워했다. (3)은 (1)을 이용하면서 (4)의 청년 장교가 거느리고 있는 부하들을 욕심내고 있었다. 1931년 당시 육군 내부에서는 이 네 그룹이 의도를 감추고서 움직이고 있었다.

3월사건은 (1)과 (3)그룹의 편의적 야합이었다. 우가키와 고이소 그리고 스기야마 등은 정우회의 시데하라 협조 외교* 배격과 내정의 실패에 따른 정국 불안에 편승하여 우가키 옹립에 나섰다. 이 무렵 하시모토와 조 이사무長勇(1895~1945) 등 사쿠라카이 멤버의 쿠데타 계획이 수립된다. 이 소식을 듣고 너무 기쁜 나머지 우가키는 당시의 일기에 "지금은 정당도 관료도 원로도 대중의 신용을 잃었으며 권위는 땅에 떨어지고 있다. 중심적 권위자의 실력은 사라지고 있다"고 적었다. 그리고 이어서 "이 모든 것을 바로잡을 크나큰 사명이 나를 괴롭힐 것 같다는 느낌"이라며 자신의 권력욕을 채우기 위해 장교들의 계획에 가담했노라고 큰소

시데하라 협조 외교
외무상 시데하라 기주로(幣原喜重郎, 1872~1951)가 간도(間島) 문제와 관련하여 제안한 '시데하라 구상'을 가리킨다. 시데하라는 만주사변 직후 간도에서 중일 양국 경찰이 협력 체제를 구축하자고 했다.

리쳤다.

나중에 사쿠라카이 회원이 되는 다나카 세이田中清가 쓴 수기(『다나카 메모』)에 따르면, 1931년 초 하시모토를 비롯한 사쿠라카이 회원과 우가키, 스기야마, 니노미야 하루시게 참모차장, 고이소 등이 국내 개조에 관해 협의한 뒤, 쿠데타의 내용은 우익에서는 오카와 슈메이와 시미즈 고노스케清水行之助(1895~1980), 좌익에서는 가메이 간이치로亀井貫一郎(1892~1987)와 아카마쓰 가쓰마로赤松克麿 등의 노동단체 및 농민조합이 참가하여, 쌍방에서 3천 명이 가두에 나가 시민 1만 명을 동원해 소요 상태를 조성하고, 이를 틈타 고이소 군무국장이 제1사단에 출동을 명한 뒤, 이어서 수상 이하 전원을 물러나게 하는 것으로 결정했다. 가메이와 아카마쓰 등은 이를 위해 비밀리에 육군의 기밀비를 받았다.

쿠데타가 실패한 이유는 여럿이겠지만 무엇보다 우가키의 변심 때문이었다. 민정당 내부에서 우가키를 옹립하자는 목소리가 높아지고 있다고 판단한 우가키는 고이소에게 계획을 중지하라 명했고 그 때문에 와해되었다는 것이다. 계획은 흐지부지되었지만 당사자들의 책임은 묻지 않았다. 처벌해야 할 사람이 모의에 가담하고 있었기 때문이다. 그리고 일련의 움직임 속에서 이 계획에 일절 관여하지 않았던 잇세키카이계 장교들은 아무런 상처도 입지 않았다. 비합법 활동을 비방할 자격을 얻은 셈이다. 하지만 도조의 맹우 나가타 데쓰잔만은 미묘한 입장으로 내몰렸다.

당시 군사과장이었던 그는 고이소의 직속 부하였다. 이 계획이 진행되고 있을 무렵, 그는 만몽에 출장을 갔고, 관동군의 이타가키 세이시로,

이시와라 간지 두 참모는 무력 해결의 방향을 시사했다. 돌아오자마자 보임과장補任課長 오카무라 야스지에게 쿠데타 계획이 있는 듯하다는 말을 듣고 나가타는 고이소와 스기야마에게 달려가 쿠데타 중지를 호소했다. 사쿠라카이의 방침은 위험하다는 것이었다. 그런데 거꾸로 고이소로부터 군대 출동 계획을 다듬으라는 명령을 받았다.

"비합법 활동에는 반대합니다."

이렇게 확인한 다음, 명령대로 군대의 동원 계획을 써서 건넸다. 그것이 훗날 반反나가타 황도파 장교들로부터 공격당할 구실이 되리라고는 꿈에도 몰랐다.

나가타와 오카무라는 오카와 슈메이를 찾아가 설득했고, 그 길로 스기야마와 고이소를 방문해 중지를 요구했다. 그들의 노력이 결실을 얻지는 못했지만, 계획이 중지되었을 때 잇세키카이의 후타바카이계 멤버들은 몰래 모임을 갖고 그들의 노력에 갈채를 보냈다. 이 모임에서 도조는 오로지 "천황 폐하의 군대를 무단으로 움직이는 것은 말도 안 된다"며 위압적인 태도로 육군 수뇌부의 위험한 정책을 비판했다.

육군성과 참모본부의 쿠데타 계획은 곧 사단장의 귀에도 들어갔다. 제1사단에 동원명령이 내려질 예정이었다는 것을 안 마사키 사단장은 격노하여 "무산정당과 손을 잡고 일을 꾸미다니 이 무슨 일인가. 폐하의 군대를 제멋대로 무단으로 움직이는 것은 말도 안 된다"며 호통을 쳤다. 사단장실에 불려간 도조도 물론 마사키의 말에 기꺼이 동의했다.

쿠데타 미수사건 후, 잇세키카이계 장교는 (3)과 (4)그룹을 엄중하게 감시했다. 군 상층부의 보신책에 분노한 사쿠라카이계 회원이 청년 장교들을 겨냥하여 동지 확보에 착수했기 때문이었다. 도조의 신경은 더욱 예민해졌다.

도조의 휴일은 장교들의 방문으로 시작됐다. 그는 '아버지'라 불렸고, 육친같이 친절하게 상담에 응했다. 함께 이야기를 나누면서 도조는 재빠르게 장교들의 동향을 파악했다. 가정형편이 좋지 않은 자, 가족 중에 환자가 있는 자, 국가개조운동에 열심인 자 등등. 그는 수십 명에 이르는 장교들의 고민을 재빨리 자신의 파일에 집어넣었다.

장교의 가족이 병이 나면 한밤중에라도 차에 태워 병원으로 보냈다. 제1연대의 병사가 집안의 어려움을 호소하면 휴일에 그 집을 찾아가 도왔다. 주변 사람들이 보기는 그는 확실히 모범적인 인물이었다. 도조의 부인 가쓰는 "도조는 연하장도 윗사람보다는 차라리 아랫사람에게 보내는 게 낫다면서 결코 자신보다 직위가 높은 사람에게는 보내지 않았다"고 말한다.

도조는 병사들을 대할 때는 골육의 정을 호소했지만 자신의 육친이나 가족을 대할 때는 엄정한 감정을 갖고 있었다. 가까우면 기대가 지나치게 크다는 것, 그것이 문제였다. 다섯 명의 남매 중에서도 자신의 눈에 노력하지 않는 것처럼 보이거나 자신의 생활 방식에 반하는 아이에게는 냉담한 태도를 취했다. 장남에게도 엄격하게 보였다. 문학이나 예술은 좋아하면서 군사에는 관심을 보이지 않는 것이 도조에게는 불만이었던 듯하며, 장남도 무뚝뚝한 아버지를 피했다. 그가 부립府立 제4중학교를 중퇴하고 일본우선日本郵船에 취직하여 배 타는 생활을 선택한 것도 그런 부친에 대한 반발이었다고 도조의 조카 야마다는 증언한다.

도조는 아들에게는 엄격했고 딸에게는 다정했다. 아들들은 외가로 보내 후쿠오카고등학교에 입학시켰다. 그러나 딸은 곁에 두었다. 남자는 빨리 기회를 잡아 독립하는 것이 좋지만, 여자는 언젠가 집을 떠날 것이기 때문에 그때까지 집에 둔다는 것이었다. 연대에서 돌아와 솜옷으로 갈아입고 식탁에 앉아서는 딸이 학교에서 겪은 이야기를 들으면서 흐뭇해했다. 반주 한 잔에 공기밥 한 그릇이 저녁식사였다. 잔에 씌어진 '醉心'의 '心'이라는 글자가 찰랑거릴 때까지 술을 채우고서 딸과 주고받는 이야기. 그때 도조의 표정은 온화했다. 그리고 그것이 평범한 아버지의 모습이었다.

만주사변의 수습

가끔 이웃집 주인이 함께 식탁에 앉았다.

육사 동기생이자 당시 참모본부 구미과장歐美課長이던 와타리 히사오渡久雄(1885~1939)였다. 둘은 조호쿠중학城北中學 동기생이기도 했는데, 도조는 중학 1학년 때 육군유년학교로 옮겼고 와타리는 조호쿠중학을 졸업하고 사관학교에 입학했다. 와타리는 1939년 1월 병사하는데, 훗날 도조는 스가모구치소에서 "나에게는 두 명의 좋은 선배와 친구가 있었다. 나가타 선생과 와타리가 그들이다"라고 술회했다.

와타리도 잇세키카이 회원이었기 때문에 둘의 대화는 늘 군 내부의 항쟁과 정세 타개 전망이 보이지 않는 만몽문제에 대한 불만으로 이어졌다. 장쉐량張學良(1898~2001)이 국민정부 측으로 기울어 배일·반일로 내달고 있는 이상 일본군이 할 수 있는 일은 무력 제압뿐이라는 점에서 둘의 생각은 일치했다. 하지만 그러기 위해 어떤 대응을 취할 것인가라는 문제에 이르러 둘의 대화는 멈췄다. 당장은 그럴싸한 묘안이 없다. 관동군 참모들이 불온한 움직임을 보이고 있다는 정보가 빈번히 들어오고 있지만, 비합법활동을 용인하지 않는 잇세키카이 회원에게 그것은 불쾌하게 들렸다.

"가까운 장래에 어떤 형태로든 만몽 분리 신호가 있긴 있을 걸세."

야마나시(山梨) 군축
야마나시 한조(山梨半
造, 1868~1944)가 1920
년 이후 육군대신 시절
실시한 군비 축소 정책.

고쿠혼샤
1924년 히라누마 기이
치로(平沼騏一郎)가 설
립한 우익 정치 단체로
1936년에 해산됐다.

그것이 그들이 가끔 식사를 함께하면서 주고받은 대화의 결론이었다.

1931년 7월 하순, 도조는 마사키에게 불려가 "참모본부로 돌아가 편성동원과 관련된 일을 해보라"는 말을 듣고, 8월 1일 참모본부 총무국 편성동원과장으로 자리를 옮겼다. 마사키의 말투에는 '이 인사는 자신이 힘쓴 것'이라는 뉘앙스가 들어 있었다. 연대장이나 과장급 인사는 여단장, 사단장 그리고 육군성과 참모본부의 국장이 인선人選하고 육군상과 인사국장이 최종적으로 결정한다. 따라서 도조가 편성동원과장이라는, 이른바 육군의 작전과 용병을 관장하는 요직에 앉은 것이 사단장 마사키의 힘에 기댄 것이라 해도 하등 이상할 게 없다. 그리고 이때 총무부장은 우메즈 요시지로였다. 당연히 그의 추천도 있었을 것이다. 도조는 일찍이 베를린에서 공사관 주재 무관으로 있을 때 우메즈와 함께 일한 적이 있다. 우메즈는 군 내부의 정치적 움직임에 비판적이어서 3월사건에도 일절 관여하지 않았다. 도조를 추천한 사람의 발언은 무게가 있었다.

도조 자신도 이 자리에 앉게 되자 내심 쾌재를 불렀다. 군인으로서 통수부의 편성동원과라는 부서는 일할 보람이 있는 직장이다. 헌법의 모든 권한을 초월하여 존재하는 통수부, 천황에게만 직결되는 통수부, 그런 통수부의 과장에 취임한다는 것은 육군성에서만 지내온 그에게는 영광이었다. 게다가 이 무렵은 군비의 정비가 눈에 띄게 늦어지고 야마나시山梨 군축*과 우가키 군축에 따른 지체를 만회하지 않으면 안 되는 때여서 그에게 부과된 역할은 막중했다.

과장이 되자마자 도조는 고쿠혼샤國本社*의 정례 모임에 참석했다. 관료, 기업인, 군인 들로 구성된 고쿠혼샤에 얼굴을 내민 것은 나가타의 권유에 따른 것이었는데, 궁극적으로는 국가총동원체제 확립을 위한 포석으로서 그들과의 제휴, 다시 말해 얼굴 익히기가 필요했기 때문이었다.

"만주 분리는 시대의 흐름이 될 것"이라는 의견이 고쿠혼샤의 주류를 이루고 있다는 것을 알고 도조는 급속히 무력 발동에 관심을 보이기 시작했다. 육군 내부만이 아니라 공식 회의에서 당당하게 그런 말이 쏟아지는 시대가 되었다는 점에 그는 적잖이 놀랐다. 연대장 시절에는 알아차리지 못했을 정도로 여론은 뜨거워져 있었던 것이다. 훗날 도쿄재판에서 그는 만몽분리는 일본의 총의總意였다고 큰소리치는데, 이때의 놀라움이 그 복선이었던 셈이다.

만주의 불온한 움직임은 8월에 접어들면서 한층 고조되었다. 중국 오지를 살피기 위해 참모본부에서 파견한 나카무라 신타로中村震太郎(1897~1931)가 타오난洮南 지방의 저항조직에 살해되자 관동군은 실력으로 조사에 착수하겠다고 타전해왔으나 군 중앙은 거부했다. 그러나 현지의 외무 당국자는 관동군의 폭주가 우려된다고 보고했다. 모든 것이 비밀에 부쳐졌지만 이 무렵 관동군 참모들은 장쭤린 폭사사건을 본떠서 모종의 사건을 조작, 단숨에 펑톈을 점령하고 열강이 미처 간섭하지 못하는 사이에 신속하게 만몽 각 지역을 점령한다는 모략을 가다듬고 있었다.

참모본부 제1부장 다테카와 요시하루建川美治도 그 모략을 알고 있었다. 관동군의 불온한 움직임을 억제하기 위해 미나미 지로 육군상의 친서를 가지고 관동군을 설득하러 가라는 명령을 받은 사람은 얄궂게도 다테카와 자신이었다.

"각하는 정말로 화해 역할을 하려고 가시는 겁니까?"

이렇게 묻는 부하에게 다테카와는 알 듯 모를 듯한 미소를 지었을 따름이다.

만주로 들어간 다테카와가 펑톈에서 관동군 참모들이 베푼 환영회에 참석한 그날 밤, 그러니까 1931년 9월 18일, 류탸오후柳條湖 지역의 만철 선로 폭파를 계기로 이른바 만주사변이 일어났다. 관동군 참모 이시와라 간지가 중심이 된 모략이었다. 예정대로 관동군은 병력을 동원하여 만주 내부로 들어갔다. 이것도 실제로는 대권 침범이었다. 독단적으로 병력을 움직였기 때문이다.

와카쓰기 내각은 전쟁을 확대하지 않겠다는 방침을 결정했다. 그러나 현지의 관동군은 눈도 깜짝하지 않았다. 오히려 조선군도 전부터 밀약한 대로 21일 만주로 들어갔다. 군 중앙의 의도 따위는 완전히 무시했다. 그런데 일이 이렇게 되자 군 중앙의 태도도 애매해졌고, 관동군이 지린吉 林까지 진격하자 육군대신, 참모총장, 교육총감이 참석한 회의에서 증원을 결정해버렸다. 각료회의의 맹렬한 반대에 부딪혔고, 육군상 미나미 지로는 체면을 구기고 말았다. 미나미와 참모총장 가나야 한조金谷範三 (1873~1933)는 책임을 지고 물러나겠다는 뜻을 밝혔으나 육군성과 참모 본부의 장교들은 이를 받아들이지 않았다.

"만주에서의 배일 행동과 기득권 침해 현상에 직면한 상황에서 전면적으로 관동군을 지지하며, 이번 기회에 아예 만주문제를 해결해야 한다"는 것이었다. 이런 의견을 주장한 사람은 주로 잇세키카이에 속한 장교들이었다. 여기에서 그들의 자기중심적인 정치성이 여실히 드러난 셈이다.

만주사변이 일어나고부터 참모본부는 눈코 뜰 새 없이 분주해졌다. 현지군에 명령을 시달하지 않으면 안 되었기 때문이다. 그리고 국가의 의사를 결정하는 데 육군의 힘이 커졌고, 육군성과 참모본부의 장교 한 사람 한 사람의 생각도 문제시되었다. 도조에 한정할 경우, 지금까지의 생각이나 궤적을 따져보면 이 사변에 반대하지 않으면 안 되었다. 군대의 배치나 행동이 천황의 재가도 없이 제멋대로 이루어지는 것은 용납되지 않을 터였다. 그렇지 않다면 '대권 침범'을 용인하는 셈이 된다. 그런데 도조는 그런 의사를 표시하지 않았다.

도조의 행위는 참모본부 작전과장 이마무라 히토시今村均(1886~1968) 등과 함께 육군대신 앞으로 의견서를 제출한 것이 전부였다. 그 내용은 '국가적 문제에 관한 한 정계의 움직임 따위에 개의치 않고 집요하게 소신을 팔방에 피력해야 한다'는 것이었다. 집요하게 소신을 피력해야 한다는 것은 사변 이전에 기안된 〈만주문제 해결 방안의 대강〉 중 '관동군에 자중을 촉구하지만 그럼에도 배일 행동이 강화되면 군사행동을 용인한다'는 내용을 공공연하게 주장하라는 의미였다.

그런데 정당과 대치한 상황 속에서 육군성과 참모본부의 대세는, 우선 사변을 확대하지 말고 현지에서 해결하는 선에서 정리하여 이 사변을 소규모 무력충돌로 매듭짓고, 각료회의에서 결정한 '불확대방침'을 일시적으로 받아들이자는 쪽으로 기울었다. 이때 일거에 만주국을 만들자고 주장하는 일파와 작은 충돌이 있었다. 우메즈, 이마무라, 나가타, 도조 등은 각료회의 결정을 따르자는 쪽이었고, 다테카와, 하시모토를 비롯한 사쿠라카이 회원들은 확대하자는 쪽이었다.

확대파는 부대 소속 장교와 민간 우익을 자신의 진영으로 끌어들이기 위해 움직이기 시작했다.

10월 초순 어느 날, 육군대학 1차 시험에 합격한 아카마쓰 사다오가 도조의 집을 방문했다. '상담할 것이 있다'며 아카마쓰가 말한 내용은 도조가 예상하고 있던 것이었다.

아카마쓰의 자택으로 사관학교 시절의 동급생 니시다 미쓰기가 찾아와 "아카마쓰, 어떤 모임에 좀 나와 주게. 자네가 보병 제1연대 대표 자격으로 출석해줬으면 좋겠어"라는 말만 던지고 돌아갔다. 니시다로부터 동지 취급을 받은 적이 없는 아카마쓰는 적잖이 놀랐다.

모임에 나가기 전, 아카마쓰는 도조에게 〈군인칙유〉를 다시 읽었다고 말했다. "뭐가 뭔지 헷갈릴 때에는 〈군인칙유〉를 읽으라"는 도조의 말을 충실하게 지키고 있다고 보고했다. 보병 제1연대 옆의 레스토랑 류도켄 龍土軒에는 아카마쓰가 모르는 군인들이 모여 있었다. 아카마쓰의 모습을 알아보자 "보병 제1연대에서는 얼마나 움직일까"라고 물었다.

"얼마나…라니요?"

"병사가 어느 정도 나올 거냐는 말이야."

"그건 잘 모르겠습니다. 연대기를 내걸면 전원 움직이겠지만 연대기가 없으면 한 사람도 움직이지 않을 것입니다."

정리하는 역할을 맡은 사람이 큰 소리로 말했다.

"그렇다면 보병 제1연대는 출동한 후 히비야공원에서 쉬고 있어."

기가 질린 아카마쓰는 허둥대며 질문했다.

"잠깐만요. 그건 무슨 말입니까?"

온 좌석이 쥐죽은 듯 조용했다. 기가 막히다는 표정으로 아카마쓰를 바라보는 눈이 있었다.

"아카마쓰, 자네 아무것도 모르는 건가?"

"예, 모릅니다."

주재자인 듯한 장교가 고함쳤다.

"오늘 회합 중지! 나중에 다시 모이도록!"

제1연대로 돌아와 아카마쓰는 동료 장교들에게 물었지만 아무도 가르쳐주지 않았다.

그래서 도조를 찾아왔던 것이다.

"그 사람들이 무슨 생각을 하고 있는지 나도 알고 있어. 하지만 비합법적인 일은 내가 가장 배척해 마지않는 것이야. 제1연대로 돌아가거든 젊은이들에게 경거망동은 삼가라고 말해주게. 안심하고 군무에 힘쓰라고, 나라에 봉공하라고 전해주게."

겐로
제2차 세계대전 이전 정부의 최고 수뇌였던 중신(重臣)을 가리킨다. 대일본제국 헌법에서는 겐로에 관한 규정을 명기하지는 않았지만 헌법 외 기관으로 간주된다. 이토 히로부미, 야마가타 아리토모, 이노우에 가오루, 가쓰라 다로 등이 대표적인 겐로였다.

도조의 이 말은 아카마쓰를 통해 동료 장교들에게 전달되었다. 하지만 그것은 이제 육군 내부의 청년 장교들 사이에서는 사어死語에 가까웠다. 그만큼 불온한 움직임이 고조되어 있었던 것이다.

만주사변 확대파에 속한 하시모토 긴고로와 사쿠라카이 회원, 청년 장교 그리고 니시다 미쓰기 산하의 민간 우익의 쿠데타 계획은 10월 21일 전후로 예정되어 있었다. 참가병력 128명, 기관총이나 폭탄을 사용하여 대신, 정당 수뇌, 겐로*, 기업인을 살해하고, 아라키 사다오를 수반으로 하는 군인 내각을 만든다는 것이었다. 내무상에는 하시모토, 외무상에는 다테카와의 이름이 오르내렸다.

하지만 이 계획은 곧 육군의 중견 장교에게 알려졌다. 도조가 아카마쓰의 이야기를 듣고 있을 무렵, 사쿠라카이 회원이 참모본부 작전과장 이마무라 히토시를 찾아와 밀고했던 것이다. 밀고자는 헌병대에서 주모자를 빨리 체포해야 한다고 호소했다. 도조는 이마무라, 나가타, 오카무라와 함께 은밀히 대응책을 마련했다.

"밀고에 따르면 우리 네 명도 반동분자이므로 살해한다는 항목이 포함되어 있는 듯합니다."

이마무라는 이렇게 말하면서 헌병대에서 당장 이들을 체포하지 않으면 큰일이 날 것이라고 강한 어조로 주장했다.

"어떤 이유가 있든 비합법 활동은 단호히 토벌해야 합니다. 군의 위신을 지키기 위해서라도 무력에 의한 정권 탈취는 허용해선 안 됩니다."

분노한 도조의 말에 나가타와 오카무라도 이의를 달지 않았다. 그런데 격앙된 표정의 도조와 달리 나가타는 이번에 스기야마 육군차관, 고이소 군무국장으로부터 비합법 활동에 반대한다는 언질을 받은 터였다. 바로 여기에 도조와 나카타의 성격상의 차이가 있었다.

네 명의 장교는 육군의 수뇌부에 선후책을 강구하도록 호소했다. 10월 15일 저녁, 육군상 관저의 응접실에서 미나미 지로 육군상, 스기야마, 고이소, 참모본부의 니노미야, 우메즈, 다테카와, 교육총감부의 아라키 사다오가 만났다. 그리고 도조, 이마무라, 와라키 등 과장급 장교들도 말석에 앉았다. 이마무라가 경과를 보고한 후 나가타가 먼저 말문을 열었다.

"비합법 활동에는 단호한 제압이 있을 뿐입니다. 즉각 헌병대를 움직이지 않으면 안 됩니다."

스기야마, 고이소, 도조, 이마무라가 찬성했다. 그러나 사쿠라카이에 동정적이었던 다테카와가 변호했다.

"그들은 아직 아무런 일도 하지 않았습니다. 밀고자의 말만 듣고 움직인다면 군의 신용이 어떻게 되겠습니까. 단순한 탄압적 조치를 취했다가는 국가와 국군을 위기에 빠뜨리게 될 것입니다."

아라키가 동조했다. 논의는 계속 돌고 돌았지만 도조는 일관되게 이 자리에서 헌병대에 명령을 내리라고 미나미 육군상에게 호소했다. 아라키가 논의를 중단할 것을 요구하면서 자신이 직접 하시모토 집을 찾아가 설득해보겠다고 제안했다. 그리고 얼마 지나지 않아 쿠데타 계획 중지를 받아들였다는 소식이 전해졌다. 하지만 이마무라의 집에는 사쿠라카이 회원이 보낸 '계획 중지는 거짓말이다'는 내용의 메모가 와 있었다. 어느 쪽 의견을 채택할 것인지를 둘러싸고 회의가 재개되었다. 하지만 도조는 "결국 이 사건은 육군대신과 참모총장, 교육총감 세 분의 권한이 미치는 문제일 것입니다만, 역시 육군대신이 결정을 내리는 게 순서라고 생각합니다"라며 결단을 촉구했다. 그러자 미나미 육군상은 '즉각 신병身柄을 구속하라'는 결정을 내렸다. 헌병대 사령관이 즉시 전화를 받고 달려왔다.

이리하여 하시모토 긴고로, 조 이사무, 다나카 와타루田中彌, 오바라 시게타카小原重孝(1899~1971), 마나키 다카노부馬奈木敬信(1894~1979), 와치 다카지和知鷹二(1893~1978), 가게사 사다아키影佐禎昭(1893~1948) 등 24명이 헌병대에 구속되었다. 쿠데타 계획은 사라졌고, 사쿠라카이는 와해되었으며, 인사이동에 따라 회원들은 육군성과 참모본부에서 쫓겨났다.

앞에서 서술한 것처럼 (1)그룹은 이 사건의 경과에서 (2)그룹에 끌려다녔고, (3)그룹은 해소됐다. 육군성과 참모본부의 비합법 활동 그룹은 세력을 잃었으며, 그 대신 군 내부의 합법적 개혁파가 단숨에 힘을 얻었다. 그것은 잇세키카이계 막료의 시대가 도래했다는 것을 뜻했다. 그러자 이번에는 국가개조운동에 적극적이었던 그룹의 (2)그룹에 대한 증오가 깊어졌다.

관동군, 조선군 그리고 각 사단의 참모와 사단장 중에서도 비합법 활동 금지라는 이름을 빌려 중앙 우선 정책을 관철하고자 하는 장교들에게 원한을 품는 자가 늘어났다. 예를 들면 하시모토를 비롯한 사쿠라카이 회원의 구속에 분노한 관동군이 만주의 독립을 모색하고 독립군으로서 행동을 시작한다는 헌병 정보가 날아들었고, 그것은 도조와 나가타의 귀에도 들어갔다. 이 정보에는 관동군 참모들 사이에 나가타와 오카무라 그리고 도조에 대한 반감이 있다는 내용이 덧붙여져 있었다.

황도파와 대립하다

사쿠라카이가 무너진 후, 청년 장교들이 의지하게 된 사람은 1931년 12월 이누카이 쓰요시犬養毅(1855~1932) 내각에서 육군상 자리에 오른 아라키 사다오와 제1사단장 마사키 진자부로였다. 그들은 청년 장교들에게 말이 통하는 상대였다. 무엇보다 정신주의자였던 아라키 사다오는 '황군'이나 '황국'이라는 말을 즐겨 사용했고, "천황폐하의 마음에 따라 군의 통일을 모색하지 않으면 안 된다"고 설파했다. 그러한 정신론은 청년 장교들의 심금을 울렸다. 소위와 중위까지 자신의 집에 드나들 수 있게 하면서 술과 식사를 함께하는 그의 성격은 더욱 인기를 끌었다.

그런데 아라키의 정신론은 도조에게도 매력적으로 비쳤다. 그는 "아라키 선생이 아니면 안 된다. 그분이야말로 육군의 지도자로 가장 알맞다"라고 육군성과 참모본부에 말하고 다녔고, 그것이 눈에 띄게 두드러지면서 한때 도조의 아라키에 대한 경사가 유명세를 탔다. 휘호를 해달라는 부탁을 받으면 도조는 '신무불살神武不殺'이나 '노력즉권위努力卽權威'라고 써주었는데, 이 말은 황도나 황국이라는 말을 하고 다닐 뿐 무엇 하나 정견定見을 갖고 있지 않은 아라키와 서로 통하는 의미를 지니고 있었다. 열렬하게 반응했던 도조와 대조적으로 나가타와 오카무라는 아라키를 정신론만 떠들고 다시는 구식 군인이라 하여 경멸했다.

"정신론으로 전쟁에서 이길 수 있다고 생각한단 말인가. 군인이라면 땅에 발을 딛고 발언해야 한다."

그들은 공공연하게 그렇게 말했다. 군 내부에서도 가장 우수한 막료로 정평이 나 있던 나가타의 이런 태도에 아라키는 불만을 감추려 하지 않고, "나가타도 내 집에 좀 오면 좋을 텐데……"라고 비서인 마에다 마사미前田正實(1892~1953)에게 푸념처럼 말했다.

육군상에 취임한 후 첫 인사에서 아라키는 우가키계로 지목받고 있던 니노미야, 다테카와, 고이소, 스기야마를 육군성과 참모본부에서 내쫓았다. 우에하라의 후원으로 육군상 자리에 오른 아라키는 그들 대신 야마오카 시게아쓰를 군무국장에, 야나가와 헤이스케柳川平助(1879~1945)를 차관에, 오바타 도시로를 작전부장에 앉혔다. 아라키에게 중용된 장교들은 아라키가 주창하는 황도를 빗대 황도파皇道派라 불렸다.

1932년 3월에 단행된 인사에서는 나가타 데쓰잔을 참모본부 제2부장으로, 오바타 도시로를 제3부장으로 임명했다. 오카무라를 관동군 참모부장으로 돌리고, 후임 작전과장으로는 스즈키 요리미치鈴木率道(1890~1943)를 불러들였다. 스즈키는 육사 22기로 이례적인 발탁으로 받아들여졌다. 도조는 편성동원과장 자리에서 움직이지 않았다. 아라키의 의도가 무엇인지 막료들을 곤혹스럽게 하는 인사구도였다. 그리고 마사키가 참모차장이 되었는데 이리하여 아라키·마사키 시대가 출현했다.

위관급일 때는 친구, 좌관급일 때는 경쟁상대, 장성급일 때는 적대관계라는 프랑스 육군의 격언을 빌려 말하면, 아라키 인사의 이면에는 격렬한 반목이 자리 잡고 있었다. 일찍이 뜻을 함께했던 나가타 데쓰잔과 오바타 도시로 사이에서는 사고방식의 차이가 현저해졌고 경쟁의식도 높아졌다. 그 결과 얼굴을 마주하고서도 눈길을 피할 정도로 관계가 험악해지고 있었다. 두 사람 사이에 끼어 곤혹스러워하던 오카무라가 아라키를 찾아가 오바타와 나가타를 같은 곳에서 근무하지 않게 했으면 좋겠다고 부탁했다. 하지만 아라키는 이를 무시하고 그들을 참모본부 제2부장과 제3부장 자리에 앉혔다. 우려했던 대로 오카무라는 관동군에 부임했다.

역시 둘 사이에 대립이 일어났다. 만주국 건국(1932년 3월 1일)을 지렛대로 단번에 대소련 전쟁을 준비하자고 주장하는 오바타, 대소련 자중론을 견지하는 나가타. 아라키의 측근임을 자처하면서 참모본부에 출근하기 전 육군상 관저에 얼굴을 내밀고 아라키의 심기를 살피는 오바타, 아라키의 정신론을 조소하면서 그것을 따르는 장교들을 경원하는 나가타. 둘의 대립은 해결하기 어려운 지경으로 치달았다. 도조의 입장은 미묘했다. 나가타를 형으로 모시면서 그 자신은 정신주의자인 아라키를 존경했다. 그렇지만 나가타와 오바타의 대립에서는 주저 없이 나가타 편에 섰다.

오바타의 아첨꾼 같은 태도에 화가 났기 때문만이 아니다. 1932년 초, 작전과장이었던 오바타가 비밀리에 아라키에게 의뢰하여 만주에 2개 사단을 파견한다는 안을 짰고, 이에 대해 사후 승낙하는 형식으로 도조에게 양해를 구한 적이 있는데, 도조는 이를 받아들이지 않았다. 이때 자신의 권한이 무시당한 데 격노한 도조는 오바타의 방으로 달려가 멱살을 잡고서 "당신 혼자 전쟁을 할 셈이냐"며 고함을 질렀다. 그것이 둘의 균열이었다.

오바타도 아라키에게 도조의 직선적인 성격을 과장해서 전달했다. 회의를 할 때면 아라키는 넌지시 도조에게 주의를 기울였다. 하지만 도조는 불쾌하다는 표정으로 흘려들었다. 그때마다 아라키와 마사키에 대한 반발이 강해졌다. "청년 장교들이 거만해져서 간부가 말하는 것을 들으려 하지 않는 것은 두 대장이 그것을 부채질하고 있기 때문이다." 사단장들의 이런 불만이 나가타와 도조의 귀에도 들어왔다.

사실 아라키와 마사키는 청년 장교에게 "자네들은 젊으니까 괜찮아. 군 내부의 대청소를 맡아주지 않겠나"라고 말하면서 청년 장교가 민간 우익과 만나는 것을 묵인했다. 그뿐만이 아니다. 마사키는 내심 청년 장교들의 활동을 격려했다.

"마사키 대장에게는 사심이 너무 많아."

도조는 이렇게 말하고 참모차장실로 들어갔다.

당시 육군대학 학생이었던 아카마쓰 사다오는 그렇게 말하는 도조를 본 적이 있다.

"보통 사람이라면 묵인하고 넘어갈 것도 도조는 직언을 하러 갔지요. '각하, 청년 장교들을 멋대로 두어서는 안 됩니다. 그래서는 기강이 잡히지 않습니다'라고 말입니다. 이 말을 들은 마사키는 '뭐라고? 이놈! 내가 기껏 돌봐주었는데, 건방진 자식'이라고 했던 것 같습니다. 마사키는 점차 도조를 멀리하게 되었고, 도조도 '마사키는 지나친 야심가'라고 우리들에게 종종 말하곤 했습니다."

제1사단장 시절의 나가타와 도조라는 유능한 부하가 자신의 말을 듣지 않는 것이 불만이었을 것이다. 고집불통이었던 마사키는 두 사람에게 증오에 가까운 감정을 갖기에 이른다.

1932년 5월 15일, 해군의 사관과 육군사관학교 생도 그리고 이바라키 현茨城縣의 농민이 가세한 이누카이 수상 암살사건이 일어난다. 이른바 5·15 사건이다. 이 사건을 계기로 육군은 일찍이 야마가타와 가쓰라 등이 제창했던 거국일치내각을 제안하고, 정당정치의 배격을 호소했다. 겐로元老 사이온지 긴모치는 천황의 정당정치 옹호 의사를 지키자며 분주하게 돌아다녔고, 해군의 원로* 사이토 마코토를 수상으로 내세울 것을 천황에게 제안했다. 5월 28일 사이토 마코토 내각이 탄생, 육군상에는 아라키 사다오가 유임되었다. 이 때문에 정당과 식자들 사이에서는 "책임자가 책임을 지지 않는 것은 본보기가 되지 못한다"는 소리가 높았다.

육군의 막료들은 군 외부를 향해서는 아라키를 옹립하자는 데 일치된 의견을 보였지만, 그들 사이의 내부 균열은 점점 깊어졌다.

아라키, 마사키 계열 군인과 나가타 계열 군인 사이의 불화가 하루가 다르게 깊어지고 있었다. 나가타 계열의 군인이라고는 하지만 그렇게 눈에 띄는 사람이 있었던 것은 아니며, 오로지 도조가 맨 앞에 서 있었다. 그는 황도파 장교로부터 마음에 내키지 않은 말을 들으면 곧바로 낯빛을 바꾸면서 물고 늘어졌다. 그런 도조는 딱 알맞은 상대였던 것이다.

"기다리게. 차분히 준비하고 기다리게나."

나가타는 종종 도조를 설득했다. 하지만 도조는 그러겠다고 하고선 오바타나 스즈키 요리미치를 만나면 충돌했다. 작전과장 스즈키와 그는 업무상의 일 때문에 서로를 비난하기 일쑤였고, 결국은 복도에서 지나칠 때에도 서로를 외면하는 관계가 되고 말았다. 나가타 자신은 야나가와나 야마오카와 의견 대립이 있어도 논쟁은 하지 않았다. 그는 쓸데없는 마찰을 좋아하지 않았고, 평온하게 일상적인 업무를 보았다. 하지만 마음속에는 투지가 불타고 있었다.

이 무렵 육군성에 드나들었던 『아사히신문』 기자 다카미야 다헤이高宮太平(1897~1961)는 저서 『쇼와의 장수將帥』에, "도조란 사람은 어찌할 수 없는 놈이다"라고 군무국장실에서 야마오카 시게아쓰가 말하면, 아래층 편성동원과장실에서는 도조가 "저런 놈에게 질 것 같아? 두고 보라지"

라고 천장을 향해 욕을 해대는 관계였다고 적어놓았다.

스즈키, 오바타, 야마오카, 마사키 등은 인사권을 가진 아라키에게 도조를 육군성과 참모본부에서 내보내도록 집요하게 요구했으며 결국 아라키도 그것을 받아들였다. 아라키가 애지중지하는 부하였던 오바타가 "나가타는 우리들이 충분히 제어할 수 있습니다. 그런데 도조는 왜 그렇게 두둔하시는 겁니까"라고 추궁한 것이 결정적인 계기였다고 한다.

1933년 3월 18일, 소장으로 승진한 그날 도조는 참모본부 소속을 명받았다. 그리고 5개월 후 8월에는 병기본창兵器本廠 소속 겸 군사조사위원장이 되었다. 어느 쪽이나 이렇다 할 일은 없고 그저 다음 배속을 기다리는 곳이었다. 이처럼 노골적인 처우를 두고 군 내부에서는 저렇게 한 걸음씩 요직에서 멀어지다가 결국 예비역으로 편입될 것이라는 소문이 떠돌았다. 아라키나 마사키에게 밉보였다가는 육군성과 참모본부에서 쫓겨난다는 말이 공공연하게 돌아다니던 시기였기 때문에 도조의 지위도 여기까지라는 데 여러 사람의 의견이 일치했다.

그의 인생에서 지는 해를 원망하는 나날이 흐르던 시절이다. 일을 빼앗긴 채 멍하니 책상 앞에 앉아 있는 도조의 마음은 불만으로 불타고 있었다. 분명히 그는 아버지 히데노리가 맛보았던 굴욕을 감수하지 않으면 안 되는 얄궂은 운명을 느끼고 있었을 것이다. 그러나 자신이 처한 불리한 상황에서 벗어나기 위해 군 상부층에 빌붙지 않은 것은, 직선적인 성격을 지닌 자에게서 볼 수 있는 '융통성 없음' 때문이라고 할 수 있겠지만, 이 시기에 무리하게 아부를 하지 않은 것이 훗날 그의 유력한 무기가 되었다.

11월에는 군사조사부장에 임명되었다. 다시 4개월 정도 지나 1934년 3월에는 육군사관학교 간사幹事가 된다. 간사란 부교장을 가리킨다. 그리고 8월에 들어서는 구루메久留米의 보병 제24여단장으로 옮기라는 명령을 받는다.

육군에서는 3월, 8월, 11월이 인사이동과 승급의 달이다. 보통 평균 1~2년 동안 근무하는데, 1년 사이에 다섯 곳을 돌아다닌 도조의 경우는 황도파가 보여준 보복인사의 전형이었다. 더욱이 도조가 배속된 자리에는 반드시 마사키나 오바타의 입김이 닿는 군인들이 파견하여 도조를 감시하거나 그와 충돌하도록 '배려'했다. 실점을 주어 예비역으로 몰아가려는 의도였다. 도조도 그것을 잘 알고 있었다.

군사조사부장, 사관학교 간사, 보병 제24여단장. 그 시간을 도조가 자포자기 상태로 보냈던 것은 아니다. 또는 정치적으로 완전히 손을 놓고 있었던 것도 아니다. 군사조사부장 시절에는 두 종류의 '적'에 도전했다.

하나는 도조 자신과 기질이 맞지 않은 황도파 장교 미쓰이 사키치滿井佐吉(1893~1967)와 벌인 싸움이다. 직선적인 성격의 미쓰이는 상사인 도조를 끈질기게 물고 늘어졌다. 두 사람의 충돌은 한때 육군성과 참모본부에서도 유명했다. 또 하나의 '적'은 도조에게 적성에 맞지 않은 일을 맡겨 그의 실추를 노리는 황도파 장교들의 혐오였다. 군사조사부는 육군성의 정규 조직도에 들어 있지 않았다. 신문반과 조사반이 있고, 신문을 스크랩하여 조사보고서를 정리하는 것이 일이었다. 그런데 도조가 부임하고 나서 얼마 지나지 않아 이 조직은 신문기자와 접촉하는 공적인 홍보기관으로 개편되었다. 도조가 이런 일에 어울리지 않는다는 것은 그 누구라도 쉽게 이해할 수 있었다.

두 종류의 '적'과 벌인 싸움은 결국 일승일패로 끝났다. 미쓰이와 벌인 싸움에서는 이겼다. 도조는 이 장교를 자신의 부하로 삼아 생각대로 부리는 데 성공했다. 하지만 홍보와 관련된 일은 그의 노력만으로는 이기기 어려운 상대였다. 도조가 취임한 후 얼마 지나지 않은 시점에서 육해군 당국은 '군민이간성명軍民離間聲明'을 발표하여 정당의 군부 비판에 반론을 시도했는데, 그 문안 작성이 바로 군사조사부의 몫이었다. 도조는 이 일에서 제외되었다. 더욱이 신문기자와 친교를 맺는 데에도 서툴렀다. 〈군인칙유〉에 충실하려 했기 때문이라고도 하고, 군인이야말로 이 나라의 지도자라고 암시하는 그의 말에 신문기자가 반발했기 때문이라고도 한다. 또는 벌레를 씹은 듯한 도조의 표정을 경원했기 때문이라고도 한다.

이런 일을 하고 있을 때 도조의 속마음은 불쾌함으로 똘똘 뭉쳐 있었다. 하지만 그것을 표정에 드러내지 않으려고 했다. 1934년 정월, 군 내부에서 볼 장을 다 봤다고 생각해서인지 도조의 집을 찾아오는 발길이 줄었다. 이 무렵 아버지 히데노리와 같은 방식으로 육군을 떠날 각오를 했노라고, 도조는 훗날 수상이 된 뒤 비서에게 고백했다.

제24여단장으로

하지만 도조에게는 히데노리에게 없었던 요행이 따라다녔다.

1934년 9월, 아라키는 폐렴이 악화되어 육군상에서 물러났다. 참모총장 간인노미야 고토히토閑院宮載仁(1865~1945)는 후임으로 교육총감 하야시 센주로를 추천했다. 하야시는 가네자와 출신, 육사 8기로 평범한 군인이다.

간인노미야는 프랑스에 유학하여 현지에서 육군대학을 졸업, 프랑스 육군의 기병 중위로 근무하기도 했다. 러일전쟁에서는 기병 제1여단장, 그 후 근위사단장, 군사참의관 등을 거쳐 1931년부터 참모총장 자리에 있었다. 그는 육군의 원로 중 원로이자 황족이어서 천황의 신임도 두터 웠다. 따라서 그의 영향력은 실로 막강했다. 그런 간인노미야가 마사키를 추천하는 소리에 반하여 하야시를 선택한 것도 마사키의 침울한 성격과 불공정한 인사를 싫어했기 때문이었다. 마사키는 궁중 인맥에서는 전혀 인기가 없었던 것이다. 그는 분노의 눈물을 삼키며 교육총감으로 자리를 옮겼다.

하야시는 아라키, 마사키와 그들에 저항하는 나가타, 도조 등 잇세키카이계 군인 사이에 서서 파벌 다툼에 거리를 두고 있던 군인이었다. 그는 육군상이 된 뒤 곧바로 도조를 관저로 불렀다. 실력제일주의에 따라 인사이동이 이뤄져야 한다고 생각하고, 특히 내부에서 찬밥을 먹고 있는 자를 불러 의견을 물었던 것이다.

"군무국장은 나가타 소장 이외에 없습니다. 그 직무를 처리하는 데 적절한 식견과 실력을 갖춘 인물은 나가타 소장이 유일합니다."

도조는 다른 인사에 대해서는 의견을 피력하지 않고 나가타가 군무국장으로 가장 적절하다는 말만 되풀이했다.

"자네는 어떻게 할까?"

"특별하게 바라는 것은 없습니다. 어떤 자리든 각고면려刻苦勉勵 군무에 힘쓰는 것 말고는 다른 생각이 없습니다."

그러자 하야시는 이렇게 덧붙였다.

"자네도 나가타를 도와주지 않으면 곤란해."

하야시는 군무국장에 나가타를, 그를 보좌하는 자리에 도조를 앉힐 셈이라는 뜻을 내비쳤다. 그러나 이런 인사에 대해 아라키, 마사키 인맥의 육군성과 참모본부에서 저항이 많다고 하면서, 한동안 시간이 필요할지 모른다고 말하기도 했다.

하야시는 잇세키카이계 장교들의 의견을 들은 뒤 마사키를 만나 나가타를 군무국장으로 하는 게 어떻겠느냐며 의중을 떠보았다. 하지만 동의를 얻지는 못했다. 그러나 하야시의 결의가 굳건하다고 판단한 마사키는 다음과 같이 제안했다.

"그렇다면 나가타를 군무국장으로 받아들이기로 하고, 도조는 사관학교 간사로 보내는 게 어떨까요?"

마사키가 이렇게 제안한 것은 야마오카 시게아쓰가 그에게 '도조를 사관학교 간사로 보내버리자'고 요청했기 때문이었다. 사관학교에는 마사키와 야마오카의 입김이 닿는 인물들이 많았고, 이곳으로 보내면 그의 움직임을 제지할 수 있으리라는 것이다. 그들 사이에는 나가타와 도조의 조합으로 황도파는 숨통이 끊길 것이라는 의구심이 있었기 때문이다.

결국 하야시는 마사키의 제안을 받아들였다. 사관학교 간사 사령을 받았을 때 도조는 하야시를 보고 싱긋 웃었다. 이에 하야시도 웃어보였다고 한다. 둘 다 이면의 사정을 알고 있었던 것이다. 그리하여 도조는 한직閒職으로 밀려났다. 그는 이치가야의 육군사관학교에 가자마자 곧 움직이기 시작했다. 육군사관학교의 중대장은 육군대학을 졸업하지 않은 군인이 차지하고 이를 암묵적으로 양해한다는 내규가 있었는데, 도조는 그것을 깨뜨렸다.

"원기 왕성한 학생들을 가르쳐야 하기 때문에 중대장도 젊지 않으면 진짜 군인을 길러낼 수 없다."

이렇게 말하고 그는 육군성과 참모본부의 육군대학 출신 장교들과 육군대학을 막 졸업한 위관들을 불러 중대장으로 임명했다. 예컨대 참모본부에 있던 쓰지 마사노부 政信(1902~1961)도 그런 사람 중 하나였다. 도조의 말이 구구절절 옳았기 때문에 공공연하게 비판을 받지는 않았지만,

마사키와 가까운 비非육군대학 출신들에게는 기득권 침해로 비쳤고 급기야 반反도조 분위기가 조성되었다. 주위가 온통 마사키, 야마오카계뿐인 상황에서 일종의 방위책으로서 이런 식으로 자신의 주위를 강화한 도조의 의도에 대한 반발이었다.

사관학교 교관으로부터 교육총감 마사키에게 반도조 분위기가 전해졌다. 그러자 마사키는 도조를 불러들여 '황군 장교 양성'이라는 사관학교 교육론을 유창하게 설명했다.

"각하, 저는 그대로 실행하고 있습니다만……."

도조는 마사키의 말을 되받아쳤다.

더욱 초조해진 마사키는 하야시에게 도조를 구루메의 제24여단 여단장으로 보내자고 호소하여 승낙을 받아냈다. 마사키의 출신지 사가佐賀, 아라키가 오랜 기간 근무한 곳이어서 친親아라키 분위기가 강한 구마모토熊本, 그 가까이에 두면 도조의 힘도 군 중앙에 미치기 어려울 것이라는 배려였다.

부임 전, 나가타는 도조에게 말했다.

"잠시 지방으로 가서 찬바람을 쐬고 오는 게 좋겠어. 조금만 더 기다려주게."

나가타의 이 말에 힘을 얻은 도조는 구루메로 향했다. 이곳저곳 옮겨 다니는 고통을 참고 있는 것도 나가타의 후원이 있기 때문이라는 점을 충분히 자각한 후의 시골행이었다. 1934년 8월의 일이다.

구루메에 있는 제24여단의 사사키 기요시佐佐木淸 대위는 군 중앙으로부터 반은 좌천의 형식으로 이곳에 온 여단장에게 동정을 느꼈다. 도조 여단장의 부관으로 근무하라는 명령을 받자마자 육사 시절 동기생과 선배들이 도조에 관한 평판을 낱낱이 적은 편지를 보내왔던 것이다. 편지를 읽고 나자 사사키는 황도파를 자칭하고 국가개조운동에 열중하고 있는 자신에게 도조라는 사람은 성가신 여단장일 것이라는 이미지가 강해졌다. '성가시다'는 말은 국가개조운동을 이해하지 못하고 있다는 의미이다.

게다가 군 중앙에 있는 친구 미쓰이 사키치는 가끔 도조의 행적에 대해 귀띔해달라고 부탁하기도 했다. 그리고 미쓰이의 편지에는 "새 여단장은 혁신하려는 마음이 있긴 하지만 종래 소장파 장교의 움직임은 전혀 이해하지 못하는 사람이니, 자네도 금후 충분히 이해할 수 있을 때까지는 조심하고 충분히 자중하기 바란다"(1934년 8월 5일자 편지)는 말과, "나가타 각하는 온건중정穩健中正하며 새 여단장 도조 소장과는 각별히 친밀한 관계"(1934년 8월 25일자 편지)라는 말이 적혀 있다. 그의 말을 머리에 새긴 사사키는 도조의 부임을 기다렸다.

처음 둘의 관계는 뻣뻣했다.

도조는 부관 사사키를 신뢰하지 않았다. 사사키도 거리를 두고 일했다. 부관이란 비서와 같은 것이기 때문에 딱딱한 관계는 부자연스럽기도 했다. 그러다가 사사키가 먼저 도조에게 기울었다. 아침부터 저녁까지 행동을 함께하고 점심은 각자 집에서 가져온 도시락을 펼쳐놓고 먹었기 때문에, 점점 가까워지는 것은 시간 문제였을지도 모른다. 도시락을 먹을 때면 시국 이야기도 나왔지만 도조는 좀처럼 속마음을 드러내지 않았다.

"5·15 사건 피고의 집이 이 근처에 있는데, 그 사건 뒤 얼마 동안 사람들이 그 집에 돌을 던지기도 했습니다. 많은 원한을 샀던 것이지요. 각하는 그 사건을 어떻게 생각하십니까?"

천황기관설
일본의 헌법학자 미노베 다쓰키치(美濃部達吉)가 주장한 헌법학설. 미노베는 메이지 말기 이래 공인되었던 천황주권설(天皇主權說)을 비판하고 천황기관설을 주장하여, 1912년부터 이듬해에 걸쳐 우에스기 신키치(上杉愼吉)와 일대 논쟁을 벌였다. 그는 독일의 G. 옐리네크의 국가법인설에 따라 천황이 국가통치권의 주체임을 부정하고, 통치권은 법인인 국가에 속하며, 천황은 그 최고기관으로서 통치권을 행사할 뿐이라고 주장하였다. 그리고 통치권이 천황의 전유물이 아니며 그 행사도 무제한한 것이 아니라 헌법에 의하여 제한되는 것임을 강조하고, 천황대권의 이름에 의한 군(軍)과 관료의 전제를 억제하려 하였으며, 의회의 권한강화에 의한 정당내각제의 이론적 기초를 수립하였다. 천황기관설은 다이쇼 데모크라시 시대에 지배적 헌법학설이 되어, 거의 공인되기에 이르렀다. 그러나 일본 파시즘의 대두와 함께 군부와 반동 정치가의 공격을 받았고, 1935년 오카다 게이스케(岡田啓介) 내각을 뒤흔드는 일대 정치문

"젊은 사관후보생이 그런 일을 하는 것은 무엇보다 상사가 칠칠치 못하기 때문이다. 부하도 장악하지 못하고서 어떻게 상사 노릇을 하겠나."

둘 사이에 이런 대화가 여러 차례 오갔다. 때마침 국가개조운동이 한층 고양되고 있었다. 군부의 공세는 육군 팸플릿 배포, 천황기관설* 공격, 국체명징운동(國體明徵運動)*으로 이어졌고, 사사키도 규슈에 있는 연대의 동지들과 연락을 취하면서 운동을 하고 있었다. 도조는 그것을 보고도 못 본 체했다.

"나도 자네도 막부 말기였다면 이미 참살당했을 걸세. 나는 어쩌면 몇 년 전에 죽었을지도 모르네."

사사키는 군 중앙의 움직임을 몰랐지만, 도조 자신이 적이 많다는 것을 자각하고 있다고 생각했다. 그것을 뒷받침하는 사건이 1934년 가을에 일어났다.

육군상에서 물러나 군사참의관에 취임한 아라키 사다오가 구루메를 방문했다. 명목은 방공연습 시찰이었지만 실제로는 도조를 마지막으로 설득하기 위해 왔다는 소문이 돌았다. 사사키에게 "체념시키러 온 것이다. 틀림없이 예비역으로 편입될 것이다"라고 속삭이는 황도파 장교도 있었다. 구루메 역전의 여관방에서 아라키와 도조는 장시간 이야기를 나누었는데, 옆방에서 기다리고 있던 사사키는 둘의 대화 분위기가 심각하기는커녕 마음을 터놓는 관계가 아닐까 싶을 정도로 화기애애했기 때문에 소문이 근거가 없다는 것을

알아차렸다.

둘은 무슨 이야기를 나누었을까. 아라키는 도조에게 마사키에 대한 감정을 누그러뜨리라고 설득하면서 황군일체화에 협력해달라고 말하지 않았을까. 도조는 하극상의 풍조가 육군을 왜곡하고, 그것이 사욕에 따라 움직이는 집단을 타락시킨 원인이니 이를 바로잡지 않으면 안 된다고 답하지 않았을까. 또는 황군의식皇軍意識에 불타는 둘은 차분히 이야기를 나눈 후 체질이 완전히 같다는 것을 확인하고, 서로 협력하여 군 내부 개혁에 임할 것을 맹세했는지도 모른다.

아니 어쩌면 더욱 생생한 이야기를 했는지도 모른다. 예컨대 다음과 같은 설도 있다.

헌병대사령관 하타 신지秦眞次(1879~1950)는 아라키와 마사키에 반대하는 장교들의 행동을 모두 조사하고 있었는데, 특히 도조는 하타를 싫어했기 때문에 늘 헌병의 감시를 받았다. 그 사실을 아라키에게 호소했을지도 모른다.

"헌병을 사유화하는 것이 아닙니까?"

아라키는 감시를 그만두도록 하겠다고 약속했을 수도 있다. 아라키의 직계인 하타는 아라키의 말에 저항하지 않는 군인이었기 때문에 그것은 어려운 일이 아니었다.

사사키는 점차 도조를 업신여기는 군인이나 재향군인과 거리를 두었다. 도조를 헐뜯는 분위기가 강화되

제로 발전하여 천황기관설은 반국체적이라 하여 배격을 받았다. 그의 저서는 판매 금지되었고, 그는 부득이 귀족원의원을 사임하였으며, 각 대학에서의 천황기관설에 의한 헌법강의는 일체 엄금되었다.

국체명징운동
1935년 천황기관설을 둘러싼 사건 와중에, 미노베 다쓰키치의 천황기관설을 배격하고 정치적 주도권을 장악하고자 했던 입헌정우회(立憲政友會), 군부, 우익단체가 당시 오카다(岡田) 내각을 압박하여 성명을 발표하게 했는데 그것이 이른바 '국체명징성명'이다. 이 성명서에서는 천황기관설이 천황을 통치기구의 한 기관으로 간주한 데 대해 천황이 통치권의 주체라는 것을 명시하고, 일본은 천황이 통치하는 국가라고 선언했다. 이 선언에 입각하여 일부 정당과 군부, 우익단체는 대대적인 운동을 펼치는데, 이를 '일본은 천황이 통치한다'는 국체(國體)를 분명하게 하는 운동, 즉 국체명징운동이라 한다.

는 것에 반감을 가진 데다 뒤끝이 없는 도조의 말에 감복했기 때문이었다. 도조가 재향군인회 집회에 불려나갈 때마다 사사키의 동정심은 깊어졌다. 친아라키, 친마사키 세력이 강한 규슈 각지에서 도조는 원수 취급을 당했고, 도조가 등단할 때마다 참석자들은 의식적으로 하품을 하거나 웅성거리기 일쑤였다. 벌레를 씹은 듯한 표정으로 도조는 강연을 이어나가곤 했다.

이 시기 도조의 군내 지위가 불안정했다는 것은 그를 둘러싼 많은 유언비어를 통해서도 알 수 있다. 온갖 헛소문이 떠돌았는데, 그중에는 아직까지 이어지고 있는 것도 있다. 매일 저녁 무렵 나가타에게 보내는 편지를 부관을 시켜 편지함에 넣게 했다는 것이 그것이다. 그 내용인즉슨 오바타 도시로, 야마오카 시게아쓰, 스즈키 요리미치 등 황도파 장교에 대한 복수를 맹세한 것인데, 그만큼 도조는 집요하게 그들을 원망하고 있었다는 말이다. 쇼와 군벌을 해명하는 권위 있는 책에도 이 에피소드가 인용되어 있다. 실제로 이렇듯 편집증적인 성격을 지니고 있다면 도조는 지극히 이상한 유형의 인간이라는 얘기가 된다. 소문이 노린 것도 그 점이었을 것이다.

제24여단 여단장의 일상은 사사키와 또 한 사람의 부관 이치노세 고토부키一之瀨壽가 보살폈다. 편지나 서류를 전하는 것은 사사키의 역할이었다. 사사키에 따르면 도조는 메모하는 습관은 있었지만 편지를 쓴 적은 전혀 없었다. 그것은 여단 내부에서도 잘 알려져 있었다. 그럼에도 이런 이야기가 떠돈 것은 왜일까. 도조를 미워하는 도쿄의 황도파 장교들은 한담을 나누는 가운데 이런 이야기를 의도적으로 만들어내서 나가타와 도조의 친밀함을 보여주려 했다고 할 수 있다. 그것이 이리저리 떠도는 과정에서 증폭되었을 것이다.

사사키의 증언에 따르면, 오히려 도조에게는 미나미 지로, 우메즈 요시지로, 고이소 구니아키 등으로부터 편지가 왔고, 그 내용도 기운을 잃지 말고 확실히 하라는 것이었으며, 도조는 그런 편지를 읽으면서 혼자 고개를 끄덕거렸다.

하지만 군 중앙에서 도조를 집요하게 괴롭힌 것은 사실이며, 감점을 주어 도조를 예비역으로 몰아내려는 그들의 기도는 노골적이었다.

사단에서는 여단 대항 도상연습이 실행되었는데 그때 상대방에게는 쉬운 문제가, 도조에게는 혹독한 문제가 주어졌다. 예를 들어 당시 육군에서는 상륙작전을 연구하고 있지 않았음에도 도조의 여단에는 매번 이 주제가 돌아왔다. 때로 참모본부에서 도조의 적에 해당하는 여단장에게 적절한 전투 방법을 알려주어 도조 여단에 승리하도록 일을 꾸미는 경우도 있었다.

도상연습 주제를 받으면 도조는 그것을 분석한 다음 작은 연구과제로 구분하여 장교에게 "귀관은 제1차 세계대전의 서부전선을 조사하라. 귀관은 나폴레옹 사단의 움직임을, 그리고 귀관은 고전사古戰史를, 청일전쟁은……" 하는 식으로 할당했다. 제24여단의 중대장들은 2개월 동안 주어진 주제를 조사하여 스스로 결론을 내린 보고서를 도조에게 제출했다. 그것을 종합하여 전체 상황을 만들어나가는 것이 도조의 도상연습 진행 방법이었다.

육군대학을 갓 졸업한 이모토 구마오井本熊男(1903~2000)가 제12사단의 중대장으로 귀임한 것은 1934년 11월이다. 그가 구루메에 도착해 도조에게 인사를 하러 갔다.

"자네도 상륙작전을 연구해보게. 이건 여단의 소좌 이상이 연구하고 있는 주제야."

도조는 인사를 받자마자 이렇게 말하면서 시간과 자료를 충분히 주고, 지쿠시평야筑紫平野*를 해안선으로 가정한 상륙작전의 기본전략을 검토하도록 했다. 이모토에게는 흥미로운 주제였다.

"육군대학을 한 해 더 다니는 듯한 기분입니다."

이모토의 말에 도조는 웃음으로 대답했을 뿐, 원래 도상연습이 지닌 진짜 의미를 장교에게 말하지는 않았다. 도상연습에서는 도조의 여단이 상대방 여단장의 의표를 찌르는 작전으로 공략하는 경우가 많았다. 도조를 내쫓으려는 계획은 매번 실패로 끝났다. 그리고 다음 도상연습에서는 이전보다 더욱 어려운 주제가 도조의 여단에 부과되었다.

나가타 군무국장의 참살

1935년 4월, 도조의 집으로 쓰지 마사노부가 찾아왔다. 육군사관학교 간사 시절에 참모본부에서 중대장으로 차출된 장교였다. 쓰지는 3월 인사이동에서 제1사단 제2연대로 자리를 옮기게 되었고, 그동안 휴가를 얻어 구루메까지 온 것이었다.

얼마간 쉽게 흥분하는 성격의 이 군인이 왜 도조를 찾아왔는지 현재로서는 판단할 수 없다. 그러나 그 이유를 추측하기란 그다지 어렵지 않다.

지난 해 11월, 이른바 사관학교사건이 일어났다. 쓰지가 사관학교 생도를 청년 장교 무라나카 다카지村中孝次(1903~1937)와 이소베 아사이치磯部淺一(1905~1937)의 집에 출입시켜 이 청년 장교들이 불온한 비합법 계획을 도모하고 있다는 이유로 적발한 사건이다. 쓰지는 이 계획을 참모본부의 가타쿠라 다다시片倉衷(1898~1991) 소좌와 헌병대의 쓰카모토 마코토塚本誠(1903~1975) 대위 등과 함께 육군차관에게 알리고 진압을 요구했다. 그 결과 무라나카와 이소베는 구금되어 취조를 받았다. 두 사람은 국가개조운동에 열심인 황도파 장교였기 때문에 이들을 구금한 것은 나가타의 지시에 따른 것이라는 소문이 파다했다. 쓰지와 가타쿠라도 나가타와 가까웠기 때문에 이 말도 설득력이 있었다. 훗날 마사키는 자신이 저술한 『비망록』에서 나가타 일파의 책략이었다고 단정했다. 물론 도조도 이 책략의 일부를 담당하고 있었다는 의미가 포함되어 있다.

도조가 이 책략에 가담했는지 여부는 분명하지 않다. 하지만 사관학교 안에 뿌리내린 황도파 인맥을 신경질적인 시선으로 바라보았던 것은 사실이며, 생도가 외부 세력과 접하는 것을 싫어한 그가 쓰지에게도 상당히 엄격한 눈으로 감시하도록 명령했다는 것도 상상하기 어렵지 않다. 쓰지는 유달리 공명심을 추구하는 군인이었다. 그런 그가 도조와 나가타에게 충성하기 위해 사건을 조작했을 수도 있다.

1935년에 들어서 무라나카와 이소베는 정직 처분을, 사관학교 생도 다섯 명은 퇴학 처분을 받았다. 이에 반발해 무라나카와 이소베는 쓰지와 가타쿠라를 무고죄로 고소했다. 군법회의에서 고소를 받아들이지 않자 〈숙군肅軍에 관한 의견서〉를 써서 군법회의의 야나가와 헤이스케 의장에게 보냈다. 그들은 이 의견서에서 3월사건과 10월사건의 경위를 상세하게 밝히고, 이번 육군사관학교사건도 나가타 일파가 교육총감인 마사키를 실각시키기 위해 꾸민 일이라고 호소했다. 이것 역시 받아들여지지 않았다. 그러자 황도파 장교들은 한층 더 활동을 강화했다.

쓰지는 틀림없이 이러한 일련의 움직임을 도조에게 자세히 말했을 것이다.

"비합법 활동에 미쳐 있는 무리들은 엄중하게 제재할 필요가 있다."

쓰지를 돌려보낸 후, 도조는 전에 없이 가족에게 군 내부의 움직임을 이야기했다. 말투에는 노기가 서려 있었다.

　황도파에 속한 장교들의 혁신운동은 도조의 주위에서도 강화되고 있
었다. 때마침 문제가 되고 있던 천황기관설 배격 운동을 계기로 황도파
장교가 재향군인회를 움직였고, 도조의 집에도 결의문을 보내왔다. 도
조는 그것을 책상 서랍에 넣어두었다. 그런데 얼마 지나지 않아 용납할
수 없는 사태가 일어났다. 도조에게 나가타로부터 연락이 온 것이다.

　"자네 밑에 사사키라는 부관이 있을 텐데, 그 자를 대표로 하는 황도의
맹皇道義盟이라는 조직으로부터 '천황기관설을 주장한 미노베 배격에 육
군은 궐기하라'는 내용의 전보가 군무국장 앞으로 왔네. 조사하여 엄벌
에 처하도록."

　도조는 충격을 받았다. 형으로 모시는 나가타에게 부하를 잘못 감독했
다는 이유로 질책을 들은 것이다. 사사키를 불러들여 3일간의 근신처분
을 내리고 호통을 쳤다. "마음 같아서는 목을 베고 싶다. 제멋대로 그런
짓을 한다면 군을 어떻게 통제한단 말이냐. 그건 그렇고 왜 내게 상의도
하지 않았나." 얼마 후 도조는 감정을 억누르고 조용히 꾸짖었다. "자네
에게도 아이가 많아 큰일이야. 이대로 예비역이 된다면 어쩔 셈인가."
집요한 그의 말에 사사키는 눈물을 흘리며 이후 그런 행동을 하지 않겠
다고 서약했다.

　이 일을 계기로 도조는 사사키를 신뢰하는 부하 중 한 사람으로 받아
들였다. 그 후 조금이라도 황도파와 가까운 의견을 말하면 불문곡직하고
〈군인칙유〉를 외우게 했다. 그 횟수가 줄어듦에 따라 도조로부터 좋은
평가를 받는 일이 많아졌다. 그리고 나서부터 도조는 군 중앙의 격렬한
파벌투쟁을 사사키에게 말하게 되었다. 자신이 신뢰하는 부하들이 육군

성과 참모본부의 요직에서 황도파 장교와 대치하고 있는 상황을 들려주고, 그 싸움에서는 질 수 없다는 굳은 다짐을 털어놓기 시작했던 것이다.

이 무렵 그러니까 1935년 7월, 군 중앙에서는 새로운 권력투쟁이 벌어지고 있었다. 하야시 육군상과 마사키가 인사 문제로 다투고 있었다.

"이번 인사이동은 내 손으로 하고 싶네. 이 기회에 자네도 현역에서 물러나는 것이 어떤가?"

얼굴색이 바뀐 마사키를 무시하고 하야시는 말을 덧붙였다. 하야시도 내심 떨고 있었다.

"부내部內의 총의야. 자네가 파벌의 중심이 되어 통제를 어지럽히고 있다는 것이 이유일세."

"그건 이상하지 않습니까? 천황의 이 군대는 부내의 총의로 움직입니까?"

하야시는 인사국장 이마이 기요시今井淸(1882~1938), 육군차관 야나가와 헤이스케가 작성한 안을 가지고 있었다. 그것과는 별도로 나가타와 참모차장 스기야마 겐이 덧붙인 인사구상도 완성되어 있었다. 둘 다 야마오카 시게아쓰, 오바타 도시로, 야마시타 도모유키, 스즈키 요리미치 등 아라키와 마사키계 장교들을 육군성과 참모본부에서 축출한다는 데 주안점을 두고 있었다. 이런 사정을 알고 있었던 마사키는 격렬하게 저항했다. 세 차례에 걸친 교섭에서도 하야시의 결의는 움직이지 않았다. 그러자 마사키는 "이런 말도 안 되는 인사를 강행한다면 무슨 일이 일어날지 모른다"며 위협했다. "군의 최고 인사는 육군대신, 참모총장, 교육총감 세 사람이 결정한다는 내규가 있지 않은가. 더욱이 폐하의 교육총감으로 일하고 있는 이상 나의 의견을 무시하는 것은 통수권 침범이 아닌가." 마사키는 이렇게 되받았다. 그러나 하야시는 이 의견을 듣지 않았다.

청년 장교들은 마사키 편에 가담했다. 그들은 군 내부에 "천황의 대권을 침범한 자는 나가타와 하야시"라고 알렸고, 하야시는 나가타의 로봇이기 때문에 원흉은 나가타라고 공언했다.

7월 15일, 마사키의 파면이 결정되었고, 황도파 중진은 군 중앙에서 사라졌다. 청년 장교들의 분노는 정점에 달했고, 나가타의 주위에서는 테러 위험이 있으니 외유라도 떠나는 게 어떻겠느냐는 목소리가 높아졌다.

8월의 인사이동은 대폭적일 것이라는 소문이 퍼졌다. 누가 보아도 황도파의 장교들은 육군성과 참모본부에서 사라질 터였다. 이 소문을 들은 도조는 기분이 썩 좋았다. 나가타가 말한 '그때'가 온 것이다. 사실 도조는 8월 1일자로 제12사단 사령부 소속이 되었고, 다음 근무지가 결정될 때까지 대기하라는 명령을 받았다. 나가타로부터 도쿄로 불러들일 것이라는 연락도 있었다.

8월 12일. 도조는 곧 떠날 예정인 구루메의 사단본부를 출발하여 사가시佐賀市의 동쪽 지역을 차로 돌고 있었다. 현지를 직접 보고 도상작전을 검증하기 위해서였다. 도조가 가장 신뢰하는 부하가 된 이모토 구마오가 옆에 바싹 붙어 있었다. 사가 시내를 관통하여 시외 지역으로 나올 때쯤 호외팔이가 방울을 울리면서 달려오고 있는 것을 보았다.

"이모토, 한 장 사오게."

차를 멈추고 이모토는 호외팔이를 불러 세웠다. '나가타 육군성 군무국장 칼에 찔려 사망'이라는 큼직한 활자가 박혀 있었다. 호외에 눈길을 주고 있던 도조는 다 읽고 나자 긴 한숨을 내쉬었을 뿐 아무런 말도 하지 않았다. 차는 핸들을 돌려 여단 사령부로 돌아갔다.

사령부에 들어서서 도조가 처음 내뱉은 말은 "도쿄로 가겠다"는 것이었다. 사령부의 장교들은 팔을 잡았다. 그리고 지금 상경하면 각하도 살해될 것이라며 말렸다. 핏기가 가신 도조의 얼굴은 마치 가면처럼 아무런 표정이 없었다. 결국 집요한 설득에 밀려 상경을 단념한 그는 여단 사령부 통신실에 처박혀 도쿄에서 전해오는 정보에 귀를 기울였다. 제41연대 아이자와 사부로相澤三郎(1889~1936)라는 황도파 중좌가 나가타 살해는 '천주天誅'라 믿고 단행했다는 소식이 전해지자, 도조는 "이놈 정신이 나갔군"이라 말하고 "배후가 누구냐"며 소리를 질렀다.

그날 밤, 도조는 자택의 불단佛壇 앞에서 날이 샐 때까지 합장을 했다. 눈을 감고 눈물을 흘리다 다시 불전에 엎드렸다. 며칠이 지나 그는 불단에 나가타의 위패를 만들었다. 형으로 모시고 있던 나가타의 잔학한 죽음을 보고 황도파에 대한 그의 감정은 증오로 끓어올랐다.

사건 후 2주일쯤 지나 도조는 관동군 헌병대 사령관으로 부임하라는 비밀 명령을 받았다. 나가타의 참살에 충격을 받아 망연자실한 하야시는 "내가 나가타를 죽인 것인지도 모른다"고 중얼거렸다. 그리고 "도조를 도쿄로 불렀다가는 나가타처럼 될지도 모른다"는 두려움에 만주로 보내기로 했던 것이다. 하지만 군 내부에서는 "도조도 결국은 헌병사령부에서 쫓겨날 것이다. 그가 점수를 잃기를 기다리고 있는 것"이라고 수군댔다. 확실히 헌병대는 도조와 같은 코스를 밟아온 군인이 취임할 곳은 아니었다. 지금 후원자를 잃은 도조가 군 내부의 주류로부터 완전히 벗어났다는 것은 누가 보아도 분명했다.

비밀 명령을 받은 후 도조는 행정상 절차를 밟기 위해 몰래 상경했다. 그 전날, 아카마쓰 사다오에게 전화를 걸어 가이코샤偕行社에 방을 얻어두라고 부탁했다. 가이코샤에 나타난 도조는 아카마쓰가 예약해둔 방에 들어가자 곧 보따리에서 군복을 꺼내 갈아입었다. 나가타 데쓰잔의 피가 묻은 군복이었다. 도쿄역에 내린 그는 나가타의 집을 찾아가 유족들을 위로하고, 유품으로 군복을 가지고 왔다고 말했다. 그 옷을 입고 그는 합장했다. "나가타 선생의 원수는 언젠가 내가 죽이겠다"고 아카마쓰에 게 맹세했다.

이 이야기에는 이론도 있다. 도조는 나가타의 군복을 유품으로 받지 않았고, 따라서 피 묻은 군복을 입지도 않았다고 한다. 나가타가 죽은 후, 신문기자로부터 "군무국장에게는 도조가 [……] 운운하는 소리도 있 다"는 말을 듣고, "그렇다면 나가타 선생의 피가 묻은 방에서 집무를 하 겠다"고 도조가 대답한 것이 와전되어 유포되었다는 것이다.

아카마쓰에 이어 이 방에 들어온 사람은 군무국 군사과 고급과원 무 토 아키라였다. 나가타를 사사師事한 그는 나가타와 마찬가지로 군 내부 에서는 수완가로 통했다. 그는 누구 못지않게 황도파를 증오하는 장교 였다. 아이자와를 규탄하는 육군성의 발표문에는 "흉악한 행위의 동기 는 [……] 세간에 떠도는 나가타 중장에 대한 오해를 맹신한 결과인 듯 하다"는 구절이 있는데, 이 글을 기초한 사람이 무토였다. 이 때문에 "세간에 떠도는 오해란 무엇이냐!"고 묻는 황도파 장교들의 분노를 사 기도 했다.

"아카마쓰, 잠시 자리 좀 비켜주게."

한 시간 동안 도조와 무토는 이야기를 나눴다. 나가타가 쓰러지던 날, 사건의 일부를 지켜보았던 무토는 도조에게 당시 상황을 상세하게 보고 했다. 참살의 모습, 육군성과 참모본부 소속 장교들의 동향 등등. 무토 는 아이자와에게 붕대를 감아주면서 은밀히 격려한 국장이 있었다고 전했다. 누가 적이고 누가 아군인지 도조의 가슴에 확실히 새겨졌다. 그리고 오랫동안 벗이었던 야마시타 도모유키가 아이자와를 호의적으로 변호했다는 말을 듣고 도조는 옛 친구에게 모멸의 말을 퍼부었다.

참살되기 전날 밤, 나가타는 하야시에게 보낼 상신서上申書의 초고를 작성하고 있었다. 이 글에서 나가타는 불공정한 인사의 사례로 '도조의 좌천'을 들었다. 나아가 '통제 확립의 방책'으로서 "정확하고 강력하게 말하자면 과거의 잘못된 인사를 바로잡기 위해 도조를 기용"해야 한다고 적었다. 나가타는 도조와 자신의 콤비네이션을 도모하고 있었던 것이다. 그리고 결과적으로 그것이 나가타의 유언이 되었다. 훗날 도조가 아카마쓰에게 말한 바에 따르면, 그는 무토와 함께 나가타의 유지遺志를 이어가기로 맹세했다. 그리고 두 사람은 다음과 같은 결론에 도달했으며, 이를 끝까지 지켜나갈 것을 분명히 했다.

"아무리 정신이 나간 놈이라 해도 대낮에 그것도 육군의 심장부에서 군무국장을 살해한다는 것은 언어도단이며, 건군 이래 유지해온 군기가 짓밟힌 것이나 마찬가지다. 철저하게 군의 기강을 바로잡지 않으면 안 된다. 그 일은 우리 손으로 단행할 수밖에 없다."

그 후 얼마 동안 도조는 깊은 생각에 잠긴 모습을 보였다. 만주로 향하는 차 안에서도 생각에 빠져들곤 했다.

이미 직장을 잡은 장남, 도쿄제국대학에 진학한 차남, 그리고 후쿠오카중학에 재학 중인 셋째 아들을 남겨둔 채, 도조가 네 명의 딸을 데리고 신징新京에 도착한 것은 쇼와 10년(1935) 10월 10일이었다.

"10년 10월 10일, 기억하기 아주 쉬운 날이군요."

가쓰가 이렇게 말하자,

"그래? 오늘이 10월 10일인가."

갈 곳을 잃은 듯이 도조가 중얼거렸다.

만주에 들어서면서부터 줄곧 함께한 관동군 참모가 차에 짐을 실으면서 역 앞의 건물을 하나씩 도조에게 설명했다. 다나카 류키치田中隆吉(1893~1972)라는 이름의 이 참모는 친절하기는 했으나 군인치고는 말이 많은 사내였다. 말 많은 다나카를 다소 멍한 표정으로 바라보고 있던 도조는 그런 자신의 모습을 굳이 감추려 하지 않았다.

역풍에 맞서서

도조를 매장하라

도조의 40년 가까운 군인생활에서 헌병대만은 인연이 멀었다. 그는 부임하고 나서 약 3주 동안 오로지 헌병대의 직무 내용을 파악하는 데 힘을 쏟았다. 총무부장 후지에 게이스케藤江惠輔(1885~1969)에게 보고를 듣고, 그것을 메모한 다음 머리에 새겨넣었다. 처음 일을 배울 때면 그는 대체로 이런 방법을 택했다. 윤곽을 파악한 후 그의 입에서 나온 첫마디는 다음과 같았다고 한다.

"육군성이나 참모본부에 모여 있는 친구들이 역시 우수하군. 잘 모르는 세계에 들어와서도 척 보면 알지. 헌병들은 미련하기 짝이 없어서 똑같은 것을 몇 번씩 가르쳐야 알아듣는단 말이야. 그뿐인가. 제국 군인으로서 자각도 결여하고 있어. 다시 한 번 처음부터 바로잡지 않으면 안돼."

군 내부에서 헌병의 지위는 낮게 평가되고 있었다. '헌병은 군인이 아

니다'라는 말까지 있을 정도였다. 굴욕감에 그들의 의

욕은 더욱 심각하게 꺾여 있었다. 물론 헌병들 사이에

는 헌병은 미련해도 괜찮으며, 집의 변기가 다실이나

도코노마*에 있어서는 곤란한 것과 마찬가지로 헌병

은 햇볕이 들지 않는 곳에 있어야 한다는 의견도 있었

도코노마
다다미방 정면에 바닥을 한 층 높여 만들어 놓은 곳. 흔히 벽에는 족자를 걸고 바닥은 도자기나 꽃병으로 장식한다.

다. 하지만 도조는 그런 의견을 무시했다. 제국 군인의 임무는 주어진

직무를 완수하는 데 있다는 것이다. 헌병이 직무에 충실하면 어떤 상황

이 발생하든 도조에게 그것은 다른 문제였다.

부임한 후 얼마 지나지 않은 1935년 말, 도조는 만주의 헌병대원을 향

해 '직무를 완수하라'는 주제로 훈시를 했는데, 그때 자신의 얼굴 사진을

훈시용 인쇄물에 덧붙였다. 도조의 얼굴 사진은 만주 전역의 헌병분주소

憲兵分駐所의 벽에 부착되었다. 그것은 얼굴 사진을 보게 함으로써 자신의

철저한 의사를 한층 현실감 있게 하려는 그 나름의 배려였다. 이 훈시에

간담이 서늘해진 관동헌병대사령부의 헌병들은 곧 도조가 즐겨 훈시를

한다는 것을 알아차렸다. 훈시는 헌병도 제국의 군인이다, 긍지를 가져

라, 반일·항일운동을 박멸하라는 내용으로 이어졌다.

그의 훈시는 정신적인 측면을 보완했을 뿐 아니라 조직도 일변시켰다.

당시 관동헌병대사령관은 관동국關東局 경무부장을 겸임하여 만주 전

역의 경찰권을 한손에 장악하고 있었다. 그리고 만주국 정부와 철도경호

대를 통제하는 권한도 부분적으로 갖고 있었다. 도조의 전임자들, 하시

모토 도라노스케橋本虎之助(1883~1952), 다시로 간이치로田代〃一郞, (1881~

1937), 이와사 로쿠로岩佐祿郞(1879~1938) 등은 이 조직도를 애매모호하게

내버려두었다. 너무 분명하게 하면 만주가 일본의 괴뢰국가라는 것을 고

백하는 것이나 다름없기 때문이다. 그런데 도조는 이를 용납하지 않았

만철

정식 명칭은 남만주 철도 주식회사(南滿州鐵道株式會社). 러일전쟁의 강화 조약인 포츠머스 조약(1905년)에 따라 일본이 러시아로부터 양도받은 철도 및 부속지를 기반으로 1906년에 설립되어, 1945년에 제2차 세계대전 종전까지 중국 동북지방(만주)에 존재한 일본의 국책회사이다. 철도사업을 중심으로 하였으나, 광업, 제조업 등 광범위한 분야에 걸쳐 사업을 전개한 복합기업의 성격을 띠고 있으며, 따라서 만주 식민화의 중핵기관 역할을 하였다. 초기엔 다롄(大連), 나중에는 신징(현재의 창춘)에 본사를 두었다. 1945년에 소련에 의해 점령되어 실질적 기능을 상실하였고, 이후 연합군 최고사령부(GHQ)에 의해서 해산되었다.

협화회

정식 명칭은 만주국협화회. 만주국에서 결성된 주민 조직으로, 1932년 7월 25일에 만주국 국무원 회의실에서 결성식을 갖고 출범하였다. 만주국 전역의 전 주민을 통솔하는 전인종적 기구였다. 만주국협화회라는 명칭은 일본의 협화회와 구분하

다. 일본영사관 경찰과 관동국 경찰의 인사 및 예산을 모두 관동헌병대 지휘 아래 두지 않으면 안 된다고 말했다.

"항일운동을 진압하기 위해서는 군경일체화가 가장 바람직하다."

도조의 주장에 관동군 참모들이 화답했다. 하지만 관동국과 영사관에서는 저항했다. 그러자 도조는 이를 비껴나갈 궁리를 했다. 헌병의 본래 업무는 군인과 직접 관련된 사람들을 감독·단속하고, 군의 안전을 보호·방어하는 것이다. 하지만 그것을 넓게 해석하면 헌병의 활동은 민간인에게도 미친다. 전임자들은 그것을 알면서도 소극적이었다. 그런데 도조는 "헌병대는 군인만이 아니라 관동군과 만주국의 치안을 앞세우고 이를 지켜나가지 않으면 안 된다. 모든 명령은 관동헌병대사령관이 내린다"고 결정하고, 일방적으로 민간인의 행동까지 감시하도록 명했다. 지금까지 뒤얽혀 있던 기구도 반대를 무릅쓰고 일원화했다. 이윽고 만주국 안에서 도조의 이름은 외경과 공포의 대상이 되었다. 만주국의 일본인 관리들과 관동군 참모들은 믿음직한 실천력을 갖춘 사령관을 외경의 눈으로 바라보았고, 반면에 만철滿鐵*이나 협화회協和會* 그리고 본토에서 사회주의 운동에 좌절하여 신천지를 찾아 만주로 온 지식인들은 공포의 시선으로 바라보았다. 그들은 도조를 질서라는 이름을 빌린 강압의 장본인이

라 하여 두려워했다.

중국인에게는 물론 증오의 대상이었다.

신징의 관동군사령부 근처에 있는 관동헌병대사령
부, 그 부지의 한구석에 있는 사령관 관사의 주위는
항일분자들의 테러를 경계하기 위한 방어막이 설치되
었다. 날이 지남에 따라 방비는 더욱 엄중해졌다. 도
조의 정책이 더욱 반反중국적인 방향으로 나갔기 때문

기 위한 것이다. 협화회
는 만주국의 건국 정신
을 실천할 전만주의 유
일한 사상적·교화적 정
치적 실천단체로서, 관
동군의 지도와 구상에
의해 설치되었다. 만주
국협화회는 만주국에서
유일하게 공인된 정치
조직체였으나, 정당은
아니었다.

이다. 딸들이 등교할 때에는 비밀리에 경호원을 딸려 보냈다.

"토비土匪들은 헌병대사령관에게 원한을 품고 있다. 너희들이 유괴되
어도 몸값 따위는 지불하지 않을 것이다. 한번 흥정에 응하면 놈들은 기
어오른다. 그러므로 조심해라."

딸들은 이런 말을 들으며 지냈다.

'비적토벌'이라는 이름으로 만주국의 오지까지 헌병대원을 동원했고,
때로는 스스로 말을 타고 비적을 추격했다. 신징 시내의 벽에는 '도조를
매장하라'고 적혀 있었다. 그것을 본 도조는 코웃음을 쳤고, 더욱 투쟁심
을 불태우며 항일 중국인을 적발했다. 1942년에 간행된 도조의 전기에
서는 짓궂게도 그런 도조의 집요함을 빛나는 경력으로 과장하여 소개하
고 있다.

맹렬한 비적 사냥과 함께 도조가 힘을 쏟은 것은 관동군에 반감을 가
진 단체나 민간인의 리스트를 작성하는 일이었다. 헌병대원은 내지에서
건너온 사회주의 운동의 요시찰인이나 국가개조운동에 열심인 자들을
조사했을 뿐만 아니라, 조금이라도 황도파에 공감하는 경향이 있는 군인
과 민간인을 리스트에 포함시켰다. 당시 관동군의 청년 장교들 중에는
황도파계 장교가 많았다. 10월사건에 공명하는 사람은 도쿄에서 수천

킬로미터 떨어진 곳에서 근무하도록 한다는 내규 때문에 다수가 조선·대만·만주로 부임해왔던 것이다.

1936년 1월 현재 리스트에 오른 군인과 민간인의 수가 4천 명에 가까웠다. 관동군 제4과(정보·모략 담당) 참모 다나카 류키치와 도조가 불러들인 쓰지 마사노부가 이 작업에 열심히 협력했다. 이윽고 그것이 유용하게 쓰일 될 때가 왔다.

1936년 2월 26일, 군 중앙에서 관동군사령부로 "일부 군인이 폭동을 일으켰다"는 전보를 보내왔다. 단편적인 뉴스였지만 관동군 수뇌부는 반란으로 간주하고, 이 사건이 만주국에 미칠 영향을 막기로 결의했다. 관동군 참모장 이타가키 세이시로는 청년 장교들의 움직임에 비판적이었고, 관동군 사령관 미나미 지로는 이타가키보다 더 그들을 차갑게 보고 있었기 때문이다. 미나미는 다나카 류키치에게 진압명령서를 작성하라고 명했다.

다나카는 기안서起案書에 사건의 여파를 막기 위해 "만주국에서 일체의 조치는 관동군헌병대사령관의 이름으로 시행한다"는 항목을 아무렇지도 않은 듯 포함시켰다. 이 말이 의미하는 바는 만주국의 불온분자를 이번 기회에 철저하게 축출한다는 것이며, 그 일을 도조의 책임 아래 시행한다는 것이다. 진작부터 도조의 집에 출입하고 있던 다나카가 일단 유사시에 그렇게 하자고 도조에게 시사했을지도 모른다고 생각할 정도로 교묘하게 포함된 항목이었다. 미나미 사령관은 이 성명서에 서명했다.

이때 도쿄는 아직 혼란 속에 있었다. 사건이 표면화된 것은 오전 7시였다. 육군대신 관저에서는 일찍이 도조의 부하였던 고다 기요사다가 청년 장교를 대표하여 가와시마 요시유키川島義之(1878~1945) 육군상을 향해 궐기취지서를 낭독했다.

"우리나라가 신의 나라인 까닭은 만세일신萬世一神이신 천황폐하의 통수 아래 온 나라가 한 몸이 되어 생성화육生成化育하고 마침내 팔굉일우八紘一宇를 온전히 하려는 국체에 있다."

이어서 육군사관학교사건에서 면관免官된 무라나카 다카지가 7개 항목의 요망사항을 낭독했다.

그중에는 "미나미 대장, 우가키 조선총독, 고이소 중장, 다테카와 중장은 군통수권 파괴의 원흉이므로 속히 체포할 것"이라는 구절이 있는데, 여기에서 미나미의 이름을 거론한 것은 그를 10월사건 탄압의 장본인으로 지목했기 때문이다. 우가키, 고이소, 다테카와의 경우는 사쿠라카이를 지지하여 3월사건을 획책한 경위가 권력지향적이었기 때문이다. 또, "네모토 히로시 대좌, 무토 아키라 중좌, 가타쿠라 다다시 소좌는 군 중앙부에서 군벌적 행동을 했으므로" 이 세 사람을 군 중앙에서 제거하라고 호소했다. 가타쿠라는 사관학교사건을 날조한 장본인이고, 네모토는 10월사건 때 이마무라 과장에게 밀고한 이래 군 중앙에서의 배신이 두드러지는 사람이며, 무토는 나가타의 직계로 황도파 축출의 중심인물이라는 것이다.

궐기한 장교의 요망사항에는 개인적 원한이 뒤섞여 있었다.

가와시마와 그들이 옥신각신하고 있는 사이, 마사키가 관저로 들어왔다. 가슴에 훈일등勳一等 부장副章을 달고, 상주上奏라도 올리러 가는 듯한 복장을 하고 있었다. 왜 그렇게 특별한 복장을 하고 있었을까. 나중에 추측컨대 그는 청년 장교들의 뜻을 받아 자신이 수상이 될 것으로 믿고 있었다. "이렇게 된 이상 방법이 없지 않느냐." 마사키가 가와시마에게 그들의 요청을 받아들이라고 재촉한 것이 그 증거라 할 수 있다.

사건이 발생한 이래, 마사키는 그와 연결된 인맥과 연락을 취하면서 청년 장교들이 바라는 군부내각 구성을 획책하고, 군 중앙의 주요 인물들을 설득했다. 그는 궐기자들 쪽에 걸었던 것이다. 하지만 천황은 궐기 소식을 듣고서 일관되게 사건 진압을 바랐다. "폭도를 진압하라"고 말했고, "말을 준비하라"며 스스로 진압에 나서겠다는 뜻을 표명하기도 했다.

천황의 의사가 육군 내부에 전해지자 장교들 사이에 동요가 일었다. 거꾸로 '단호히 토벌할 것'을 주장한 참모본부의 이시와라 간지, 육군성의 무토 아키라 등은 뜻을 굳혔다. 27일 오전 2시 50분, 계엄사령부가 설치되었고 군 중앙은 진압하는 방향으로 움직였다.

이날, 도조는 군경일체화 시찰을 위해 만주국 북부에 있었다. 도쿄에서 폭동이 발생했다는 소식을 듣고 곧장 신징으로 돌아왔다. 그의 책상에는 관동군의 명령서가 와 있었다. 그것이 도조 자신에게 전권을 부여하고 있다는 것을 알고서 핵심 장교들에게 "통수統帥 아래 있는 자들과 불법적으로 조직을 결성하여 통수의 존엄을 무너뜨리려 하는 불순분자를 모두 체포하라"고 명했다. 가장 중요한 자리에 있는 위험인물 수백 명의 신병身柄을 구속한다는 무지막지한 조치에 이타가키 참모장은 주저하지 않을 수 없었다. 더구나 도조가 보낸 명단에는 이타가키 자신과 끈이 닿는 군인들이 상당수 포함되어 있었다.

"통수의 존엄을 파괴하고자 하는 분자는 설령 각하가 잘 아는 사람이라 할지라도 구금하지 않으면 안 됩니다. 구금한 후에 다시 조사하여 도쿄와 제휴하고 있는 자가 아닐 경우 석방하면 됩니다."

이타가키는 마지못해 받아들였다. 이때의 일과 관련하여 도조는 통제파統制派• 장교 이케다 스미히사池田純久(1894~1968)에게 "나가타 선생의 원수를 갚을 생각이었다. 가슴이 후련했다"고 고백했다.

2월 26일 저녁 무렵부터 27일 아침에 걸쳐 도쿄와 연락을 끊는다는 이유로 황도파 장교는 병영에 연금되었고, 민간인은 관동헌병대사령부 지하의 감방에 구속되었다. 그런데 이 조치는 도조에게 위험한 도박이기도 했다. 정보가 어지럽게 뒤얽혀 있어서 반란자가 관군이 될지도 모른다며 주저한 사단장이나 사령관이 많은 가운데, 도조와 센다이의 제2사단장 우메즈 요시지로만은 민첩하게 탄압 의사를 표시했다. 그것이 훗날 그들의 훈장이 되었다.

그러나 도조는 공식적인 전보를 받는 한편, 비밀리에 육군성과 참모본부의 인맥을 이용하여 전화나 전보로 자신에게 연락을 하도록 했다. 무토, 아카마쓰, 사토 겐료 등은 천황이 불쾌한 뜻을 보이고 있다거나 청년 장교들은 아라키와 마사키의 뜻을 따르고 있다는 정보를 도조에게 자세하게 전했다. 이 정보를 바탕으로 그는 이 반란을 대담하게 진압했다.

2월 29일, 사건은 마무리되었다. 도조는 무토와 사토가 보내온 정보를 통해 마사키와 아라키를 원흉이라고 판단했다. 일찍이 자신의 부하였던 고다 기요사다, 구리하라 야스히데가 연루된 것도 마사키와 아라키의 감언이설에 놀아났기 때문이라고 단정지었다. "그들을 날뛰게 한 모든 책임은 대권 침범 방향으로 이끈 상사에게 있다. 나는 그것을 용납하지 않는다"고 도조는 외쳤다. 그는 군사조사부장 야마시타 도모유키도 청년 장교를 부추긴 사람이라 하여 한층 냉담하게 대했다. 그리고 인사권을 갖게 된 후에도 그를 군 중앙 가까이 두지 않았다. 나중의 일이지만, 중간에 서서 야마시타와 감정적 대립을 풀라고 권하는 자가 있으면 "야마

통제파
국가개조를 위해 직접 행동도 불사했던 황도파 청년 장교와 달리, 육군대신을 통해 정치상의 요망(要望)을 실현하는 합법적 형태로 열강에 대항할 수 있는 '고도국방국가' 건설을 목표로 삼았다.

시타는 천황의 신뢰를 잃었다"고 단언하고, "2·26 사건의 책임은 그 사람에게도 있다"고 말했다.

1936년 7월 12일 오전 반란군 장교들이 처형되던 시각, 도조는 불전에 합장했다. 고다, 구리하라, 안도 데루조安藤輝三(1905~1936) 등의 영령 앞에 그들을 죽음으로 내몬 육군 수뇌들을 육군성과 참모본부에서 축출할 것을 맹세하고 있었을지도 모른다.

2·26 사건, 그 후

2·26 사건은 도조의 인생을 크게 바꿔놓았다. 군인으로 마감했을 그의 경력은 이 사건 때문에 다시 씌어졌다 해도 과언이 아니다.

3월 9일, 천황은 외무상 히로타 고키廣田弘毅(1878~1948)에게 내각을 꾸리라는 명을 내린다. 육군상에는 일찍이 조슈벌의 영수였던 데라우치 마사타케의 장남 데라우치 히사이치寺內壽一(1879~1946)가 임명되었다. 대장이자 무당파 군인이라는 점을 샀던 것이다. 취임 다음날, 데라우치는 천황에게 불려가 엄명을 받았다.

"근래 육군에서 누차 상서롭지 못한 사건이 되풀이되더니 급기야 이번과 같은 큰일이 일어나기에 이르렀다. 이는 실로 칙유를 위반하여 우리나라의 역사를 더럽히는 일로서 심히 우려하는 바이다. 깊이 그 원인을 찾아 이번 기회에 부내部內의 화근을 일소하고 군의 위아래가 마음을 합쳐 각자의 본분을 다함으로써 다시는 이런 실태失態가 없도록 하라."

천황의 뜻을 받은 데라우치는 군의 기강을 바로잡겠다는 성명을 발표하고 군 내부 개혁에 착수했다. 우선 인사에 손을 댔다. 불상사건不祥事件의 책임이라는 명목으로 마사키 진자부로, 미나미 지로, 하야시 센주로, 혼조 시게루本庄繁(1876~1945), 아라키 사다오 등을 포함한 7명의 대장을 현역에서 은퇴시켰다. 이어서 3월과 8월의 인사이동에서 3월사건과 10월사건 당시의 관련자부터 황도파 장교에 동정적인 장교까지 총 3천 명에 이르는 숙군 인사를 단행했다. 그 결과 군 내부에는 파벌투쟁에 관심을 보이지 않았고, 어떤 비합법 활동에도 가담하거나 공명한 일이 없는 충실한 군인만 남게 되었다. 인재 부족은 불 보듯 뻔한 일이었다. 그래서 데라우치와 육군차관 우메즈 요시지로는 몇 가지 사실을 눈감아주었다. 대권 침범의 원인인 만주사변의 관계자들, 그러니까 이타가키 세이시로와 이시와라 간지 등을 예편시키지 않았다. 이미 만주국이 건국되었다는 사실을 감안했던 것이다.

숙군 인사에 착수한 후 데라우치와 우메즈는 또 하나 교묘한 조치를 취했다. 사건에 대한 반성으로서 군인의 정치 개입을 경계하기 위해 육군대신만이 정부에 요청할 수 있게 한다고 발표했다. 데라우치와 우메즈는 "어렵사리 예비역으로 편입된 군인이 정당 또는 기타 정치세력의 추천을 받아 육군대신에 임명된다면 현재 진행 중인 숙군이 아무런 의미를 갖지 못한다"고 말하고, 이를 제어하기 위해 육군대신은 현역 대장이나 중장으로 한정하되 예비역이어도 상관없다는 기존의 내규에서, '예비역'을 빼고 '현역으로 한정한다'는 방침으로 바꾸어 칙령으로 공포했다.

일찍이 하타 다카시가 내무대신으로 있을 때 '현역'이라는 말을 삭제하는 데 성공했었는데, 아무 일도 없었던 것처럼 다시금 예전의 방식으로 되돌린 것이다. 이 중요한 사실은 의회에서도 어렵지 않게 승인을 얻었다.

육군대신만이 정치적 의사를 전달하는 창구 역할을 할 수 있다는 생각은 군 내부의 기구 개혁을 통해 보완되었다. 군무국에 새롭게 군무과가 설치되어 정치적 발언을 하는 육군대신의 보좌기관으로 활동했다. 결국

이 두 가지 개혁이야말로 육군을 한층 더 '정치적 집단'으로 전환시키는 열쇠가 되었다. 청년 장교의 에너지는 구름처럼 흩어지고 안개처럼 사라졌지만, 사실상 교묘한 방식으로 정치적 영역에 편입되었던 것이다.

1937년 1월, 이 개혁은 효과를 드러냈다. 제70회 의회에서 정우회 소속 하마다 구니마쓰濱田國松(1868~1939)가 반군적反軍的 질문을 했다 하여 데라우치와 격렬한 문답을 주고받았는데, 분노한 데라우치는 해산을 주장했고 히로타 내각은 무너졌다. 겐로 사이온지 긴모치는 차기 수반으로 우가키 가즈시게를 예상했지만, 육군은 육군상을 추천하지 않았다. 그 때문에 우가키 내각은 무산되었다. 육군이 육군상을 추천하지 않은 것은 다이쇼 말기의 우가키 군축과 3월사건의 변심으로 우가키주株가 하락했기 때문이다. 결국 우가키는 '현역 대장이나 중장'을 육군상에 앉힐 수가 없었다.

그 후 이 조항은 군부의 거부권으로 기능하게 된다.

2·26 사건 후에 진행된 일련의 개혁은 결과적으로 도조와 같은 군인을 모범으로 삼은 것이었다. 군무에 충실하고, 명령과 복종을 고집스럽게 지키며, 정론을 토로하는 군인. 타협이나 조화를 배격하고, 정면으로 사태를 대하는 군인. 바로 그런 군인들이 살아남아 편협한 집단으로 변했다. 게다가 도조에게는 또 하나의 요행이 있었다. 육군의 서열로 말하면 도조는 수십 번째 자리였는데 숙군 인사로 단숨에 10번대로 뛰어올랐던 것이다.

가까운 장래에 도조가 육군의 유력한 지위에 오르리라는 것을 눈치 빠른 장교는 쉽게 상상할 수 있었다. 관동군 참모나 관동헌병대 간부가 도조의 주위를 배회하기 시작했고, "각하는 우수하시니……" 어쩌고 하면서 추종하는 자들이 몰려들었다. 물론 도조는 언제나처럼 그런 추종자들을 달갑게 여기지 않았다. "각하는 천재형이 아니라 노력형"이라는 말을 들으면 표정을 누그러뜨리고 노력형이 무엇인지 일장연설을 했다. 도조의 그런 성격을 꿰뚫어보고 교묘하게 움직이는 자도 있었다. 도조의 인맥에는 그런 유형도 많았던 것이다.

예를 들면 도조가 이 시기에 주목한 사람은 관동헌병대에 있던 시카타 료지四方諒二(1896~1977) 소좌와 펑톈헌병대장 가토 하쿠지로加藤泊治郎(1887~1951) 중좌 두 사람인데, 그들은 도조의 명령을 충실히 아니 기대 이상으로 소화했다고 한다. 내부에서는 도조의 성격을 꿰뚫어보았기 때문에 그런 식으로 일을 처리하는 것이라며 수군댔다.

도조의 집을 찾아오는 이들 중에는 군 외부의 사람도 많았다. 협화회 총무부장 아마카스 마사히코는 종종 도조를 방문해 자신의 인맥을 소개했다. 다른 한편 도조도 아마카스를 믿고 의지했다. 숙군 인사 과정에서 예비역으로 쫓겨난 군인들 중에는 도조를 믿고 만주로 일자리를 찾아온 자도 있었는데, 그들을 아마카스에게 부탁해 협화회에 들여보내야 했기 때문이다. 제24여단장 시절의 부관 사사키 기요시도 그중 한 사람인데, 그는 "어려운 일이 있으면 뭐든 상담하러 와라. 하지만 이번에는 국가의 방침에 반기를 들어서는 안 된다"는 말을 듣고 협화회의 직원이 되어 도조 인맥의 일원으로 가담했다.

1936년 1년 사이에 관동헌병대의 평가는 상당히 높아졌다. 신문에서도 이 해에 관동군이 항일 중국인을 13만 명에서 3만 명으로 줄였다고 크게 보도하면서 그것은 헌병대의 빛나는 전과戰果라고 찬양했다. 이 보도의 실질적인 의미는 관동군이 10만 명을 살해, 체포, 귀순시켰다는 것이다. 이리하여 관동헌병대사령관의 이름은 유능한 사령관으로서 단숨에 군 내부에 알려졌다.

1936년 12월, 도조는 중장으로 진급했다. 52세였다. 아버지 히데노리가 고작 하루밖에 누리지 못했던 명예를 그는 육군의 지도자가 되는 길의 이정표로 삼았다. 그는 가족에게 "중장이 되었으니 더 이상 아무런 미련이 없다"고 했는데, 이 말에서 그의 만족감이 잘 드러난다.

1937년 3월, 육군은 대폭적인 인사이동을 단행했다. 육군상 스기야마 겐과 육군차관 우메즈 요시지로가 중심이 되어 시행한 이번 인사에서 도조는 관동군 참모장에 임명되었다. 스기야마와 우메즈 둘 다 도조를 평가하고 있었으며, 머지않아 군 중앙으로 돌아올 것이라는 복선이 깔린 인사였다.

사령관을 보좌하는 것이 참모장의 본래 임무이지만, 실제로는 관동군의 일체의 권한과 관련되는 요직이다. 더욱이 사령관 우에다 겐키치植田謙吉(1875~1962)와 참모부장 이마무라 히토시 둘 다 온화한 성격으로 도조의 직선적인 성격과는 대조적이었다.

"이번 참모장은 참 까다롭단 말이야. 멍청한 보고를 하면 벌컥 화를 낼 뿐만 아니라 신경질적이기까지 하단 말이야."

도조의 부임이 결정되자 관동군 내부에서는 다소 그를 경원하는 듯한 소문이 퍼졌다. 참모장 부관 이즈미 가키오泉可畏翁는 긴장된 표정으로 까다로운 성격의 참모장 취임을 기다렸다. 그는 이 자리에서 오카무라 야스지와 이타가키 세이시로를 모셨고, 이번 도조까지 참모장 셋을 모시게 된 것이다. 현재(1979년) 구마모토 시에 살고 있는 이즈미는 다음과 같이 증언한다.

"관동군 부하들의 입장에서 볼 때 무서운 사람은 도조, 오카무라, 이타가키 순이었으며, '면도칼' 도조, '준민俊敏한' 오카무라, '대인' 이타가키라고 불렸습니다. 거꾸로 친절한 사람은 이타가키, 오카무라, 도조 순이 될 것입니다. 도조는 가까이하기가 어려웠습니다. 또 중국인 입장에서 볼 때 무서운 사람은 이타가키, 도조, 오카무라 순이 될 것입니다. 오카무라는 중국통인데다 아는 사람도 많아 대화하기가 쉬웠습니다만, 이타가키는 중국 측의 정보를 보아도 호랑이라 불릴 정도로 공포의 대상이었습니다. 도조는 그 중간입니다."

참모장으로 부임한 도조가 처음으로 명령한 것은 참모장실에 메모수첩 케이스를 만드는 일이었다. 이 케이스에 일시별, 테마별 메모수첩을 넣어둔다는 것이다. 이즈미는 소문대로 깐깐한 상관이구나 생각하며 긴장했다.

하지만 일주일도 지나지 않아 이즈미는 도조의 성격과 집무 습관을 꿰뚫어보았다. 이 상관은 무엇보다 결단을 중요시하는 사람이다.

"대책을 마련하는 데에는 몇 가지 방법이 있겠습니다만, 그중에서도 갑, 을, 병 세 가지가 타당하다고 생각합니다. 그러나 갑은 시기상조이고 을은 결점이 많습니다. 따라서 병을 실행해야 한다고 생각합니다."

도조는 이런 식의 보고를 받아들이지 않았다.

"왜 병이 좋은가. 병밖에 없다는 자네의 결단을 굳게 믿고 보고하라. 이것도 안 된다, 저것도 안 된다고 말하는 것은 군인 사회에서 통하지 않는다."

얼굴을 붉히며 호통을 쳤다. 그럴 때마다 미간의 근육이 실룩거렸다. 그리고 요령부득의 장교가 돌아간 뒤 도조는 이즈미에게 신념의 일단을 피력했다.

"자기의 결단에 자신감을 갖지 못하는 군인은 전장에서 아무런 역할도 하지 못한다. 하급자는 자신의 결단만 말하면 된다. 그것을 받아들일지 여부를 판단하는 것은 상관의 직무권한이다."

이런 점과 함께 이즈미는 도조의 또 다른 성격을 알아챘다. 그것은 갑론을박을 좋아하지 않는다는 것이다. 회의에서 도조는 상관이 하급자에게 전달하고 하급자는 상관에게 허용 범위 안에서 참고의견을 발언하는 것만 허용했다. 그리고 도조는 부하의 모든 생활을 장악하고 싶다는 엉뚱한 생각을 갖고 있으며, 그러고 나서야 비로소 자신에 대한 충성심을 믿는 성격이라고 이즈미는 생각했다.

제출하지 못한 사직원

참모장 취임 후 한 달 동안, 도조는 만주국 요인要人과 일본인 관리를 참모장실로 불러 건국 5년째를 맞이한 만주의 모습을 열심히 배웠다. 이 시기, 1936년 여름에 입안된 만주경제개발 5개년계획을 원활하게 실시하는 것이 만주국 관리의 주요 직무였다. 그것은 건국 당시 이시와라 간지, 이타가키 세이시로 등이 기획한 독립국가의 야망을 버리고, 이 계획을 실현하여 만주국을 일본의 식민지, 후방기지로 바꾼다는 내용의 국책을 채용했다는 의미였다.

만주에서 중공업화를 촉진하기 위해 본토 자본을 끌어들이는 것이 도조에게 부과된 직무 중 하나였다. 때마침 아이카와 요시스케鮎川義介(1880~1967)의 닛산 자본 도입을 둘러싸고 논의가 이어졌으며, 관동군 참모는 닛산 자본을 도입하여 단번에 만주를 후방기지화하려 하고 있었다. 도조는 닛산 자본 도입으로 만철 자본이 쇠퇴하여 만주 경제가 혼란스러워질 것을 두려워했다. 그래서 마쓰오카 요스케松岡洋右(1880~1946) 만철 총재와 만철 직원들의 저항이나 사보타주를 막기 위해, 만주국 총무장관 호시노 나오키星野直樹(1892~1978)와 산업부 차장 기시 노부스케岸信介

(1896~1987)를 불러 마쓰오카를 설득해달라고 부탁했다. 그 결과 만철은 닛산 자본 도입을 인정했다. 이리하여 5개년계획이 궤도에 올랐다.

많은 사람들에 알려진 이른바 '2키 3스케' 시대는 이때부터 시작됐다.

열심히 일해 더 깊이 실무를 장악할 때마다 도조는 지금까지 참모장들이 그들에게 주어진 많은 권한을 방치했던 게 아니냐는 불만을 갖기에 이르렀다. 그것은 관동군에게 주어진 '내면지도권內面指導權'을 말한다. 실제로 도조 이전의 역대 참모장은 식민지 통치의 비장의 카드라 할 수 있는 이 권한을 겉으로 내세우고 싶어 하지 않았다. 그러한 정치적 배려를 오카무라 야스지와 이타가키 세이시로도 잘 알고 있었다. 하지만 도조에게는 그럴 여유가 없었다.

그는 이 권한을 충분히 이용하여 호시노와 기시에게 법안을 만들게 했고, 그것을 포고하여 만주 지배의 열쇠로 삼았다. 민간인들은 '만주는 법률만능의 시대가 되었다'며 수군거렸다. 만주를 이상향으로 건설하자고 외치던 협화회 회원들 사이에서는 "도쿄에서 온 관리들이 마구잡이로 법률을 만들어 만인滿人들을 괴롭히고 있다. 일본의 법률을 그대로 직역하여 도덕이 엄정한 만인사회에 적용하고 있다"는 불만의 목소리가 높았다. 훗날 도조와 이시와라는 서로 대립하게 되는데, 그 발단은 "법비法匪*가 판을 치는 것은 도조가 내면지도권을 남용하고 있기 때문"이라는 이시와라의 불만이었다.

도조가 참모장에 취임했을 무렵 그러니까 1937년 2월, 육군 내부의 만주파 장교들이 하야시 센주로 내각을 출범시켰다. 그 중심은 참모본부 제1부장 이시와라 간지였는데, 그는 일찍이 무산정당無産政黨 의원이었던 아사하라 겐조淺原健三(1897~1967)를 움직여 정계 상층부에 하야시 내각 성립 가능성을 타진한 다음, 최종적으로 겐로 사이온지 긴모치를 납득시켰다. 그런데 하야시 내각은 성립된 지 고작 4개월 만에 무너지고 말았다. 육군이 총력을 다해 지지하지 않았기 때문이다.

이 정변은 만주국 자립을 희망하는 일파가 만주국을 일본의 후방기지로 삼으려 하는 일파와 벌인 투쟁에서 패배했다는 것을 의미했다. 육군 수뇌부는 이시와라가 주장한, '중국에 대한 일본 제국의 강압적 태도를 바꾼다'는 노선을 버렸다. 하야시 대신 등장한 사람이 고노에 후미마로近衛文ß (1891~1945)이다. 사이온지 긴모치는 48세의 젊음, 공경公卿 출신이라는 좋은 가문, 중정中正한 정치 자세를 두루 갖춘 그에게 내기를 걸었던 것이다. 고노에의 등장은 세간에서도 호감을 불러일으켰을 뿐만 아니라 육군 장교들도 기쁘게 했다.

육군상에는 스기야마 겐, 육군차관에는 우메즈 요시지로가 유임됐다. 육군성과 참모본부에서 '불평꾼 겐'이라는 좋지 않은 소문이 떠돌던 스기야마보다 우메즈가 육군상으로 더 낫다고들 했다. 우메즈는 만주국을 일본의 후방기지화하자고 주장하는 일파의 대표였다. 도조는 우메즈가 요직에 앉은 인사에 만족감을 맛보았고 그 감정을 문서에 남겼다. 고노에 내각 탄생 5일 후, 도조는 우메즈 앞으로 극비 전보를 보낸다. '대소 작전 준비라는 관점에서 군사력이 허락한다면 난징작전南京作戰으로 일격을 가해 일본의 배후를 위협하는 중국의 기선을 제압해두어야' 한다는 내용이었다. 물론 우메즈는 무시했다. 그도 그렇게까지 모험주의자는 아니었다.

6월 19일, 칸차즈 섬乾ﾧﾴ子島*에서 소련군과 만주군 사이에 충돌이 일어났다. 소련과 만주국의 국경은 밀림, 산악, 하천으로 이루어져 있어 대단히 애매했고, 이런 애매한 곳에 칸차즈 섬이 있었다. 충돌 소식을 듣고 도조는 즉시 군 중앙에 전보를 쳤다. 이에 대해 군 중앙에서는 현

칸차즈 섬
만주 북부, 헤이허시(黑河市)에서 조금 내려온 지점에 위치한 아무르강(헤이룽 강)의 사이에 위치한 섬.

상 유지에 노력하라는 훈전訓電을 보내왔다. 상황을 더 이상 확대시키지 말라는 것이었다. 그러나 관동군은 1개 사단을 보냈다. 군 중앙에서는 외무성 및 해군과 협의한 후, 이 지역에서 군사행동을 일으킬 필요가 없다는 내용의 제2차 훈전을 보내왔다. 이시와라가 군 내부에 사전공작을 했던 것이다. 그런데 현지군은 전보로 보내온 훈령을 무시했다. 일방적으로 포격을 퍼부어 소련군 포함을 격침시켰다. 하지만 모스크바에서 열린 외교 교섭에서 소련이 그곳에서 물러날 것을 약속하고, 관동군이 원주둔지로 돌아가기로 하면서 사태는 수습됐다.

이 사건은 정치적으로는 큰 의미를 지니고 있었다. 훗날 참모본부 작전부원 니시무라 도시오西村敏雄(1898~1956)는, 이 사건으로부터 1개월 후에 발발하는 지나사변支那事變, 즉 중일전쟁의 복선으로서 소련의 취약점을 안 것이 소득이라고 고백했다. 일본 육군은 '소련은 일본의 중국 공세에 간섭할 만큼의 힘이 없다'고 과신했던 것이다.

그런데 일련의 사건은 도조를 모순 속으로 밀어 넣었다. 참모본부의 중지 명령이 있었음에도 현지군이 발포한 것은 이유 여하를 불문하고 통수권 침범이기 때문이다. 통수를 금과옥조로 여기는 도조에게 이런 사태는 육군에서 몸을 빼지 않으면 안 될 정도로 중요했다. 그렇게 하지 않으면 다른 사람은 대권을 침범했다는 이유로 질책하면서 정작 자신은 그런 책임감조차 없다는 것을 증명하는 셈이 된다. 7월 1일, 도조는 자택으로 돌아오자마자 가족에게 짐을 정리해 이사 준비를 하라고 말했다. 그리고

가쓰를 응접실로 불러 이렇게 말했다.

"돌이켜보면 중장이 된 오늘날까지 육군은 정말로 나를 잘 지켜주었소. 아무런 미련이 없소. 군인에게는 물러날 때와 죽을 때가 가장 중요하지요. 이건 유년학교 이래 군대밖에 모르는 나의 신념이오. 더욱이 하극상에 대해 엄격했던 내가 대권을 침범하다니 안 될 말이야. 정도를 걸어 모범을 보이고 싶소."

이번 기회에 군대를 떠나겠다는 말이다. 그러나 이번 사건에 책임을 지겠다 해도 관동군 사령관 우에다는 이를 받아들일 리 없다. 뭐 정당한 이유가 없을까. 도조는 이리저리 궁리하다가, 군의관이 판단할 수 없는 병이 없는지 의학서를 뒤적거렸다.

"뇌신경쇠약이라는 병은 어떨까?"

그는 군의관에게 그런 내용의 진단서를 쓰라고 했다. 하지만 부인 가쓰가 "집에는 결혼을 앞둔 딸이 넷이나 있어요. 결혼할 때 문제가 되지 않겠어요?"라며 반론을 제기하자, 그럴 수도 있겠다며 고개를 끄덕이더니 다른 궁리를 하기 시작했다.

그런데 그로부터 3일 후, 루거우차오盧溝橋에서 일본군과 중국군이 충돌했다. 중일전쟁이 시작된 것이다.

관동군은 분주해졌다. 사령부에서 돌아온 도조는 기쁜 표정으로 가쓰에게 말했다.

"사퇴할 수 없게 되었소. 이제부터 더욱더 열심히 나라를 위해 일할 작정이오."

그날 밤 쌌던 짐을 다시 풀었다.

도조의 사직원이 중일전쟁으로 유야무야된 것처럼 칸차즈 섬 사건도 중일전쟁의 그늘에 묻혔다. 관동군사령관, 참모장, 참모부장에 이르기

까지 남몰래 각오하고 있던 책임 문제는 각자의 가슴 속에 아픔으로 남
았을 터이지만, 겉보기에는 중일전쟁의 혼란 속에 흔적도 없이 파묻혀
버렸다. 그 대신 그들은 기회는 이번뿐이라고 생각한 듯이 전쟁에 힘을
쏟아부었다. 관동군의 강경한 태도의 배경에는 이런 사정이 있었던 것
이다.

루거우차오 충돌로부터 10시간 후, 관동군은 "다대한 관심과 중대한
결의를 유지하면서 엄중하게 본 사건의 향방을 주시할 것"이라는 성명
을 발표했고, 이에 호응하여 도조의 명령을 받은 관동군 참모 다나카 류
키치와 쓰지 마사노부가 지나파견군 쪽으로 달려가 "뒤에는 관동군이
있다"며 전선 확대를 호소했다. 또 참모부장 이마무라 히토시는 도쿄로
파견되었다. 관동군 수뇌부의 총의인 "이번 기회에 단숨에 중국을 쳐야
한다"는 강경 의견을 군 중앙에 진언하는 것이 그의 사명이었다.

도조병단의 이면에서

루거우차오의 충돌이 어느 쪽의 도발로 시작되었는지는 그다지
중요하지 않다. 충돌이 일어날 가능성이 있었기 때문이다. 첫 번째 소식
이 전해졌을 때 군 중앙은 두 가지 견해로 나뉘었다. "성가신 일이 생겼
다"라는 중얼거림과 "유쾌한 일이 일어났다"는 환성. 전자는 육군성 군
무과장 시바야마 겐시로柴山兼四郎(1889~1956)로 대표되며, 후자는 참모
본부 작전과장 무토 아키라로 상징된다. 그런데 상반되는 두 견해에 공
통된 점이 있었는데 그것은 이번 충돌이 예상 밖의 일이 아니라는 것이
었다.

"지금 일본과 중국이 싸웠다가는 만주국의 육성, 중일의 경제 제휴,
군비의 충실, 생산 확충을 비롯해 모든 국방정책과 국내 혁신이 무너지

고 만다. 더 크게 번지기 전에 불을 끄지 않으면 안 된다."

이것이 자중론自重論의 견해이다. 중국과의 전쟁은 필연적으로 늪으로 빠져들게 될 것이며, 대소전對蘇戰 작전 준비도 뒤처지게 된다는 것이다.

"국민당과 공산당이 합작하여 항일전선의 통일을 꾀하고 있다. 철저 항전徹底抗戰을 외치고 있어 쉽게 진압할 수가 없다. 항일은 모일侮日로 이어질 것이며, 북지北支에서 일본군을 몰아내 만주국을 포기하게 하려 할 것임에 틀림없다."

이것이 강행론의 공통된 견해이다. '중국 따위는 아무것도 아니다. 일본군이 마음만 먹으면 쉽게 제압할 수 있다. 지금이 기회다, 그다음에 대소전 준비를 하면 된다'고 그들은 생각했던 것이다.

루거우차오에서 충돌이 일어난 후 얼마 동안은 자중론이 주류를 차지했고, 현지에서도 정전협정이 성립했다. 하지만 고노에 내각의 방침은 흔들렸다. 육군 내부의 강행론을 받아들여 북지사변北支事變이라 칭하고 증파를 결정하는가 하면, 싸움이 더 이상 확대되지 않도록 평화 교섭을 모색하는 등 확실하지 않은 태도를 취했다. 그 본심은 이번 기회에 중국을 공격하되 전선을 너무 확대하지는 말자는 것이었다. 고노에에게 압력을 가한 사람은 무토와 육군성 군사과장 다나카 신이치田中新一(1893~1976) 등 중견 장교였는데, 그들은 자중론의 입장에 선 참모본부 작전부장 이시와라 간지 아래에서 공공연하게 사보타주에 나섰고, 이시와라의 통솔력을 의심하게 할 만한 행동을 취했다. 그리고 육군성과 참모본부회의에서 강경론을 퍼뜨렸다.

강경론자를 기쁘게 한 것은 관동군의 태도였다. 관동군은 중국 내부로 군대를 파견해달라고 요청하는 한편, 하얼빈에 중국인이 들어오는 것은 만주국에 대한 위협이라 하여 군 중앙의 허가도 없이 지대支隊 병력을 보내는 등 문제를 계속 키우고 있었다. 중국에서는 장제스와 마오쩌둥毛澤東(1893~1976) 사이에 국공합작이 이뤄졌고, 만주국에서도 항일 중국인의 저항이 시작되었으며, 8월 중순에 이르러서는 중소불가침조약이 체결되었다. 이런 상황에서 관동군은 더욱 확실한 강경론의 근거를 발견했다. 매일 열리는 회의에서 도조는 격문을 돌렸다.

"이 사변의 주요 목적은 세 가지로 집약할 수 있다. 첫째는, 배일 정책의 쇄신, 둘째는, 공산 세력 방비, 셋째는, 북지의 경제 개발이다. 이 세 가지 목적을 완수하지 못하면 제국의 안전은 없다."

목표를 설정한 후에는 실행만 있을 뿐, 관동군은 독자적으로 '시국처리요강時局處理要綱'을 결정했다. 무력 발동의 철저화로 난징 정부 응징, 북상하는 중앙군 격멸 등 5개 방침을 내걸고, 결국은 "지방정권을 수립하여 만주 접경 지역의 명랑화를 도모하고 대소전을 준비하기 위해 안전을 확보하는 것이 제일 급선무"라 명기했다. 그리고 이를 위해 "적어도 하얼빈, 허베이성河北省, 산둥성山東省 등 각 지역을 엄정하게 다스려 자립하게 한다"는 것이었다. 대소전을 준비하기 위해 이번 지나사변을 이용, 북중국 지역에 괴뢰정권을 세우겠다는 생각을 하고 있었다. 지난해 말 내몽고에 괴뢰정권을 만들려다 실패한 쑤이위안 사변綏遠事變●에서 아무런 교훈도 얻지 못했던 것이다.

참모본부는 관동군의 하얼빈 작전 신청을 양해했다. 사태의 진전에 따라 각료회의에서는 히로타 외무상이 사변이 더 이상 확대되지 않기를, 가야賀屋 대장상이 재정상의 이유로 사변 확대가 어렵다고 호소했다. 하

쑤이위안 사변
흔히 쑤이위안 사건이라 한다. 1936년 11월, 내몽고의 독립지도자 덕왕(德王)이 관동군의 원조를 받아 쑤이위안 성에 침입했다가 쑤이위안성 주석 부작의(傅作儀)가 이끄는 중국군에 격퇴당한 사건이다. 관동군이 덕왕을 지원한 것은 북지 분리 공작의 하나였으며, 소련의 영향으로 공산화하는 것을 차단하려는 목적도 있었다. 12월, 관동군은 패배를 만회하려 했지만 역으로 일본인 기관원 19명이 학살되었다.

지만 이미 관동군을 제어하기가 어려워진 상황에서 강경론으로 나아갈 수밖에 없었다.

하얼빈 작전은 1937년 8월부터 시작됐다. 작전 개시 전, 도조는 호시노를 찾아가 "우리는 군인이므로 무력 제압을 할 수 있습니다. 하지만 그 이후는 판단할 수 없습니다. 좀 가르쳐주십시오"라고 말하고, 점령지의 재정 및 경제 정책과 관련하여 어떤 준비를 해야 할지 물었다. 나중에 수상이 되고 나서 도조는 주위 사람들에게 다음과 같이 술회했다.

"군인이란 재정 따위는 전혀 모른다고 생각했다. 호시노는 은행을 통제하기 위해서는 병력이 점령하는 것만으로는 안 되며, 장부를 압수하고 돈의 흐름을 막아야 한다고 말했다. 그것이 진짜 점령이라는 것을 처음으로 알았다."

하얼빈 작전은 도조에게는 첫 실전 지휘였다. 13세부터 54세가 된 이때까지 그는 실전을 한 번도 경험한 적이 없었던 것이다. 이 작전의 계획은 관동군 작전참모 아야베 기쓰주綾部橘樹(1894~1980)가 작성했지만, 도조는 스스로 도조병단東條兵團을 편제하여 지휘에 임했다.

혼다여단本多旅團(1개 사단), 시노하라여단篠原旅團(2개 사단), 사카이여단酒井旅團(기계화여단), 쓰쓰미지대堤支隊(독립수비대)를 모은 혼성부대가 도조병단이었다. 8월 19일, 도조는 선두에 서서 만주에서 중국 영토로 들어간 다음 장베이張北에서 장자커우張家口로 진격했다. 이곳에서 3만 5천 명의 중국수비대가 도조병단 수천 명과 대치했다. 중국수비대 1개 중대를 쓰쓰미지대가 포위하자 중국군이 이를 다시 포위했다. 중국군의 재포위망을 도조가 진두지휘하는 혼다, 시노하라, 사카이 세 개 여단이 장베이 방면에서 역포위한다는 것이 작전의 골자였다. 수천 명으로 3만 5,000명을 포위할 수 없기 때문에 쓰쓰미지대의 옥쇄玉碎를 각오한 작전이었다. 그러나 기계화여단의 대대적인 공세에 중국군은 사기를 잃고 퇴각했다. 8월 하순, 도조병단은 장자커우를 점령했다.

그 후 만주 국경을 따라 핑닝선平寧線을 서쪽에 두고 전진하여, 9월 13일에는 다퉁大同*, 24일에는 지닝集寧*, 10월 14일에는 쑤이위안, 17일에는 바오터우包頭*까지 진격했다. 일련의 작전은 '관동군의 번개작전'이라 하여 군 중앙으로부터도 평가를 받았다. 도조병단의 점령지역에는 곧 특무기관이 들어왔다. 정치공작 진행, 괴뢰정권 수립을 군 중앙에서 이미 이루어진 사실로 인지하도록 압박한다는 계획이었다. 이 계획은 참모본부의 뜻을 얻지는 못했지만, 최종적으로는 군 중앙의 의향과 합치하리라는 것을 도조는 알고 있었다.

"현지인을 통제, 감시하라. 경제적 기반을 적에게 주지 말라."

점령지의 특무기관에 잇달아 명령을 보내는 한편, 점령지의 자원을 조속히 기업화하라고 우메즈 차관 앞으로 집요하게 전보를 쳤다. 당초 참모본부는 관동군은 대소전에 대비하기 위한 것이라면서 중국 내부로 들어가는 것을 얼마간 경계의 눈으로 바라보고 있었다. 그러나 소련이 견제하려는 움직임을 보이지 않고, 도조의 과감한 행동으로 북지의 치안이 자리를 잡아감에 따라 점차 그런 움직임을 칭찬하게 되었다. 육군차관 우메즈는, 세세하게 군 중앙의 지시를 묻고 허락을 받으면 즉각 실행에

다퉁
중국 산시성(山西省)의 북쪽 경계인 만리장성 바로 안쪽에 있는 도시. 이곳은 쌍간강(桑干河)과 그 지류에 의해 물이 공급되는 비옥한 평야지대이다.

지닝
중국 네이멍구 자치구 남동부에 있는 도시. 베이징 북서쪽 약 300킬로미터 지점에 위치하고, 중국·몽골·모스크바에 이르는 국제 선로의 역이 있으며 교통·상업의 중심지이다.

바오터우
중국 네이멍구 자치구 중부, 황허 강의 만곡부 북쪽에 있는 중공업 도시. 화북 지구와 서북 지구를 연결하는 교통의 요지이다.

옮기는 도조의 수완을 높이 평가했다.

"관동군의 무훈은 도조 참모장의 힘이다."

그런 소리가 군 내부에 퍼지자 도조는 자신의 작전을 자랑스럽게 해설했다.

"어쨌든 두려움 없이 돌격할 것, 그렇게 하면 적도 그 기세에 압도된다. 이쪽이 4 대 6으로 불리하다고 생각될 때는 5 대 5라 믿고, 5 대 5라고 생각될 때는 6 대 4로 이쪽이 우세하다고 믿는다. 전쟁이란 그런 것이다."

하지만 도조의 지휘를 우려하는 관동군 참모도 있었다. 낡은 돌격형 전투 관념을 갖고 있으며, 장자커우 전투에서 보듯 중국군이 일보 후퇴하여 태세를 정비하는 전략을 택했을 뿐인데 그것을 퇴각으로밖에 파악하지 못하는 협량함이 도조 참모장에게는 있다는 것이었다.

도조의 부관인 이즈미에게 남몰래 그런 주의를 전달한 참모도 있었다.

그리고 도조에 대한 군 중앙의 평가를 높인 하얼빈 작전에는 실은 숨겨진 부분이 있었다. 도조는 그것을 알고 있었다. 하지만 그것을 공개하지 않았고, 그 사실을 알고 있는 몇몇 관동군 참모도 그것을 결코 누설하지 않았다. 그것은 도조의 지휘 능력과 관련된 문제였기 때문이다. 그래서 그것은 아직까지도 밝혀지지 않고 있다. 도조병단의 전투력이 칭찬을 받은 화려한 작전의 이면에 인간적인 드라마가 있었던 것이다.

장자커우 전투에서 중국군을 포위한 도조병단의 수천 명은 상대방에 비해 너무 적은 수였다. 보통의 지휘관이라면 여단 수를 좀 더 늘이거나 상처를 입지 않는 방법으로 수습책을 강구했을 것이다. 도조도 물론 그런 생각을 했다. 그래서 이 일대의 수비를 담당하고 있는 지대에 출격 명령을 내렸다. 하지만 그 지대는 움직이지 않았다. 지대를 지휘하는 장교는 일찍이 위관 시절에 도조와 함께 일한 적이 있다. 그가 보기에 도조는 주는 것 없이 미운 유형의 인간이었고, 이 작전에서도 도조 자신의 공명심 때문에 병사를 희생할 위험성이 있다고 생각했다. 공격에 가담할 만한 전비戰備가 갖춰져 있지 않을 뿐만 아니라 지원군이 가는 도중에 강력한 중국군 부대가 있다는 것을 표면적인 이유로 내세우며 그 장교는 도조의 명령을 거부했다.

작전 행동이 끝난 후 이 장교를 힐난하던 도조는 그가 제시하는 이유를 듣고는 더 이상 추궁할 수가 없었다. 그러나 분노를 삭일 수 없었던 도조는 본때를 보여주겠다는 생각에 그를 최전선으로 내쫓았다. 그런 비정함이 도조 성격의 일부라는 것을 알자 조금씩이긴 하지만 다시금 그를 두려워하는 분위기가 조성되었다.

도조의 품성을 존경한 장교는 일부에 지나지 않았다. 그 외 대다수의 장교가 그를 가까이하지도 않고 멀리하지도 않는 태도를 취한 이면에는 보복 비슷한 인사를 단행하는 경우가 있었기 때문이다. 그는 자신의 뜻에 반하는 자에게는 상관의 권한을 이용하여 응수했다. 물론 도조를 존경하는 장교는 이를 두고 "도조는 신상필벌信賞必罰에 투철한 사람"이라고 말했을 터이지만……

지대를 지휘하고 있던 장교를 전선으로 내쫓을 때, 도조는 아버지 히데노리를 떠올리지는 않았을까. 히데노리도 이 장교처럼 항변했던 것이 아닐까. 아이러니하게도 도조는 아버지가 상관에게 보였던 태도가 똑같은 방식으로 자신에게 되돌아왔다는 것을 자각하지 않으면 안 되었던 것이다.

다른 한편 도조는 병사들로부터는 자애로움으로 가득 찬 상관으로 존경을 받았다. 그것은 이해관계가 얽히지 않은 관계였기 때문이라고 말할 수도 있다. 전장의 강간과 약탈에 대해서는 해당 병사와 상관이 처벌을 받았다. 탁상시계 하나를 훔친 병사가 "황군의 명예를 손상했다"는 이유로 군법회의에 넘겨졌다. 비전투원에 대한 악질적인 폭행을 증오하는 것보다 황군의 명예가 훨씬 중요했던 것이다.

도조병단의 진격이 전격적이었기 때문에 후방의 보급이 원활하지 않아 조밥으로 때우는 나날이 이어졌다. 그러나 도조도 병사들과 함께 그런 식사를 했다. 흔히 그럴 수 있는 일임에도 일본 육군에서는 부하를 생각하는 참모장으로 일컬어졌다. 만약 도조가 사단장이나 참모장을 끝으로 군을 떠났다면, 이 모든 일들은 그의 인간성을 말해주는 일화로 남아 "부하를 생각하는 장군"이라는 말의 근거가 되었을 터이다.

과감한 관동군 참모장

참모본부 제1부장 이시와라 간지가 관동군 참모부장으로 부임한 것은 1937년 9월의 일이었다. 도조가 장자커우를 공격하고, 핑닝선을 따라 진격을 계속하고 있을 때이다. 이시와라가 군 중앙을 떠난 것은 대중국 자중론의 패배를 의미했다. 그는 강행론이 팽배해 있는 군 내부에서 참모차장 다다 하야오多田駿(1882~1948)와 함께, "일본은 중국과 전쟁할 마음이 없다는 것을 분명히 밝히고, 허베이華北 지방의 치안유지를 위해 적을 토벌한 것에 지나지 않는다는 뜻을 세계에 공표한 다음 병력을 철수해야 한다"고 주장했지만, 강행론 측에게는 말도 안 되는 소리로밖에 들리지 않았다.

그런 이시와라가 도조의 부하로 오다니, 누구라도 좋아하지 않을 인사였다. '도조에게 이시와라를 감시하게 하라'는 스기야마와 우메즈의 생각이 노골적으로 드러나 있었기 때문이다. 이시와라는 자신을 따르는 장교들에게 "나는 폐하의 군인이다. 어떤 곳에 부임하든 절대로 좌천은 아니다"라고 말했다. 만주국을 만든 공로자로 자임하면서 그는 "두 번 다시 중앙으로 복귀하지 않을 것"이며, "지나사변에 반대한다"고 맹세했다. 그렇게 그는 도조 앞에 나갈 것을 공언했다.

이시와라를 맞이한 첫 관동군 부과장회의部課長會議에서 도조는 말했다. "이번 기회에 참모장과 참모부장의 직무권한을 명확히 해두겠다. 이시와라 참모부장은 작전, 병참 관련 업무를 맡아 참모장을 보좌하도록 하라. 만주국 관련 업무는 전적으로 참모장이 관할할 것이며, 따라서 내가 직접 처리하도록 하겠다."

이 말의 의미를 참모들은 쉽게 이해했다. 만주국 내부에 대한 간섭을 허용하지 않을 것이며, 내면지도권은 참모장의 몫이라고 선언함으로써 이시와라의 움직임을 봉쇄한다는 것이다. 이 말을 이시와라는 아무렇지도 않게 흘려들었다.

이시와라가 돌아왔다. 연일 협화회계 민간인과 군 장교가 참모부장실을 찾아왔다. "만주국은 건국 당시의 신선함을 잃고 일본의 식민지가 되어버렸다. 그것은 법비들의 작업 때문이다. 하는 일마다 금지하는 걸 보면 만주를 일본의 속국으로 삼을 속셈인 듯하다"는 말들이 이시와라의 귀에 들어왔다. '도조란 사람 정말 안 되겠군'이라고 이시와라가 생각했다고 해서 조금도 이상할 게 없었다.

참모부장실에 출입하는 민간인들을 보고 도조는 눈살을 찌푸렸다. 지방 사람들이 잡음을 내면 군기가 흐트러진다. 하지만 그것을 직접 이시와라에게 말하지는 않았다. 아니 말할 수가 없었다. 만주국에서 이시와라가 갖고 있는 힘은 도조를 불안하게 하기에 충분했다. 거꾸로 이시와라는 도조의 집에 얼굴을 내밀고 충고하는 말투로 단언했다.

"남보다 먼저 병력을 일으킨 관동군은 남보다 먼저 창을 거둬들여야 합니다. 지금 만주국에는 관동군의 횡포를 비난하는 소리가 넘쳐흐르고 있지 않습니까. 그러니까 만주국을 본래의 건국정신으로 되돌려놓기 위해서라도 내면지도권은 협화회에 돌려주는 게 좋을 것입니다."

"그런 의견은 대강 들었소. 하지만 만주국의 지도는 나의 권한이오. 더 이상 참견하지 않았으면 좋겠소."

늘 그렇듯 도조는 감정적으로 응수했다. 둘의 관계는 점차 일촉즉발의 단계로 나아가고 있었다.

도조는 이시와라의 시선을 외면했다. 이시와라도 도조를 비웃었다. 두 사람은 말도 주고받지 않게 되었다. 어린아이 같은 이들의 대립은 관동군만이 아니라 바다 건너 군 중앙에까지 알려졌다. 곤란한 것은 부하들이었다. 서류를 결재할 때마다 골머리를 앓았다. 서류는 순서상 부장인 이시와라에게 먼저 올린다. 그때 이시와라는 서류를 손질하면서 세세하게 지시를 하는 경우가 있다. 그것을 가지고 이번에는 도조에게 간다. 그러면 도조는 이시와라가 고친 부분을 지우개로 싹싹 지우고 원안대로 되돌린다.

"참모장과 참모부장의 명령 중 어느 쪽이 중요하다고 생각하는 것인가?"

이시와라의 지시는 반드시 철회되었다. 도조의 부관 이즈미 가키오는 두 상사 사이에서 끊임없이 곤혹스러움을 맛보아야 했다. 서류를 든 부하가 이즈미에게 와서 "갈수록 태산이네요"라고 중얼거리며 돌아간 것도 한두 번이 아니었다.

도조에 대한 이시와라의 비판은, 내면지도권을 도조 자신의 특권으로 삼아 만주국의 일에 지나치게 참견한다는 근원적인 지점으로 귀결되었다.

"내면지도권 남용은 군인이 정치에 간섭하는 것이다. 그러다 보면 외부에서는 군인의 신의信義를 의심하게 되고, 내부에서는 군의 통일성을 무너뜨릴 우려가 있다. 바로 그렇기 때문에 〈군인칙유〉는 군인의 정치 개입을 금지하고 있는 것이다. 게다가 군인에게는 사표를 낼 자유가 없다. 군인은 정치가와 달리 실패할 경우 책임을 지고 사표를 제출할 수도 없고 맘대로 그만둘 수도 없다. 따라서 신중하지 않으면 안 된다."

이시와라의 비판에 분노한 도조는 부과장회의를 소집하여 이시와라의 말을 반박했다. 그러는 동안 이시와라는 얼굴을 찌푸리며 그를 외면했다.

"관동군의 여러 부대들은 절대적으로 관동군사령관의 명령을 따른다. 털끝만큼이라도 이에 반하는 자는 용납하지 않는다. 관동군의 참모는 참모장의 지휘 명령을 따라야 한다. 조금이라도 이를 배반하는 자는 용납하지 않겠다."

이시와라는 관동군사령관 우에다 겐키치에게 협화회를 중심으로 만주국의 건국정신으로 돌아가야 한다는 내용의 의견서를 제출했다. 그리고 우에다에게 따지고 들었다.

"군인이 정치를 한다면 군직을 그만두고 비무장 상태로 돌아가라고 해야 할 것입니다. 지금 일본의 정치를 뒤흔들고, 성장을 거듭해온 만주의 발전을 저해하여 혼란에 빠트리고 있는 것은 바로 군인의 정치 개입이 아니겠습니까?"

도조 편에 가담한 우에다는 내면지도권을 방기放棄할 이유가 없다며 의견서를 묵살했다. 그것이 이시와라를 더욱 불만스럽게 했다. 둘의 대립은 점차 그들의 주위로 번졌다. 협화회계의 민간인은 도조를 매도하고

둥메이링
정확하지는 않으나, 장
제스의 부인 쑹메이링
(宋美齡, 1897~2003)
에 빗대 도조의 아내를
비꼬는 말인 듯하다. 쑹
메이링은 장제스를 수
행하면서 다양한 정치
적 활약을 펼쳤다. 이런
추측이 옳다면, '東美
齡'의 '東'은 '東條英機'
의 첫 글자를 딴 것임에
틀림없다. 참고로 '東美
齡'을 일본식으로 읽으
면 '도비레이'이다.

그의 개인 생활을 문제 삼아 조소를 퍼부었다. 도조의 아내가 주제도 모른 채 남편을 쥐고 흔든다는 둥, 저 사람은 둥메이링東美齡*이라는 둥 온갖 소문이 나돌았다. 반대로 도조의 집에는 헌병이 드나들면서 "각하, 이시와라 부장 주변의 인물들을 조심하셔야겠습니다"라며 대립을 부채질했다.

대립이 깊어짐에 따라 도조는 이시와라의 실력을 두려워하게 되었다. 자신이 4년 선배이긴 하지만, 이론가로서나 전술가로서나 이시와라의 능력이 한 수 위라는 게 중론이었기 때문이다. 도조가 이시와라보다 뛰어난 점이 있다면 직속 상관이라는 것밖에 없다. 도조는 헌병 정보를 모아 이시와라를 축출할 기회를 엿보기 시작했다.

이 무렵 관동군 시찰에 나선 참모본부의 장교 엔도 사부로遠藤三郎는 비밀리에 둘의 대립이 어느 정도인지를 살피고 오라는 명령을 받았다. 두 사람의 관계가 갈 데까지 가고 있다는 것을 알아챈 엔도는 도쿄로 돌아오자 둘을 하루라도 빨리 떼놓지 않으면 군무가 정체될 것이라고 참모차장 다다 하야오에게 보고했다.

이시와라와 다투는 와중에도 도조는 의연히 군 중앙에 전보를 쳤다. 전보는 관동군의 방침뿐만 아니라 육군의 방침에 이르기까지 폭넓은 내용을 담고 있었다. 그 방침들은 모두 도조 자신의 머리에서 나온 것이었다. 만약 이시와라가 그 전보를 읽었다면 분명히 격노했을 내용뿐이었다.

도조의 보고는 군 중앙이 중일전쟁의 무력 제압을 확신하고 이에 기초한 정책을 결정하는 데 선구적인 역할을 했다. 1937년 11월의 '시국처리

에 관한 관동군 참모장 상신서'는 그 전형이었다. 도조
는 이 상신서에서 네 가지 사항을 요망했는데, 그 중
에는 "장기 저항에 빠질 것을 고려하더라도 용공, 반
일, 배만排滿을 국시로 삼는 장제스 정권 및 기타 유사
한 군벌 정권과는 절대로 제휴하지 말 것", "중국에서

무선 방수
무선 통신에서, 통신을
직접 받는 사람이 아닌
다른 사람이 그 통신을
우연히 또는 고의적으
로 수신하는 일.

새로운 중앙정권이 성립할 계기를 촉진하고, 분위기가 성숙하면 기회를
보아 만주가 이를 먼저 승인한 다음 독일과 이탈리아 등을 유도하여 승
인하게 할 것"이라는 구절이 포함되어 있다. 장제스와 절연하고 괴뢰정
권을 수립하게 한다는 것이었다. 군 중앙이 의사 결정을 하기 한 달 전에
이와 같은 의견을 알렸던 것이다. 이 전보는 우메즈 요시지로를 기쁘게
했고, 다다 하야오를 웃음 짓게 했다.

하얼빈 작전의 성공, 몽고에 세 개의 자치정부가 수립되는 견인차 역
할을 했다는 자부심, 자신의 경험을 일본의 정책 전반에까지 확대하고야
말겠다는 착각 속에 칸차즈섬 사건부터 시작되는 그의 초조감이 있었다.

12월 들어 중국 측의 무선 방수傍受•를 담당하는 무전반에서 도조 앞으
로 "일본 정부가 장제스 정부와 화평和平을 검토하고 있는 듯하다"는 연
락을 보내왔다. 분노한 도조는 곧 장제스를 배척하라는 내용의 전보를
군 중앙에 보냈다. 강한 어조였다.

확실히 일본 정부는 화평 공작을 진행하고 있었다. 16개 사단, 80만에
가까운 일본군이 중국의 주요 도시를 점령하고 있었다. 국내의 준비태세
를 보아도 기획원이 신설되었고, 11월 하순 대본영령大本營令 개정에 따
라 궁중에 대본영이 설치되었다. 군사적으로는 일본이 유리하다는 것을
배경으로 독일은 주일대사 헤르베르트 폰 디르크센Herbert von Dirksen(1882
~1955)을 통해 히로타 외무상에게 화평을 타진했다. 독일은 장제스 정

부에 군사고문을 보내는 한편 일본과는 방공협정을 맺고 있었기 때문에 중일 화평을 절실히 바라고 있었다. 일본에 화평을 타진하는 동시에 중국 측으로부터는 주중대사 오스카 트라우트만Oskar P. Trautmann(1877~1950)을 움직여 화평공작과 관련하여 양해를 얻어냈다.

그런데 일본에서는 정부와 군부의 일부만 알고 있던 화평공작이 육군성과 참모본부의 장교들에게 누설되고 말았다. 왜 누설되었는지는 밝혀지지 않았지만 관동군 쪽에서 흘러나왔다는 설이 많았다. 그러자 육군성과 참모본부의 중견 장교는 "수도 난징을 잃어버린 국민당 정부는 이제 일개 지방군벌에 지나지 않는다"며 분노했고, 일본 측의 화평 조건을 패전 강화講和 조건으로 간주했다.

12월 26일, 독일대사를 통해 다음과 같은 네 가지 조건을 국민정부에 전달했다. (1) 만주국을 승인할 것, (2) 용공정책 및 항일만抗日滿정책을 포기하고 일만 양국의 방공防共정책에 협력할 것, (3) 내몽內蒙 지역에 방공 자치정부를 수립할 것, (4) 내몽, 화북華北, 화중華中의 일정 지역을 일본군이 필요한 기간 동안 확보한다. 정말이지 제 잇속만 챙기겠다는, 속이 뻔히 들여다보이는 조건이었다. 한 술 더 떠서 네 가지 조건을 수락한다면 화평교섭을 속행할 것이고, 거부한다면 신정부를 수립하여 그 정부와 국교교섭을 하겠노라고 전했다.

이쯤 되면 장제스도 싸우는 것 외에 다른 방법이 없다.

장제스에게 네 가지 조건을 전달하면서도 육군은 내심 무력으로 결론이 나기를 희망했다. 1938년 1월 15일 열린 대본영-정부연락회의에서, 사변불확대파에 속하는 다다 하야오 참모차장이 "사태 수습을 위해 교섭을 속행할 것"을 주장했지만, 스기야마 육군상과 히로타 외무상이 육군의 뜻을 받아들여 교섭 중단을 요구하자 고노에도 결국 이에 동조했다. 그리고 다음날인 16일, 일본 정부는 일방적으로 "제국 정부는 이후 국민 정부를 상대하지 않을 것이며, 제국과 진정으로 제휴할 뜻을 충분히 갖춘 신흥 지나 정권이 성립, 발전할 것을 기대한다. 앞으로는 이 정권과 양국 국교를 조정하여 갱생 신新지나의 건설에 협력하고자 한다"는 성명을 발표했다. 훗날 고노에 자신이 이 성명은 완전히 잘못된 것이었다고 인정했지만, 이때만 해도 "상대하지 않는다"는 말은 '부인'보다도 강한 의미를 가진, 단호한 의사 표명이었다.

트라우트만 공작 중지는 관동군의 참모들을 기쁘게 했다. 도조는 한층 더 점령지 시찰에 힘을 쏟았다. 자신이 만든 정원을 잘 돌보고 있는지 어떤지를 확인하려는 듯한 세심한 시찰이었다.

도조로부터 높은 평가를 받는 부대가 갖춰야 할 조건은 세부까지 마음을 쓰는 것이었다. 소련-만주 국경의 무선방수부대를 시찰할 때 그는 기밀서류가 보기 좋게 정리되어 있는 것을 보고 감동했고, 또 시설 곁에 방화용수가 설치되어 있는 것을 보고는 대단히 흡족해했다. 실제로 방화용수가 있었다 해도 얼마나 도움이 되었을지는 의문이지만, 어쨌든 도조는 "그렇게 세심하게 마음을 쓰는 것이 좋다"며 칭찬했고, 부관에게 "이 부대장의 본가에 참모장 이름으로 격려 편지를 보내라"고 명했다. 참모장이 직접 서명한, '여러분 가정의 협력이 모범적인 황군 병사를 만들고 있습니다'라는 내용의 편지를 보고 가족이 기뻐하지 않을 리가 없다는 것이 도조의 확신이었다.

이 무렵, 중국과의 전쟁이 장기적으로 어떤 결론에 도달할 것인지를 둘러싸고 육군성과 참모본부에서는 회의를 거듭하고 있었다. 육군성의 적극책에 대항하여 참모본부의 다다 하야오 참모차장, 작전과장 와카베 도라시로河邊虎四郎(1890~1960), 전쟁지휘반 호리바 가즈오堀場一雄(1901~

1953)는 소극책을 호소하면서, 호리바가 제안한 '중일전쟁 3단계론'—제1기 작전 휴지休止, 제2기 대규모 군사작전 전개, 제3기 대소련 및 대중국 전쟁에 대비한 전력 증강—을 근거로 논지를 펼쳤다. 하지만 결국 "소련을 우려한 나머지 중국에 소극적인 태도를 취하는 것은 전력戰力을 중점적으로 지향해야 한다는 원칙에 반한다"고 주장하는 적극책 쪽의 의견이 통과되었다. 그리하여 육군성 군무국 군사과 고급과원 이나다 마사즈미稲田正純(1896~1986)가 참모본부 작전과장으로 옮겨 조기작전계획을 기안했고, 이 안에 기초하여 대중국 작전을 전개하게 되었다.

1938년 3월, 작전 행동은 쉬저우徐州, 한커우漢口, 광둥廣東 등 중국의 더 깊은 지역으로 확대되었다. 그러나 이 작전을 지탱한 생각, 즉 "소극적인 대응으로는 결론이 나지 않는다. 병력과 전비戰備만 소모할 뿐이다. 시베리아 출병의 전철을 밟아서는 안 된다"는 사고방식은 마오쩌둥이 지휘하는 중국공산당의 전략을 뒷받침하는 반면교사였다.

이 무렵 마오쩌둥은 다음과 같이 말했다.

"중국의 국토는 팽대膨大하다. 설령 일본이 중국 인구 중 1억 내지 2억 명이 살고 있는 지역을 점령한다 해도, 우리는 아직 전쟁에서 졌다고 말할 수 없다. 우리는 여전히 일본과 싸울 수 있을 만큼 대단히 많은 힘을 남겨두고 있으며, 일본과 전쟁을 하는 동안 늘 그 배후에 방어선을 구축하지 않으면 안 된다. 중국 경제의 불통일不統一과 불균등은 항일전쟁에서는 도리어 유리하다."

결과는 정말이지 그의 말 그대로였다.

관동군 참모장실 벽에는 중국 지도가 걸려 있었다. 여기에 일본군의 진출을 보여주는 일장기가 난무했다. 3월 하순 한커우가 무너졌고, 난징에는 중화민국 유신정부가 수립되었다. 일장기는 지도 위에서 더욱더 빛을 발했다. 이곳 참모장실에 매주 한 번씩 만주국 총무청장 호시노 나오키를 비롯해 관동국關東局, 대사관, 만철 등의 간부들이 모여 도조의 전황보고를 들었다.

"우리 황군은 현재 파죽지세로 진격하고 있으며, 이렇게 말씀드리고 있는 동안에도 우리 황군 병사는 전선에서 싸우고 있습니다."

도조는 이런 말이 맘에 들었는지 여러 차례 되풀이하곤 했다.

만주국을 좌지우지하는 일본인 관료는 호시노 나오키를 필두로 관동군과 이인삼각二人三脚을 형성하고 있었다. 지식과 무력을 조합한 교묘한 식민지 지배였다.

2월에는 만주국 의회에서 국가총동원법을 제정했다.

경제, 산업, 교육을 전시체제로 재편성한다는 내용의 이 법안은 만주개발5개년계획까지 수정, 일본의 전시체제를 위한 자원 공급에 중점을 두고 철, 석탄 등의 신속한 생산 확대를 겨냥하고 있었다. 이를 위해 만주국중공업개발회사가 설립되었다. 관료들이 생각한 그대로의 만주였다.

이런 관료들과 도조의 눈에는 만주가 순조롭게 전시체제로 이행하고 있는 것처럼 보였다. 그럼에도 도쿄에서는 국가총동원법 하나 제대로 통과시키지 못하고 있다. 이는 육군 지도자들의 태만 때문이 아니겠는가. 그래서 도쿄로 출장을 떠나는 참모들에게는 육군성과 육군본부를 격려하고 오라는 명령이 떨어졌다.

국가총동원법은 의회에서 총반격에 직면했고, 정우회와 민정당民政黨마저 "이 정도의 권한이 정부의 명령으로 행사될 수 있다는 것은 헌법 위반이 아닌가"라며 이 법안에 반대했다. 국방 목적을 달성하기 위해 국내의 인적 물적 자원을 통제한다면서 피복, 식료, 의약품에서 항공기, 차량, 연료까지, 나아가 통신, 교육, 정보, 국민징용, 경영, 신문에서 노동조건에 이르기까지 통제가 미치고, 이를 위반하면 중벌을 가한다는 것을 의원들은 쉽게 인정할 수가 없었다. 그들은 법안의 운용에 따라서는 실질적으로 계엄령이나 다름없을 것이라고 비판했다. 전쟁을 국시로 하고 군인을 선민選民으로 생각하는 난폭한 법안이었다.

다이쇼 시대에 나가타 데쓰잔, 오카무라 야스지, 오바타 도시로 그리고 도조 히데키가 함께한 '바덴바덴의 밀약'에서 볼 수 있었던 것처럼, 국가총동원체제를 근대 전쟁의 불가결한 요소로 생각하는 세대의 장교들이 육군 중앙의 지도자 반열에 오른 시대가 다가온 것이다.

육군은 강력하게 이 법안의 통과를 압박했고, 의회에서 법안 설명에 나선 군무국 국내과장 사토 겐료는 의원들을 향해 "조용히 하라!"고 호통을 치기까지 했다. 하지만 그것도 군 내부의 초조감을 드러낸 말로 받아들여졌다. 결국 고노에 수상이 헌법의 범위 안에서 법률을 운용하겠다고 약속하고 나서야 가까스로 의회를 통과, 4월 1일자로 공포되었다.

"이제 일만일체日滿一體의 태세가 마련되었다."

법안이 통과됐다는 소식을 들은 도조는 마음을 털어놓는 참모들, 그러니까 다나카 류키치, 쓰지 마사노부, 핫토리 다쿠시로服部卓四郎(1901~1960), 도미나가 교지를 식탁으로 불러 일만공동방어를 철저하고도 충실하게 이행하여 시국의 요청에 부응하지 않으면 안 된다고 말하고, "신속하게 지나를 섬멸할 것"을 요구했다.

굴욕으로부터 탈출하다

조기 섬멸 작전을 내세운 군 중앙은 데라우치 히사이치 사령관이

지휘하는 북지나방면군北支那方面軍과 마쓰이 이와네松井石根(1878~1948) 사령관이 지휘하는 중지나방면군中支那方面軍에 새로운 행동을 명령했다. 일본군은 중국군을 쫓아 오지까지 들어갔다. 그러나 총퇴각 작전을 펼치는 중국군을 섬멸하기란 불가능했다. 5월 19일 쉬저우 전역을 점령했지만 그것은 전투에서 이기고 전쟁에서 질 것을 알리는 이정표에 지나지 않았다.

밖으로는 중일전쟁, 안으로는 국가총동원법과 신당新黨 운동. 안팎으로 시달리던 고노에 수상은 건강까지 나빠져 사의를 표하기에 이르렀다. 이렇게 된 데에는 그의 연약한 성격도 한몫했다. 일본군이 중국의 깊은 곳까지 들어감에 따라 국정의 책임자로서 그것을 제어할 수 없다는 초조감까지 겹쳐 사의는 점차 굳어졌다. 하지만 그때마다 겐로 사이온지 긴모치에게 위로를 받고는 자세를 가다듬고 수상 관저로 들어갔다. 그리고 사의를 번복하는 대신 내각 개조를 생각한 그는 강경론을 주장하는 스기야마 겐과 히로타 고키를 경질하기로 마음먹었다. 고노에의 불만은 특히 스기야마에게 향했는데, 그가 군 내부의 강경파를 대변할 뿐 정작 자신의 의견이 없다는 데 분노를 느꼈다. 고노에는 이런 스기야마를 움직이고 있는 육군차관 우메즈까지 교체하여 육군성의 무리한 행동에 제동을 걸어야겠다고 생각했다.

고노에가 상정한 차기 육군상은 제5사단장으로 쉬저우에서 지휘를 하고 있는 이타가키 세이시로였다. 천황이 황도파계 인물을 피하고자 했다는 점과 이타가키가 중일전쟁 조기 해결을 원했다는 점이 고노에의 기대에 합치했다.

고노에는 스기야마의 사의를 끌어내려고 이리저리 손을 썼다. 그러나 스기야마는 물러나겠다는 말을 하지 않았다. 그러자 고노에는 천황에게 자신의 뜻을 전했다. 이타가키를 불러들여 중일전쟁을 처리하고 싶다. 천황은 그것을 참모총장 간인노미야 고토히토에게 전했다. 천황은 육군과 스기야마 육군상에게 강한 불신을 품고 있었다. 천황은 만주사변 이래 잇달아 발생한 대권침범이라는 육군의 체질을 신용하지 않았고, 상주上奏 내용이 제대로 갖춰지지 않았다는 질책을 당하고서 대충 얼버무리는 것도 모자라, 두세 달이면 중일전쟁을 정리할 수 있다고 말하면서도 아예 해결 방향을 상주하지 않는 스기야마의 태도가 불만이었다.

천황과 고노에의 뜻을 알아차린 스기야마와 우메즈는 이타가키가 육군상이 되면 대지나 작전은 중단될지 모른다며 두려워했다. 더욱이 육군은 새롭게 한커우, 광둥 작전을 검토하고 있다. 이 작전들은 육군성이 소극적인 참모본부를 반대를 꺾고 추진하는 일이다. 두 사람은 주저 없이 "육군성의 방침을 충실하게 관철할 인물을 차관 자리에 앉혀 이타가키를 견제하지 않으면 안 된다"는 결론을 내렸다. 그 자리에 걸맞은 인물은 누구일까. 우메즈의 대답은 명확했다. 우메즈가 거론한 이름에 스기야마도 이론이 없었다. 이리하여 도조 히데키가 육군차관으로 예정되었다. 스기야마는 고노에가 차기 육군상을 천황에게 상주하기 전에, 차기 육군차관으로 관동군 참모장 도조 히데키 중장을 앉히고 싶다고 상주했다. 이런 예는 헌정사상 처음 있는 일이었다. 천황은 당황했고, 사이온지 긴모치도 기가 막힌 표정이었다. 그만큼 스기야마와 우메즈는 초조해하고 있었던 것이다.

"도조란 사람은 어떤 군인이지?"

도조를 몰랐던 고노에는 다양한 루트를 통해 그에 대해 알아보았다. "진지하고 성실한 사람이다. 군기를 존중하는 평범한 군인이다. 이타가키처럼 종잡을 수 없는 사람에게는 치밀하고 사무 처리에 능한 저런 사람이 좋을 것이다"라는 대답만이 돌아왔다. 고노에도 제어하기 쉽게 보이는 이 군인에게 이의는 없었다. 물론 도조가 우메즈와 다다 앞으로 보낸 극비 전보의 내용을 알 리도 없다. 또 우메즈가 군 내부의 강경파와 중일전쟁 조기 섬멸파의 총의를 대변하는 인물로 도조를 추천했음에도, 고노에에게는 도조를 고집하는 우메즈의 진의를 꿰뚫어보는 눈이 없었다. 이리하여 고노에와 도조 두 사람의 만남은 착오에서 시작되었던 것이다.

그리고 불행하게도 이 착오는 고노에와 도조의 인간적인 면뿐만 아니라 일본의 '정치'와 '군사' 사이의 더욱 큰 균열의 계기가 되었다.

뻔질나게 소련 국경 시찰에 나서고 있던 도조에게 육군차관 취임 소식이 전달되었을 때 그의 표정은 일순 어두워졌다. 부관 이즈미는 이상하다고 생각했다.

"우리들은 물장사 교육은 받지 않았다. 육군사관학교 이래 전쟁 이외의 것은 배운 적이 없다."

'물장사'란 정치가의 세계를 가리키는 말이었다. 군인은 결단을 존중하고, 그다음에는 용맹하게 나아가 목표를 달성할 따름이다. 그런데 정치의 세계는 어떤가. 인기몰이, 영합, 타협. 그런 해이해진 세계가 남자가 살아갈 세계인가. 그것은 물장사의 세계가 아닌가.

"하지만 명령이라면 하는 수 없지."

도조는 한숨을 쉬었다. 실제로 이 무렵 도조는 사단장을 끝으로 예비역이 될 것이라는 말을 주위에 흘리고 다니던 참이었다.

신징으로 돌아온 도조는 관동군 장교들과 만주국의 일본인 관리들로부터 축하를 받았는데, 그들의 기대가 어떤 것이었는지는 충분히 알고 있었다.

도조가 이곳을 떠날 때 찍은 전출 기념사진을 보면, 50명 가까운 장교들이 그를 중심으로 위의威儀를 갖추고 앉아 있다. 송별하는 자리에 그만큼 많은 장교들이 모여 찍은 사진은 없다. 그들의 기대가 이타가키보다도 도조 쪽에 있었다는 것을 충분히 말해주는 광경이다. 좀 더 자세하게 들여다보면, 전원이 정면을 바라보고 있는 데 비해 도조는 약간 오른쪽을 향해 앉아 있다. 도조의 왼쪽 가까이, 우에다 사령관 옆에는 참모부장 이시와라 간지가 보인다. 그 때문이었을까.

부임 날짜가 다가오자 도조는 뭔가를 필사적으로 계산하기 시작하더니 다 작성한 다음 그것을 부관에게 건넸다. 기밀비 청산서였다. 기밀비의 용도를 밝히는 관례가 없었음에도 정확하게 사용처가 적혀 있었다. 잔금을 1엔 단위까지 계산해서 반환했는데, 이 사실은 얼마 동안 관동군 안에서도 다양한 뉘앙스로 회자되었다.

도조 편에서 한 마디 변호하자면 그는 금전문제에는 깨끗했다. "도조는 기밀비를 마구 뿌려 어용 저널리스트들을 키웠고 그들로 하여금 자신의 공적을 쓰도록 했다"라는, 이시와라계 군인이나 협화회 회원의 비판은 반드시 타당하지만은 않다.

참모장 중에는 어용 저널리스트나 낭인에게 기밀비를 뿌려 '사병화私兵化'하고 이면에서 권력구조를 만든 자도 있지만, 도조는 그런 방면에는 돈을 그다지 유용하지 않았다고 부관이었던 이즈미는 증언한다.

이 시기 도조에게는 관동군으로부터 6천만 엔의 기밀비가 지급되었고, 육군성으로부터도 연간 2천만 엔이 제공되었다. 8천만 엔이라는 막대한 기밀비의 대부분은 그대로 남았다. 사용된 기밀비는 아마카스를 통해 협화회 내부에 친관동군 인맥을 만들기 위해 흘러들어간 것과 중국인 정보 제공자에게 정기적으로 건넨 것 정도였다고 한다.

신징에 있는 일본인 출판업자에게도 기밀비를 건넸던 듯하지만 그것은 저널리스트를 회유할 정도의 액수는 아니었다는 말도 있다.

도조의 참모장 시대, 대륙 낭인들 사이에서 도조의 평판이 나빴던 것도 이 때문이라고 설명하는 관동군 장교도 있다. 도조의 황군의식에 비춰보면, 대륙 낭인 따위는 '설탕에 몰려드는 개미'처럼 보였다는 것이다.

1938년 5월 하순, 도조는 가족을 데리고 신징역에서 만철 특급 '아시아호'를 탔다. 3년 전 10월 10일 참모 한 사람의 환영을 받으며 내렸던 역. 지금 그곳에서는 플랫폼까지 인파로 넘치고 있었다. 관동군 장교, 병사, 헌병, 만주국 관리, 협화회 직원과 회원, 국방부인회 회원……

이것은 군 중앙에서 쫓겨나 구루메로, 그리고 예비역으로 편입될지도 모른다는 말을 들으면서 관동헌병대사령관과 관동군 참모장으로, 그때마다 육군의 정책을 충실하게 실행하여 되살아난 군인의 새로운 장을 향한 출발이었다. 그리고 이날 신징역에 몰려든 인파는 '도조가 만들어진 시대'에서 '도조가 만들어가는 시대'로 바뀌는 전환점을 지켜본 증인이었다고 말할 수 있다.

제2장

낙백落魄 그리고 승룡乘龍

실천하는 사람의 저주

참모차장과 육군차관의 충돌

육군성과 참모본부의 정책 결정에 참가하게 되었다는 의식 때문에 도조의 의욕은 더욱 강해졌다. 오전 7시가 넘어 산켄차야三軒茶屋의 자택으로 육군성에서 보낸 자동차가 그를 태우러 오는데, 이 자동차는 한 달에 두 번, 그러니까 1일과 15일 코스를 바꾸어 메이지신궁明治神宮을 참배하는 것이 관례였다. 또 아침 6시에 기상하면 방석에 정좌하고 궁성을 향해 〈군인칙유〉의 일절을 소리내어 외는 것이 일과였다.

둘 다 도조의 인생에서 새롭게 시작된 습관이었다. "잡념을 털어버리고 정책 입안에 임하고 싶다. 마음속에 한 점 구름도 없는 무심함으로 책상에 앉고 싶다"는 것이 두 가지 행위를 뒷받침했다. 자신의 육체는 무사無私의 생물이자 〈군인칙유〉가 깃든 표현체表現體. 그것이 그의 의식이었다. 물론 이런 참람僭濫한 의식을 지탱하는 배경이 있었다. 그에게는 너무나도 제약이 많았던 것이다. 우메즈 요시지로梅津美治郎와 사무를 인수인계할 때 육군차관의 역할과 관련하여 "이타가키를 넘어설 마음으로" 일하라는 언질을 받았다. 군 내부에는 "우메즈는 도조의 대은인"이라는 의식적인 소문이 퍼졌다. 이 소문에는 스기야마, 우메즈 노선을 도조가 이어간다는 의미가 포함되어 있었다.

육군대신과 육군차관. 직무권한이 명문화되어 있지 않아 둘의 관계는 미묘했다. 육군대신과 육군성 군무국장이 직결되어 육군차관은 이름뿐이었던 시기도 있었으며, 육군차관 쪽이 육군대신을 농락하는 시대도 있었다. 그 차이는 그 자리에 나아간 군인의 성격과 둘의 역관계力關係에 따라 달라졌다. 우메즈 시대에는 그가 모든 서류를 대충 훑어본 다음 스기야마에게 돌려보냈다. 그는 차관에게 정치적인 역량을 부여했던 것이다.

우메즈가 도조에게 육군차관의 역할을 전달할 때 한 말에는 '차관이 육군상을 리드해야 한다'는 뜻이 포함되어 있었다. 도조도 그것을 지키려고 했다. 하지만 얼마 지나지 않아 도조는 참모차장 다다 하야오多田駿(1882~1948)와 대립했다. 그 배경에는 중일전쟁 확대론과 불확대론의 충돌, 참모본부와 관동군의 대립이 있었지만, 계기는 오히려 인간적인 측면에서 시작되었다. 다다와 이타가키는 같은 동북지방의 다테번伊達藩과 난부번南部藩 출신으로 친분도 있었고 사생활에서도 가까웠다. 게다가 만주 건국의 공로자인 이타가키와 다다의 사상은 비슷했다. 그래서 참모본부와 육군성이 협의를 할 때면 다다가 직접 육군대신 직무실로 가서 "이봐, 이타가키!"라는 식으로 말을 붙였다. 이것이 도조에게는 불쾌했다.

참모차장은 육군차관에게 말을 하고, 그런 다음에 차관이 대신에게 결재를 구하는 것이 도리가 아니냐는 것이다. 실제로는 참모총장은 간인노미야 고토히토이기 때문에 참모차장이 육군상과 대등하다는 식으로 육군성과 참모본부에서는 받아들여지고 있었다. 도조의 강력한 항의에 이타가키는 "알았다"고 말할 뿐 전혀 바꾸지 않았다. 그러자 도조는 더욱 고집스럽게 추궁하고 들었다. 이타가키는 그 항의에 상대하려고도 하지 않았다. 도조는 완전히 어찌할 줄을 몰랐다. 원래 두 사람은 같은 난부 번 출신, 이타가키의 증조부는 난부소동南部騷動 때 난부 도시타다南部利濟에게 저항한 한학자였고, 게다가 둘 다 위관 시절에는 잇세키카이의 유력한 멤버였다.

"차관이 되어 곤란한 점은 나와 당신의 관계 때문에 이제부터 대신이라고 부르지 않으면 안 된다는 것이네."

도조는 이렇게 말했을 정도였다. 하지만 둘은 성격이 전혀 달랐다. 이타가키는 책상 앞에 앉아 사무 보는 일을 싫어하는 타입이었고, 도조는 서류를 암기해버리는 타입이었다. 규칙에 구애되지 않는 이타가키와 규칙이 모든 것인 도조. 더욱이 군 중앙의 생활을 모르는 이타가키가 각료회의에서 다른 각료의 요청을 아무런 부담 없이 인수하여 돌아오면 이에 대해 도조가 또 다시 항의하는 장면이 반복되었다.

도조와 이타가키-다다 연합군의 대립은 육군성과 참모본부에서도 유명해졌다.

그들의 대립은 나날이 깊어졌다. 게다가 다다는 육사 25기, 만주국군 최고고문, 지나주둔군사령관을 역임하고 참모차장으로 자리를 옮긴 인물로, 그 경력을 보아도 분명히 알 수 있듯이 이시와라를 높이 평가한 반면 도조는 싫어했다. 이와테현인회岩手縣人會 모임에 참석한 도조를 두고 다다가 나중에 "자네는 이와테현 사람이 아니지 않은가. 그런데도 얼굴을 내밀다니 이상하군"이라며 빈정댔다. 이 말을 듣고 도조가 얼굴을 붉

히며 다다를 몰아세우는 바람에 주위 사람들이 뜯어
말려야 할 정도였다.

사무 능력을 결여한 육군상 이타가키 세이시로는 각
료회의에서도 외면당했다. 일단 의견을 받아들였다가
도 다음 회의에서 아무렇지도 않게 취소하기 일쑤였
고, 육군에 대한 반대론에는 귀를 기울일 생각을 하지
않았다.

예를 들자면 끝이 없다. 가장 단적인 사례 가운데 하
나가 7월에 발생한 장구평 사건張鼓峰事件*때의 일이다.
소련 전투기의 만주국 침입에 대해 군 중앙은 강경책
을 생각했고, 그것을 받아들여 이타가키는 천황에게
긴급동원령을 상주했다. 천황이 찬성하지 않자 기가
죽은 이타가키는 각료회의에서 사의를 표명했다. 그
런데 군 중앙이 소극론으로 바뀌자 태연하게 그 사실을 각료회의에서 보
고했다.

고노에는 그야말로 정나미가 뚝 떨어져서 천황에게 "이타가키는 얼간
이 같은 놈"이라고 고했다. 그러나 그는 육군을 제어하기 위해 이 '얼간
이 같은 놈'을 이용할 방법이 없을지 궁리했다. "장제스를 상대하지 않는
다"는 성명을 철회한 다음 1938년 안에 지나사변을 해결해야겠다고 마
음을 먹은 그는 외무상 우가키 가즈시게와 도모하여 육군을 설득하는 데
힘을 쏟기로 생각을 정리했던 터였다. 이를 위해서는 이타가키가 부려먹
기 딱 좋은 사람이라고 생각했다. 고노에의 브레인 집단인 쇼와연구회昭
和研究會*의 회원을 이타가키의 집으로 보내 중일전쟁의 조기 해결을 호

장구평 사건
1938년 7월 29일부터
8월 11일까지 일본 점령
하의 조선, 만주국, 소련
접경인 두만강의 하산
에서 벌어진 국경분쟁.
이 전투에서 소련군의
압도적인 화력 앞에 일
본군은 철퇴할 수밖에
없었다. 그러나 소련군
의 피해도 커서, 이 지
휘의 총책임자였던 바
실리 블류헤르 원수는
스탈린의 신임을 잃고
숙청, 처형되었다.

쇼와연구회
고노에 후미마로의 정
책연구 단체이자 싱크
탱크. 주재자는 고노에
의 브레인이었던 고토
류노스케(後藤隆之助)였
다.

소했다. 군사작전에서 정치적 해결로 전환해야 한다는 설득에 이타가키의 감정은 흔들렸다.

이타가키의 이런 태도가 도조의 비위를 상하게 했다. 그는 그때마다 대신 집무실로 들어가 못을 박았다.

"고노에 주변의 학자나 평론가라 칭하는 무리들이 육군성을 통하지 않고 육군에 접근해오고 있습니다. 이러다가는 정치가 통수를 침범하게 될 것입니다. 그들은 군을 분열시키려는 음모를 꾸미고 있는 것이 아니겠습니까."

"나는 그런 놈들의 책동에 놀아나지 않아."

"하지만 그들은 육군의 방침에 관하여 뭐하는 것이냐며 참견하기 시작했습니다. 지금이야 육군이 힘이 있으니까 괜찮겠지만, 만약 육군이 약체화한다면 통수는 완전히 정치에 종속되고 말 것입니다."

이렇게 말할 때 도조의 어조에는 육군의 의사는 육군차관이나 군무국 군무과의 의사이며, 육군대신은 그 의사를 대변하면 그만이라는 뉘앙스가 포함되어 있었다.

당시 육군성의 의사란 중일전쟁을 처리하면서 국가총력전에 대비하여 군비확충을 도모하고, 대소련 전쟁과 남방에서의 대영미 전쟁에 대처한다는 것이었다. 영국과 미국에 대처한다는 것은, 일본이 중국에서 영미 자본을 배척하고 있는 까닭에 언젠가 충돌이 있을지도 모른다고 생각했기 때문이다. 육군성과 참모본부에서는 이런 의사가 모든 회의에서 확인되었다. 9월에 열린 재향군인회 총회의 연설에서 도조는 이 구상과 관련하여 "지나사변 해결을 위해 북방에서는 소련과, 남방에서는 영미와 전쟁을 결의하지 않으면 안 된다"고 역설했다. 신문이 이를 대서특필했고, 육군은 지나사변뿐만 아니라 소련이나 영미와도 전쟁을 시작할 셈이냐며 소란스러워졌다.

이타가키는 곤혹스러워했다. 도조의 발언이 육군성의 의사로 받아들여져서는 곤란했기 때문이다. 서둘러 내부에서 회의를 열었지만 도조를 부르지는 않았다. 그는 친구라는 입장을 떠나 이 군인의 경솔함을 매도했다. '저 사람은 폭탄과 같은 자다. 자기 주장을 고집하고 그것을 다른 사람에게 고집할 따름이다. 더구나 타협을 싫어하는 편협한 사내'라는 생각으로 이타가키와 다다는 노골적으로 도조를 경원하기 시작했다.

11월 들어 참모본부와 육군성의 장교들은 '1938년 가을 이후 전쟁 지휘에 관한 일반 방침'을 협의하기 시작했는데, 이때 참모본부 전쟁지휘반장 호리바 가즈오堀場—雄가 사변 해결을 위해 장제스의 입장을 애매하게 해두자고 말하자, 도조는 "장제스를 즉시 하야시킬 것을 명문화하지 않으면 안 된다"고 소리쳤고, 이에 다다와 이타가키를 따르는 장교들은 격분했다. 사실상 도조의 고성은 자신의 정신적 불안을 충족시키기는 했지만 주변 사람들에게는 협량함을 보여주었을 뿐이다.

또 하나 이타가키와 다다를 격분시킨 것은 이시와라에 대한 도조의 적개심과 그를 육군에서 쫓아내려는 집요함이었다. 지병이 악화하여 도쿄로 돌아온 관동군 참모부장 이시와라 간지는 이바라키茨城의 오아라이大洗 해안에서 요양을 하게 되었는데, 도조는 사유서도 제출하지 않은 무단 요양이라며 트집을 잡았다. 실제로 우에다 겐키치 관동군사령관에게 사유서를 제출했음에도 이렇게 못살게 구는 것은 관동헌병대를 통해 이시와라의 동향을 알고 있던 도조의 모략이라며 이시와라계 군인과 민간인은 분노했다. 무단 요양을 해서는 군기가 잡히지 않는다며 압박하는 도조에게 질린 이타가키는 이시와라에게 마이즈루舞鶴의 요새사령관으로 자리를 옮기라는 명령을 내렸다. 일만일체日滿—體를 획책하는 관동군 참모들의 지원을 등에 업은 도조는 만주국 자립을 외치는 이시와라를 내쫓고 싶다는 이들의 총의를 대변하고 있었던 것이다.

이타가키와 다다는 도조를 지지하는 사령관이나 참모와 파벌 투쟁을 벌일 만큼 성격이 억세지 못했던 것이다.

이쯤 되자 고노에는 도조에 대해 불안감을 가졌다. 각료회의에서 태도를 바꾼 이타가키의 배후에 직정적인 차관이 있다, 스기야마가 우메즈의 꼭두각시였던 것처럼 이타가키도 도조의 로봇이었던 것이다. 이렇게 생각한 고노에는 도조를 경계하기 시작했다. 그와 그 주변에 있는 지식인들이 도조를 사갈시하고, 도조도 그들을 경멸하게 되는 바탕이 이렇게 형성되고 있었던 것이다.

부재증명의 나날들

1938년 12월. 이케다 시게아키池田成彬(1867~1950) 대장상이 군수공장에 민간자본을 끌어들이기 위해 주식의 배당제한 조치를 시행하지 않겠다고 발언했다. 경제인 입장에서 보자면 자본이란 본래 그런 것이라는 냉철한 계산이 있었다. 그러자 도조가 기다렸다는 듯이 나서서 "군수공장의 이익은 즉시 생산설비의 확장으로 돌려야 한다"고 반박하며 이케다의 발언을 부정했다. 도조의 발언은 각료회의에서 문제가 되었다. "차관이 경제정책에까지 참견할 권한이 있는가", "자본도입을 모색하려는 대장상의 말을 부정하고 육군은 무엇을 할 것인가" 이와 같은 힐문에 경제지식에 어두운 이타가키는 얼굴을 들 수가 없었다.

각료회의에서는 떠들썩했지만 정작 도조 자신은 이 발언의 의미를 자각하고 있지 못했다. 군수공장에서 얻은 자본의 이익은 그대로 다음 생산설비로 돌려야 한다는 이해가 있을 뿐, 자본이 이윤을 추구하기 위해

투자한다는 경제원칙을 알지는 못했던 것이다. 도조의 이 발언은 신문 반장 사토 겐료佐藤賢了의 주장을 그대로 받아들인 것이었다. 참모본부조차 정치와의 관계를 원활하게 하려고 애쓰던 시기였기 때문에 쓸데없는 마찰을 불러일으킬 도조의 발언에 분노했다. 여기에 이르러 도조는 고립됐다.

"이러다가는 자네도 이 자리에 있기 어려울 걸세. 자중하고 다른 곳으로 옮기는 게 어떤가?"

이타가키가 이렇게 말하자 도조는 자신을 물러나게 하려면 다다 차장도 물러나게 해야 한다고 반론했다. 그 이유라면서 직계를 무시한 집무 태도는 군기의 기강에 반한다는 말도 안 되는 변명을 했다. 자신의 퇴진과 맞바꿔 육군성과 참모본부에서 중일전쟁 확대를 방해하는 자들을 배제하려는 꿍꿍이속이었다. 육군성과 참모본부에는 도조를 지지하는 쪽의 장교들이 많았기 때문에 이타가키는 마지못해 그의 말을 받아들였고, 1938년 12월 도조는 항공총감 겸 항공본부장으로, 다다는 제3군사령관으로 자리를 옮겼다. 그러나 항공본부는 육군성 건물 안에 있어서 도조의 동선은 크게 달라지지 않았지만, 다다는 만주로 옮겨갔기 때문에 육군성과 참모본부에 대한 영향력을 잃게 되었다. 도조의 계획은 성공적이었다.

정책 결정 집단의 일원으로서 그의 능력은 고작 6개월 만에 실격 판정을 받았지만, 그가 남긴 선물은 육군성과 참모본부의 장교들을 충분히 기쁘게 했다. 그에 대한 기대가 오히려 높아졌던 것이다.

항공본부는 항공병 양성과 고급지휘관 교육을 담당하는 부문이었는데, 늘 그랬듯 도조는 육군성 근처에 있는 바라크 건물 2층 총감실에서 열심히 항공전략을 학습하기 시작했다. 그런데 이 자리는 그다지 일이 많지 않았다. 우선은 전국의 항공병 양성 실정을 파악하고, 항공전문학교의 보고에 귀를 기울이는 정도였다.

몇 년 만에 그는 가정생활로 돌아왔다. 아이들과 대화를 나누는 자리도 마련했다. 도조의 둘째 누이동생의 장남으로 당시 육군사관학교 구대장이었던 야마다는 이때의 도조의 생활에 대해 다음과 같이 말한다.

"늘 그랬던 것처럼 나에게는 '빈틈없이 군무에 힘쓰고 있겠지?'라고 말씀하셨지만, 그래도 이 시기는 한가한 편이어서 둘째 아들이나 나와 곧잘 이야기를 했습니다. 둘째 아들은 제국대학을 졸업한 항공기 설계 전문가였습니다. 도조가 '활주로가 필요 없는 비행기는 만들 수 없나? 이렇게 좁은 일본에 그런 비행기가 있으면 좋을 텐데'라고 말하면, 아들은 '하지만 아마추어인 저로서는 곤란합니다'라고 반론을 하기도 했지요. 그런데 그 후, 헬리콥터가 등장하고 나서 저는 '정말 그렇구나……' 하고 생각하기도 했습니다. 도조는 원래 비행기 타기를 좋아하지는 않았지만 출장 때는 앞장서서 비행기를 이용하여 조종사를 기쁘게 했다는 이야기도 들었습니다."

때로 무료하다는 핑계로 육군성과 참모본부의 장교들이 도조의 집에 놀러오는 경우도 있었다. 신문반장을 거쳐 정보부장이 된 사토 겐료와 정세에 관한 이야기를 나누기도 했지만, 도조는 입버릇처럼 정치 세계에는 신물이 난다고 말했다.

당시의 정치상황을 개략적으로 서술하면 다음과 같다. 일본은 여전히 중일전쟁의 수렁에 빠져 발버둥을 치고 있었다. 국공합작의 틈바구니에 있던 국민당 부주석 왕징웨이汪精衛(1883~1944)를 내세워 괴뢰정부를 수립한다는 목표 아래 육군첩보기관의 움직임이 진척되었고, 정치공작은 성공할 것처럼 보였다. 하지만 이러한 흐름에 고노에는 염증을 느꼈다.

그는 자신의 지도력이 육군에는 통하지 않는다는 것을 알고 있었지만, 상황에 대한 그 자신의 애매한 태도도 원인 중 하나라는 것을 충분히 자각하고 있지는 않았다.

그는 1939년 1월 사이온지 긴모치西園寺公望와 문부상 기도 고이치木戶幸一(1889~1977)의 설득을 뿌리치고 사임했다. 고노에의 될 대로 되라는 식의 무책임한 태도에 실망한 90세의 노인 사이온지는 측근에게 "고노에는 총리가 되고 나서 무엇을 통치했는가. 도대체 무슨 속셈인지 모르겠어. 폐하께도 정말이지 죄송할 따름이야"라고 탄식했다. 내무대신 유아사 구라헤이湯淺倉平(1874~1940)는 고노에의 후임으로 추밀원 의장 히라누마 기이치로平沼騏一郎(1867~1952)를 추천했는데, 황도파 장교들과 고쿠혼샤國本社 계열의 관료들로부터 든든한 지지를 받고 있던 히라누마는 1932, 1933년에는 파시스트라 하여 사이온지의 미움을 샀던 인물이다. 히라누마의 등장은 사이온지가 분노마저 잃어버렸다는 것을 말해준다.

히라누마가 붙들고 늘어져야 했던 것은 독일과 일본의 방공협정을 어떻게 취급할 것인가라는 문제였다. 히로타 내각 시대에 체결된 이 협정에는 부속 비밀협정이 있어서, 일본과 독일 중 한쪽이 소련으로부터 공격을 받을 경우 다른 쪽이 소련의 부담을 덜어줄 수 있는 그 어떤 조치도 강구하지 않는다고 정해놓았다. 그런데 독일은 동맹의 대상을 영국과 프랑스로 확대하기를 바라고 있었다. 이에 호응하여 육군 중앙과 민간 우익은 장제스 정부에 대한 여러 국가들의 지지를 박탈하기 위해 방공협정을 동맹으로 확대해야 한다고 주장했다. 하지만 해군상 요나이 미쓰마사米內光政(1880~1948)와 해군차관 야마모토 이소로쿠山本五十六(1884~1943)를 중심으로 하는 해군성, 재계 그리고 중신들은 독일로 기우는 것은 미국과 영국을 자극할 뿐이며 당장은 미국, 영국과 협조할 필요가 있다고 말하고, 방공협정을 새로운 군사동맹으로 변질시키는 것에 반대했다.

도조가 항공총감으로 있던 때, 그러니까 1939년 봄부터 여름에 걸쳐 대독對獨 제휴론자와 대영미對英美 협조론자의 세력이 길항하며 대립의 싹을 키우고 있었던 것이다.

일본의 항공 사정을 염두에 둔 도조는 당시의 항공 전략의 주요 흐름에 모든 생각을 집중하고 있었다. 이 무렵 두 가지 흐름이 있었는데, 하나는 장래의 전쟁은 공군의 양과 질에 따라 결정될 것이기 때문에 폭격기를 중심으로 한 항공 정책을 택해야 한다는 의견이고, 다른 하나는 전쟁의 중심은 역시 지상전이고 항공부대는 그것을 보충하는 데 지나지 않는다는 생각이었다. 육군 수뇌부의 생각은 후자 쪽으로 기울었다. 물론 도조도 그러했다. 제1차 세계대전에서 드러난 항공기 중심의 전쟁 내용을 지식으로 알고 있던 육군 수뇌부는 현실적으로는 러일전쟁 당시의 전쟁 형태로부터 벗어날 수가 없었던 것이다. 실제로 중국 대륙에서 국부적인 군사적 승리를 보고 백병전 중심의 전쟁에 전폭적인 신뢰를 보이기도 했다. 그런데 이 전법戰法에 결정적인 타격을 가한 사건이 1939년 여름에 일어났다. 노몬한 사건*이다.

일본과 만주국은 하루하강이라 주장하는 반면 소련과 몽골은 노몬한으로 간주하고 있던 노몬한 부근의 국경선에서는 종종 소규모 분쟁이 있었다. 5월 12일 몽골군과 일본군의 충돌 후 일본·만주·소련·몽골은 이곳에 계속 병력을 증강했고, 6월부터 9월에 걸쳐 두 차례 전투가 벌어졌다. 그런데 일본군은 완전히 묵사발이 되어 전사자 및 행방불명자가 8천

3백 명에 이르렀고, 전쟁 중 부상하거나 병에 걸린 1만 7천 명의 병사가 전력에서 탈락했다. 이 전투 결과 "소련 지상 병력의 주요 전력인 포병, 전차의 화력, 장갑장비가 일본군과 비교할 수 없을 정도로 강력하다는 것"이 분명해졌고, 항공 병력도 처음에는 중일전쟁에서 경험을 쌓은 일본 공군이 우세했지만, 그 후 속력과 화력의 우위를 이용하여 전력을 향상시킨 소련 공군이 맹폭격을 가해왔다.

참모본부는 '노몬한사건연구위원회'를 설치하여 패인을 검토했지만, 가장 중요한 장비에는 손도 대지 못한 채 어느 정도 화력 장비를 보강하여 결함을 메우기로 했다. 보병의 이른바 백병주의白兵主義라는 전술을 일소할 기회였음에도 그것을 버릴 용기가 없었던 것이다.

노몬한 사건은 우에다 관동군사령관과 이소가이 렌스케磯谷廉介 참모장의 소극론에 대하여, 참모 쓰지 마사노부 政信와 핫토리 다쿠시로服部卓四郎 등이 강경론을 주장하면서 참모본부를 설득하고 나선 것이었다. 압도적인 소련군의 항공기와 전비戰備 앞에 무모한 작전을 감행했을 뿐만 아니라, 패전의 원인을 현지의 연대장에게 떠맡기고 자살을 강요하는 막료들의 무책임한 행동은 그 후 일본군의 퇴폐退廢를 예견하는 징조였다. 게다가 우에다와 이소가이는 예비역으로 편입되어 책임을 졌지만, 쓰지와 핫토리는 한직으로 물러났다가 나중에 도조에게 중용되었다. 이는 도조의 인사가 얼마나 제멋대로였는지를 뒷받침하는 것으로서 오점이 되었다.

노몬한 사건에서 볼 수 있었던 항공 전략을 도조 또한 중시하지 않았다. 그는 의연히 항공전을 지상전의 보완으로만 간주했을 뿐, 노몬한의 패퇴도 '정신력 부족 때문'이라는 육군성과 참모본부 장교들의 생각에 동의했다. 그렇긴 하지만 노몬한 사건은 도조에게는 부재증명이 되었다. 그가 참모장이었다면 이때 틀림없이 예비역으로 쫓겨났을 것이기 때문이다.

정치정세도 도조에게 유리하게 돌아갔다. 노몬한 사건이 소련군의 승리로 돌아갔을 때, 돌연 독일과 소련이 불가침조약을 체결했다. 전혀 예측하지 못했던 히틀러와 스탈린의 악수에 히라누마 수상은 할 말을 잃고 내각을 떠났다. 난감해진 육군은 일본-독일 방공협정을 방패 삼아 독일에 항의했지만 전혀 먹히지 않았다. 일본 국내에서 이를 기뻐한 것은 대영미 협조론자들이었다. 사이온지 긴모치와 유아사 구라헤이는 이 기회에 친영미파의 힘을 키워 육군을 견제해야겠다는 생각에 차기 내각의 수반으로 미쓰이三井 자본의 이케다 전 대장상을 점찍어두고 있었다. 그러나 고노에는 "군부가 후회하고 있을 때 이케다를 내세우면 자극이 너무 강하다"고 반대하면서 육군이 주장하는 아베 노부유키阿部信行(1879~1953)에게 동조했다.

1939년 8월 30일, 아베 내각이 성립했고 육군상 자리에는 하타 슌로쿠 畑俊六(1879~1962) 대장이 앉았다. 육군 중견 장교들이 이미 예비역이었던 아베를 민 것은 압력을 가하기 쉬울 것이라고 생각했기 때문이었다.

내각 성립 이틀 후 폴란드를 침입한 독일은 영국, 프랑스와 전투태세에 돌입했다. 아베 내각은 일본은 이 전쟁에 개입하지 않을 것이며, 독자적으로 대중국 전쟁 해결에 전력을 쏟을 것이라고 발표했다.

이러한 정치정세가 계속되는 동안 도조는 정치적 의사표시를 할 필요가 없는 지위에 있었다. 그것이 그의 운명을 좌우했다. 노몬한 사건, 독일-소련 불가침조약, 그리고 유럽에서 터진 전쟁. 이 가운데 어느 것 하나에라도 의견을 공표했다면 정치적으로 틀림없이 실각했을 것이라고 생각해도 좋을 만큼 도조는 감정적인 성격의 소유자였기 때문이다. 그는 독일-소련 불가침조약을 알았을 때 격노하면서 히틀러를 매도했다. 도의도 없고 신의도 없는 놈이라는 둥, 저 따위 하사관 출신이 무슨 일을 저지를지 도무지 모르겠다는 둥, 내가 아는 독일은 이런 나라가 아니었다는 둥 도조는 화를 삭이지 못하고 투덜댔다. 하지만 이 말을 들은 사람은 그의 주위에 있던 측근뿐이었다.

'물장사'는 딱 질색이다

아베 내각은 정당의 지지도 없고 인기도 높지 않아서 육군에서도 일찌감치 포기했다. 10월, 육군성 군무국장에 취임한 무토 아키라가 고노에를 찾아가 다시 수상 자리를 맡아달라고 간청했다. 독일의 우세에 호응하여 일본도 지나사변을 매듭짓고 동아공영권 건설에 나서야 할 것이라는 게 설득의 논리였다.

1940년 새해가 밝아오기 무섭게 아베 내각이 무너졌다. 겐로 사이온지 긴모치의 뒤를 이어 수상을 추천할 수 있는 위치에 있었던 내무대신 유아사 구라헤이는 마쓰다이라 쓰네오松平恒雄(1877~1949) 궁내대신, 해군의 원로이자 중신인 오카다 게이스케岡田啓介(1868~1952) 등의 협력을 얻어 요나이 미쓰마사를 천거했다. 요나이와 히라누마 내각의 외무상 시절 방공협정 강화에 반대했던 아리타 하치로有田八郎(1884~1965)에게 대영미 협조 외교를 채택하도록 하는 것이 유아사의 기대이자 천황의 의사였다.

육군의 장교들은 요나이 천거에 분격했지만 배후에 천황의 의사가 있다는 것을 알고 침묵했다. 그들은 하타 슌로쿠를 유임시키고 육군차관에 아나미 고레치카阿南惟幾(1887~1945)를 앉혀 요나이 내각을 감시하기로 했다.

1940년 1월 26일 그러니까 요나이 내각이 탄생한 지 열흘 후, 일미통상항해조약이 효력을 상실했다. 중일전쟁을 불쾌하게 생각하고 있던 미국으로부터 얻어맞은 통렬한 일격이었다. 이 때문에 일본의 경제활동이 흔들리리라는 것은 정치의 중추에 있는 자라면 누구든 알고 있었다. 고철금수古鐵禁輸는 일본의 철강업에 타격을 줄 것이고, 석유가 들어오지 않으면 일본은 움직이지 않게 된다. 단숨에 미국을 비판하는 목소리가 높아졌고, 육군과 친군파親軍派 의원은 이것을 교묘하게 요나이 비판으로 얽어맸다.

지나사변을 매듭 짓고 국력을 다시 세우지 않으면 일본은 국제적으로나 군사적으로나 고립되고 말 것이라는 공포가 육군 안에도 퍼졌고, 참모본부의 장교들 중에는 중국에서 병력 철수를 도모하여 85만 명에서 50만 명으로, 몇 년 후에는 30만 명으로 축소하자고 호소하는 사람도 있었다. 하지만 직진만 할 줄 아는 육군 내부에서 그런 장교들의 목소리는 무시되었다. 위세 좋게 강경론을 토한다고 해서 좌천되지는 않으리라는 것이 당시 육군의 풍조였다. 국내에서뿐만 아니라 중국과의 정치공작에서도 무리수가 동원되었다. 충칭重慶을 탈출한 왕징웨이에게 신정부 수립을 위한 요구를 들이밀었는데, 그 요구에 놀란 왕징웨이는 대답을 망설였다. 이 신정권에서 정치고문 자리를 약속 받은 일본 육군 장교들은 '괴뢰정부의 지도자로 만들어주겠다'는 식의 사고방식을 갖고 있었기 때문이다.

1940년 봄, 일본은 국내에서나 국외에서나 상대의 입장을 인정하지 않는 강경론만이 승리를 거두는 서글픈 나라로 변모해 있었다.

항공총감에 취임하고 나서 반년 후, 도조는 육군성 및 참모본부와 협의하여 스스로에게 하나의 목적을 부과했다. 유럽에서 벌어지고 있는 전쟁을 보면 항공기 생산이 독일의 승리에 공헌하고 있다는 것이 분명하기 때문에, 일본의 항공기 생산을 비약적으로 늘리지 않으면 안 된다는 목적이었다.

국가총동원법國家總動員法의 발동으로 산업재편성이 진행되고 있지만 그것은 아직 시간을 필요로 한다고 판단한 도조는 만주국에서 일본의 항공기 생산을 충당해야 할 것이라고 생각했다. 그는 신징으로 날아가 관동군 참모부장 엔도 사부로遠藤三郎에게 이 계획에 대해 말을 꺼냈다.

"항공기 증강은 눈앞의 급선무인데 일본 국내에서는 의회의 승인을 얻어야만 합니다. 만주에서는 별다른 간섭이 없을 테니까 이곳에서 항공기를 만들었으면 합니다. 명목은 만주국 항공부대에서 사용하기 위해서라고 하면 될 겁니다."

이 제안을 듣고 엔도와 참모장 이이무라 조飯村穰(1888~1976)는 경악했다. 만주국을 식민지처럼 생각하고 있는 도조의 본심이 우연한 기회에 드러난 것으로 받아들인 것이다.

1940년 5월에서 6월에 걸쳐, 일본의 국책을 육군이 주도하는 계기가 된 사건이 일어났다. 1939년 9월에 일주일 만에 폴란드를 소멸시킨 독일군은 1940년 4월 덴마크와 노르웨이를 석권했고, 5월 들어서부터는 프랑스, 벨기에, 네덜란드에 공격을 가해 영국-프랑스 연합군을 당게르크로 몰아넣더니 5월 14일에는 끝내 파리를 점령했다. 일본 전역은 흥분으로 들끓었다. 영미 중심의 세계질서는 붕괴 직전에 와 있으며 세계의 역사는 현상 고착에서 현상 타파로 나아가고 있다는 주장이 독일군의 진격 앞에서 설득력을 얻었다. 여기에서 힘을 얻어 동아신질서와 동아블록의 구상이 사람들의 입에 오르내렸다.

　대독 제휴를 주장하는 육군성 군무국의 장교들은 이런 정세를 보고 '지나사변 완수'라는 슬로건을 교묘하게도 '남진南進'이라는 구호로 바꾸었다. 그리고 지나사변을 방해하는 것은 장제스를 지지하는 영미의 북부 인도차이나와 버마의 보급 루트가 있기 때문이라고 말하고, 아시아의 영국과 프랑스 식민지를 미국이 차지하게 될지도 모른다고 발언했다. 그것이 동아신질서구상의 유력한 뒷받침이 되었다.

　이러한 목소리에 자극을 받아 신당 운동과 국민운동 재편성 기운이 높아졌다. 눈이 어지러울 정도로 바뀌는 내각—실은 육군이 뒤에서 조종한 것이지만—을 대신하여 거국일치체제를 갖춰야 한다는 목소리가 커졌고, 전시경제체제를 확립했으며, 국내 정치에서는 강력한 신체제가 필요해졌다. 요나이 수상이 친독親獨을 토대로 한 신체제의 방향타를 잡으려 하지 않자 이에 분노한 육군은 요나이 내각 붕괴를 획책했다. 군 원로인 데라우치 히사이치寺內壽一(1879~1946)와 스기야마 겐杉山元을 고노에게 보내 "현 정부는 시국 인식을 결여하고 있습니다. 이것이 육군의 일치된 견해입니다"라면서 출마를 촉구했다.

　1년 6개월 전 스스로 싫어서 물러났던 고노에는 거국일치체제의 신당을 만들 생각이 있노라고 공언하던 참이라 그 기반이 마련되면 다시 수상 자리에 앉을 마음을 갖고 있었다. 그는 주위 사람들과 상담하면서 결의를 다지고 있었다. 한번 육군에 실망했던 그는 또 다시 환상 속으로 빨려 들어가고 있었다.

　이에 호응이라도 하듯이 육군성의 장교들은 하타에게 사표를 제출하라고 압박했다. 하타가 사임한 후 후임 육군상을 추천하지 않으면 요나이 내각은 무너진다. 육군대신 현역무관제가 그 위력을 제대로 발휘하는 순간이었다. 아나미 차관, 무토 군무국장, 이와쿠라 히데오岩畔豪雄(1897~1970) 군사과장, 참모본부의 사와다 시게로澤田茂(1887~1980) 차장, 도미나가 교지富永恭次 제1부장, 쓰치하시 유이쓰土橋勇逸(1891~1972) 제2부장 등 육군성과 참모본부의 장교들은 비밀리에 후임 육군상을 누구로 내세울지 협의했다. 그들은 해군, 궁중, 의회의 육군 비판에 대처해 나갈 수 있는 개성이 강한 인물이어야 한다는 의견에 일치했고, 그 자리에서 예기치도 않게 '도조 히데키'라는 이름이 떠올랐다.

아나미 차관의 사자使者 자격으로 군사소설을 쓰고 있던 작가 야마나카 미네타로가 도조 설득에 나섰다. 야마나카는 육사 29기생으로 아나미의 1기 후배였는데, 육군대학 졸업 후 망가진 몸과 사생활을 이유로 군적을 떠났다가 몰래 돌아다니면서 연락책 역할을 하고 있었다. 전후戰後 야마나카가 저술한 『육군 반역아』에는 이때의 정황이 상세하게 적혀 있다. 이 책에 따르면, 도조는 "물장사는 딱 질색이다"라며 완강하게 저항했다. 그런데 두 번째 설득에 승낙했다고 야마나카는 말한다. 도조의 내락內諾을 얻고 나서 육군 장교들은 하타로 하여금 사표를 제출하도록 했다.

요나이는 하타에게 이유를 물었다. 요나이는 자신이 저술한 『요나이 내각 붕괴의 사정』에서 "내각 무너뜨리기 책동의 중심이 있었다는 것은 공공연한 비밀이었고, 하타 육군상이 사의를 결심한 이유를 설명할 수 없었던 것도 육군 내부로부터 강요를 받았다는 증거로 볼 수 있다"고 말했다. 육군 내부의 친독파의 책동은 요나이를 분노케 했고 더불어 반反육군 감정을 한층 심화시켰다. 이것이 훗날 중요한 의미를 갖게 된다.

1940년 7월 17일 고노에는 제2차 고노에 내각을 조각한다.

고노에가 조각을 채 끝내지도 않은 상황에서 육군은 일찍이 육군차관을 임명할 때 그랬던 것처럼, 육군상으로 도조만을 단독 상주하여 천황의 주의를 끌었다. 도조의 취임 때에 한하여 이례적인 방법을 적용할 수 있었던 것은 실은 도조가 육군이 내밀 수 있는 비장의 카드와 같은 존재였기 때문이다. 7월 19일 오전부터 오후에 걸쳐 아나미 고레치카와 무토 아키라는 육군의 현황 보고와 신정책에 대한 요망을 도조에게 분명하게 전했다. 비정치적인 입장에 있던 그는 정책의 중추를 잘 알지는 못했지만 성실하게 메모를 했다.

야마나카 미네타로의 설득과 "두루 살펴보았지만 각하 말고는 이 난국을 헤쳐 나갈 수 있는 사람이 없다"는 도미나가 교지, 쓰치하시 유이쓰 등의 비밀스런 격려의 말을 받아들인 도조는, 육군상 취임에 대해 흥분하기보다는 육군의 정책을 어떻게 대변할 것인가라는 문제 때문에 긴장하고 있었다. 그의 메모는 훗날 스가모구치소에서 정리되었는데, 육군상 취임 직전 메모의 골자를 보면 다음과 같다.

"1. 제3국의 장제스 지원 행위를 속히 금절禁絶하고, 대지시책對支施策(대중국정책)을 강화하여 지나사변 해결.

1. 제3국과 개전開戰에 이르지 않는 한도에서 남방문제 해결 및 이를 위한 시책.

미국에 대해 숙연肅然한 태도 유지, 독일·이탈리아와 정치 결속 강화, 대소련 국교의 비약적 조정, 장제스 지원 금절, 대네덜란드 외교 강화, 주요 자원 획득, 국내 전시태세 쇄신."

육군상 도조와 외무상 마쓰오카 요스케의 밀월

고노에의 사저는 스기나미구杉' 區 오기쿠보荻窪의 주택가에 있었다. 그의 집은 데키가이소荻外莊라는 이름으로 불렸다. 고노에는 내각을 발족시키기 전에 정부의 중추인 외무상, 육군상, 해군상을 사저로 불러 자신의 정부가 어떤 정책을 펼칠 것인지 상의를 하곤 했다. 외무상 마쓰오카 요스케松岡洋右(1880~1945), 육군상 도조 히데키, 해군상 요시다 젠고吉田善吾(1885~1966)가 7월 19일 오후 3시 데키가이소에 모였다.

네 사람은 카네이션이 장식되어 있는 응접실의 작은 테이블을 둘러싸고 앉았다. 처음에는 가벼운 세상살이 이야기로 분위기를 띄우다가 이윽고 각자의 견해를 조금씩 말하기 시작했다. 고노에는 일찍이 자신의 정부가 무엇을 해야 할지를 명확히 하지 못한 까닭에 상황에 뒤처졌다는 점을 교훈 삼아, 이번 내각은 자신의 손으로 직접 이끌고 가야겠다는 결의를 다지고 있었다.

그의 구상은 중일전쟁의 처리와 유럽대전의 세계정세에 대한 기민한 대응을 두 축으로 한다는 것이었다. 이를 위해 마쓰오카 요스케를 외무상에 앉혀서 외교대책을 일신할 심산이었다. 그런데 궁중이나 중신 주위의 사람들은 "왜소한 무리가 저렇게 어정쩡한 자세로 무얼 할 수 있을까"라고 으르대는 마쓰오카를 야심가이자 큰소리치기 좋아하는 자로 낙인찍었고, 그것이 방해가 되었다. 유아사 구라헤이의 뒤를 이어 내무대신이 된 기도 고이치에게 천황은 "마쓰오카를 외무상으로 앉혀도 괜찮을까"라며 불만을 털어놓았다.

그 전날, 그러니까 18일에 고노에와 마쓰오카가 만났다. 영미에 대항하기 위해 일본-독일-이탈리아의 추축樞軸 강화와 일소불가침조약 체결을 함께 진행해야 한다는 마쓰오카의 외교정책은 고노에를 기쁘게 했고, 그는 그것이 공교롭게도 육군 장교들의 계획과 합치한다는 것을 알았다. 다시 말해 고노에가 수상 수락을 결심했을 때 무토 아키라가, 군사과장 이와쿠라 히데오岩畔豪雄(1897~1970)가 핵심이 되어 정리하고 해군의 양해까지 얻었다는, '시국처리요강時局處理要綱'을 들고 찾아왔는데 추축 강화와 대소 관계 조정이 요강의 주요 골자였던 것이다. 고노에는 마쓰오카와 무토가 이면에서 비밀연락을 취하고 있다는 것을 알지는 못했지만, 무토의 요강과 마쓰오카의 발언을 보고 정책집단에서는 '일소 관계를 시정하기 위해 독일의 영향력을 기대한다'는 양해가 형성되어 있다는 것을 알아차렸다. 그는 아시아와 유럽을 잇는 일본, 독일, 이탈리아 그리고 소련을 포함한 4개국의 느슨한 연합으로 영미에 대항하는 것이 가장 현실적인 정책이라고 생각했다.

그렇지만 4개국의 관계가 바람직한 방향으로 기능할 것인지 여부를 두고 일말의 불안이 없지 않았다. 동맹을 체결했다 해도 상대국이 일본을 위해 행동해줄 것이라고 확신할 수가 없었는데, 그것은 독소불가침조약을 보아도 예상할 수 있는 일이었다. 그런 상황에서 어떤 정치적 자세가 바람직한 것인지를 고노에는 충분히 알고 있지 못했다. 그는 마쓰오카와 도조를 잘 활용해야겠다는 생각만 하고 있었다.

데키가이소 회담은 고노에의 발언에 따라 진행되었다. 전시경제정책의 강화와 확립, 장제스 지원 루트의 절단 등은 아무런 반론 없이 결정되었다. 논의의 대상이 된 것은 '독일·이탈리아와 일본의 정치적 결속 강화'라는 한 가지 사항이었다.

"추축 강화에 이론은 없지만 동맹 수준에 그쳐서는 안 됩니다."

요시다는 불안한 표정으로 몇 번이나 이렇게 말했다. 해군 내부에서 대영미협조론자로 통하고 있던 요시다로서는 이것을 받아들일 수가 없었다. 그러나 고노에, 도조, 마쓰오카에게는 공통의 기반이 있었던 것과 달리 요시다만은 아무런 사전 공작도 없이 홀로 남은 느낌이었다. 논의가 겉돌기 시작하자 마쓰오카는 작심이라도 한 듯 다음과 같이 말했다.

"외교를 수행할 경우 외교의 일원화를 도모하지 않으면 안 되기 때문에 모든 것을 저에게 맡겨주셨으면 합니다."

요시다는 마쓰오카의 기백에 눌려 말문을 닫았다. 그러나 도조는 고개를 크게 끄덕였다. '당사자가 권한을 가져야 하며, 다른 사람은 왈가왈부할 필요가 없다'는 것이 그의 지론이었기 때문이다. 결국 4자회담은 고노에와 마쓰오카의 의도대로 진행되었다. 도조는 고개를 끄덕이기만 했고, 요시다는 곤혹감에 입을 다물고 있었다. 회의가 끝난 뒤 고노에는 기자단에게 "어쨌든 근본적인 문제에 대해서는 완전히 일치했다"고 말했고, 도조도 자택으로 달려온 기자에게 "외교와 국방 등의 큰 틀에 관해서는 의견의 일치를 보았다"고 말했다. 그리고 고노에와 마쓰오카의 의욕적인 태도에 호감을 갖게 된 것을 기자들에게 감추려 하지 않았다.

육군상 도조 히데키가 육군성 내에서 행한 훈시의 내용은 이례적이었다. "정치적인 발언은 육군대신만이 할 것이며 그 어떤 장교의 발언도 허용하지 않을 것"과 "건병健兵 대책의 재검토"에 대하여, 차관 자리에 계속 머물게 된 아나미와 군사국장 무토가 "건병 대책 등은 국장이나 과장 선에서 말하면 된다"고 했지만, 도조는 고집스럽게 이 항목을 삽입하라고 주장했다.

"과연 도조다운 인사법이군."

육군성과 참모본부에서는 이렇게 수군거렸다. 느긋하고 대범하게 행동하는 경우가 많았던 육군대신 중에서 신경질적인 태도가 눈에 띄는 군인의 등장으로 받아들여졌던 것이다. 하지만 신경질적인 것만은 아니었다. 얼마 지나지 않아 그는 대담한 일도 해치웠다. 정치적 발언을 하는 자는 용납하지 않겠다는 약속을 역이용하여 정치적 발언을 하는 경향이

일만지

제국주의 일본은 일본, 만주, 지나를 하나로 묶는 블록을 구상했다. 만주국을 세우고, 중국을 침략한 것도 이 구상을 현실로 옮기기 위해서였다.

있는 사람들을 인사이동 때 육군성과 참모본부에서 내쫓았다. 어떤 장교가 도조의 집무실에 들어섰을 때 조직도를 펼쳐놓은 채 붉은 연필을 쥐고서 인사를 즐기기라도 하듯 움직이고 있는 것을 목격했는데, 그 후 육군성과 참모본부에 "이번 육군대신은 인사를 주무르는 것을 재미있어 한다"는 소문이 퍼졌고, 도조는 자신의 입김이 미치는 인물만을 중용하는 대담한 육군상으로 비쳤다.

비서관 자리에는 도조가 신뢰하는, 유럽 시찰에서 막 돌아온 소좌 아카마쓰 사다오赤松貞雄를 앉혔고, 군사과장 자리에는 사나다 조이치로眞田穰一郎(1897~1957)를 앉혔다. 그들은 서서히 모습을 드러내기 시작한 도조 인맥의 선구였다.

우가키 가즈시게宇垣一成, 데라우치 히사이치, 미나미 지로南次郎를 비롯한 육군 원로들은 아나미와 무토를 불러 "이번 육군상에게는 마음이 맞지 않는 자를 멀리하는 선천적으로 몸에 밴 버릇이 있다. 그대로 놔두면 인사에서 실패할 것이니 잘 감시하도록 하라"고 명했다. 그 후 이시와라 간지와 다다 하야오를 다루는 방식을 보아도 잘 알 수 있듯이 이런 우려는 현실로 드러났다.

내각이 발족하자마자 고노에는 연일 각료회의를 열고 데키가이소 4자 회담에 따라 국책의 방향을 결정했다. 7월 26일에는 '기본국책요강基本國策要綱'을 채택했다. 여기에는 "황국의 국시國是는 팔굉일우八紘一宇의 대정신大精神에 기초하여 장래에 세계평화를 확립하는 것을 근본으로 삼되 먼저 황국을 핵심으로 하는 일만지日滿支●의 강고한 결합을 근간으로 대동아신질서를 건설함에 있다"는 근본방침 아래, 신정치체제, 일만지 3국의 자주경제에 의한 국방경제 등 다섯 항목이 담겨 있었다. 더욱이 다음날 27일에는 대본영-정부연락회의를 열고 '세계정세의 추이에 따른 시국처리안'을 결정했다. "제국은 세계정세의 변동에 대처하고 내외의 정세를 개선하며 속히 지나사변의 해결을 촉진함과 함께 호기好機를 포착하여 남방문제를 해결한다", "지나사변의 처리가 미처 끝나지 않을 경우 대남방시책을 중점으로 하는 태세전환에 관해서는 내외 제반 정세를 고려하여 정하기로 한다"고 하면서 지나사변 완수와 남방 무력 진출을 명시했던 것이다. 일련의 방침은 무토가 고노에에게 보여준 '시국처리요강'을 골자로 하고 있으며, 히틀러의 전격작전에 현혹된 육군의 '늦지 않게 버스에 올라타라'는 요구를 반영한 것이었다.

이리하여 내각 성립으로부터 일주일 후에는 국내와 국외의 정책 요강이 결정되었다. 그러나 큰 틀에서 볼 때 자립을 자각한 고노에는 무토의 교묘한 정치적 수완에 놀아난 것에 지나지 않았다.

두 가지 국책이 결정된 후 도조는 육군성의 자동차를 타고 메이지신궁과 야스쿠니신사로 향했다. 영령을 위로하고, 이 국책에 따라 더 열심히 몸 바쳐 일할 것을 약속하기 위해서였다. 신문기자와 카메라맨이 참배하는 그의 주위를 떠나지 않았다. 그는 신문기자들에게 위세 좋게 대답했다.

"때마침 독일군은 대對프랑스전에서 결정적 승리를 거두고 있습니다. 이때 제국도 부동의 국책을 결정했는데 참으로 마음 든든합니다. 앞으로 이것을 충실히 실행하는 것, 그것이 저에게 부여된 임무라고 생각합니다."

신문들은 전격적인 육군상의 답변이라며 도조의 이 말을 대서특필했다. 신문에 실린 사진 속 도조의 표정은 근엄했다. 그랬기 때문에 이 말은 국민들 사이에서 두터운 신뢰감을 점화하게 되었다. 아니 국민만이 아니었다. 육군성과 참모본부의 장교와 250만 육군 군인으로부터도 믿음직스러운 대신이라는 평가를 얻었다. 대신 훈시 중에서 도조는 "논의를 오랫동안 질질 끌다가 결정을 하지 못하고 그 때문에 방침을 명시할 기회를 잃거나, 상사가 이미 결의한 사항을 다시 논의하면서 실행을 주저하는 경우가 있는데, 이는 속히 일소해야 할 병근(病根)이다"라고 말했다. 그 말대로 각료회의에서도 즉결을 요구했고, "국책의 기준이 결정되어 있기 때문에 예스인지 노인지 즉각 대답할 수 있을 것"이라며 추궁했다. 그 결과 전 육군상 이타가키나 하타처럼 각료들의 반론에 부딪혀 말문이 막혀버리는 일은 없었다. 바로 그것이 육군성과 참모본부 장교들의 신뢰에 값하는 도조의 성격이었다.

마쓰오카도 이러한 도조의 태도에 호감을 가졌다. 그 역시 결단이야말로 무엇보다 뛰어난 정책이라 생각하고 있었기 때문이다. 도조 또한 각료회의에서 마쓰오카를 만날 때마다, "마쓰오카라는 사람은 자신의 말을 굽히지 않는 신념의 소유자"라고 비서인 아카마쓰에게 말했다. 두 사람의 밀월시대였다.

마쓰오카는 자신의 외교정책을 실행하기 위해 외무성의 인사를 대폭 교체하여 추축에 찬동하는 이들로 진용을 꾸렸다. 그리고 대독추축강화對獨樞軸强化를 검토한다는 명목으로 육해군과 외무성의 사무당국에 대독교섭 기본방침을 다듬도록 했다.

그런데 이 과정에서 외무성과 해군 사이에 균열이 생겼다. 해군상 요시다 젠고, 항공본부장 이노우에 시게요시井上成美(1889~1975), 연합함대 사령장관 야마모토 고주로쿠山本五十六 등 해군 주류는 독일에 대한 경계심이 강하여 마쓰오카와 대립했고, 해군군령부의 중견장교를 중심으로 한 대독파對獨派에도 동조하지 않았다. 이 대립에서 지친 요시다는 결국 사임하고 말았다.

8월 말에 이르러 마쓰오카는 이때까지 이뤄진 대독교섭의 초안을 독단적으로 바꿨고, 그 안을 삼국동맹 교섭을 위해 특사 슈타머Heinrich Georg Stahmer(1892~1978)를 파견하고 싶다는 독일 측의 제안에 대한 대응책을 결정할 4상회의四相會議에서 일방적으로 제시했다. 수상 고노에와 육군상 도조는 즉각 찬성했다. 하지만 요시다 대신 출석한 해군상 오이카와 고시로及川古志郎(1883~1958)는 내심 삼국동맹에 반대했음에도 마지못해 원칙적으로 동의한다고 대답하지 않을 수 없었다.

마쓰오카는 교묘한 정치가였다. 취임 후 얼마 지나지 않았을 때 작성된 대독교섭 초안은 '시국처리요강'에서 "무력행사에 이르러서는 전쟁상대를 영국으로만 국한하도록 적극 노력한다"라고 명시한 대로 영국으로만 한정하고 있었는데, 사상회의에 제출한 초안에서는 일거에 대미군사동맹으로 바꿔버렸다. 독일은 제1차 고노에 내각과 히라누마 내각 시대에도 영국과 프랑스까지 대상으로 하는 방공협정防共協定 강화, 즉 군사동맹체결을 바라고 있었는데, 마쓰오카는 이 요구에 놀랄 만큼 훌륭하게 응답한 셈이다.

사상회의에서 승인을 얻은 이 초안은 어전회의에서도 대미전쟁으로 이어지는 것은 아니냐는 질문을 받았다. 하지만 마쓰오카는 "일미전쟁을 저지하기 위해서는 의연한 태도로 임할 수밖에 없다"고 응수했다. 독일의 중개로 일소관계를 조정하고 나아가 일본·독일·이탈리아·소련 4개국 협상이 이뤄지면 대미 억제 효과를 발휘할 수 있을 것이라는 생각이 마쓰오카의 위대한 구상이었다.

이 단계에서는 고노에와 도조의 눈에도 마쓰오카에게 휘둘려 사태가 진전되고 있는 것처럼 보였다. 해군의 애매한 태도에 불만을 품고 있던 고노에는 해군차관 도요다 소에무豊田副武(1885~1957)에게 비밀리에 물었다. 그러자 도요다는 "해군의 진심은 반대입니다. 그런데 강경하게 반대하는 것은 국내정세가 허용하지 않습니다. 그래서 어쩔 수 없이 찬성하는 것입니다"라고 대답했다. 이 말을 듣고 고노에는 기가 막혔다.

하지만 마쓰오카와 독일 특사 슈타머의 절충이 이어졌고, 해군을 달래기 위해 대미전 자동 참전 3항을 빼기로 하는 부속문서를 덧붙여 각료회의와 어전회의를 거쳐 9월 25일 삼국동맹 조약이 조인되기에 이르렀다. 마쓰오카 외무상에게 반감을 가진 외무성의 원로들은 이 조약의 위험성을 예리하게 지적했다. 전 외무상 아리타 하치로는 지나사변 해결, 일소 국교 조정, 남방에 대한 정치적·경제적 진출, 영미로부터의 군사적·경제적 압박의 경감, 아메리카의 대일전쟁 저지, 기타 일본에 유리하게 보이는 것에 '악마의 유혹'이 있다고 말했다.

삼국동맹과 나란히 마쓰오카는 영미와 장제스 정부의 제휴를 분리하기 위한 정책도 추진했다. 장제스 지원 루트는 서북, 버마, 프랑스령 인도차이나, 연안 코스 네 개가 있었고, 이것을 끊어버리기 위해 국제회의에서 강경책을 호소하고 싶었지만 국제연맹을 탈퇴한 터라 그럴 기회가 없었다. 그래서 독일이 영국과 프랑스를 궁지로 몰아넣는 바람에 양국이 여력을 잃은 것을 배경으로 마쓰오카는 주일프랑스대사 앙리와 북부 프랑스령 인도차이나 진주進駐 협정을 체결했고, 일본군은 장제스 지원 루트를 절단하기 위해 프랑스령 인도차이나 진주를 단행했다. 뿐만 아니라 "프랑스는 극동의 경제적·정치 분야에서 일본국의 우월적 이익을 인정한다"는 약속을 받아냈다. 9월 23일 그러니까 실질적으로 군대가 진주할 무렵, 현지의 일본군이 무단으로 병력을 동원하여 프랑스군과 소규모 전투를 벌였다. 참모본부 제1부장 도미나가 교지, 작전과장 오카다 주이치

岡田重一가 현지로 가 프랑스군을 강압적으로 추궁하기 위해 일으킨 이 전투는 일본군의 통수가 얼마나 혼란스러웠는지를 보여주는 상징적인 사건이었다.

고슈레이학교
만주 궁주링(公主嶺)에 있었던 군사학교. 1939년 8월 설립되었다.

이러한 대권침범에 분노한 도조는 도미나가를 만주의 고슈레이학교公主嶺學校*소속 장교로, 오카다를 지나방면군支那方面軍 참모로 좌천시켰다. 현지군 참모 사토 겐료에게는 잘못을 묻지 않았다. 군 내부에서는 "대권침범에 대해서는 엄벌을 내리는 육군상"이라고 수군댔지만, 뒤에서는 사토를 불러 "읍참마속泣斬馬謖하지 않으면 안 되는 경우도 있다"는 말을 흘리며 등용의 기회를 주겠다고 약속했다. 사실 반년 후에는 사토를 육군성으로 불러들였다.

육군성과 참모본부의 졸렬한 미국관

9월 27일, 일본-독일-이탈리아 군사동맹이 히틀러 수상, 치아노 Galeazzo Ciano(1903~1944) 이탈리아 외무상, 구루스 사부로來栖三郎(1886~1954) 대사 세 명이 참석한 가운데 베를린에서 조인되었다. 도쿄에서는 마쓰오카 외무상이 주최한 축하연이 외무상 관저에서 열렸다. 아나미와 무토를 대동하고 참석한 도조는 그곳에 모인 사람들과 함께 만세를 불렀다. 게다가 프랑스령 인도차이나의 장제스 지원 루트 차단도 성공리에 진행되고 있는 터라 도조의 기분은 적잖이 좋았다. '시국처리요강'에 기초하여 모든 것이 순조롭게 돌아가고 있었다. 마쓰오카와 도조의 웃는 얼굴은 이 축하연의 주역이었다.

하지만 이 조인으로부터 1개월 후, 그들의 구상은 무너졌다. 그들은 그 사실을 알지 못했다. 당시 세계의 지도자들은 마쓰오카나 도조는 상상도 할 수 없는 논리와 이해관계에 따라 움직이고 있었지만, 그들에게는 그런 냉엄한 회전축을 꿰뚫을 수 있는 정치적 시야가 없었다. 기껏해야 일본 국내에서 도의나 신의를 설파하는 수준이었다.

우선 히틀러와 스탈린의 관계가 험악해졌다. 소련 외무상 몰로토프v. M. Molotov(1890~1986)가 베를린을 방문한 것은 동맹체결 1개월 후였다. 히틀러와 립벤트로프Joachim von Ribbentrop(1893~1946) 외무상은 일본·독일·이탈리아·소련 4개국의 세력권 설정과 4개국 협상안을 제안했다. 만약 일본과 이탈리아도 동의한 이 안을 몰로토프가 받아들인다면 조약 초안을 제출하여 서명할 계획이었다. 그런데 몰로토프는 즉답을 피했다. 역으로 독소 양국 간의 의견불일치 문제를 제기했다. 몰로토프가 귀국한 후, 스탈린은 소련 주재 독일대사에게 회답하여 4개국 협정안 체결을 전제로 몇 가지 요구를 승인하라고 요청했다. 격노한 히틀러는 종래의 생각을 내던지고 대소전쟁을 결의했다. 그의 생각은 다음과 같이 바뀌었다. 소련을 한 방에 해치운다. 일본에 대한 소련의 압박을 제거한다. 일본의 전략적 입장을 강화한다. 일본군을 남진시킨다. 태평양과 대서양 쌍방에서 전쟁을 일으킬 것이라며 미국을 위협한다.

만약 이때 히틀러의 냉철한 계산을 알았다면 도조는 틀림없이 충격을 받았을 것이다.

더욱이 그들은 큰 잘못을 저질렀다. 삼국동맹을 승인하는 어전회의에서 대미관계 악화를 문제 삼자 마쓰오카는 "미국이 경화硬化하여 한층 험악한 상태에 이를지 아니면 냉정하게 반성할지 그 가능성은 반반으로 보인다"고 답했지만, 회답은 누가 보아도 분명했다. 미국은 독일과 일본의 시위를 알아채고 기가 죽기는커녕 심기일전하여 강한 태도로 나올 징후를 보이고 있다는 뉴스가 주재 무관이나 통신사를 통해 전해졌다. 각종 뉴스들은 미국의 여론이 중국의 항일운동에 동정을 표하고 있으며 독일보다 일본을 적대시하는 각료가 있다는 것을 암시해 주었다. 미국 정부도 충칭 정부*를 동맹국으로 간주하고 원조를 더욱 늘리기로 결의했다. 그것은 도조와 마쓰오카, 고노에의 상상을 넘어서 있었다.

충칭 정부
친일적인 왕징웨이의 난징 정부에 맞서 충칭(重慶)에 세운 중국의 항일 정부를 가리킨다.

군무국장 무토 아키라는 가끔씩 육군상 관저 집무실로 찾아와 사태에 대처하는 육군의 태도 결정에 대해 협의했다. 전년 9월 이래 이 자리를 지키고 있는 무토는 정세를 제대로 파악하지 못해 갈팡질팡하는 도조의 유력한 조언자였다. 그 때문에 도조가 무토에게 휘둘리고 있다는 소문이 돌기도 했다. 그런 무토가 도조에게 삼국동맹은 아무리 시간이 흘러도 유효한 방법이 될 가능성이 없다고 호소했다. 지나사변 완수의 길은 멀기만 하고, 대소 국교 조정도 진전되지 않고 있으며, 미국은 일본이 예상한 것과 전혀 다르게 기가 꺾이지 않고 있다.

바로 이 무렵 '시국처리요강'의 '대對남방 무력행사'를 둘러싸고 육해군 사무당국은 하나의 상정想定에 대해 격렬한 논쟁을 벌이고 있었다. '무력행사'의 상대로 예상되는 나라는 영국과 네덜란드. "영국에만 국한하도록 노력한다"고 했지만 과연 그것이 가능하기나 할까. 육군 당국도 그리고 무토와 도조도 "대미전쟁은 피해야 한다. 영국과 미국을 분리하여 생각하는 것은 가능하지 않을까"라고 말하고, 군사계획에 관해서도 "그러기 위해 필리핀이나 괌은 작전계획에서 떼놓아야 한다. 두 곳 모두 미국의 영향 아래 있기 때문에 작전계획을 세웠다가는 미국을 자극하게 된다"고 생각했다. 하지만 그것은 일본 측의 원망願望에 지나지 않았고, 영미가 불가분의 관계에 있으리라는 것은 추호도 의심할 수 없다는 것이 해군성과 외무성의 생각이었다. 여기에서 영미를 분리할 수 있다는 육군의 입장과 그럴 수 없다는 해군의 입장이 대립하기에 이르렀고, 그것이 남방 무력 진출을 멈출 수 없다고 주장하는 육군과 그것을 위험시하는 해군의 분기점이 되었던 것이다.

해군에서 이렇게 말하는 데는 근거가 있었다. 1940년 11월 실시된 해군군령부와 연합함대의 도상연습에서 네덜란드령 인도차이나 작전에 비춰 대영미전을 검토했다. 여기에서는 다음과 같은 결론이 도출되었다.

"미국의 전비戰備가 상당히 뒤처져 있고 영국의 대독작전이 현저하게 불리하지 않는 한, 네덜란드령 인도차이나 작전에 착수하면 조기 대미개전은 필지必至일 것이다. 영국은 그 뒤를 따를 것이고 결국 네덜란드령 인도차이나 작전을 수행하는 도중에 네덜란드, 미국, 영국 등 몇몇 나라를 상대로 작전을 펼치는 상황으로 발전할 가능성이 아주 높다. 그렇기 때문에 적어도 각오를 단단히 하지 않고 또 충분한 전비를 갖추지 못한 경우라면 남방작전에 착수해서는 안 된다."

이것을 야마모토 고주로쿠 연합함대 사령장관이 군령부총장에게 진언했고, 오이카와 해군상에게도 전달되었다. 이를 계기로 전全 해군은 영미 불가분론으로 통일되기에 이르렀다.

도조와 무토는 해군의 이런 방침을 전해 듣고 납득하지 않을 수 없었다. 군무국의 장교가 '지나사변처리요강'을 상의하면서, "지나사변을 해결하기 위해 호기를 포착하여 무력을 행사하고 남방문제를 해결한다"는 육군성 원안의 내용에 해군성이 강경하게 반대하고 있다는 말을 건넸을 때, 도조는 '무력행사'라는 자구字句의 삭제에 응했다. 해군의 영미 불가분론 세력이 그만큼 강했던 것이다.

11월 3일 열린 어전회의에서 결정한 '지나사변처리요강'은 세계전략 속에서 지나사변의 해결을 모색하려는 것이었는데, 아직 삼국동맹에 의존하는 색채로 가득 차 있었다. 그 내용은 다음과 같았다.

"영미의 장제스 지원 루트를 무력으로 끊는 한편(독일이 유럽을 제압할 것을 예상), 대소 국교를 조정하고(마쓰오카의 일본－독일－이탈리아－소련 4개국 협상에 기대), 정치와 전쟁(왕징웨이 정부 승인과 무력 사용) 등 모든 수단을 동원하여 충칭 정부의 굴복을 기다린다. 그러기 위해 중국에서는 장기적이고 대대적인 지구전(가능한 한 소규모로 오래 견디면서 지나방면군 축소)을 펼치고, 대동아신질서 건설을 위해 국방력의 충실(대소전의 충실)을 도모한다."

모든 목표가 유기적으로 결부되어 있지만, 그 근간을 이루는 정치 프로그램과 군사작전 계획이 모두 조잡하기 짝이 없어서 실제로는 어떤 방향으로 나아갈지 불투명했다.

남방 무력 진출에 적극적이었던 육군은 대미전쟁의 가능성도 있다는 말을 듣고 처음으로 미국을 연구하기 시작했다. 그 정도로 미국 관련 전문가가 없었던 것이다. 도조의 책장에도 미국 관련 저작이 여러 권 꽂혀 있었지만, 그 내용은 산만한데다가 전혀 통일성을 갖추고 있지 못했다. 예컨대 역사가 일천하고 개인주의가 만연하여 국민의 통합성을 찾아볼 수 없다고 적혀 있는 수준 낮은 책들이었다. 인구는 세계 총인구의 8퍼센트, 세계 총생산액에서 소맥 22퍼센트, 석탄 43퍼센트, 구리 53퍼센트, 강철 60퍼센트, 석유 72퍼센트를 차지하며, 국가경제의 고민은 생산 과잉에 있다는 것을 지식으로 알고 있지만, 그것을 전력화戰力化할 능력이 결여되어 있는 국민이라고 기록한 책도 있었다.

1940년 11월, 도조와 무토는 육군성 전비과장 오카다 기쿠사부로岡田菊三郎를 불러 일본과 미국의 전력을 대비하는 자료를 만들라고 명했다. 2개월 후, '남방 처리의 상정想定에 기초한 제국의 물적 국력 판정'이라는 제목의 문건이 도조 앞으로 배달되었다. "제국의 물적 국력은 대영미 장기전 수행을 고려할 때 불안함을 면하기 어렵다"는 문장으로 시작되는 이 보고서에는 대영미 전쟁 3년째부터 물량 감소와 함께 선박문제의 중대화, 석탄 반출의 감소에 따른 모든 생산의 마비, 경공업 자원의 부족이 예상된다고 적혀 있었다. 모든 부문에 절망적인 숫자가 나열되어 있었다.

"이것은 숫자일 뿐이며, 황군의 사기와 규율을 생각하면 한 마디로 패전할 것이라고 말할 이유는 없습니다."

오카다는 떨떠름한 표정을 짓고 있던 도조에게 이렇게 덧붙였다.

"물론 그렇다. 미국에는 나라의 중심이 없다. 반면 우리 제국에는 3천 년에 이르는 국체가 있다."

도조는 이 보고서를 육군성과 참모본부의 상층부에만 알렸다. 전력 비율만을 보고 정책 결정을 주저하지나 않을까 두려웠던 것이다. 부과장회의部課長會議에서는 오카다의 입을 통해, 전력 비율에는 차이가 있지만 전장이 태평양인데다 보급, 일본군의 사기, 전투력, 작전 등을 개별적으로 검토하면 일본군이 우세하기 때문에 호각지세를 이룰 것이라는 낙관적인 내용이 전달되었다.

이 보고서를 훑어본 다음 도조는 인사이동을 단행하여 사토 겐료를 군무과장으로 발탁했다. 정실인사라며 수군대기도 했지만, 취임 전에 "자네는 미국을 연구해왔다. 자네의 미국관을 배우고 싶다"고 말함으로써 이번 인사가 미국 연구의 일환이라는 것을 털어놓았다. 이런 고백에 사토는 감격했다.

하지만 도조는 사람을 잘못 보았다. 사토는 급진적인 남진론자에다 대미 강경파였기 때문이다. 무엇보다 육군대학 졸업 후 3년 정도 주재 무관 생활을 한 사토의 미국관은 주관적인 색채가 농후했다. 그는 미국을 "처음부터 끝까지 일본을 압박하고 있는 오만한 국가, 일본의 발전을 방해하는 도의道義가 통하지 않는 야비한 국가"라 말하고, 나아가 "저 나라를 여론의 나라라고들 하지만 여론이라는 것이 수상하기 짝이 없어서 돈으로 움직이는 무리가 날조해낸 것"이라고 했다. 그의 견해에 따르면 이 나라는 역사에 남을 전쟁이라는 것을 경험하지 못했다. 병사에 대한 교육은 일본과 비교하면 천양지차이다. 그들은 술과 춤을 즐기고 군인으로서의 마음가짐을 갖고 있지 못하다. 한마디로 국가에 대한 충성심 따위는 눈곱만큼도 없었다.

"여러 민족이 모여 살고 있는 국가이기 때문에 지나처럼 국민들이 통합을 이루지 못하고 있습니다."

이렇듯 갑작스러운 보고에 도조가 전면적으로 수긍했을 리는 없지만, 그러나 그런 의견은 그의 불안을 진정시키는 역할을 했다. 도조의 미국관이 서서히 전력을 경시하는 방향으로 나아가기 시작했다는 것이 그 증거이다. 역시 귀에 듣기 좋은 말에 그의 생각도 기울기 시작했던 것이다.

이시와라 간지와 충돌하다

육군상으로서 도조는 사생활을 깨끗하게 유지하려고 애썼다. 산겐차야三軒茶屋에 있던 집이 좁아져서 다마카와요가玉川用賀에 신축하게 되었는데, 그동안 가족도 관저로 옮겨와 살았다. 건축자재는 배급제로 공급되었다. 도조는 육군상이라는 이유로 특별한 배려를 받지 않도록 하라고 목수에게 명하면서 조금씩 집을 지어나갔다. 그 때문에 공사를 마무리하는 데 일 년 남짓의 시간이 걸렸다. 관저의 사실私室에서는 아내 가쓰가 도조의 속옷을 수선하고 양말에 헝겊을 덧대 꿰맸다. 도조도 그렇게 꿰맨 양말을 아무렇지도 않게 신었는데, 출장 때 여관의 하녀가 그것을 보고 도조의 팬이 되기도 했다.

하지만 도조에 관한 일화에는 과장된 것이 많다. "호화저택에 살고 있다"거나 "주색에 빠져 있다"는 등 서민들의 증오를 불러일으키도록 조작된 일화가 범람했는데, 이런 이야기들은 도조가 반론을 제기하지 않았기 때문에 자가증식하는 양상을 보였다. 하지만 개개의 사실은 허구라 해도 이러한 일화의 배후에 감춰진 대중의 불만의 구조를 간파해야만 했다.

결벽에 가까운 성실함은 대인관계에서도 그대로 드러났다. 중견 장교나 청년 장교와 사적인 관계를 끊은 것도 일찍이 아라키 육군상과 청년 장교들이 보여준 것과 같은 방약무인한 관계를 경계했기 때문이었다. 그 대신 관저에는 각계의 유력자들이 찾아왔다. 대의사代議士나 실업가 중에서 육군에 얼굴도장을 찍으려는 자가 방문하여 그의 주위에다 듣기 좋은 소리들을 늘어놓았다. 그런 말을 들으면 도조도 어쩔 줄을 몰랐다.

신체제운동에 호응하여 정당을 경쟁적으로 해체하고 육군의 힘을 빌려 정치적 발언력을 높이려는 책략이 있었기 때문이다. 군무국장 무토 아키라가 "육군에 영합하려는 무리를 보면 침이라도 뱉고 싶어진다"라고 고노에 내각의 서기관장 후지타 겐지富田健治(1897~1977)에게 푸념할 정도로 도조를 '참배'하는 줄이 이어졌다.

신체제운동은 무토의 강력한 지휘 아래 정당 해체와 일국일당 성립으로 전환하고 있었다. 그런데 이 전환이 너무나 급격했기 때문에 우익진영이나 귀족원에서 '빨갱이'라는 소문이 흘러나왔고, 고노에를 암살해야 한다는 목소리도 높아졌다. 이러한 정세에 신경질적인 반응을 보이던 고노에는 "일국일당이니 뭐니 하는 통에 나는 사직하게 생겼다"며 무토를 다그쳤다. 도조와 무토는 그런 그를 달랬다. 10월에 대정익찬회가 발족했는데, "강령은 대정익찬이라는 신도臣道의 실천"이라는 고노에의 말대로 성격이 애매모호한 집단이었다. 정말이지 무슨 일이나 흐지부지 처리하는 고노에의 성격을 반영하고 있었다. 훗날 의회에서 대정익찬회의 성격이 무엇이냐는 질문을 받았을 때 도조가 거들고 나섰다. 그는 "익찬회의 신조는 군의 신조와 합치한다. 따라서 이를 지지한다"는 억지스러운 이유를 들어 의원들의 물음을 일축했다.

도조를 중심으로 하는 육군 장교들과 고노에의 관계를 보면, 내각 발족 후에는 잠시 원활했고 그 후에는 도조가 고노에의 우유부단함을 돕는 장면이 여러 차례 있었다. 그 배경에는 고노에처럼 정체가 불분명한 존재를 전면에 내세워 이용해야 육군의 정책을 중화中和시킬 수 있다는 판단이 자리 잡고 있었다. 물론 고노에도 교묘하게 도조를 이용했다. 고노에는 기획원 총재 호시노 나오키星野直樹의 대담한 성격을 그다지 좋아하지 않았다. 고노에는 "고노에 내각의 경제 각료는 너무 약하다"는 브레인들의 평을 받아들여 호시노를 경질하려고 했다. 하지만 고노에도 후지타도 직접 그것을 호시노에게 전달할 수 없었다.

비서관 아카마쓰 사다오는 다음과 같이 증언한다.

"후지타 서기관장이 몰래 도조 씨를 불러 '자네는 만주 시절부터 호시노 군과 친했으니까 자네가 전해주게'라고 부탁했습니다. 처음에는 도조 씨도 번지수를 잘못 짚었다며 거절했습니다만, 후지타 씨가 끈질기게 요청하자 마지못해 받아들였어요. 남에게 그만두라고 말하는 것은 참 곤란한 일이라면서 호시노 씨를 관저로 불러 설득했습니다. 그러자 호시노 씨는 정말 시원스럽게 그렇다면 그만두겠노라고 말하고 물러섰습니다. 그런 모습을 보고 도조 씨는 감동했지요. 저 사람에게 못할 짓을 했다,

정말로 멋지게 그만두었다, 저렇게 끝내다니 훌륭하다고 말했습니다. 또 아무런 원망도 하지 않는 좋은 사람이라고 말하기도 했어요. 이와 반대로 고노에 씨에 대해서는 출신이 출신인지라 세속적인 일을 싫어할지는 모르지만, 그렇다 해도 자신의 책임을 회피하는 것은 비겁하다며 화를 냈습니다."

다시 말해 그것이 도조가 자신의 내각을 꾸릴 때 호시노를 서기관에 앉힌 이유라는 것이다. 또 도조가 사퇴시켜야 한다고 생각한 각료를 자신이 직접 나서서 납득시키게 된 것도 이때의 불쾌감이 원인遠因이었다고 말하는 사람도 있다.

어쨌든 고노에의 이러한 태도는 도조의 경멸을 샀다. 좀처럼 다른 사람을 비평하지 않는 도조가 고노에에 관해서는 가끔씩 불만을 털어놓았다고 하는데 이 역시 그런 일이 겹쳤기 때문이다. 두 사람의 인간적인 기질 차이가 조금씩 드러나기 시작했던 것이다.

1941년 들어 육군성과 참모본부에서 행한 도조의 훈시는 "금년이야말로 비상시 중의 초비상시"라는 표현에서 볼 수 있듯 의욕으로 가득 차 있었다. 이 해에 국책을 전환하여 지나사변 완수를 기약한다는 것이었다. 강한 의욕은 곧 현실로 나타나, 1월 8일에는 육군대신 도조 히데키의 이름으로 '〈전진훈戰陣訓〉'을 발표했다. 처음에는 중국 각지에서 싸우고 있는 일본군의 사기를 고양하기 위한 문서로서 교육총감부에서 만든 것이었는데, 이 글을 읽고 마음이 끌린 도조는 이것을 황군의 정신수양훈精神修養訓으로 삼으라면서 육군대신의 이름으로 공표하도록 했던 것이다.

모두에는 "본훈本訓을 전진戰陣의 도덕을 앙양하기 위한 자료로 제공해야 한다"고 적혀 있다. 그리고 "무릇 전진은 대명大命에 기초하여 황군의 진수를 발휘하고, 공격하면 반드시 취하고 싸우면 반드시 이겨서 두루 황도를 선포하고, 적으로 하여금 능위稜威의 존엄을 감명 깊게 우러러보도록 하는 곳이다"라는 말로 시작해 '본훈 1'에서 '본훈 3'까지 극명하게 황군의 우위성을 설파하고 있다. 도조의 위령威令이 육군 내부에 미치고 있을 때 사단장 중에는 병사들에게 이것을 암기하라고 명한 자도 있었고, '〈전진훈〉 리뷰'라는 것까지 만들어 도조에게 아양을 떤 자도 있었다.

그런데 교토의 제16사단장으로 자리를 옮긴 이시와라 간지가 이 〈전진훈〉을 물고 늘어졌다. "사단 장병들은 이런 것을 읽어서는 안 된다"며 퇴짜를 놓았던 것이다. "도조는 자기가 뭐나 되는 줄 아는 모양이군. 언제까지 허세를 부릴 작정이란 말인가. 벼락출세한 중장이 아닌가. 그런데 상원수인 친왕親王 전하를 비롯해 총사령관 이하에 대하여 정신교육을 훈계하다니, 천황 통솔의 본의를 유린한 불경스럽기 짝이 없는 놈이다."

도조의 명령에 따라 이시와라를 감시하고 있던 교토 헌병대에서 이 사실을 도조에게 보고했다. 몸을 부르르 떨 정도로 분노한 도조는 "이시와라를 전역시키겠다"고 말했다.

그 이전에도 도조는 도쿄 헌병대 특고과장 오타니 게이지로大谷敬二郎(1897~1976)에게 이시와라를 예비역으로 축출하라고 명하고, 이시와라의 맹우로 동아연맹東亞聯盟의 지도자 중 한 사람이었던 아사하라 겐조淺原健三(1897~1967, 전 무산정당 대의사)를 '빨갱이'로 몰아 그 책임을 물어 이시와라를 실각시키려고 획책한 적이 있었다. 오타니의 말에 따르면, 아사하라는 빨갱이가 아니라는 보고를 몇 번이나 올렸고 그런 후에야 도조는 단념했다. 히가시쿠니노미야東久邇宮도 아나미를 만나 이시와라의 능력을 끌어내도록 하라고 말했지만, 아나미는 "육군대신은 도무지 그런 말을 듣지 않습니다. 그놈은 안 된다며 전혀 돌아보려 하지 않습니다"라며 고개를 절레절레 흔들었다. 도조는 이시와라를 깊이 증오했다. 그는 동아연맹을 엄중하게 감시하도록 했으며, 정계, 재계, 학계, 매스컴의 유력 인물이 여기에 접근하면 헌병을 시켜 위협했다.

이시와라가 '〈전진훈〉' 비판을 멈추지 않았을 뿐만 아니라 "도조는 통수권을 침범한 불충한 자"라고 공언하기에 이르자, 도조는 강경한 태도로 "이시와라를 예비역에 편입시키라"고 아나미에게 명했다. 온후한 성격의 아나미가 대신 집무실에서 도조와 격론하는 것을 본 장교의 이야기에 따르면, 아나미는 얼굴을 붉히면서 필사적으로 충고했다.

"이시와라 장군을 전역시키는 것은 육군 자체의 손실입니다. 저렇게 유능한 사람을 예비역으로 몰아냈다가는 쓸데없는 마찰만 불러일으키지 않겠습니까?"

그러나 도조는 그 의견을 일축했다.

1941년 3월, 이시와라는 예비역에 편입되었다. 제16사단 사령부에서는 도조의 뜻을 깊이 헤아려 송별회도 열지 않았다. 도조에 대한 이시와라계 군인들의 원한은 일단 수면 아래로 가라앉았다. 이것이 4년 후에 일어난 도조 암살미수사건의 먼 원인이 되었다. 하지만 그것만이 아니었다. 군 내부의 장교들은 도조를 자신의 생각에 따라 무슨 일을 저지를지 모르는 육군상으로 받아들이게 되었다. 분명히 도조는 정치적 패배를 맛보았던 것이다.

이시와라에 대한 도조의 이상스러울 정도의 적개심은 정치적·군사적 측면만 살펴서는 충분히 설명할 수 없다. "마음이 맞지 않았다"거나 "주는 것 없이 미워했다"는 등 인간적인 기질의 차이에서 이유를 찾는 사람들이 있다. 그러나 어느 것 하나 설득력 있는 이유라고는 말할 수 없다.

여기에서 도조의 아버지 히데노리를 떠올려보는 게 나을 것이다. 히데노리와 이시와라 간지에게는 얼마나 많은 공통점이 있는 것일까. 두 사람은 그 시대의 전술과 전사戰史에 상당히 조예가 깊었던 군인이다. 성적이 그다지 좋지 않고, 융통성이 없으며, 독창성이 결여된 장교들을 강하게 경멸하는 면까지 그들은 공유하고 있었다. 두 사람이 걸어온 삶의 궤적을 추적해보면 성격적으로 공통되는 점도 많다. 종교적인 직정성直情性, 생각한 바를 꾸밈없이 말하는 정직함, 스스로의 병학兵學에 대한 절대적인 자신감, 협조하기보다 상대를 철저하게 논파하는 전투적 기질까지.

도조 히데노리는 야마가타 아리토모와 그 휘하의 장교들에 의해 육군에서 쫓겨났다. 이시와라 간지는 도조 히데키의 편집증적인 정신 상태와 헌병대를 움직인 책략에 의해 쫓겨났다. 도조 히데키의 잠재심리 속에 아버지 히데노리에 대한 굴절된 생각이 있었고, 그것이 이시와라에 대한 적개심으로 표출된 것은 아닐까. 이시와라의 배후에서 도조는 아버지 히데노리에 대한 '경멸'을 보고 있었다고 말해도 괜찮지 않을까.

덧붙여두기로 한다. 이시와라 간지 외에 도조가 싫어한 군인들, 다다 하야오, 야마시타 도모유키山下奉文, 혼마 마사하루本間雅晴(1887~1946, 니시오 도시조西尾壽造(1881~1960), 다니 히사오谷壽夫(1882~1947), 사카이 고지酒井鎬次(1885~1973) 등에게는 히데노리와 통하는 비정치적 군인의 원형이 있다. 한편, 도조 쪽에는 제국 육군의 양지를 걸어온 조슈벌 계열 군인의 잘못된 정치주의가 놓여 있다.

1940년 12월, 1941년 1월과 3월에 단행된 인사이동에서 도조는 노골적으로 육군성과 참모본부의 요직에 측근을 데려다 앉혔다. 이시와라를 예비역으로 내쫓은 아나미는 차관 생활은 충분히 오래했다며 스스로 도조의 곁을 떠나 제11군 사령관으로 자리를 옮겼다. 도조에게 실망한 나머지 쌀쌀한 태도로 돌아섰던 것이다. 그 자리에 기무라 헤이타로木村兵太郎(1888~1948)가 앉았다. 도조가 말하는 대로 움직이고 자신의 의견은 좀처럼 털어놓지 않는 남자였다. 헌병대를 직할하는 병무국장에 다나카 류키치, 인사국장에 도미나가 교지를 임명했다. 헌병과 인사 담당 자리를 도조의 눈을 제대로 쳐다보지도 못하는 아첨꾼으로 채웠던 것이다. 군 내부와 군 외부의 정치적 절충, 정책 결정의 요직인 군무국에도 자신의 입김이 미치는 장교들을 들여보냈다. 이리하여 도조가 자립할 수 있는 인맥도가 만들어졌던 것이다.

육군상 취임 후 9개월째인 1941년 4월, 도조는 어렵사리 자신의 수족을 확보했다. 일찍이 동지였던 잇세키카이一夕会 계열의 장교들은 육군성과 참모본부에서 모습을 감추었다. 역시 라이벌을 휘하에 두고 싶지 않았던 것이다. 결국 육군성은 편협한 도조 인맥 집단으로 바뀌었다.

투시력이 없는 집단

일미교섭, 오해의 시작

이보다 앞서 1940년 말, 두 미국인 신부 제임스 드라우트James M. Drought와 제임스 월시James E. Walsh가 비밀리에 일본을 방문하여 일미국교조정 가능성을 타진하며 조야朝野를 돌아다녔다. 대장성 전직 관료 이카와 다다오井川忠雄(1893~1947)가 그들을 맞았다. 그는 신부와 회견한 사실을 고노에와 마쓰오카에게 전했다. 그러나 둘은 진의가 분명하지 않다는 이유로 경계를 풀지 않았다. 그러자 이카와는 이전부터 알고 지내던

군사과장 이와쿠라 히데오를 설득하여 신부를 무토 아키라에게 데리고 갔다. 무토도 그들을 신용하지 않았다. 그런데 도조에게 보고하면서 "이 공작을 활용하는 게 어떻겠습니까. 잘 된다면 이보다 나은 것은 없을 것입니다"라고 덧붙였다. 무토의 말에 수긍한 도조는 이와쿠라를 전면에 내세워 측면에서 두 신부와의 교섭을 지켜보기로 했다.

드라우트와 월시는 귀국하여 3선에 성공한 루스벨트 대통령과 코델 헐Cordell Hull(1871~1955) 국무장관을 만나 교섭 내용을 보고했다. 루스벨트와 헐 모두 교섭이 잘될 가능성은 적다고 생각했던 듯하지만 일단은 받아들였다고 이카와는 전해왔다. 그리하여 이카와는 미국으로 건너가 교섭안 작성을 진행하게 되었다.

이러한 진전에 대해 마쓰오카는 불쾌감을 감추지 않고 이카와를 의심스러운 인간이라고 비판했다. 그는 각료회의에서 이카와의 도미渡美 비용을 문제 삼아 "도미 비용을 육군에서 지출한 것은 이상하지 않으냐"며 도조에게 따지고 들었다. 그러자 도조도 "육군에서 지출한 것이 아니다. 이와쿠라가 여기저기 돌아다니며 모은 것에 지나지 않는다"고 응수했고, 분위기는 험악해졌다. 도조와 마쓰오카의 관계가 멀어지는 1단계였다.

민간의 외교교섭은 그때마다 무토를 통해 도조에게 보고되었다. 3월 들어 주미대사 노무라 기치사부로野村吉三郎(1877~1964)가 일미교섭에서는 지나와의 관계가 문제가 될 것이므로 전문가를 파견했으면 좋겠다는 내용의 의견을 육군성으로 보내왔다. 이를 계기로 도조는 이와쿠라를 미국 출장이라는 명목으로 워싱턴으로 보내 이카와와 노무라를 보좌하도록 명했다.

그렇다고 도조가 이 일미교섭에 많은 기대를 걸고 있었던 것은 아니

다. 이와쿠라를 보낸 것 자체에 도조의 진의가 있었
다. 그는 3년간 군사과장 자리에 앉아 있던 이와쿠라
를 그다지 중용하지 않았다. 독단과 전횡, 스탠드 플
레이*를 좋아하는 성격. 그 이상으로 도조가 혐오한
것은 이와쿠라가 빈번히 아카사카赤坂*에 나다니는 것
이었다. 업무 때문이라고는 해도 그가 아카사카를 자
주 찾는다는 것은 널리 알려져 있었고, 전쟁이 끝난
후 이와쿠라 자신도 그것 때문에 도조에게 미움을 샀다고 털어놓았을 정
도다. 도조와 무토는 미국과 교섭하는 데 척후 역할을 할 사람으로 이런
성격의 소유자인 이와쿠라가 어울린다고 생각했던 것이다. 그런 생각의
바탕에 미국을 경시하는 태도가 깔려 있는 것이 아니냐는 소리를 들어도
어쩔 도리가 없었다.

미국으로 건너가기 전 이와쿠라는 국내의 각계각층에 인사를 하러 다
녔는데, 그는 거의 대부분이 일미화해를 바라고 있다는 것을 알고 적잖
이 놀랐다. 미국대사관을 방문하여 주일대사 조지프 그루Joseph Clark
Grew(1880~1965)에게도 인사를 했다. 그루는 헐에게 "이와쿠라 대좌는
청년 장교 그룹에서 가장 중요한 지도자 중 한 사람이며 또 도조 육군상
의 완전한 신임을 받고 있다"고 보고했는데, 병무국에서 미국대사관의
모든 전보를 지켜보고 있었던 터라 이 보고는 도조를 얼마간 복잡하게
했다.

한편 당시의 미국 상황을 개략적으로 살펴보면, 삼국동맹을 불쾌하게
여기고 있던 루스벨트는 일본의 남방정책이 독일과 이탈리아의 정책에
호응하고 있는 것으로 생각하고 있었다. 유럽 전선에 미국이 참전하는
것을 원치 않는 독일이 이를 위해 일본으로 하여금 태평양에서 군사작전

을 일으키게 하여 미국을 견제하고자 하며, 일본의 남방정책은 그런 흐름을 따르고 있는 것일지도 모른다는 것이 미국의 생각이었다. 일미교섭이 시작되기 전 루스벨트는 노무라에게 이런 의구심을 분명하게 전했다.

"일본의 남진정책은 때로 완급이 있긴 하지만 거의 국책으로서 결정하고 있는 것처럼 보인다. 우리나라가 영국을 돕는 것은 우리나라의 독자적인 의사에 따른 것이지만, 일본은 삼국동맹의 구속을 받고 있기 때문에 진정한 독립국이라 할 수 없다. 독일과 이탈리아에 휘둘리고 있다."

노무라와 일본의 지도자는 이러한 우려를 무시했다.

더욱이 루스벨트는 국무장관, 육군장관, 해군장관을 불러 지금까지의 전략을 분석하고, 만약 일본과 독일이 공격을 감행할 경우 미국이 이에 대항할 수 있는 군비를 완전히 갖추는 데 적어도 8개월은 필요하다는 결론에 따라, 군사적·경제적 측면에서 조속한 대응책을 마련하라고 명했다. 그리고 대통령 아래 육해군의 군령軍令과 군정軍政이 일원화되어 있는 미국의 지도자로서 다음과 같이 지시하기도 했다.

"일본과 독일이 동시에 미국을 공격할 가능성은 지금은 5분의 1 정도이지만 언젠가는 정점에 이를 것이다. 이 사태에 대항하기 위해 레인보우 플랜Rainbow Plan•을 마련해놓고 있다. 하지만 사태가 발생할 경우 아직 레인보우 플랜을 실행에 옮기는 데는 수개월 동안 준비가 필요하다는 따위의 비현실적인 생각은 버려야 한다. 지금 유력하고도 즉시 동원할 수

레인보우 플랜
미국이 제2차 세계대전에 대비하여 마련한 전쟁계획. 1930년대 후반, 제2차 세계대전의 기운이 높아지자 세계는 나치 독일을 중심으로 하는 추축국과 영국을 중심으로 하는 연합국으로 양극화되고 있었다. 이런 상황에서 국가 간 관계를 정리한 다음, 복수(複數)의 국가와 미국이 전쟁상태에 돌입할 것을 상정하고 세운 계획이다. 이 계획은 1부터 7까지 번호로 나뉘어 있었고, 그 가운데 일본·독일·이탈리아를 가상 적국으로 한 것이 5번이었다고 한다. 1939년에 제정되었다고 하지만 진위는 분명하지 않다.

있는 수단을 취하는 현실적 태도가 필요하다. [……] 태평양에서는 방위적防衛的 태도를 취하고 하와이에 함대 기지를 둔다. 당장 필리핀의 아시아 함대는 강화하지 않는다."

이에 근거하여 일미교섭의 권한을 국무장관 코델 헐에게 위임하기로 하고, 당분간 일본의 움직임을 지켜보기로 결정했다. 또 충칭 정부를 대표하여 장제스가 일미교섭이 무의미하다는 내용의 전보를 보내왔는데, 주미대사 쑹쯔원宋子文(1894~1971, 장제스의 손위 처남)의 강한 압력이 일단 받아들여졌기 때문이었다.

1941년 4월 18일 오전, 미야케자카三宅坂에 있는 육군성 군무국의 방은 희색이 넘쳐 흐르고 있었다.

군무국장 무토 아키라에게 불려간 군무과장 사토 겐료는 노무라가 보낸 일미양해안日美諒解案을 건네받았는데, 그는 이것을 읽었을 때의 놀라움을 다음과 같이 썼다.

"그것은 곤혹스럽다기보다는 젊은 아가씨가 호화로운 패션이라도 본 듯한, 그리고 눈썹에 챙이라도 씌우고 싶을 만큼 이상하게 착잡한 기분이었다."

사토 겐료, 무토 아키라, 일미교섭을 담당하게 된 군무과 고급과원 이시이 아키호石井秋穂(1900~1996) 모두가 일미양해안의 내용을 보고 흥분해 도조에게 달려갔다.

일본에서는 이 양해안이 이와쿠라, 이카와, 드라우트 세 사람이 상호간 문제점을 검토한 후 그 결과를 토대로 시안을 작성하고, 그것을 헐이 손질하여 완성한 것으로 전해져 왔다. 이 안에서는 "(1) 일미 양국이 포회抱懷하는 국제 관념 및 국가 관념"에서부터 "(7) 태평양의 정치적 안정에 관한 양국 정부의 방침"에 이르기까지 7개항에 걸쳐 합의에 도달했다고 말하고 있지만, 중심은 미국이 만주국을 승인하고 지나사변 해결을 중개한다는 점에 있었다. 게다가 말미에는 호놀룰루에서 일미대표자회담을 열어 고노에와 루스벨트가 무릎을 맞대고 서로 이야기를 나누는 게 좋겠다는 말까지 덧붙여놓았다.

신뢰하는 군무국 장교들로부터 이 안에 대해 설명을 들은 도조는 눈을 가늘게 뜨고 기쁜 표정을 짓더니 "미국의 제안에서 가장 중요한 것은 지나사변 처리이며 따라서 이 기회를 놓쳐서는 안 된다. 단연코 이용하지 않으면 안 된다"고 말했다. 그런데 기쁜 표정도 잠시 도조는 이면에 책략이 있는 것은 아닌지 의심했다. 또 미국이 군사적으로 불의의 타격을 가할지 모른다고 생각하기도 했다. 너무나 일본에 유리한 조건뿐이었기 때문이다.

"미국이 정말 이렇게까지 양보를 했단 말인가. 정말일까"라고 말하며 그는 고개를 갸웃거렸다. 그런데 불행하게도 그는 내심 다음과 같이 생각하고 있었다.

'일본이 세게 나가면 미국은 양보한다. 이것도 삼국동맹 때문이다.'

바야흐로 착각의 시작이었다. 착각이라 하지만 일미양해안 자체가 착오 속에 있었다. 실제로는 이와쿠라, 이카와, 드라우트 세 사람이 사적으로 만든 안일 뿐 미국이 정식으로 인정한 것은 아니었다. 물론 헐은 이 안을 훑어보기는 했지만 미국과 일본의 민간인들이 만든 사안私案에 지나지 않는 것으로 판단했다고 한다. 이와 관련하여 전후에 집필한 회고록에서 헐은 이렇게 말한다.

"각 항의 대부분은 모두 열렬한 일본의 제국주의자들이 요구하고 있는 것이었다."

왜 이런 착오가 생긴 것일까. 이와쿠라와 이카와는 이 사안 작성에 미국 정부의 고관이 관련되어 있고 헐도 이 문안을 읽었기 때문에 미국안이라 불러도 상관없다는 식으로, 그러니까 자기 편할 대로 해석한 것인지도 모른다. 아니면 이와쿠라는 자신들이 만든 것이라면 일본 정부의 어느 한 사람 상대해주지 않을 것을 알고서, 미국안이라 속이고 고노에와 도조로 하여금 이것을 인정하게 하려고 도모했던 것인지도 모른다. 만약 그런 속셈이 있었다면 그것은 성공했다. 고노에 또한 이 전보를 받고 기뻐하면서 일미교섭에 기대를 걸게 되었기 때문이다.

그러나 실은 착오가 더 있었다. 노무라도 요점을 빠뜨렸던 것이다. 즉 4월 16일 노무라는 헐과 회담을 했는데, 이때 헐은 일미 정부가 이 양해안에 찬성하고 일본 정부가 노무라에게 이것을 미국 정부에 제출하라는 훈령을 내린다면 이 양해안을 교섭의 기초로 삼아도 좋다고 말했다. 그리고 자신은 이 안에 동의할 수 있는 정책도 있지만 수정, 삭제, 거부해야 할 정책도 있다고 덧붙였다. 그러나 헐은 그 전제로서 '4원칙'을 수락할 필요가 있다고 얘기했다. 4원칙이란 다음과 같다. (1) 모든 국가의 영토와 주권의 존중, (2) 타국의 내정불간섭, (3) 통상상通商上의 기회균등을 포함한 평등원칙의 지지, (4) 평화적 수단 이외에 다른 방법으로 태평양의 현상現狀을 변경하지 않는다. 이 추상적인 헐 4원칙을 들이미는 순간 만주사변 이래 여러 차례 바뀐 일본 정부와 정면으로 충돌한다. 미국은 외교적으로 교묘한 포석을 두었던 것이다. 노무라는 도쿄에 양해안을 전달했지만 헐 4원칙은 전하지 않았다. 이를 도쿄에 알리면 반감을 사 교섭이 좌절될 수밖에 없다고 보았기 때문이다.

1개월 후 노무라가 이 4원칙을 일본 정부에 알렸지만, 그때에도 여전히 미국이 이것을 교섭의 전제로 삼고 있다는 점은 감추고 있었다. 이와쿠라도 4원칙이 혈의 요청이라는 것을 숨긴 채, 마치 두 신부가 바라고 있는 문안인 것처럼 왜곡하여 보고했다.

더욱이 미국도 의식적으로 일본이 착오를 일으킬 만한 외교수단을 사용했다. 이때 미국은 영국에 대한 원조를 강화하는 한편 일본과의 싸움을 피하지 않으면 안 되었다. 미국은 상황이 절박해지자 4월 하순 영국행 원조물자를 운반하는 수송선단을 미국의 군함과 항공기를 보내 호위하기로 결정했다. 미국과 독일의 충돌은 충분히 예상할 수 있는 일이었다. 이런 상황에서 미국은 일본의 참전을 막고 싶어 했다. 그런 의미에서도 일본과의 교섭은 필요했다.

도조는 물론 그런 것을 알지 못했다. 4월 18일 오후 육군성 군무국에서 열린 협의회에서는 미국 측이 제시한 양해안을 바탕으로 일미교섭의 방향을 다음과 같은 세 가지 사항으로 좁혔다. (1) 미국은 장제스 지원 정책을 버리고 일중평화를 중재한다. (2) 일미 양국은 유럽의 전쟁에 참전하지 않는다. 될 수 있으면 양국이 협력하여 조정에 나선다. (3) 미국은 대일경제압박을 해제한다. 교섭의 방향에는 미국 측의 약점을 이용하려는 의도가 노골적으로 드러나 있었다. 협의가 끝난 후 군무국장실에서 무토가 "어찌 됐든 참 염치없는 말이긴 하군"이라며 중얼거릴 정도였다.

이날 오후 8시부터 열린 대본영-정부 연락회의에서는 이 양해안을 어떻게 취급할 것인지 검토했다. 한 출석자는 훗날, 회의 분위기는 화기애애했으며 도조와 무토의 웃는 얼굴이 눈에 띄었다고 증언했다. 도조는 의기양양하게 발언을 이어가면서 출석자들에게 "이 안에 기초하여 시작하는 것은 상관없지만 독일과의 신의가 있으니까 삼국동맹에 저촉하지 않도록 해야 한다"라든가, "지금으로서는 미국과 대치할 군사적 여유가 없다"라고 구체적으로 설명했다. 즉시 노무라에게 '원칙상 동의'한다는 내용의 전보를 보내라는 목소리도 높았다. 그러나 외교책임자의 서명 없이는 그렇게 할 수 없었기 때문에 유럽을 방문 중인 마쓰오카 외무상의 귀국을 기다리기로 했다.

"마쓰오카도 이 양해안을 보면 틀림없이 기뻐할 것이다."

도조는 군무과의 부하에게 자신만만하게 말했다. 아니, 연락회의에 출석한 사람 모두의 공통된 감상이었다.

마쓰오카 구상의 붕괴

마쓰오카 요스케가 일본을 출발한 것은 3월 2일이었다. 그는 독일·이탈리아·소련 3국의 수뇌와 만나 정체 상태에 빠진 대소련 교섭을 타개하려는 생각을 품고 여행길에 올랐다. 교섭을 타개하기 위해 그는 독일을 이용할 셈이었다. 히틀러와 무솔리니를 만났으며, 모스크바에서는 스탈린과 논의한 끝에 일소중립조약을 체결했다. 그의 의도는 한 치의 어긋남도 없이 성공했다. 그는 다롄大連에 도착했는데, 그곳에서 고노에로부터 연락을 받고 4월 22일 저녁 무렵 다치카와비행장으로 돌아왔다. 그곳에는 고노에가 혼자 마중을 나와 있었다. 마쓰오카의 격정적인 성격을 알고 있던 고노에는 부스럼이라도 만지는 것처럼 조심스럽게 그를 맞이했다.

궁중에서는 대본영–정부 연락회의가 마쓰오카의 출석을 기다리고 있었다. 자동차 안에서 오하시 주이치大橋忠一 외무차관으로부터 일미양해안에 관한 보고를 들은 마쓰오카는 "미국의 상투적 수단에 편승하여 희희낙락하는 것은 바보짓"이라며 언짢은 표정을 지었다. 연락회의에 출석한 그는 한 달이 넘는 외유에 대해 자기선전을 뒤섞어 지껄여댔다. 히틀러, 무솔리니, 스탈린과 회견하는 모습, 일소중립안 조인의 경위 등등을 설명하는 그의 입은 좀처럼 닫힐 줄 몰랐다. 참석자들은 그의 장광설에 분개하면서도 기다렸다. 잠시 말이 멈추자 그 틈을 이용하여 고노에가 일미양해안에 정부와 통수부 모두 찬성했기 때문에 그 뜻을 미국에 전하고 싶다고 발언했다. 그러자 마쓰오카는 흥분하여 "노무라 대사의 대미국교조정은 아무래도 저의 생각과 다릅니다. 이 안에 대해서도 미국은 악의가 70퍼센트 선의가 30퍼센트입니다. 어쨌든 저는 지금 지쳐 있으니 2주 정도 조용히 생각할 시간을 주셨으면 합니다"라고 일축하고 자리를 떠나버렸다. 일미양해안에 반대한다는 간접적인 의사표시였다.

참석자들은 어이가 없어 할 말을 잃었고, 도조는 훗날 비서관에게 이때 마쓰오카가 보여준 태도에 정나미가 뚝 떨어졌다고 말했다. 연락회의는 계속되었고, "외무상은 저렇게 말하지만 교섭을 촉진하기로" 합의했다.

그 후 2주일 동안 마쓰오카는 사저에 틀어박혀 있다가 외무성 직원을 불러들여 집무를 보았다. 육해군의 군무국장뿐만 아니라 고노에 자신까지 몇 번씩이나 마쓰오카의 사저를 찾아가 거듭 설득했다.

"하루라도 빨리 양해안을 검토해야 하지 않겠습니까? 노무라 대사에게 훈령 전보를 보냅시다."

하지만 마쓰오카는 받아들이지 않았다. 그리고 본심을 분명히 드러내지도 않았다. 그때까지 고노에와 비교적 원만한 관계를 유지하고 있었음에도 이 건에 관해서는 조금도 귀를 기울이려 하지 않았다. 고노에는 "마쓰오카를 유럽에 보낸 것은 패착"이었다며 푸념을 털어놓았고, 마치 자신이 히틀러나 스탈린과 어깨를 나란히 하는 대정치가라도 되는 듯이 행동하자 불쾌감을 숨기지 않았다.

고노에와 도조의 책상에는 노무라와 이와쿠라가 보낸 전보가 산더미처럼 쌓여 있었다. 빨리 답장을 달라는 재촉이다. 이와쿠라는 점차 다급한 목소리를 담아 전보를 보내기 시작했고, 미국 정계에서는 루스벨트가 반일파 요인을 멀리하고 있다는 낙관적인 전망도 보내왔다. 도조와 무토가 그런 낙관적 전망을 액면 그대로 받아들인 것은 아니었지만, 그럼에도 지금이 도망가야 할 상황은 아니라고 생각하고 있었다.

4월 하순, 마쓰오카는 영국에 대한 히틀러의 위압행동에 호응하여 동서에서 공격을 가해야 하며, 일본은 싱가포르를 공격해야 한다고 발언했다. 명백히 히틀러의 시사示唆에 따른 것이었다. 히틀러는 이 무렵 대영 침공작전을 무력 일변도에서 위협과 공갈까지 더한 전략으로 바꾸고 있었다. 그것은 독일의 입장에서 볼 때 영국 상공에서 벌이는 항공전도 영국을 지원하는 해상 루트 차단도 별 효과를 거두지 못한데다가, 미국은 서태평양에서 독일 잠수함을 초계, 추적하여 영국 해군과 공군에 통보하고 있었고, 수개월 전부터는 구축함 50여 척을 영국에 보내 선단 호송 능력을 비약적으로 증대시키고 있었기 때문이다. 이런 상황을 돌파하기 위해 히틀러는 삼국동맹을 유력한 무기로 이용하고자 했다. 결국 일본으로 하여금 싱가포르를 공격하게 하여 영국에 항복을 요구하는 것이 그의 속셈이었다. 이미 소련 침공을 염두에 두고 있던 시기였지만, 소련은 단기간에 제압할 수 있다고 믿었던 터라 여기에 일본을 끌어들일 생각은 없었다. 마쓰오카에게는 싱가포르를 공격하라는 히틀러의 설득이 더할 수 없이 기분 좋게 들렸던 것이다.

물론 마쓰오카에게는 나름대로 생각이 있었다. 이탈리아와 독일을 돌아다니는 동안 독일과 소련의 관계가 나빠지고 있다는 것을 알았고, 독일의 지도자 중 한 사람은 그에게 은밀히 대소전對蘇戰 가능성을 흘렸다.

하지만 마쓰오카는 이것을 믿지 않았다. 히틀러가 소련과 싸우는 데 굳이 일본에 싱가포르 공격을 권할 리가 없다고 생각했던 것이다. 만약 독소전獨蘇戰이 발발한다면 마쓰오카의 전략은 단숨에 무너지고 만다.

스탈린은 루스벨트와 처칠로부터 독소전 가능성을 전해 들었지만 그역시 믿지 않았다. 그 근거의 하나로 중립조약 체결에 열심히 공을 들이고 있는 마쓰오카의 태도를 염두에 두고 있었다. 만약 히틀러가 소련을 침입할 것이라면 마쓰오카에게 그 뜻을 전했을 터이고, 마쓰오카는 히틀러가 싫어하는 중립조약을 체결하려고 애쓸 리가 없다는 것이었다. 이처럼 히틀러와 스탈린에게 마쓰오카는 두 사람이 주고받는 공과 같은 존재에 지나지 않았다.

4월 25일, 고노에의 부름을 받은 도조는 수상관저 집무실에 들어섰다. 그곳에는 오이카와 해군상도 와 있었다. 고노에는 두 사람에게 마쓰오카의 싱가포르 공격 발언에 어떻게 대처할 것인지 의견을 구하고 싶다고 말했다. 오이카와는 거론할 만한 일이 아니라고 말했고 도조도 이에 동조했다.

"이것은 군사상의 문제이지 문관이 왈가왈부할 게 아닙니다. 이런 일을 그렇게 쉽게 말해서는 안 되지요. 군사적 준비도 필요하고 공격을 위한 기지도 필요합니다."

도조는 이렇게 덧붙였다. 고노에도 그 의견에 양해를 표시했다.

"현재는 지나사변 처리가 제일 중요하며, 미국의 제안도 일본 측의 이 요망要望을 따르고 있습니다. 따라서 이 기회를 놓쳐서는 안 됩니다. 히틀러에게 휘둘려서는 모든 일을 망치고 말 것입니다."

도조의 이런 견해에 고노에와 오이카와가 양해를 보였기 때문에 이것이 정치, 군사 지도자의 결론이 되었다. 마쓰오카의 언동에 진저리를 치고 그의 불손한 태도에 분노하는 범위 안에서 세 사람의 의견은 일치했다. 일단 화제가 마쓰오카에게서 벗어나자 그들은 미묘한 차이를 보이기 시작하는데, 이 시점에서는 그런 차이가 감추어져 있었다.

5월 3일 열린 대본영-정부 연락회의에 마쓰오카는 어렵사리 출석했다. 그는 느닷없이 사안私案을 제출했다. 2주일 동안 자택에서 정리한 구상이었다. 지나사변 처리에 도움이 되고, 삼국동맹에 저촉되지 않으며, 국제신의를 깨지 말 것, 이 세 가지 사항을 중심으로 일미 양국에 의한 영독조정조항英獨調停條項의 명기, 지나사변의 화평조약 공표 유보, 무력 남진하지 않는다는 일본의 확신 삭제 등이 포함되어 있었다. 제2차 고노에 내각 발족 당시의 국책 기준에 전혀 주의를 기울이지 않고, 더욱이 일미양해안의 애매한 부분을 구체화한 내용이었다.

회의장은 또 자신의 방안을 설명하는 마쓰오카의 독무대가 되었다. 그는 출석자에게 이의를 제기할 여지를 주지 않았다. 어제까지 일미양해안에 찬성했던 사람들은 갑자기 기가 꺾였고, 곧 마쓰오카안에 고개를 끄덕이기 시작했다. 멋진 표변豹變이었다. 무슨 일이 있었던 것일까. 마쓰오카의 설득이 교묘했기 때문일까. 그랬을지도 모른다. 삼국동맹의 핵심인 제3조, 즉 '미국이 독일과 전쟁을 할 경우 자동적으로 일본은 미국과 전쟁을 하게 된다'는 참전의무 조항을 유명무실한 것으로 만들어버린 일미양해안을 받아들이는 것은 독일의 승리에 편승하기만 하려는 편의주의적 발상이라는 마쓰오카의 말에 기가 죽을 만도 했다.

하지만 실제로는 고노에도 도조도 마쓰오카에게 대항할 만큼의 경륜을 갖고 있지 않았던 것이다. 그들은 중일전쟁 해결에 미국을 이용한다는, 참으로 자기중심적인 생각에 사로잡혀 있었을 따름이다. 그런데 마쓰오카가 나서서 삼국동맹의 힘을 이용하여 미국에 대항해야 한다고 지적하자 갑자기 풀이 죽어버렸다. 삼국동맹을 맺어 미국과 맞서다가 입에 침도 채 마르기 전에 미국과 평화공존하자고 말하다니 비위가 좋아도 너무 좋다는 외무성 원로의 우려를 마쓰오카는 역설적으로 증명해 보였던 것이다. 3일에 이어 8일에도 연락회의가 열렸는데 이 자리에서 마쓰오카의 변설辯舌은 출석자들의 마음을 더욱 강하게 휘어잡았다.

8일 저녁 무렵, 도조와 무토는 육군상 집무실에서 뭔가 마뜩찮은 표정으로 이야기를 나누고 있었다. 마쓰오카의 언동은 대단히 불손하지만 그의 설득에도 일리가 있다. 일본은 신의를 지키는 나라다. 따라서 삼국동맹을 끝까지 지키고 이를 충실히 이행함으로써 세계에 모범을 보이지 않으면 안 된다. 만약 일본이 이 약속을 휴지조각으로 만들어버린다면 세계에서 신의를 지키지 않는 나라라는 규탄을 받을지도 모른다.

"미국이 독일과 전쟁을 벌일 경우 일본은 어떤 태도를 취해야 할지 상세하게 검토해야만 하네. 군사적으로 확인하지 않으면 안 돼."

무토는 도조의 말에 수긍했다. 그는 군무과 고급과원 이시이 아키호에게 검토를 명했다. 이틀 후 이시이의 보고서가 도착했다. 현재의 일본 군사력에 비춰 볼 때 삼국동맹 제3조에 구애될 것이 아니라 당분간 정세를 관망하는 게 좋을 것이라는 내용이었다. 도조와 무토는 이 견해에 동감했다. 삼국동맹 정신에 반하지만 현실적으로는 간단히 미국과 무력충돌해서는 안 된다는 것이 그들의 생각이었던 것이다.

5월 12일 마쓰오카의 수정안이 노무라에게 전해졌다. 외무성에서 노무라 앞으로 보낸 전보의 사본이 군무국 군무과에 도착하면 사토 겐료, 무토 아키라 그리고 도조가 돌아가며 보기로 되어 있었다. 이 전보에서 마쓰오카는 삼국동맹에 관하여 "제3조에 규정되어 있는 경우에 해당하면 당연히 발동될 것임을 천명한다"고 호소했고, 중일전쟁에 대해서는

"미국 대통령은 [……] 일본 정부의 선린우호정책을 신뢰하고 즉시 장제스 정권에 평화를 권고해야 한다"고 말했다. 이렇듯 고압적인 내용에 도조는 감탄과 불안을 동시에 느끼고 있었던 것이다.

이 수정안은 노무라를 거쳐 헐에게 전달되었지만 헐은 그것을 보는 둥 마는 둥했다. 훗날 그가 정리한 회고록에는 "이 제안에서는 희망의 빛이라고는 전혀 찾아볼 수 없다. 일본은 자신의 이익만을 주장하고 있다"고 적혀 있는데, 그는 이때 일본이 태평양의 인구와 부의 90퍼센트를 지배하려 하고 있다고 생각했다.

이렇듯 헐 개인에게는 절망적인 제안이었지만 국무장관으로서는 교섭을 중단하겠다고 생각하지 않았다. 일본을 삼국동맹에서 빠져나오게 할 기회가 조금이라도 있다면 그 창구를 닫아버리는 것은 현명하지 않으며, 일본을 독일로부터 떼어놓는다면 독일에는 타격이 될 것이고 영국에는 원군이 될 것이라고 그는 생각했다.

게다가 교섭의 으뜸패는 그들이 쥐고 있었다. 미국의 첩보기관은 일본의 대사관과 도쿄의 외무성을 잇는 전보를 엿보고 있었고 그것을 해독하는 데 성공했다. '매직'이라 불리는 이 전보를 미국 정부와 육해군 지도자 10명이 돌려보았다. 도쿄에서 보내온 수정안의 중심적인 제창자가 외무대신 마쓰오카 요스케라는 것을 헐은 '매직'을 통해 알고 있었다. 그는 삼국동맹을 완강하게 신봉하는 마쓰오카를 당면한 위험분자로 간주하고 언젠가 요직에서 물러나게 해야겠다는 생각을 하고 있었다.

헐이 마쓰오카에게 불쾌한 감정을 품고 있던 때, 일본 국내에서도 마쓰오카에 대한 불만이 정점에 이르고 있었다. 수정안을 상주하면서 마쓰오카는 "미국이 참전할 경우 일본은 독일과 이탈리아 편에 서지 않으면 안 됩니다"라고 말했는데, 천황은 내대신 기도 고이치에게 이에 대한 불만을 내비쳤다. 그것이 고노에게도 전해졌다. 연락회의나 각료회의에서 마쓰오카의 장광설은 더욱 격해졌고, 편견과 독단이 제멋대로 활보한다는 느낌이 있었다. 마쓰오카는 남방에 무력을 행사하라고 말할 생각인데 그럴 경우 충칭공작은 어떻게 되는 것이냐며 도조와 오이카와를 밀어붙였다.

"외무상의 의견은 모두 지금 진전의 기미를 보이고 있는 일미교섭을 무너뜨리려는 것이 아닌가"라고 도조는 격하게 반론했다. 육군성에 돌아와서도 도조의 흥분은 가라앉지 않았다.

"마쓰오카는 지나치게 독주하고 있다. 그 심정은 알지만 저래서는 정리될 것도 정리되지 않는다."

고노에도 이제야 깊이 반성하는 중이었다. 그는 조각組閣 당시 주위의 반대를 떠올리고 있었다. 그래도 각료회의가 끝날 때마다 일미교섭을 진행하는 것이 어떻겠느냐고 말했지만 마쓰오카는 일축했다.

"군 수뇌부는 너무 소극적이다. 독일과 이탈리아에 의리 없는 모습을 거듭 보이면서 일미교섭을 성공으로 이끌려는 모양인데 그렇게 저자세를 취해서는 안 된다. 미국은 참전을 결심한 상황이기 때문에 아무리 교섭을 해봐야 소용없다."

너무 격해진 나머지 마쓰오카의 눈은 고노에를 매섭게 노려보고 있었다.

고노에의 주위에서 마쓰오카를 경질하라는 목소리가 높아졌다. 그런데 혐오감에 사로잡힌 고노에는 자신이 물러나겠다고 말했다. 그것이 그의 성격이었다. 그는 언제나 그랬다. 내대신 기도 고이치가 그때마다 그를 달랬다.

"내각이 총사직할 필요는 없습니다. 마쓰오카를 물러나게 하는 게 좋습니다.”

고노에는 마음을 추스르고 집무실로 돌아왔다. 도조는 그런 고노에를 위로하면서 미국과의 교섭에 전력을 다하자고 호소했다. 고집불통인 마쓰오카와 우유부단한 고노에에 비해 도조는 아직 성격이 애매모호해서 사람들이 그를 원만하다고 생각하고 있던 때이다. 어쨌든 이 무렵 도조는 자신의 의견을 강경하게 주장하고 그것을 상대에게 인정하도록 하는 승부사 기질이 별로 없는 것처럼 보였다. 물론 마쓰오카가 미운 오리 역할을 하고 있었기 때문이다.

당시의 모습을 비서관 아카마쓰 사다오는 다음과 같이 증언한다.

“도조 씨도 마쓰오카 씨 때문에 몹시 애를 먹었습니다. 그러나 고노에 씨도 한심하기는 마찬가지라고 생각하고 있었던 듯합니다. 고노에 씨 쪽이 도조 씨를 믿는 경우가 많았고, ‘고노에가 혐오감에 진저리를 치고 있다’는 정보가 들어오면 관저로 가서 위로했지요. 도조 씨가 육군상으로 발탁되었을 때 처음에는 얼마나 대단한지 보자며 차갑게 대했던 육군의 원로도 점차 도조 씨의 실력을 인정하게 되었던 것입니다. 아무튼 도조 씨는 육군성과 참모본부를 확실하게 장악했고, 착실하게 연락회의에서 조정역할을 맡게 되었기 때문에…….”

도조는 종종 육군성과 참모본부의 장교들을 모아놓고 훈시를 했는데, 그 자리에서 그는 “주어진 일은 반드시 중간보고를 하라”라든가 “서둘러 결단하고 확신을 갖고 보고하라”는 말을 거듭 강조하면서 그것을 군복무의 각오로 삼으라고 엄명했다. 하타 슌로쿠와 이타가키 세이시로가 육군상으로 재직하던 시절에는 군무국이 육군상을 좌지우지했었다. 그런데 이제는 도조가 육군을 컨트롤하는 시대로 접어들었던 것이다. 더욱이 인사를 통해 자신이 신뢰하는 부하를 요소요소에 앉힘으로써 도조의 위

령威令은 한층 원활하게 침투하게 되었다. 부하 중에는
병무국장 다나카 류키치처럼 무토 아키라에게 라이벌
의식을 갖고 도조의 데림추*로서 적극적으로 행동하
는 자도 있었다. 그는 신뢰하는 헌병에게 명하여 요인

의 전화를 도청하고 소형카메라를 이용해 사진을 촬영하도록 했다. 그리
고 그것을 득의양양하게 도조에게 보내는 등 충실하게 근무했다. 만약
도조가 균형감각을 갖춘 지도자였다면 다나카의 이와 같은 조치를 즉석
에서 중지시켰을 터이지만, 그는 오히려 이런 정보들에 지나치게 흥미를
보이고 말았다. 육군상 관저의 집무실에 앉아서 고노에와 기도 그리고
의회의 유력자가 무엇을 생각하고, 누구를 만나며, 어떤 이야기를 하는
지를 알면 알수록 필요 이상으로 관심을 보이고 마는 것도 무리는 아니
었다.

1941년 5월, 도조는 군사조사부를 육군대신 직속 기관으로 바꾸어 다
른 사람의 명령을 받지 못하도록 했다. 이 조직을 정규 조직도에서 분리
하여 실태를 불분명하게 하고, 육군 이외의 정책집단의 움직임을 파악하
는 기관으로 변경했다. 그런 다음 무토의 말을 받아들여 무토의 동기생
으로 친교도 있고 일찍이 잇세키카이 계열의 장교이기도 했던 미쿠니 나
오후쿠三國直福를 부장 자리에 앉혔다. 오랫동안 육군성 신문반에서 일한
적이 있는 미쿠니는 신문기자나 정보원과 친하게 지내왔기 때문에, 일단
이 조직이 제 기능을 발휘하면서부터 고노에의 움직임과 해군 및 외무성
등의 움직임이 훤하게 들어오기 시작했다. 하나같이 신문기자가 가지고
오는 적확한 정보였다.

이런 종류의 정보 중에는 마쓰오카에 대한 악평이 많았다. 외무성 안
에서 그의 입장은 견고하다고 할 수 없으며, "어린아이 놀이와 흡사한

무원칙 외교"라고 비판하는 영미협조론자의 목소리가 많다는 정보도 입수했다. 외무성 원로인 시데하라 기주로弊原喜重郎(1872~1951)와 아리타 하치로 등이 대표적인 예인데, 그들은 마쓰오카의 득의양양한 모습은 대상을 단순하게 보기 때문이며, 각국의 지도자들은 마쓰오카에게 농락당할 만큼 간단하지는 않다고 말한다는 것이었다.

실제로 도조는 마쓰오카가 자기 주장을 고집하고 그 성격을 드러내면 드러낼수록 그의 고립감은 더욱 깊어질 것이라는 점을 알고 있었다. 그리고 고립감이 점점 깊어질수록 마쓰오카는 기묘한 행동을 하기 시작했다. 외무차관 오하시 주이치와 외무성의 국장급 관료를 자신의 사자使者 자격으로 비밀리에 도조에게 보내 다음날 각료회의에서 발언할 내용을 말해주기도 했고, 극비 정보를 전해주기도 했던 것이다.

마쓰오카는 도조와 육군의 정치적 지위를 자기 진영으로 끌어들이려 획책하기 시작했던 것이다.

독일군의 소련 침공

육군성의 실력자가 되고 각료회의에서도 무게감 있는 발언을 하게 되고서도, 또는 고노에와 마쓰오카에게 그 나름대로 대접을 받게 되고서도 도조 자신은 충족감을 맛보지 못했다. 그가 가장 신경을 쓰고 있는 것은 천황과의 관계였다.

육군상이 된 후 첫 상주에서 "온몸이 후들후들 떨렸다"라고 아카마쓰 사다오에게 술회한 대로, 도조의 상주는 어디까지나 긴장감 속에서 이루어졌다. 그 역시 다른 육군 장교와 마찬가지로 천황이 육군을 신용하지 않는다는 것을 알고 있었다. 게다가 천황이 삼국동맹에 찬성하지 않는 태도를 보이고 있다는 말도 들려왔다. 영국식 교육을 받은 천황이 독일과 이탈리아 쪽에 호의를 갖고 있지 않다는 것은 공공연한 비밀이었다.

들리는 말에 따르면 그것 말고도 천황이 육군을 싫어하는 이유가 있었다. 지금까지 육군상과 참모총장 스기야마 겐은 천황 앞에서 지난번과 다른 얘기를 하거나 얼토당토않은 변명을 늘어놓는가 하면, 때로는 질문을 해도 대답은 못하고 "다음번에 상세하게 보고드리겠습니다"라며 물러나거나 허둥대며 부하에게 설명을 구한 적도 있었기 때문이다. 그런데 도조는 메모한 내용을 확실하게 정리하여 암기했고, 천황이 어떤 질문을 해도 대답을 했다. 세세한 부분까지 그러했다. 전임자의 태도와는 완전히 달랐던 것이다. 면접시험에서 대답하는 학생의 모습이 그려지지만, 어쨌든 도조의 상주 태도에는 천황의 의문에 응답하여 불안을 없애주는 것이야말로 정무政務를 보필하는 자신의 책임이라고 굳게 믿는 구석이 있었다. 육군성과 참모본부 사람들은 그것이 천황의 신뢰를 얻은 이유라고 믿었다.

"우리들은 인격人格이다. 하지만 폐하는 신격神格이다."

상주가 끝나면 도조는 아카마쓰에게 반드시 그렇게 말했다.

"오늘은 폐하께 한 말씀도 드리지 못했다."

때로는 궁중에서 돌아오는 차 안에서 이렇게 투덜거리며 어린아이처럼 얼굴을 붉혔다.

마쓰오카의 자신감이 흔들린 것은 6월 5일과 6일 오시마 히로시大島浩 주독일대사가 보낸 전보가 도착하면서였다. 오시마의 전보는 독소전쟁이 임박했음을 알리는 내용이었다. 그는 히틀러의 손에 보기 좋게 놀아났다는 것을 자각하지 않을 수 없었다. 일본-독일-이탈리아 동맹에 소련을 포함시킨다는 구상이 물거품이 된 것을 알아야 했다.

이 전보는 고노에와 도조도 놀라게 했다. 도조와 군 중앙의 장교들은 그 가능성을 믿으면서도 히틀러가 정말로 소련을 향해 진격할 작정인지에 대해서는 미심쩍어했다. 만약 이것이 사실이라면 뭔가 대담한 결단을 했을 것이라고 누구나 생각했다. 그러나 만약 이것이 사실로 드러날 경우 어떻게 할 것인가. 육군성과 참모본부에서는 대응책을 검토하기 시작했다. 그들이 단꿈에 젖어 있었던 것은 아니다.

대응책을 검토하는 과정에서 장교들 사이에 어떤 선입관이 있다는 점이 분명해졌다. 오시마의 전보에는 독소전 개시 후 2~3개월 사이에 독일이 소련을 제압할 것이라는 히틀러와 립벤트로프의 이야기가 포함되어 있었기 때문이다. 이에 자극을 받아서였을까, 참모본부는 수개월이 지나면 독일의 승리로 끝날 것이라 말하고, 소련의 국력이 얼마나 허약해질 것인지를 다음과 같이 숫자를 통해 지적했다.

"독소전의 작전 한도를 2~3개월로 설정하고, 그 동안 레닌그라드, 모스크바, 하리코프, 돈바스, 바쿠를 빼앗는다면 소련의 국력상 손실은 다음과 같을 것으로 판단한다. 전력 5분의 3, 석탄 5분의 3, 석유 4분의 3, 곡물 7분의 2, 인구 4분의 3……."

이와 달리 육군성은 그렇게 낙관하지는 않았다. 소련의 국력과 인적 자원 그리고 강력한 정치체제를 보건대 저항은 장기화할 것이고, 독일은 일본이 중국에서 곤경을 겪고 있는 것과 똑같은 상태에 처하게 될 것이라고 생각했다. 안이하게 독일의 승리를 믿는 것은 아니었다.

그러나 참모본부와 육군성의 사태 인식에는 공통점이 있었다. 남진정책을 보류하더라도 소련 공격을 고려하는 게 낫다는 인식이었다. 설령 처음에는 방관하더라도 향후 전쟁이 독일 쪽에 유리하게 전개되면 소련 공격을 단행한다는 방침을 채택하고 싶다는 것이 정책을 기안한 장교들의 판단이었다. 육군성의 방침은 도조에게도 전달되었는데, 그는 이에 이의를 제기하지 않았다. 더구나 도조는 오시마의 전보를 읽고서도 독소전 개시를 믿지 않았다.

구상서
상대국과 협의한 내용이나 논의한 문제를 글로 기록하여 제시하는 외교 문서의 하나.

이때 해군 내부의 모습은 어떠했을까. '독소전 가능성이 있다'는 내용의 전보를 받고 해군 지도자들은 육군이 지나사변도 처리하지 못한 상황에서 북방에서 소련과 대치하게 된다면 큰일이라며 두려워했다. 물론 여기에는 두 가지 의미가 있었다. 육군의 폭주를 두려워하는 마음과 이 싸움으로 전략물자를 육군에 내줄 것이라는 불안. 그럴 경우 해군의 전비戰備는 또 늦어지고 만다. 더구나 이 무렵 해군 내부, 특히 군령부의 중견막료 사이에서는 '대미전쟁이 불가피하다'는 소리도 있었다. 미국이 영국 및 네덜란드와 손잡고 군사망軍事網을 강화하고 있는 상황에서 남방진출을 통해 자급자족체제를 확립하는 것이 일본의 선결 과제이며, 이를 위해 대미전쟁은 불가피하다는 논리였다. 해군 내부에 미묘한 균열이 생겨나고 있었던 것이다.

이와 같은 일본 정책집단의 균열을 꿰뚫어보고 있었다는 듯 미국이 교묘한 제안을 해온 것은 워싱턴 시간으로 6월 21일이다. 이날 헐 국무장관은 처음으로 미국 측의 대일정책을 노무라에게 제시했다. 삼국동맹, 무력남진, 중국주둔 세 가지 사안에 대하여 엄격한 원칙론을 전개했고, 이에 덧붙여 중대한 구상서口上書°가 작성되었다. 헐은 구상서에서 말한다.

"불행하게도 정부의 유력한 지위에 있는 일본의 지도자 중에는 국가사회주의를 표방하는 독일 및 그 정복정책의 지지를 요망하는 진로에 대해 빼도 박도 못할 서약을 하는 자가 있으며……."

'서약을 하는 자'가 누구를 가리키는 것인지는 분명했다.

헐이 노무라에게 미국 측의 안을 건네고 9시간이 지난 시각, 독일은 소련으로 진격했다. 이미 이 사실을 파악하고 있던 미국은 이 싸움으로 국면이 바뀌어 국제정세는 근본적으로 무너질 것이라 판단하고, 마쓰오카의 추축국 의존 외교에 일격을 가했던 것이다.

루스벨트는 독일군 앞에 소련군은 무너질 것이지만 그러기까지 2~3개월이 필요하며, 이 기간 동안은 독일군이 소련에 전념하게 될 것이라고 추측했다. 그리고 그 사이에 위험을 제거하지 않으면 안 되며, 대일교섭은 그 2~3개월 동안에 해결해야 할 문제라고 생각했다. 헐의 제안도 그 점을 계산하고 있었다.

독소전 소식이 전해졌을 때 도조는 마침 관저 집무실에 있었다. 통신사에서 보내온 "독일군 소련으로 진격"이라는 뉴스를 점검한 후 그는 무토와 사토 등 군무국의 장교들을 불렀다. 이 무렵부터 도조를 지탱하는 장교 5명이 확실해졌는데, 무토 아키라, 사토 겐료, 군사과장 사나다 조이치로, 군사과 고급과원 니시우라 스스무西浦進(1901~1970), 군무과 고급과원 이시이 아키호가 핵심 브레인이었다. 전황의 추이와 국내외 동향에 따라 어떻게 대응할 것인지를 5명이 협의했다. 그 결과 당분간 지켜보기만 하고 특별히 새로운 행동을 취하지는 않기로 결정했다. 대소공격과 남방진출도 상황을 본 후 신중하게 대응하기로 했다.

그 후 기획원 총재 스즈키 데이이치鈴木貞一(1888~1989)가 도조에게 달려와 고노에의 말을 전했다. "독일이 동맹국 일본에 상의도 하지 않고 전쟁을 일으켰으니까 이 기회에 삼국동맹을 파기하는 것이 어떻겠는가." 확실히 고노에의 말대로였다.

갑자기 독소불가침조약을 체결하더니 지금 와서는 일방적으로 그 조약을 휴지조각으로 만들어버린 것이다. 믿으라고 하지만 너무 일방적이다. 하지만 도조는 다음과 같이 말하고 스즈키를 돌려보냈다.

"신의를 저버릴 수는 없다."

이 회답은 도조의 자기만족에 지나지 않았다.

23일과 24일, 일본 내에서는 독소전에 동반하여 갖가지 파문이 일었는데 그 내용이 모두 도조의 귀에 들어왔다. 22일 밤, 마쓰오카가 아무에게도 알리지 않고 단독으로 천황 앞에 나아가 "독일과 소련이 전쟁에 돌입한 오늘 일본도 독일, 이탈리아와 함께 소련을 쳐야 한다"고 말했고, 천황으로부터 고노에와 상의하라는 주의를 받았다는 보고가 들어왔다.

그런데 도조를 놀라게 한 것은 24일 도착한 노무라의 전보였다. 일미양해안이 사적 제안이었다는 것이 이 전보의 내용이었다. 그는 전보를 읽자마자 "말이 다르다"며 불만을 쏟아냈다. 일미양해안을 미국의 공식 제안으로 잘못 알고 있었다는 것을 이 전보는 확실히 가르쳐주었던 셈이다. 이제는 양해안 그 어디에서도 달콤한 감촉을 찾아볼 수 없었다.

"미국의 대일외교는 모략이 아닐까?"

도조는 무토와 사토 그리고 이시이를 불러 확인했다. 그들도 곤혹스러워하고 있었다. 그러나 그건 그렇다 하더라도 그들에게는 붙들고 늘어져야 할 문제가 많았다. 하지만 마쓰오카를 동정하는 분위기만은 있었다. "마쓰오카가 분노하는 것도 당연합니다. 일본의 내각 개조를 요구하다니 어이가 없어 말로 표현하기 어렵습니다. 일본을 속국 취급하는 게 아니고 무엇이겠습니까?"

사토는 흥분했다. 도조는 "마쓰오카가 분노하는 것은 동정할 만하다"라고만 말했다. 마쓰오카의 강경한 태도와 노무라에게 보낸 고식적인 전보가 결국 일미교섭을 막다른 골목으로 밀어넣었다고 생각하고 있던 그는 뭔가 양보를 하더라도 대미교섭을 계속할 수밖에 없다는 결단을 내렸던 것이다. 군무과의 이시이 아키호는 당시 도조가 그렇게 말하는 것을 직접 들었다.

사태가 교착상태에 빠짐에 따라 육군 최고지도자들의 모든 움직임은 일종의 이념에 기초하지 않으면 안 되었다. 도조에게는 어떤 이념이 있었을까. 결론부터 말하자면 그 역시 다른 육군 지도자들이 그러했던 것처럼 무엇 하나 이념다운 이념을 갖고 있지 않았다. 그러나 상황에 대응하는 자세만은 갖추고 있었다. 도조의 유능한 부하로 그의 정책을 입안한 이시이 아키호는 이 무렵 도조의 부하로서 다음과 같이 복무에 임하는 마음가짐을 다지고 있었다고 증언한다.

"지나사변 처리에 직면해보니 미국과 영국의 경제적 방해 때문에 과감한 해결책을 제시할 수가 없었습니다. 게다가 세계는 지역적 블록경제의 방향으로 나아가고 있었지요. 일본으로서는 남방의 자원, 특히 네덜란드령 동인도의 석유를 충분히 손에 넣을 태세를 확고히 해야만 했습니다. 독일군이 유럽 전선에서 승리를 거두고 소련까지 진격하는 것을 보고서, 육군성의 장교였던 저는 이야말로 좋은 기회다, 나라의 사활을 좌우할 정도로 전쟁이 확산되지 않는 범위 안에서 조금 강경한 정책을 사용해서라도 그것을 달성해야 한다고 생각했습니다."

이시이의 말은 육군성 장교들의 공통된 생각이었는데, 그것은 쉽게 말하자면 "지나사변 완수를 위해 이제 남방으로 진출하여 자원을 보급하고 장제스 지원 루트를 차단한다. 이는 영미 경제블록에서 탈출한다는 의미에서도 필요하다"는 생각으로, 특히 육군성의 남방진출론자 사토 겐료의 영향 아래 있던 사람들의 사고형태였다.

그런데 독소전 개시와 미국의 회답문 발송 등 정세에 많은 영향을 끼친 사건은 1년 전 4명의 고위 관료, 즉 고노에 수상, 마쓰오카 외무상, 도조 육군상, 요시다 해군상이 정리한 국책의 방향과 그것을 승인한 고노에 내각의 국책 기준 사이에 어긋남이 생겼다는 것을 뒷받침한다. 그리하여 연락회의에서 국책의 방향을 다시 결정하기에 이른다. 이때 출석한 사람들은 이제까지의 경위에 얽매이지 않고 다양한 생각을 갖고 있었다. 자급자족체제에 강조점을 두고 남진론을 주장한 군령부에서는 "영미와의 전쟁도 불사한다"고 말했다. 참모본부의 장교들은 전통적인 일본의 전략으로 돌아가 즉시 소련과 전쟁을 벌여야 한다고 말했고, 육군성에서는 남진론을 펼쳤으며, 해군성의 태도는 분명하지 않았다. 그리고 마쓰오카는 대소일격론對蘇一擊論을 주장하는가 하면 영미와의 충돌이 불가피하다고 발언하기도 했다.

연락회의에서 행한 마쓰오카의 발언은 너무나 비현실적이어서 출석자 중 누구 하나 넌더리를 치지 않은 사람이 없었다. 그는 남진론을 주장하는 군령부총장 나가노 오사미永野修身(1880~1947)와 도조에게 이렇게 말하기도 했다.

"우리들의 예언은 적중할 것이다. 남부 프랑스령 인도차이나에 진주하면 석유, 고무, 주석 등을 손에 넣기가 어려워진다. 영웅은 생각을 바꾸는 법이다. 우리들은 지난번에는 남진론을 펼쳤지만 이제부터는 북방으로 고개를 돌려야 한다."

출석자들은 어이없는 표정으로 그의 얼굴을 바라보고 있었다. 이때 도조는 육군성의 본래 입장을 대변하여 남진론을 주장했는데, 여기에는 마쓰오카의 의견을 억누르기 위한 견제의 의미도 포함되어 있었다.

연락회의를 전후하여 참모본부의 장교가 북진론을 내세우며 도조를 설득하기 위해 찾아왔다. 대소전쟁론은 일찍부터 황도파 장교들 사이에 강하게 자리 잡고 있었는데, 황도파의 중심인물 아라키 사다오荒木貞夫(1877~1966)도 도조의 집을 방문했다. 덧붙이자면 이때 도조가 유연하게 대응했더라면 군 내부의 반발도 확산되지 않았을 것이다. 하지만 도조는 '군 내부 사정도 모르는 주제에' 왈가왈부한다는 태도로 그들의 의견을 일축해버리기 일쑤였다.

참모본부 장교들과 연락회의 출석자들은 마쓰오카의 북진론에 대해 다음과 같이 반론을 제기했다.

"확실히 독일과 함께 소련을 공격하는 것은 대소전을 금과옥조로 삼아온 일본의 필연적인 길일 것이다. 하지만 문제가 없는 것은 아니다. 일본 육군의 49개 사단 중 27개 사단으로 지나사변을 치르고 있기 때문에 대소전에 나서기 위해서는 이 사단을 줄여 소련으로 파견하지 않으면 안된다. 지나사변을 도중에 그만두어서는 안 된다. 이에 대해 남진론은 그정도의 사단을 필요로 하지 않는다. 일본의 자급자족을 우선 실현하기 위해서는 자원이 풍부한 지역을 제압하는 길을 선택해야 할 것이다."

육군성의 정책 입안을 담당한 장교는 이어서 다음과 같이 말한다. "남방진출이란 단지 남방으로 진출한다는 것만을 뜻하지 않는다. 대동아공영권의 확립, 그것이 중요하다. 이것을 반드시 기안起案에 넣도록 해야 한다." 이시이 아키호는 집요하게 "대동아공영권을 잊지 말라"고 말했다.

자원부족론의 대두

국책 결정의 최고기관은 어전회의이다. 국책 결정 과정을 보면, 육군·해군·정부·외교당국이 토의를 거쳐 안을 만들면 그것을 대본영-

정부 연락회의에서 승인한 후 어전회의에서 추인하는 절차를 밟는다. 현재 『스기야마 메모』를 통해 당시 회의가 어떻게 진행되었는지를 엿볼 수 있는데, 이 책의 행간을 잘 살펴보면 연락회의와 어전회의 모두 '자구字句 다듬기'에 대부분의 노력을 허비했다는 것을 알 수 있다.

1941년 7월 2일 열린 어전회의에서는 '정세의 추이에 따른 제국 국책 요강'을 결정했다. 전문은 8백여 자에 지나지 않았지만 내용은 실로 중대했다. 이 요강은 남방진출 태세를 강화하기 위해 "대영미전을 불사"할 것이며, 북방에서는 "제국에 유리한 방향으로 진전시키기 위해 무력을 행사하여 북방문제를 해결"할 것을 명시하고 있었는데, 이는 남진론과 북진론의 체면을 세워준 이도저도 아닌 어정쩡한 안이었고 자구를 둘러싼 해석도 다양했다.

회의가 끝난 후 도조는 참모본부와 육군성 양쪽의 의견을 적절하게 담아냈다며 흡족해했다. 하지만 얼마 지나지 않아 반발에 부딪혔다. 대소개전론의 강경한 신봉자였던 참모본부 제1부장 다나카 신이치田中新一(1893~1976)는 어전회의가 끝나고 며칠 후 도조를 찾아와 "소련을 압박하기 위해 관동군 증파를 승인해주었으면 한다"고 말했다. 이 시점에 도조 자신이 품고 있던 생각에 비춰보면 그는 이 요구를 거부하지 않으면 안 되었다. 하지만 어전회의의 결정을 방패 삼아 밀고 들어오자 딱 잘라 거절할 수가 없었다. 결국 도조는 그 제안을 받아들였다. 내지군 2개 사단과 조선방면군 2개 사단 그리고 작전물자를 만주에 집결한다는 안은 스기야마 참모총장의 상주를 거쳐 천황의 재가를 얻었다. 이때 천황은 군사적인 위구심危懼心을 흘렸다.

"부득이하게 이번 동원은 승인한다. 다만 북쪽에서도, 지나에서도, 프랑스령 인도차이나에서도 사방팔방으로 손을 뻗치고 있는데, 이러다가는 중심을 잃어버릴지도 모른다. 앞으로 이 점에 주의하도록 하라. 또 지금껏 육군은 이런저런 방법으로 간섭을 해왔는데 이번에는 모략을 하지 않도록 특별히 주의하라."

스기야마로부터 이 말을 전해 들은 도조는 신경질적으로 관동군의 동향에 주의했다. 만주집결안에 따라 동원이 일단락되고 나서 우메즈 요시지로 관동군사령관이 적기가 공격해오면 독자적인 판단에 따라 침공해도 괜찮겠느냐며 의사를 타진해왔다. 참모총장 스기야마와 육군상 도조는 서둘러 답전答電을 보냈다.

"관동군은 만주 국경 안에서 반격을 멈추는 것을 원칙으로 한다."

우메즈는 일찍이 도조가 보낸 강경한 전보를 씁쓸한 기억으로 되새기고 있었음에 틀림없다. '성려聖慮를 거슬러서는 안 된다.' 그는 이 말을 되풀이했고, 천황이 싫어하는 마쓰오카에 대한 태도도 다시금 그 틀에서 생각하게 되었다.

미국과의 외교교섭을 주제로 한 연락회의에서도 마쓰오카는 여전히 흥분한 상태였다. "헐의 무례한 성명을 거부하고 즉시 대미교섭을 중단해야 한다"고 주장했지만 누구도 그의 말에 동의하지 않았다. 어쩔 수 없는 사람이라 하여 마쓰오카를 경원시하고 있는 것이 분명했다. 삼국동맹 체결 이래, 마쓰오카는 싱가포르 기습공격을 주장하는가 싶더니 얼마 지나지 않아 대소개전론으로 전환했다. 그사이 더욱 허풍이 심해져 외교는 나밖에 모른다는 태도를 보였고, 히틀러와 스탈린 앞에서는 가볍게 무릎을 꿇는 외교 수완을 발휘했다. 그에게는 명확한 분석력도 나아갈 방향을 판단하는 눈도 없었다. 그리고 무엇보다 그에게는 천황의 신임이 없었다.

7월 15일, 마쓰오카가 결석한 각료회의 후 고노에는 히라누마 기이치로 내무상, 오이카와 고시로 해군상, 그리고 도조를 불러놓고 넌지시 마쓰오카의 파면 문제를 꺼냈다. 도조에게도 이의가 없었다. 아니 내무상과 해군상을 제압하고 남을 정도였다.

"지금까지 어떻게든 협조하려고 노력해왔습니다. 하지만 한계에 이르렀습니다. 이렇게 된 이상 총사직이나 외무상 경질밖에 없습니다."

고노에는 기뻐하면서 미국의 요구를 받아들인 것처럼 보이지 않도록 형식적으로만 총사직을 하자고 말했다. 그들은 마쓰오카가 알아채지 못하도록 비밀리에 행동했다. 이렇게 몰래 총사직극總辭職劇이 진행되었고, 예정대로 중신회의에서 고노에가 추천을 받아 제3차 고노에 내각이 탄생했다. 7월 18일이다. 외무상에는 해군 출신 도요다 데이지로豊田貞次郎(1885~1961)가 앉았고, 도조는 육군상 자리를 지켰다.

이때 마쓰오카가 얼마나 억울해했는지를 보여주는 에피소드가 있다.

제3차 고노에 내각이 발족하고 얼마 지나지 않아 어떤 사람이 육군상 관저를 찾아왔다. "마쓰오카의 대리인"이라고 자신을 소개한 그는 도조를 만나 "마쓰오카가 울면서 쓴 것"이라며 편지 한 통을 전하고 돌아갔다. 두루마리에 붓으로 쓴 편지의 길이는 15미터에 이르렀다.

편지를 훑어본 도조는 마쓰오카의 원망을 느꼈다. 문면의 전반부는 고노에에 대한 힐난으로 채워져 있었다. "저는 잘 아시는 바와 같은 성격이어서 다른 사람을 잘 이해하려고 애쓰는 편입니다. 그렇기 때문에 많은 정보가 있었음에도 불구하고 어제 저녁까지는 예의 공작(고노에)이 도망치거나 병이 난 줄 알았습니다. 이래서는 아무래도 곤란하다고 생각합니다.""갑작스러운 이번 사태는 분명히 저를 축출하기 위해 미리 기획된 쿠데타입니다. 참으로 인정머리 없는 일입니다. 게다가 그것은 놀랄 만한 미혹迷惑입니다." 고노에에 대한 마쓰오카의 불신은 깊었다. 그는 고노에의 인간성만이 아니라 정치적 태도까지 강하게 비판했다.

그는 또 "삼국동맹 체결, 독일 및 이탈리아 외무상과의 제휴"는 여간 마음을 쓰지 않고서는 이룰 수 없는 일이라면서 속임수나 변명외교는 이미 효과가 없다고 말했다. "대동아공영권은 이대로 가다가는 꿈으로 그칠 것"이며, 영미와 손잡고 대동아공영권을 건설하는 것은 어리석은 일일 뿐만 아니라 지나문제조차 해결할 수 없을 것"이라고 규탄했다. 하지만 마쓰오카의 편지에는 중요한 점이 빠져 있었다. 도조가 그것을 알았던 것 같지는 않다. 빠져 있는 것이란, 그렇다면 일본은 지금부터 어떤 외교를 펼쳐야 할 것인가라는 물음과 이에 대한 명확한 대답이었다. 이러한 조언을 할 수 없었다는 것은 마쓰오카 외교가 완전히 붕괴했다는 것을 의미했다.

도조는 이 편지를 누구에게도 보여주지 않았을 뿐만 아니라 그 내용도 말하지 않았다. 그는 아내 가쓰에게 "역사적으로 귀중하니까 남겨두라"는 한 마디 말과 함께 이 편지를 건네주었다.

"마쓰오카도 참 딱한 사람이다."

도조는 마음을 터놓고 지내는 부하에게 중얼거리듯 말했다.

마쓰오카도 참 딱한 사람이라는 말은 분명히 본심에서 나왔을 것이다. 당초 마쓰오카는 외교구상을 갖고 있었다. 이 구상에 찬성을 표한 고노에는 주변의 반대를 무릅쓰고 마쓰오카를 외무상 자리에 앉혔다. 처음 그의 구상은 원활했다. 일본·독일·이탈리아·소련 4개국이 연합하여 영국과 충칭 정부에 타격을 가하고, 미국에 대해서도 군사적·경제적 측면에서 균형 상태를 유지할 수 있을 것이며, 그럼으로써 세계전쟁의 억지력을 확보할 수 있을 것이라고 믿었다.

실제로 고노에와 도조는 마쓰오카 구상에 찬성을 표하면서 삼국동맹을 사국동맹으로 가는 이정표로 이해하고 있었다. 그런데 일소중립조약은 본래의 구상에서 벗어난 이정표였다. 그리고 독일과 소련의 개전. 그 전날 미국은 사국동맹 추진자를 파면하라고 요구했다. 마쓰오카는 샌드백처럼 얻어맞았고, 그의 정치적 역할은 끝났다.

고노에와 도조 그리고 오이카와 등이 마쓰오카를 내각에서 축출한 것은 당연한 결과였다고 말할 수 있다.

열세 살 때 미국으로 유학을 떠난 마쓰오카는 스물두 살에 오레곤 주립대학에서 법률을 공부한 적도 있어서 '미국에 관해서는 내가 잘 안다'는 자신감을 갖고 있었다. 그의 미국관은 "눈에는 눈, 이에는 이"라는 한마디 말로 정리할 수 있다. 설령 폭력을 사용해서라도 대항해야 거꾸로 미국인과 친구가 될 수 있다는 것이었다. 그것이 그의 미국관과 연결되어 있었다.

하지만 결과적으로 마쓰오카는 그런 미국으로부터 혹독한 보복과 굴욕을 당한 셈이다.

마쓰오카를 내쫓은 직후 출범한 제3차 고노에 내각이 처음으로 매달린 것은 남방문제 처리였다. 7월 2일 어전회의에서 결정한 "남방으로 진출하기 위해 대영미전쟁을 불사한다"는 방침에 따라 일본은 프랑스 비시Vichy 정권과 프랑스령 인도차이나 공동방위에 관한 교섭을 시작했다. 이 교섭이 성공하여 7월 29일 프랑수아 다를랑François Darlan(1881~1942) 프랑스 외무상과 가토加藤友松 대사가 의정서를 교환했다. 일본군의 평화진주進駐가 결정된 것이다. 같은 해 봄부터 도쿄에서 진행된 일본과 프랑스의 경제교섭을 통해 경제협정을 맺었음에도 불구하고 쌀과 생고무 등의 수입이 원활하지 못했었는데, 공동방위에 관한 의정서 교환과 함께 일본군이 인도차이나에 진주하면서 필요량을 확보할 수 있게 되었다.

그러나 일본의 남방진출이 예상되는 단계에 이르러 미국의 신경은 한층 날카로워졌다. 노무라 대사의 전보는 루스벨트가 일본에 대한 석유수출금지 조치를 내비쳤다고 전해왔다.

"나는 일본에 석유를 제공하는 것은 태평양의 평화를 위해 필요하다고 여론을 설득해왔다. 그런데 일본이 프랑스령 인도차이나에 진주하면 우리의 근거지를 상실하고 말 것이다. 미국은 주석과 고무를 입수하는 데 어려움을 겪을 것이고 필리핀의 안정도 위협받게 될 것이다. 이런 상황에서 일본에 석유를 수출하는 것은 아무래도 무리다."

일본의 육해군 지도자들은 이 경고를 진지하게 받아들이지 않았다. 오히려 여기에서 물러서면 미국의 속국이라는 것을 인정하는 셈이라는 단락的短絡的 발상을 갖고 있었다. 그리고 걸핏하면 겁을 먹는 고노에 수상과 도요다 외무상을 이끌었다. 훗날 고노에는 남방진출에는 찬성하지 않았지만 군부와 마찰을 빚을까 두려워 어쩔 수 없이 동의했다고 변명한다.

"만약 정말로 전면적인 금수조치를 취한다면 그것은 미국이 일본과의 전쟁을 결의했다는 말이나 다름없다. 거기까지 나아가지는 못할 것이다."

그것이 노무라의 전보를 본 육해군 지도자들의 감상이었다. 물론 도조도 그중 한 사람이었다.

7월 25일, 일본은 남부 프랑스령 인도차이나 진주를 발표했다. 그러자 미국과 영국은 다음날인 26일 자국 내의 일본 자산 동결을 명했다. 네덜란드도 그 뒤를 이었다. 더욱이 영국은 일본과 영국, 일본과 인도, 일본과 버마의 통상조약 파기를 전해왔다. 네덜란드령 동인도 당국도 일본 자산 동결, 대일 수출입 제한, 석유협정 정지를 발표했다.

상황이 이렇게 전개되는데도 육해군의 장교들은 '석유금수'에 이르지는 않을 것이라고 생각했다. 왜냐하면 그것은 미국이 일본과의 전쟁을 결의하는 의사표시가 될 것이라는 일방적인 근거를 이유로 내세웠다. 28일부터 3일간 일본군은 남부 프랑스령 인도차이나에 진주했다.

그런데 이에 즉각 응수하여 백악관은 대일 석유수출을 전면 정지한다고 발표했다. 원면과 식료품을 제외하고 전면적으로 통상을 허가하지 않겠다고 덧붙였다. 일본이 한 방 얻어맞은 셈이다. 이때 일본의 석유저장량은 4천270만 배럴. 당시의 소비량에 비춰보면 1년 반 동안 쓸 수 있는 양이었다. 게다가 석유 공급선은 미국이 80퍼센트, 나머지는 보르네오와 네덜란드령 동인도가 차지하고 있었다. 미국으로부터 공급이 끊어지면 일본의 입장은 단숨에 나락으로 떨어지고 만다.

이 발표가 있던 날 밤, 도조는 비밀리에 고노에의 사저로 불려갔다. 고노에는 충격 때문인지 침통한 표정을 감추지 않았다. 그는 미국의 조치에 대해 뭔가 전향적인 방책을 마련할 작정이라고 말하면서, 일본은 프랑스령 인도차이나 외에 다른 곳에 진주할 생각이 없고, 지나사변 해결 후에는 철수할 것이며, 필리핀의 중립도 보증할 것 등을 제안하여 미국의 분노를 가라앉히는 방향에서 의사를 타진해보자고 했다. 하지만 도조는 이 제안 가운데 받아들일 수 있는 것도 있지만 그렇지 않은 것도 있다고 반론하고, 연락회의에서 상의하기 전에 조금 더 정세를 지켜본 다음 검토하고 싶다고 대답했다.

그러나 그것은 하나 마나 한 대답이었다. 실제로 석유금수 조치가 전면적으로 시행되면 '미국은 일본을 포위하여 존망을 좌우하게 될 것이다. 앉아서 석유가 끊기는 것을 바라볼 것인가 아니면 저장량이 있는 동안 활로를 찾을 것인가'라는 단도직입적인 물음이 육해군 중견장교들 사이에서 확산되고 있었던 것이다. 해군은 석유를 무엇보다 중시했는데, 이 시점에 이르러 자원부족론이 일거에 대두했다. 이와 함께 기선을 제압하여 전쟁도 불사하자는 목소리가 높아졌다. 해군에 의지하고 있던 고노에 수상의 표정은 점점 굳어질 뿐이었다. 해군만 강경론을 펼친 게 아니었다. 이런 상태를 지켜보고 있던 육군에서도, 7월 2일 작성된 남방시책요강을 말로만 끝내서는 의미가 없다면서 '대영미 전쟁을 불사한다'는 문구를 실천으로 옮기자고 주장하는 장교가 나타났다.

어전회의의 결정에 따라 개전도 불사한다는 내용의 문서를 가지고 도조에게 달려온 사람은 군무과 고급과원 이시이 아키호였다. 그는 이 안을 육군성과 참모본부의 장교들에게 보이고 그 내용을 여러 차례 설명했지만, '대미전쟁'이라는 현실 앞에서 그 누구도 명확하게 동의하지는 않았기 때문에 갑작스럽게 도조를 찾아왔던 것이다.

필자의 취재에 응한 이시이는 "정확한 역사적 사실을 후세에 남기고 싶다"고 전제한 뒤, 다음과 같이 당시의 상황을 증언했다.

"네덜란드령 동인도의 석유를 입수할 태세를 취하는 것이 일본의 급선무였습니다. 남부 프랑스령 인도차이나 진주를 결단하자마자 자산동결이라는 문제에 부딪혔고, 자존자위自存自衛를 목적으로 개전을 생각했습니다. 그것은 7월 2일 열린 어전회의의 당연한 귀결이었습니다. 이러한 직접적인 발상이 상대에게 그럴싸한 핑계거리를 제공했다는 지적은 전후에 밝혀진 자료를 보면 인정하지 않을 수 없습니다."

그런데 도조는 이시이의 제안을 되돌려 보냈다. "이것은 어디까지나 육군 내부의 일이다. 각료회의를 통과할 수 없을 것이다. 저쪽에서 전면적인 석유 금수조치를 내렸다고 해서 즉각 전쟁을 벌일 수는 없는 노릇이다. 각료회의나 연락회의에서는 거기까지 나가지 않을 것이다"라고 하면서도 도조는 상황을 적확하게 파악하고 어전회의의 결정을 제대로 이해하고 있는 자가 그렇게 생각하는 것은 당연하다고 덧붙이는 것을 잊지 않았다. 어전회의 결정이 각각의 집단을 대표하는 출석자들 사이에서 다양하게 해석될 수 있다는 사실을 에둘러 인정했던 것이다.

일본해해전
러일전쟁 때 일본 해군이 1905년 5월 27일과 28일 이틀에 걸쳐 쓰시마 근처에서 러시아 함대를 상대로 대승을 거둔 해전을 가리킨다.

그대는 더 이상 말하지 마라

환상 속의 일미 정상회담

8월 5일, 도조와 해군상 오이카와는 고노에의 부름을 받고 수상관저 집무실로 갔다. 두 사람을 앞에 두고 고노에는 이렇게 말했다.

"노무라에게 헐을 상대로 교섭을 계속하게 해봐야 상황이 진전될 것 같지 않습니다. 또 미국 측의 요구를 어느 정도는 받아들여야 하기 때문에 제가 직접 교섭에 나서지 않으면 안 될 것이라고 생각합니다."

도조와 오이카와는 고노에가 초조해하고 있다는 것을 알아챘다. 실제로 고노에는 두드러지게 전쟁으로 기울고 있는 육해군의 동향 때문에 힘들어하고 있었다. 군령부총장 나가노 오사미는 천황에게 상주하면서 "오히려 이번 기회에 치고나갈 수밖에 없다는 생각이 적당할 것입니다. 승패는 일본해해전日本海海戰*에서처럼 대승은 말할 것도 없고 이길 수나 있을지 불안하긴 합니다만" 운운했다 하며, 자원부족론이 참모본부에서도 들끓고 있다는 보고도 받았다. 일미교섭에 적극적이었던 해군 내부의 그룹은 고노에가 가장 믿음직스럽게 여기는 존재이긴 했다. 그런데 자원 부족론 앞에서 그들의 목소리가 잦아들자 고노에의 불안은 한층 깊어졌다. 그리고 그가 최후의 희망으로 생각해낸 것은 루스벨트와 직접 이야기를 나누는 것이었다. 4월에 도착한 일미양해안의 말미에는 "일미 양국 대표자 간의 회담을 호놀룰루에서 개최한다"고 적혀 있지 않았던가. 이때 이카와 다다오가 보낸 편지에도 "대통령은 일본 측에서 반드시 각하(고노에)가 직접 나오기를 희망한다"고 적혀 있지 않았던가.

"대승적 입장에 서서 교섭해야겠지만 대화를 너무 서두른 나머지 아양이나 굴복으로 받아들여지지 않도록 할 작정입니다."

도조와 오이카와는 즉답을 피했다. 하지만 오이카와는 구미가 당기는 듯했다. 도조는 마음속으로는 성사 여부에 의문을 품고 있었지만 아무 말도 하지 않고 나중에 서류로 답변하겠다고 전했다. 고노에는 두 사람에게 거듭 "꼭 찬성해주었으면 좋겠다"고 말했다.

육군성으로 돌아온 도조는 무토, 사토, 이시이를 불러놓고 고노에의 제의를 검토했다. 삼국동맹과 균형을 맞춰야 할 것인데 이를 고려하면 적당하지 않다. 하지만 고노에의 전향적인 태도는 평가할 만하다. 그러나 루스벨트와 회담한다고 해도 곧 현안이 해결될 리는 없다. 그런 의견들이 오간 다음, 도조가 직접 붓을 들어 회답을 작성했다. 그리고 말미에는 "(루스벨트가) 의연히 현재와 같은 정책을 계속 시행하고자 할 경우에는 단호하게 대미 일전을 결의하고, 그것에 임해서는 감히 다른 의견을 주장하지 않아야" 한다고 적었다. 헐 장관보다 직책이 낮은 사람과 회견한다면 동의하지 않을 것이며, 설령 회담이 끝나도 사임하지 않고 대미전쟁의 진두에 설 것을 굳게 결의해야 한다는 두 가지 사항을 부언으로 덧붙였다. 8월 5일 밤, 도조는 이것을 고노에에게 보냈다.

이 회담을 확인한 후 고노에는 정상회담안을 내대신 기도 고이치에게 전달하고 이어서 천황에게 상주했다. 이 자리에서 고노에는 도조와 오이카와에게 이야기했을 때보다 강한 결의로 보고했는데 천황도 속히 행하라며 찬성했다. 내대신 기도 역시 일본의 현재 국력을 고려하여 청일전쟁 후에 그랬던 것처럼 '와신상담臥薪嘗膽'의 책략*을 취할 수밖에 없다면서 10년 계획을 세워 인조석유공업의 발달을 도모해야 하며, 지금 당장은 대미전쟁을 회피하지 않으면 안 된다고 말했다.

고노에 수상과 도요다 외무상의 훈령전보에 따라 8월 7일 노무라 대사는 정상회담 관련 신제안을 헐 국무장관에게 보였다. 그런데 헐은 이 제안에 조금도 관심을 보이지 않았다. 때마침 미국의 입장에서 볼 때 대단히 중요한 영국과의 정상회담이 예정되어 있었던 것이다. 물론 일본에서는 이 사실을 전혀 몰랐다.

루스벨트와 처칠은 미영 양국의 공동전선 결성을 목표로 뉴펀들랜드 앞바다 함상에서 8월 9일부터 14일까지 비밀리에 회담을 이어나갔다. 두 사람은 소련을 그들 진영으로 끌어들인다는 데 의견이 일치했고, 일본과는 당면한 마찰을 불러일으키지 않도록 노력한다는 데 합의했다. 그러나 일본이 이 이상 무력진출을 할 경우 경고를 보내기로 결정했다. 최후통첩에 맞먹는 경고를 하면 일본이 태국과 네덜란드령 동인도에 진출하지는 않을 것이라고 생각했던 것이다.

와신상담의 책략
청일전쟁 직후 일본이 중국으로부터 할양받은 랴오둥반도를 러시아, 프랑스, 독일의 반대(삼국간섭)로 되돌려주게 되면서 일본 국민들 사이에서 10년 후 세 나라에 복수하고야 말겠다는 분위기가 높아졌다. 이를 '와신상담의 책략'이라 한다. 와신상담이란 중국 춘추시대에 오나라의 왕 부차(夫差)가 아버지의 원수를 갚고자 섶에 누워 잠을 자며 복수를 꾀하여 월나라의 왕 구천(句踐)을 항복시켰고, 패한 구천은 쓸개를 맛보며 복수를 꾀하여 다시 부차를 패배시킨 고사에서 유래한 말이다.

이 회담이 끝난 후 처칠은 하원 연설에서 대서양회담에 관해 보고했다. 이 연설에는 다음과 같은 구절이 포함되어 있었다.

"일본은 중국의 5억 주민을 침략하고 괴롭히고 있다. 일본군은 무익한 행동을 위해 광대한 중국을 떠돌아다니며 중국 국민을 학살하고, 국토를 황폐화하고 있다. 그들은 이런 행동을 '지나사변'이라 부른다. 지금 일본은 탐욕스러운 손길을 중국의 남방지역으로 뻗치고 있다. 일본은 참담한 프랑스 비시 정부로부터 프랑스령 인도차이나를 낚아챘다. 일본은 태국을 위협하고, 영국과 호주 사이의 연결지점인 싱가포르를 협박하며, 미국의 보호 아래 있는 필리핀까지 윽박지르고 있다."

루스벨트와 처칠이 미국의 군비가 갖춰지는 대로 일본에 대하여 프랑스령 인도차이나와 중국으로부터 철수하라고 압박할 것임을 충분히 예상할 수 있는 연설이었다. 이를 위해 필요한 것은 시간이었다. 한편 워싱턴으로 돌아온 루스벨트는 17일 노무라 대사를 불러 미영정상회담에서 결정한 대일경고서를 건넸다. 일본이 계속 무력적으로 위협한다면 "합중국 정부는 즉각 [……] 필요하다고 인정되는 모든 수단을 강구할 것"이라고 밝혔다. 그러나 고노에와의 정상회담에 관해서는 좀 더 상세하게 언급해달라고 말했다. 경고서를 전달할 때와 달리 루스벨트의 말투는 정상회담에 관심이 있다는 뉘앙스였다. 그의 태도를 보고 노무라는 회담이 성사될 것이라고 생각했다. 그는 자신의 생각을 고노에게 전했다.

이 전보를 받은 고노에는 기뻐하면서 정상회담에 더욱더 기대를 걸었다. 연락회의에서도 적극적으로 발언을 이어나갔다. 육해군 당국에 내밀하게 수행단을 인선하라고 지시하기도 했다. 고노에는 프랑스령 인도차이나와 중국에서 철병하라는 요구를 받아들여 회의장에서 직접 천황의 재가를 청할 작정이었다.

고노에의 낙관적인 전망에 저항하기라도 하듯 육해군 사무당국은 가장 현실적인 대응책을 생각하고 있었다. 7월 2일 어전회의에서 결정한 〈제국국책요강〉은 실제로 남방진출을 단행하여 미국·영국·네덜란드의 경제봉쇄에 직면할 경우, 사태에 대응할 수 있는 정책골자가 아니라는 것을 그들은 알고 있었다.

8월 중반, "대영미전을 불사한다"는 문구를 접한 해군 막료들은 격한 내용을 담은 안을 시안試案으로서 제출했다. 육해군의 부국장, 즉 육군성 군무국장 무토 아키라, 참모본부 제1부장 다나카 신이치, 해군성 군무국장 오카 다카즈미岡敬純(1890~1973), 군령부 제1부장 후쿠토메 시게루福留繁(1891~1971)가 시안 〈제국국책수행요령帝國國策遂行要領〉을 검토했다. 다나카는 강경하게 전쟁결의를 호소했고, 오카는 설령 일미교섭이 실패한다 해도 개전으로 나갈 필요는 없다고 말했다. 무토와 후쿠토메가 중간에 섰다. 해군성이 다듬어온 안 가운데 "미국·영국·네덜란드와의 전쟁을 결의하고"라는 구절이 포함되어 있었는데, 토론을 하면서 무토가 "미국·영국·네덜란드와의 전쟁 결의 아래"로 바꾸는 게 어떻겠느냐고 말하자, 오카가 즉각 "미국·영국·네덜란드와의 전쟁을 불사한다는 결의 아래"로 정정할 것을 요구했다. 분명히 뉘앙스는 조금씩 다르다. 하지만 자구는 고쳐도 바탕을 형성하고 있는 기본적인 구도에는 손을 대지 않았기 때문에 의사는 좀처럼 통일되지 않았다.

그들은 전쟁준비를 완전히 갖춘다는 점에서는 일치된 의견을 보였다. 만약 전쟁을 한다면 일미 해군력 비율이나 석유금수 조치를 고려할 때 2개월 이내인 11월 상순이 유리하다는 점에서도 의견이 일치했다. 그 이후로 미루면 계절풍이 군사적으로 악영향을 끼칠 수도 있을 것이기 때문이었다. 이리하여 육해군의 정책결정 중추인 4명의 장교는 8월 30일 가까스로 〈제국국책수행요령〉을 마무리했다. 〈요령〉의 내용은 다음과 같다.

"(1) 제국은 자존자위自存自衛를 완수하기 위해 미국(영국, 네덜란드)과의 전쟁을 불사한다는 결의 아래, 대략 10월 하순을 목표로 전쟁준비를 완전히 갖춘다. (2) 이와 병행하여 제국은 미국과 영국에 대하여 모든 외교수단을 동원, 제국의 요구를 관철하기 위해 노력한다. (3) 외교교섭과 함께 10월 상순경까지 우리의 요구가 관철되지 않을 경우에는 즉시 미국 (영국, 네덜란드)과의 개전을 결의한다."

이 국책안은 '별지別紙'에서 '최소한의 요구사항'도 내걸었다.

"(1) 미영은 제국의 지나사변 처리에 참견하거나 이를 방해하지 말 것. (2) 미영은 극동에서 제국의 국방을 위협하는 것처럼 보이는 행위를 하지 말 것. (3) 미영은 제국이 필요로 하는 물자 획득에 협력할 것."

그리고 이들 요구가 받아들여졌을 때 일본 측이 '약속할 수 있는 한도' 로서 다음과 같은 점을 들었다.

"(1) 제국은 프랑스령 인도차이나를 기지로 하여 지나를 제외한 다른 근접지역에 무력진출을 하지 않을 것임. (2) 제국은 공정한 극동평화 해결 후 프랑스령 인도차이나에서 철수할 용의가 있음. (3) 제국은 필리핀의 중립을 보장할 용의가 있음."

이것이 일본의 정책결정의 토대가 되는 생각이었다. 육해군의 생각이 곧 일본의 국책이 되는 시대였기 때문이 뒤에는 연락회의와 어전회의에서 사무적으로 승인을 받으면 그만이었다. 고노에의 의사 따위는 문제가 되지 않았다.

8월 30일, 고노에는 노무라가 보낸 두 통의 편지를 훑어보았다. '밝은 부분과 어두운 부분'이 뚜렷이 구분되는 전보였다.

'밝은 부분'은 노무라가 "오늘날 일미 양국 관계가 이처럼 악화한 원인은 주로 양국 정부 간 의사소통이 원활하지 못하여 상호 의혹이 쌓였기 때문이라고 생각합니다"라고 적힌 고노에의 메모를 건넸을 때 루스벨트가 보인 반응이었다. 노무라의 보고에 따르면 루스벨트는 흔쾌히 고노에 수상과의 회담은 하와이보다 알래스카에서 여는 게 좋겠다고 말했다. 정상회담에 대한 고노에의 기대는 더욱 높아졌다.

다른 한 통은 우울한 전보였다. 루스벨트와 만난 그날 밤(워싱턴 시각 18일) 노무라가 헐을 만났다는 보고였다. 이 보고에 따르면, 헐은 무뚝뚝하게 정상회담을 열기 전 사무 차원의 예비교섭을 하지 않으면 안 된다고 말했다. 마치 루스벨트와 헐은 유연함과 강경함을 분담하고 있는 것처럼 보였다는 것이다.

그러나 고노에는 헐의 발언보다도 루스벨트의 흔쾌한 말투에 기대를 걸었다. 그것이 자신의 역할이라고 믿었다. 수상 퇴임 후 직접 쓴 수기에서 그는 "아마도 이때가 일미관계가 가장 가까웠던 시기였는지도 모른다"고 고백한다.

도조는 고노에만큼 낙관주의자는 아니었다. 그는 고노에가 루스벨트와의 회담에 정신이 나가 있는 것을 보고 내심 불쾌했지만 겉으로는 비난하지 않았다. 천황도 거기에 기대를 걸고 있다는 것을 알고 있었기 때문이다. 그래서 이 회담을 결렬시키려 획책하고 있던 군무과의 청년 장교는 본때를 보여주기 위해 대만파견군 참모에게 달려가기도 했다.

8월 3일, 고노에가 읽은 두 통의 전보를 도조도 육군상 관저 집무실에서 읽었다. 도조는 이와 관련하여 자신의 감상을 말하지는 않았지만 훗날 사토 겐료가 기록으로 남겼듯 다음과 같이 생각했음에 틀림없다.

'미국은 참 얼간이 같단 말이야. 무조건 만나기만 하면 모든 일이 제 뜻대로 될 줄 아는 모양이니…….'

성려에 떠는 어전회의

미국 측의 최종적 회답을 기대하는 고노에, 육해군의 〈요령〉 채택을 도모하는 도조, 고노에에게 동조하는 도요다, 〈요령〉에 동의하긴 하지만 소극적인 오이카와. 각자의 의도를 감춘 채 9월 3일 대본영-정부 연락회의가 열렸다. 먼저 통수부 책임자인 나가노와 스기야마가 〈요령〉을 설명했다. 미국이 전쟁준비에 필요한 시간을 벌기 위해 회담을 지연시키고 있다고 비판했다. 고노에는 전쟁이 다가올 것을 염두에 두고 작성된 이 〈요령〉에 대해서는 어떤 의견도 피력하지 않았다. 그의 이런 태도는 출석자들에게도 미심쩍은 느낌을 불러일으킬 정도였다.

만약 그가 수상으로서 책임감을 갖고 있었다면 〈요령〉이 포함하고 있는 위험성에 불만을 표시했어야 했다. 그가 침묵한 이유는 무엇일까. 아마도 해군의 결심은 본의가 아니라고 낙관하고 있었고, 막판에 이르면 해군이 전쟁을 피하는 방향으로 움직일 것이라고 생각하고 있었기 때문일 것이다.

이 회의에서는 고노에를 대신하여 오이카와가 끈질기게 달라붙었다. 각료회의에서도 좀처럼 자신의 생각을 밝히지 않았던 그가 이상하게도 조문條文의 자구를 물고 늘어졌다. 우선 〈요령〉 안案 제3항에 "우리의 요구를 관철시키지 못할 경우"라고 적혀 있는 것을 "우리의 요구를 관철시킬 수 있다는 전망이 없을 경우"로 수정하게 했다. "전망이 없을"이라는 말이 들어가면 "10월 상순"에 다시 한 번 "전망이 있는지 없는지"를 논할 수 있을 것이기 때문이다.

이때 해군성은 일미교섭이 결렬되면 즉시 전쟁에 돌입한다는 생각을 갖고 있지 않았다. 오이카와는 일본 해군의 전력이 미군에 대항할 만하다고 생각하지 않았다. 오이카와만 그런 것이 아니었다. 해군 지도자들은 미국과의 갈등이 지나사변에서 비롯되었으며, 이것은 육군이 일을 서투르게 처리한 결과라고 생각하고 있었다. 그 뒤치다꺼리를 하는 것은 불쾌한 일이지만, 석유 금수조치가 시행 중인 상황에서 자원부족 사태에 이르는 것은 가장 고통스러운 일이라는 딜레마에 빠져 있었다. 육해군 사무당국자 회담에서 군무국장 오카 다카즈미의 끈질긴 태도 그리고 해군상 오이카와의 발언은 그런 흐름 속에 있었다.

그러나 〈요령〉은 거의 원안대로 결정되었다. 이 결정은 고노에를 통해 내대신 기도 고이치에게 전달되었는데, 기도는 이것을 읽고 눈을 부라렸다. 그의 걱정은 시간을 정해놓고 일미교섭을 틀에 끼워 맞추려 하고 있다는 점이었다. 고노에는 "저로서는 일미교섭에 전력을 다하는 것 말고는 다른 방법이 없습니다"라고 맥없이 말할 따름이었다. 천황도 〈요령〉을 보고 놀랐다. 그는 고노에에게 전쟁 준비가 앞에 놓이고 외교 교섭이 뒤에 놓인 것이 이상하다고 말했다. 순서는 경중을 드러내는 것이 아니라고 고노에는 대답했다. 그러나 천황은 납득하지 못했고, 스기야마와 나가노를 불러 확인을 요구했다.

"통수부는 외교에 중점을 두는 것으로 알고 있는데 정말 그러한가?"

"그렇습니다."

두 사람은 입을 모아 대답했다.

8월 30일 전보를 받고 나서부터 고노에는 천황과 기도가 보기에도 이상할 정도로 마음의 평정을 잃은 듯했다. 그의 마음은 온통 정상회담 성사 여부에만 쏠려 있었던 것이다. 훗날 그는 자신이 쓴 글에서 이 연락회의의 결정이 대미영 개전으로 직결되리라는 것을 몰랐노라고, 그렇게 중대한 결정이라고는 생각하지 못했노라고 정직하게 고백했다.

고노에만이 아니었다. 도요다 외무상 역시 그 회의에 그다지 신경을 쓰지 않았다. 10월 들어 두 사람이 도조에게 질책을 받았을 때 도요다는 다음과 같이 말했다.

"그렇게 말하지 마십시오. 사실 3일 오전에야 저것(육해군 사무당국의 안)을 대충 읽어봤을 따름입니다."

도요다는 이 정도의 관심밖에 갖고 있지 않았던 것이다. 그리하여 도조와 그들 사이의 틈은 더욱더 벌어졌다. 도조는 두 사람의 태도는 어전회의를 우롱하는 것이고 국무대신으로서 보필의 책임을 다하지 않은 것이라며 큰 소리로 비판하기 시작했다.

9월 6일 오전 10시, 이 해 들어 세 번째 어전회의가 궁중에서 열렸다. 고노에의 사회로 시작하여 나가노와 스기야마가 〈요령〉을 설명했고, 이어서 추밀원 의장 하라 요시미치原嘉道(1867~1944)가 "이 안은 외교보다 전쟁 쪽으로 기울어 있는 게 아니냐"고 물었다. 정부를 대표하여 오이카와 해군상이 대답했다. 그런데 통수부가 대답을 하지 않자 돌연 천황이 "통수부가 아무런 대답도 하지 않는 것은 몹시 유감이다"라고 말하며 가슴 속에서 종이를 꺼내더니 소리 내어 읽었다.

사방의 바다 모두가 동포라고 생각하는 세상에

풍파는 왜 이리도 요란한 것일까.

그리고 덧붙였다. "짐은 이 어제御製를 배송拜誦하며 대제大帝*의 평화 애호 정신을 계승하려 애쓰고 있다."

출석한 사람들은 한동안 말이 없었다. 나가노가 일어서더니 말했다. "통수부에 대한 문책을 들으니 황공하여 몸 둘 데가 없습니다. (통수부로서도) 외교를 주로

대제
메이지 천황(明治天皇, 재위 1867~1912)을 가리키며, 쇼와 천황이 낭독한 단카(短歌)는 메이지천황이 지은 것이다.

하고 있으며, 부득이한 경우 전쟁에 호소할 수 있다는 것이지 취지가 바뀐 것은 아닙니다." 어전회의에서는 결코 발언하지 않는 천황이 굳이 발언을 구하고 게다가 메이지 천황의 어제까지 읊자 그들은 긴장했다. 하지만 결국 〈요령〉은 원안대로 승인되었다. 천황의 의사를 확인하면서 여하튼 채택되었던 것이다. 천황은 못내 불만스러웠던 듯 회의가 끝난 후에도 언짢은 표정으로 기도 고이치를 불러 통수부의 외교공작에 협력하라고 주문했다.

이때 도조도 천황의 의사를 알고 충격을 받았다. 어전회의를 마치고 육군성으로 돌아온 도조는 흥분을 감추지 못했다. 군무국의 장교들을 집무실로 불러 회의 상황을 상세하게 전했다. 그는 "성려는 화평을 희구하고 계신다. 이를 안 이상 무엇보다도 일미교섭을 성공으로 이끌지 않으면 안 된다"고 집요하게 되풀이하면서 장교들에게 흥분의 일단을 이해시키려 애썼다. 이날을 계기로 도조는 군무국장 무토 아키라와 집무실에서 장시간에 걸쳐 이야기를 나누었다. 두 사람이 무슨 이야기를 나누었는지는 분명하지 않다. 하지만, 어전회의에서 돌아온 무토도 "성려를 존중하여 외교에 열심히 힘을 쏟지 않으면 안 된다"고 말했다. 이어서 그는 "이대로 가다가는 전쟁이 일어난다. 폐하께서 방법이 없다, 부득이하다고 납득하실 때까지 외교에 힘을 쏟지 않을 수 없게 됐다"고 극히 의미심장한 말을 흘렸다.

그는 도조와 이야기하면서 이 생각을 설명했을 가능성이 높다. 그 후 도조의 궤적은 무토의 말을 충실히 따르는 것처럼 보인다. 예컨대 11일 도조는 육군의 '대미전쟁 준비' 상황을 상주했다. 이때에도 천황은 "어전 회의에서 발언한 대로 전쟁을 피하고 싶다. 육군상도 내 의견을 분명히 이해했을 것으로 생각한다"며 확인을 구했는데, 이에 대해 도조는 "폐하의 뜻을 충분히 새겨 교섭 타결에 적극 노력하고 있습니다"라고 답했다.

이 무렵부터 도조는 서투르게나마 일미교섭에 정열을 기울여 고노에의 보좌역을 수행하고자 노력하기 시작했다. 그는 사상이나 이념에 따라서가 아니라 천황의 한 마디에 쉽게 방향을 바꾸었다.

통수부에서는 도조의 이런 태도를 불쾌하게 바라보았다. 특히 참모본부의 작전, 정보, 병참 관련 담당자들은 상하 모두 일미교섭에 반감을 갖고 있었기 때문에 9월 6일의 결정에 포함되어 있는 '10월 상순'이라는 시기를 반쯤 기대하면서 기다리고 있었다. 이러한 밑으로부터의 압력은 육군성에까지 전해졌다. 겉으로는 외교에 힘을 쏟는 것처럼 말하지만 실제로는 통수부에 대한 공감을 감추려 하지 않는 중견 장교들이 늘어났던 것이다. 그런 장교들에게 도조는 미적지근한 대신으로 받아들여졌다. 참모본부 전쟁지도반 소속 중견 장교 다네무라 사코種村佐孝(1904~1966) 대좌가 쓴 『대본영기밀일지』 9월 12일자와 13일자에서는 "(강경론에 대해) 대신의 태도를 비방하다. 국장들 사이에서는 말로 표현할 수 없을 정도"라 하여, 도조와 무토가 개전론을 약화시키고 있다고 비판했던 것이다.

더욱이 통수부는 별도로 움직이기 시작했다. 10일 통수부는 "외교를 마무리 짓도록 하라"는 천황의 주문을 받아들이면서 동원령을 하달했다. 그리고 20일 통수부의 작전담당자들은 '개전일을 11월 16일'로 상정하고, 10월 15일까지 외교상의 결말이 나기를 바란다고 요구하기 시작했다.

그런데 육군성과 참모본부의 의견 통일을 모색하는 회의에서 도조는 스기야마에게 통수부의 강경한 태도를 억누르라고 다그쳤다.

"처음으로 묻겠습니다만, 통수부는 일미교섭을 마무리한다는 정부의 방향에 협력할 생각입니까, 아니면 망칠 생각입니까. 그 점을 확실히 해주십시오."

스기야마가 "방해할 생각은 없습니다"라고 말하자 도조는 만족스러운 듯 고개를 끄덕였다. 그것이 단순히 안심시키기 위한 말에 지나지 않는다는 것을 도조는 충분히 이해하지 못했다.

무너진 고노에의 기대

정상회담의 가능성이 희박해졌을 때 고노에는 "미국 정부 내부에서 국무성의 의견이 지배적이게 되었기 때문"이라고 생각했는데, 미국 정부 내부에서는 일미교섭 그 자체를 '시간 벌기'에 이용하려 하면서도 정책의 윤곽만은 결정해놓고 있었다. 국무성 극동부 일본 담당 주임 발렌타인은 루스벨트에게 다음과 같이 말했다.

"9월 6일의 제안(고노에-루스벨트 회담 재고를 요구한 일본 측의 제안)에 대하여 [……] 우리 정부의 태도를 분명히 함과 동시에 우호적인 논조로 그 태도를 통고하고, 금후의 논의를 위한 문호를 개방하며, 또 논의의 중지에 대한 책임은 일본이 떠안도록 힘써야 합니다."

교섭 중단 책임을 일본에 덮어씌우도록 해야 한다는 진언이었다. 게다가 루스벨트에게는 소련과 독일의 전투상황을 분석하면 최종적으로는 소련이 승리할지도 모른다는 육해군 장관의 보고가 도착해 있었다. 소련의 저항이 끈질기게 이어질 것이며, 독일은 패퇴할 것이라는 말이었다.

9월 중순이 되자 헐은 정상회담을 요구해왔을 때 일본 측이 보인 무기력한 태도와 그 후의 변화를 다시 지적한 다음, 회담에 들어가기 전에 일본 측에 당초의 4원칙을 제안하는 것이 좋겠다는 의견을 피력했다. 루스벨트도 그 의견에 찬성했다. 주일대사 그루는 "고노에는 고립되어 있으면서도 잘하고 있다"고 보고했는데, 그 증거로서 고노에의 비서 우시바 노부히코牛場信彦(1909~1984)가 "어찌 됐든 대통령을 만난다면 잘될 것"이라며 양보를 암시했다는 사실을 전해왔다. 하지만 루스벨트와 헐은 이를 무시했다.

그들에게는 일본이 여전히 상황을 파악할 수 없도록 내막을 복잡하게 하는 것은 즐거운 일이었다. 시간을 벌 수 있기 때문이다. 소련에 물심양면으로 원조를 제공하면서 독일과 대치하고 있는 까닭에 일본과 대결 자세를 취하는 것은 당분간은 득책이 아니라는 것이 미국의 판단이었다. 바로 그랬기 때문에 헐은 노무라를 만날 때마다 교섭의 장애물은 삼국동맹보다도 '중국 철병'이라고 말하면서 원칙적인 이야기를 다시 꺼내곤 했던 것이다.

일본 정부의 지도자들은 미국의 의도를 조금도 알아채지 못했다. 9월 6일 이후 외교에 힘을 쏟는다는 뜻에서 새롭게 미국 측에 제시할 안을 검토했는데, 이 과정에서 주도권을 쥔 것은 당연하게도 해군성과 외무성이었다. 9월 20일 대본영-정부 연락회의에서 일본 측 안을 결정했는데 그 내용은 다음과 같다. (1) 프랑스령 인도차이나를 기지로 하여 그 근접 지역에 무력 진출은 하지 않는다. (2) 미국이 유럽의 전쟁에 참가한 후 일본은 자주적인 태도로 행동한다(삼국동맹에 얽매이지 않을 것). (3) 일본과 중국의 관계가 정상화한 후 일본은 중국에서 병력을 철수한다. (4) 중국에서 미국의 경제 행동을 보증한다.

일본 측의 제안을 보고 헐은 10월 2일 노무라에게 회답을 보냈다. 일본 측의 제안을 보면 삼국동맹에 대한 태도가 애매모호할 뿐 아니라 중국으로부터 철병 시기가 명확하지 않다는 쌀쌀한 대답이었다. 그리고 다시금 4원칙을 들고 나왔다. 일본 측은 4원칙에 제한과 예외를 두고 있다고 비판한 다음, "만약 이런 인상印象이 정확하다면 양국 정상이 이런 상황에서 만난다 해도 그 목적에 어떻게 공헌할 수 있겠는가"라며 정상회담을 정식으로 거부했다. 노무라는 고노에에게 보낸 전보에서 현안은 역시 중국 철병이며 그 문제가 해결되면 사태는 진전될 것이라고 전했다.

고노에는 노무라의 의견에 동의했다. 노무라가 보낸 이 전보를 읽은 도조는 일미교섭이 절망적이라는 것을 알았다. 고노에는 이때 어떤 안을 받아들이더라도 미국과의 전쟁은 피해야만 한다고 각오하고 있었다. 그래서 오이카와 해군상과 상담했다. 오이카와는 "절대 전쟁은 피해야 한다는 말만으로는 육군을 설득할 수 없습니다. 미국의 안을 통째로 받아들일 정도의 각오를 하고 나가면 해군도 원조할 것이고 육군도 뒤따라올 것입니다"라며 낙관적으로 전망했다. 고노에도 "그렇다면 안심입니다. 나도 그렇게 생각합니다"라고 말하면서 해군과의 공동보조를 모색하겠다는 의사를 내비쳤다.

'육군상과 무릎을 맞대고 다시 한 번 이야기를 나누지 않으면 안 된다.'

고노에가 이렇게 결심한 것은 미국 측의 차가운 대답을 보고 오이카와와 만난 후이다. 10월 5일 일요일 두 사람은 고노에의 사저에서 만나 이야기를 나눴다.

이날 도조는 비서 아카마쓰 사다오의 가방에 자료를 가득 채워 넣고 자동차로 오기쿠보荻窪로 향했다. 이 무렵 도조는 거의 모든 자료를 기억하고 있었다. 일미교섭 관련 전보도 일시 단위로 암송해 보였다. 그것이 밤늦게까지 집무실에 머무르면서 그가 하는 일이라는 것을 아카마쓰는 알고 있었다. 한 시간쯤 지나 도조와 고노에는 함께 응접실에서 나왔다. 도조의 표정은 여느 때와 다름없었고, 고노에의 배웅을 받으면서도 표정을 바꾸지 않았다. 아카마쓰는 어떤 대화를 나눴는지 넌지시 물어보았다. 그것도 비서의 역할이어서 도조가 한 말을 군무과 장교들에게 전해야만 했기 때문이다. 하지만 도조는 대답하지 않았다. 고노에의 집 응접실에 놓인 장식품을 칭찬했을 따름이다.

도조와 고노에는 무슨 이야기를 주고받았을까. 도조는 이때의 상황을 누구에게도 말하지 않았다. 훗날 고노에가 쓴 『고노에 수기』를 참고하여 추측해보면 대략 다음과 같은 이야기가 오갔을 것이다.

"미국의 태도는 이미 명료합니다. 4원칙의 무조건 실행, 삼국동맹 이탈, 병력 주둔 거부라는 것을 일본은 받아들이면 안 됩니다."

상당히 강한 어조로 도조가 말한다.

"그렇게 생각하지 않습니다. 이 가운데 문제의 초점은 병력 주둔이며, 나중에 협의가 이어질 것이라고 생각합니다. 그러니 일단 병력을 철수한 다음 자원 보호 명목으로 약간의 병력을 주둔시키는 게 어떨까요?"

"안 됩니다. 그건 모략입니다."

"신중하게 처리하고 싶습니다. 그런 방향을 생각할 수 없을까요?"

어전회의의 결정이 있긴 했지만 고노에는 미국의 태도를 반드시 지연책이라고만 생각하지는 않았다. 이런 생각은 도조에게 어전회의의 결정을 휴지조각으로 만들어버리는 것으로 비쳤다.

"어전회의는 형식적인 것이 아닐 텐데요."

도조도 필사적으로 방어했다. 그리고 두 사람은 결론을 끌어내지 못한 채 어정쩡하게 헤어졌다.

도조와 고노에가 회담을 하고 있을 무렵, 육군성과 참모본부의 부과장회의, 해군성과 군령부의 부과장회의가 각각 열리고 있었다. 육군 측의 회의에서는 사토 겐료와 다나카 신이치가 "외교교섭은 이루어질 가능성이 없다. 속히 개전 결의를 위한 어전회의를 주청해야 한다"며 물러서지 않았다. 이어서 그들은 헐 4원칙의 무조건 승인, 삼국동맹 탈퇴, 중국으로부터 병력 철수 등을 담은 미국 측 안을 가지고는 교섭이 진행될 수 없다고 주장했다. 이 의견에 오카모토 기요토미岡本淸福(1894~1945) 참모본부 제2부장이 동조했고, 무토 아키라와 사나다 조이치로도 결국 수긍했다.

이 결론은 고노에와 회담을 마치고 돌아온 도조에게도 전해졌다. 그런데 도조는 특별히 불만을 털어놓지 않았다. 일미교섭에 더 이상 기대를 걸 수 없다는 결론은 그 자신의 생각과도 일치했기 때문이다. 하지만 그것은 성려에 반한다. 그 틈을 어떻게 메울 수 있을까. 그것이 도조의 고민이었다.

한편 해군 측의 결론은 대미전쟁을 피해야 한다고 주장하는 군무국장 오카 다카즈미 등의 의견이 받아들여져, "일미교섭은 아직 교섭의 여지가 있다. 시기의 지연, 조건의 완화에 관해서는 더 깊이 검토한다"는 것으로 정리되었다. 고노에의 생각과 같은 결론이었다.

다음날 6일, 육해군 합동 부과장회의가 열렸고 이 자리에서 육군과 해군 막료의 대립이 선명해졌다. 육군 측은 나가노 군령부총장의 일관된 주전적主戰的인 발언은 무엇을 근거로 한 것이며, 9월 6일 어전회의의 결정을 제멋대로 변경할 것인가라는 두 가지 물음에 초점을 맞춰 해군 측을 비판했다. 이에 대해 해군 측에서는 대미영전에서 승리할 가능성이 없다는 것을 알고 있는 장교가 나서서, "남방전쟁에서 선박의 손실은 개전 1년째에 140만 톤에 이를 것으로 예상된다. 이래서는 승산이 없다"고 응수했다. 회담은 결렬되었다. 하지만 문제점은 보다 분명해졌다. 9월 6일 어전회의에서 정한 10월 중순이 임박한 이상, 의견대립을 한시라도 빨리 해소해야만 하는 단계였던 것이다.

이리하여 도조는 국책의 방향에 명확한 결단을 내리지 않으면 안 된다고 생각하기에 이르렀다.

이 시기 고노에, 기도, 육군, 해군이 서로 뒤얽혀 있는 것처럼 보이지만, 결국은 9월 6일 어전회의의 결정을 어떻게 생각할 것인가라는 문제로 귀결되었다. 물음은 계속 이어진다. 결정을 따를 경우 일미교섭을 어떻게 할 것인가. 일미교섭의 성패 여부는 어떠한가. 더욱이 10월 중순까지 이 교섭이 정리될 가능성은 있는가.

이것을 사고구조에 비춰보면 큰 상황에서 작은 상황으로 내려가는 사고방식과 거꾸로 올라가는 사고방식(일미교섭의 장애물은 무엇인가. 그것을 어떻게 극복할 것인가. 극복한다면 10월 중순까지 정리될 것이고 이는 일미교섭의 타결을 뜻한다)으로 나뉜다. 육군과 해군의 일부, 그리고 도조와 고노에의 대립은 큰 상황에서 작은 상황으로 내려갈 것인가, 아니면 작은 상황에서 큰 상황으로 올라갈 것인가라는 문제의식의 차이이기도 했다. 큰 상황에서 내려오면 주전론으로, 작은 상황에서 올라가면 피전론避戰論으로 낙착되는 기묘한 논리구조가 있었다. 그것이 일본의 정책결정집단의 단면이고, 자구字句를 둘러싸고 논란을 벌이는 이유였다.

큰 상황(명분)을 중시하는 이들과 작은 상황(본심)을 중시하는 이들의 논리는 고노에와 도조의 회담, 육해군의 부과장회의를 보아도 뒤섞이지 않는다. 따라서 10월 2일 이후 정책결정집단의 논의는 불모의 논리를 조합하고자 하는 에너지의 낭비였다. 그런 낭비에 지친 도조는 주위 사람들에게 이제 와서 어전회의 결정을 무용지물로 만든다면 보필의 책임을 다하지 못한 탓이므로 사직하겠다는 말을 하곤 했다. 육군의 장교들은 그 말을 각 정책집단에 흘리기 시작했다. "왜 9월 6일 안을 인정했는가. 왜 철회를 신청하지 않았는가"라는 말을 하다가 결국에는 사직이라는 말을 꺼낸다. 설령 육군 측에서 볼 때 일리가 있는 말이라 해도 주위 사람들에게는 공갈로 비쳤다. 그것이 육군의 상투수단이었기 때문이다.

이리하여 지금까지의 부채가 다발로 묶여 일거에 도조에게 떨어질 징후가 보이기 시작했다.

'중국 철병'이 열쇠로……

9월 6일 어전회의 결정을 준수하고자 하는 육군은 주전파로 불렸다. 특히 도조는 주전파의 두목 취급을 받았다. 그것이 그의 의사를 대변하는 것은 아니었지만 그런 인상이 점차 정책집단 사이에 퍼져나갔다. 오이카와 해군상과 도요다 외무상도 9월 6일 결정은 통수부의 억지에 따른 것이라 하여 무효화를 획책했고, 이를 위해 스즈키 데이이치 기획원 총재를 찾아가 "숫자만 봐도 전쟁을 할 수 없다고 말하고 싶을 정도"라며 간원했다. 그들은 "전쟁을 할 수 없다"는 말을 육군을 대표하는 도조에게 누가 이야기할 것인지 서로에게 책임을 미루고 있었다.

10월 7일 오전, 도조는 오이카와를 만나 이야기를 나누었다. 도조의 주장에 오이카와는 엉거주춤한 자세를 취했고, 궁지에 몰리자 해군 내부의 호전적인 말들을 내뱉으면서 "내밀한 이야기를 듣고 싶다"고까지 말했다. 도조는 오이카와와 이야기를 마친 후 각료회의에서도 자신의 의견을 개진했고, 그 후에는 고노에와 불모의 회담을 계속하기도 했다. 고노에는 8월 시점으로 되돌아가 이야기를 했고 그것이 도조를 더욱 불쾌하게 했다. 대화 끝에는 감정적인 말들이 오갔다.

"군인은 어쨌든 전쟁을 만만하게 생각하는 듯합니다."

"군인은 전쟁을 만만하게 생각한다고 말씀하시는데, 국가 존망의 경우에는 눈을 감고 뛰어내리는 일이라도 해야만 합니다."

고노에의 애매모호한 태도, 그때뿐인 논리는 지금 도조에게는 분노의 대상일 따름이었다. 물론 도조도 해군이 전쟁에 승산이 없다고 말하면 다시 검토해야겠다고 생각하고 있었는데 오이카와로부터 그런 말을 듣지 못하자 초조해하고 있었다. 오로지 뒤에 숨어서 9월 6일 결정을 뒤엎으려고만 하는 고노에와 도요다, 오이카와의 태도에 그는 증오에 가까운 감정을 갖게 되었다.

확실히 고노에와 오이카와는 국가의사를 결정하는 중대한 단계에서 부분적으로 책임을 느끼고 있었을 뿐 크게 보면 몸을 피하고 보자는 식의 지극히 교묘한 태도를 취했다. 그런 태도 속에서 도조와 육군은 완고한 집단으로서 정책결정집단으로부터 외톨이가 되어 책임을 짊어지는 역할을 떠맡았다.

그런데 도조와 육군이 말하는 것처럼 '어전회의'는 금과옥조였을까. 제도상으로 보면 확실히 그러했다. 중요한 결정이 내려지는 것은 천황이 참석한 가운데 열리는 어전회의였다. 그러나 이것도 천황 앞에서 각자가 각본에 따라 연기하는 의식에 지나지 않았다.

당시 어느 나라에서나 외교와 군사 책임자 사이에는 항쟁과 대립이 있었다. 하지만 최종적으로는 최고지도자가 선택을 하고 국책의 방향을 결정했다. 그런데 일본에서는 수상의 권한이 극도로 제한되어 있었다.

작전에 관한 일체의 권한은 참모총장과 군령부총장이 장악하고 있었다. 정치 쪽의 최고지도자는 여기에 간섭할 수 없다. 그렇기는커녕 정보조차 알지 못했다. 그러나 참모총장과 군령부총장의 권한에도 제한이 있었다. 그들은 용병用兵에서는 전권을 장악하고 있었지만 편성, 장비, 병력수를 관할하는 것은 육군대신과 해군대신이었다. 그 구분이 애매해서 어느 한쪽이 다른 쪽을 통제하는 기구가 되지는 못했다. 그런데도 육군성과 참모본부 사이의 의견 충돌, 해군성과 군령부 사이의 의견 상극은 각각 같은 집단 내부의 다툼이었기 때문에 적당한 선에서 타협이 가능했다. 그러나 육군과 해군 사이의 의견 대립은 역사적인 대결의식과 이해관계가 뒤얽혀 복잡했다.

이렇게 병립한 기관 위에 있는 것이 천황이었다. 천황은 "군림하되 통치하지 않는다"는 교육을 받았다. 국책의 최고결정권은 대본영-정부 연락회의와 어전회의에 있었지 천황에게도 수상에게도 결정권이 없었다. 더욱이 다수결로 결정하는 것도 아니라는 이해하기 어려운 구도가 만들어져 있었다. 의안議案을 철저하게 검토하기보다도 반대논리를 억압하는 데 중점을 두었고, 결정의 내용보다도 불투명한 의견의 일치를 기꺼워했던 것이다. 이런 회의에서 수상의 임무란 출석자들을 납득시키는 것보다 파란이 일어나지 않도록 뭔가 정리하는 능력이 필요하다고 간주되는 일이었다. 다른 나라에서는 볼 수 없는 정치형태였다. 국책의 결정이란 자구 다듬기 흥정에 지나지 않았고, 최대공약수적인 타협에 의해 무미건조한 작문을 완성하는 일이었다. 실질적으로 그런 애매함을 제거하는 것은 사태의 진전이었다. 이것이 전시하에서는 한층 명확해진다.

10월 10일의 일이다. 군사조사부장 미쿠니 나오후쿠가 정보를 가지고 도조를 찾아왔다. "기도 고이치를 중심으로 하는 궁중, 고노에 수상, 외무성, 해군으로 이루어진 연합군이 육군을 포위하고 미국의 제안을 받아들여야 한다며 압력을 가하고 있다"는 내용이었다. 미쿠니는 이 말을 육군성에 출입하는 신문기자로부터 들었다고 말하고, 그것이 사실인지 여부는 명확하지 않다고 덧붙였다.

"이번에는 내 차례란 말인가. 나를 물러나게 하는 건 그렇게 간단한 일이 아니지. 나는 마쓰오카가 아니야. 어디 마쓰오카의 전철을 밟을 것 같은가."

이 정보를 듣자마자 도조는 냅다 호통을 쳤다. 만약 미쿠니의 정보가 육군 내부의 주전론자가 도발을 의도하여 흘린 것이라고 추정할 수 있다면, 그것은 확실히 성공했다고 말할 수 있다. 도조의 감정은 고노에와 도요다 등을 향한 격한 분노의 형태로 분출되었고, 억눌려 있던 그의 성질이 드러나 그 이후에는 감정적인 이야기를 주고받게 되었기 때문이다.

12일은 일요일이자 고노에의 쉰 번째 생일이었다. 고노에는 오키쿠보에 있는 자신의 사저로 도조, 오이카와 해군상, 도요다 외무상, 스즈키데이이치 기획원 총재를 초청하여 오후 2시부터 일미교섭에 관한 최후의 의견을 나누었다.

"일미교섭은 타결의 여지가 있습니다. 중국에 병력을 주둔시키는 문제와 관련하여 일본 측이 뭔가 양보를 했으면 좋겠습니다만……."

도요다는 도조를 겨냥해 빈정거리듯이 이렇게 말했고 고노에도 동조했다. 미국은 일본의 제안을 충분히 이해하고 있지 못한 듯하다고 고노에가 기어들어가는 목소리로 말했다. 오이카와도 거들고 나섰다.

"지금 전쟁과 평화 중 하나를 선택해야 할 중대한 기로에 이르렀습니다. 만약 교섭을 계속 진행하고자 한다면 다소 양보를 하더라도 어디까지나 교섭을 성립시키는 방향으로 나아가야 할 것입니다. 전쟁과 평화

중 어느 쪽을 선택할 것인지는 총리에게 일임하겠습니다."

해군 내부에서 오이카와의 입장은 미묘했다. 그는 요나이 미쓰마사를 비롯한 해군 원로들로부터 육군의 방침에 휘말리지 말라는 충고를 듣고 있었다. 그것만이 아니다. 오키쿠보 회담 전날 밤, 후지타 겐지 서기관장과 오카 다카즈미 군무국장이 오이카와의 자택을 찾아와 해군상으로서 고노에의 의사를 보완하기 위해 '전쟁 회피와 교섭 계속'을 주장하라고 설득했다. 이때 오이카와는 다음과 같이 약속했다.

"내일 회담에서 외교교섭을 계속할 것인지 여부를 총리대신의 결정에 맡기겠다고 말할 것입니다. 그러므로 고노에 수상은 교섭을 계속하겠다는 뜻을 분명히 밝혀주셨으면 좋겠습니다."

도요다와 고노에의 의향에 덧붙여 오이카와는 도조에게 대항하는 발언을 했다.

도조는 외교교섭이 성공할 것으로 확신하느냐며 고노에와 도요다를 추궁했다.

"납득할 만한 확신이 있다면 전쟁 준비는 그만두겠습니다. 확신을 갖고 있지 않다면 총리가 결단해도 동의할 수 없습니다. 현재 작전을 진행하고 있는 상황에서 이를 멈추고 외교만 행하는 것은 큰 문제입니다. 적어도 육군으로서는 큰 문제입니다. 충분한 확신이 없으면 곤란합니다."

스즈키는 발언하지 않았고, 도요다와 고노에가 한결같이 일미교섭을 계속하자고 도조에게 말했다. 이따금씩 오이카와가 동조했고, 다시 도조가 반박하고 나섰다. 다람쥐 쳇바퀴 돌리 듯 논의가 이어졌다. 마침내 10월 중순까지 교섭 타결 가능성이 있는지 여부가 그들의 초점이 되었다.

"육군이 병력 주둔을 고수한다면 교섭의 여지는 전혀 없습니다. 그러나 조금이라도 물러선다면 가능성이 없는 것도 아닙니다."

도요다가 도조에게 말했다. 도조가 즉각 반론했다.

"병력 주둔만은 육군의 생명이어서 절대 양보할 수 없습니다. 새삼스럽게 들릴지 모르겠습니다만, 9월 6일 어전회의 때에는 이 건을 어떻게 생각하고 있었습니까?"

이때 도요다가 무책임한 대답을 하고 말았다.

"그렇게 말하지 마십시오. 그때는 경솔했습니다. 실은 그 전에 연락회의를 세 시간밖에 앞두지 않은 상황에서 문안文案을 받았기 때문에 세세하게 검토할 틈이 없어서…….."

이 말을 듣고 도조는 안색을 바꾸었다. 분위기가 갑자기 험악해졌다.

"그래서는 곤란합니다. 중책을 맡고 있지 않습니까?"

어전회의에서 결정한 국책을 두고 지금 와서 경솔했다고 말하다니 이 무슨 일인가. 보필의 임무를 어떻게 생각하고 있단 말인가. 그렇다면 내각이 총사직하지 않으면 안 된다…….

"지금 제 생각을 말하자면 외교를 통해 문제를 풀어가야 합니다. 나는 전쟁에 자신이 없습니다. 자신 있는 사람이 하시지요."

고노에가 딱 잘라 말하자 도조는 노기를 띠며 반박했다.

"참 의외군요. 전쟁에 자신이 없다니 무슨 말씀입니까. 그것은 국책수행요령을 결정할 때 논했어야 할 문제일 것입니다. 이제 와서 그렇게 함부로 말해도 되는 겁니까?"

데키가이소 회담은 네 시간 동안 이어졌다. 그러나 결론은 나지 않았고, 네 사람은 착잡한 심정으로 고노에의 사저를 나왔다. 도조는 회담을 통해 고노에, 도요다, 그리고 오이카와 사이에 의견 통일이 이루어진 것을 눈치 챘다. 그는 미쿠니의 정보가 신빙성이 있다고 생각했다. 그것이 그의 신경을 거슬렀다. 게다가 도요다가 교묘하게 털어놓았듯이 그들은 어전회의의 결정을 한 번 더 재검토하고자 한다는 것을 알았다. 도조가 가장 불쾌하게 생각한 것도 이 점이었다. 한번 내린 결단은 그 어떤 상황에서도 변경해서는 안 된다는 육군 군인의 사고 형태는 확실히 고립 상태에 처해 있었다. 본래대로라면 자신을 되돌아보아야 했을 터이지만 그를 사로잡은 것은 적의敵意를 노골적으로 드러내는 증오감이었다. 그런 감정으로 그는 고노에 집의 문을 나섰다.

훗날 스가모구치소에서 쓴 『도조일기』에서 그는 고노에와 도요다가 주장하는 '중국 철병'에 반대한 것은 지나사변 발발 원인이 중국 각지에서 '조직적으로 일본을 배척하고 모멸하는 불법행위' 때문이었고, 이 원인이 제거되지 않는 한 지나사변은 몇 번이라도 되풀이될 것으로 생각했기 때문이라고 해명했다. 그리고 '철병'은 "국군의 사기를 저해하고 아울러 사변의 원인이 제국의 침략에 있다는 미국의 주장을 승인하는 결과를 낳을 것이다. 당시 육군 통수부 및 중국 현지에 근무하는 군인들 사이에서는 이 점에 관하여 상하 모두 아무런 보증 없이 철병을 주장하는 것은 일고의 가치도 없다는 분위기가 강했다"고 말했다. 확실히 병력 철수를 거부한 것은 육군의 총의總意였다고 말할 수 있다. 지나방면군에서는 이런 제안을 받아들이기로 한다면 "우리들은 지금까지 무엇을 위해 싸워왔는가"라는 내용의 전보를 도조에게 보냈을 정도이다.

육군이 '중국 철병'으로 역사적인 빚을 짊어졌다면, 해군이 떠안은 역사적 실수는 "전쟁과 평화의 선택권을 총리에게 일임"한다는 오이카와의 발언이었다. 고노에에게 결론을 맡긴다고 했는데 그렇다면 해군의 주체성은 어디에 있었단 말인가. 해군의 행동이 두고두고 사람들의 입에 오르내린 것도 바로 이 때문이었다.

내가 취재를 하면서 만난 70대, 80대의 옛 육군 군인들은 한결같이 "그때 데키가이소에서 오이카와 씨가 전쟁에 자신이 없다고 말했다면 그 전쟁은 일어나지 않았을 것"이라고 말했다. 전후 한동안 육군 옛 군인들 사이에서는 이것이 정설이 되었던 듯하다. 하지만 과연 그랬을까. 이런 주장을 잘 음미해보면 해군 군인 쪽에서 "육군이 중국 철병 문제에서 양보했더라면 전쟁은 일어나지 않았을 것"이라고 말하는 정도의 의미밖에 갖고 있지 않다는 것을 알 수 있다. 그러나 문제는 이러한 부분적인 것이 아니라 구조적인 도식에 있었다. 그 도식을 점검하지 않고서는 오이카와를 책망할 수 없다. 더욱이 이런 주장은 육군이 해군에 책임을 전가하는 것이라고도 할 수 있다. 결국 해군은 고노에에게 판단을 맡기고, 고노에는 육군에 책임을 미루는 삼파전의 양상을 띠고 있었다는 것을 알 수 있다.

그런데 이 시기 육군성 장교들은 해군의 진의가 어디에 있는지 파악하기 위해 해군성 막료들을 타진하고 있었다. 무토 아키라는 오카 다카즈미에게 해군이 전쟁을 바라지 않는다면 공식적으로 그렇게 말해달라고 전하면서, 그렇게 한다면 육군 내부도 설득할 수 있을 것이라고 제의했다. 그러자 오카는 "전쟁을 바라지 않는다고는 말할 수 없다. 총리에게 일임하는 것이 전부"라며 거부했다. 군무과장 사토 겐료 역시 해군성 군무국 군무과장 이시카와 신고石川信吾에게 본의를 가르쳐달라고 말했지만 답을 얻지 못했다.

그 결과 육군성 장교들은 해군성의 애매한 태도에 대단히 볼썽사나운 견해를 갖게 되었다.

먼저 그들은 물자배분의 균형에 문제가 있다고 지적했다. 육군과 해군은 물자배분을 둘러싸고 사력을 다해 싸웠는데, 만약 해군이 전쟁에 소극적이라면 물자는 육군으로 돌아가고 해군의 체면은 말이 아니게 된다. 해군 수뇌부는 그것을 참을 수 없었을 것이고, 내부에서도 비판을 받았다.

그들은 또 해군이 국민의 반감을 두려워한 것으로 이해했다. 정보가 통제되는 상황에서 많은 국민들은 편협한 내셔널리즘에 열광했고, 미국과 싸워야 한다는 주장을 펴고 있었다. 국민의 이러한 '관심' 속에서 해군의 명확한 태도 표명은 반국민적 움직임으로 받아들여질 수 있고 아울러 원성의 소리도 높아질 것이다. 그것이 부메랑처럼 군 내부로 되돌아와 해군 군인의 사기를 떨어뜨리는 요인이 되지 않는다고 장담할 수도 없다. 이미 1940년 11월부터 해군은 태평양에서 벌어질 전투에 대비하여 출진 준비를 발동하고 있었다. 함대는 작전을 준비하고 있었던 것이다. 그런데 해군이 전쟁을 회피하고 있다는 소식이 함대에도 전해졌고 군인들의 사기는 단숨에 붕괴되기에 이른다.

오이카와의 곤혹스러움은 모든 불안의 응축이고 그런 까닭에 그는 명확한 의사표시를 할 수 없는 것이라고 육군 장교들은 생각했다. 현실적으로 그 예측은 표적을 벗어나지 않았다.

14일에 이르러 고노에와 도조의 대립은 한층 격화되었다. 고노에가 '중국 철병'을 간청했지만, 도조는 "철병이란 퇴각이다. 양보하고, 양보하고, 또 양보만 하는 것이 외교라는 것인가. 그것은 항복이라는 것"이라며 그의 요구를 일축했다. 각료회의에서는 어전회의 결정을 이행하라며 압박하는 도조의 목소리가 울려 퍼졌고, 각료들은 아무 소리도 없이 그를 주시하고 있었다. 도조는 '마쓰오카'가 되어 있었다. 이대로는 사태를 타개할 수 없다는 것을 알아차린 그는 근본적인 정책 전환을 도모할 필요가 있다고 생각했다. 도조는 다음과 같이 생각했던 것이다.

'9월 6일의 결정을 무시하는 것은 어전회의에 참석한 모든 사람들의 책임이다. 대대적인 수술이 필요하다. 신하 된 자가 대수술을 할 수는 없기 때문에 히가시쿠니노미야에게 폐를 끼치는 게 좋을 것이다.'

이날 저녁 무렵, 도조는 스즈키 데이이치를 관저로 불러 고노에에게 말을 전해달라고 부탁했다. 원래 스즈키는 예비역 편입 후 국무대신에 취임했을 정도로 정치지향적 성격이 강한 군인이었는데, 그는 정계 진출을 예상하고 고노에와 도조 사이에서 파이프 역할을 하고 있었다. 이때 도조가 말한 것은 다시 고노에를 만나봐야 감정만 상할 뿐 이야기를 진전시킬 수는 없을 것이며, 해결점을 찾기 위해 강력하게 히가시쿠니노미야를 추천한다는 내용이었다.

전언을 의뢰한 다음 도조는 곧 가족에게 짐을 꾸려 아직 완공되지도 않은 다마카와요가의 자택으로 남들 눈에 띄지 않게 옮기라고 명하고, 어둠을 틈타 뒷문을 통해 짐을 운반하게 했다. 이 자리를 떠나 다시 육군성이나 참모본부의 일개 장교로 돌아가고 싶다는 것이 그의 본심이었다.

도조의 전언을 들은 고노에는, 자신도 사직할 뜻을 굳히고 있었기 때문에, 다음날 15일 천황에게 정세를 보고하고 아울러 도조가 히가시쿠니노미야 내각을 진언했다면서 퇴진 의사를 밝혔다. 이에 대해 천황은 황족이 정치의 전면에 나서는 것은 피해야 한다고 말하고, 특히 지금처럼 전쟁이 일어날지도 모르는 때에 황족이 내각을 꾸리는 것은 바람직하지 않다고 대답했다. 그 후 고노에는 히가시쿠니노미야를 만나 내각 수반 자리를 맡아줄 것을 제안했다. 히가시쿠니노미야는 고려해보겠다고 말한 다음, 일미교섭에 찬성하는 사람을 육군상에 앉혀 제4차 고노에 내각을 꾸려보는 게 어떻겠느냐고 역제안했다. 하지만 도조의 통제를 받아온 까닭에 육군에는 일미교섭에 찬성을 표시하는 자가 없다는 것을 고노에는 알고 있었다.

이러한 고노에의 움직임이 단편적으로 도조의 귀에도 들어왔다. 그는 육군상 관저에서 고노에의 솜씨 좀 보자고 말하는 듯한, 얼마간 빈정거리는 듯한 태도로 그의 움직임을 지켜보고 있었다.

도조 내각의 탄생

16일 오전, 기획원 총재 스즈키 데이이치로부터 도조에게 연락이 왔다. 천황이 히가시쿠니노미야 내각에 반대한다는 것이었다. 스즈키는 기도 고이치를 통해 이 정보를 손에 넣은 다음 도조에게 알려주었던 것이다. 오후에 도조는 기도의 집을 달려갔다. 히가시쿠니노미야 내각이 아니면 안 된다고 버텼다. 하지만 기도는 천황의 의사가 확고하다고 말하며 거절했다. 이때 두 사람은 이런저런 의견을 교환했는데, 『기도 고이치 관계문서』에 따르면 기도는 9월 6일의 결정은 재검토할 점이 있다는 것과 육해군의 일치가 필요하다는 것 두 가지를 도조에게 설명했다. 도조와 이야기를 마친 기도는 의외로 타개 방법이 있다고 판단하고 곧 고노에에게 전화를 걸었다. 그러나 그때 고노에는 각료들의 사표를 정리하고 있었다. 여기에서 톱니바퀴 하나가 빠졌다.

고노에의 요구에 응하여 사표를 제출한 도조는 관저를 떠날 생각으로 군무국 장교들과 잔무 정리에 관해 이야기를 나누고 있었다. 그때 기묘한 정보가 들어왔다. '차기 내각은 도조 내각이 될지도 모른다'는 미쿠니 나오후쿠가 지휘하는 군사조사부에서 제공한 정보였다. 신문기자가 궁중 관계자로부터 전해 들은 것이라 했다. 하지만 너무도 황당무계해서 도조도 군무국의 장교들도 웃어넘겼다. 도조는 더욱더 히가시쿠니노미야 내각이 아니면 안 된다고 말하고, 기무라 헤이타로 차관을 히가시쿠니노미야에게 보내 내각 수반을 수락해달라고 설득했다. 다른 한편 사토를 육군 출신 중신重臣 아베 노부유키와 하야시 센주로의 자택으로 보내차기 수반 결정을 위한 중신회의에서 히가시쿠니노미야 내각을 밀어달라는 말을 전하도록 했다. 이때 하야시는 해군에 적을 두고 있는 황족으로 군령부총장을 지낸 후시미노미야伏見宮(1875~1946)나 천황의 동생으로 해군 중좌인 다카마쓰노미야高松宮(1905~1987) 둘 중 하나가 좋지 않겠느냐고 대답했다.

10월 17일, 이날은 금요일이었다. 도조는 군무국 장교들을 소집하여, 어떤 내각이 들어서더라도 중국 철병과 관련하여 육군에 내리는 천황의 '말씀'이 있을 것이니 그것에 대한 회답으로서 상주문을 작성하라고 명했다. 도조는 무토와 사토, 이시이 등과 함께 '너무 육군의 주장을 내세우지 말라. 내부를 단속하여 조각組閣에 협력하라'는 성려聖慮가 전해질 것으로 예측하고 있었던 것이다.

"폐하께서 이러하다고 말씀하시면 나는 그대로 따를 것이다. 폐하께는 결코 이런저런 핑계를 대서는 안 된다."

도조는 그렇게 큰소리쳤다. 결국은 중국 철병을 받아들이고 미국과의 교섭을 마무리하게 될지도 모른다고 각오하고 있었다. 육군으로서는 부끄럽기 짝이 없는 일이지만, 그러나 천황이 그렇게 명령한다면 어쩔 도리가 없었다.

누가 차기 수반 자리에 앉을까. 도조, 무토, 사토 그리고 군무국의 장교들 모두가 안절부절못하는 모습으로 오후에 시작된 중신회의가 끝나기를 기다렸다. 그들은 육군상 관저의 잔디밭에 의자를 가져다놓고 앉아서 잡담을 즐기고 있었다. 곧 발표될 내각의 수반이 히가시쿠니노미야가 될 것인지 아니면 그와 가까운 황족이 될 것인지, 누구를 육군상으로 추천할 것인지 등등 이런저런 이야기를 주고받았다. 2 · 26 사건 이후 육군의 정치적 의사를 떠안게 된 육군성 군무국의 장교가 육군상을 추천할 뿐만 아니라 희망하는 각료 명부까지 준비하는 것이 관례였다. 무토의 책상 위에는 이날 오전 중에 그 명부가 준비되어 있었다. 도조는 이 명부를 보지 못했지만, 그것이 자신의 눈앞에 놓일 명부라는 것을 알 리도 없었다.

오후 1시가 지나면서 궁중에서는 중신회의가 열리고 있었다. 기도가 내각이 무너지게 된 경위를 설명했고, 그 후 차기 수반에 관한 검토에 들어갔다. 와카쓰키 레이지로若槻禮次郎(1866~1949)가 우가키 가즈시게를 추천했고, 하야시 센주로는 황족 내각으로 한다면 해군과 관련된 황족이 좋겠다고 말했다. 발언이 끝나기를 기다려 기도가 도조를 강력하게 추천했다.

"지금 필요한 것은 육해군의 일치를 도모하는 것과 9월 6일의 어전회의 결의 내용을 재검토하는 것이기 때문에 도조 육군상에게 대명大命을 내리는 것이 어떻겠습니까? 단, 그 경우에도 도조 육군상은 현역으로 육군상을 겸임하여 육군을 장악하게 해야 합니다."

중신회의의 분위기가 무거워졌다. 기도가 남긴 『기도 고이치 관계문서』에 따르면, 도조라면 9월 6일 이후의 정세를 상세하게 꿰뚫고 있을 뿐만 아니라 육군의 움직임을 장악할 수 있지만, 와카쓰키가 추천한 우가키는 육군을 장악할 수 없다는 것이 그의 핵심적인 주장이었다.

도조의 이름이 제시되었을 때 중신 중에도 반발하는 자는 있었다. 와카쓰키는 외국에서 달갑지 않게 여길 것이라고 말했고, 추밀원 의장 하라 요시미치는 기도가 생각하고 있는 바를 도조에게 잘 전달하는 게 어떻겠느냐고 주문했다. 히로타 고키廣田弘毅(1878~1948), 아베 노부유키, 하야시 센주로는 찬성했고, 고노에와 오카다 게이스케도 강하게 반대하지는 않았다. 오후 4시가 지나 천황을 만난 기도는 도조에게 대명을 내리기로 결정했다고 아뢨다. 오후 4시 반, 궁내성 직원이 육군상 관저의 비서관에게 전화를 걸어 도조 육군상의 입궐을 요청했다.

아카마쓰 사다오로부터 입궐하라는 말을 전해 들은 도조는 얼굴을 찌푸리며 일미교섭 관련 자료와 중국 철병에 이의신청을 하는 상주문을 가방에 쑤셔 넣고 자동차에 올랐다.

"상당히 엄한 질책이 있을 것 같군."

그는 불안한 마음으로 아카마쓰에게 말했다. 그러나 궁중에서 도조의 예상은 보기 좋게 빗나갔다.

"그대에게 내각 조직을 명한다. 헌법의 조규條規를 준수하도록 하라. 시국이 대단히 중대한 사태에 직면해 있다고 생각한다. 이때 육해군은 한층 긴밀하게 협력하도록 유의하라. 잠시 후 해군대신을 불러 이 뜻을 말할 것이다."

천황은 눈길을 떨구고 있는 도조에게 이렇게 대명을 하달했다. 이 순간 도조는 다리가 후들거리고 도무지 뭐가 뭔지 알 수 없었노라고 아카마쓰에게 술회했다. 훗날 도조 자신이 작성한 기록을 보면 "그런데 돌연 내각을 조직하라는 대명을 받들었다. 전혀 예상하지 못한 일이라 망연자실했다"고 적혀 있다. 천황으로부터 대명을 받은 후, 기도의 방에서 다시 도조와 오이카와에게 성지가 전달되었다.

"이제 국책의 대본大本을 결정할 때에는 9월 6일 어전회의의 결의에 얽매이지 않고 내외의 정세를 더욱 넓고 깊게 검토하여 신중하게 고구考究할 필요가 있다는 말씀입니다."

백지 상태에서 국책을 재검토하라는 것이다. 대기실로 돌아온 도조는 흥분 때문에 아래만 쳐다보고 있었다. 아카마쓰는 대단히 충격적인 질책을 받았음에 틀림없다고 생각했다. 자동차에 타고 나서도 말이 없었다. 자동차가 달리자 메이지신궁으로 가라고 말하고는 또 입을 닫았다. 아마카쓰는 눈치를 살피다가 어렵사리 "어떻게 되었습니까?"라고 물었다. 그러자 도조는 떨리는 목소리로 대명을 하달받았다고 말했다. 이번에는 아카마쓰가 할 말을 잃었다. 자동차를 타고 메이지신궁, 도고신사, 야스쿠니신사를 돌면서 도조는 "이렇게 된 바에는 신의 가호에 의지해 조각 준비를 할 수밖에 없다고 생각하고 이렇게 참배하는 것"이라 말하고 장시간 동안 참배했다.

이 무렵 육군성에도 '도조에게 대명을 하달했다'는 소식이 들어와 있었다. 무토와 사토를 비롯한 장교들은 그 뜻을 헤아리기 어려웠고, 천황이 전쟁을 결의한 것 아니냐며 긴장했다. 그러한 긴장과는 별도로 정책 결정집단의 중추를 이루고 있는 육군에 조각의 명을 내렸다는 것은 그들에게 얼마간 충족감을 주었다는 것도 부정할 수 없었다.

지금까지 도조에게 대명이 하달된 것은 내대신 기도 고이치의 추천에 따른 것이라는 말이 사실인 것처럼 받아들여졌다. 기도 자신은 당시에도 그리고 전후에도 그렇게 말했다. 1976년 11월, 몸 상태가 좋지 않다는 이유 때문에 나는 어떤 중개자를 통해 기도에게 질문 항목을 건넸다. 기도는 정중하게 대답해주었다. 그는 도조를 추천한 이유는 각종 책에서 볼 수 있는 것과 마찬가지로 다음과 같다고 답했다.

"그때 육군을 장악할 수 있는 사람은 도조밖에 없었다. 우가키 가즈시게를 내세우자는 말도 있었지만 그는 개인적 욕심이 많은데다가 육군을 정리할 수도 없었다. 어쨌든 현역도 아니다. 도조는 폐하를 향한 충절에 서는 어떤 군인보다도 특출했고, 성의^{聖意}를 실행할 훌륭한 재목으로서 그를 대신할 자가 없었다. 그렇다면 도조 내각은 어떤 내각일까. 결국 폐하의 뜻을 실행할 내각이어야만 했다."

당시로부터 30 몇 년이 지난 후이지만 기도의 말에는 변함이 없다. 하지만 대담하게 추측해본다면 도조를 수반으로 삼은 것은 천황의 의사가 아니었을까. 당시의 다른 보필자들과 비교할 때 도조는 신뢰에 값하는 몇몇 조건을 갖추고 있었던 게 아닐까.

도조는 임시방편적인 상주는 하지 않았다. 그때까지의 보필자들이 결과만을 그것도 때로는 억지스럽다고 생각할 만한 내용을 상주한 것과 달리, 도조는 결과에 이르는 과정까지 보고했다. 물론 천황은 과정을 알아도 참견하거나 하지는 않는다. 도조는 자신의 상주 방법을 "폐하를 안심시켜드리는 것"이라고 부하에게 설명했다. 하지만 이것은 천황의 신뢰감을 얻을 수 있는 가장 좋은 방법이었다.

천황은 육군을 신뢰하지 않았다. 그처럼 신뢰할 수 없는 집단 안에서 가장 신뢰할 수 있는 보필자를 찾아냈던 것이다. 그것이 도조 히데키였다. 그런 도조였기 때문에 궁중 주변에서 천황의 뜻에 따라 화평을 모색하면 좋을 것이라고 생각했다 해도 조금도 이상할 게 없었다.

천황과 기도 사이에서 언제 도조를 천거하자는 얘기가 오갔을까. 10월 16일 오후 4시, 기도는 천황을 만나 정세를 보고했다. 이 자리에서 어떤 얘기가 오갔는지는 알기 어렵다. 하지만 도조와 이야기를 나눈 후 천황을 만난 것은 분명하다. 그리고 이때부터 기도는 도조 내각 수립을 획책하기 시작했다. 오후 5시, 고노에가 내각의 사표를 제출하기 위해 기도를 찾아왔는데, 그때 두 사람 사이에 모종의 협의가 있었을 것으로 추측

된다. 돌아오는 자동차에 함께 탔던 사위 호소카와 모리사다細川護貞(1912 ~2005)는 자신의 저서 『차와 꽃과 역사』에서 당시 고노에의 모습을 다음 과 같이 적었다. 이 책에 따르면 고노에는 이렇게 말했다.

"대단히 훌륭한 방안이 나왔네. 기도가 전쟁을 하겠다는 도조로부터 전쟁을 하지 않겠다는 약속을 받아내고 그에게 내각을 조직하게 하는 것이야. 훌륭한 방안이야."

호소카와가 "그건 좀 이상하지 않습니까?"라고 반박하자, 고노에는 놀라우리만치 격한 목소리로 말했다.

"그건 자네 같은 서생이나 하는 소리야."

기도와 고노에는 이미 이 단계에서 도조를 내각 수반으로 내세우기로 결정했던 것이다. 여기에는 천황의 의지가 반영되어 있었다. 오후 5시 30분부터 15분 동안 "후계 내각에 관하여 하문下問을 받들다"라고 『기도 고이치 일기』에 적혀 있는 것이 이를 뒷받침한다. 오카다 게이스케의 의미 있는 회고에 따르면, 다음날 열린 중신회의에서 기도의 일인극으로 도조 천거가 결정되었다. 더욱이 기도의 일기를 분석해보면 왜 저렇게 도조 추천에 관한 변호와 상세한 보고가 적혀 있는지 의문을 떨치기 어려운데, 여기에서 한 걸음 더 나아가자면 천황과 기도가 도조라는 망아지를 이용해 위험한 도박을 했다고 추측할 수 있다. 그 기대대로 도조는 단숨에 화평의 길을 모색하기 시작했다. 도박은 성공하는 것처럼 보였다. 도조 내각이 발족한 지 얼마 지나지 않아 천황은 기도에게 의미 있는 말을 내뱉었다.

"호랑이굴에 들어가지 않으면 호랑이 새끼를 잡을 수가 없는 법이지."

앞의 이야기로 되돌아가기로 하자. 육군상 관저로 돌아온 도조는 멍한 상태였고, 그의 뺨은 파르르 떨고 있었다. 그는 군무국의 유력한 장교인 무토 아키라, 사토 겐료, 이시이 아키호 등과 기무라 헤이타로 차관 그리고 도미나가 교지 인사국장을 귀빈실로 불러 천황과 기도로부터 전해 들은 내용을 되새김질했다. 몇 번씩이나 "천황 폐하께서……"라는 말을 덧붙이면서, 일미교섭에 전력을 다하라고 스스로 다짐하는 듯한 말을 내뱉었다. 그것은 지금까지 그들이 주장해온 노선을 깨끗하게 포기하는 것이었지만, 그것이 정상적이지 않다는 것을 도조는 이해하지 못했다. 보고가 일단락된 후 무토가 육군이 희망하는 각료 명부를 건네려고 했다. 하지만 도조는 그 명부를 받지 않았다.

"오늘부터 나는 육군의 대표자가 아니다. 따라서 공정하고 타당한 인선人選을 하지 않으면 안 된다."

육군에 휘둘리는 것을 거부하는 선언이었다. 도조는 국책을 정반대 방향으로 틀 작정이었고, 이에 따를 마찰을 각오하고 있었다. 그랬기 때문에 내무상 자리에 앉아 사법권을 억누르는 것이 자신의 역할이라고 생각하고 있었다. 기도로부터 요청받은 육군상과 내무상은 그의 내각을 지탱하기 위해 그 자신이 장악하지 않으면 안 된다고 결단하고 있었던 것이다.

잠시 동안의 멍한 상태에서 빠져나오자 도조는 곧바로 행동을 개시했다. 우선 군무과 고급과원 이시이 아키호에게 9월 6일의 어전회의 결정을 없었던 일로 하고, 국책을 재검토하기 위한 안을 항목별로 만들라고 명했다. 이어서 참모총장 스기야마 겐과 교육총감 야마다 아토조山田乙三(1881~1965)를 관저로 불러, 수상이 되어서도 현역 군인으로 육군상 자리에 머물고 싶다는 의견을 피력하여 그들의 승인을 얻어냈다. 현역이 아니면 육군상이 될 수 없다는 현역무관대신제現役武官大臣制를 염두에 둔 발언이었다. 이와 동시에 현역 군인 신분을 유지한 채 수상에 취임하는 것 역시 칙령에 반하는 일이었기 때문에 그것도 손질을 해야만 했다.

도조는 이때 중장이었다. 그런데 해군상에 취임할 인물은 대장이 될 터이기 때문에 "그런 사람이 도조 중장 아래 들어오는 것은 실제로도 모양새가 좋지 않을뿐더러 총리로서의 관록에 비추어보아도 대장이 되는 것이 좋다"라고 인사국장 도미나가는 생각했다. 이런 생각에 따라 도미나가는 도조의 대장 진급 건을 삼장관회의三長官會議에 자문했다. 그런데 대장으로 진급하기 위해서는 5년 이상 중장에 재임해야 한다는 조건을 충족시켜야 했다. 하지만 도조는 분명히 1개월이 모자랐다. 그러나 그것도 특례로 인정받게 된다.

이런 식으로 몇 번이나 특례가 만들어졌다. 그것은 도조의 입장이 복잡했다는 것을 반증한다. 바로 이런 복잡함이 도조의 부담으로 작용했고, 모든 방면에 마음을 쓰지 않으면 안 되는 원인이 되었다.

그 후 도조는 귀빈실에 틀어박혀 대신大臣 후보자를 하나씩 불러들였다. 서기관장에는 아무런 주저 없이 호시노 나오키를 임명했다. 관동군 참모장 시절부터 이어온 교제와 고노에 내각 시절 강제로 사직시킨 부담 때문이었다. 무토가 제출한 명부에는 이 자리에 새로운 관료 기시 노부스케岸信介(1896~1987)가 올라와 있었지만 도조는 그것을 무시했다. 사법대신 이와무라 미치요岩村通世(1883~1965), 문부대신 하시타 구니히코橋田邦彦(1882~1945), 농림대신 이노 히로야井野碩哉(1891~1980), 후생대신 고이즈미 지카히코小泉親彦(1884~1945), 기획원총재 스즈키 데이이치는 유임되었고, 상공대신에 기시 노부스케, 체신철도대신에 데라지마 겐寺島健(1882~1972)이 앉았다. 하지만 이들 각료는 내각의 성격과 그다지 관련이 없다. 육군상, 해군상, 외무상, 대장상이 새 내각의 색깔을 보여준다.

"외무상은 전문가여야만 합니다. 특히 이런 시기에는 숙달된 자가 아니면……."

이렇게 말하면서 도조는 외무성 장로 도고 시게노리東鄕茂德(1882~1950)를 특별히 외무상으로 뽑았다. 도고 시게노리는 처음에는 최근의 사정을 잘 모른다며 주저했지만, 집요한 설득 끝에 "일미 협조에 전력을 다하여 몇 가지 현안 사항은 양보하지 않으면 안 됩니다. 합리적 기초 위에 교섭이 성립하도록 노력한다면 입각해도 좋습니다"라고 제안했다. 도조도 이의를 제기하지 않았다.

대장상에는 가야 오키노리賀屋興宣(1889~1977)가 임명되었다. 그는 육군과 관계가 깊은 북지나개발주식회사北支那開發株式會社의 총재였다. 가야는 이번 도각倒閣이 도조의 완고한 주전론 때문이라는 항간의 소문을 들은 터여서 관저에서 도조가 완전히 반대되는 말을 하는 것을 보고 깜짝 놀랐다. "가능한 한 일미교섭을 마무리하는 방향으로 나아갈 것이고, 전쟁이 일어나지 않도록 노력할 작정이니 협력해주시기 바란다"는 도조의 말에 그도 입각하게 되었다.

해군상 임명은 난항을 거듭했다. 당초 해군에서는 구레진수부吳鎭守府 사령장관 도요다 소에무豊田副武(1885~1957)를 추천했다. 도요다는 육군을 싫어하는 사람으로 유명했다. 도조도 "육군은 그의 목소리를 듣는 게 싫다"며 사절했다.

이어서 추천된 사람은 요코스카진수부橫須賀鎭守府 사령관 시마다 시게타로嶋田繁太郎(1883~1976)였다. "일본과 미국은 싸우지 말아야 한다"는 주장에 동조하고 있으며, 온후한 성격에 정치색이 없었을 뿐만 아니라 군령부 출신이라는 이유로 해군 내부에서 추천한 사람이었다. 처음에는 오이카와의 설득에도 불구하고 시마다는 거절했다. 그러나 나가노 오사미가 설득하고 도조가 면담을 했다. 결국 시마다는 육해군의 협조와 치안유지를 조건으로 입각했다. 그런데 18일 오후 도조를 방문한 그는 입각 조건으로서, '하루빨리 해군 군비軍備와 전비戰備에 충실을 기할 것'과 '우선 신속한 외교교섭에 나설 것'을 요구했다. 이 요구는 해군의 의향을 반영한 것이었다. 도조는 이를 받아들일 수밖에 없었다.

이리하여 육군과 해군의 표면적인 합체가 이뤄졌다.

18일 저녁 무렵, 각료 명단이 발표되었다. 거리에는 호외가 뿌려졌다. 고노에 내각이 전격적으로 무너졌다고 보도한 신문은 '강한 내각의 탄생'이라며 기대감을 숨기지 않았다. 이처럼 신문의 논조는 이 내각이 성립 초기부터 강력함을 발휘해줄 것을 희망했다. '확신에 찬 지도자의 등장'을 기대하고 있었던 것이다.

또 도조를 소개하는 기사에는, 1889년 대일본제국 헌법 발포부터 이때까지 현역 군인이 수상에 오른 것은 야마가타 아리토모, 가쓰라 다로, 데라우치 마사타케寺內正毅(1852~1919)에 이어 도조가 네 번째이며, 그런 도조는 선배 세 사람보다 뛰어났으면 뛰어났지 못하지 않다는 프로필이 실려 있었다. 그리고 정말로 결단이 요구된다고 치켜세우면서 도조를 구국의 영웅인 것처럼 말하고, '철혈'이니 '무쇠 같은 사람'이니 하는 말을 남발하는 신문도 있었다.

한편 정계 내부에서는 이 내각을 사무관 내각이라든가 만주 내각이라 부르는 사람도 있었고, 도조가 측근만을 불러 모아 만든 소립小粒 내각이라 평하는 소리도 있었다. 더욱이 육군 내부에서도 빈정대는 소리가 있었다. 물론 반反도조계 장교들의 중상이었다.

하지만 문제는 일본 국책의 흐름을 따르는 한 '도조 내각 탄생'이 일본의 의사표시로 받아들여질 위험성이 있다는 것이었다. 육군 내부에서조차 그런 견해가 있었고, 참모본부 전쟁지도반의 『대본영 기밀 전쟁일지』에서는 "드디어 싸움에 뛰어들게 되는가"라고 개전開戰을 기뻐하는 기술마저 볼 수 있다. 히가시쿠니노미야는 일기에 "나는 도조에게 조각의 대명을 내린 것에 실망하며, 국가의 앞날에 불안을 느낀다"고 적었다.

하지만 일본 국내만을 보면 상황은 아직 괜찮았다. 미국 정부의 요인은 일본이 전쟁을 결의한 것으로 생각하고 태평양함대를 경계 배치하도록 권고했다. 그만큼 도조의 등장에 긴장했던 것이다. 헐은 자신의 회고록에서 "도조는 전형적인 일본 군인으로 견식이 좁고 직선적이며 외곬으로 나가는 인물이었다. 그는 완고한데다 고집이 세며, 현명하다고는 말할 수 없지만 근면하고 얼마간 박력이 있는 인물"이라고 평했다. 원래 이 내각은 고노에 노선을 이어 일미교섭에 진력할 것이라는 주일대사 그루의 보고를 받은 헐은 경계를 풀고 있었다. 하지만 정치적으로 이 내각을 이용하는 것만은 잊지 않았다.

도조도 군무과의 장교를 통해 자신의 내각이 어떻게 받아들여지고 있는지 전해 듣고 있었다. '군인은 세간의 평가에 신경을 써서는 안 된다'는 신조를 지키기라도 하듯 도조는 그런 보고를 그다지 중시하지 않았다. 그러나 하루 이틀 시간이 지나면서 관저에 쇄도하는 격려 편지 수가 늘어나는 것을 보고 충격을 받았다. 중일전쟁이 시작된 지 5년째, 내핍 생활에 지친 국민감정은 강력한 카타르시스를 찾고 있었는데, 그 요구가 도조에게 밀려들었던 것이다. 그런 무시무시한 요구에 도조는 공포를 느꼈다. 국민도 군인도 민간 우익도 도조에게 기대하는 것은 한결같았다. 미국에 대한 강경한 태도, 그 끝인 미국과의 전쟁이었다. 격려문은 그런 내용으로 가득 차 있었다. 그것이 지금까지 도조가 취해온 태도의 귀결이었기 때문이다.

특고
특별고등경찰(特別高等警察)의 줄임말로 정치와 사상 관련 업무를 담당했다.

그러나 이 내각에는 국책을 되돌려야 한다는 역할이 부여되어 있다. 정책이 실행에 옮겨지면 반동이 커질 터이다. 도조는 환영幻影에 시달리면서 내심 내무상 취임을 당연하게 생각했다. 특고特高를 이용하여 국민 에너지의 분출을 감시하는 것이 무엇보다 필요하다고 더욱 더 확신했다.

"만약 일미교섭이 성공한다면 어찌 될 것인가. 군 내외에서 불온한 움직임이 일어날 것이다. 2·26 사건에 필적할 정도로 일이 커질지 모른다. 그것만은 무슨 일이 있더라고 저지하고 싶다."

도조는 몇 번이나 군무국 장교들에게 이런 말을 흘렸다.

19일, 취임식이 끝난 후 처음 열린 각료회의에서 도조는 열정적인 어조로 다음과 같이 말했다. "이 내각은 내우외환에 처한 상황에서 무엇보다 먼저 견고하고 확실하게 일을 실행하고자 합니다. 두 번째로 일미 외교교섭을 촉진하고, 마지막으로 치안유지에 전력을 투입할 것입니다." 그리고 여기에서 '치안유지'란 외교교섭에 열을 올리는 것을 연약외교라고 비판하는 책동이 있을 터인데 그것을 방지하는 것을 의미한다고 덧붙였다.

각료회의를 마친 후 도조는 시마다, 가야, 도고 그리고 스즈키 네 사람을 불러들여 항목별 국책 재검토 안을 건넸다.

"9월 6일의 결정을 백지화하기 위해 각 성청省廳에서 이것을 상세하게 검토하도록 했으면 합니다. 그 후에 연락회의를 열어 철저하게 압축하여 결론을 내리도록 합시다."

이 항목별 안은 군무과의 이시이 아키호가 작성한 것으로, 국책을 재검토하기 위해 지금 현안이 되고 있는 문제를 해체하여 새롭게 11개 항목으로 나눈 것이었다.

11개 항목 중 8개 항목은 전쟁을 단행했을 경우를 상정한 것이고, 나머지 3개 항목은 화평의 경우 일본의 상태를 고려한 것이었다. 여기에는 구주전쟁의 전망, 미국·영국·네덜란드와 전쟁을 벌일 경우 초기 작전의 예측, 국내 주요 물자의 수급 상황, 적절한 개전 시점 등의 항목이 들어 있었다.

예컨대 제10항은 이러하다. "대미교섭을 속행하여 9월 6일 어전회의의 결정에서 제시한 우리의 최소한도의 요구를 아주 짧은 시간 안에 관철할 가능성이 있는가. 우리의 최소한도의 요구를 어느 정도까지 완화하면 타협의 가능성이 있는가. 이는 제국이 허용할 수 있는 수준인가." 일미교섭을 타결하기 위한 작업을 진행하면서 다시금 조건을 검토해보자는 것이다. 새롭게 조건 완화의 방향을 찾을 수 없을지 그것도 검토해보자는 것이다. 도조의 기대는 여기에 집약되어 있었다. 작전 준비에 돌입한 통수부가 대미교섭 중단을 바라고 있다는 것을 알면서도, 그것에 대항하기 위해서는 이 항목을 방패로 삼아 새로운 방향을 확고하게 할 필요가 있다는 것을 그는 충분히 자각하고 있었다.

시마다와 가야 그리고 도고가 이 항목을 철저하게 논한 후에는 전쟁이든 평화든 결론을 끌어내는 것을 납득할 것임에 틀림없다고 도조는 한결같이 생각하고 있었던 것이다.

도조가 성려聖慮에 귀를 기울이는 척하면서 사실은 처음부터 일미 개전의 길을 갈 작정이었다고 말하는 사람이 있다. 실제로 도조 내각 성립으로부터 50일 후에는 전쟁 상태에 들어섰기 때문에 결과에 비춰보면 확실히 그 지적은 타당성이 있다.

그러나 도조는 조각 당시에는 필사적으로 성려에 답하고자 했다. 9월 6일 어전회의 결정을 쓰레기통에 집어넣고 싶어 안달했다. 하지만 그것은 미국에 대한 증오감을 억누르는 것을 의미하지 않았다. 천황 앞에서는 성려에 답하겠노라고 다짐하고, 연락회의에서는 미국에 대한 군사행동의 유혹에 이끌리는 이율배반 속에서 그는 움직이고 있었던 것이다.

통곡하는 수상

격렬한 연락회의

수상 관저가 완공된 것은 1928년이다. 도조는 열 번째 주인으로 이곳에 살게 되었다.

관저에는 본관과 별관이 있었다. 3층 건물인 본관은 각료회의실, 회의실, 집무실, 그리고 직원용 방까지 있어서 수상은 이곳에 머물면서 일체의 사무를 볼 수가 있었다. 후문과 가까운 별관은 흔히 '니혼마日本間'라 불렸고 사저로 사용되었다. 5·15 사건● 당시 이누카이 쓰요시犬養毅(1855~1932) 수상이 습격당한 곳도 니혼마의 식당이다.

니혼마의 2층에는 응접실과 집무실, 서양식 침실이 있었고, 가족이 사는 방도 두 개쯤 있었다. 1층에는 비서관의 집무실과 회의실이 있었다. 도조는 니혼마에서 아내 가쓰, 셋째딸, 넷째 딸과 함께 살았다. 육군상 관저에서 자택으로 돌아온 짐은 다시 수상 관저로 옮겨졌다. 여학교에 다니는 둘째딸은 이전처럼 육군상 관저에서 살았다.

수상이 된 후부터 도조는 가족과 대화할 시간을 잃어버렸다. 너무 바빴기 때문이다. 가족을 대신하여 도조와 행동을 함께하게 된 사람은 세 명의 비서관이었다. 육군상 비서관에서 수상 비서관이 된 아카마쓰 사다오, 해군성 군무국에서 추천한 가노오카 엔페이鹿岡圓平(1901~1944), 내무성 출신 히로하시 다다미쓰廣橋眞光(1902~1997)가 그들이다. 히로하시는 군마현群馬縣 교육과장으로 일하다 호시노의 부름을 받고 수상 비서관이 되었다. 백작 가문 출신으로 아내가 나시모토노미야梨本宮의 딸이었기 때문에 그의 역할은 궁중이나 황족 관계 창구라는 의미이기도 했다. 가노오카가 41세, 아카마쓰가 40세, 히로하시가 39세로 도조와는 17, 8년 정도 나이 차가 있었다. 이 세 사람이 집무실에서 도조를 보좌하고 식사 때에는 식탁에 함께 둘러앉아 밥을 먹었는데, 머잖아 그들 사이에는 가족적인 분위기가 형성되었다. 도조는 그들에게 자신의 성격을 남김없이 내보였고 고충을 호소했다. 세 사람은 도조의 그런 말을 메모수첩에 적었다. 그 메모는 『비서관 일기』라 하여 아직도 히로하시 다다미쓰와 아카마쓰 사다오의 수중에 있다.

이 메모를 보면 수상이 된 지 얼마 되지 않은 시점에서 흔들리고 있던 도조의 마음을 읽을 수 있다. "백지 환원이라 해도 법적인 규제는 없다. 그래서 겉으로만 대충 넘어가려는 자도 있지만 나는 그런 태도는 취하지 않을 것이다. 3천 년의 역사를 지닌 국체는 그런 법률 따위는 훌쩍 넘어선다. 나에 대한 신뢰에 답하지 않으면 안 된다"라든지 "지나사변의 영령들에게는 참으로 죄송스럽긴 하지만 일미전쟁이 일어나면 많은 장병을 희생하게 된다. 그것을 생각하면 정말 괴롭다"라는 식의 대화 곳곳에는 마음을 털어놓는 사람에게만 내보이는 고뇌가 있었다.

항목 재검토를 위한 연락회의는 10월 23일부터 시작되었다. 18일부터 이날까지 해군성, 외무성, 대장성, 기획원이 도조가 건넨 항목별 재검토안을 바탕으로 토의를 진행했고, 각각 초안을 들고 회의에 출석했다. 출석자들은 두 갈래 흐름으로 나뉘어 있었다. 일미교섭을 타결하는 방향으로 회의가 진행되기를 바라는 외무상과 대장상. 거꾸로 9월 6일 어전회의 결정대로 국책을 밀고 나가려는 통수부. 회의는 연일 계속되었다. 그런데 회의가 진행되면서 통수부의 분노가 커지고 있었다.

'이제 와서 국책 검토니 뭐니 하는 것은 미온적이다. 일단은 협력하지만, 그러나 그것도 외무상과 대장상을 설득하기 위해서다.'

스기야마와 나가노 둘 다 이렇듯 강경한 통수부의 의견에 떠밀려 출석하고 있었다. 도조를 비롯하여 시마다와 도고가 마음속으로 무슨 생각을 하고 있는지, 회의 내용이 드러남에 따라 그들은 진의를 더욱 알 수 없게 되었다. 도조가 진심으로 국책 재검토를 고려하고 있다고는 생각하고 싶지 않았다. 그런데 그런 도조가 노골적으로 통수부를 견제하는 발언을 한다. 스기야마로부터 보고를 들은 참모본부의 장교들은 점차 의심을 품기 시작했다. 연락회의가 회를 거듭할수록 공공연하게 도조를 비방하는 소리가 참모본부를 뒤덮었다.

"도조는 도대체 어쩔 작정인가. 총리가 되더니 완전히 겁쟁이로 전락했단 말인가."

도조의 육군상 겸임을 그만두게 하고 주전론자를 육군상에 앉혀 참모본부의 견해를 더욱 강하게 내세우지 않으면 안 된다고 중견장교들은 말했다. 스기야마에게 달려가 "도조 내각을 깨부숴야 한다"며 큰소리를 치는 자도 있었다. 그것을 스기야마가 간신히 달랬다.

연락회의에서는 11개 항목을 하나씩 논의했는데, 27일에 제5항 '주요 물자의 수급 전망은 어떠한가'가 도마에 올랐다. 여기에서 해군은 석유는 2년간 자급 가능하고, 그 이후에는 남방에서의 석유 취득량이 향후의 공급관계를 결정한다고 말했다. 그렇다 해도 전쟁 3년째의 사태는 예측할 수 없다고 발언했다. 육군은 항공기용 휘발유를 남방에서 취득한다 해도 11월에 개전한다면 30개월, 3월에 개전한다면 21개월밖에 지탱할수 없다고 보고했다. 도고와 가야가 보기에도 수급 관계는 낙관할 수 없다는 것이 분명했다.

그렇다면 석유를 대체하는 인조석유는 어떨까. 28일에는 그 문제가 논의되었다. 하지만 인조석유는 아직 시험 단계에 있었다. 기획원에서는 인조석유공장 건설에 필요한 철강재 조달은 군수물자의 압박 때문에 곤란하다는 견해를 구체적인 숫자를 들어 설명했다. 해군성 병비국장 호시나 젠시로保科善四郎(1891~1991)는 설령 인조석유산업으로 전환할 수 있다 해도 해군의 군비는 대폭 지체되고 말 것이라고 발언했다.

토론의 끝이 다가옴에 따라 최종적으로 국책이 어떻게 결정될 것인지 출석자들의 곤혹감은 더욱 깊어졌다. 미국으로부터 석유 금수조치를 받은 이래 일본의 상황은 점점 나빠지고 있다. 하지만 그렇다 해도 전쟁으로 해결한다는 것은 너무 경솔하다. 어떤 방법으로 현상을 타개할 것인가. 참석자들은 각자 자신이 원하는 방향으로 결론을 끌어가려고 필사적이었다.

회의가 끝날 때마다 도조는 무토와 상의하면서 육군성의 태도를 확인했다. 때로는 사토 겐료, 사나다 조이치로, 이시이 아키호 등 군무국 장교들도 관저로 불러 그들의 의견에 귀를 기울였다. 도조는 일미교섭에 전력을 다하면서 다른 한편으로 작전 준비도 진행한다는 생각을 채택했고, 이런 방향에서 육군성을 통일하고 싶다고 그들에게 말했다. 그 때문에 통수부의 강경한 태도에 어떻게 대응할 것인지 궁리를 거듭했다. 개전론에 얽매어 있던 스기야마와 나가노는 그 생각을 바꾸려 하지 않은 채 도고 시게노리와 가야 오키노리에게 강압적인 발언을 되풀이할 뿐이었다. 물론 계속 이렇게 나가다가는 도조 내각의 기반이 위태로워질 것이라는 걱정도 없지는 않았다. 무토는 도조에게 "백지 환원의 방향에서 노력하기 위해서는 참모본부의 강경파 다나카 신이치 부장을 경질하지 않으면 안 됩니다. 필요하다면 저도 물러나겠습니다"라고 제안했다. 인사를 통해 다나카와 자신을 함께 물러나게 하라는 것이었다.

하지만 도조는 통수부의 인사에 손을 대지 않았다. 본래대로라면 이 제안을 받아들였을 터이다. 그러나 다나카를 경질하면 참모본부가 한층 강경한 태도를 취할지도 모르고 또 새로 취임한 자가 사정에 정통하기까지 상당한 시간을 필요로 할 것이라는 점이 불안했다. 게다가 일미교섭을 매듭 짓기 위해서는 무토의 정치력이 필요하다고 도조는 생각하고 있었다. 무토는 도조에게 "만인이 납득할 정도의 수단을 다해도 미국이 받아들이지 않는다면 전쟁에 이를지도 모릅니다. 하지만 그때에는 국민이 분기奮起하여 우리 편이 될 것입니다. 다른 한편 일미교섭이 성공하여 지나사변이 해결된다면 국민들은 감사를 표할 것입니다"라고 말했는데, 도조 역시 그 의견에 동의했던 것이다.

이리하여 육군성 중추인 도조와 무토가 진지하게 일미교섭에 임하고 있다는 소문이 육군 내부에 퍼지자 공공연하게 테러를 얘기하는 자들이 나타났다. "천주天誅를 가해야 한다고 공언하는 자가 있다"는 헌병대의 정보를 접한 후 군무국장실에는 종일 호위 헌병이 떠나지 않았다. 도조의 경우도 몇 명의 호위병이 신변을 지켰다.

도조에게 백지환원이라는 조건을 붙여 추천한 사람이 내대신 기도 고이치라는 사실은 정책집단과 민간 우익 사이에서 널리 알려져 있었다. 기도를 습격할 것이라는 소문까지 돌면서 20명 가까운 호위병이 그의 주위를 경계하는 사태에 이르렀다. 기도와 도조 모두 한편에서는 스스로가 빚어낸 환영幻影에 위협당하고 있었다고 말할 수도 있다.

10월 29일, 재검토 항목의 핵심인 제10항이 토의 대상에 올랐다. 이 항목이 외교교섭을 좌우할 당면의 핵심이라는 것을 출석자들은 이미 알고 있었다.

이날 아침 도조는 회의에 앞서 도쿄중앙시장을 시찰했다. 엊그제 신문에서 총동원체제하의 신기구新機構라는 사전 선전과 함께 도쿄중앙시장이 발족했지만 도리어 일반 가정에 어류魚類가 원활하게 공급되지 못하고 있다는 보도를 보고 갑자기 생각해낸 일정이었다. 시장에 들어서자 그는 관계자를 닦아세웠다. 그에게는 수상이 굳이 이곳까지 와야 하는가 라는 의문 따위는 통하지 않았다. 신문에서는 오히려 이러한 태도를 '수상의 어시장 기습 방문'이라며 치켜세웠고, 칭찬 일색인 기사를 본 도조는 더욱 득의양양해졌다.

연락회의를 시작하면서 이 이야기를 꺼냈다. 출석자들의 표정은 부드러웠지만 화전和戰의 기로에 있는 회의의 내용까지 누그러뜨리지는 못했다. 의제는 우선 '일미교섭의 전망'부터 시작되었다. 4월부터 이어온 교섭 과정을 보건대 현재로서는 타결 가능성이 없다는 점에서 전원의 생각은 일치했다. 다음으로 미국의 제안을 받아들일 경우 일본은 어떻게 될 것인지를 논의했다. 도고 시게노리를 제외하고 전원이 3등국이 될 것으로 판단했다. 그들에게 일본이 3등국이 된다는 것은 조상의 업적을 더럽히는 것으로서 타기해야 할 의견이었다. 그렇다면 일본 측은 어디까지 조건을 끌어내릴 것인가라는 문제가 이어서 논의되었다. "우리의 최소한도의 요구를 어느 정도로 완화하면 타협 가능성이 있는가"라는 고려 하에 삼국동맹에서 이탈할 것, 헐 4원칙을 승인할 것, 중국의 통상을 차별 없이 대우할 것, 프랑스령 인도차이나에서 철병할 것, 그리고 중국에서 철병할 것 등의 조건이 거론되었다. 이 가운데 최대의 현안은 '중국 철병으로', 그로써 회의의 분위기는 굳어졌다. 그러나 참석자들은 도고 시게노리를 제외하고 모두가 강도의 차이는 있었으나 일본군의 중국 주둔을 주장했다. 지나사변은 지금 부정하기 어려운 무게로 그들의 의견을 지탱했다.

스기야마는 기한부로 일본군을 주둔시키자는 안을 제시했다. 하지만 그랬다가는 지나사변의 성과를 상실할 것이며 육군의 사기도 해칠 것이라는 이유로 받아들여지지 않았다. 시마다 시게타로도 어떤 경우의 철병에도 응하기 어렵다고 말했고, 가야 오키노리마저도 일본군 주둔은 재중국 기업을 보호하기 위해 필요하다고 말했다. 더군다나 그는 머리를 때리는 시늉을 하면서 "일본군이 주둔하지 않으면 일본인은 머리를 얻어맞을 것이고 그러다 보면 도저히 중국에 살 수 없게 될 것"이라고 단언했다. 도조도 중국 철병에 반대한다는 뉘앙스가 담긴 발언을 했다. "이 문제는 신중하게 고려하지 않으면 안 된다."라는 도조의 발언을 듣고 도고 시게노리는 자신이 고립되어 있다는 것을 자각하지 않을 수 없었다.

중국에 일본군을 계속 주둔시킬 것인가 아니면 철수할 것인가. 주둔을 주장하는 스기야마와 이에 저항하는 도고의 논의는 좀처럼 결론에 이르지 못했다. 이윽고 늘 그랬듯 타협의 산물로 '기한부 주둔'이 제시되었다. 99년, 50년, 그리고 5년. 마치 상거래라도 하듯 근거도 없이 기한이 논의되었다. 스기야마는 99년이 좋겠다고 했고, 도고는 짧으면 짧을수록 좋다고 말했다. 도조가 25년이 어떻겠느냐며 끼어들었다. 설령 10년이라 해도 미국은 수락하지 않을 것이라며 도고는 불만스럽게 중얼거렸다.

중국에 대한 이런 무신경한 논의야말로 중국인에게 원한과 비극을 불러일으킬 것이라는 점을 그들은 전혀 알아차리지 못했다.

이날 도조는 관저 집무실에서 밤이 늦도록 생각을 쥐어짰다. 회의에서 국책 결정의 토대가 될 현안 사항을 논의할 만큼 논의했는지 여부가 그의 불안이었다. 하지만 23일부터 6회에 걸쳐 계속된 연락회의의 메모를 들여다보면서 그는 모든 논의가 끝났다며 스스로를 납득시켰다. 석유 공급의 현황, 일미교섭의 반성 등 모든 것을 논의하지 않았는가. 그래서 그는 서서히 결론을 끌어내야 할 때가 되었다고 생각하고 선택해야 할 세 가지 항목을 가다듬었다. 전면적으로 미국에 굴복하고 화평의 길로 갈 것인가 아니면 상황을 타개하기 위해 전쟁의 길로 갈 것인가. 그리고 또 하나, 외교와 작전을 병행한다는 지금까지의 추진 방향을 답습할 것인가. 그는 이 세 가지밖에 선택지는 없다고 생각했다. 그는 메모수첩을 정리하면서 그것을 몇 번이나 확인했다.

해군성, 외무성, 대장성 그리고 통수부는 이 안 가운데 어떤 것을 선택할 것인가. 도조는 그것을 엿보았다. 통수부의 태도는 쉽게 판단할 수 있다. 외무성과 대장성의 태도도 추측할 수 있다. 그런데 대영미 전쟁의 주역이 될 해군은 어떤 태도를 취할 것인지가 분명하지 않았다. 연락회의에서도 시마다 해군상은 "자재를 달라. 예산을 달라"고 말할 뿐 좀처럼 본심을 드러내지 않았다. 도조는 왜 해군이 흉금을 털어놓지 않는 것인지 생각을 정리하는 가운데 분노와도 흡사한 감정을 갖기 시작했다.

얄궂게도 이 무렵 시마다 해군상도 서서히 명확한 태도를 표명하지 않으면 안 된다는 것을 자각하고 있었다. 그는 대신실에 틀어박혀 「결심」이라는 제목의 문서를 쓰면서 스스로의 심산을 정리하고 있었다.

"1. 적극적으로 외교 교섭을 촉진하는 동시에 작전 준비를 진행한다. 1. 외교 교섭의 타결이 확실해지면 작전 준비를 중지한다. 1. 대의명분을 명확하게 국민에게 알려 전 국민의 적개심을 높임으로써 온 나라가 일치하여 난국 타개에 나설 수 있도록 외교 및 내정을 지도한다."

그는 이 「결심」을 해군 수뇌들에게 피력하면서 이 방침을 연락회의의 결론으로 삼고 싶다고 제안했다.

연락회의에서는 본래대로라면 기획원의 숫자가 논의의 중심이 되었을 터이다. 가야 대장상, 도고 외무상 등 소극론 쪽에 선 각료는 숫자에만 의지하여 통수부에 저항해나간다는 입장이었기 때문에 필사적으로 기획원의 자료를 믿으려 했다. 그러나 기획원의 숫자는 반드시 타당성이 있는 것은 아니었다. 관련 성청省廳으로부터 자료를 건네받고 이와 병행하여 육해군에서 물자 요구 숫자를 제시하면, 그것을 비교하면서 배분량을 결정하는 것이 기획원의 본래 작업 순서였다. 하지만 육해군의 압력 앞에서 기획원이 시험 삼아 계산한 기초 숫자는 정확하다고 말할 수 없을 정도로 애매했다. 도고와 가야는 이것을 불쾌하게 여겼다. 그들은 집요하게 기초 숫자를 요구했고, 연락회의 도중에야 가까스로 숫자가 제시되었던 것이다.

10월 30일 회의에서 기획원은 근거가 있는 숫자를 보고했다. 그러나 이 무렵에 이르러 출석자의 관심은 놀라울 정도로 희박해져 있었다. 8일간의 회의는 이것으로 끝났고, 출석자 사이에서 피로를 하소연하는 소리가 높아졌다. 그것을 타파하려고 스기야마와 나가노가 이 자리에서 전쟁이든 교섭이든 결론을 내리지 않으면 안 된다고 압박했다. 전쟁 기회는 1개월밖에 남지 않았다는 것이다. 하지만 가야는 "하루만 더 생각할 시간을 달라"고 말하면서, 도고는 "머리를 정리하고 싶다"고 말하면서 시간의 유예를 요구했다. 강행론과 연기론이 팽팽하게 맞선 상황을 제압이라도 하듯이 도조가 발언했다.

"11월 1일에는 밤을 새워서라도 결정해야 합니다. 세 가지 안으로 나누어 연구해보는 게 어떻겠습니까"라며 세 가지 안을 제시했다. 제1안은 "전쟁을 하지 않고 와신상담한다", 제2안은 "즉각 개전을 결의하고 작전 준비를 진행하여 전쟁으로 해결한다", 제3안은 "전쟁 결의 아래 작전 준비와 외교를 병행하되 외교를 성공시키도록 힘쓴다".

이 안을 가지고 돌아가 최종적으로 태도를 결정하고 11월 1일에는 밤을 새워서라도 방침을 명확하게 하자는 결론과 함께 이날 회의는 끝났다. 이리하여 10월 31일 하루가 공백으로 남게 되었다.

바로 이 하루가 '전쟁이냐 화평이냐'를 결단하는 순간이 되었던 것이다.

'을안'을 둘러싼 논쟁

10월 31일, 도조에게 이날은 아주 바쁜 하루였다. 그의 일정은 아침 일찍부터 시작됐다.

오전 8시 반이 지난 시각, 군무과 고급과원 이시이 아키호가 사안私案을 가지고 관저 집무실로 찾아왔다. 도조 내각의 육군 정책을 기안한 사람이 바로 이 중좌였다. 그는 기한을 제시하여 12월 상순까지만 외교 교섭을 진행하겠다고 통수부를 납득시킨 다음 외교 교섭에 힘을 쏟는 것이 어떻겠느냐는 안을 제시했다. 하급 막료로서는 월권행위였지만 도조는 말없이 듣고 있었다. 이시이는 보충설명이라도 하듯이 "참모본부에서는 이 안도 미온적이라고 합니다"라고 덧붙였다. 이런 말을 듣지 않았더라도 도조 역시 참모본부를 설득하지 않으면 안 된다고 생각하고 있었다. 그들은 제2안을 선택할 터이지만 적어도 제3안에 가까워지도록 하지 않으면 안 되었다.

이시이가 돌아간 다음 도조는 심복인 사토 겐료를 참모본부로 보냈다. 그러나 참모본부에서는 부장회의를 열어 이미 "즉시 대미 교섭은 위장 외교로 간주한다"고 결정한 후였다. 오히려 육군성 안에서도 주전론 쪽에 선 사토가 역으로 그들에게 설득되어 도조에게 돌아왔다. 사토를 호통치는 도조의 목소리는 떨리고 있었다.

해군상 시마다도 도조를 찾아왔다. 그는 해군 측이 보통강재와 특수강재 생산량의 70퍼센트를 취득하고 싶다고 제안했다. "그것이 해군 결단의 전제입니다"라고 덧붙였다. 해군의 이런 태도는 무엇을 의미할까. 도조는 그 진의를 종잡을 수가 없었다. 육군성 군무국 장교들은 해군이 집단적 이해관계에 따라서만 움직이는 것이라며 분개했고, 도조에게도 비판에 가까운 불만을 터뜨렸다. 하지만 도조는 그들의 말에 동조하지 않고 해군의 말을 받아들이기로 결단했다. 왜 이런 결단을 내렸을까. 어쩌면 해군은 요구한 대로 물자를 얻을 수 없다는 이유를 들어 퇴전退戰의 구실을 육군과 도조에게 들이밀지도 모른다고 의심했기 때문이다. 그는 해군에 속한 자라면 얼마든지 그럴 수 있을 것이라고 생각하고 있었다.

11월 1일 오전 7시 30분, 도조는 스기야마를 수상 관저로 불러 통수부의 입장을 제2안에서 제3안으로 바꾸도록 최후의 설득을 시도했다. 스기야마가 거부하자 도조는 화를 내며 원망이라도 하듯 "통수부가 그렇게 자신이 있다면 그렇게 하시오"라고 말했다. 이 말이 참모본부 장교들에게도 알려졌고, 그들은 연락회의로 향하는 도조의 등 뒤에다 대고 "대신이 변절했다"며 비난했다.

오전 9시부터 대본영–정부연락회의가 시작되었다. 국책에 관한 최고 결정에 임하면서 출석자들은 어물쩍 타협하지는 않겠노라고 작정하고 있었다. 그런데 회의는 처음부터 미묘하게 돌아갔다. 시마다가 강재 문제를 꺼냈기 때문이다. 출석자들은 한숨을 내쉬었다.

"철을 받으면 결심하시겠습니까?"

스기야마가 조바심이 나서 묻자 시마다는 고개를 끄덕였다. 이를 둘러싼 말다툼이 여섯 시간 동안이나 이어졌다. 그 후 통수부는 즉시개전론即時開戰論을 꺼내들었다. 도조, 시마다, 도고, 가야, 스즈키 등 각료들은 이에 반대했다. 즉시개전론을 받아들이면 23일부터 계속되고 있는 연락회의가 완전히 의미를 잃고 만다. 그런 뜻밖의 제안, 있는 머리 없는 머리 다 짜낸 흥정이 회의의 전반을 지배했다.

휴식이 끝난 뒤 제1안을 검토했다. 도고와 가야가 나가노를 물고 늘어졌다. 나가노는 이런 안은 문제가 되지 않는다고 하면서 "전쟁 기회는 지금이지 나중에 다시 오지 않을 것"이라고 단언했다. 제2안을 검토하면서도 그들의 논쟁은 계속되었다. 도조와 시마다는 참견하지 않았지만 둘 다 가야와 도고 쪽에 서서 논의를 지켜보고 있다는 것을 출석자들은 이미 알고 있었다. 하지만 통수부는 강경한 자세를 무너뜨리지 않았고, 초조해진 도조는 접점을 찾고자 했다. 도조는 자신이 연락회의에서 브로커와 같은 존재라는 것을 새삼 자각하지 않을 수 없었다.

제2안과 제3안이 동시에 검토 대상으로 올랐다. 두 가지 안을 두고서도 도고, 가야와 통수부의 논쟁이 이어졌다.

"국운을 결정하는 사안이므로 어떻게든 최후의 교섭을 하고 싶습니다. 외교를 대충 얼버무리라는 것은 너무 심합니다. 저는 그럴 수 없습니다."

도고의 말에 군령부 차장 이토 세이이치伊藤整一(1890~1945)가 즉각 반론했다.

"해군으로서는 11월 20일까지는 외교를 해도 좋습니다."

군령부는 연합함대에 11월 21일 이후 작전행동을 개시하기 위해 작전예정지로 출동하라는 명령을 내릴 준비가 되어 있다는 것이다. 참모차장 쓰카다 오사무塚田攻(1886~1942)도 이토의 말에 호응했다.

"육군은 11월 13일까지면 된다고 하는데 그 이상은 곤란합니다."

"왜 11월 13일이 한계입니까?"

"작전준비란 바로 작전행동을 뜻합니다. 외교교섭 시기는 작전준비 안에서 작전행동으로 간주해야 합니다. 그 한계가 13일입니다."

쓰카다는 격한 표정으로 대답하면서 이 내용을 꼬치꼬치 캐묻는 것은 통수를 어지럽히는 일이라고 협박했다. 통수부에 있는 자는 여기에서 도망쳐 숨어버리면 정치 쪽에서는 간섭할 수 없으리라는 것을 알고 있었다. 하지만 도고는 교섭이 성공한다면 전쟁준비를 중지할 것을 요구했고 도조도 그 의견을 지지했다. 통수부가 '대권침범大權侵犯'이라는 울타리 안에 숨는 것을 어떻게든 막지 않으면 회의는 결렬되고 말 것이 눈에 보였기 때문이다. 기한부 외교를 달갑지 않게 생각하고 있던 도고도 통수부의 압박에 떠밀려 우선 기한을 늘리는 방향으로 초점을 점차 옮겨가지 않을 수 없게 되었다. 도조도 그의 편에 가담했고 기한을 연장하기 위한 논진을 펼쳤다. 참모본부가 한 걸음씩 양보하여 11월 30일까지 연장하자고 말했다. 그러자 도조는 더욱 압박을 가하고 나섰다. "12월 1일까지 안 되겠습니까? 하루라도 좋으니까 좀 더 길게 외교를 할 수는 없겠습니까?" 쓰카다는 화가 나서 못 참겠다는 표정으로 "절대로 안 됩니다. 11월 30일 이상은 절대로 안 됩니다"라고 되풀이했다. "11월 30일 몇 시까지입니까? 밤 12시까지면 좋겠습니다만"이라며 시마다가 거들고 나섰고, 쓰카다도 망설이는 듯하더니 마지못해 밤 12시까지로 타협했다.

논의의 큰 가닥은 팽개친 채 체면을 걸고 지엽말단적인 얘기만을 주고받았던 셈이다. 일시를 정하긴 했지만 양쪽 모두 그 근거는 애매모호했다. 왜 12월 1일인지를 누구 하나 깊이 확인하려 하지 않았다. 이러한 말다툼 끝에 결론을 내릴 수 있었다. 그것은 다음과 같이 명기되었다.

"(1) 전쟁을 결의한다. (2) 전쟁 발기는 12월 초두로 한다. (3) 외교는 12월 1일 0시까지 진행하며 그때까지 외교가 성공하면 전쟁 발기를 중지한다."

이어서 어떤 안을 가지고 일미교섭에 임할 것인지를 토의했다. 그것은 10월 30일 열린 회의에서 이미 결정된 사항이어서 단순히 확인만 하고 회의를 끝낼 수도 있었다. 그것이 '갑안甲案'이다. 그런데 갑자기 도고는 이 안을 보완한다면서 외무성의 독자적인 안을 제출했다. 이른바 '을안乙案'으로 알려진 것이다. 이것은 전 외무상 시데하라 기주로의 뜻을 받아 만들어진 것으로, 전 주영대사 요시다 시게루吉田茂(1878~1967)가 그루에게 타진한 바 느낌이 있다면서 도고에게 보내온 안이었다. 이 안이라면 미국과 타결할 여지가 있다는 것이 외무당국의 판단이었다. 결국 외무성의 최후 수단이기도 했다.

을안은 세 항목과 두 개의 비고備考로 이루어져 있었다. 그것은 태평양 지역에서 일미 양국은 무력 발동을 하지 않고, 네덜란드령 인도차이나에서는 물자의 획득을 상호 보장하며, 미국은 연 1백만 톤의 항공기용 휘발유를 일본에 공급할 것을 확약한다는 내용이었다. 두 개의 비고 중 하나는 남부 프랑스령 인도차이나에 진주해 있는 병력을 북부 프랑스령 인도차이나까지 철수시킨다는 것이었다. 즉 골자는 일본과 미국 모두 남부 프랑스령 인도차이나 진주 이전의 상태로 돌아간다는 점이었다.

도고의 설명이 끝나기가 무섭게 스기야마와 쓰카다가 목소리를 높였다. 남부 프랑스령 인도차이나에서 병력을 철수하는 것은 국방적 견지에 받아들일 수 없다며 흥분했고, 회의장에는 급속히 긴장감이 감돌았다. 그것은 도조에게도 마찬가지였다. 이 안에서 대해서 사전에 듣지 못했기 때문에 그는 도고가 자신을 배신한 것이라고 생각했다.

스기야마와 쓰카다가 도고와 논의를 계속하고 있는 동안 도조는 할 말을 잃고 앉아 있었다. 그런데 냉정을 되찾자 자신의 정치적 입장을 지금 도고에게 정확하게 밝혀두지 않으면 안 되겠다는 생각에 이르렀다.

도고는 사직할 뜻을 비쳤다. 역으로 통수부의 출석자들은 개전에 반대하는 외무상이라면 바꿔도 상관없다고 수군댔고, 양자의 대립은 점차 감정적인 방향으로 흘렀다. 의장을 맡고 있던 무토가 잠시 휴회를 요구하여 회의 분위기를 진정시켰다.

"외무상이 말하는 방향에서 정리해야 하지 않을까요. 그들이 저렇게 말하니까 그대로 외교교섭을 진행시켜 봐야 할 것 같습니다."

도조와 무토는 스기야마와 쓰카다를 별실로 불러들여 이렇게 설득했다. 스기야마는 도조를 매섭게 노려보았다. 쓰카다는 불만을 그대로 표정에 드러내면서 도고가 제시한 안은 연락회의의 모든 것을 부정하는 것이라고 매도했다. 도조도 무토도 이에 대항할 의견을 갖고 있지 않았다. 어떻게든 결렬을 막고 국가 의사를 하나로 모으는 것이 최대 목적이었고, 그러기 위해 모든 이례異例를 허용하지 않으면 안 되었다. 무토가 스기야마에게 만약 이 문제가 정리되지 않으면 정변이 일어나 새로운 내각에서 처음부터 다시 시작하지 않으면 안 될 것이라고, 간청인지 협박인지 모를 말을 했다. 이 말을 듣고서 스기야마와 쓰카다는 어렵사리 양보했다.

다시 회의가 시작되었다. 이번에는 통수부가 공세로 돌아섰다. 쓰카다는 을안의 조문條文을 변경하라고 압박했다. 미국은 일본에 항공기용 휘발유를 공급한다는 제3항을 "일미 양국은 통상관계를 자산 동결 이전 상태로 되돌린다"로 고쳐서, 남부 프랑스령 인도차이나에는 눈을 감고 미국의 자산 동결만을 수정하도록 하라고 주장했다. 그리고 제4항을 추가하여 "미국은 일중 양국의 화평에 관한 노력에 지장을 주지 않는다"라고 명기하라고 요구했다. 그러나 이렇게 하면 도고의 원안에서 핵심이 완전히 사라지게 된다.

"그럴 경우 일본에게만 이익이 있을 뿐이어서 미국이 받아들이지 않을 것입니다."

도조는 떨떠름한 표정으로 이렇게 말하며 불만을 감추지 않았다. 하지만 여기에서 타협하는 것 말고는 회의를 끝낼 방법이 없었다.

이리하여 이제 막 11월 2에 접어든 오전 1시, 16시간에 걸친 연락회의는 끝이 났다. 육군상 관저로 돌아온 도조는 연락회의가 하나의 결론을 내린 것에 만족감을 숨기지 않았다. 이런 내용을 보고 미국이 어떤 태도로 나올지, 과연 교섭이 마무리될 수 있을지를 생각하기보다 어떻게든 연락회의가 끝났다는 안도감이 그의 불안을 잠재웠다. 육군상 집무실에서 기다리고 있던 장교들에게 그는 기분 좋은 표정으로 보고했다.

"일단 결론이 났다. 12월 1일까지 외교에 임한다. 물론 전쟁준비도 진행한다. 외교와 작전을 함께 진행한다."

하지만 냉정하게 결론을 분석해보면 큰 틀은 9월 6일 어전회의 결정을 답습한 것에 불과했다. 세부사항에서만 일본 쪽이 양보했을 뿐이다. '이래도 마무리가 되지 않으면 어쩔 수 없다'는 정도의 양보에 도조는 기대를 걸고 있었던 것이다.

독재로 기울다

11월 2일 저녁, 도조, 스기야마, 나가노 세 사람은 이날 미명에 끝난 연락회의 내용을 천황에게 보고했다.

상주에는 몇 가지 관례가 있었다. 그중 하나가 상주할 때에는 천황의 눈을 보지 않는다는 것이다. 시선을 마주치는 것은 황공한 짓이라는 생각 때문이었지만, 시선을 마주치지 않음으로써 각각의 뜻을 헤아릴 수 없다는 장점도 있었다. 그 자리에서 오가는 것은 말뿐이었다. 이는 엄연한 사실로서 서로가 인정하는 관례였다.

그런데 이날 상주에서는 말뿐만이 아니라 또 하나 다른 형태의 의사표시가 있었다. 연락회의 내용을 보고하면서 도조가 눈물을 흘렸던 것이다. 도조의 눈물은 천황이 백지환원을 바라고 있었음에도 그것에 충분히 부응하지 못했다는 의미를 담고 있었다. 9월 6일 어전회의 결정과 가까운 내용이라는 것을 알고 천황에게 말을 하면서 도조는 참을 수가 없게 되었던 것이다. 천황 앞에서 눈물을 흘리는 수상은 도조 외에는 없었을 터인데, 이 모습을 보고 스기야마와 나가노는 크게 놀랐다.

참모본부로 돌아온 스기야마는 그 눈물이 도조와 천황 사이에 감정의 교류가 있기 때문인 것처럼 생각하고 못내 궁금한 듯 부하에게 중얼거렸다.

"도조는 언제 저렇게 폐하의 신임을 얻은 것일까."

이 사실은 눈 깜짝할 사이에 육군성과 참모본부에 퍼졌다.

관저로 돌아와서도 도조는 잠시 멍한 표정이었다. 이때 사토 겐료가 와서, 을안을 받아들였다는 이유로 육군 내부에서 '도조가 변절했다'는 목소리가 높아지고 있지만, 일본도 여기까지 양보했으니 당당하게 개전을 주장할 수 있다고 위로했다. 그것이 주전파 장교들의 소박한 감상이었다.

"오해하지는 말게. 을안은 개전 구실이 아니야. 나는 이 안을 가지고 뭔가 타결을 모색할 수 있기를 신께 빌고 있네. 그걸 모른단 말인가."

도조는 호통을 치며 사토를 쫓아냈다. 그의 흉중은 흔들리고 있었던 것이다.

이 무렵 미국 정부는 일본의 움직임을 주의 깊게 지켜보고 있었다. 도조에 대한 경계를 풀었다고는 하지만, "도조는 고노에와 달리 교섭에 성공하지 않으면 행동에 나설 준비를 하고 있음에 틀림없다"는 것이 헐과 루스벨트의 예측이었다. 11월 3일에는 그루로부터 "일본은 일미교섭에 실패하면 전 국민이 할복할 각오를 하고 죽기 아니면 살기로 큰일을 저지를지도 모른다"는 보고가 도착했다. 이 보고를 접한 헐과 루스벨트는 경악했다.

헐의 책상에 쌓인 '매직'(엿들은 전보)은 점차 일본의 히스테릭한 목소리로 가득 찼고, 도고가 노무라에게 보낸 5일자 전보는 일본 국책의 선택지가 한층 좁아지고 있다는 것을 보여주었다. "마침내 엿들은 전보에 교섭 기한이 명기되기에 이르렀다. 도고는 노무라에게 다음과 같이 말했다. '이 협정 조인에 대한 모든 준비를 금월 25일까지 완료할 필요가 있다.' 일본은 이미 11월 25일까지 우리 쪽이 자신들의 요구에 응하지 않을 경우 미국과의 전쟁을 불사한다고 결정한 것이다." 훗날 헐은 자신의 회고록에 이렇게 적었다.

백악관의 각료회의에서 헐은 일본 측의 이와 같은 초조감을 구체적으로 보고했다. 그는 "정세는 중대합니다. 우리들은 언제 어디에서 일본의 군사 공격이 가해질지 모르기 때문에 늘 경계하지 않으면 안 됩니다"라며 말을 맺었다. 각료들은 극동의 일본이 정말로 개전 결의를 갖고 있다는 것을 다시금 자각했다. 그들은 일본의 감정이 저렇게까지 들끓고 있다는 것을 몰랐다. 그리고 일본이 어떤 태도로 나올지 모르지만, 지금 교섭이 이뤄지지 않으면 남은 길은 '전쟁'밖에 없는 것으로 이해했다.

11월 5일, 연락회의 결정을 추인하는 어전회의가 열렸다.

정치 쪽과 통수 쪽에서 각각 전쟁으로 상황을 타개하는 것도 어쩔 수가 없다는 의미의 발언을 이어나갔다. 회의 막바지에 도조가 몇 분간 정부와 통수부를 대표하여 의견을 피력했다. 이제까지의 경과를 되풀이하고 다시 한 번 일미교섭에 전력을 기울이겠다고 약속한 다음 이렇게 말했다.

"외교에는 얼마간 가능성이 있습니다. 원래 일미교섭에 미국이 응한 것은 (1) 작전 준비 미완, (2) 국내 체제의 강화 미완, (3) 국방자원의 부족 등 약점이 있었기 때문입니다. 미국은 경제봉쇄 정책을 취하면 일본이 항복할 것이라고 생각했습니다. 하지만 일본이 결의를 했다는 것을 알게 될 것입니다. 바로 그때 미국은 외교 수단을 동원해야겠다고 생각할 것입니다. 남은 방법은 그것밖에 없습니다. 장기전이 펼쳐질 경우는 확실히 곤란합니다. 그 점이 불안하긴 합니다. 그러나 미국이 하는 대로 내버려두어도 2년 후에는 군사상 필요한 기름이 고갈될 것입니다. 배는 움직이지 못할 것입니다. 남서 태평양의 방비 강화, 미 함대의 증가, 지나 사변 미완 등을 생각하면 충분히 짐작하고도 남을 것입니다."

이 연설 원고는 전날 관저에서 도조 자신이 정리한 것인데 이것은 그의 속셈 그 자체였다. 일본이 전쟁을 결의했다는 것을 알면 미국은 양보할 것이라는 생각. 국내에서는 이를 설득 자료로 이용할 수는 있었다. 하지만 도조에게는 과연 미국이 어떻게 받아들일 것인지까지 꼼꼼하게 생각할 여유가 없었다. 덧붙이자면 도조가 이 원고를 쓰고 있을 때 외무성 고문 구루스 사부로가 그를 방문했다. 구루스는 도고의 명령에 따라 워싱턴으로 가서 노무라 대사를 보좌할 예정이었다. 이때 도조는 정리하고 있던 원고 내용을 구루스에게 설명했다.

"이번 사명이 어렵다는 것은 인정하지만 미국은 제멋대로 전쟁을 바라지는 않을 것이라고 생각합니다. 첫째는, 대서양과 태평양에서 동시에 작전을 펼치기에는 준비가 부족하고, 둘째는, 여론이 참전을 지지하지 않기 때문입니다. 그리고 셋째는, 고무와 주석 등 주요 물자를 충분히 확보하지 못했기 때문입니다. 교섭이 성공할 확률 30퍼센트, 실패할 확률 70퍼센트로 보입니다만, 아무쪼록 타결할 수 있도록 노력해주었으면 합니다."

"……."

"교섭에 장애가 되는 것은 세 가지인데, 최대 난관은 중국에서 병력을 철수하는 문제입니다. 이것만은 무슨 일이 있어도 양보할 수 없습니다. 만약 그런 일을 하려는 것이라면 나는 야스쿠니신사를 향해 잠들 수가 없습니다."

"어제부터 외무성에서 사정을 전해 들었고 지금 또 총리의 말씀을 들었습니다. 솔직하게 말씀드리면 얼마간 교섭 성립을 낙관하고 계신 듯합니다만, 만일 전쟁이 일어나면 어떻게 될까요?"

"처음에는 결코 지지 않을 것입니다."

전후 구루스가 집필한 책에는 다음과 같이 적혀 있다. 이 대화가 끝난 후 "도조는 그 이상 아무 말도 하려 하지 않았다. 나도 더 이상 추궁하다 가는 골치 아픈 일을 겪을지도 몰라 방향을 바꾸었다." 이리하여 도조는 어전회의에서 자신의 의견을 밝히는 한편 구루스를 통해 노무라에게 전 하는 말을 부탁하기도 했다. 그는 정책집단의 지도자들을 자신의 소신에 따라 움직이고 싶다는 생각을 하고 있었는데, 우선 그 제1단계는 끝낸 셈이었다. 더욱이 11월 16일을 목표로 임시의회도 소집했다. 그 자리에 서 한 달 동안 있었던 일을 부분적으로 국민에게 알리는 게 좋겠다고 생 각하고 있었다.

수상이라는 지위에 있었기 때문에 그는 자신의 의사에 따라 마음대로 각 정책집단을 움직이고 싶다고 생각했다. 아니 책임을 지고 있는 이상 그것은 당연한 일이라고 생각했다. 황국의 귀추歸趨는 자신의 존재에 달 려 있다는 강한 의식, 그것은 스스로의 소신을 국가의 구석구석까지 관 철하겠다는 의지의 표현이기도 했다. 생각이 여기에 이르렀을 때 그는 자신의 속셈을 다음과 같은 말로 드러냈다.

"고노에에게는 나쁜 짓을 했다. 육군상으로서 힘이 부족했다는 것은 반성하고 있다. 수상이 되고 나서 그 점을 잘 알게 됐다."

불과 한 달 전쯤에 고노에와 대립했던 일을 생각해내고서 고뇌 섞인 표정으로 비서에게 이렇게 말했던 것이다.

들끓는 대미 강경 여론

11월 6일 이후 외교와 작전이 어전회의의 자구字句대로 움직이기 시작했다. 결국 '전쟁이냐 평화냐' 둘 중 하나를 선택해야 하는 빠듯한

대륙명
대본영 육군부에서 천황의 이름으로 내리는 명령.

상황에 처했던 것이다.

통수부는 12월 상순에 무력을 발동하기로 정하고 "육해군은 작전 준비를 정비한다"는 방침에 따라 작전 준비 태세를 한 단계 높였다. 스기야마 참모총장은 남방군 및 지나파견군 각 사령관에게 남방작전을 준비하라는 대륙명大陸命●을 내렸다. 육군만이 아니다. 군령부는 야마모토 고주로쿠 연합함대 사령장관에게 제1단계 작전의 초기 작업으로 나구모 주이치南雲忠—(1887~1944) 제1항공함대 사령장관을 지도자로 하는 기동부대 등 일곱 개 부대를 히토카스 만単冠灣 에토로후 섬擇捉島에 집결시키라고 명했다.

외교는 어떠했을까. 연락회의에서 결정한 '갑안'이 노무라에게 전해져 이미 헐에게 도착해 있었다. 도고는 외무상에 취임한 후 그때까지 일미교섭의 경위를 보여주는 전보를 읽고서, 일본이 일방적으로 조건을 제시했을 뿐 미국 쪽에서는 아무런 조건도 제시하지 않았다는 점에 불만을 품었다. 그것은 마쓰오카, 도요다와 외교 교섭 경험이 일천한 외무상의 불찰이라고 판단했다. 그래서 도고는 가능한 한 상대에게 속마음을 드러내지 않고 교섭에 임하기로 했다. 그것은 노무라와 구루스에게도 외교방침을 애매하게 해두는 것을 의미했다. 노무라에게 '갑안'을 헐에게 전하고, 교섭 기한이 11월 25일까지이니 미국 측의 생각을 가능한 한 빨리 파악하여 교섭을 서두르라며 명한 것도 이 때문이었다. '매직'은 그 기미를 눈치 채지 못했다.

도고와 노무라 사이에 오간 전보는 모두 육군성 군무과의 일미관계 담당자 이시이 아키호를 통해 도조에게 전해졌다. 도고의 전보를 읽을 때마다 도조는 외교관 생활 30년이라는 도고의 경험에 경의를 표했다. 갑작스럽게 '을안'을 제안한 도고의 태도에 딱 부러지게 말할 수 없는 감정을 가지면서도, 지금은 이 유능한 외교관을 믿어야만 하는 시기라고 도조는 생각을 다졌다.

국민은 국책이 착착 움직이고 있다는 것 따위는 알지 못했다. 하지만 미국에 대한 국민의 증오심은 날로 커졌다. 신문, 잡지, 책 그리고 뉴스, 영화 등에 묘사된 미국은 개인주의, 금권만능주의, 에로티시즘이 범람하는 나라였다. 뿐만 아니라 육군의 사기는 이완되어 있으며 군대 체제조차 갖추지 못한 나라였다. 그리고 이런 미국이 ABCD(미국·영국·중국, 네덜란드) 포위망의 선두에 서서 일본을 괴롭히면서 생존을 위협하고 있다는 것이었다. 『도쿄아사히신문』은 "보라! 미국의 온갖 반일 행동을! 제국을 굳게 믿고 일억 국민이여, 단결하라!"는 격문을 뿌렸다. 반미적 기사 옆을 '독일군의 맹공으로 소련의 항복은 시간문제'라는 기사가 장식하고 있었다. 스탈린은 비명을 지르고 있다는 것이었다.

외신을 전하는 뉴스의 그늘에 전시 색채가 넘치는 국내 뉴스가 있었다. 예컨대 도나리쿠미隣り組*의 방공연습을 전하는 기사. "이기기 위한 납세봉공!" "견뎌라 '추운 겨울'!" 이런 활자들이 눈을 찔러댔다. 수상 관저에도 편지 종류가 쇄도했다. "뭘 하고 있는가?" "미영격멸" "대일 포위진 공격" 등등. 편지는 비서들이 훑어보았고 도조는 결코 읽지 않았다. "도조는 겁쟁이라고 씌어 있을 것"이라는 도조의 예상이 맞아들었다.

16일부터 5일간의 예정으로 제77차 임시제국의회가 시작되었다. 도조 내각 이전에는 무토와 군무과 내정반內政班 소속 장교가 의원 공작에 착수하여 의회를 친군적親軍的인 방향으로 이끌어야 했지만, 이 의회에 한해서는 그런 공작이 필요 없었다. 의회 쪽이 타오르고 있었기 때문이다.

의회 이틀째, 도조는 시정연설을 했다. 자신이 작성한 원고를 읽었다. "외교교섭에 전력을 투입할 것"이라면서 '외교 3원칙'을 밝혔는데, 그는 이 3원칙—(1) 제3국은 지나사변 완수를 방해하지 말 것, (2) 일본을 포위하고 있는 군사적 경제적 압박 해제, (3) 구주전쟁의 동아 파급 방지—에 입각하여 정책을 수행해나가겠다고 약속했다.

외교 연설에 나선 도고도 일미교섭 타결은 결코 불가능하지 않다고 강조했다. 정부의 연설 구석구석에는 자제한 흔적이 분명해 보이는 내용이 있었는데, 의회 내의 분위기는 그것을 연약하다고 비방할 정도로 격렬했다. 만장일치로 가결된 도조 내각을 격려하는 〈국책 수행에 관한 결의안〉에는 "세계의 동란이 더욱 확대되고 있다. 여러 적성 국가들은 제국의 진의를 곡해하고 있으며 그 언동은 더욱 격앙되고 있다. 은인자중하는 데에도 한도가 있다"는 구절이 포함되어 있었다. 더욱이 이 결의안의 제안 설명에 나선 정우회 소속 시마다 도시오島田俊雄(1877~1947)는 일미 개전을 권유하는 듯한 어조로, "국민의 기분은 억눌릴 대로 억눌려 있으며, 그들은 어떻게든 이 중압에서 벗어나 태양을 보아야만 하겠노라 다짐하고 있다. 정부는 이 사실을 알고 있는가?"라며 사자후를 토했다. 몇 번이나 박수가 쏟아졌다.

예산위원회에서는 "전쟁이 일어날 경우에 대비한 국방은 괜찮은가"라는 물음에 도조가 "만전을 기하고 있다"고 대답할 때마다 환성이 터졌다. 의회의 이런 모습이 신문에 보도되면서 관저에는 더욱 많은 편지가 도착했다. 연판장과 혈서까지 보내왔다. 민간우익과 재향군인회의 동원에 의한 것이 있는가 하면, 평범한 서민이 '미영격멸'을 노래한 것도 있었다. 그것은 사방 여섯 칸짜리 서가를 가득 채웠고, 총 3천 통이 넘었다. 중일전쟁 이후의 불만이 과열된 양상을 보이고 있었다. 이 에너지는 도조에게 불안감을 줄 정도였다.

여론과 의회가 이렇게 들끓고 있는 마당에 교섭이 타결되면 이런 분위기를 진정시킬 수 있을까. 도조는 생각을 거듭했다. 본래라면 불타오르는 국민감정을 억제할 권한이 그에게 주어져 있다. 수상과 내무상이 언론통제의 책임자였기 때문이다. 그러나 도조는 그 직능을 행사하지 못했다. 국민의 에너지를 대미영전을 향하여 폭발하도록 유도하고서도 실제로 그 단계에 이르자 이번에는 그것을 두려워할 뿐이었다. 일본 육군에서 배양된 그는 상황을 만드는 입장에 있으면서 그 책임을 방치했고, 상황으로부터 기대감만을 끌어내 그것을 스스로의 사기를 고무하는 수단으로 삼고 있었던 것이다. 이 무렵 열린 임시지방장관회의에서 "성전 필승의 신념으로 국난 타개에 총진격"하자고 늘어놓는 그의 모습은 그 점을 여실히 말해준다.

실제로 표면상 그의 언동에는 일미교섭이 타결되면 스스로의 정책을 180도 전환하지 않으면 안 된다는 불안감이 있었던 것처럼 보이지는 않는다. 그것은 그의 진영에 있는 장교들에게조차 걱정을 안겨주었다. 참모본부 전쟁지도반에서 작성한 『대본영 기밀 전쟁일지』에도 "총리, 예에 따라 훈시를 하긴 하지만 우리 전쟁지도반의 의견에 대해서는 마이동풍이다. 총리, 강경하게 훈시할 수는 있지만 타결이 되면 어떻게 할 것인가. 연극은 얼마든지 할 수 있다"라 하여 얼마간 넌더리가 난 듯한 심경이 토로되어 있다.

노무라 대사가 도쿄에 전해오는 '갑안'에 대한 미국 측의 반응은 그렇게 좋은 내용이 아니었다. 그렇지만 교섭의 포인트는 점점 분명해졌다. 11월에 들어서면서부터 헐은 중국 철병을 언급하지 않게 되었고, 대신 삼국동맹을 중시하는 듯한 말투로 바꾸었다는 것이다. 헐은 '갑안'에 대한 회답을 재촉하는 노무라에게 삼국동맹 사문화死文化를 요구한다. 11월 15일자 전보가 그러하다.

이런 미국 측의 태도에 도조는 당황해하면서 "교섭을 마무리하긴 해야겠지만 그러나 아무래도 미국이라는 나라의 외교 기술은 고약하다. 뭐가 뭔지 알 수가 없다"고 투덜댔다. 이 말을 들은 아카마쓰 사다오는 도조를 외무성 고문이자 영국과 미국을 잘 아는 시데하라 기주로와 만나게 하여 미국 외교의 핵심에 대해 들려줘야겠다는 계획을 세웠다. 하지만 이 계획은 신문기자와 정치가들 사이에 누설되는 바람에 흐지부지되고 말았다. 시데하라를 만나는 것만으로 '연약외교'로 전환했다는 소문이 날 것을 두려워했던 것이다. '연약'이라는 수식어는 군인으로서 가장 먼저 타기해야 할 말이었던 것이다.

어쩌면 역사상의 아이러니인지도 모르지만, 도조가 미국 외교를 고약하다고 말했을 때 루스벨트와 헐도 일본 외교를 그렇게 생각하고 있었다. 외교교섭을 통해 열심히 화평을 모색하고 있다고 말하면서도 의회에서는 전쟁을 멈추지 않는다는 결의를 하기도 하고, 정치의 최고지도자가 공개적인 자리에서 일미전쟁은 불가피하다는 강경한 발언을 하는 것은 '한 입으로 두말하는 것'이라고 생각하고 있었던 것이다.

루스벨트와 헐 둘 다 교묘했다. 대일 전쟁 경계에 대해 말할 때에는 국무차관과 육군장관이 서로 협의하여 발언하게 했을 뿐, 최고지도자는 공개석상에서는 결코 언질을 주지 않기로 하고 있었다. 이와 달리 도조는 순진하게 강경한 발언을 하는 것이 워싱턴에 있는 노무라와 구루스에게 격려가 될 것이라고 생각하고 있었다. 이런 차이는 그 후에도 다양한 형태로 나타난다. 미국의 지도자는 대일 경계의 근거를 태평양에 배치되어 있는 일본 해군의 숫자에서 찾았지만, 도조와 대본영－정부 연락회의 참석자들의 경우 자신의 가치관에 매몰되어 자신의 행동만을 도의에 맞다고 믿는 것이 모든 사태 인식의 근거였다. 바로 그랬기 때문에 상황을 꿰뚫어보아야만 하는 단계에서 실체 없는 추상의 세계로 빠져들거나 피해자 의식에 따라 판단하는 것이 통폐였던 것이다.

11월 15일, 연락회의는 〈대미영란 전쟁 종말 촉진에 관한 복안〉을 결정했다. 여기에 나열된 자구字句에는 불확실한 세계로 빠져든 지도자의 애매한 자세가 노골적으로 나타나 있다. 이 '복안'은 두 가지 방침과 일곱 가지 요령으로 이루어져 있다. 방침을 보면 극동의 미국·영국·네덜란드의 근거지를 복멸覆滅하여 자존자위를 확립함과 함께 장제스 정권의 굴복을 촉진하고, 독일 및 이탈리아와 제휴하여 영국의 굴복을 도모함으로써 미국의 전쟁 계속 의사를 상실케 한다고 적혀 있다. 이 방침을 보완하기 위해 일곱 가지 요령이 덧붙여져 있다. 요령에서는 영국의 군사력을 과소평가하고, 독일을 전폭적으로 신뢰하며, 미국 국민의 항전 의욕을 경시하고, 중국의 항일운동은 정치 전략의 수단을 동원하여 굴복시킨다고 했는데, 그야말로 아무런 근거가 없는 자구의 나열이었다. 원망願望과 기대만이 현실 정책의 근거가 되었던 것이다.

11월 20일, 노무라와 구루스는 헐을 방문하여 '을안'을 보여주었다. 미국 측으로부터 '갑안'에 대한 회답이 아직 도착하지 않은 상황에서 수락 가능성이 없다고 판단한 도고 외무상이 '을안' 제출을 명했던 것이다.

그런데 '을안'을 받아든 루스벨트와 헐의 얼굴이 갑자기 굳어졌다. 그들은 이 내용을 '매직'을 통해 알고 있었는데, 일본이 최후통첩을 들이밀 단계에 들어섰다고 확신했다. 헐은 자신의 회고록에서 다음과 같이 말한다.

"일본의 제안은 터무니없는 것이었다. [……] 나는 너무 강한 반응을 보여 일본 측에 교섭 중단의 빌미를 제공해서는 안 된다고 생각했다."

헐과 루스벨트는 회답을 보류하거나 일본 측의 제안을 거부한다면 일본의 군부가 그것을 구실로 개전을 단행할지도 모른다며 두려워했다. 고민 끝에 그들이 선택한 것은 일본을 달래기 위해 국무성 스태프에게 명하여 6개월 동안의 잠정협정안을 만드는 것이었다. 그렇게 하면 사태를 제어할 수 있을 것이라고 생각했다. 그 초안은 국무성 스태프가 짧은 시간 안에 작성했다. 초안에는 미국은 대일 수출금지를 해제할 것, 일본은 인도차이나, 만주, 남방에 군대를 보내지 말 것, 미국이 유럽의 전쟁에 개입해도 일본은 삼국동맹을 적용하지 말 것, 미국은 일본과 중국의 회담을 알선할 것 등의 항목이 포함되어 있었다.

다른 한편 '을안' 제시 후 워싱턴에서 날아든 전보는 일미교섭에 기대를 걸고 있던 그룹을 흥분시켰다. 도고는 집무실에서 낭보를 기다리고 있었고, 육군성 군무국 장교 무토 아키라와 이시이 아키호는 그 기대를 굳이 감추려 하지 않았다. 노무라의 전보는 군무국 장교를 통해 도조에게 전달되었는데, 도조 역시 기대를 숨기지 않았다.

그러나 그 전보를 잘 읽어보면 불안한 징후도 있었다. 헐이 '을안'의 제4항에 불만을 갖고 있다고 노무라는 말했는데, 그때 다음과 같이 얘기했다는 것이다.

"독일의 그칠 줄 모르는 무력 확장 정책에 대항하여 한편으로 영국을 후원하고 다른 한편으로 장제스를 원조하려는 것이다. 따라서 일본의 정책이 확연하게 평화정책으로 향하고 있다는 것이 명확하게 이해되지 않는 한 장제스 지원 정책을 변경하는 것은 곤란하다."

미국의 장제스 지원 정책이 뿌리 깊은 것이라는 사실을 도조 역시 알아야만 했다.

11월 30일이라는 외교 기한까지 일주일 남짓한 시간밖에 남지 않았는데, 이 기간에 일미교섭이 타결되리라고는 도조도 생각하지 않았다. "'을안'으로 타결에 이르는 것은 어려운 일"이라고 비서들에게 중얼거리듯 말한 것도 그 때문이었다. 그런 중얼거림은 이 전보를 전후하여 그에게 도착한 〈대미영전 개전 명목 골자안〉 제3차 안에 대한 관심으로 이어졌다.

사무당국이 정리한 이 안에는 "동아신질서로 동아의 평화를 구축할 것, 영미는 일관되게 그것을 방해해왔다는 것, 제국은 참고 견디며 평화적 해결에 노력해왔지만 지금껏 근원적인 대립이 해소되지 않아 제국의 앞날이 지극히 위험하다는 것" 등등의 자구가 나열되어 있었다. 일미교섭의 좌절은 그대로 이 안이 국책이 되는 것을 의미한다는 점을 그는 충분히 자각하고 있었다. 그렇지만 이 단계에서 〈개전 명목 골자안〉이 주역이 되기에는 아직 도조의 흉중에 희미한 저항감이 남아 있었다.

일미 개전에 대한 공포

헐과 국무성 스태프가 정리한 두 가지 안, 즉 〈잠정협정안〉과 10개조로 이루어진 〈평화해결요강〉이 최종적으로 성문화된 것은 22일이다. 〈잠정협정안〉에는 양국이 평화선언을 발표하여 태평양 지역에서 무력행사를 하지 않고, 일본은 남부 프랑스령 인도차이나에서 철수하여 프랑스령 인도차이나 주둔 병력을 총 2만 5천 명으로 제한한다는 내용이 포함되어 있었다. 이것을 일본 측이 받아들인다면 대일 금수조치를 완화하겠다고 했다.

헐은 이것을 영국·네덜란드·중국·오스트레일리아 대사에게 설명했다. 사태가 진전되면 상담하겠다고 약속했기 때문이다.

그러나 장제스는 주미대사로부터 이 보고를 받자마자 실망의 빛을 감추지 않았다. 일본의 '을안'과 미국의 〈잠정협정안〉은 그가 가장 두려워하고 있는 일미전쟁 회피 가능성을 보여주고 있었기 때문이다. '반드시 궤멸시키지 않으면 안 된다'고 생각하고 있던 그는 외교부장 쑹쯔원宋子文(1894~1971)과 주미대사 후스胡適(1891~1962)에게 헐과 국무성 수뇌 그리고 육해군 유력자를 설득하라고 명했고, 그 자신도 처칠에게 "우리들의 4년 이상의 항전도 끝내 덧없이 끝날 것"이고 "우리 군의 사기는 붕괴될 것"이며, "우리나라를 일본에 제물로 바칠 것이냐"며 호소했다.

이 전보를 읽은 처칠은 장제스가 동맹에서 탈퇴하지나 않을지 우려를 표명했다. 처칠은 헐이 제시한 안을 받아들였을 때 일미전쟁이 발발하면 영국 혼자 대독전쟁을 수행하지 않으면 안 된다는 생각에 불안해했는데, 장제스의 전보를 읽은 후에는 장제스의 자포자기적 행동이 마음에 걸렸던 것이다. 인도를 비롯하여 아시아에 식민지를 가진 영국은 중국이 아시아인의 아시아라는 일본의 선전을 지지하고 나설까 봐 두려워했고, 그래서 중국을 줄곧 자기 진영에 비끄러매두지 않으면 안 된다고 생각하고 있었다. 그는 루스벨트에게 전보를 보내 이렇게 경고했다. "우리는 분명히 더 이상의 전쟁을 바라지는 않습니다. 우리가 우려하는 것은 딱 한 가지입니다. [······] 우리는 중국이 어떻게 될지 걱정하고 있습니다. 만약 중국이 무너진다면 우리의 공통적인 위험은 걷잡을 수 없이 커질 것입니다."

이 메시지가 국무성에 도착한 것은 11월 26일 이른 아침이었다. 그런데 이것이 실제로 루스벨트에게 커다란 영향을 주게 된다.

메시지가 도착하기 세 시간 전, 워싱턴에서는 최고군사회의가 열려 일본의 최종기한을 일단 연장시키기 위해 〈잠정협정안〉을 제안할 것을 검토하고 있었다. 회의에 참석한 사람들은 그것이 사태의 본격적인 해결책이 되지 못하리라는 것도 알고 있었다. 회의는 난항을 겪고 있었다. 그런데 루스벨트가 "일본인은 아무런 경고도 없이 기습을 하는 것으로 이름이 높기 때문에 어쩌면 12월 1일쯤 공격을 감행할 수도 있습니다"라고 말하면서부터 출석자들은 바로 이 기습이 구원이 되리라는 것을 알아챘다. 전쟁 반대 목소리와 고립주의로 기우는 여론을 들끓어오르게 하기 위해서는 첫 발을 일본이 발사하게 해야 한다는 것이다. 여기에 대독전쟁에 참가하기 위해서라도 대일전쟁은 필요하다는 암묵리의 양해가 더해져, 〈잠정협정안〉보다 〈평화해결요강〉을 제시하는 것이 일본으로 하여금 첫 발을 쏘게 하는 데 유리할지도 모른다는 유혹이 그들을 사로잡았다. 그러나 최종적인 결론을 내리지 못한 채 휴회에 들어갔다.

회의를 쉬는 동안 루스벨트는 처칠의 전보를 읽었고, 곧 쑹쯔원과 후스를 만나 장제스가 바라는 게 무엇인지 진지하게 들었다. 또 헐도 육해군의 책임자를 만나 일본의 공격에 반격을 가할 수 있는지 확인했다. 그후 루스벨트와 헐은 장시간 협의한 끝에 사태를 질질 끄는 길이 아니라 일본으로 하여금 첫 발을 쏘게 하는 길을 선택하기로 했다.

11월 26일 오후 5시, 헐은 노무라와 구루스를 불러 〈평화해결요강〉을 건넸다. 이른바 '헐 노트'이다. 국무성의 응접실에 들어오기 전, 헐은 육군장관 헨리 스팀슨Henry Lewis Stimson(1867~1950)과 해군장관 윌리엄 녹스 William Franklin Knox(1874~1944)에게 "머지않아 미일 간의 주역이 교대될 것"이라며 사태가 정치에서 군사로 옮겨갈 것이라고 말했다. 그리고 사태는 그의 예언대로 움직이기 시작했다.

노무라와 구루스는 '헐 노트'를 읽어가면서 온몸을 떨었다. 10개조 항목 모두 반년에 걸친 일미교섭의 경위를 무시하고 있었기 때문이다. 특히 제3항과 제4항을 보고 두 사람의 분노는 더욱 깊어졌다. 거기에는 다음과 같이 적혀 있었다.

"(3) 일본국 정부는 중국 및 인도차이나에서 모든 육해군 병력 및 경찰력을 철수할 것. (4) 미국 정부 및 일본 정부는 임시 수도를 충칭에 둔 중화민국 국민정부 이외에 중국에서 그 어떤 정부 또는 정권도 군사적·정치적·경제적으로 지지하지 말 것."

이는 일본의 노력을 조금도 인정하지 않는 것이다. 두 사람은 헐을 원망스런 눈으로 바라보았고, 세세한 부분까지 물었다. 그들은 그 당시의 상황을 다음과 같이 도쿄에 전했다('매직'으로 해독된 것이 이하의 문장이다).

"(본 대사는) 제3항과 제4항은 불가능한 상담이며, 제4항의 충칭 정권의 승인에 관해서는 미국이 그 정권을 못 본 체할 수 없는 것과 마찬가지로 우리는 난징 정부를 못 본 체할 수 없다고 말했다. 헐은 이렇게 대답했다. '제3항의 철병은 교섭에 따라 진행될 것이다. 우리는 반드시 즉시 철병할 것을 요구하는 것은 아니다. 미국이 가진 정보에 따르면 난징 정부는 중국을 하나로 통치할 능력이 없다.' 본 대사는 이에 대해 그런 말은 과거 수많은 정부가 흥망했던 오랜 중국의 역사를 무시한 것이라고 반박했다."

황망하게 대사관으로 돌아온 두 사람은 주재무관과 관원館員에게 경과를 보고했다. 주재무관 이소다 사부로磯田三郎(1892~1979)는 "미국은 '을안'을 거부하고 장문의 강경자세를 전해왔다"라고 참모본부에 급전을 보냈고, 노무라도 요지要旨를 외무성에 타전했다.

도쿄는 이 한 통의 전보를 받고 크게 흔들렸다. 참모본부에는 희색이 넘쳤고, 『대본영 기밀 전쟁 일지』에는 "천우신조라고 해야 할 것이다. 이리하여 제국의 개전 결의는 용이하게 첫걸음을 내딛게 되었다. 정말로 축하할 만한 일이다"라고 적혀 있다. 그들은 지금 주전파의 최대 지원군은 아이러니하게도 미국 정부의 지도자 루스벨트와 헐이라는 것을 감추지 않았다.

도조에게는 육군성 군무과에서 보낸 전보가 와 있었다. 전보를 다 읽자마자 그는 장교들을 불러 모았다. 군무국장 무토 아키라, 군무과장 사토 겐료, 군사과장 사나다 조이치로 그리고 군무과 고급과원 이시이 아키호가 도조의 책상을 에워쌌다.

"아무래도 미국 측의 회답에는 진전이 없는 듯하다. 중국에서 일본군의 전면 철병, 왕징웨이 국민정부의 부인, 삼국동맹 이탈 요구 등과 다름없는 이런 안은 두 번 볼 것도 없다. 남은 길은 어전회의 결정대로 전쟁밖에 없다. 오늘부터는 전쟁 준비에 돌입할 것이다. 단단히 마음먹고 나라에 봉공奉公하기 바란다."

'을안'이 무시당한 이상 '전쟁에 호소한다'는 기존의 방침을 따를 수밖에 없었다. 도조의 결단은 직선적이었다. 무토가 "어쩐지 속임수에 걸려든 듯하다"고 중얼거렸지만, 설령 속임수라 할지라도 일본은 더 이상 물러날 수 없다는 점에서 그들은 마음을 굳히고 있었다. 루스벨트와 헐이 예상한 대로 육군의 정책 결정을 담당하고 있는 그들은 첫 발을 쏘기 위한 길을 주저 없이 걸어가기 시작했던 것이다.

27일에 이르러 '헐 노트'의 전체 내용이 도조의 책상에 도착했는데, 이를 본 도조의 감정은 상당히 격해졌다. 훗날 도쿄재판에서 조지프 키난 Joseph B. Keenan(1888~1954) 검사가 '헐 노트'의 전문電文을 보여주며 "이것을 본 적이 있는가"라고 물었을 때, 도조는 큰 소리로 "이것은 평생 잊을 수 없다"고 고함을 질렀다. 그리고 이 문서야말로 "모든 일의 계기가 되었다"라고 툭 던지듯이 말했다.

"만약 '헐 노트'를 받아들인다면 제국은 어떻게 될 것인가"를 시작으로 수상 관저의 집무실에서 그는 항목을 하나하나 적어 나갔다. 그 내용은 대략 다음과 같았다.

"제국은 일시적으로 소강상태에 접어든다. 하지만 그러다가는 영미가 우리의 생사를 틀어쥐게 될 따름이다. 소강상태, 즉 잠시 편안한 상태란 중증환자에게 모르핀을 주사하는 정도의 의미밖에 없다. 영미의 생각에 따라 생사가 결정된다. 또 중국 대륙에서 후퇴하면 중국의 불법행위가 늘어나고 제국의 위신은 땅에 떨어진다. 무역은 후퇴하고 국민생활은 부진에 빠진다. 삼국동맹에서 이탈하면 제국의 행동이 공리주의에 입각하고 있다는 인상을 세계에 주게 되고, 그 결과 '의'를 중시해온 제국의 태도에 오점을 남긴다."

그런데 도조에게 가장 굴욕적인 것은 앞선 지도자들이 쌓아올린 빛나는 업적을 자신의 시대에 와해시켜버리는 것이었다. 그런 일을 자신의 시대에, 그것도 자신의 책임 아래 행하는 것을 그는 견딜 수가 없었다. 도조만 그런 것이 아니다. 28일에 이르러 그런 경향은 한층 분명해졌다. 이날의 각료회의에서 도고 외무상이 '헐 노트'의 전모를 소개하자 각료 전원이 격앙하여 개전도 부득이한 일이라고 말했던 것이다. 마치 이런 일을 기다리고 있었던 듯했다. 10월 하순 연락회의에서 소극론 쪽에 섰던 가야마저도 "이건 일본에 굴욕을 강요한 것"이라면서 "지나사변에 저렇게 노력을 기울여온 것이 완전히 수포로 돌아갈 것"이라고 목소리를 높였다. 일본의 국가적 위신이 단숨에 하락할 것이라는 논리였다.

29일에는 정부와 중신의 간담회가 궁중에서 열렸다. 천황이 도조에게 "개전을 결의하기 전에 중신의 의향을 확인하라"고 시사했기 때문이다. 천황은 지도적 입장에 있는 자의 의견을 광범위하게 들어야겠다고 생각하고 있었던 것이다. 처음 도조는 그 의견에 반발했다.

"중신에게는 책임이 없습니다. 책임이 없는 자를 끌어들여 심의 결정하는 것은 적절하지 않다고 생각합니다. 이 무책임한 자가 참가하여 제국이 일어서게 된다면 책임 있는 자의 책임이 가벼워지게 될 것입니다."•

도조와 육군성의 장교는 중신을 관료의 길을 평범하게 걸어온 무리들이 누리는 최후의 명예직에 지나지 않으며, 그런 까닭에 난국에 신명을 바칠 도량 따위는 없다고 생각하고 있었던 것이다. 그들 역시 같은 길을 갈 것임에도 그런 것에는 눈을 감아버리는 교만함의 발로였다.

일곱 명의 중신 가운데 히로타 고키, 하야시 센주로, 아베 노부유키는 "개전은 불가피하다"고 주장했다. 뜻밖에도 도조를 열심히 추천한 중신들이었다. 와카쓰키 레이지로, 오카다 게이스케, 요나이 미쓰마사는 현상을 유지하면서 참고 견디자는 주장을 폈다. 와카쓰키는 "물자 측면에서 불안하다"고 말했고, 오카다는 "미국과 전쟁을 벌이면 반년 동안은 이길 것이지만 그 후는 불안하다"고 강조했다. 특히 오카다는 천황에게 상주하면서도 "정부의 설명을 들으면 들을수록 미국과의 전쟁은 우려를 금할 수 없다"고 말했는데, 도조는 그 힐문에 얼굴을 붉히면서 전쟁에

• 중신회의는 쇼와 시대에 후임 내각총리대신 선정과 국사의 주요 사항에 관하여 천황의 자문에 답하는 형태로 열린 회의이다. 당시 중신회의는 내각총리대신과 추밀원 의장을 역임한 자들로 이루어져 있었다. 여기에서 '수상 자격이 없는 자'라 한 것도 수상을 역임한 중신들이 많았기 때문이다.
이 발언에서도 알 수 있듯이 도조에게 중신은 무책임한 발언으로 정부의 발목을 잡는 성가신 존재에 지나지 않았다. 그리고 일미교섭의 경위를 중신에게 알리지 않았던 것도 그들을 수상 자격이 없는 자로 생각하는 도조의 반발의 표시였다.

는 자신이 있다고 강변했다. 오카다에 대한 증오는 이때부터 시작되었다. 그리고 그것이 2년 9개월 후에 있을 오카다와 도조의 충돌의 복선이 되었다. 필자가 취재한 어떤 장교는 오카다 혐오는 "2·26 사건의 생존자"라는 육군 내부의 굴절된 감정을 도조가 이어받았기 때문이라고 증언했다.

중신간담회에 이어 이 해 들어 열 번째 대본영-정부연락회의가 열렸는데, 여기에서는 희색이 넘치는 통수부의 페이스에 따라 회의가 진행되었다. '헐 노트'는 최후통첩이고 일본은 이를 수락할 수 없다, 더욱이 관계국과 연락하여 그 양해 아래 이뤄진 것이다, 미국은 이미 대일전쟁을 결의했다는 인식에서 일치했다. 스기야마 겐과 나가노 오사미는 금후의 외교는 위장외교로 일관하라고 요구했고, "개전일은 언제인가. 그것을 모르면 외교는 불가능하다"라고 묻는 도고에게 "그건 알려주겠다. 8일이다. 아직 여유가 있으니까 싸움에 이길 수 있도록 형편에 맞게 외교를 해달라"고 답했다. 정치 쪽에 선 도고의 패배를 보여주는 광경이었다.

연락회의의 인식을 공식적인 국책으로 정한 것은 12월 1일 오후 2시부터 두 시간에 걸쳐 열린 어전회의였다. 쇼와시대에 들어서 여덟 번째, 이 해에 들어서 다섯 번째 열린 어전회의, 그 분위기는 10일 이내로 예상되는 개전 때문에 긴장되었다. 긴장감을 누그러뜨리기 위해서인 듯 '헐 노트'에 대한 분노의 목소리가 빗발쳤다. 먼저 도조가 정치의 최고책임자로서 미국이 일방적인 양보를 요구했기 때문에 더 이상 외교적인 방법으로는 주장이 먹히지 않는다고 말했다. 그리고 중일전쟁이 계속되고 있는 때 대전쟁에 돌입하는 것은 송구스럽기 그지없다고 말한 후 끝으로 다음과 같이 결론지었다.

"그러나 곰곰이 생각해보면 지금 우리의 전력은 지나사변 전보다 오히려 향상되었고, 육해군 장병의 사기는 더욱 왕성하며, 국내의 결속력은 더욱 탄탄해졌습니다. 저는 거국일체, 일사봉공一死奉公의 마음으로 국난을 돌파할 수 있으리라고 굳게 믿어 의심치 않습니다."

이처럼 도조가 좋아하는 추상적인 관용구가 나열되어 있었다.

이어서 통수부를 대표하여 나가노 오사미가 나섰다. 그는 작전 준비에는 그 어떤 불안도 없다고 단언하면서, "건국 이래 최대의 어려움에 직면하여 육해군 작전부대 전 장병의 사기는 대단히 왕성하며 일사봉공의 정신으로 불타고 있습니다. 대명大命이 내리면 떨치고 일어나 대임大任을 다할 각오를 하고 있습니다"라고 말을 맺었다. 다음으로 도조가 내무상으로서 치안상황을 설명했다. 그 요지는 다음과 같은 말에 집약되어 있었다.

"일반 노동자와 농민 등의 계층은 [……] 최근 통제가 강화되면서 생활상 적지 않은 영향을 받고 있습니다. 중소상공업자들까지 금일 우리나라의 입장을 충분히 이해하고 있으며 그 사기는 상당히 왕성합니다. 그들 중에는 정부가 명료한 지도 아래 강경정책을 수행할 것을 요망하는 사람이 많은 듯합니다. 그러나 다수의 국민 중에는 요즘 가능한 한 전쟁을 회피해야 한다고 생각하는 자도 일부이긴 하지만 없지는 않습니다. 그렇지만 이런 자들도 미국이 우리나라의 정당한 입장을 이해하고 경제봉쇄를 해제하여 대일 압박 정책을 포기하지 않는 한 우리나라의 남진정책 단행은 당연한 일이며, 이 때문에 일미 충돌이라는 사태에 들어서는 것도 부득이한 일이라고 결의하고 있는 것 같습니다."

그리고 전쟁을 개시한 후에는 "공산주의자, 불령 조선인, 일부 종교상 주요인물의 반전운동"은 엄중하게 단속할 것이라 단언하고, 인심을 안정시키기 위해서 유언비어를 잘 감시하여 여론 지도에 유의할 것이라고 말했다.

엄중한 단속이라는 말이 도조의 입에서 몇 번이나 흘러나왔다. 이는 자기도 모르는 사이에 정치가 도조의 국민관國民觀을 여실히 보여주는 것이었다. 그는 가끔 비서에게 "대중이란 회색이다. 지도자는 대중보다 한 걸음 앞서서 백이면 백, 흑이면 흑이라고 생각하게 해야 한다"고 말하곤 했는데, 이는 연대장 시절에 신병을 만날 때의 구도를 원형으로 삼은 것이었다.

내무상 도조의 보고는 어전회의에서도 승낙을 받았다. 이어서 가야 대장상, 이노 히로야 농림상이 전시 하 재정과 식료에 대한 전망을 내놓았다. 국민의 인고노력忍苦努力을 기대하고 있으며 남방지역 점령 후에는 현지에서 자활할 수 있을 것이라고 예상했다. 그리고 이를 위해 현지의 일반 민중에게도 내핍을 요구할 터이지만, "현지 주민은 문화수준이 낮고 또 천혜의 자원이 비교적 풍부하기 때문에" 민생 유지는 중국보다 낙관적일 것이라고 두 사람은 덧붙였다.

이들의 보고를 듣고 추밀원 의장 하라 요시미치가 질문했다. 하라의 질문에는 천황을 대신하여 실태를 파악한다는 의미가 있었다. 이때 천황은 전쟁의 추이에 불안감을 갖고 있었던 듯한데, 전날에는 다카마쓰노미야가 해군은 가능하다면 전쟁을 피하고 싶어 한다고 말한 것을 확인하기 위해 시마다와 나가노를 불러 진위를 캐물었다. 두 사람은 "함대의 훈련은 빈틈이 없고, 야마모토 고주로쿠 연합함대 사령장관은 충분히 자신감을 갖고 있으며, 인력과 물자 모두 충분한 준비를 갖추고 대명이 내리기를 기다리고 있습니다"라고 대답했다. 하지만 천황에게는 아직 불안감이 남아 있었다.

그것을 보충이라도 하듯이 질문에 나선 하라는 대미전쟁과 관련된 군사력의 차이를 세세하게 추궁했다. 나가노는 "미국의 병력은 대서양 4,

태평양 6의 비율이지만 최근 활동하고 있는 것은 영국"이라 말하면서, 인도양에서 활동하고 있는 영국 군사력의 숫자를 피력했다. 그러나 어전회의에서 상세하게 보고하는 것은 통수부의 의무가 아니었다. 나가노의 보고는 불투명할 뿐 아니라 구체적인 숫자도 빠뜨리고 있었다. 정치쪽의 출석자는 바로 이 지점에서 사태를 파악해야만 했다. 하지만 참견하려 들면 반드시 '대권 침범'이라는 말이 되돌아오리라는 것을 알고 있었다.

어전회의는 이렇게 끝났는데, 도조는 최후에 발언권을 얻어 "저도 한 말씀 드리고 싶습니다. 지금 황국은 융체隆替의 기로에 서 있습니다. 삼가 성려를 살펴 받드는 것이 지극히 황공할 뿐입니다. 저희들의 책임이 금일보다 클 수는 없다는 것을 통감하는 바입니다. [……] 거국일체, 필승의 신념으로 끝까지 전력을 기울여 속히 전쟁 목적을 완수함으로써 맹세코 성려를 편안하게 받들 것을 기약하는 바입니다"라고 말했다. 그동안 참석자들은 얼굴을 숙이고 몸을 떨었다. 그 후 "11월 5일에 결정한 〈제국국책수행요령〉에 기초한 대미교섭은 끝내 마무리되지 못했다. 제국은 미국·영국·네덜란드와 전쟁을 개시한다"는 결의를 채택했고, 출석자 16명이 서명했다. 도조 히데키·도고 시게노리·가야 오키노리·시마다 시게타로·이와무라 미치요·하시타 구니히코·이노 히로야·기시 노부스케·데라지마 겐·고이즈미 지카히코·스즈키 데이이치·스기야마 겐·다나베 모리타케田邊盛武(1889~1949)·나가노 오사미·이토 세이이치·하라 요시미치가 그들이다.

이 회의가 끝나자마자 참모총장 스기야마 겐은 남방군총사령관 데라우치 히사이치에게 개전일인 12월 8일, 이날을 기하여 진공작전을 개시하라고 명했다. 군령부총장 나가노 오사미는 야마모토 고주로쿠 연합함

대 사령장관에게 '니이타카야마노보레新高山登れ 1208
호*'를 발했다. 12월 8일 오전 0시부터 예정대로 작전
행동을 개시하라는 의미이다.

도조에게 부여된 것은 이 작전활동을 지지하기 위한
국내 정치의 확립, 즉 신속한 전쟁 체제의 확립이었다. 그것이 그의 역할
이었던 것이다.

12월 1일부터 2일과 3일까지 도조는 비서 세 명과 함께 빈번히 천황의
심기를 살피는 이야기를 주고받았다. "전쟁에 돌입하지 않으면 안 된다
는 결론에 대해 폐하께서는 불만이신 듯하다.", "우리는 아무리 노력해
도 인격에 지나지 않지만 폐하는 신격이다. 폐하의 뛰어난 신격에 머리
를 숙이지 않을 수 없다." 이런 말에는 도조의 불안과 초조가 깊게 배어
있었다. 그랬기 때문에 천황에게 기대려는 마음이 있었다. 그러나 측근
에게는 그런 약한 모습을 보인 적이 있어도 관료, 육군성과 참모본부의
장교들에게는 고뇌의 흔적조차 보이지 않았다. 스기야마와 나가노에게
는 정말로 자신감에 넘치는 듯한 포즈를 취했다. 물론 지기 싫어하는 성
격 때문이기도 했지만, 최고지도자의 망설임은 그대로 제국의 망설임으
로 이어진다는 자부심 때문이기도 했다.

만약 도조가 냉철한 현실주의자였다면 히틀러가 그랬던 것처럼 눈앞
에 다가온 전쟁의 자기의 위신을 걸고 도전할 대상으로 보았을 것이다.
또는 7천만 국민의 운명을 쥐고 있다는 책임감이 있었다면 틀림없이 어
디에서 전쟁의 불길을 꺼야 할지 열심히 주위에 설명했을 것이다. 지금
이 전쟁이 역사상 어떤 위치에 있는지를 생각했다면 조금이라도 부끄러
워할 줄 알았을 것이다. 하지만 그가 그런 투시력을 가졌다는 흔적은 찾

아보기 어렵다. 그것은 그의 감각이 무뎠기 때문이 아니다.

그는 오로지 도망치기에 바빴다. '천황친정天皇親政'이라는 추상의 세계로 도망쳐 들어갔고, 급기야는 "나의 육체는 천황의 의사를 받드는 표현체"라고 스스로를 격려하는 소심한 지도자의 틀에서 빠져나올 수가 없었던 것이다. 개전 후 내정시찰이라는 명분으로 국내를 돌아다니면서 "폐하의 마음을 나 혼자서라도 많은 국민에게 전하고 싶다. 내가 그 역할을 맡은 것이다"라고 말한 것이 그 단적인 예이다.

12월 6일 열린 연락회의에서는 선전조서宣戰詔書를 채택했다. "하늘의 도움을 받아 만세일계의 황조皇祚를 이어온 대일본제국 천황은 너희 충성용무忠誠勇武한 백성에게 알리노니"로 시작하는 조서를 11월 중순 육군성 군무국의 장교가 가다듬었는데, 도조는 그것을 도쿠토미 소호德富蘇峰(1863~1957)에게 퇴고를 맡긴 다음 천황에게도 몇 번이나 보였다. 청일전쟁, 러일전쟁, 제1차 세계대전에 이어지는 네 번째 선전조서였다. 앞의 세 번은 '대일본제국 황제'라고 표기했었지만 이번에는 '대일본제국 천황'으로 바꿨다. 또 조서 중의 한 구절, 즉 "지금 불행하게도 미영 양국과 다투게 된 것은 정말로 부득이한 일이다. 어찌 짐의 뜻이라 할 수 있겠는가"라는 것도 천황의 뜻에 따라 끼워 넣은 것이고, 당초 원안에 "황도의 대의大義를 세계에 선양하기를 바란다"고 적혀 있던 것을 역시 천황의 뜻에 따라 "제국의 광영을 보전하기를 바란다"라고 고쳤다. 도조는 바로 여기에 천황의 심려深慮가 있다며 감복했다.

선전조서의 채택과 함께 공식적인 절차는 모두 끝났다. 남은 것은 이틀 후의 개전을 기다리는 것뿐, 도조를 뒤쫓는 일은 없었다. 그러자 '도조'라는 인간의 맨얼굴이 드러나기 시작했다. 그것은 지금껏 가족만이 아는 사실로 깊이 감춰져 있었다.

통칭 니혼마日本間라 부르는 수상 관저 별관, 그 2층에 있는 집무실은 12월 들어서부터는 좀처럼 등불이 꺼지지 않았다. 벽을 사이에 둔 가족용 방에는 아내 가쓰와 아직 여학생인 두 딸이 잠자고 있었다. 서류를 넘기는 소리와 도조가 돌아다니는 소리가 훤히 들렸는데, 그것은 사태가 중대한 시기에 이르고 있다는 증거였다. 6일 심야부터 7일까지 가쓰와 두 딸은 옆방에서 누군가 우는 소리를 들었다. 억누르고 있던 소리가 서서히 높아지더니 통곡으로 바뀌었다. 가쓰는 이불 속에서 일어나 복도의 문을 열고 침실을 들여다보았다. 그곳에서 지금까지 본 적이 없는 남편의 모습을 보았다. 남편은 이불 위에 반듯이 앉아 울고 있었다. 늘 자신감에 넘쳐 약한 모습을 좀처럼 보이지 않던 도조가 눈물을 닦을 생각도 않고 울고 있었던 것이다. 가쓰와 두 딸은 남편과 아버지의 권위가 무너진 것처럼 생각하고 자기들 방으로 돌아와 울었다.

도조는 왜 울었던 것일까. 물론 그것을 그는 누구에게도 말하지 않았다. 그러나 그 눈물의 의미는 쉽게 상상할 수 있다. 공식 절차를 마친 이날, 그는 새삼 무거운 책임에 공포감을 가졌던 것이다. 2천 6백 년의 국체를 등에 짊어진 무거운 책임. 그는 화가 나 미국이 증오스럽다고 생각했다. 일본의 "정당한 말"을 부당하게 우롱하는 미국을 증오하겠노라고 생각했다. 군인의 투쟁심을 지탱하는 것은 적에 대한 증오와 국가에 대한 충성심인데, 지금 그의 투쟁심은 한 점에 집중되었고 곧 구심작용을 일으켜 충성으로 되돌아오고 있었다. 그 소용돌이 속에서 도조의 사고는 혼란스러웠다. 특히 대명강하大命降下에 즈음하여 백지환원의 조건이 떠올랐고, 그것을 완수하지 못했다는 데 생각이 이르자 그는 자성自省 능력을 잃고 울 수밖에 없었다. 그것은 마음의 빚이었다. 천황의 기대에 부응하지 못했던 지난 50일, 지금부터 이어질 장기전쟁은 그에게 부채를 청산할 싸움이 될 터였다.

또 도조의 통곡은 야마가타 아리토모, 가쓰라 다로 등 선배들이 쌓아 놓은 모순을 청산하고자 하는 사람의 눈물이었다고 말할 수 있다. 통수권이라는 추상적이고 무책임한 기구가 초래한 잔재를 청산할 숙명을 가진 수상의 눈물, 누군가 언젠가는 이 방에서 흘리지 않으면 안 될 눈물이었다. 그리고 이 숙명을 담당한 사람이 대일본제국 헌법 발포 이래 스물일곱 번째 수상인 도조 히데키였다. 더구나 아이러니하게도 모순을 청산할 사람으로 등장할 것을 재촉한 것은 육군상이었던 그 자신의 궤적 속에 있었다. 충실한 신봉자는 무작위無作爲의 모반자였다고 말할 수 있다.

도조의 통곡은 한층 격해졌다. 정말이지 울부짖음이라고 할 만했다. 통곡은 자기성찰이 아니라 더욱 격렬한 전투심을 낳는다. 그리고 그 전투심이 그를 이해하는 벗으로서 당분간 함께 걸어가게 된다.

이제 시대는 슬픈 지도자의 손바닥 안에서 춤추기 시작했다.

제3장

패배의 궤적

싸움의 시작

홍수를 이루는 도조 찬가

12월 8일 오후 7시, 도조가 마음을 열고 편하게 대하는 군인, 각료들이 수상 관저 1층 식당에 모였다. 이날 하루의 노고를 치하하는 만찬이라는 것이 이 모임의 명목이었다.

사각 식탁의 중앙에 시마다 시게타로 해군상이 도조를 마주하고 앉았다. 도조의 오른쪽에는 군령부총장 나가노 오사미永野修身(1880~1947), 왼쪽에는 참모총장 스기야마 겐, 시마다의 오른쪽에는 정보국 총재 다니 마사유키谷正之(1889~1962), 왼쪽에는 서기관장 호시노 나오키가 앉아 있었다. 해군차관 사와모토 요리오澤本賴雄(1886~1965), 참모본부 제2부장 오카모토 교토미岡本清福(1894~1945), 육군성 군무국장 무토 아키라武藤章, 해군성 군무국장 오카 다카즈미岡敬純(1890~1973), 법무국장 모리야마 에이이치森山鋭一(1894~1956), 외무성 아메리카국장 야마모토 구마이치山

本熊一(1889~1963), 내각 총무과장 이나다 슈이치, 그리 이와시미즈하치만구
교토에 있는 신사.
고 세 명의 비서관이 이 식탁에 둘러앉아 있었다.

지금 도조에게는 허물없이 지내는 요인들이자, 이
제부터 전쟁을 지휘할 인물들이었다. 그들의 표정은 안도감으로 가득 차
있었다. 도조가 웃음을 띠며 전과戰果를 축하하는 건배를 몇 번이고 제안
했다.

중국요리가 식탁에 그들먹하게 차려졌다. 그들은 요리를 집적거리면
서 오늘 아침부터 들어온 낭보를 되새기기에 바빴다. 라디오 뉴스는 이
자리까지 황군의 진격을 전하는 아나운서의 목소리를 실어 날랐다. 화기
애애한 자리였다. 도조의 라디오 방송 〈조서詔書를 받들어〉가 흘러나왔
고, 참석자들은 얼마간 추종하는 자세로 그 방송을 찬양했다.

도조는 말이 많았다. 그는 큰 소리로 외쳤다.

"이번 전과는 물자와 훈련과 정신력을 총결집한 힘이 발휘된 것입니
다."

그 소리에 취한 듯 모두가 고개를 끄덕였다. 스기야마와 나가노도 기
분이 썩 좋았다. 통수부의 힘이 충분히 발휘되어 그들의 예상을 훌쩍 뛰
어넘는 전과를 거뒀기 때문이다.

"바로 전날 이와시미즈하치만구石清水八幡宮*에 참배했을 때, 가미가제
神風 따위가 없어도 전쟁에서 이길 수 있게 해달라고 기도했습니다."

스기야마가 몸을 흔들며 웃었다.

수상 비서관 중 한 사람인 가노오카 엔페이鹿岡圓平(1901~1944)가 가끔
씩 자리에서 일어나 대본영과 연락을 취했는데, 그는 식당으로 돌아와
도조의 귀에다 "총리 각하, 또 새로운 보고가 들어왔습니다"라고 속삭였
다. 도조는 흐뭇한 표정을 지으며 전원에게 보고하라고 명했다. 가노오

카가 자세를 고치더니 다음과 같이 보고했다.

"지금 막 대본영 해군부에서 발표가 있었다는 연락이 왔습니다. 이에 대해 보고 드리겠습니다. 오늘 이른 아침, 제국 해군 항공부대에 의해 결행된 하와이 공습에서 현재까지 밝혀진 전과는 다음과 같습니다. 전함 2척 격침, 전함 4척 대파, 대형 순양함 약 4척 대파. 이상은 확실하며, 그 외에 적 비행기 다수를 습격하여 격추시켰고, 우리 비행기의 손실은 경미합니다. 본일의 모든 작전에서 우리 함정이 입은 손실은 없다고 합니다."

환성이 식탁을 감쌌고, 분위기는 더욱 무르익었다.

"이 전황을 즉시 천황폐하께도 아뢰도록 해야지. 그렇지, 독일과 이탈리아 대사들에게도 알리는 게 좋겠군."

도조의 목소리는 한껏 들떠 있었다. 예상 이상의 전과라는 데 대해서는 출석자들 모두가 일단 공감했다.

"이쯤 되면 루스벨트도 틀림없이 쫓겨날 테지. 미국의 사기는 계속 떨어질 거야."

"그렇습니다. 이제 루스벨트의 인기는 하락할 것입니다."

추종이라도 하듯 몇몇 사람이 도조의 말에 맞장구를 쳤다.

"무엇보다도 멋지게 이날의 공격을 숨길 수 있었습니다. 정말이지 육군성과 해군성 그리고 각 참모본부에서도 아닌 밤에 홍두깨로 받아들이고 있습니다"라고 비서관 중 한 사람이 말했다.

"이건 최고의 기밀이어서 흘러나갔다면 큰일이 났을 거야." 도조는 웃음을 머금고 대답했다. 실제로 12월 8일 오전 0시에 개시된, 미국과 영국을 겨냥한 군사작전은 완전히 베일에 싸여 있었다. 육군성과 해군성의 국장조차 모르고 있었다. 참모본부에서도 '남부 프랑스령 인도차이나 기지의 항공부대는 말레이반도를 공격할 것'이라는 군사작전 명령을 내린 참모만이 알고 있었을 따름이다.

도조마저 몇 시간 전에야 그 구체적인 내용에 관해 전해 들을 수 있었다. 도조의 주변 인물, 예를 들면 비서관 아카마쓰 사다오도 전혀 몰랐다. 그는 이날 오전 3시에 도조로부터 돌아가도 좋다는 말을 듣고 관저에서 막 나오려던 참에 거꾸로 자동차에서 내리는 가노오카를 만났다.

"이제부터가 큰일이야."

가노오카는 이렇게 말하고 관저로 사라졌다. 이 한 마디 말을 듣고 아카마쓰는 개전 사실을 알아차렸다. 그는 관저로 돌아갔다. 비서관 집무실에서 가노오카는 아카마쓰에게 "현재 연합함대가 진주만을 공격하기 위해 전진 중"이라고 어렵사리 일러주었다. 첫 전투의 주도권을 쥐고 있는 해군 측의 비서관은 역시 이 사실을 알고 있었다.

오전 3시 30분이 지나 군령부에서 수상 관저로 연락이 왔다. "해군부대의 하와이 급습 성공"을 알리는 내용이었다.

가노오카와 아카마쓰는 도조의 집무실로 달려갔다.

"지금 제1보가 들어왔습니다. 진주만 기습은 성공했습니다."

두 사람은 도조가 의기양양할 때 보이곤 하는, 눈을 가늘게 뜨고 흐뭇해하는 표정을 기대했다. 하지만 그들의 기대는 어긋나고 말았다. 오히려 평상시의 떨떠름한 표정으로 "잘됐군"이라고만 말했다. 그러더니 한번 숨을 몰아쉬고선 덧붙였다.

"폐하께는 군령부에서 보고를 드렸겠지?"

그것이 도조의 메마른 제일성이었다.

오전 7시, JOAK*의 임시 뉴스가 국민에게 개전을 알렸다.

"12월 8일 오전 6시, 대본영 육해군부 발표. 제국 육해군은 본 8일 미

JOAK
1925년 3월 개국한 도쿄방송국의 호출부호. 참고로 두 번째로 개국한 오사카방송국의 호출부호는 JOBK, 세 번째로 개국한 나고야방송국의 호출부호는 JOCK, 네 번째로 개국한 경성방송국의 호출부호는 JODK였다.

명未明, 서태평양에서 미영군과 개전 상태에 들어갔다."

도조는 아카마쓰, 가노오카, 히로하시 세 비서와 함께 집무실 라디오로 이 방송을 들었다. "교전 상태에 들어섰다는 뜻의 라디오 방송을 들으면서 심신의 긴장감은 더욱 높아졌고, 이렇게 개전 첫날의 다망한 일정이 시작되었다"고 이날의 〈비서관 일기〉 첫머리에는 이렇게 적혀 있다.

이 뉴스를 듣고 난 도조는 곧 군복으로 갈아입고서 추밀원 회의에 출석하기 위해 궁중으로 달려갔다. 미국·영국·네덜란드에 대한 선전조서宣戰詔書 문안을 어떻게 작성할지, 선전 포고 시기를 어떻게 할지가 의제였다. 선전 포고 시기를 늦춰야 한다고 주장하는 고문관에게 도조는 "지금 당장이라도 포고해야 한다. 개전 시기의 미세한 점을 문제 삼아서는 안 된다. 미영 제국을 압도하는 태도를 널리 세계에 알리지 않으면 안 된다"고 응수함으로써, 선전 포고를 했다가는 일본 측에 책임이 전가될지도 모른다는 추밀원 고문관의 우려를 일축했다. 이리하여 정오에 선전조서가 발표되었다.

이후 곧바로 JOAK의 스튜디오로 가서 〈조서를 받들어〉를 읽으면서 국민에게 호소했다. "지금 선전의 조서를 받들게 되어 황공하고 감격스럽기 그지없습니다. 비록 보잘것없는 저이지만 이 한 몸을 바쳐 결사보국決死報國할 것이며, 저에게는 오로지 황국을 생각하고 받들겠다는 염원만이 있을 따름입니다"라고 전제한 다음, 그는 5분 동안 카랑카랑한 목소리로 낭독을 이어갔다.

"무릇 승리의 요결要訣은 필승의 신념을 견지하는 것입니다. 건국 2천

6백 년, 우리는 지금껏 싸움에서 패한 적이 없습니다. 제국의 성쇠와 동아의 흥폐興廢가 바로 이번 전쟁에 달려 있습니다. 일억 국민이 모든 것을 걸고 나라를 위해 목숨을 바칠 때가 지금입니다. 팔굉八紘을 일우一宇로 삼는 천황 폐하의 뜻 아래 진충보국의 대정신이 있는 한, 아무리 영미라 하더라도 하등 두려워할 것이 없습니다."

이 글의 초고는 12월 6일 열린 연락회의에서 승인을 받은 것이었는데, 일본 지도자들의 바람이 여기에 응축되어 있었다. 그중에서도 도조가 절규하는 어조로 말한바, "우리는 빛나는 조국의 역사를 결단코 더럽히지 않을 것이며, 더욱 영광스러운 제국의 앞날을 건설해 나갈 것을 굳게 서약한다"는 일절이야말로 운명적으로 이 시대를 살아간 그들의 책임감과 공포를 담고 있는 것이었다.

라디오 방송을 마친 도조는 대정익찬회大政翼賛會●의 제2회 중앙협의회에 출석했다. 도조와 해군상 시마다가 모습을 보였을 뿐인데도 출석자들의 환성이 일었다. 그들에게 도조는 구국의 영웅으로 비쳤던 것이다. 수상 관저에는 국민으로부터 전보와 전화가 쇄도했다. 중신 오카다 게이스케를 비롯하여 요인들도 잇달아 찾아와 함께 기뻐했다. 그것만이 아니다. 도조의 사저에도 사람들의 환호성이 밀려들었다.

오후 7시에 시작된 만찬회는 두 시간 가까이 지나서야 끝났다. 누구라

대정익찬회
1940년 7월 제2차 고노에 후미마로 내각이 결정한 기본국책요강(基本國策要綱)에 기초하여 신체제운동을 추진하기 위해 같은 해 10월에 창립된 관제 국민조직. 이는 고노에가 중심이 되어 추진해온 신체제 수립운동의 결실로서, 총력전을 치르기 위해 일국일당제(一國一黨制)를 실현시키려는 군부에 대항하여 국민 각계각층의 유력인사를 결집해 강력한 국민조직을 만들고자 한 것이었다. 도조 히데키 내각에서는 국민통제조직의 색채를 강화하여 1942년 6월에는 그때까지 각 성(省)의 감독 아래 있었던 산업보국회(産業報國會)·대일본부인회(大日本婦人會) 등 관제 국민운동단체를 산하조직으로 통합했다.

할 것 없이 기분이 좋아 자리를 일어섰다.

"루스벨트는 이제 실각하게 될 거야."

다시 생각이 났는지 도조는 만찬회를 마치면서도 이 말을 중얼거렸다. 이 말을 들은 사람들은 '지금 이 나라의 지도자는 적국 지도자의 체면에 까지 관심을 기울이고 있구나'라고 생각하며 감격했다.

"총리 각하, 피곤해 보입니다. 오늘은 일찍 쉬시지요"라는 비서관의 말에 도조는 고개를 끄덕이며, "오늘은 가족이 기다리는 육군상 관저에서 느긋하게 보내기로 하지"라고 말하고 식당을 나섰다. 참석자들은 그의 믿음직스런 모습을 배웅했는데, 이날 이후 얼마 동안 그의 뒷모습을 묘사할 때면 '믿음직스럽다'는 말이 따라다니게 된다.

도조에게 이날은 생애 최고의 순간이었다. 빛나는 전과 그리고 국민의 열광적인 환호. 게다가 추밀원 고문관의 우려를 일축하고 정정당당하게 선전 포고를 하고 치르는 전쟁, 하나에서 열까지 그의 생각대로 나아가고 있는 것이다. "전쟁은 역시 정면에서 정정당당하게 선전 포고를 한 다음에 치르지 않으면 안 된다"는 그의 평소의 말도 여기에서 실증되었다. 그는 그것이야말로 일본의 군인이 디디고 설 기반이라 생각하고 있었다.

하지만 도조가 모르는 것이 있었다. 그는 '속임수를 써서 불의에 공격한다'는 말을 가장 싫어했는데, 이날부터 분노한 미국 국민들이 그를 겨냥해 바로 그 장본인이라며 비난하기 시작했다는 것을 도조는 몰랐다. 더구나 그 오명은 영원히 도조에게 붙어다닐 터였다. 왜냐하면 분명히 일본은 속임수를 써서 불의에 공격했기 때문이다.

미국의 교묘한 역사적 알리바이 만들기, 다른 한편으로는 주미일본대사관의 미숙한 외교상 대응. 이것을 빼고 이 전쟁을 말하기란 불가능하다. 정말이지 이 두 가지야말로 태평양전쟁의 방향을 가늠할 수 있는 상징적인 사실이었던 것이다.

12월 7일 오전 7시 30분, 중앙전신국에 한 통의 전보가 도착했다. 루스벨트가 주일미국대사 조지프 그루에게 보낸 전보였다. 미국에서는 이미 그 내용이 신문기자에게 공표되어 뉴스로서 세계에 타전되고 있었다. 육군성 전신과電信課에서는 이 전보를 15시간 늦게 대사관으로 보냈다. 그루는 외무상 도고 시게노리에게 전화를 걸어 천황을 만날 수 있게 조처해달라고 요구했다. 이 전보는 루스벨트가 친히 천황에게 보낸 것이었기 때문이다.

1천5백 자 남짓한 전문電文의 말미에는 "제가 폐하께 글을 올리는 것은 위기의 시국에 즈음하여 폐하께서 이 암운暗雲을 일소할 방법에 관하여 고려해주시기를 희망하기 때문"이라고 적혀 있었다. 아울러 이 전문에서 루스벨트는 일미교섭을 방해하는 항목에 대한 개인적 견해를 피력하면서, 일본이 프랑스령 인도차이나에서 철수한다면 합중국은 그곳에 진출할 의사가 없다고 약속했다. 하지만 현안을 해결할 새로운 제안은 없었다.

도고 시게노리는 도조 및 기도 고이치와 함께 그루의 요구에 어떻게 대응할 것인가라는 문제를 놓고 7일 심야부터 8일에 걸쳐 협의했다. 그 결과 이 전보를 천황 앞에서 읽어 내용을 알린 다음 전보를 거부한다는 회답을 하기로 결정했다.

이 전보를 조금만 일찍 배달했다면 일미전쟁은 피할 수 있었을 것이라는 논의가 지금까지도 이어지고 있다. 하지만 과연 그럴까. 이 전보는 교섭 타개를 위한 것이 아니었다. 잘 읽어보면 일미교섭 과정에서 부분적으로 제기되었듯 화평을 바란다는 미국 측의 의견을 문서화한 것에 지나지 않는다. 당시 국무장관이었던 코델 헐이 훗날 자신의 회고록에서 진심을 토로한 것처럼, "역사에 남을 기록으로서 미국은 화평을 바란다는 의사"를 전달한 것에 지나지 않았다. 결국 50년, 1백 년 후의 알리바이에 불과했던 것이다.

그러나 설령 그랬다 하더라도 역사에 대한 투시력을 결여한 일본의 지도자들과는 비교할 수 없을 만큼 그들이 이지력理智力을 갖추고 있었다는 것도 사실이다. 만약 일본에 구국의 영웅이라는 이름에 걸맞은 지도자가 있었다면, 이 전보를 역이용하여 미국에 새로운 외교 공세를 펼쳤을지도 모른다. 실은 거기에 미국 측의 약점도 있었던 것이다. 도고 시게노리, 도조 히데키, 기도 고이치 모두 거기까지 헤아릴 수 있는 눈을 가진 정치가는 아니었다. 그리고 무엇보다 미국의 알리바이 만들기를 지지한 것은 전보를 늦게 전달한 육군성과 참모본부의 융통성 없는 호전적인 참모들이었다.

이런 실태보다 훨씬 심각한 일이 또 하나 있었다. 주역은 주미일본대사관의 직원들이었다. 교섭을 중지한다는 내용의 전보가 진주만 공격 전에 미국 당국에 전달되도록 외무 당국이 조치를 취하고 있었음에도 불구하고, 12월 7일 일본대사관은 평상시와 다름없는 휴일 근무를 하고 있었다. 이날 이른 아침에 도착한 전보는 몇 시간 후에야 간신히 암호해독에 들어갔고, 헐에게 건네도록 지시를 받은 오후 1시에도 아직 타이프를 치고 있는 형편이었다.

주미대사 노무라 기치사부로와 특명전권대사 구루스 사부로가 국무장관 헐의 응접실에 들어선 것은 오후 2시 5분이었다. 한 술 더 떠서 그들은 응접실에서 헐의 방으로 불려 들어가기까지 15분을 기다려야만 했는데, 이 사이에 헐은 이미 진주만 공격에 관한 제1보를 들었다. 게다가 헐의 책상에는 그들이 가지고 왔을 전문이 놓여 있었다. 그것은 '마술처럼' 대미 외교의 중단이라는 문자를 전하고 있었다.

헐은 자신의 방에 들어온 노무라와 구루스에게 의자에 앉으라고 권하지도 않았다. 그만큼 그들은 모욕적인 취급을 받았던 것이다. 헐은 노무라로부터 건네받은 문서를 읽는 척하고 또 흥분한 모습을 보이는 것은 고역스런 연기였다고 훗날 술회하는데, 그는 이때 날카로운 어조로 이렇게 말했다.

"50년의 공직 생활을 통틀어 나는 이처럼 비열한 허위와 왜곡으로 가득 찬 문서를 본 적이 없다. 이렇게 터무니없는 거짓말에다 억지를 부리는 나라가 이 세상에 있으리라고는 지금껏 꿈도 꾸지 못했다."

헐은 분노했고, 턱짓으로 문을 가리켰다. 하지만 노무라와 구루스는 그의 분노를 충분히 이해하지 못했다. 그들은 대사관으로 돌아오고 나서야 진주만 공격 사실을 알았다.

이리하여 미국 측은 생각지도 않은 '선물', 사전통고 없는 기습이라는 바라지도 않은 것을 손에 넣었다.

'막판까지 화평을 원했던 미국에 대하여 비열하게도 속임수를 써서 불의에 기습공격을 한 일본'이라는 도식은 설령 본의는 아니었다 하더라도 도조에게는 역사적 사실로 남았고, 그 비열함의 대명사로 도조의 이름이 사용되기에 이르렀던 것이다.

도조는 얼마 동안 주미대사관의 미숙한 대응을 알지 못했다. 그것을 안 것은 대사관원이 교환선交換船으로 돌아온 1942년 8월이었다. 하지만 전황의 추이가 순조로울 때라 그 행위는 불문에 부쳐졌다. 훗날 스가모 구치소에서 이와 관련하여 기습적인 질문을 받았을 때 도조가 생각해낸 변명의 논지는, 12월 5일 미국은 일본의 기동부대의 움직임을 알고 있었을 터이고, 따라서 이 무렵 전쟁이 있으리라는 것도 당연히 예상하고 있었음에 틀림없다는 것이었다. 그러므로 "기습의 성공은 기적적이다. 무엇보다 미군은 진주만에서 경계를 제대로 하지 못했다. 경계를 제대로 못해도 살 수 있다는 말에 대해서는 책임을 질 수 없다"라는 궁색한 논리를 되풀이할 수밖에 없었다.

거만해지는 지도자

8일, 9일, 10일, 대본영은 전격적인 작전의 승리를 잇달아 발표했다. 그때마다 도조는 수상 겸 육군상의 자격으로 연합함대사령관에게 축전을 보냈다. "개전 벽두에 혁혁한 전과를 거둔 것을 경축하며 장병 여러분의 무운장구武運長久를 빈다"는 문장은 스스로 붓을 들어 완성한 것이었다.

이러한 초안을 쓰면서 도조의 관심은 의연히 루스벨트를 향하고 있었다.

'사술詐術과 변설辯舌로 양키 기질을 부채질하고 있는 적국의 대통령은 얼마나 충격을 받았을까.'

도조는 뭔가를 기대하면서 군사조사부와 외무성이 보내오는 미국의 국내 정세에 관한 보고서의 첫 페이지를 열었다. 그러나 사태는 도조가 예상했던 방향으로 흘러가지 않았다. 미국 국민은 루스벨트를 비난하지 않았던 것이다.

미국의 여론은 오히려 루스벨트를 중심으로 하여 통합되고 있었다. 개전과 함께 의회가 열렸다. 하원에서는 참전결의가 가결되었는데 이에 반대한 의원은 단 한 명뿐이었다. 의회는 즉각 루스벨트의 전쟁상태선언을 승인했다. 루스벨트의 의회 연설은 "어제의 하와이 공격은 미국 육해군에 심대한 손실을 주었습니다. 매우 많은 미국인이 목숨을 잃었습니다. [……] 어제 일본군은 또 말레이를 공격했습니다. 어젯밤 일본군은 홍콩을 공격했습니다. 어젯밤 일본군은 괌을 공격했습니다. 어젯밤 일본군은 필리핀 제도를 공격했습니다. 일본은 이렇듯 태평양 전역에서 기습공격을 감행한 것입니다"라는 식으로, 평이한 말을 사용하여 사실만을 보고하는 간단명료한 것이었다.

통신사의 뉴스를 통해 이를 알게 된 도조는 이렇게 생각했다.

'이 무미건조한 연설은 국가의 의사를 통합할 수 없는 지도자의 초조함의 표현이며, 야비하고 충성심이라고는 눈곱만큼도 없는 미국 국민을 설득하기 위한 궤변이다.'

"승리의 요결은 필승의 신념에 있고, 건국 이래 우리는 아직껏 싸움에서 패한 적이 없다"는 고매한 말로 납득시킬 수 있는 국민을 가진 지도자로서 도조는 루스벨트에 대해 우월의식마저 지니고 있었던 셈이다.

도조만이 아니라 추축국 측의 지도자들, 히틀러와 무솔리니도 미국 국민의 둔중함을 비웃었다. 그러나 그들의 모멸 속에서 루스벨트의 연설을 들은 미국 국민은 'Remember Pearl Harbour(진주만을 기억하라)!'라는 깃발 아래 결집했고, 'Buy War Bonds and Stamps(전시공채와 우표를 사자)!'라는 슬로건 아래 반추축국 전선에 집결했다.

12월 10일, 연락회의에서는 이 전쟁을 대동아전쟁이라 부르기로 공식 결정했다. 해군은 '태평양전쟁'이나 '흥아전쟁興亞戰爭'이라 부르자고 주장했지만, "대동아신질서 건설을 목적으로 하는 전쟁임을 의미하는 것이지 전쟁 지역을 대동아만으로 한정한다는 의미는 아니"라는 육군의 의견이 관철되었다. 여기에서 자급자족 및 자원 확보를 중시하는 해군과 자급자족과 대동아공영권 건설의 절충을 전쟁 목적으로 생각하는 육군의 대립을 엿볼 수 있다.

정보국은 "대동아전쟁이라 부르는 것은 대동아신질서 건설을 목적으로 하는 전쟁이라는 것을 의미한다"라는 육군의 견해를 공식 발표했다. 생각해보면 오만이었다. 자존자위自存自衛를 목적으로 싸움에 돌입했음에도 서전緒戰의 전과에 현혹되어 동아 해방의 맹주라고 뻐기는 태도가 전면으로 튀어나왔던 것이다. 들뜬 분위기에서 나라를 통째로 저당 잡혔고, 16일과 17일에 열린 제78차 임시회의에서는 도조가 특유의 카랑카랑한 목소리로 미국의 외교정책을 비난하면서 "만약 우리가 미국의 요구를 따른다면 대동아의 안정을 위해 오랜 기간 제국이 쏟아온 노력은 모두 물거품이 될 뿐만 아니라 제국의 존립마저 위기에 처할 것"이라 호소했는데, 그의 발언은 흥분한 의원들의 박수 소리에 몇 번이나 중단되곤 했다. 당시의 의사록을 보면 10분도 채 되지 않는 시간 동안 스무 번 이상이나 박수가 울려 퍼졌다는 것을 알 수 있다.

뜻있는 의원들은 육해군감사결의안을 제안했다. 제안 설명에 나선 사람은 일찍이 사쿠라카이의 멤버로 적성회赤誠會의 유력 의원인 하시모토 긴고로橋本欣五郎였다. "중의원은 특별히 의결을 거쳐 육해군 장병들의 위공偉功에 감사하고 무사 건강을 기원하며, 아울러 충성스러운 마음과 의로운 정신으로 귀신을 울린 순국의 영령께 심심한 조의를 표하고자 한다." 이 안은 전체 의원의 기립으로 가결되었다.

도조의 입장은 더욱더 강고해졌다.

집무실 책상에는 헌병대, 군사조사부, 내무성에서 보내온, '지도자의 전쟁 협력'이라는 글자가 선명하게 찍힌 서류들이 쌓여 있었다. 이 서류들에는 도조를 찬양하는 소리가 넘쳤고, 유사 이래 최고의 지도자라며 치켜세우는 각계 지도자의 목소리가 적혀 있었다. 각지에서 열린 재향군인회와 정촌町村[*] 자치단체 주최 '미영격멸대회'에서는 지금 제국은 미영의 쇠사슬을 끊었다고 말하고, 국체를 가진 나라 일본은 적국 아메리카처럼 무사상無思想한 나라와는 다르다는 격문이 날아다니고 있다고 내무성의 보고는 전했다. 보고서에는 "도조 수상은 구세주입니다"라며 각지에서 칭송하고 있다는 말이 덧붙여져 있었는데, 그것은 결코 허구도 추종도 아니었다. 전후 도조를 비방하는 쪽으로 돌아선 논자도 많았지만, 이때에는 역겨울 정도로 도조를 예찬했다는 것을 쉽게 찾아볼 수 있다.

정촌
하위 행정 단위. '정'은 면이나 동, '촌'은 리에 해당한다.

이렇듯 격렬한 국민의 반응을 내무성 정보국은 특정한 틀 안에서만 받아들이고 있었다. 호전의욕好戰意慾을 자극하고 지속하는 것, 그것이 틀이었다. 전쟁을 혐오하거나 피하는 것과 관련된 언동을 감시, 배제하려고 날뛰었다. 물론 국민 중에는 소수이기는 하지만 전쟁을 반대하는 사람도 있었다. 하지만 개전 다음날 좌익운동 전력이 있는 자와 전쟁에 비판적인 자는 예방구금豫防拘禁 대상 또는 스파이 용의자라는 명목으로 신병이 구속되거나 특고의 감시 아래 놓였다. 반전운동의 움직임 따위는 조금도 없었다.

반전운동과는 별도로 정계 유력자들 사이에서 전쟁에 대한 불안을 흘리는 자가 없지는 않았다. 고노에와 쇼와연구회 멤버들은 "큰일이군. 이런 전황은 2~3개월밖에 가지 않을 텐데"라며 수군댔고, 중신 요나이 미쓰마사米內光政의 집에서는 전 외무상 아리타 하치로有田八郎, 전 대장상 이시와타 소타로石渡莊太郎(1891~1950) 등이 모여, 시기를 보아 전쟁을 끝내는 방향으로 가자는 이야기를 나누고 있었다.

전과를 도조의 개인숭배로 연결시키려고 노력한 것은 정보국이었다.

이 조직은 국민을 전쟁 협력으로 끌어들이기 위해 선전활동을 벌였는데, 총재 다니 마사유키谷正之와 차장 오쿠무라 기와오奧村喜和男 등은 회합이 열리는 곳마다 찾아다니며 도조를 영웅시하는 눈꼴사나운 연설을 늘어놓았다.

"여러분은 독일의 히틀러, 이탈리아의 무솔리니를 세계의 영웅이라고 말합니다. 하지만 가장 위대한 영걸英傑이 일본에 계시지 않습니까. 바로 도조 히데키 각하가 그런 인물입니다."

개전으로부터 4개월 후, 대본영 육군부 보도부장 야하기 나카오谷荻那華雄(1895~1949)는 "북방에서 내습來襲한 원구元寇(몽고군)를 격파한 사람은 호조 도키무네北條時宗(1251~1284), 지금 동방에서 위협하는 미영을 격멸하고 있는 사람은 도조 히데키"라고 외쳤다. 시류에 편승하는 사이비 문화인으로서 그들의 행태는 도조의 입장에서 보자면 자신을 우상화하는 데 필요한 끄나풀이었다.

도조 우상화의 물결은 도조의 발밑까지 밀려왔다. 어떤 각료는 다음과 같이 공언했다.

"이리하여 도조 수상은 금세기의 영웅이 되었다. 조만간 인도양에서 히틀러, 무솔리니, 도조 수상이 참석하는 삼거두회담三巨頭會談이 열릴 것이다."

이 말에 동조하는 각료도 있었다. 근거도 없이 "미국은 망할 것"이라는 말을 득의양양하게 퍼뜨리고 다니는 각료도 있었다. 의원, 각료, 재향군인이 뻔질나게 도조를 찾아와 추종과 칭송의 말을 늘어놓았다. 그럴 때마다 도조는 고개를 끄덕일 뿐 그 이상 고양된 감정을 드러내지 않으려 애썼다. 오만함과 소심함이 표리 관계를 이루고 있는 그의 태도는 사태가 호전될 때에는 믿음직스러울 정도로 냉정하고 침착하게 보였고, 악화될 때에는 오만불손하게 보였음에 틀림없다.

그러한 도조의 태도나 표정을 살피면서 측근들은 조심스럽게 주문했다. 환한 표정을 짓거나 웃어야 인기가 높아진다는 것이었다. 측근들로서는 수상이 놀라울 정도로 감정을 드러내려 하지 않는 인물이라고 생각되는 것을 피하고 싶었기 때문이다.

그러나 도조는 "나는 추종하는 언사나 공손한 말을 좋아하지 않는다. 이대로 행동할 것이다. 정치가와 같은 태도를 취하는 것은 딱 질색이다. 정치라는 것은 인기로 하는 것이 아니다. 신념을 갖고 지도에 임하면 알아줄 사람은 알아줄 것이다"라고 반론하면서 그런 태도를 바꾸려 하지 않았다. 하지만 그 자신이 공손한 말이나 추종의 언사를 싫어했던 것은 아니다. 그는 측근이나 관료들에게 도조 찬가를 그만두라고 명하지는 않았다. 따라서 '도조 숭배' 현상이 그의 의도를 반영한 것으로 폭넓게 받아들여져도 어쩔 도리가 없었던 것이다.

지식인과 대동아공영권

그러나 이 무렵, 일이 순조롭게 진행되고 있었지만, 잠복해 있던 사달의 씨앗이 언제든지 새로운 싹이 되어 솟아나올 가능성은 늘 도사리고 있었다. 신사복보다 군복 차림으로 집무하는 모습에서 전황이 악화될 경우 여론이 악평이 되어 되돌아오리라는 것을 예상할 수 있었다. 의회에서의 답변도 언젠가는 틀림없이 반감을 불러일으킬 터였다. 예를 들면 다음과 같았다.

제78차 임시회의에 제안한 '언론·출판·집회·결사 등에 대한 임시 단속법'은 전쟁 수행을 위해 일체의 권한을 정부가 장악하도록 한 것으로 중의원 특별위원회에서 심의되었다. 의원들은 이 법률을 부득이한 것으로 간주하면서도 어느 시점에서 효력을 상실하게 될 것인지에 초점을 맞춰 질문했다. 의원들은 도조에게 "이 법안에서 언급한 바 전시하戰時下가 아닌 상황이란 구체적으로 언제를 말하는 것이냐"고 물었다. 그러자 그는 조금도 주저하지 않고 태연하게 "평화 회복, 그것이 전쟁의 끝"이라고 대답했다.

"그런 설명이 아니라 법제적으로 언제를 말하는 것인지 말씀해주세요."

"그건 전쟁을 할 필요가 없어졌을 때입니다."

그런 도조에게 위원장은 법제적으로 답변하라고 주의를 주었다. 하지만 도조는 그 의미를 알아차리지 못한 채 처음부터 끝까지 "전시가 아닐 때, 평화가 왔을 때"라는 추상적인 답변만을 되풀이했다. 그 결과 오히려 역으로 이 답변에 질문자가 가세했고, 위원장이 질의를 중단하라고 말함으로써 도조는 곤경에서 벗어났다.

그러는 동안 도조는 근엄한 표정을 무너뜨리지 않은 채 답변석에 앉아 있었다. 자신의 답변이 어디가 어때서 불만이란 말인가. 오히려 도조 쪽에서 의아한 표정을 지을 정도였는데, 이러한 의회의 너그러운 태도도 모두 8일 이후에 거둔 '전과戰果의 선물'이었다. 마치 육군성 군무과의 잡담 같은 답변을 대수롭지 않게 받아들이는 분위기였던 것이다. 대본영 발표는 더욱 화려해졌고, 도조는 그 상징이 되었으며, 그 결과 이렇듯 서투른 답변까지 모두 허용되는 지경에 이르렀다.

12월 30일자 대본영 발표는 채 3주가 되지 않는 기간 동안의 전과를 총괄했다. 중국에서 아시아의 여러 나라에 이르는 무려 2만 킬로미터에 달하는 전선의 상황을 보고하고, 홍콩의 영미군을 무조건 항복시켰다고 말했다. 이어서 "이리하여 지나 대륙에서 영미 세력을 완전히 일소했다"

고 단언했다. 홍콩만이 아니라 필리핀·말레이·영국령 보르네오·괌 등
에서도 점령지를 늘려가고 있으며, 일본군은 이미 "적의 비행장 62곳을
파괴하고 적기 4백여 대를 격파하는 등 기타 막대한 전과를 거두고 있
다"고 보고했다. 이 말을 듣는 국민들 대다수가 카타르시스를 느끼기 시
작했다는 것은 부정할 수 없다.

　1942년 새해가 밝았다.

　설날 궁중에서 수상 관저로 보낸 은사금과 술을 받고 도조는 감격했
다. 그것을 비서관과 직원에게 나눠주면서 "폐하의 뜻을 받들도록 하라"
고 훈시했다. 천황의 뜻을 대변하는 자는 자신이라는 의식이 그의 내면
에서 부풀어오르는 징후였다. 독일과 이탈리아의 주재무관이 새해 인사
차 관저를 찾아온 첫 손님이었다. 그들을 만날 때 도조의 표정은 부드러
웠다. 압도적인 전황을 그들에게 전하는 것이 즐거웠기 때문이리라.

　개전 이래 도조는 독일과 이탈리아의 주재무관에게 상황을 자세히 보
고하라고 육군성 장교에게 지시해온 터였다. 그중에서도 독일의 무관은
종종 도조를 찾아왔다. 그는 일본의 진주만 공격 소식을 들은 히틀러가
테이블을 두드리며 기뻐했고, 즉석에서 대미전쟁을 결의했다고 말하면
서, 그만큼 히틀러는 일본의 상황을 잘 알고 있노라고 덧붙였다. 더욱이
일본·독일·이탈리아는 개전 후 얼마 지나지 않아 베를린에서 삼국공동
행동협정을 맺어 단독으로 미영과 휴전하거나 강화할 수 없도록 정해놓
고 있었다. 이제 세 나라는 운명공동체라는 것이었다.

　연초에 찾아온 두 무관은 히틀러와 무솔리니가 보낸 연두 메시지를 건
넨 후, 몇 번이나 일본군의 건투를 찬양했고, 그 말을 들은 도조는 몇 번
이나 고개를 끄덕였다. 관저의 정원에서는 도조의 딸들이 하네쓰키羽根つ

하네쓰키
모감주나무 열매에 구
멍을 뚫어 새털을 끼운
'하고(羽子)'를 치면서
하는 놀이. 배드민턴과
유사하다.

ぎ'*를 하고 있었다. 무관은 그 놀이를 신기한 듯이 바라보았다. 유럽의 스포츠와 달랐던 것이다.

"흰 줄을 긋고 하고羽子를 치면 그것은 이미 승부를 가리는 게임이 됩니다. 유럽은 그런 승부를 토대로 하고 있습니다. 그런데 일본에서는 줄을 긋지 않고 상대가 받기 쉽게 하고를 치지요."

도조는 이렇게 말했다. 그리고 "이것이 일본 정신이라는 것입니다"라며 의기양양한 표정을 지었다.

상대와 싸우면서도 동정심과 우월감을 잊지 않는다는 것이다. 무관이 그것을 어떻게 받아들였을지는 알 수 없지만, 사실상 도조는 자신이 납득하는 범위 안에서 이런 말을 한 것에 지나지 않는다.

궁중에서 열린 신년하례식에서도 도조는 '구국의 영웅'으로 대접받았다. 중신들은 신바람이 나서 진주만 공격의 당사자인 야마모토 고주로쿠 山本五十六 연합함대 사령장관을 찬양하고 도조의 노고를 치하했다. 그들은 고노에에게 "안 좋을 때 그만두셨습니다. 조금만 더 수상 자리에 있었더라면 당신이 전적戰績의 영예를 누렸을 텐데……"라고 말했지만, 그것은 그대로 도조에게 돌아가는 상찬賞讚의 말이었다. 하지만 도조는 그런 상찬을 듣고 곧 천황을 내세웠다.

"일본에는 폐하가 계십니다. 제가 태양이 아니라 폐하가 태양입니다."

자신은 전 국민의 존경을 받을 만한 인물이 아니다, 일본 정신을 충실하게 실천하는 사람이다. 그는 빈번히 주위 사람들에게 이렇게 대답했는데, 상대는 그것을 또 그의 웅숭깊은 마음의 표현으로 받아들였다.

정월의 도취한 분위기를 예상하기라도 한 듯 대본영 육군부는 1월 3일 "제국 육군의 필리핀 공략 부대가 2일 오후 수도 마닐라를 완전히 점령"

했다고 발표했다. 미국의 거점이었던 필리핀의 수도가 일본군에 제압되었다는 소식은 열광적인 분위기를 더욱 들뜨게 했다.

아울러 대본영은 싱가포르의 영국군을 격퇴 중이라고 전했다. 태평양과 인도양이 만나는 지점, 동과 서를 잇는 귀중한 요항要港. 이곳을 일본 통상수송의 거점으로 삼을 경우 대일 포위진용을 섬멸할 수 있을 것이고, 전략상으로 보아도 충칭 정부 지원을 차단할 수 있게 된다. 따라서 영국 중심의 세계 역사를 붕괴시키는 것은 이 싱가포르라는 큰 기둥을 무너뜨리는 데서 시작된다. 이 사실을 잘 알고 있는 일본군의 사기는 높아졌고, 싱가포르 함락도 시간문제로 여겨졌다.

도조는 이 소식을 듣고 다음과 같이 말했다.

"만약 싱가포르를 무너뜨린다면 일본은 세계사의 한 페이지를 열게 된다. 그때는 대동아공영권의 확립을 목표로 삼지 않으면 안 된다. 제국을 중심으로 하는 도의道義에 바탕을 둔 공존공영의 지역으로 만들지 않으면 안 된다."

도조는 군무국 군무과의 직원을 불러 연락회의에 보낼 초안에 그 내용을 반드시 포함시키라고 명했다. 1월 21일 재개된 제79차 제국의회 시정연설에서 도조는 이런 내용으로 가득 찬 연설문을 낭독했고, 대부분의 시간을 대동아공영권 확립의 근본방침을 집요하게 되풀이하는 데 사용했다.

"더욱이 이번에 새롭게 이 건설에 참가하고자 하는 지역은 자원이 아주 풍부함에도 불구하고 최근 1백 년 동안 미국과 영국 등으로부터 대단히 가혹한 착취를 당했고, 이 때문에 문화의 발달이 몹시 뒤처져 있다."

도조를 비롯한 정부와 통수부의 지도자들은 다음 단계로 전과를 어떻게 일본의 정략政略에 끌어들일지 부심하고 있었고, 그것이 대동아공영권 확립을 소리 높여 외치는 것으로 직결되었다. 도조는 비밀리에 군무과의 직원을 불러 점령지 행정을 통할統轄하는 새로운 기관의 설치를 검토하라고 지시했다. 점령지 정책은 육군에서 시행하겠다는 것이었는데, 여기에는 외무성의 외교권을 견제하겠다는 의도가 포함되어 있었다.

2월 15일 저녁, 비서관이 도조에게 전보를 보내왔다. 말레이 방면에서 들어온 전보였다.

'군은 본 15일 19시 50분 싱가포르 요새의 적군을 무조건 항복시켰다.'

집무실 전화기를 든 도조는 기도 고이치에게 이 낭보를 전했다. 기도에게 보고하면 그대로 천황에게 전해질 것이기 때문이었다.

"스기야마 총장이 10시에 입궐하여 상주할 것입니다만, 저는 내일 의회에서 성명을 발표할 생각입니다."

한시라도 빨리 천황에게 알리고 싶은 도조의 기쁜 마음이 기도에게 전달되었다. 그것은 하급자가 상사에게 인정받고 싶을 때 보이는 어조나 태도였을 것이다. 그 후 도조는 막료들을 모아 육군상의 전황보고 연설 초고를 다듬었는데 그것은 싱가포르 공략을 축으로 한 기술로 채워졌다.

"우리 제일선 부대는 항공부대 및 포병부대 특히 중포병부대의 긴밀한 협력 아래 5일간에 걸쳐 연일 맹공을 가했고, 마침내 2월 15일 19시 50분 적은 무조건 항복을 하지 않을 수 없는 상황에 이르렀다. 이제 싱가포르는 완전히 우리 손에 들어왔다."

도조는 이 연설에서 싱가포르가 얼마나 공략하기 어려운 요새였는지를 구구절절이 설명하고, 요설적인 수식어를 동원하여 이 지역의 점령이 갖는 군사적 의의를 늘어놓았다.

다음날 16일의 의회에서 도조는 수상 겸 육군상 자격으로 등단했는데, 육군상으로서 발언할 때 압도적인 박수를 받았다.

수상 자격으로 행한 연설에서 도조가 강조한 것은 대동아공영권 건설이었다. 필리핀과 태국도 손에 넣었고, 싱가포르를 공략했으며, 머잖아 버마도 수중에 들어올 것이라고 역설했다. 이어서 버마 민중에게 "영국이 이미 무기력한 상태에 빠져 있음을 직시하고 오랜 기간의 질곡에서 벗어나 우리에게 협력한다면 버만인에 의한 버마 건설에 적극적으로 협조할 생각입니다"라고 호소했다. 그리고 인도를 언급하면서 영국의 포학한 압제에서 탈출하여 대동아공영권 건설에 참가해야 한다고 말했다.

"영국의 감언이설에 속아 오만한 그들의 명령을 따르다가는 인도 민족 재흥再興의 기회를 영원히 잃어버리지나 않을까 우려하지 않을 수 없습니다."

예상보다 빠른 전과에 들떠 도조는 연설문을 충분히 검토하지도 않은 채 조급하게 대동아공영권을 호소했다. 동아 해방이란 이 단계에서는 이념으로 내건 것일 뿐이어서 각각의 국가에서 설득력을 얻지 못했다.

그런데 도조의 연설은 생각지도 못한 측면에서 평가를 받았다. 전쟁의 대의명분을 찾고 있던 지식인들이 이 싸움을 식민지해방전쟁으로 받아들이려 하면서 상황을 살피기 시작했던 것이다. 대체로 도조 내각은 지식인들에게는 인기가 없었다. 육군에 대한 잠재적 반감이 그 정점에 있는 도조에 대한 모멸로 이어졌다. 그런 만큼 군무국장 무토 아키라, 군사조사부장 미쿠니 나오후쿠三國直福, 병무국장 다나카 류키치田中隆吉 등이 지식인을 감시했고, 헌병대도 그들의 명령을 받아 필사적으로 동향을 감시하고 있었다. 지식인이란 대학교수, 문화인 등을 가리키는데, 그들의 지적 능력은 대중에게 적잖은 영향을 끼친다. 그래서 그들의 영향력을 역이용하지 않으면 안 된다고 생각하고 있었던 것이다.

도조 자신은 아주 낙관적으로 지식인이 전쟁에 협력할 것으로 내다보고 있었다. 일본인은 모두 천황의 적자이므로 국가의 정책을 따르는 것이 당연하다는 막연한 이유가 근거였다. 그래서 군무국에서는 도조의 뜻을 받들어 비밀리에 문화인 몇 명을 촉탁으로 고용하는 등 전쟁협력자를 늘리기 위해 애쓰고 있었다. 그런 문화인 중에는 작가, 대학교수, 의원 등이 있었는데, 그들이 얼핏 친군파親軍派로 보이지 않는 멤버라는 것만으로도 효과는 컸다.

도조가 의회에서 대동아공영권을 주창하고 그런 협력자들이 장소와 방식을 가리지 않고 잘못된 동아해방사상을 고취하기 시작하면서 지식인의 관심은 깊어졌다. 특히 인도에 대한 일본의 관심이 도조의 입에서 흘러나오자 공감의 폭은 훨씬 넓어졌다. 유럽의 아시아 지배의 상징인 인도 해방이 지식인의 감각에 어필했던 것이다. 종합잡지에서도 급속히 대동아공영권 문제를 다루기 시작했다.

1938년 4월에 공포된 국가총동원법에 따라 문화인도 반강제적으로 징용되었는데, 그런 문화인이 남방전선에 종군하여 동아해방과 관련된 보고서를 보내왔다. 이 작품들의 모티프 중에서 인도가 상징적으로 언급된 것은 이런 필연성 때문이었다.

때마침 일본에 와 있던 인도의 독립운동가 라스 비하리 보스Rash Behari Bose(1886~1945)는 도조의 연설을 받아 "이 하늘의 도움을 이용하여 인도는 영국의 지배 아래 있었던 과거의 모든 것을 청산해야 한다"라고 인도인에게 호소했다. 베를린에 망명해 있던 독립운동의 투사 수바스 찬드라 보스Subhas Chandra Bose(1897~1945)도 그 호소에 응답이라도 하듯이, 일본과 인도가 제휴하여 독립을 위해 전진하자는 내용의 성명을 발표했다.

둘리틀 폭격*의 파문

일본군의 과감한 진격이 계속되었다. 자바에서 네덜란드군이 무조건 항복했고, 버마전선에서도 영국군을 추격했다. 진주만 기습으로 제공권과 제해권을 장악한 일본군은 지상군과 연합작전을 펼쳐 예상 밖의 전과를 거두었던 것이다.

4, 5일마다 한 차례씩 열린 대본영-정부연락회의에서 통수부의 기세는 거침이 없었고, 참모총장 스기야마 겐과 군령부총장 나가노 오사미도 미영군은 상대가 되지 않는다고 말했다. 점령지에서 어떤 행정을 시행할 것인지, 향후 전황은 어떻게 전개될 것인지를 논의하면서 들떠 있었다. "미국은 비행기와 잠수함을 만드는 데 힘을 쏟고 있지만 아직 숙련된 병사는 적을 것"이라는 말이 회의의 주류를 이루었다. 그리고 3월 2일 열린 연락회의에서는 "제국의 자원권資源圈은 일본-만주-지나 및 서남태평양 지역으로 하고 호주와 인도 등은 보급권補給圈 역할을 하도록 한다"는 내용의 안이 채택되었다. 당초의 예상보다 부풀려 호주까지 일본의 보급권으로 끌어들이기로 한 것이다.

이것은 제1단계 작전이 순조롭게 진행되었기 때문에 제2단계 작전으로 나아간다는 것을 의미했다. 대본영이 생각하고 있던 제1단계란 원활한 작전 수행과 자존自存에 필요한 석유·쌀·철·석탄 등을 남방에서 징

둘리틀 폭격
1942년 4월 18일, 미국의 제임스 해럴드 둘리틀(James Harold Doolittle) 중령이 지휘하는 B-25 미첼 경폭격기 편대가 항공모함 USS CV-8 호네트를 출발하여 일본을 폭격한 사건이다. 미국은 둘리틀 중령(당시 계급)의 지휘하에 도쿄·요코하마·요코스카·가와사키·나고야·고베·요카이치·와카야마·오사카 등 일본 각지를 B-25 미첼 폭격기 16대로 폭격하였다. 이 공습으로 사상자 363명, 가옥 파괴 약 350동의 손해를 입혔다. 피해는 크지 않았지만 불침의 하늘이라 호언장담하던 일본의 군부, 특히 일본 해군 상부에 준 충격은 엄청났다. 미국이 비록 일본에 큰 피해를 입히진 않았지만 이 사건으로 미국인들은 큰 희망을 얻었다. 그리고 이 둘리틀 공습을 토대로 그해 6월 초에 미일 양국의 운명을 뒤바꾼, 진주만 공격 후 두 번째로 대규모 전투인 미드웨이 해전이 벌어지게 된다.

라바울
태평양 남서쪽 파푸아뉴기니 뉴브리튼 섬의 주도(主都). 제2차 세계

대전 당시 남태평양 방면 일본 해군의 최대 군사거점이었다.

쇼난
1942년 2월 15일부터 일본의 군정(軍政)이 실시되면서 싱가포르를 쇼난으로 바꾸었으며, '쇼와(昭和)' 시대에 얻은 남쪽의 섬'이라는 뜻이다.

용하는 것을 목적으로 하고, 이를 위해 필요한 지역을 4, 5개월 만에 완전히 제압하는 것이었다. 이어서 이들 지역에 방위선을 구축하고, 라바울Rabaul• · 솔로몬 · 뉴기니를 점령하는 제2단계로 나아갈 계획이었다.

미국의 전시체제 강화를 분석하면서 조금씩 점진적으로 제1단계에서 제2단계로 이행하기로 되어 있었다. 그런데 여기에 지도자들의 함정이 있었다. 국내의 전승 분위기와 신문, 라디오 등의 요란스런 보도에 현혹되어 지도자 자신이 승리를 기정사실화하고, 이에 기초하여 논의가 오갔던 것이다. 이는 서기관장 호시노 나오키를 중심으로 점령지의 명칭을 짓기 위한 위원회를 설치하여 싱가포르를 쇼난昭南•, 뉴기니를 신야마토新大和로 개명하는 등의 어리석은 행동으로 나타났다.

도조의 기분 역시 더욱 들뜨게 되었다. 육군성과 참모본부에서는 도조의 연설을 "잔재주만 부려서는 전쟁이 끝나지 않는다"고 혹평하는 분위기가 감돌 정도였다.

그러나 그렇게 말하는 참모본부의 참모들마저 미국의 전력 분석에 안이한 태도를 보였다. 개전 후 2년이 지나면서 미국의 항공기와 전함은 열 배로 늘었는데, 이에 대해서도 미국 본토와 하와이에 틀어박혀 있는 한 크게 걱정할 만한 것은 아니라고 생각했다. 3월 7일 열린 연락회의에서도, 미국의 전력이 상당한 속도로 상승할 것이라고 말하면서도 열 개 항목에 이르는 결점을 들어 미국이 유효한 전략을 세울 수는 없을 것이라고 지적했다. 열 개 항목 중에는 인적 자원의 저하, 전승 가능성이 없을 경우 사기의 쇠퇴 등 지극히 추상적인 조건이 포함되어 있었다. 그리고 마지막 항목에서는 "루스벨트와 처칠의 정책은 걸핏하면 투기나 모험으로 떨어지기 일쑤이기 때문에 국민들이 반드시 그들의 지도에 기꺼이 복종하지 않을 것"이라 했다. 전황의 악화는 미국 국민을 비탄의 수렁으로 몰고 갔고 지금은 루스벨트도 처칠도 국민의 신뢰를 잃고 말았다는 등, 바로 그것이 국가통합의 상징을 갖지 못한 자유주의 국가의 결함이라는 등 얼토당토 않는 원망願望과 기대에 사로잡혀 있었던 것이다.

더욱이 그들은 미국이 유효한 전략을 세울 수 없는 이유로 물량 손실 비용 통계를 제시했다. 해군의 보고에 따르면 미국은 격추된 비행기 461대, 격파되어 불에 탄 비행기 1천 76대 합계 1천 537대의 손해를 입은 것에 비해, 일본의 손실은 고작 122대에 지나지 않았다. 선박도 105척(60만 톤) 격침, 91척(30만 2천 톤) 대파한 것에 비해, 일본군은 27척을 잃었을 뿐이었다.

이러한 사정을 고려하여 7일 열린 연락회의에서는 〈전쟁지침의 대강大綱〉을 결의했다. 그 방향은 영국을 굴복시키고, 미국의 전의를 상실케 하며, 소련과는 가능한 한 전쟁을 피하고, 중국에는 정치적 수단과 무력을 동시에 동원하여 굴복을 이끌어낸다는 것이었는데, 이는 개전 이전의 〈전쟁 종말에 관한 복안腹案〉을 따르고 있었다.

그러나 〈전쟁지침의 대강〉이 노린 것은 사실상 두 가지, 즉 "전쟁지역 및 주요 교통선을 확보하여 국방상 중요한 자원의 개발과 이용을 촉진하고, 자급자족의 태세 확립 및 국가 전력의 증강에 힘쓰는" 것이었다. 결국 점령지역을 일본이 영유하여 지켜나간다는 것이고, 그 권역은 제1단계의 성공으로 크게 확장되었기 때문에 이를 유지하기 위해 방대한 인력과 물자를 필요로 한다는 것이다.

이것이 한껏 들뜬 지도자와 군인들의 분석이자 판단이었다.

익찬선거
'익찬'이란 '힘을 모아
보좌한다'는 의미이며,
'익찬선거'는 전쟁을 총
력 지원한다는 명분 아
래 1942년 4월 실시된
중의원 선거를 말한다.

전황이 극적으로 전개되면서 도조에게는 여유가 생겼다. 그는 국내를 돌면서 적극적으로 민정을 시찰하기로 작정했다. 이런 결정과 관련하여 그는 그 누구와도 상의하지 않았는데, 굳이 말하자면 무토 아키라에게 전했을 따름이다. 마치 뭔가에 쫓기는 사람처럼 전쟁에 뛰어들었던 터라 전황도 일단락된 이번 기회에 지방을 돌면서 전쟁협력을 호소하고 국내체제를 다지고 싶다고 도조는 생각했다. 아울러 때마침 진행되고 있던 익찬선거翼贊選舉*를 사전 공작하겠다는 뜻도 포함하고 있었다. '전쟁 완수를 위한 익찬선거'라는 기치를 내걸고 결성된 익찬정치체제협의회는 지방에서 입후보 예정자를 모으고 있었고 이에 반대하는 정당인을 억압하는 시기였기 때문에 도조도 은밀히 그것을 지원하고자 했던 것이다.

지방으로 가기 전 도조는 우선 도쿄 도내都內를 시찰했다. 전시였던 까닭에 모든 것이 배급제에 따라 공급되는 상황에서 말단 공무원의 성실하지 못하고 명랑하지 않은 모습이 눈 뜨고 보지 못할 정도였고, 그들 중에는 안하무인의 태도를 취하며 마치 선심이라도 쓰듯 내주는 자도 있었던 듯하며, 이와 관련하여 관저에도 서민들의 하소연이 수없이 밀려들었다.

그러자 담당 관청 시찰에 나선 도조가 관리들을 호통치는 일이 부쩍 잦아졌다.

"관리는 무엇보다 국민을 끌어들이는 데 중점을 두지 않으면 안 된다."

최고권력자의 목소리는 절대적이다. 꾸중을 듣는 아이처럼 고개를 떨구는 관리들의 모습이 도조 앞에 펼쳐졌다.

마침 도쿄의 센쥬경찰서千住警察署를 시찰할 때였다. '민원상담소'라는 간판 앞에 사람이 늘어서 있는데도 누구 하나 응대하는 사람이 없었다. 도조는 늘 그렇듯 서장을 불러들였다.

"부하 직원이 없으면 마땅히 서장이 창구를 지켜야 하지 않겠는가?"

서장이 고개를 숙이자 도조가 창구에 앉아 상담을 듣기 시작했다.

징병검사 시찰에도 나섰다. 일찍이 육군상에 취임할 때 강조한 건병육 성健兵育成의 추이를 살펴보기 위해서였다. 쌀가게 창고에 들어가 저장 상 황도 확인했다. 배급소에서는 구호미를 배급하는 모습을 보았다. 배급 을 받고 고맙다며 인사를 하는 노파가 있었다. 담당관리가 이를 무시하 고 다음 사람에게 배급을 하자 도조는 야단을 쳤다.

"자네도 인사를 해야지! 사소한 것 때문에 한 되가 두 되가 되기도 하 고 다섯 홉이 되기도 한다. 관리 근성은 버리지 않으면 안 된다는 걸 모 르는가."

담당관리는 많은 사람들 앞에서 고개를 숙였다. 도조의 질책은 옳은 소리이긴 했지만 집요했다.

대본영-정부 연락회의라는 국책을 결정하는 중요한 회의가 끝난 지 두세 시간 후에 진행되는 내정시찰에서 서민들을 접하는 도조의 마음속 에는 모든 일들이 같은 차원에서 시야에 들어왔다는 것은 말할 것까지도 없다. 지도자가 너무 사소한 일에 매달린다는 비판도 있었는데 그것은 그의 이런 모습을 두고 하는 말이었다. 그러나 도조 자신은 그것을 마이 동풍식으로 흘려들었다. 아니 그런 사실을 알아채지 못했다고 말해야 할 지도 모른다. 그의 시야에는 모든 것이 똑같이 비쳤고, 일에는 경중이 없었다.

내정시찰에 나설 때 또는 관리를 호통칠 때 그의 머릿속에는 다음과 같은 생각이 놓여 있었다.

'천황께서 친히 다스리시는 제국에서는 아무나 천황께 상주할 수 있는 것이 아니다. 나의 임무는 적자赤子의 대표로서 천황의 생각을 모든 국민 한 사람 한 사람에게 전하는 것이다.'

자신이 천황의 의사를 표현하는 사람이라는 뿌리 깊은 신념이 자리 잡고 있었던 것이다. 그것은 언젠가 '나의 뜻을 거스르는 것은 곧 천황에 대한 대역大逆'이라는 생각으로 자라날 가능성을 다분히 지니고 있었다.

적자의 대표로서 그는 천황에게 올리는 중간보고와 결과보고를 빠뜨려서는 안 된다는 말을 각료들에게 몇 번이고 되풀이했다.

"정치에서는 민심을 장악하여 그 방향을 제시하는 것이 중요하다고들 하지만 일본에서는 그것만으로는 안 된다. 천황 폐하의 마음을 국민 하나하나에게까지 전함과 동시에 적자인 국민의 마음을 모아 천황 폐하께 귀일歸一하도록 하는 것이 더욱 중요하다. 수상의 역할도 대신의 역할도 바로 여기에 있다."

이리하여 도조 내각은 상주가 많은 것으로 유명해졌다. 도조 자신도 '상주벽上奏癖'에 빠진 사람처럼 상주를 하는 데 많은 시간을 보냈다. 상주 방법도 이전 내각과 달랐다. 도조 이전의 내각은 결론만을 상주했지만 도조 내각의 각료는 그 과정도 함께 상주했다. 물론 원칙적으로 천황은 긍정도 부정도 하지 않는다. 하지만 잇달아 상주를 한 다음 천황의 표정을 살펴서 가부를 감지하고 생각을 가다듬어 다시 상주할 수가 있었다. 더욱이 도조는 짓궂게도 정서한 것을 천황에게 보인 것이 아니라 붉은 줄이 그어진 초고를 그대로 상주했다.

"이렇게 중간보고를 하는 것이 상하가 진실로 하나라는 징표, 천황께서 친히 다스리신다는 징표이다. 만약 정서한 것을 보여드린다면 그것은 부지불식간에 천황기관설天皇機關說을 실천하고 있다는 증거가 된다."

내각관방
내각총리대신을 직접 보좌 및 지원하는 내각의 보조기관.

도조는 내각관방*의 총무과장 이나다 슈이치稻田周一에게 이렇게 말했는데, 그는 상주할 때마다 천황과 국민을 매개하는 위치에 서는 자신의 모습에 만족감을 느끼고 있었던 것이다. '천황의 의사를 표현하는 사람'이라는 자신감은 전승기념 축하행렬이 수상관저에 이르렀을 때에도 드러났다. 그는 "도조 총리대신 만세!"라는 소리가 들리자 서둘러 제지하면서 "천황 폐하 만세!"라고 스스로 선창했다.

현재 남아 있는 이 무렵의 사진을 보면 도조는 한결같이 얼굴 가득 기쁜 표정을 짓고 있다. 그의 인생 굽이굽이에서 볼 수 있는 표정 중에서 가장 인간적인 향기를 띠고 있는 것이다.

1942년 4월 18일, 그런 도조에게 최초의 충격이 밀려왔다.

이날 미토水戸 시내를 걸어서 둘러보고 있을 때 그곳 현청 직원이 귀띔을 했다.

"도쿄, 요코스카, 나고야 등지를 적기가 습격하고 있다는 연락이 왔습니다."

도조의 얼굴이 창백해졌다. 틀림없느냐고 몇 번이나 확인했다. 그러나 사실을 알고 그는 말을 잃었다. 육군에서는 본토 공습 따위는 없다고 여러 차례 말해왔는데 그것이 뒤집어진 것이다. 내정시찰은 중지되었다. 미토역으로 달려가 기차를 탔다. 도쿄에 도착하자마자 곧바로 천황 앞으로 나아갔다. 오후 8시, 폭격 후 7시간이 지난 때였다. 〈비서관 일기〉에 따르면 상주 내용은 "삼가 적의 의도를 파악하고 피해 상황을 살핀 후 장래 만전을 기하겠습니다"라는 것이었다.

상주하고 돌아와 비서관에게 중얼거렸다.

"폐하는 침착하셨다. 훌륭한 태도였다. 역시 조금 잘못된 점이 있어도 시급히 중간보고를 해야 하며, 이것이 곧 폐하를 안심시켜드리는 길이라고 생각했다."

그것이 도쿄 폭격 직후 도조의 '감상'이었다.

폭격 소식이 전해지자 처음에는 도조의 주변 인물들도 불안한 표정을 감추지 못했다. 그러나 도쿄·요코스카·니가타·나고야·고베 등 폭격을 당한 도시에 그다지 피해가 없었다는 것이 밝혀짐에 따라 다시금 안이한 분위기로 되돌아갔다.

"적은 초조해하고 있다. 무모한 공세로 일본의 위신을 실추시키려 하고 있다"라고 생각하는 선에서 도조는 사태를 수습하라고 명했다. 하지만 심리적으로는 응어리가 남아 있었다. 육군의 체면이 말이 아니게 되었다고 생각했기 때문이다.

훗날 도조 자신이 스가모구치소에서 작성한 메모에는 다음과 같이 적혀 있다.

"당시 국민에게 큰 충격을 주어 군에 대한 비난의 소리가 높아졌고, 군 내부에서도 비상수단을 써서라도 장래에 이런 일이 일어나지 않도록 해야 한다는 논의가 많았다. 특히 소학교 아동 또는 무고한 국민을 의식하여 기총소사 등을 하지 않았는데도 다수의 사상자를 낸 것은 국민을 몹시 분격하게 했다."

일본군은 둘리틀 폭격기를 격추하고 승무원 8명을 중국 본토에서 체포했는데, 육군과 해군은 포로를 어떻게 처리할 것인지를 둘러싸고 다시 대립했다. 결국 지나파견군이 군사재판을 열어 8명 중 6명에게 사형을 선고했고 그 가운데 3명을 처형했다.

전후 밝혀진 바에 따르면 이 폭격은 미국의 시위행동이었다. 미국군 상층부는 1942년 초 일본의 체면을 짓밟는 기습작전을 통해 미국 국민의 사기를 드높이고자 했다. 그러던 중 태평양함대의 어니스트 킹Ernest Joseph King(1878~1956) 제독이 '일본 본토 폭격'을 주장했고, 둘리틀 육군 중령의 지휘 아래 폭격대가 편성되었던 것이다. 킹은 "큰 손실을 입히는 것은 기대할 수 없겠지만 틀림없이 일본의 천황에게 여러 가지 생각을 하게 할 것"이라면서, 항공모함 호네트Honet에서 B-25 폭격기 16대를 668마일 떨어진 도쿄를 겨냥하여 날려 보냈다.

둘리틀 폭격부대는 도쿄를 폭격한 후 중국 오지에 있는 기지로 피할 예정이었다. 그런데 일본군은 이 폭격부대를 일본 국내에서는 격추시키지 못했다. 이 뉴스는 미국 국내를 들끓게 했다. 미국의 매스컴은 끊임없이 '반전공세反轉攻勢'라는 말을 사용하면서 정세의 전환을 기대했는데, 이 폭격이 상징적인 사건으로 받아들여졌던 것이다.

한편 물밑에서는 미국과 영국 사이에 태세를 재정비하려는 움직임이 정점을 향하고 있었다. 처칠은 루스벨트에게 전보를 보내 상호 긴밀한 작전을 펼치자고 호소했다. 루스벨트는 답장에서 작전지역과 지휘계통에 관하여 제안을 했다. 이 제안에 따라 더글러스 맥아더Douglas MacArthur (1880~1964) 육군대장이 남서태평양 방면 최고지휘관이 되었고, 중부태평양 방면 해전은 체스터 니미츠Chester William Nimitz(1885~1966) 해군대장의 지휘 아래 놓이게 되었으며, 영국군도 이들의 지휘를 받기로 했다.

한편 미국은 이 전쟁이 장기화할 것이라는 확신 아래 새롭고 거시적인 전시예산을 편성했다. 군수원료를 충분히 공급할 수 있도록 총생산을 끌어올리기로 했고, 실업자를 새로운 노동력으로 편입시켰으며, 기간산업

분야에서는 주야 교대 조업을 통해 항공기와 항공모함 생산체제를 갖추었다.

미국은 일본에 대해 아는 바가 거의 없었다. 개전과 동시에 정력적으로 일본을 분석하기 시작했지만 자료가 워낙 부족해서 일본의 잠재능력을 상당히 과대평가하고 있었다. 예컨대 일본의 저유량貯油量을 7천5백만~8천만 배럴로 보았지만 실제로는 4천3백만 배럴이었고, 보크사이트 생산량은 50만 톤으로 추정했지만 실제로는 25만 톤에 지나지 않았다. 일본의 철광도 증가할 것이라고 예상했지만 실제로는 저장해두었던 것을 서서히 축내고 있었다.

미국의 전략은 우선 일본을 집요할 만큼 끈질기게 소모전으로 몰아넣는 것이었다. 물량을 쏟아부어 소모시키는 작전으로 바꾸고 있었다. 루스벨트는 의회 연설에서 2년 동안은 생산에 힘을 기울이고 1944년부터는 대반격에 나설 것이라고 말했는데, 국민들도 그의 생각에 공감했다. 태세를 정비하고 있는 미국의 이런 실태를 일본의 지도자는 간파하지 못하고 있었다. 오히려 개전 전보다도 미국을 더욱 경시하는 태도를 보였다. 전과戰果에 눈이 멀어 구체적인 방안을 세울 생각은 하지도 않았고, 그 대신 공허한 말잔치와 전쟁협력을 핑계 삼은 지도자의 오만이 시작되었다.

3월 육군성에서 간행한 『대동아전쟁』이라는 소책자는 처음부터 끝까지 "정의 없는 국가는 망하고 이상 없는 국민은 쇠퇴한다. 다행스럽게도 황국 일본은 이 두 가지를 모두 갖고 있다"는 따위의 성전을 찬양하는 말로 가득 채워져 있다. 둘리틀 폭격 이후 성전을 예찬하는 소리가 더욱 높아진 것도 우연이 아니다. 마침 익찬선거를 앞두고 선거운동이 왕성하게 펼쳐지던 때였고, 입후보자는 익찬정치체제협의회의 추천을 받은 시국 편승주의자가 다수를 차지하고 있었기 때문에 이런 말은 그들을 통해 그 야말로 거침없이 전국적으로 확산되었던 것이다.

도조의 뜻을 이어받은 익찬회 정치부장 후지사와 지카오藤澤親雄(1893~1962)는 익찬선거에서 추천을 받은 후보자는 다음과 같은 성격을 지니고 있다고 말했다.

"국체관념에 철저한 사람들, 그중에서도 특히 일본은 신국이라는 절대적 신념을 파악하고 있는 사람들이다."

도조는 이번 선거에서 익찬정치체제협의회에서 추천한 의원이 다수 당선될 것이며, 그들이 전쟁협력을 위해 손발이 되어 움직일 것이라고 확신했다. 그렇게 되면 의회도 더욱 열심히 나설 터였다. 헌병대의 극비 정보는 충분히 그것을 뒷받침하고 있었다. 내무성의 정보보다도 헌병대의 정보를 믿는 것이 도조의 성격이었는데, 그 이유는 헌병대 정보에는 세부사항까지 적혀 있었기 때문이다. 더욱이 헌병대의 중핵인 도쿄헌병대사령부에는 우격다짐으로 도조계열의 인물들을 파견했다. 훗날에는 가토 하쿠지로加藤泊次郎, 오키 시게루大木繁, 시카타 료지四方諒二 등 일찍이 관동헌병대사령관 시절의 부하들을 요직에 앉혔다.

그들은 보고서에서 추천 입후보자 467명 중 90퍼센트 가까운 사람이 당선될 것이라고 예측했다.

"90퍼센트로도 충분하지 않다. 전국이 추천자로 채워지는 게 좋다."

이것이 도조의 바람이었고, 그것을 헌병대에도 전했다. 그러자 그들의 탄압은 더욱 거세졌다. 도조에게 충성을 맹세한 헌병대의 폭주가 시작되었다.

일부 성가신 정당정치가는 추천을 하지 말아야 한다. 왜냐하면 그런 비협력적이고 부담스런 의원을 국회에서 보고 싶지 않기 때문이다"라는 도조의 생각은 그에게 충성을 맹세한 장교와 관료 사이에서 당연한 것으로 받아들여졌다. 본래대로라면 도조는 내무상으로서 선거를 감시하고 지도해야 했다. 그럼에도 현역 장관이 내무상으로서 선거를 담당하는 것은 군기를 파괴하는 일이라는 비판의 소리가 높았다. 이 때문에 그는 표면에서 몸을 감추었다. 그 대신 도조의 뜻을 전해 들은 아베 노부유키阿部信行가 총재로서 익찬정치체제협의회를 움직여 퇴역한 군인을 입후보자로 내보냈다. 아베는 틈만 나면 "국민이 요청하는 건설전建設戰의 방도를 정부와 일체가 되어 검토할 국민대표를 뽑아야 한다"고 말했고, 도조는 라디오 방송에서 "성전완수에 필요한 입후보자를 선출해야 한다"고 연설했다. 이처럼 교묘한 선거간섭이 계속되었던 것이다.

비추천 후보자 중에는 순수한 정당정치가가 많았고, 오자키 유키오尾崎行雄(1858~1954), 하토야마 이치로鳩山一郎(1883~1959), 호시지마 니로星島二郎(1887~1980), 아시다 히토시芦田均(1887~1959) 등 선거에 강한 자도 많았다. "이런 사람들을 특별히 잘 감시하라"고 도조는 내무성 경보국장에게 명했다. 그 때문에 비추천 후보자에 대한 특고와 헌병의 탄압은 무시무시했다. 특고는 '전쟁비협력자' '빨갱이'라는 딱지를 붙여 이들의 지지자들을 위협했을 뿐만 아니라, 경보국장 자신이 몇 차례 선거구에 가서 직접 진두지휘를 했을 정도로 선거방해가 심했다.

게다가 추천 입후보자에게는 임시군사비에서 5천 엔의 선거비용이 제공되었다. 그래서 사람들은 그들을 가리켜 '임군의원臨軍議員*'이라며 수군댔다. 물론 비추천 후보자에게는 그런 돈이 건네지지 않았다.

이런 말도 안 되는 조치는 순수한 정당인을 아연실색게 했다. 오자키 유키오는 도조 앞으로 「헌정憲政의 대의」라는 제목의 글을 보냈는데, 여기에 그는 "각하께서 주재하고 거대한 국비를 사용하는 익찬회가 때로는 직접적으로 때로는 간접적으로 총선거에 관여하고, 마침내 익찬회로 하여금 후보자를 추천하게 하는 상황에 이른 지금 저는 각하를 위해 탄식하는 바입니다"라고 적었다. 하지만 도조는 완전히 무시했다. 오히려 도조는 오자키를 증오하여 신병을 구속할 만한 이유를 찾아내라고 지시했다. 그리고 도쿄 3구에서 응원 연사 자격으로 연설한 오자키의 말 가운데 불경죄에 저촉하는 부분이 있다 하여 체포하도록 했다. 그런데 오자키를 체포한 것은 정당정치가 출신 각료 사이에서 반발을 불러일으켰다. 각료회의에서도 즉시 석방하라고 주장하는 사람이 있을 정도였다. 예기치 못한 거센 항의에 부딪힌 도조는 화들짝 놀라서 경보국장에게 오자키를 석방하라고 명하지 않을 수 없었다.

4월 30일, 이러한 간섭 속에서 치러진 익찬선거에서 추천 후보자 467명 중 381명이 당선됨으로써 당선율은 80퍼센트를 넘었다. 도조로서는 만족할 만한 결과가 아니었다. 하지만 라디오 방송에서는 불만을 감추고 이번 선거결과에 따라 익찬의회가 확립되었다고 연설했다. 그리고 그 불만을 즉각 국회 안에서 농간을 부림으로써 해소하고자 했다.

의회를 전쟁협력체제 일색으로 바꾸기 위해 그는 먼저 서기관장 호시노 나오키와 내무관료 출신으로 도조 내각의 뒤에서 의회대책을 조언해온 귀족원 의원 요코야마 스케나리橫山助成(1884~1963)를 움직여 익찬정치회를 만들었다. 그리고 5월 하순에 익찬정치회 총회를 열도록 하고, 익찬정치체제협의회 간부 아베 노부유키와 고토 후미오後藤文夫(1884~1980) 등을 열심히 조종하여 그날까지 중의원의 각 정당을 해체시켜 이 총회에 가세하게 했다. 도조를 등에 업은 익찬정치회는 "국체의 본의에 기초하여 거국적 정치력을 결집함으로써 대동아전쟁 완수에 매진할 것을 기약한다", "대동아공영권을 확립하여 세계신질서 건설을 기약한다" 등 4대 강령을 내걸었다.

결국 비추천 후보로 당선된 의원도 익찬정치회에 편입되었고, 고작 무소속 의원 8명만이 이 결사에 가담하지 않았다. 이 조직에 들어가지 않으면 의회활동이 전혀 불가능했기 때문이다. 도조는 익찬정치회 이외의 정치결사를 인정하지 않는다고 위협했던 것이다.

이러한 막가파식 방법을 도조에게 알려준 사람은 호시노와 요코야마였다. 의회정치에 관해 문외한이었던 도조에게서는 어떻게든 '토론'이라는 수단을 이해하고자 하는 자세를 찾아보기 어려웠다. 그는 의회를 마치 육군성 내부의 부과장회의 정도로밖에 생각하지 않고 공갈을 일삼았다. 그러는 가운데 호시노와 요코야마가 앞서거니 뒤서거니 하면서 의회정치의 형식을 무력화하고 있었던 것이다.

표면적으로는 모든 것이 도조를 중심으로 순조롭게 회전하고 있었다. 너무 순조로운 나머지 도조는 비서관이나 서기관장과 저녁 식사를 하는 자리에서 너무 좋아하지 말라며 스스로 경계하는 말을 흘리기도 했다.

"모든 것이 순조롭게 흘러가고 있네. 작금의 일은 한번 실패하는 날이면 내각에 치명상이 될 것이니 모두 잘해야 해. 이런 때야말로 겸손하지 않으면 안 돼."

"나는 이제부터 더욱 낮은 자세로 임할 작정이야. 일이 잘돼갈수록 이런 마음가짐이 필요해. 성심성의를 다하면 마음이 편하고, 술책을 부리면 마음이 무겁지."

그러나 이런 말을 흘린 것은 그 자신이 겸허하게 행동하고 있지 않다는 반성이 있었기 때문일 것이다. 또 너무 고집스럽게 '정적'을 의식했기 때문일 것이다. 그가 자신의 행동을 되돌아보고 자성自省처럼 들리는 말을 중얼거린 것은 이때뿐이다. 〈비서관 일기〉를 보아도 이때밖에 없다. 그 후 그의 행동도 과연 자성에서 나온 것이었다고 말할 수 있을까.

그는 정치행위를 물장사에 빗대 '물장사는 성격에 맞지 않는다'고 말한 적이 있었다. 그런데 어느 사이에 그 말이 마치 거짓말이었다는 것을 증명이라도 하듯 그는 정치력을 몸에 익히고 있었다. 그 정치력이 직접적인 공갈이라는 것이 의원들 사이에서는 불쾌한 감정으로 남아 있었지만, 언젠가 그것이 표면으로 떠오르리라는 것은 충분히 예상할 수 있는 일이었다.

쾌속 진격에서 정체 상태로

도조 시대의 제국 의회

육군 내부의 반反도조 그룹은 한창 전과를 올리고 있던 이 시기에는 침묵하고 있었다. 도조의 위령威令은 관민을 가리지 않고 구석구석까지 스며들었고, 1942년 4월부터 5월에 걸쳐 이들 비판 세력의 언동은 소리를 죽인 채 눈에 띄지 않는 곳에서 되풀이되고 있었다.

도조에 의해 육군에서 쫓겨난 이시와라 간지石原莞爾는 동아연맹회東亞聯盟會 회장 자리에 오르면서 도조에 대한 증오를 불태웠고, 가끔씩 히가시쿠니노미야의 집을 찾아가 쌓인 분노를 털어놓았다. "일본은 충칭 정부와 평화교섭을 진행하고, 미국과의 전투는 더 이상 깊이 나아가지 않는 게 좋습니다. 이번 익찬회 선거에서 인심은 나빠졌고 국민은 도조 내각과 육군을 원망하고 있습니다. 이 내각을 하루라도 빨리 교체하여 외교 및 국내 문제를 해결하지 않으면 안 됩니다"라고 호소했다.

마사키 진자부로眞崎甚三郎, 야나가와 헤이스케柳川平助(1879~1945), 가시이 고헤이香椎浩平(1881~1954), 오바타 도시로小畑敏四郎(1885~1947) 등 예비역으로 편입된 황도파 중진들은 육군 내부에서 영향력을 행사할 수는 없었지만 찾아오는 사람들에게는 도조에 반대한다는 것을 공언했다. 가시이 고헤이는 "저런 사람이 전쟁 지도 따위를 할 수 있을 리가 없다"며 매도했다. 황도파는 아니지만 니시오 도시조西尾壽造(1881~1960), 다니 히사오谷壽夫(1882~1947), 사카이 고지酒井鎬次(1885~1973) 그리고 다다 하야오多田駿(1882~1948) 등은 포용할 줄 모르는 도조의 성격을 비난했다. 예비역이라는 자유로운 입장에서 그들은 점차 군 외부의 요인들과도 접촉하게 된다. 한편 『도조 히데키』(도조 히데키 간행회 편)에 따르면, 도조는 "17기 동기생인 시노즈카 요시오篠塚義男(1884~1945), 스즈키 시게야스鈴木重康(1886~1957), 마에다 도시나리前田利彦(1885~1942), 18기생인 야마시타 도모유키山下奉文(1885~1946), 아나미 고레치카阿南惟幾(1887~1945), 야스이 도지安井藤治(1885~1970), 22기생인 스즈키 요리미치鈴木率道(1890~1943) 등을 가장 싫어했고, 황족인 치치부노미야秩父宮, 아사카노미야朝香宮, 히가시쿠니노미야 등"도 좋아하지 않았다. 이 책에는 이들이 모두 "두뇌가 명민하고 비판정신이 왕성해서 도조 육군상 아래에서는 그다지 중용될 수 없었다"고 적혀 있다. 여기에서도 도조의 도량이 얼마나 좁았는지를 여실히 알 수 있다.

2년 반에 걸쳐 군무국장 자리에 있었던 무토 아키라는 개전 전 일미교섭에서 도조의 오른팔 노릇을 한 장교였는데, 그는 종종 대담한 직언을 하기도 했다. 처음에는 도조도 그의 말을 받아들였지만 진주만 공격 이래 전과가 쌓이면서부터는 점차 떨떠름한 표정을 짓게 된다. 무토는 정치와 군사 양 측면에서 도조 내각의 다른 각료들보다 강한 발언권을 갖고 있었고, 그 권세는 서기관장 호시노 나오키를 능가할 정도였다. 그리고 그것이 서서히 호시노와 대립하는 상황으로 발전했으며, 도조 자신은 호시노 편에 섰다.

4월에 접어들어 도조는 무토를 남방의 점령지 시찰에 내보냈는데, 그 사이에 그를 남방의 근위사단장으로 전근시킬 것을 결의했다. 직접적인 계기는 호시노와 스즈키 데이이치鈴木貞一(1888~1989)가 도조에게 손을 썼기 때문인 것으로 알려져 있다. 그리하여 도조 쪽에서 점차 싫어하게 되는 사람들이 도조를 보좌하는 역할을 맡기에 이른다. 다치카와立川의 비행장으로 돌아온 무토에게 부관인 마쓰무라 도모카쓰松村知勝(1899~1979)가 전근명령서를 전달했다. 무례하다고 해도 어쩔 수 없는 방법이었다. 이때 격분한 무토는 마중 나온 마쓰무라에게 "도조는 정녕 정치적으로 죽어버렸단 말인가. 쿠데타를 일으켜 도조를 무너뜨려버릴까. 이러다가는 나라가 망하고 말 것이다"라며 불평을 털어놓았다고 한다. 그러나 군무국장이라는 자리에 있으면서 격무에 지치기도 했던 터라 그는 묵묵히 수마트라의 메단으로 갔다. 가슴 속의 원한은 무라다 쇼조村田省藏가 쓴 『필리핀 일기』에 적혀 있다.

군무국장으로 부임한 사람은 사토 겐료佐藤賢了(1895~1975)였다.

육군 내부는 이 인사를 통해 도조 시대의 도래를 명확히 선언했다. 참모본부의 젊은 장교들이 수상과 육군상을 겸임하는 것은 무리이기 때문에 전임 육군상을 두는 게 좋을 것이라고 어렵사리 비판하고 나섰지만, 스기야마 겐 참모총장과 다나베 모리타케田邊盛武(1889~1949) 참모차장은 이들의 의견을 묵살했다.

무소속 8명을 제외하고 도조의 세력 아래 있던 의회에서는 옛 정우회政友會의 마에다 요네조前田米藏(1882~1954)와 옛 민정당民政黨의 오아사 다다오大麻唯男(1889~1957)가 익찬정치회의 주도권을 장악하고서 도조와 의회를 잇는 파이프 역할을 했다. 그들의 심부름을 맡은 쓰쿠모 구니토시津雲國利(1893~1972)와 미요시 히데유키三好英之(1885~1956)가 날마다 관저에 얼굴을 내밀었고, 도조의 뜻을 익찬정치회의 영수들에게 전했다.

5월 25일부터 이틀 예정으로 시작된 제80차 제국의회는 도조 시대의 양상을 분명히 보여주었다. 군복으로 몸을 감싼 도조는 "대동아의 요지는 모조리 황군이 점유하게 되었으며 실로 여덟 번이나 전승칙유戰勝勅諭가 내려왔다"고 자화자찬한 다음, "금후의 전과지도戰果指導는 세계적으로 놀라움의 표적이 되고 있는 육해군 협동작전의 묘를 더욱더 발휘하여" 적을 격퇴할 것이라고 연설했다. "작전에 적극 호응하여 웅대한 건설을 감행함으로써 국가총력의 비약적 향상을 도모할 것"이라고 말하자 박수가 끊이질 않았고, 도조는 잠시 회의장을 둘러보았다. 2층 방청석에서는 호시노를 비롯한 몇몇 사람이 어떤 의원이 열심히 박수를 치는지, 누가 그렇지 않은지를 지켜보고 있었다고는 하지만, 굳이 그렇게 하지 않아도 회의장은 도조를 찬양하는 공기로 가득 차 있었다.

이 회의에서는 국민정신의 앙양, 전시 생산력의 강화, 전시 국민생활의 확립을 내걸고 각지에서 강연회와 국민대회를 열기로 결정하는 한편, 의원은 그 선두에 선다고 결의하고 각자의 선거구로 흩어졌다. 의원은 정부의 뜻을 받드는 선전부대였다. "정치가란 자들은 이해관계에 따라서만 움직인다. 그놈들이 유언비어를 퍼뜨리거나 전쟁을 싫어하는 마음을 갖지 않도록 주의하지 않으면 안 된다. 국민의 생각도 그렇게 될 것이기 때문이다"라는 말에서 알 수 있듯이 도조는 정치인들에게 마음을 열지 않았다. 그들을 철저히 감시하라고 지시했을 따름이다.

의원만이 선전부대였던 것은 아니다. 도조의 내정시찰도 실은 전의戰意를 앙양하기 위한 순회강연이었다. 그는 시찰 도중 행한 연설에서 무엇보다도 정신력이 중요하며 공산주의 배격을 목표로 해야 한다고 거듭 역설했다. 그리고 틈이 나는 대로 비서관에게는 다음과 같이 말했다.

"옛날 사람 말이 백번 옳다. 도깨비방망이 이야기는 자신의 노력에 따라 금이 나올 수도 있고 은이 나올 수도 있다는 것을 가르쳐준다. [……] 직역봉공職域奉公, 모두가 착실히 일해야 한다는 뜻이 아닐까. 어린 시절 진시황이 책을 불태웠다는 이야기를 듣고 참 잔혹하다고 생각했었다. 하지만 공산주의를 박멸해야 하는 요즘 같은 시대에 다시 생각해보면 수긍이 간다."

이렇게 순회강연을 하는 한편 도조는 헌병대의 보고를 신뢰했다. 헌병사령부 본부장 가토 하쿠지로와 도쿄헌병대장 마스오카 겐시치增岡賢七 등이 부하에게 명하여 모은 정보 중에는 말단 헌병이나 관심을 가질 법한 것이 있었다고 하는데 도조는 그것을 믿었다. 도조의 측근이나 의원이 보고하는 근거 없는 정보까지 믿었다. 그러나 도조가 직접 말단 헌병대원에게까지 지시를 내리게 되면서 헌병대 안에서는 도조에게 저항하는 자가 나타났다. 그것은 사보타주의 형태를 띠었는데 그렇게 자신의 뜻을 굽히지 않는 자들은 반드시 지방으로 쫓겨났다.

오로지 도조에 대한 충성심만으로 똘똘 뭉친 헌병으로 요직이 채워졌다. 그들은 특별한 근거도 없이 지목한 자를 연행했다. 이유도 알리지 않고 취조했다. "털어서 먼지 안 나오는 놈은 없어!" 그것이 그들이 늘 내뱉는 말이었다. 그리고 취조 과정에서 죄상을 조작했다. 상황이 가혹해질수록 점점 더 많은 정치가와 문화인 그리고 국민들이 도조에게 등을 돌렸다.

힘으로 억누르는 상태는 힘이 약해지면 반동으로 바뀐다는 것은 충분히 예상할 수 있는 일이다. 4월~5월까지 헌병대와 내무성 경보국이 정리한 보고에 따르면, 도조에 반대하는 분위기가 아직 그렇게 심각하지는 않았지만, "오사카에서도 이미 도조란 놈을 믿지 못한다. 선거는 자발적이 아니라 반상회에서 무리하게 명령하여 투표를 하게 하고 있다. 쌀과 설탕은 창고에서 썩어가고 있다. [……] 불공평한 생활에 불만을 품은 대중들은 지금 '내란! 혁명! 도조 필살!'을 외치며 도조 타도를 계획 중"(오사카 미나미우편국 소인)이라는 내용의 투서가 들어오기도 했다. 정세가 악화되면 도조가 증오의 대상으로 역전되리라는 것을 엿볼 수 있는데, 이처럼 도조에 반대하는 분위기는 이미 싹을 틔우고 있었다.

국내정세가 확고하게 자리를 잡았다고 판단한 도조의 관심은 점령지로 향했다.

'대동아 건설을 위해 현지를 차분하게 둘러보고 싶다. 총리대신이 직접 현지에 나가서 주민들에게 호소한다면 효력이 있을 것이다.'

이렇게 생각하고 있던 도조는 비서관에게 일정을 짜라고 지시했다.

그리하여 6월 상순 일주일 동안 점령지 시찰에 나서려고 마음먹고 있을 때 군령부가 작전행동의 좌절을 알려왔다. 아울러 수상이 외유 따위에 나설 때가 아니라고 암암리에 못을 박았다. 이때 도조는 그것이 무엇을 의미하는지 알지 못했다. 작전행동이 실패했다는 말을 들었지만 그렇게 심각하리라고는 생각하지 못했던 것이다.

1942년 6월 10일 오후, 대본영 해군부는 미드웨이 작전이 "항공모함 1척 상실, 동 1척 대파, 순양함 1척 대파, 미귀환 비행기 35대에 이르는 일본 측의 손실"로 끝났다고 발표했다. 도조도 이 정도의 숫자밖에 알고 있지 못했다. 그런데 정무와 관련하여 상주할 때 천황이 아무렇지도 않은 듯 실제 숫자를 말했다. 비서관 아카마쓰 사다오는 "천황 폐하께서 미드웨이에서 상실한 배 숫자를 말씀하시면서 이 해전에 대해 우려를 표시했을 때, 도조 씨는 자신이 보고받은 숫자와 달라도 너무 다르다는 데 놀라 다시 조사해보라고 지

산호해
태평양 남서쪽, 오스트레일리아 북동 해안에 접한 바다. 이 해역의 섬과 연안에는 여러 종류의 산호초가 발달해 있다.

시한 후에야 상당한 피해가 있었다는 것을 알았다"고 증언한다. 실제 피해는 항공모함 4척 상실, 중순양함 1척, 순양함 1척, 잠수함 2척이 각각 대파였다. 더욱이 사상자가 3천2백 명에 이르렀는데 그중에는 많은 베테랑 조종사들이 포함되어 있었다.

도조는 해군의 작전을 불신했지만 그렇다고 해서 군령부에 쓴소리를 한 것도 아니었다. 다른 집단에 대해서는 겁쟁이라 싶을 정도로 참견을 하지 못하는 성격이었던 그는 이때에도 해군 출신 비서관 가노오카 엔페이에게 다음과 같은 불만을 털어놓았을 따름이다.

"이 전쟁에서 진다면 그 이유는 육해군의 대립과 국민의 염전厭戰 두 가지밖에 없다. 해군도 정말 똑바로 하지 않으면 곤란하다."

미드웨이 작전 그 자체에 대해서는 도조도 4월 하순 무렵부터 알고 있었다. 스기야마 겐과 나가노 오사미를 만난 도조와 도고 시게노리는, 해군에서 피지-사모아 작전을 진행할 예정인데 그 주변에 있는 섬이 프랑스령이므로 외교상의 조치를 취했으면 한다는 요청을 받았던 것이다. 이들 섬에는 니켈을 비롯한 지하자원이 묻혀 있을 뿐만 아니라, 일본군이 이곳을 점령함으로써 미국과 오스트레일리아를 차단할 수 있다는 전략상의 이점이 있었다. 군령부에서는 이들 섬에 항공기지를 건설하면 솔로몬 제도와 산호해珊瑚海*의 제공권을 장악할 수 있어 미군이 기지를 건설

뉴헤브리디스 제도
남태평양에 있는, 현재
의 바누아투 지역 여러
섬을 1980년까지 부르
던 명칭이다.

하고 있는 뉴헤브리디스 제도*와 대치할 수 있다고 판
단했다.

군령부는 참모본부를 설득하여 피지-사모아 제도
를 점령하기로 했는데, 이 분수에 어울리지 않는 계획
이 구체화하기 시작했다. 원래는 이보다 안쪽에 속하는 마셜 제도, 동캐
롤라인 제도, 마리아나 제도를 최전선으로 하여 그곳에서 미군을 저지하
기로 했었다. 게다가 일본의 전함도 그 거리에 알맞게 건조되고 있었다.

군령부 안에서도 대립이 있었는데, 연합함대사령부는 피지-사모아에
서 미드웨이에 이르는 지역을 점령함으로써 미국이 하와이에서 쳐들어
와도 함대결전으로 격퇴할 수 있다고 주장했다. 야마모토 고주로쿠 연합
함대 사령장관은 미드웨이를 확보하지 못할 경우 본토공습이 예상되며,
미국의 기동부대는 계속 자유롭게 움직일 수 있을 것이라고 말했다. 군
령부와 연합함대사령부가 대립하고 있을 무렵 둘리틀의 도쿄 공습이 있
었다. 천황에 대한 충성심이 강했던 야마모토는 제국의 수도가 폭격당하
는 것은 허용할 수 없다고 말하면서 반대를 무릅쓰고 미드웨이 작전을
계획했다. 군령부는 주저했지만 결국 6월에 미드웨이 작전과 알류샨 작
전을 결행한 후 피지-사모아 작전에 나서기로 타협했다.

6월에 들어서 알류샨 작전을 포함하여 참가 함대 350척(150만 톤), 항
공기 1,000대, 병력 10만 명에 이르는 해군의 총력이 각각의 집결지에
모였다.

그런데 공격 개시 전에 일본의 기동부대는 미국 항공기의 기습을 받았
다. 일본 항공모함 아가키赤城, 가가加賀, 소류蒼龍는 집중적인 공격으로
기능을 잃었고, 가까스로 히류飛龍만이 고군분투 끝에 미국 항공모함 요
크타운을 타격해 침몰시키는 데 그쳤다. 일본 해군은 치명적인 패배를

당했다. 어쩌다 이런 사태에 이르렀을까. 일본 해군의 무전을 모두 엿들은 미국은 열세를 만회하기 위해 선제공격을 가해왔던 것이다.

작전의 성공을 믿었던 군령부는 축하연을 준비하고 보고를 기다렸다. 그런데 현지에서는 좀처럼 낭보가 들어오지 않았다. 그렇기는커녕 해외 방송은 미국이 미드웨이에서 승리를 거둔 것처럼 소식을 전하고 있었다. '일본 기동부대 섬멸.'

믿기 어려운 보도를 접한 군령부는 충격에 휩싸였다.

참모본부 작전참모였던 이모토 구마오井本熊男(1903~2000)의 증언에 따르면, 전과를 확인하려고 군령부에 들렀을 때 전원이 우울한 표정이었다. 군령부 참모 야마모토 유지山本祐二(1903~1945) 중좌도 "정말이지 맘대로 되지 않는군"이라며 목소리를 낮췄다. 작전은 대실패였다. 그러나 참모본부의 참모들도 철저하게 묵사발이 된 일본의 피해상황을 상세하게는 알지 못했다. 『대본영기밀일지大本營機密日誌』에는 "알리지 않은 것은 당국자이고 알지 못한 것은 국민뿐"이라고 적혀 있는데, 해군과 육군 모두 집단 내부의 일부 몇몇 사람에게만 진상을 알렸던 것이다.

군령부는 피지-사모아 작전을 중단했다. 새롭게 전략을 가다듬지 않으면 안 되었던 것이다. 그뿐 아니라 허영심과 오만함을 버려야만 했다. 그래서 군령부가 생각한 계획은 남동 방면에 비행장을 건설한 후 동부 뉴기니, 솔로몬 제도, 길버트 제도에서 전략 태세를 강화하여 미영연합군을 제압한다는 것이었다. 이를 위해 약간의 병사와 인부를 건설부대라는 이름으로 솔로몬 제도에 보냈다. 훗날 밝혀진 것이지만, 이때부터 미국은 항공기 중심 전략으로 바꾸고 있었다. 일본도 입으로는 그렇게 말하면서도 실제로는 전함지상주의에서 빠져나오지 못했다.

미드웨이 작전에서 패했다는 사실을 알고서 도조는 전황이 긴박하게 돌아가고 있다는 것을 깨달았다. 신경질적인 성격으로 바뀐 것도 이 무렵부터이다. 점령지 시찰은 중지했지만 내정시찰은 계속하면서 관리들을 닥달했다. 노골적으로 관리들에 대한 불만을 털어놓기도 했다.

"관리라는 게 뭔가. 마치 아무 관련이 없는 사람처럼 말하지 않는가. 가끔씩 비판적인 말을 들어도 싸다."

군인사회와 달리 '명령과 복종'이 통하지 않는 것을 보고 신경을 곤두세웠다. 신경이 더욱 날카로워져 대정익찬회를 재정비한 후 행정간소강화실시요강行政簡素強化實施要綱을 의회에서 입법화하도록 했고, 이 요강의 세칙을 명문화하여 "모든 업무를 간소화하여 즉결처리하도록 해야 한다"고 훈시했다. 육군이야말로 일본 정신의 구현자이므로 일본은 육군의 지도를 받지 않으면 안 된다는 자신감 아래, 육군의 규율과 기구를 일본 사회 전반에 적용하기 시작했다.

관리들에게는 신경질적이었지만 국민에게는 도조의 소심함이 분명히 드러나지 않았다. 그는 여전히 구국의 영웅이었다. 도조가 매일 아침 도쿄 요쓰야의 어떤 지역에서 말을 타고 산보한다는 것이 널리 알려지자 그 모습을 한번 보려고 골목길에서 기다리는 사람도 있었다. 말에 올라탄 도조의 모습을 보면 그 날은 운이 좋다는 '신화'가 생겨났던 것이다.

과달카날 공방의 이면

도조의 권세가 드높아진 이면에는 신문기자들의 협력도 있었다. 그들이 작성한 기사의 내용과 방향은 내무성 경보국이 매주 발행하는 『검열주보檢閱週報』에 규정되어 있었다. 예를 들면 이 시기에는 "국민의 낙관을 경계하는 의도로 신문을 만들라"고 지시하면서, 갑자기 그렇게 하면 지면이 어두워지니까 점진적으로 하라며 제목과 기사 크기까지 지정하고 있었다. 신문연맹편집위원회에서는 "활자와 조판까지 지정하지 말라. 사실을 왜곡하지 않고 자연스럽게 여론을 지도해야 민심을 고양시킬 수 있다"며 불만을 표시했지만 대본영 보도부와 내무성 경보국은 무시했다. 도조의 권세는 그런 기구에 의해 지탱되고 있었던 것이다.

전후에 빛을 본 책에 따르면 내각 기자실의 신문기자들은 도조를 달가워하지 않았다. 그것은 기자들이 보기에 도조가 질문에 위압적인 자세로 말하거나 설교를 늘어놓으면서 신문기자를 마치 회람용 원고를 쓰는 사람 정도로밖에 생각하지 않았기 때문이다. 그러나 "이 수상은 지성이 결여되어 있다"고 수군거리면서도 그들의 붓은 도조 찬가를 이어가고 있었다.

또 당시 신문기자들은 도조가 아내에게 쥐어 산다고 수군댔는데 사실은 이러했다. 가쓰는 어느 날 신문사에 직접 전화를 걸어 취재를 요청했다. 모자가정이나 전쟁고아 위문이 도조의 인간적인 배려에서 나온 것이며 그것을 미담으로 보도했으면 한다는 것이었다. 이 일을 도조가 동네방네 떠벌리고 다니면서 그런 소문이 났던 것이다.

신문기자를 대하는 도조의 태도는 내각 관방의 관리들을 기쁘게 했다. 이 내각에서는 비밀이 누설되지 않는다는 것이었는데, 이 말을 들은 도조는 득의양양하게 다음과 같이 발언했다.

"얘기를 들어보니까 정당내각 시대에는 각료회의의 내용이 그날 안에 신문기자에게 알려졌다고 한다. 폐하께도 상주하지 않은 내용을 어떻게 신문기자에게 누설할 수 있단 말인가. 도조 내각에서는 결단코 그런 일을 허용하지 않을 것이다."

어찌 됐든 누설되지 않는다는 것, 그것만이 중요했던 것이다. 본질보다 형식을 중시하는 것이 그의 성격이었다.

이 시기에 이르러 도조의 성격이 조금씩 드러났다. 물론 그것은 그의 주위 사람들밖에 모르는 것이었다. 확실히 그는 하나의 인간으로 본다면 선의로 가득한 행동을 이어나가고 있었다. 관저에서는 전화교환실에 들어가 교환수를 격려하기도 하고, 잡역부의 자식이 많다는 말을 듣고서는 의복교환권을 챙겨주기도 했다. 도조는 역대 수상 중에서도 관저 직원들의 존경을 받은 편에 속하는데 그것도 이런 친절함 때문이었다.

의복 배급이 밀려 있다는 말을 들으면 그는 불안해하며 비서관을 데리고 주택가로 들어갔다. 그곳 빨래터에서 기저귀를 만져보면서 "이거 무명천이군. 이 정도면 괜찮아"라며 안심했다. 또 생선 배급이 줄었다는 얘기를 들으면 이번에는 쓰레기통을 뒤지면서 걸었다. 그러다 생선뼈를 발견하고서는 안도했고, 발견하지 못하면 관계자에게 어획량을 늘릴 수 있는 방법과 생선을 대체할 수 있는 영양식품을 조사하라고 지시했다.

"총리각하, 대국적인 입장에서 국책을 생각하신다면……."

비서관도 넌지시 이렇게 말했고, 내대신 기도 고이치도 간언했다. 그때마다 그는 되받아쳤다.

"나는 연기할 생각으로 무슨 일을 하지 않는다. 정말로 국민의 건강이 걱정이다. 걱정만 하고 있으면 견딜 수가 없어서 이렇게라도 하는 것이다."

관저에서 가족이나 비서관들과 점심식사를 하곤 했는데, 그때 갑자기 젓가락질을 멈추고 중얼거렸다.

"일본인 모두가 지금 점심을 먹는다 치자." 그해 쌀 산출량과 저장량이 머릿속에 떠올랐던 것이다. '일본인 모두가 점심으로 평균 공기밥 한 그릇을 먹는다면 하고' 어림셈을 하기 시작하고, 그 숫자를 순식간에 저장량에서 뺀다. 식탁을 둘러싼 사람들은 '책임감 때문에 식사도 하지 못하는 짓'이라고 생각했다.

　도조 자신도 이런 걱정이야말로 위정자의 배려라고 생각했고, 그것을 스스로의 책임이라 생각하고 있었다. 그리고 그러한 일상적인 마음 씀씀이를 주위 사람들은 도조의 가장 따뜻한 면이라고 생각했다.

　1942년 여름에 접어들면서 도조는 측근들에게 조금씩 정신론을 펼치는 일이 많아졌다. 예컨대 다음과 같이 말했다.

　"러일전쟁 때였다. 나도 후방에서 보급을 담당하고 있었는데, 그때 군의가 각기병에 걸린 병사의 발에 청진기를 대고 있는 것을 보았다. 참 이상한 짓이라고 생각했다. 하지만 이제는 안다. 잘 안다. 의사의 진지함이 환자에게 전해지고, 그것이 신뢰감으로 이어진다. 병은 마음으로 고친다. 무슨 일이든 마음먹기에 달려 있다. 그 군의도 그것을 알고 있었음에 틀림없다."

　자신은 각기병 환자의 발에 청진기를 대는 의사가 될 작정이라는 말이었다. 그가 현실을 외면하고 있다는 위험한 징후였다. 나라奈良에 시찰을 갔을 때 연설 중 빈혈로 쓰러진 적이 있었다. 과로 때문이었다. 여관으로 실려오자마자 "무슨 일이 있어도 대동아전쟁은 누군가가 수행하지 않으면 안 된다. 완수했을 때 죽으라고 하면 얼마든지 죽을 수 있다. 죽는 건 어려운 일이 아니다. 하지만 지금은 죽지 않겠다"라고 말했다. 그리고 "국체가 있는 일본은 누가 뭐래도 축복받은 나라일 것이다. 그런 나라 사람은 그 어느 민족보다 뛰어난 정신력을 지니고 있다"며 말을 이었다.

　이렇다 할 근거도 없이 아무렇지도 않게 그런 말을 내뱉는 도조. 과연 이것을 지도자의 말이라 할 수 있을까.

　그러나 도조의 이와 같은 정신력 찬양에 주위 사람들은 입을 모아 장

코레히도르 섬

필리핀 마닐라 만 입구에 있는 면적 5제곱킬로미터의 작은 섬. 전략적으로 중요한 위치여서 제2차 세계대전 당시 미군과 일본군이 치열한 전투를 벌인 격전지로 유명하다.

툴라기

솔로몬 제도에 있는 작은 섬.

단을 맞추었다. 정보국 차장 오쿠무라 기와오가 도조를 찾아왔다. 그는 5월 코레히도르 섬Corregidor Island•을 일본군이 점령했을 때, 적장이 "일본 병사가 공격해온 것이 아니라 똘똘 뭉친 정신이 돌격해왔다"라고 본국에 타전했다며 전보 내용을 보고했다. 이 말을 듣고 도조는 우리 뜻대로 되었을 뿐이라며 득의양양한 표정으로 다음과 같이 말했다.

"바로 그것이다. 일본에서는 비행기가 하늘을 날고 있는 것이 아니라 정신이 날고 있는 것이다. 똘똘 뭉친 정신이 날고 있는 이상 이 싸움은 질 리가 없다."

도조의 사설 선전대이기도 한 이 관료는 도조의 이 말을 연설 속에 집어넣어 국민의 사기를 고취했다. 이런 관료들이 도조의 주변을 둘러싸고 있었던 것이다.

유달리 정신력을 내세우는 도조의 진의는 무엇이었을까. 물론 그 자신의 성격에서 비롯됐다고 할 수 있겠지만 꼭 그런 것만은 아니다. 전황이 정체 기미를 보이고 있다는 것을 알았기 때문이다.

8월 7일, 솔로몬 제도 최남단에 위치한 과달카날 섬을 미군이 급습했다. 라바울에서 남쪽으로 1천 킬로미터 떨어진 곳에 있는 이 섬에서는 항공기지를 건설한 해군 해병대 2천 명이 수비를 담당하고 있었다. 그런데 충분한 방어기지를 완성하지 못한 상황이었기 때문에 저항 한번 제대로 못하고 상륙을 허용했다. 미군은 과달카날과 툴라기Tulagi• 두 섬에 일본군이 항공기지를 건설하는 것을 경계하여 일찌감치 이곳을 공격하고 나섰던 것이다.

일본군은 이 급습을 중시하지 않았다. 육군 중앙은 과달카날이라는 이름조차 몰랐다. 이 섬에서 반년 동안 사투가 벌어지게 될 줄은 더더욱 예상하지 못했다. 급습 다음날, 일본군 제8함대(함장 미카와 군이치)가 공격을 개시하여 미국 중순양함 4척과 4천 명의 승무원을 침몰시켰다. 이것이 대본영에서 미군의 실력을 과

이치키지대
이치키 기요나오(一木淸直, 1892~1942) 대좌가 이끈 대본영 직할부대. 제7사단 보병 제28연대를 주축으로 구성되었다.

소평가하는 계기가 되었다. 대본영에서는 전력을 기울이면 어렵지 않게 과달카날을 탈환할 수 있을 것이라 생각했다. 미드웨이 점령에 대비해 트럭 섬Truk Islands에 대기하고 있던 이치키지대一木支隊* 9백 명에게 작전명령이 하달되었다. 8월 21일, 이치키지대는 야간습격을 시도했지만 전차와 포화의 집중공격을 받아 전멸했다. 이는 미군이 빠른 속도로 태세를 갖춰가고 있다는 것을 의미했다. 실제로 과달카날에 활주로를 완성한 미군은 이곳에 폭격기와 전투기를 배치하여 제공권을 장악한 다음, 공격권 내에 일본 수송선의 침입을 허용하지 않는다는 전략을 마련해놓고 있었던 것이다.

대본영은 초조했다. 과달카날 진공을 허용하면 다음에는 라바울이, 그다음에는 트럭섬이 위험해진다. 8월 28일 가와구치지대川口支隊* 제3대대를 투입했다. 하지만 수송선단은 타격을 입었고, 소수의 병사들만이 과달카날에 상륙했을 따름이다. 그들마저도 얼마 지나지 않아 굶주림과 말라리아에 시달리다 사망했다. 이 무렵, 과달카날의 절망적인 상황이 도조에게도 전해졌다. 훗날 이때를 회상하면서 도조는 "처음부터 1개 여단만 과달카날에 들어갔더라면 괜찮았을 것"이라고 말했지만, 당시에는 그때까지의 군사적 승리에 취해 그것을 잊고 있었던 것이다.

과달카날을 탈환할 것인가 아니면 이곳을 포기하고 방위선을 끌어내

가와구치지대
가와구치 기요타케川口
清健, 1892~1961) 소장
이 이끈 부대. 보병 제
35여단과 후쿠오카 보
병 제124연대를 주축으
로 구성되었다.

릴 것인가. 대본영은 둘 중 하나를 선택해야 하는 상황에 몰렸다. '이곳에서 물러선다면 미군의 사기는 높아질 것이고 거꾸로 일본군의 사기는 떨어진다.' 이리하여 대본영은 체면 때문에 물량전에 내몰리게 되었다. 9월 29일 결정된 작전은 탄환과 식량을 갖춘 다음 제2사단을 중심으로 정면에서 싸움을 도발하여 과달카날을 공략하고, 이를 위해 해군은 연합함대를 투입하여 측면에서 지원한다는 것이었다. 이 무렵 미국은 과달카날의 승리로 한껏 고무되어 있었다. 루스벨트는 스탈린에게 "우리나라는 남서태평양에 발판을 마련했다"고 전했고, 미국 국민은 종군기자가 쓴 『과달카날일지』를 읽으며 전의를 불태우고 있었다. 그것도 대본영의 초조감을 부추겼다.

일본군의 작전이 시작되었을 때, 도조는 국내 정치에서 지반을 굳히기 위해 외무상 도고 시게노리와의 정쟁政爭을 마무리 짓고 있었다. 정쟁의 뿌리는 대동아성大東亞省 신설에 있었다. 점령지가 늘어남에 따라 "점령지 행정에 내실을 기할 수 있도록 기관 설치를 검토해보라"고 군무국 장교에게 명한 것이 서서히 형태를 갖추었다. 그것을 토대로 군무국과 도조와 통수부가 검토하여 대동아성 구상을 마련했다.

도조와 도고의 관계는 그다지 원활하지 않았다. 처음부터 개전開戰 회피를 전제로 입각한 도고는 도조 내각에서는 이질적인 인물이었다. 사무직과 만주팀 그리고 도조 추종자로 이루어진 도조 내각에서 그는 얼마간 무게중심 역할을 하고 있었다. 그런 만큼 도조에게는 거북한 존재이기도 했다. 전과가 올라감에 따라 점령지 행정을 둘러싸고 두 사람 사이는 점점 벌어졌다.

점령지 행정 책임은 군사령부가 겸하기로 되어 있었다. 그런데 그 실상은 역사상 자랑할 만한 것이 아니라, 점령지를 보급기지로 생각하고 전승국의 오만함으로 일본화를 요구했다. 현지인들에게 일장기에 대한 예배를 요구했고, 신사참배와 어진영御眞影에 대한 경례를 강요했다. 그런 점령지 행정이 각국에서 군사령관이 보여준 실태實態였다.

"주권을 존중하고 경제협력의 기초 위에서 선린외교를 시행하지 않으면 안 된다."

도조는 이렇게 말하면서 무력통치 일변도가 아니라 문관통치로 바꿔가야 한다고 주장했다. 각료회의에서 대동아성 설치가 의제로 올라왔을 때, 도조의 뜻을 받아 도고와 논쟁한 사람은 기획원 총재 스즈키 데이이치와 정보국 총재 다니 마사유키였다. 그들에게는 도조의 사전 공작이 가능했기 때문이었다.

하지만 도고는 세차게 반론했다.

"외교가 이원화되는 것이 아닙니까."

집요한 반론에 이번에는 도조가 대답했다.

"종래의 외무성 외교만으로는 동아의 여러 나라에서 기타 다른 외국과 다를 바가 없다며 불만스럽게 생각할 것이고 나아가 일본을 불신하게 될 것입니다. 이 나라들의 자존심을 상하게 하는 것은 독립 존중의 취지에 반합니다."

도조는 도고의 지극히 시의적절한 주장에 대항했고, 마침내 본심을 드러냈다.

"대동아 제국諸國은 일본과 한 몸이므로 다른 외국과 달리 취급해야 합니다."

하지만 도고도 물러서지 않았다. 그는 외교의 이원화가 얼마나 불리한지를 몇 번이고 되풀이했다. 외교관계가 있는 것은 독일·이탈리아·소련·바티칸·스위스 등 몇몇 나라들이며, 이런 상황에서 동아 각국과의 외교교섭에서 손을 떼버리면 외무성으로서는 손발을 잘리게 되는 것이나 마찬가지라는 것이 도고가 반발한 이유였다. 그만큼 도고도 필사적이었던 것이다. 둘의 논쟁은 오기의 대립으로 치달았다.

아울러 도조 쪽에서는 외무성에 대해 생리적인 혐오감을 갖고 있기도 했다. 외무성에는 요직에서 물러나 있다고는 해도 영미협조론자들이 많았다. 게다가 2천 명에 달하는 외무관료들의 폐쇄성, 나비넥타이, 서양 음식, 매너 등으로 표상되는 외교관에 대한 생리적인 반발, 그것들이 일체가 되어 도조는 도고의 항변에 거칠게 반박했다.

각료회의 후에도 두 사람이 만나 이야기를 나눴지만 결론에는 이르지 못했다. 일찍이 고노에와 도조 사이에 형성되었던 험악한 분위기가 다시 연출되었고, 도고는 사임할 뜻을 내비쳤다. 내각이 통일되지 않아 도조 내각 총사직으로 이어질지도 모른다는 두려움에 도조는 스즈키 데이이치를 불러 명했다.

"기도 고이치와 가야 오키노리賀屋興宣(1889~1977)를 설득하여 어떻게든 대동아성 설치를 인정하게 하라."

그래도 분노를 숨길 수 없었는지 비서관에게 벌레를 씹은 듯한 표정으로 투덜댔다.

"아무짝에도 쓸모없는 일 때문에 시간을 잡아먹고 있다니. 전황은 정체 기미를 보이고 해야 할 일은 태산 같이 쌓였는데 무슨 소리를 하는 거야."

8월 31일, 스즈키는 가야와 기도를 만나 대동아성 설치에 대해 말했고, 그들로부터 소극적이나마 찬성을 얻어냈다. 그 보고를 접한 도조는 대단히 치밀한 수단을 동원하여 도고 축출을 모색했다. 9월 1일 오전,

도조는 도고에게 알리지도 않고 각료회의를 열었다. 이 회의에서 각료들에게 대동아성 설치에 관해 양해를 구했고, 전원이 찬성의 뜻을 보이자 "어떤 일이 있어도 결속을 어지럽히지 않도록" 해야 한다고 확약했다. 같은 날 오후, 도조는 도고를 관저로 불렀다. 도고를 기다리면서 도조는 더 이상 흥분을 억누르지 못하고 계속 투덜댔다.

"국무를 담당하는 자리에 있는 자가 희생을 감내해야만 비로소 발전이 있다. 제일선에서는 장병들이 폐하를 위해 명예롭게 죽어가고 있다. 대전大戰을 치르고 있는 상황에서 이 정도의 각오가 없다면 대신 자격이 없다."

도조는 자신은 모든 정치적 책임으로부터 자유로운 지위에 있다는 인식 그리고 자신이야말로 성려의 구현자라는 자부심을 품고 있었다.

두 사람의 대화는 처음부터 삐걱거렸다.

"대동아성 설치안은 결단코 실시할 예정입니다. 이 안에 찬성하지 않겠다면 오후 4시까지 사표를 제출해주기 바랍니다."

도고가 나간 후 도조는 궁중으로 기도 고이치를 찾아가 외무상이 사직하지 않을 경우 내각 불일치로 총사직할 수밖에 없다고 말했다. 기도는 깜짝 놀라 만류했다. 이런 시기에 수상이 바뀌면 내외적으로 적지 않은 파장이 일 것이라는 게 이유였다. 천황도 놀라기는 마찬가지였다.

"내외의 정세와 전쟁의 현단계 특히 미국이 역공으로 기세를 올리고 있는 금일, 내각 총사직만은 반드시 피했으면 한다."

천황의 말은 얼마 지나지 않아 기도를 통해 정책집단 내부에 퍼졌다. 상황이 이렇게 돌아가자 도고도 어쩔 도리가 없어 사표를 쓰지 않을 수 없게 되었다.

지극히 교활한 도조의 전술이었다. 그는 이런 시기에 수상을 경질할 수 없다는 것을 알고 있었다. 더욱이 천황의 신뢰를 받고 있다고 자부하고 있었다. 그것을 간파하고 기도에게 공갈 협박을 가했던 것이다. 그의 의도대로 도고 축출 작전은 성공했다. 9월 2일 밤, 관저 식당에서 식탁에 둘러앉은 비서관들에게 도조는 노골적으로 득의양양한 표정을 지어 보였다. "외무성이나 도고나 통찰력이라곤 찾아보기 어렵단 말이야"라고 말하며 도조는 비웃었다.

"놈들은 10월에야 대동아성 설치 논의가 있을 것이라고 생각했던 듯해. 하지만 그렇게는 안 되지. 만약 그렇게 된다면 추밀원이 시끄러워서 견딜 수 없을걸. 선수를 쓰는 것은 전쟁의 상식이야. 진퇴와 임종은 모름지기 훌륭해야지. 그러기 위해서는 수양이 필요해."

국내정치도 전쟁의 한 형태라는 말이다. 그런 그가 보기에 외무성은 아무런 전략도 없는 오합지졸 집단에 지나지 않았던 것이다. 저녁식사를 하는 도조는 기분이 좋았다. 그리고 지겨울 만큼 미사여구로 가득 찬 말들을 쏟아놓았다.

비방과 중상의 소용돌이

하지만 도조는 국내정치라는 '전쟁'에서 승리한 지도자는 아니었다. 외무성 내부가 똘똘 뭉쳐 도조를 증오했기 때문이다. 자리를 인계하면서 도고는 임시 외무상인 도조를 앞에 두고 국장들에게 퇴임 경위를 전달했는데, 분한 나머지 그의 목소리는 떨렸다. 외무성의 장래가 암담하다고 말했을 때 이번에는 도조의 표정이 어두워졌다. 국장들은 마음속으로 쾌재를 불렀다.

외무상은 외무성으로부터 인선권人選權을 얻을 수 없었다. 그러자 도조는 연일 외무성에 얼굴을 내밀었고, 차관, 국장, 과장을 불러서 협력을 구해야만 했다. 하지만 외무관료들은 겉으로는 고개를 끄덕이면서도 마음은 열지 않았다. 전후에 전직 외무관료들이 도조를 강력하게 비판한 것도 일미교섭과 대동아성 설치안을 둘러싼 반감이 마음속 깊이 남아 있었기 때문이다.

3주일 후, 정보국 총재 다니 마사유키가 외무상으로 자리를 옮기면서 표면상으로는 문제가 일단락되었다.

대동아성 설치안에 대해서는 추밀원에서도 반대가 심했다. 외무성에 호의적인 고문관이 많았기 때문이다. 도조는 그들의 저항에 격노했고, 나중에 연락회의에서는 "추밀원에서는 시대인식이 전혀 없다. 고문관 일부를 전쟁터로 보내 전쟁이라는 것을 실제 두 눈으로 보게 하지 않으면 안 된다"며 기세 높게 으르대기도 했다. 어쨌든 대만사무국對滿事務局·흥아원興亞院·척무성拓務省을 폐지하고 11월 1일에 대동아성을 설치하기로 결정되었으며, 초대 대동아상에는 도조의 측근 중 한 사람으로 국무상 자리에 있던 아오키 가즈오青木一男(1889~1982)가 임명되었다.

대동아성 설치를 둘러싼 싸움에서는 외무성을 제압한 도조도 중국의 현지기관 설립 문제를 둘러싼 다툼에서는 해군 때문에 애를 먹었다. 군사령관과 대사를 하나로 묶자는 육군과 이에 반대하는 해군 사이에 대립이 격화되었고, 해군에서는 만약 육군이 이를 강행한다면 해군상이 사직할 것이라고 압박했다.

해군의 협박에 도조는 골치를 앓았고, 결국 문관 중에서 대사를 선발하기로 하는 선에서 타협했다. 도조가 도고와 기도에게 행한 협박이 그대로 해군으로부터 부메랑이 되어 돌아온 셈이다.

하지만 이러한 지도자들 사이에서 벌어진 소모전은 도조 자신의 성격에서 초래된 경우가 많았다. 분명히 도조는 이전의 수상들과 달리 정력과 결단력을 갖추고 있었다. 그렇다면 그는 마땅히 전쟁의 추이와 종결에 눈을 돌렸어야 했다. 그럼에도 그는 국가기관들을 이리저리 바꾸는 일에 열중했다. 적절하게도 도고는 최후 각료회의에서 대동아성 설치에 반대한다고 말한 후, 현재의 급무는 전력에 충실을 기하고 신속히 불패 태세를 마련하는 것이며, 행정기구 개혁 따위에 시일을 허비해서는 안 된다고 했다.

이 시기에 도조가 보인 말기적 행동은 남방군 수뇌가 싱가포르에 신사神社를 세우고, 어진영에 대한 경례를 강요하며, 술항아리를 일본에서 들여와 요리점을 만드는 등 어리석기 짝이 없는 일과 완전히 같은 차원의 것이었다.

지도자들 사이의 소모적인 다툼 그리고 교만하다고도 말할 수 있는 도조의 태도는 솜이 물을 빨아들이듯이 그대로 국민의 의식에 반영되었다. 직접적인 계기는 배급제도에 대한 불만과 물가 급등으로 인한 생활난이었다 해도, 국민들 사이에서 몰래 얘기되는 공격과 중상의 대상은 도조 히데키였다. 헌병대로부터 자신을 중상하는 소문이 파다하다는 보고를 접할 때마다 도조는 "싹부터 잘라야 한다"고 말하면서 한층 엄중한 감시를 요구했다.

그리고 정보국은 각 신문사에 지면 제작과 관련하여 9개 조항을 제시, 염전厭戰 분위기의 확산을 경계했다. 9개 조항 가운데에는 장기전을 각오하고 이길 수 있다는 자신감을 갖게 할 것, 사기를 북돋워 "생산력 확충과 저축 증진에 총력"을 기울이게 할 것, "곤고결핍困苦缺乏을 참고 전쟁에서 이기"도록 지도할 것 등의 내용이 포함되어 있었다. 국민에게 약간 찬물을 끼얹으라는 것이 9개조의 의미였다.

바람직하지 못한 전쟁의 결과를 국민의 열의 부족으로 떠넘기는, 대본영과 정보국의 편협한 여론대책이었다.

통수부의 막료, 정보국의 관료 그리고 도조 내각의 군인과 관료들은 마치 국민의 의사 따위는 엿가락 늘이기와 같은 것이어서 마음대로 달아오르게 할 수도 있고 잠재울 수도 있는 것이라고 생각했을지도 모른다. 그들은 '일본인은 순경順境에 강하고 역경逆境에 약하다'는 신화를 마음속 깊이 믿고 있었던 것이다.

"국민은 회색이다. 지도자가 한걸음 앞서서 희다고 말하면 희게 되고 검다고 말하면 검게 된다."

도조는 비서관에게 입버릇처럼 이렇게 말하곤 했는데, 이러한 사고는 높은 지위에 오른 관료에게서 볼 수 있는 특유의 성향이었다. 특히 군인은 육군유년학교, 육군사관학교, 육군대학교를 거치면서 철저하게 선민의식에 길들여졌고, 이처럼 국민을 얕잡아보는 교육체계 속에서 양성되었다. 도조는 위관 시절 "군인은 24시간 몸을 천황 폐하께 맡긴 자이다. 하지만 지방인은 다르다"고 발언한 바 있는데, 이는 군인이 어떻게 양성되었는지를 정확하게 보여주는 예이다.

그런데 일부 계층에서는 도조를 중상하는 유언비어와 풍자가 집요하다 싶을 정도로 끈질기게 퍼져나갔다. 이에 질린 도조는 10월 29일 열린 연락회의에서 "회의에 들어가기 전에 한마디 하고 싶다"며 다음과 같이 노골적으로 불만을 드러냈다.

"대단히 불쾌하게도 갑자기 악선전이 퍼지고 있습니다. 악선전에는 세 가지가 뒤섞여 있습니다. 하나는 도조 내각이 총사직할 것이라는 데마고그, 둘째는, 유럽 쪽의 전황이 교착상태에 빠졌다는 소문, 셋째는, 솔로몬 방면의 작전이 과실이라는 악선전입니다. 이것은 은밀히 영미와 연락하여 국면의 전환을 노리는 자의 소행이거나 충칭과의 화평을 도모하기 위해 분위기를 조성하려는 획책으로 실로 불쾌하기 짝이 없습니다. 이런 악선전은 이번에 해군이 거둘 전과와 정부가 3대 정책을 실행에 옮기면 해소될 것이라고 생각합니다."

악선전 해소를 위한 해군의 전과란 이 회의가 열리기 3일 전에 과달카날 탈환을 목표로 시작된 제3차 솔로몬 해전을 가리킨다. 지금까지는 소부대를 파견한 정찰전이었기 때문에 미군에게 전멸되는 쓴맛을 보았지만, 본격적으로 정공법을 택하면 과달카날 탈환은 어렵지 않을 것이라는 인식을 근거로 삼고 있었다. 이 작전을 성공으로 이끌어 악선전을 분쇄하자는 것이 도조 발언의 요지였다.

"전황이 약간 정체되어 있을 뿐인데도 악선전이 퍼지는 것을 보면 일본인이 얼마나 역경에 약한지 알 수 있다."

도조는 자못 분하다는 듯이 이렇게 투덜거렸다.

그러나 객관적으로 보면 악선전은 과장된 것이 아니라 일면의 진실을 담고 있었다.

유럽 전선에서는 독일과 소련이 일진일퇴를 거듭하고 있었다. 상황을 타개하기 위해 독일은 끊임없이 일본의 대소전 참전을 요청해왔다. 하지만 일본에는 그럴 만한 여유가 없었다. 오히려 일본은 독일과 소련의 화평을 원했다. 전쟁의 불꽃이 후방으로 튀는 것을 바라지 않았던 것이다. 독일이 자국 중심주의로 나간다면 일본도 그럴 터였다. 더욱이 참모본부는 뻔뻔스럽게도 독일에 철 1백만 톤과 배 50만 톤 구입을 요청하는 전보를 보냈다. 육군 장교는 '걸식 전보'라며 자조적으로 중얼거렸다. 만약 독일에 그럴 만한 여유가 있다면 대소전 참전을 요구할 리가 없다는 것을 알면서도 보낸 전보였다. 당연하게도 독일은 거부한다는 답신을 보내왔다.

도조가 악선전의 하나로 꼽은 '유럽 전선의 교착상태'는 명백한 사실이었다.

과달카날 탈환도 도조가 생각하고 있었던 것과 달리 만만한 일이 아니었다. 군령부가 주도하는 탈환작전을 더 이상 보고만 있을 수 없었던 참모본부는 정공법에 입각한 작전계획을 마련하고 실행에 들어갔다. "과달카날은 일본의 결전장이므로 필요하다면 무슨 일이라도 해야 한다"는 스기야마 겐의 독려에 따라 참모차장 다나베 모리타케, 작전부장 다나카 신이치田中新一(1893~1976)가 작전의 중추에 앉을 정도로 쫓기고 있었다.

10월 중순부터는 병력 2만 5천 명과 많은 군수품을 이 섬으로 수송하는 계획이 실행에 옮겨졌다. 제공권은 여전히 미국이 쥐고 있었고, 그것을 뚫고 상륙하는 데에는 많은 선박과 함정이 필요했다. 그러나 미군의 눈을 피해 수송하기에는 함정이 너무 부족했고, 급기야 약간의 물량과 병력을 잠수함으로 운반하는 이른바 쥐 먹이 나르기 식 수송이 이루어지까지 했다. 하지만 미군이 하늘과 바다에서 줄기차게 공격하는 바람에 과달카날에 다가가기도 전에 대부분의 전함이 침몰하여 병사와 군수품이 물속에 잠겼다.

연락회의가 끝난 후, 도조는 과달카날 탈환이 쉽지 않다는 것을 알고 초조해지기 시작했다. 과달카날 시찰에서 돌아온 육군의 다케다노미야 쓰네요시오竹田宮恒德王(1909~1992)가 전황보고를 위해 도조를 찾아와 "해군이 제멋대로 작전을 펼치고 뒤치다꺼리를 육군에 맡겨서는 곤란하다"며, 처음에는 자기들 주위에서만 오갔던 말을 노골적으로 털어놓았다. 그리고 작전이 순조롭지 않다는 것을 알 때마다 참모본부의 장교들에게도 불신을 내비치게 되었다. 그는 통수부에도 "왜 탈환할 수 없는지"를 대놓고 말했다.

과달카날의 정세는 더욱 나빠질 뿐이었다. 10월 하순부터 11월에 걸쳐 도조의 초조감은 더욱 깊어졌다.

실제로 과달카날은 비참하기 그지없는 상태로 빠져들고 있었다. 미군의 맹폭격을 뚫고 간신히 상륙한 병사들이 지상전투를 이어갔지만, 보급물자를 기대할 수 없는 일본군 병사는 식량부족과 말라리아 때문에 고통스러워하다 죽어갔다.

"이 탈환작전에서 실패는 허용할 수 없다."

통수부는 증원용 선박을 쏟아부었다. 그러나 결과는 만족스럽지 않았다. 해군과 육군이 보유한 선박은 줄어들었고 이를 보충하기가 점차 어려워졌다. 새로 선박을 투입하지 못하게 되면서 작전 실행은 곤경에 처했다. 이 과달카날 탈환작전이 시작되기 직전 육해군의 선박수송능력은 육군 1천382척(9백만 톤), 해군 1천771척(5백만 톤), 민간 3천112척(4백만 톤)까지 회복했고, 국민생활물자와 군수생산물자를 점령지에서 수송하는 데 필요한 민수용 3백만 톤을 어찌 됐든 채우고 있었다. 그런데 잇달아 패배하면서 민수용 선박까지 작전행동에 투입하라고 요구했다. 하지만 그것에 상응하는 대가를 치러야 했다. 남방지역에서 국내로 운반되는 쌀, 보리, 야채 등 식량과 군수생활물자가 갑자기 줄어들면서 국민생활은 더욱 힘겨워졌고, 항공기와 선박 생산의 둔화를 각오할 필요가 있었다. 그래서 더 이상 패전은 허용되지 않았던 것이다.

그런데 피해는 확대일로를 치닫고 있었다. 11월 13일에는 미군이 일본의 정공법을 예상하고 대대적인 물량을 투입하여 기다리고 있는 해상에서 증원에 나선 11척 가운데 6척이 침몰했으며, 군수물자도 맹렬한 폭격 앞에 육지로 끌어올릴 수가 없었다.

이쯤 되면 길은 둘밖에 없다. 철저하게 과달카날 탈환을 고집할 것인가, 아니면 과달카날을 단념하고 후방에 강고한 진지를 구축할 것인가. 이것이 통수부와 국무부 양쪽에 던져진 물음이었다.

육군은 어떤 태도를 취해야 할까. 도조는 군무국장 사토 겐료, 군무과장 니시우라 스스무西浦進(1901~1970) 등과 상의한 끝에 다음과 같이 결정했다. 사실 상의했다고는 하지만 도조의 생각이 추인된 것이나 다름없다.

"신속하게 국력과 전력을 증강해야 할 시기이므로 일단 물러서서 태세를 재정비해야 한다. 기획원에서 검토한 바에 따르면 현재로서는 남방물자를 국내로 수송하고 지구전 태세를 다진다는 방침을 철회해서는 안 된다. 민수용 선박을 군수용으로 돌리지 말아야 하며, 과달카날 탈환에 얽매어서는 안 된다. 육군성은 이 입장을 지키고자 한다."

장기전에 대비하기 위해 과달카날에만 얽매여서는 안 된다. 도조는 기획원이 주장하는 생산력 확충, 다시 말해 후방 진지 확충 쪽에 서기로 결정했다. 그런데 이 입장은 '과달카날 탈환작전은 모든 조건에 우선한다'고 주장하는 통수부의 입장과 대립했다.

옥쇄의 길

11월 16일, 참모본부에서 도조에게 선박 30만 톤을 늘려달라고 요구해왔다. 새로운 계획을 실행에 옮기려 한다는 게 그 이유였다. 해군도 25만 톤을 주장했다. 이것이 터무니없는 숫자라는 것은 통수부도 알고 있었다. 이와 관련하여 『대본영기밀일지』에는 "육해군의 과대한 요구에 정부는 어떻게 나올까. [……] 폭풍전야와 같은 분위기다", "냉정하게 생각해 보면 그 누구에게도 필승의 전략은 없다. 그러나 결전을 피하는 것은 대본영의 자존심이 허락하지 않는다. 만약 이 결전에서 패한다면 차후의 전쟁에서는 파산할 것"이라고 적혀 있다. 요컨대 배수의 진을 치고 있었던 것이다.

참모본부 제1부장 다나카 신이치와 작전과장 핫토리 다쿠시로服部卓四郎(1901~1960)가 37만 톤이라는 숫자를 갖고 대신 집무실에 들어섰을 때 도조는 즉각 이렇게 답했다.

"배만 고집하지 말고 보급기지를 만드는 게 어떤가. 라바울까지 5천 마일, 라바울에서 과달카날까지는 도쿄와 시모노세키 사이의 거리가 아닌가. 항공기지를 만드는 게 낫지 않겠는가."

보급을 선박에 의지할 것이 아니라 과달카날 현지에서도 감자를 재배하도록 하라고 말하기도 했다. 하지만 현실적으로 병사 3만 명이 고립되어 죽음과 대치하고 있는 것이 다른 무엇보다도 도조에게는 불만이었다.

"3만 명을 굶어 죽게 한다면 그 책임은 전적으로 통수부에 있다. 만약 그런 일이 벌어진다면 귀관들은 살아서 만나기 어려울 것이다. 지옥에서나 만날 수 있겠지."

그는 두 사람에게 이렇게 잘라 말했다.

그런데 두 사람은 집요하게 선박을 요구했다. 핫토리 다쿠시로는 관저의 사실私室까지 찾아와서 도조에게 호소했다. 그는 풋내기 때부터 관동군 참모장 도조의 참모 노릇을 한 사람이다. 사표를 품고서 그는 목욕탕에 들어가 있는 도조에게 유리 너머로 하소연을 했다. '사표를 품는' 것은 도조의 성격을 훤히 알고 있는 막료들이 흔히 사용하는 수단이었다. 사표를 품고 왔다는 말이 나오기가 무섭게 도조는 정 그렇다면 어쩔 수 없다는 듯 받아들이곤 했다. 이번에도 그랬다. 핫토리의 하소연에 이끌려 도조는 1차분으로 육군에 17만 5천 톤을 늘려주기로 결정했다.

게다가 핫토리의 패기를 높이 평가하여 그 직후(1942년 12월)에는 육군상 비서관 자리에 앉혔다. 자신과 참모본부를 연결하는 정보창구로 삼을 작정이었던 것이다. 작전과장 자리는 군무과장 사나다 조이치로眞田穰一郎(1897~1957)가 이어받았다.

하지만 통수부에서는 1차분 17만 5천 톤을 확보하고도 이 정도로는 과달카날 탈환작전을 수행하기도 어렵다고 생각했다. 배가 더 필요하다고 판단한 다나카 신이치는 군무국장실에 격렬하게 항의했고, 사토 겐료와 치고받으며 한바탕 싸움을 벌였다. 그리고 12월 6일 다나카는 도조를 찾아가 직접 담판에 나섰다. 도조가 거절하자 흥분한 다나카는 "이 바보 같은 자식!"이라며 격노했다. 둘 사이에 사람이 끼어들고서야 싸움은 수습되었다.

다음날, 다나카는 남방군 총사령관으로 자리를 옮겼다. 도조의 보복이었다. 후임에는 제1방면군 참모장 아야베 기쓰주綾部橘樹(1894~1980)가 앉았다. 관동군 참모장 시절 도조 병단의 작전을 입안하여 도조에게 능력을 인정받았던 군인이다. 그러나 다나카가 떠났어도 통수부의 요구는 수그러들지 않았다. 통수부와 협의하면서 도조는 스기야마와 나가노에게 머리를 숙이고 간청했다.

"국민생활을 최저한도로 긴축하고 일반 생산도 극도로 억제하면서 통수부의 요구에 응하고자 노력하고 있습니다. 통수부에서도 이 점을 헤아려 작전을 재고했으면 합니다."

해군상 시마다 시게타로도 선박 증산과 관련하여 다양한 아이디어가 민간에서 올라오고 있다고 말하면서 그 가운데 몇 가지를 보고했다. 본래대로라면 국무 쪽에 있는 사람은 통수부의 일에 일절 참견할 수 없다. 하지만 통수부의 요구를 받아들일 경우 그대로 국민생활의 붕괴로 이어질 터여서 도조도 시마다도 과달카날에서 철수하라고 말했다. 양자의 대립은 서로의 입장 그 자체에서 비롯된 것이었다. 정치 쪽에 있는 자는 민수용 선박의 희생은 한계에 이르렀다고 생각했다. 실제로 이때 주요 물자를 수송하는 선박은 고작 250만 톤 선을 유지하고 있었는데, 이것은 개전 당시의 예상치를 50만 톤이나 밑도는 수준이었다.

철강재·철광석·석탄의 소비규제로 전략물자뿐만 아니라 소비물자도 더욱더 부족해졌다. 원래 이 전쟁은 경제봉쇄로 숨통이 막힌 상황에서 전략물자를 구하기 위해 일으킨 것이었다. 남방 자원 지역에서 1차 생산품을 일본으로 수송하고 이를 바탕으로 항공기와 선박을 제조하여 해상교통로를 유지하는 것이 전제였던 것이다.

통수부와 격렬한 싸움을 벌이고 돌아올 때마다 도조는 한숨을 내쉬었다. 그리고 비서관에게 말했다.

"육군대신 때에는 고노에 수상에게 협력하려고 했지만 지나고 보니 부족한 점이 있었다. 그것은 내가 육군이라는 것밖에 생각하지 못했기 때문이다."

통수부의 완강한 주장에 이전 고노에 내각 당시의 자신의 입장을 겹쳐 놓고 있었던 것이다.

한편 통수부도 언제까지 과달카날 탈환만을 고집하고 있을 수는 없었다. 국무 쪽의 저항에 더하여 전반적으로 전선이 정체 상태에 빠져들었기 때문이다. 그러자 통수부에서는 참모본부 작전과장 사나다 조이치로를 라바울의 제8방면군으로 보내 실정을 파악하도록 했다. 사나다는 더 이상의 전력 투입은 위험하다고 말하면서 전술 전환을 호소했다. 여전히 체면에 얽매이는 논의가 없진 않았지만 결국 철수를 결정했다. 자신감을 상실한 군령부도 이 조치를 따랐다.

12월 31일 열린 어전회의에서 과달카날 철수를 공식 결의했다. 그 대신 일본이 사수해야 할 방어선을 다음과 같이 정했다. "(1) 솔로몬 군도 방면에서는 과달카날 탈환작전을 중지하고 1월 하순부터 2월 상순에 걸쳐 철수한다. (2) 뉴기니 방면에서는 라에Lae, 살라마우아Salamaua, 마당 Madang, 웨이크 섬Wake Island 등 작전 거점을 증강하고, 오언스탠리 산맥 이북 동부 뉴기니에 있는 요충지를 확보한다. 부나 부근의 부대는 살라마우아 방면에서 철수하고 필요한 지점을 확보한다"는 방침에 따라 천황은 "육해군은 협력하여 최선을 다하도록 하라"고 말했다.

그러나 이 방위선은 과달카날 탈환 실패를 교훈으로 삼은 것이었다고는 말할 수 없다. 뉴조지아와 이사벨도 과달카날 부근의 섬이기 때문에 위와 같은 방어선 설정은 역시 체면치레에 지나지 않았다.

1943년 1월부터 2월에 걸쳐 철수가 진행되었다. 과달카날에 상륙한 3만 1천4백 명 가운데 전사자는 약 2만 8백 명, 그 중 1만 5천 명은 질병으로 사망했다. 당시 제8방면군 참모로 과달카날 작전에 관여한 이모토 구마오는 자신의 일기에 이렇게 썼다. "과달카날 섬을 굶주림의 섬으로 만든 책임은 후방의 사령부, 육해군을 포함한 대본영에 있다. 제일선의 장병들은 모두 기아선상을 헤맸고, 모두 질병에 시달려야 했다. 군대의 전력은 극도로 저하되었고, 개인을 보나 군대를 보나 한결같이 반신불수아니 전신불수이다."

12월 31일 어전회의에서는 또 하나 중대한 국책이 결정되었다. "중국의 국민정부에 대한 정치력을 강화하여 충칭 정부가 내세우고 있는 항일 명분을 뒤엎는다"는 내용이었다. 중국 정략政略은 "지나문제를 전면적으로 처리하기 위한 기초를 확립하여 대영미 전쟁 수행에 전념할 수 있는 상황을 조성하는 데 힘쓴다"는 것을 배경으로 삼고 있었다. 하지만 진짜 원인은 이러한 대의명분 때문만은 아니었다. 정치와 군사 지도자들 사이에서 지나사변의 무력 해결은 무리라는 인식이 상식으로 받아들여지고 있었기 때문이다.

충칭 정부 궤멸작전(5호작전)의 좌절은 이를 단적으로 보여주었다. 이해 가을부터 입안된 이 작전은 말레이·필리핀·인도네시아에서 작전을 완수하고 버마에서 영국군을 격퇴한 후에 기획된 것으로, 남방·만주·조선·내지에서 병력을 끌어모으고 이들로 구성된 15사단이 쓰촨성을 공격하여 장제스에게 타격을 가한다는 내용이었다. 하지만 과달카날에 전력을 투입하면서 이 작전은 불가능해졌다. 그것이 전략 전환의 계기였다. 어전회의가 끝난 후 도쿄에 모인 지나파견군 참모들은 군사작전에서 선회한 정략에 당혹감을 감추지 않았고, 노골적으로 불만스런 표정을 지었다.

그런데 정략이라고는 하지만 일본이 후원하는 국민정부는 중국 국내에서는 전혀 인기가 없었다. 팔로군이 반일과 항일을 모토로 국민적 지지를 넓혀가고 있을 때 국민정부는 일본군이 시키는 대로 움직이고 있었기 때문이다. 국민정부 주석 왕징웨이汪精衛(1883~1944)에게 어전회의의 결정에 따라 대영미 전쟁에 참전하라는 요청이 전해졌다. 1943년 1월 9일이라는 일시까지 지정되었다. 이때 일본의 지도자들은 대영미 전쟁에 선전포고를 하게 하면 중국인도 하나가 되어 국민정부 아래 결집할 것이라고 정말로 믿었다. 더욱이 국민정부의 참전은 일본이 원한 것이 아니라 중국 국민이 자발적으로 바란 것으로, 중국 민중에게는 일본이 진정으로 중국과 제휴하고 싶어한다는 것을 신뢰하도록 선전에 힘쓰라고 전하기도 했다. 궁지에 몰린 일본의 발버둥질이었다.

도조는 이러한 일련의 정책에 대해 육군상 비서관 자리에 앉은 핫토리 다쿠시로에게 다음과 같이 말했다.

"이 전쟁을 승리로 이끌기 위해서는 다른 민족의 마음을 잡지 않으면 안 된다. 군은 만일의 경우에 대비하기만 하고 뒷일은 국민정부에 맡기는 편이 좋을지도 모른다. 그것이 국민정부에 힘을 실어주는 길이 될 것이다."

상황에 딱 맞는 말이었다. 뜻밖에도 이러한 기회주의의 그늘에 도조의 두 측면이 얼굴을 내밀고 있었다. 하나는 일본의 군사력을 자각하고 있었다는 점이고, 다른 하나는 일본의 특권적 지위를 확보하고 있는 일중기본조약의 철폐를 생각하고 있었다는 점이다. 그가 이런 의견을 갖게 된 것은 왕징웨이 정권의 고문으로 있다가 대동아상이 된 아오키 가즈오와 주중대사 시게미쓰 마모루重光葵(1887~1957)에게 설득당했기 때문인데, 이는 이제 일본의 권익을 방기放棄하고 중국인의 자주성 회복 방침에 귀를 기울이게 되었다는 것을 의미한다. 2년 전 추밀원에서 일중기본조약을 심의할 때, 추밀원 고문관 한 사람이 이 조약은 일본의 신용을 추락시켰다고 발언한 데 격노했던 도조의 모습은 사라지고 있었다.

그리고 이 무렵 루스벨트는 백악관에서 연두교서의 초안을 훑어보면서, "1942년 우리의 적이 전쟁에서 이길 수 없다는 것은 새삼 여러분에게 말할 필요가 없습니다"는 구절을 주시하고 있었다.

억지스런 의원 설득

1943년으로 접어들었다. 정월, 수상 관저는 비서관과 육군성 장교 등 도조의 측근들로 붐볐다. 그러나 도조는 추종하는 말이 오가는 자리에서도 마음이 개운해지지 않았는지 불쾌감을 감추지 않았다.

1월 1일자 『아사히신문』에 실린 박스 기사. 동방동지회東方同志會의 나카노 세이고中野正剛(1886~1943)가 〈전시재상론戰時宰相論〉이라는 제목의 원고를 보냈다. 그는 비스마르크·힌덴부르크·루덴도르프를 인용하면서 비상시 재상은 강한 모습을 보이지 않으면 안 되며, 전황이 나빠졌다 하더라도 초조한 안색을 보여서는 안 된다고 말했다. "비상시 재상은 반드시 뛰어난 영웅이 아니라 하더라도 그 임무를 완수할 수 있는 자이다. 아니, 일본의 비상시 재상은 설령 영웅의 본질을 지니고 있다 하더라도 영웅의 명성을 남용해서는 안 되는 자이다"라는 말에 이어서 그는 가쓰라 다로桂太郎는 관록이 없는 수상으로 비쳤지만 인재를 활용하여 그 목적을 달성했다고 찬양하고, "난국에 처한 일본의 명재상은 절대로 강한 모습을 보이지 않으면 안 된다. 강해지기 위해서는 성충誠忠, 근신謹慎, 염결廉潔의 마음으로 드넓은 기개와 도량을 갖추지 않으면 안 된다"는 말로 글을 마무리했다.

신문기자 출신인 나카노 세이고의 글이지만 읽기에 따라서는 도조를 격려한 것으로 받아들여질 수도 있었다. 그의 정치적 경력에 비추어보면 그렇게 보는 것이 타당하다. 하지만 도조는 자신을 조롱, 비판, 중상하는 것으로 읽었다. 단어 하나와 구절 하나에 담긴 의미는 전쟁시국에 대한 대응을 비방하고 있다는 것이었다.

그는 즉각 전화를 걸어 정보국 검열과를 불러들였다. 그리고 "신문지법 제23조에 따라 발매금지하라"고 명했다. 이미 내무상 자리를 떠나 있던 그의 행위는 이 제23조에서 규정한 바 '내대신의 권한으로 안녕질서를 어지럽혔다고 인정될 경우 발매, 반포를 금지할 수 있다'는 조항 그 자체를 위반한 것이었다. 하지만 이런 기사를 통과시키는 것은 검열과의 관료가 멍한 상태에서 일을 하고 있기 때문이라고 의심한 도조는 그런 위반 따위에는 전혀 아랑곳하지 않았다.

'폐하의 친임에 따라 수상 자리에 있는 자에 대한 비판이나 중상은 곧 폐하에 대한 중상이다.'

지금은 그것이 그의 유일한 무기였다. 그는 정말로 그렇게 믿고 있었다. 그리고 이때부터 헌병대는 나카노 세이고를 감시하라는 명령을 받았는데, 감시한다는 것은 종종 '법률위반'의 날조를 의미했다.

도조와 헌병대의 관계는 이 무렵부터 더욱 친밀해졌다. 전황이 악화됨에 따라 유력자들은 도조에게 더욱 거세게 반발했다. 고노에는 히가시쿠니노미야를 찾아가 도조에 대한 생리적 반발을 감추지 않았다. 그는 재계, 정계, 일반 사업계가 이 내각에 반대하고 있으며, 이 이상 도조 내각이 계속된다면 앞날을 낙관할 수 없다고까지 말했다. 도조를 비판하는 분위기는 정치 지도자들 사이에서도 확산되었다. 참모본부의 젊은 참모들 역시 도조의 육군상 겸임을 달갑게 여기지 않았다. 여기에 신문기자들까지 "정월 아침, 침대 위에서 신문을 읽은 도조는 공연히 화를 내며 나카노 탄압을 도모했다"고 수군댔고, 이것은 지도자의 무기가 아니라고 말하고 다녔다.

그런 중상이 귀에 들어오자 도조는 노골적으로 헌병대에 의뢰했다. '약점을 보여서는 안 된다. 사소한 일이 큰 일로 번지게 마련이다. 조금이라도 만만한 태도를 취해서는 안 된다.'

1월 하순 의회가 열리기 전, 그는 감기로 쓰러졌다. 그런데 그것이 불온한 소문으로 떠돌 것을 두려워한 그는 몰래 관저의 계단을 오르내리면서 체력을 다졌고, 의회에서도 몸을 뒤로 젖힌 자세로 오른손을 가볍게 허리에 대고 왼손으로 원고를 넘기면서 의식적으로 높은 어조의 목소리로 연설했다. 그는 시정연설에서 여전히 일본에 유리하다고 말했다. 그리고 미국과 영국은 남방 자원을 잃고 어려운 지경에 처해 있으며, 최후

바모
버마의 정치가. 독립운
동에 참가했고, 버마가
인도에서 분리 독립한
1937년 초대 수상이 되
었다. 1943년 대일협력
정권의 주석을 역임했
으며, 일본의 패전 후에
는 일본으로 도망쳤다
가 귀국하여 야당인 마
하바마당의 당수가 되
었다.

의 저항에 들어서고 있다는 말로 연설을 매듭 지었다.

이 제81차 의회는 개전 이래 네 번째 열린 것으로 '결전의회'라고 불리는데, "미영과의 결전은 금년에 달려 있다"는 말이 이때 내건 슬로건이었다.

도조의 시정연설은 그야말로 거칠 것 없이 당당했다. 그는 이 연설에서 남방 여러 지역의 주민은 "폐하의 은혜를 입어 벌써 새로운 건설에 나서고 있으며 마음으로부터 협력하고 있습니다. […] 제국은 우리의 참뜻을 이해하지 못하는 자는 철저하게 응징할 것입니다만 한번 우리의 치하에 들어온 자는 진실로 자식같이 대할 것입니다"라고 자화자찬했다. 또 바모Ba Maw(1893~1977)* 수상 이하 많은 사람들이 일본군에 협력하고 있기 때문에 버마의 독립은 금년 안에 승인할 것이라고 약속했다. 듣기에 따라서는 '독립'이란 일본의 괴뢰화傀儡化를 의미하는 것처럼 받아들여질 수도 있었다.

중의원과 귀족원의 질문은 표면상으로 모두 도조를 격려하고 고무하는 내용이었다. 중의원 본회의에서 야마자키 다쓰노스케山崎達助輔(1880~1948)의 질문은 "국가를 위해 몸조심하시기를 간절히 바랍니다"라는 말로 시작되었다. 귀족원 본회의에서는 고도 다쿠오伍堂卓雄(1877~1956)가 대전하의 사상전, 선전대책을 질문하면서 일부 국민의 정신적 이완이 우려스럽다고 역설했다. 도조는 자신의 생각도 그러하다면서 장광설을 펼쳤다. "전황 등에 관하여 제국 대본영의 발표가 얼마나 비할 데 없이 정확한지는 이미 세계가 다 아는 바와 같습니다." 과달카날의 패전을 '전진轉進'이라는 말로 교묘하게 위장했는데, 전진이 성공하고 있다고 해석하는 한 확실히 대본영 발표는 정확했다.

세계의 뉴스는 미드웨이 해전과 과달카날 전투 이래 일본의 대본영 발표를 일소에 부쳤지만 도조와 그 주위에서는 그런 것을 인정하려 들지 않았다. 인정하지 않는 한 그것은 존재하지 않는 것이었다.

그리고 고도 다쿠오의 질문에 덧붙여 일본이 진다면 거기에는 두 가지 이유가 있다고 말했다. 육해군의 대립과 국민의 혼선, 특히 국민의 혼선이 걱정된다고 단언했다. 지도자의 책임을 전가하는 궤변이었다.

"따라서 국내의 결속을 어지럽히는 언동에 대해서는 금후에도 철저하게 단속할 작정입니다. 설령 그런 자가 아무리 고관대작이라 하더라도 어떤 사람이든 용서하지 않을 것입니다. [……] 자유주의를 타도할 것이며 그외 다른 가면을 쓰고 공산주의를 획책하는 자에 대해서는 처음부터 끝까지 주의를 기울일 것입니다."

이렇게 답변하자 회의장은 박수 소리로 가득 찼다. 물론 도조의 진의를 이해했다는 뜻은 아니다. 도조가 고관이라 하여 지목한 자가 고노에 후미마로와 나카노 세이고 두 사람이라는 것은 저간의 사정에 상당히 정통한 이들밖에 알지 못했다. 그런 사정을 잘 아는 사람 중에는 헌병을 시켜 고노에와 나카노를 체포할 시기가 멀지 않았다고 판단한 자도 있었다.

이 의회에서는 많은 의원들이 기강숙정紀綱肅正 문제를 제기했다. 배급제도가 느슨해져서 물품이 부정으로 유출되기도 하고 암시장에서 편의를 봐주는 관리도 있다는 것이다. 그때마다 "저는 관리의 도리를 진작하기 위해 스스로 앞장섰을 뿐만 아니라 기회가 있을 때마다 훈시를 하고 지도를 했습니다만, 제가 부덕한 탓에 그 성과가 아직 제대로 드러나지 못한 점 진심으로 유감스럽게 생각합니다"라며 고개를 숙여야만 했다. 도조에게 반감을 갖고 있던 의원은 특히 이 점을 집요하게 물고 늘어졌다. 그것을 도조의 약점이라고 생각했던 것이다. 의회가 진행되면서 도조의 표정은 험악해졌고, 관저에 돌아올 때마다 "의원들이 자신이 마치 신이라도 되는 듯한 얼굴로 성가시게 말하는 것은 유감"이라고 투덜댔다. 특히 규탄하는 투의 질문을 받은 날에는 망연자실한 표정을 감추지 않았다.

"통상적인 의회 회기를 단축하고 전쟁지도에 전력을 다할 필요가 있다." 이 무렵 그는 메모수첩에 이렇게 적고는 분노를 달랬다.

회기가 끝날 시점이 가까워지면서 도조의 신경을 거스르는 질문이 여기저기서 터져 나왔다. 밑바닥에 흐르고 있던 도조에 대한 반감이 시간이 지나면서 표면으로 떠올랐던 것이다. 중의원의 전시행정특별법위원회에서 기타 소이치로喜多莊一郎가 "총리의 지시권指示權과 명령권 등에 따라 과도하게 생산 증강 행정에 중점을 두는 것은 총리의 독재주의화가 아니냐"고 물었다. 그러자 도조는 화가 잔뜩 나서 밑도 끝도 없이 다음과 같이 말했다.

"독재정치라고 말씀하셨습니다만 이것 하나만은 명확하게 해두고 싶습니다. 히틀러 총통, 무솔리니 수상, 스탈린 수상, 루스벨트, 처칠 등등이 있습니다. 이들과 일본의 저는 다릅니다. 저는 폐하의 명령으로 내각 총리대신이라는 중책에 임명되었습니다. 그리하여 현재 저는 전국의 지도자 자리에 있는 것입니다. 이들과는 본질이 전혀 다른 것입니다. 보잘 것없는 저는 초망지신草莽之臣으로서 도조 그 자체는 여러분과 조금도 다르지 않습니다. 오히려 여러분이 초망지신 중에서도 뛰어난 사람일지 모릅니다. 초망지신인 제가 모자란 점이 있다는 것 정도는 알고 있습니다. 저는 폐하의 위광을 받아 빛이 나는 사람입니다. 폐하의 위광이 없었더라면 이 사람은 작은 돌멩이만도 못했을 것입니다. 폐하의 신임이 있었고, 그런 지위에 있기 때문에 빛이 나는 것입니다. 이것이 소위 독재자라고 칭하는 유럽의 여러 사람과는 근본부터 다른 점입니다. 폐하의 신임을 잃는다면, 폐하께서 물러나라고 하신다면 그것으로 끝입니다. 그것보다 앞서는 것은 아무것도 없습니다. 저는 작은 돌멩이입니다. 그것의 본질은 지금 말씀하신 독재주의라는 것과 본질적으로 대단히 다릅니다. 일본의 국체는 누가 뭐래도 그렇지 않으면 안 되는 것입니다. 어디까지나 저는 폐하의 위광 아래서야 비로소 존재 의식이 있으며, 마치 달구경하는 것과 같아서 폐하의 위광을 받아야 빛날 따름인 것입니다."(『중의원전시행정특별법위원회의사록』)

밑도 끝도 없는 소리를 지겹도록 장황하게 되풀이했다. 권력자의 잡담을 공식석상에서 '답변'이라는 명목으로 당당하게 말하고 있는 것이다.

더욱이 이 논의를 밀고 나가면 도조는 천황의 뜻을 받은 집정執政이고, 따라서 천황이 바로 독재자라는 결론으로 나아가게 된다. 이 함정을 그는 자각하지 못했다.

그런데 의회 내부에서는 암묵리에 양해가 있었다.

군인 출신 수상에게서 흔히 볼 수 있듯 맥락이 전혀 닿지 않는, 자기만족으로 가득 찬 발언은 법률적인 차원에서 행하는 질문과 도저히 맞물릴 수 없다는 양해였다. 하고 싶은 말 하게 내버려두라는 얘기이기도 했다. 확실히 도조의 답변은 처음부터 끝까지 자화자찬 일색이었다. 예컨대 징용공徵用工의 사기를 앙양하기 위해 최저생활 수준을 확보해주는 것이 어떻겠느냐는 질문을 받았을 때, 사장과 종업원의 관계는 부모와 자식의 관계라고 말하면서 자신의 연대장 시절 이야기를 시시콜콜히 늘어놓았다. 국민의 사기를 어떻게 붙들어둘 것인가라는 물음에는 패배하면 영미의 노예가 될 것이기 때문에 무슨 일이 있더라도 이겨야만 한다고 답했다. 이것만이 아니다. 쓰루미 유스케鶴見祐輔(1885~1973)가 "필승의 신념은 무엇을 근거로 말하는 것인가"라고 질문했을 때, 도조의 답변은 마치 사람을 업신여기는 듯한 것이었다. 하지만 그것은 많은 의원의 사기를 고무하는 것이었기 때문에 그다지 문제가 되지 않았다. 도조는 다음과 같이 말했다.

"유사 이래 황군의 싸움은 천황폐하의 위광 아래 싸우면 반드시 이기는 것이었습니다. 이것은 빛나는 황국 3천 년의 전통이고 신념입니다. 우리 조상은 천황폐하의 위광 아래, 이 신념 아래 모든 노력을 쏟아부었고, 싸우면 반드시 이겨서 금일의 제국을 쌓아올린 것입니다."

앞뒤 맥락이 닿지 않는 이런 답변을 허용한 것이 전시의회의 실상이었다.

도조의 신경을 거스르는 노골적인 질문이 더욱 격해진 것은 전시형사특별법개정안을 심의하면서부터이다. 치안을 해치는 행위를 협의 내지 선동한 자의 벌칙을 무겁게 한다는 것이 이 법안의 목적으로, 정부에 대한 비판을 일절 허용하지 않는다는 것이 핵심적인 내용이었다. 이 법안을 정부 원안대로 통과시키자는 익찬정치회 간부와 이에 반대하는 의원이 대립했다. 반대파 의원은 이것이야말로 무단독재전제법안으로 이 법안이 통과되면 의회의 기능이 무력화될 것이라고 주장했다.

"국민은 더욱 위축되지 않겠습니까. 이래서는 전쟁협력도 가망이 없을 것입니다."

나카노 세이고가 속한 동방동지회 계열의 의원이 반대하고 나섰다. 나카노의 측근임을 자타가 인정하는 미타무라 다케오三田村武夫(1899~1964)가 반대파의 선봉에 섰다. 군인에서 정치가로 전신한 하시모토 긴고로, 미쓰이 사키치滿井佐吉(1893~1967) 등도 그 의견에 동조했다. 나카타니 다케요中谷武世(1898~1990)를 비롯한 젊은 의원들은 "권력주의자에게 이 이상의 권력을 주어도 되느냐"며 수군거렸다.

의회 내부에서 반대론이 강하다는 소리를 들은 도조는 즉각 행동을 개시, 군인 출신 의원들을 불러들여 와해 공작을 폈다. 우선 익찬정치회의 유력 의원인 하시모토 긴고로를 쓰키치의 요정으로 불러냈다.

하시모토의 비서 오카 다다오岡忠男는 옆방에서 도조와 하시모토가 주고받는 이야기를 듣고 있었다. 처음에는 도조가 낮은 목소리로 하시모토를 설득했다. 그런데 거꾸로 하시모토 쪽에서 "국민으로부터 자발적인 전쟁협력을 끌어내는 것이 맞지 않느냐"며 항의하기 시작했다. 그러자 도조가 버럭 화를 냈다.

"하시모토, 당신은 나의 적인가 아군인가. 적인지 아군인지 확실히 밝히게."

하시모토는 한동안 말이 없었다. 도조와 회의를 마친 하시모토는 돌아오는 자동차 안에서 "만약 적이라고 답했다면 저 사람은 틀림없이 내일 당장 헌병대를 부를 작정이었을 것"이라고 말했다. 그 역시 권력을 휘두르는 도조의 체질을 두려워하고 있었던 것이다.

초조해하는 도조의 뜻에 호응하여 익찬정치회의 마에다 요네조, 오아사 다다오 등도 젊은 의원들을 설득했다. 서기관장 호시노 나오키도 사전 공작에 나섰는데, 이때 육군성에서 대량의 자금이 살포되었고 그 때문에 많은 의원들이 태도를 바꾸어 이 법안에 찬성한 것으로 알려져 있다. 확실히 반대파 의원은 단기간에 소수가 되었고, 3월 8일 이 개정안은 가결되었다.

"의회 안에도 성전의 의미를 알지 못하는 자가 있다."

그날 밤 도조는 비서관과 저녁을 먹는 자리에서 이렇게 말했다. 그의 언동은 냉정하지 못했고 지리멸렬했다.

아이러니하게도 마에다 요네조나 오아사 다다오와 반대 입장에 선 의원들, 즉 나카노 세이고·하토야마 이치로·아시다 히토시·미키 부키치三木武吉(1884~1956) 등이 이날부터 도조의 자세에 불안과 초조를 느끼고 움직이기 시작했다. 그들도 마냥 순한 양처럼 참고만 있을 수는 없었던 것이다.

법안이 가결되고 얼마 지나지 않아 헌병사령관 가토 하쿠지로가 보고를 하기 위해 도조를 찾아왔다. "헌병사령관은 대신급과 맞먹는다"고 큰소리치던 가토는, 도조의 측근임을 자임하는 스즈키 데이이치와 모의하여 대대적인 정보망을 궁중, 정계, 관계에 구축했다고 보고했다. 이 보고를 듣고 도조는 감격했다. 내대신 기도 고이치와 내대신 비서관장 마쓰다이라 야스마사松平康昌(1893~1957), 각료 중에서는 철도대신 핫타 요시아키八田嘉明(1879~1964)가 가토와 연락을 취하면서 정보를 도조에게 전하기로 했고, 치안과 관련해서는 사법차관, 경시청 특고부장이 가토의 부관 이와타 소이치岩田宗市를 통해 도조에게 정기적으로 정보를 가져오기로 했다. 도조 앞에만 서면 마치 광대 같은 태도를 취하곤 하는 가토는 득의양양하게 자신이 얼마나 충성스럽게 일하고 있는지를 과시했다. 그런 가토에게 도조는 다음과 같이 말하면서 새로운 일을 부여했고, 더욱 충실하게 소임을 다하라고 요구했다.

"의회의 움직임을 엄중하게 감시하라. 불온한 움직임은 허용하지 않을 것이다. 그러나 일부러 적을 만들지는 않겠다. 조금이라도 미심쩍은 자에게는 주의를 게을리해서는 안 된다."

야마모토 고주로쿠의 죽음

나는 도조 집안과 가까운 사람들을 몇 명 만났다. 물론 나에게 특별한 인연이나 소개자가 있었던 것은 아니다. 아예 직접 편지를 써서 취재 신청을 했던 것이다. 약 3년 동안 많은 관련 책자를 읽었고, 내 나름대로 의문점을 적어 대답해줄 수 없겠느냐고 부탁했다. 관련 책자를 읽으면 금방 알 수 있을 터이지만, 도조 히데키에 관해서는 놀랄 정도로 그 실상이 애매모호하다. 자료를 재인용하여 그려낸 도조의 이미지는 역겨울 만큼 획일적이기까지 하다.

이제 그런 이미지에서 벗어나 새롭게 도조상像을 그리고자 하는 나의 바람을 현실화하기 위해 가장 필요한 것은 새로운 자료의 발굴이다. 도조 집안의 주변 사람들과 관계자들은 이를 위해 관계서류를 정리해왔다. 그중에서 몇 권의 수첩이 새로 발견되었다. 도조 자신의 손으로 쓴 수첩이다. 1945년 8월 15일 밤, 도조는 자택 정원에서 그때까지 묶어두었던 모든 메모수첩을 불태운 것으로 알려져 있는데, 당시 소각을 면한 수첩이 아직 관계자에게 남아 있었던 것이다.

수첩 중 하나는 1943년 2월부터 9월에 걸쳐 주로 국무國務에 대한 단상을 적은 것이다. 본인이 그때, 그 장소에서, 스스로 적은 것이라는 사실만으로도 자료적 가치는 높다. 이 수첩의 첫 페이지에는 제81차 의회의 법안 제출에 관한 그의 감상이 적혀 있다.

"(1)본회의의 상황을 보건대 의원의 태도도 그렇거니와 정부로서도 직접 전쟁과 관련하여 얄팍한 법률안을 제시하는 경우가 지나치게 많다. (2)사무당국자에게 맡기지 않고 각 대신의 허락 아래 엄선에 엄선을 거듭하여 용의주도하고 엄중하게 지도할 필요가 있다. (3)내년도 법률안은 극도로 제한(편승적 법안은 사절), 통상적인 의회 회기를 단축하고 전쟁지도에 전력을 다할 필요가 있다."

여기에는 관료가 경쟁적으로 법률안을 만들고 싶어 하고, 지도자가 권력을 휘두르는 모습이 나타나 있다.

내각 강화를 생각하고 실행한 것도 미온적인 답변으로 일관하는 관료와 관료에게 휘둘리기만 하는 각료를 경질하여 강력한 내각을 만들겠다는 의도에서 비롯됐다. 내무상 안도 기사부로安藤紀三郎(1879~1954), 농상상 야마자키 다쓰노스케, 국무상 오아사 다다오, 문부상 오카베 나가카게岡部長景(1884~1970). 안도는 대정익찬회 총재로 육군중장, 오아사는 익찬정치회 간부, 오카베는 학습원 초등과 시절의 동급생. 고작 1년 남짓밖에 다니지 않은 학습원 소학부의 동창회를 열었고 거기에서 오카베를 만났다. 강력 내각이라지만 도조식 색채가 짙은 내각이었고 외무상 시게미쓰 마모루만이 참신한 인물이었다. 대중국 정책을 무력탄압에서 정치공작으로 전환하기 위해서는 주중대사 시게미쓰 마모루가 필요했던 것이다.

당시 일본군의 전황은 어떠했을까. 2월 27일 열린 대본영-정부 연락회의에서 〈세계정세판단〉이라는 문서를 둘러싸고 논의가 있었는데, 육군성과 해군성 그리고 통수부의 사무당국이 정리한 원안에 대해 도조는 집요하게 질문을 던졌다. 원안에는 미영을 이길 명확한 프로그램이 없다고 적혀 있었던 것이다. 과달카날을 상실한 이래 도조는 서서히 공식석상에서도 통수부의 작전에 말참견을 했는데, 이때에도 노골적으로 불만을 털어놓았다.

군령부 차장 이토 세이이치가 도조의 불만에 기어들어가는 목소리로 이전에 생각했던 전쟁지도 방법을 바꿀 필요가 있다고 대답했다.

독일군이 영국을 굴복시키리라고는 아무도 믿지 않는 시기에 접어들고 있었다. 영국은 말할 것도 없고 소련에서도 독일은 어려운 상황에 처해 있었다. 비록 일본의 신문에서는 보도하지 않았지만 독일군이 스탈린그라드에서 대패했다는 소식이 전해졌고, 이는 추축국 측의 지위가 흔들리고 있다는 것을 의미했다. 일본의 지도자들도 이 사실을 충분히 이해하지 않으면 안 되었다. 이 무렵 회의에 참석한 통수부의 인사는 한 마디도 하지 않은 채 오로지 침묵 속으로 도피했다.

도조의 질문은 악화하는 정세 속에서 조금이라도 기세를 올릴 수 있는 측면을 찾고자 한다는 의미를 포함하고 있었다. 하지만 일본과 중국이 제휴하면서 충칭 정부는 힘을 잃을 것이라고 말해도 통수부의 책임자는 아무런 대답을 하지 않았고, 미국의 경우 국내 분열 및 인적 자원의 고갈과 더불어 전력도 약화될 것이 아니냐고 물어도 아무도 고개를 끄덕이지 않았다. 도조의 카랑카랑한 목소리만이 연락회의를 이끌어가는 역할을 하고 있었던 것이다. 만약 도조가 이 무렵 미군의 작전 실상을 알았더라면 그런 낙관적인 예상은 어긋나도 한참 어긋났다는 것을 자각했을 것이다.

통수부가 상세하게 보고하지는 않았지만 1943년에 들어서 미군은 민수용 선박을 격침한다는 작전을 채택하고 있었다. 일본을 단단히 옥죄는 작전으로 국민생활을 궁지로 몰아넣음으로써 염전厭戰 분위기를 유도한다는 의도였다. 일본은 매년 7만 톤의 상선을 상실할 것으로 예상했지만, 실제로는 이 무렵부터 13만 톤 이상의 상선을 잃게 되었다.

이 연락회의가 끝나고 얼마 지나지 않아 통수부는 새로운 작전활동에 돌입했다. 1943년에 들어서자 미국은 대서양뿐만 아니라 태평양에도 힘을 쏟게 되었는데 동부 뉴기니가 그 대상이었다. 이곳에 수비부대밖에 배치하지 않았던 일본은 라바울에서 대규모 병력과 군수품을 수송하기로 하고 3월 1일부터 '81호' 작전이라는 이름으로 실행에 나섰다. 그러나 미군은 대형 전투기를 동원해 수송선을 공격했다. 일본군은 6천9백 명 중 3천664명을 잃었고, 군수품과 무기도 바다 밑으로 가라앉아버렸다. 지원군의 상륙이 끊긴 동부 뉴기니와 솔로몬 군도에서는 미군의 폭격이 더욱 맹렬해졌다. 이를 타개하기 위해 일본군은 무엇보다 먼저 제공권을 탈환하고 수송작전을 진행해야 했다. 그렇지 않으면 이제 막 결정한 방어선도 허망하게 무너져버릴 것이기 때문이다.

'81호' 다음으로 수립된 작전은 '갑호' 작전이라 불렸다. 이는 야마모토 고주로쿠 연합함대 사령장관이 전면에 나서서 항공 전력을 총동원하여 동부 뉴기니의 제공권을 탈환한다는 것이었다. 연합함대사령부는 4월 5일부터 10일까지 솔로몬 방면에서의 싸움을 X전戰, 4월 11일부터 20일까지 뉴기니 방면에서의 싸움을 Y전이라 명명하고 준비에 착수했다.

태평양에서의 새로운 전투와 함께 대륙에서도 영미 연합군의 움직임이 시작되었다. 일본이 제압하고 있던 버마에도 영미군의 폭격기가 날아오기 시작했다. 그 때문에 군사행동만이 아니라 정치적으로도 버마와 연대할 필요가 있다는 목소리가 높아졌다. 이미 군사행동이 한계에 도달해 있다는 것이었다.

제81차 의회 연설에서 도조가 버마 독립을 약속한 것도 이런 배경 때문이었는데, 일본이 말하는 독립이란 언제나 그런 의미였다. 원래 독립의 형태에 관해서는 두 가지 생각이 있었다.

하나는 대동아건설이라는 대의를 위해 버마인에게 모든 것을 맡겨야 한다는 생각이고, 다른 하나는 신질서 건설이라고 말하는 이상 영미식의 민주주의 사상을 추수하는 것이라면 독립의 의미가 없다는 생각이다. 후자는 군 중앙과 현지군의 의향이었다. 두 가지 안이 제시되었을 때 도조는 주저 없이 후자를 택했다.

"버마 독립은 전략의 관점에서도 영향이 크기 때문에 일본 측의 의도를 실행할 수 있는 독립이 아니라면 의미가 없다."

이런 생각을 배경으로 〈버마독립지도요강〉이 결정되었다. 이 요강에서 일본은 "팔굉일우의 황도皇道에 기초하여 만방이 각각 소임을 다하게 한다는 대의에 따라 [⋯⋯] 대동아공영권의 일환인 신버마국을 생육生育한다"고 주장하면서, 일본군의 지도 아래 독립준비위원회를 설치하고 8월 1일을 독립일로 하며, 독립과 함께 영미에 선전포고를 하도록 지도한다고 명시했다. 그리고 3월 하순 버마의 수상인 바모를 도쿄로 불러 이 요강을 건넸다. 대학교수에서 독립운동 투사로 전신한 바모는 이때 전형적인 일본 군인인 도조에게 호감을 갖지 않았던 듯한데, 그래서인지 "일본 정부가 발표한 성명에 깊은 감사를 표할 따름입니다"라고 의례적으로 답했을 뿐이다.

"건국정신에 따르면 버마인의 버마이지만, 그러나 버마는 대동아공영권의 일군으로서 황도국가가 아니면 안 됩니다. 즉 세계 신질서 건설에 협력하지 않으면 안 됩니다."

도조는 바모에게 이렇게 말했다. 그런데 측근에게 "바모가 알아듣도록 말해두었다"고 한 데서 알 수 있듯이, 도조 자신은 바모를 자신의 아랫사람으로 취급하고 있었다.

그러나 전황이 점점 나빠지고 있다고는 해도, 일국의 책임자가 부르기가 무섭게 부랴부랴 달려온 것을 보면, 일본의 권세는 아직 충분했다. 그리고 이런 권세가 있을 때 도조의 언동이 진실로 동아 해방에 걸맞은

부인
파푸아뉴기니 부갱빌
섬 남부에 위치한 마을.

것이었다면, 역사상 도조의 존재도 얼마간 평가를 받
게 되었을 것임에 틀림없다.

'갑호' 작전이 예정대로 시작됐다. 처음 이 작전은 순조롭게 전개됐
다. 야마모토 고주로쿠 자신이 앞장서서 라바울에서 작전을 지도했다.
그의 지도 아래 순양함 1척, 구축함 2척, 수송선 25척을 격침했을 뿐만
아니라 비행기 34대를 격추하고 비행장 4곳에 대대적인 피해를 준 것
으로 알려졌지만, 일본군도 비행기 49대를 잃었다. 비행기의 경우 일본
의 피해가 더 컸던 것이다. 이 손실은 연합함대 참모들을 놀라게 했는
데, 이는 미군 파일럿의 조종술이 착실하게 발전하고 있다는 것을 보여
주었다.

4월 18일, 야마모토는 이 작전에 함께한 참모들을 격려하기 위해 라바
울에서 부인Buin*으로 향했다. 그런데 그가 탄 비행기가 부인 상공에서
기다리고 있던 미군기의 공격을 받고 격추되었다. 일본 해군의 암호해독
에 성공한 미군기가 기다리고 있었던 것이다. 미국에게 야마모토 고주로
쿠라는 이름은 개전 당시 말레이 공략 전투를 지휘한 제25군 사령관 야
마시타 도모유키와 함께 일본군의 상징처럼 보였다. 그런 까닭에 그를
바라보는 미국의 시선에는 존경과 증오의 감정이 뒤섞여 있었다. 야마모
토를 쓰러뜨리면 미국 국민의 사기는 올라가고 일본의 전의는 꺾일 것이
라는 생각에서 나온 작전이었다.

야마모토의 전사는 통수상 비밀사항으로서 통수부와 정치의 상층부에
만 알려졌는데, 그의 죽음 소식을 접한 천황은 기도 고이치에게 깊이 탄
식하며 말할 정도로 충격을 받았다. 일반인에게는 1개월 후인 5월 21일
에야 그의 죽음과 함께 6월 5일의 국장 일정이 발표되었지만, '야마모토

원수 사거' 소식은 재계와 정계뿐만 아니라 일반 국민들에게도 "이 전쟁은 더 이상 안 된다"는 느낌을 주었다.

도조는 '야마모토 원수의 죽음 소식을 듣고'라는 제목의 와카和歌 두 편을 메모수첩에 적었다.

그대 떠나고 사무치는 마음 무겁지만
그래도 그만둘 수 없지 이겨야만 하네

단 한 분 천황폐하께 바칠 몸은
여전히 부족하다고 생각할 수밖에 없구나

유력한 지도자의 한 축이 무너졌다는 소식을 듣고 도조도 적잖이 당혹스러워했다. 자신의 두 어깨에 책임이 더욱 가중되리라는 것은 분명했다. 와카에는 그런 의미가 담겨 있었다.

찬드라 보스와 만나다

남방뿐만 아니라 북방에서도 미군의 공격이 시작되었다.

전년 6월 일본은 알류샨 열도의 아투 섬Attu Island과 키스카 섬Kiska Island을 점령했었는데, 이는 미군이 일본 본토 폭격을 위한 기지를 설치할 수 없게 한다는 의미와 미소의 연락을 차단한다는 의미를 함께 지니고 있었다. 이 두 섬에는 2천5백 명의 수비대가 머물고 있었다. 그런데 1943년 5월에 접어들어 1만 1천 명의 미군이 아투 섬에 상륙했다. 이 소식을 접한 통수부는 제공권과 제해권을 확보하지 못한 작전은 자멸 이외에 길이 없다고 판단하고 키스카부대의 철수를 결정했다. 제2의 과달카날이 되지나 않을까 두려워했던 것이다.

"대본영에서 북방군 사령관 히구치 기이치로樋口季一郎(1888~1970)에게 서부 알류샨부대의 철수에 힘쓰라는 명령이 하달되었습니다."

이 소식을 들은 도조는 마뜩찮은 표정으로 고개를 끄덕였다. 모든 희생을 치르면서 통수부의 요구를 들어줬는데도 전황이 더욱 나빠지다니 도대체 어찌 된 일인가. 지금까지 점령하고 있던 지역에서 제공권과 제해권을 상실한 것은 통수부의 태만 때문이 아닌가. 그의 불신감은 더욱 깊어졌다. 그는 메모수첩에 이렇게 적었다.

"종래의 경위를 보아도 통수부는 사전에 정부에 알리지도 않고 중대한 요구를 해왔다. 정부는 저간의 사정을 거의 모른 채 움직이지 않을 수 없었다. 사태가 시급을 요하는 까닭에 통수부의 요구가 있으면 정부는 정세를 고려하여 승인해야 했고, 국방상의 분야에서도 그것이 초래할 중대한 책임을 떠맡지 않으면 안 되는 상황에 이른 경우도 지금까지 적지 않다."

통수부에 대한 불만은 결국 해군에 대한 불만이었다. 미드웨이, 과달카날, '갑호' 작전의 실패 등 모든 것이 해군의 불찰 때문이다. 태평양에서 벌이는 전투는 그 성격상 해군이 앞서고 육군이 뒤를 따르는 모양새인데, 전투가 유리하게 진행될 때에는 육군을 업신여기고 그렇지 않을 때에는 육군에 울며불며 매달리는 것은 예의가 아니라는 말이다. 하지만 그것을 대놓고 말할 수는 없었다. 말을 해버리면 그의 정치적 입장을 지탱하는 해군이 틀림없이 그를 단념할 것이기 때문이다. 이 점을 감안하여 해군에 대해서는 말을 아끼고 참견을 하지 않았던 것이다. 그런데 지금까지의 그런 태도 때문에 도조는 더욱 초조해지고 있었다.

'육해군 공세의 귀결에 대한 연구의 불충분과 불일치에 대하여'라는 제목 아래 적힌 메모에서 그는 작전에 대한 해군의 불찰을 비난해 마지 않았다. 이 메모는 도조가 해군을 얼마나 증오했는지를 여실하게 보여준다. "육해군의 대립이 일본의 패전과 연결된다"는 말은 그의 초조감을 반영한 것이었다.

"1. 육해군이 남방, 북방, 서방에서 작전을 지도할 때에는 공세의 귀결점에 대해 아군과 적군의 정세 및 국력에 비추어 심각하게 연구해야 한다. 그리고 일치된 의견에 기초하여 작전을 결정할 필요가 있다. 그런데 사실은 개전 초기의 혁혁한 전과에 현혹되어 연구를 경시했고, 그 결과 육해군이 명실상부하게(일단 형식적으로는 일치된 것처럼 보일지도 모르지만) 일치된 의견을 갖지 못하게 되었다.

따라서 그 후의 작전 경과를 보면 점점 심각하게 서로의 잘못을 폭로하게 되었다. 지금 와서 생각하건대 미드웨이 해전이 차질을 빚었을 때 국군이 적을 추격하는 것보다 전략을 수비태세로 전환해야 했다.

2. (과달카날작전과 관련하여 해군 비판 [……]).

3. 뉴기니 작전을 펼치고 있는 금일에도 해군의 요망要望과 전황 자체의 필요에 따라 라에와 살라마우아에 육군 병력을 보냈지만, 보급을 담당한 해군은 해군력이 모자란다는 이유로 아직까지 활발하게 움직이지 못하고 있다. 육군이 자체적으로 무엇 하나 제대로 할 수 없는 상황에서 여차하면 육군 병력을 내팽개치려고 작정이라도 한 듯하다.

해당 지역 항공의 경우도 사정이 다르지 않다. 애초 이 방면에서는 솔로몬 방면과 함께 해군이 항공을 담당하기도 했었다. 그럼에도 불구하고 해군의 간절한 요구 때문에 상당한 육군 항공 전력을 이 방면에 할당하기에 이르렀다(일시적 약속). 그런데 해군은 금일 항공의 주력을 후퇴시키고 그 일부만을 솔로몬 방면으로 보냈을 따름이다.

4. (알류샨 방면의 수송과 보급을 기다리고 있을 해군 비판 [……]).”

해군이 무엇 하나 약속을 제대로 지키지 않는 데 분격한 도조는, 줄곧 작전을 핑계로 선박과 항공기의 일정량을 요구하고 그것을 확보하면 이번에는 전혀 다른 방면에 사용하는 해군을 비판하고 있다. 특히 솔로몬 해역의 작전에서는 해군의 주장을 받아들여 중부 솔로몬에 전진기지를 만들고 있었는데도 해군은 주력부대를 후방으로 옮겼다는 것이다. 그는 또 알류샨 방면에서도 “해군은 활발한 작전을 통해 그곳의 보존을 보증해야 함에도 금일 해군의 활발한 활동을 거의 볼 수가 없다. 이 지역 수비대가 비참한 결의를 하는 상황으로 내몰리고 있다”면서 해군의 태만을 신랄하게 비난했다.

이 메모를 기록한 지 열흘이 지난 29일, 아투 섬의 수비대(야마자키부대)는 “잔존 병력이 한 덩어리가 되어 적이 결집해 있는 지점을 향해 최후의 돌격을 감행”했다는 연락을 남기고 옥쇄玉碎했다. 일본군의 첫 옥쇄였다. 이 보고를 듣고 도조는 관저의 집무실에서 연신 눈물을 훔쳤다. 장교들 앞에서도 눈물을 감추지 않았다.

옥쇄 직전 스기야마 참모총장과 도조가 보낸 전보의 말미에는 “반드시 여러분의 원수를 갚기 위해 적을 굴복시키는 데 매진하겠다”고 적혀 있었는데, 그 전보를 읽으면서 도조는 서서히 해군에 대한 분노를 증폭시키고 있었다.

도조의 얼굴에서 웃음이 사라졌다. 측근들은 관저 집무실에서 이런저런 생각에 빠져 있는 그의 모습을 몇 번이나 목격했다. 눈치 빠른 비서관이 만담가와 익살꾼을 관저로 불러들였다. 도조가 웃으며 손뼉을 치면, 측근들도 웃으며 손뼉을 쳤다.

도조가 새로운 투지를 갖고 집무실에 앉은 것은 6월에 들어서면서부터였다. 5월 31일 열린 어전회의에서 국책의 방향이 결정되었고, 그것이 그의 의욕을 자극했다. 새로운 국책이란 〈대동아정략지도대강大東亞政略指導大綱〉을 말하는데, 그 말미에서 대동아회의 개최를 주창했던 것이다. "본년 10월 하순 무렵 (필리핀 독립 후) 대동아 각국의 지도자를 도쿄에 소집하여 견고한 전쟁 완수의 결의와 대동아공영권의 확립을 안팎에 천명한다"는 의도였다.

중국의 국민정부, 태국, 버마, 필리핀이 대동아공영권의 일원으로 '갱생'하고 있다는 것을 선전하고, 기타 여러 나라들에도 "영미의 아시아 지배를 단절하고자 하는 제국의 의지를 과시하면서 아울러 아시아 사람들에게 제국의 존재를 알린다"는 것이다. 그리고 동아의 지도자들에게 일본 정신을 고취한다는 것이 도조의 생각이었다.

일본 정신 고취는 유력한 무기라고 도조는 생각하고 있었기 때문이다. 예컨대 이 무렵 국민정부의 군사시찰단이 도쿄에 와서 도조를 예방禮訪했을 때에는 숨 쉴 틈도 없이 이렇게 지껄여댔다.

"싸움은 정신과 정신, 의지와 의지의 싸움입니다. 물질은 어디까지나 부속물에 지나지 않습니다. 아무쪼록 확실히 해주시기 바랍니다."

상대방에게 말할 기회도 주지 않고 도조의 훈시를 일방적으로 개진하는 듯한 회견이었다.

이 시기 도조 자신은 이상하리만치 정신론으로 기울고 있었다. 예를 들면 인도 독립운동 지사인 찬드라 보스와의 만남이 그러했다. 말레이반도의 페낭에서 독일 잠수함에서 일본 잠수함으로 바꿔 타고 일본으로 온 보스는 일본에 머물고 있던 비하리 보스와 손잡고 반영운동에 돌입하려 하고 있었는데, 그 전에 협력을 구하기 위해 도조에게 면회를 신청했다.

하지만 도조는 그의 면회 신청을 무시했다. '자국의 독립운동을 자국에서 추진하지 않고 독일의 힘을 빌리려 한다'는 것이 그가 불쾌하게 여긴 이유였다.

도조가 보스의 집요한 부탁에 갑작스럽게 응한 것이 6월 14일이다. 다음날 15일부터 제82차 제국의회가 열릴 예정이어서 최종적인 타협을 이끌어내느라 분주한 때에 조금 시간을 내서 만나자고 했던 것이다.

그날 관저의 응접실로 들어온 보스는 도조를 만나자마자 대뜸 쏘는 듯한 눈빛으로 말을 내뱉기 시작했다. 인도인이 인도 독립을 위해 얼마나 치열하게 반영운동을 펼치고 있는가에 대해 말을 끊을 사이도 주지 않고, 통역이 끼어들 틈도 주지 않고 열변을 토했다. 도조는 이런 사내에게 관심을 보였다.

"내일 다시 만납시다. 나도 당신과 한 번 더 얘기를 나누고 싶습니다."

다음날 아침 보스는 관저로 찾아와 또 자신의 이야기를 펼쳐놓았다. 웅변은 그의 최대 무기였다.

"일본은 무조건 인도 독립을 지원해야 합니다. 인도의 고충을 구원할 나라는 일본밖에 없으니까 그 점은 약속해주셨으면 합니다."

보스의 제안에 도조는 고개를 끄덕였다.

"또 하나 바라는 게 있습니다만, 인도 안에도 일본군을 꼭 배치해주셨으면 좋겠습니다."

물론 도조가 그것까지 약속할 수는 없었다. 그것은 통수에 관련된 문제였기 때문이다. 하지만 이날부터 도조와 보스의 교제가 시작된 것만은 분명했다.

"저 사내는 진짜배기다. 자신의 나라를 저만큼 생각하는 남자를 본 적이 없다. 어떻게든 협력하고 싶은 사람이다."

한번 흉금을 터놓으면 간담상조肝膽相照하는 습관을 지닌 이 수상은 지금 또 새로운 벗을 발견한 것이다. 제82차 제국의회 시정연설에서 도조는 인도와 관련하여 다음과 같이 무성의하게 한 마디 내뱉었다. "인도 민중의 적인 영미 세력을 인도에서 쫓아내고 참된 독립 인도를 완성하기 위해 모든 수단을 다해야 한다는 견고한 결의를 갖고 있습니다"라고 말했지만 그는 그것을 후회하면서 억지로라도 인도 지원을 호소하는 듯한 내용을 담았어야 했다며 푸념을 털어놓았다.

제국의회가 끝나던 날 보스는 기자회견을 열고 "인도 독립을 위해 칼을 갖고 싸우겠다"고 언명했다. 그후 싱가포르로 날아가 인도독립연맹대회에 참석, 조직적인 독립운동에 나설 것을 약속했다. 그것도 도조의 권유에 따른 것이었으며, 일본에 대서특필된 것은 정보국의 지도 때문이었다.

의회를 마친 후 도조는 동아 각국 방문길에 올랐다.

어전회의 결정에 따른 대동아회의의 사전 공작과 점령지 행정에 종사하고 있는 사령관 및 참모의 격려가 이 방문의 목적이었다. 첫 방문지는 태국이었다. 방문에 앞서 도조는, 영국에 빼앗긴 말레이 북부의 네 개 주와 동부의 두 개 주를 태국에 반환한 다음 태국의 수상 루앙 피분Luang Phibun Songkhram(1897~1964)에게 대동아회의 출석을 요구한다는 책략 아래, 남방군 총사령관 데라우치 히사이치寺內壽一(1879~1946)에게 성사 가능성을 타진하라고 요청했다. 그런데 데라우치는 "태국의 협력 태도는 의심스럽다. 일본 측의 승리에 대해서도 의문을 갖고 있다. 그런 태국에 옛 영국령을 내주었다가는 대단히 당혹스런 상황에 처할 것"이라고 전하면서 도조의 요청을 일축했다.

"일본의 황국정신을 감사하게 여기도록 해야 할 뿐만 아니라 이를 충분히 설명하지 않으면 안 된다."

이렇듯 의욕에 가득 찬 도조를 그가 태국에 도착했을 때에도 남방군 막료들은 냉랭한 시선으로 대했다. 뉴기니, 알류샨에서 일본군이 궁지에 몰려 있다는 사실은 태국의 지도자들에게도 잘 알려져 있었다. 태국 방문에서 얻은 것이라곤 방콕에서 피분의 의례적인 환영을 받고 일태日泰공동성명을 발표한 것뿐이었다. 이어서 싱가포르로 향했다. 점령 이래 쇼난시昭南市로 이름을 바꾸고 제법 이 땅의 지배자인 것처럼 행세하는 일본을 대하는 싱가포르 시민의 분위기는 차가웠다.

그뿐만 아니라 도조가 남방군 총사령관 관저에서 훈시를 했을 때 데라우치와 막료들은 조소로 응답했다. 데라우치가 도조를 싫어했고 그의 주변에 모인 막료들 중에도 도조를 중상하는 자가 많았기 때문이다. 당시 데라우치의 막료 중 한 사람이었던 이나다 마사즈미稲田正純(1896~1986)는 그의 일기에서 대동아회의를 "동아 민족 대동단결을 도모한다며 혼자 북 치고 장구 치는, 놀리는 게 아니면 발버둥질이나 다름없는 소리"라며 혹평했다.

게다가 이곳에서도 도조는 그에게 어울리는 사고를 치고 말았다. 이곳에 와서 이틀째 되는 날 이른 아침, 도조는 일찌감치 일어나 혼자 거리로 나갔다. 일본 군인을 태운 트럭이 달려오는 것을 보고서는 불러 세웠다. 관저를 호위하기 위해 가는 중이라는 말을 들은 도조는 분노했다. 그리고 관저로 돌아오자 "자동차는 너무 사치스럽지 않은가. 일본은 석유가 부족해서 곤란을 겪고 있단 말이야"라며 안색을 바꾸고 남방군 막료를 호통쳤다.

도쿄에서라면 그런 세심함이 솔선수범하는 미담이라 하여 여기저기 알려졌겠지만, 이곳에서는 소심하고 사무적인 관리의 모습으로밖에 보이지 않았다. 현지의 막료들은 그런 도조를 조소의 눈길로 바라보았는데, 그 시선에는 군 중앙의 권세에 대한 반발도 포함되어 있었다.

도조는 싱가포르에서 버마의 바모 수상을 불렀다. 그는 독립 준비 진행 상황을 확인하고, 영국령이었던 두 개 주를 새롭게 버마령으로 하겠다고 약속했다. 도조의 말을 받아들인 바모는 대동아회의에 출석할 것을 약속했다. 도조는 또 싱가포르에서 찬드라 보스도 만났다. 이곳에서 자유인도 임시정부 수립을 선언하고, 2만 명의 인도인을 향해 "델리로 가자!"고 호소하는 등 한창 기가 오른 보스는, "자유인도 국민군에 속속 입대지원서가 쇄도하고 있다"며 도조에게 감사의 말을 전하면서 더욱 강력하게 지원해주기를 요망했다.

싱가포르에서 자카르타로 향하는 코스는 갑자기 결정되었다. 독립운동을 계속하고 있는 수카르노Sukarno(1901~1970)와 하타Mohammad Hatta(1902~1980)가 일본의 점령지 행정에 불만을 드러내고 있다는 것이 치밀한 방법으로 도조의 귀에 들어왔는데, 그것을 확인하고자 한다는 것이 자카르타로 간 이유였다.

인도네시아 독립운동 투사들은 인도네시아 독립을 점진적으로 인정한다는 도조의 의회연설에 실망하고 있었다. 더욱이 일본군의 인도네시아 통치는 민족의 자존심을 업신여기는 것이어서 일본에 대한 국민의 기대수준은 급속히 낮아지고 있었다. 육해군 장교와 민간인 중에 이 독립운동을 지지하는 자가 있었는데, 그들은 도조에게 편지를 보내 인도네시아의 곤경을 전할 방법을 이리저리 생각했다.

바로 그 무렵 아오키 가즈오 대동아상이 인도네시아로 와 실상을 시찰했다. 수카르노, 하타, 데완트로Ki Hadjar Dewantro(1889~1959), 만수르Kiyai

Haji Mas Mansur(1896~1946) 등 네 명의 독립운동 지도자는 일본군 장교와 민간인의 조언에 따라 도조에게 보낼 요구서를 작성했다. 이 요구서에는 다음과 같은 세 가지 사항이 적혀 있었다.

1. 이번 전쟁 후 인도네시아 지위를 명확히 할 것. 현재의 육해군정陸海軍政을 일체화할 것.

2. 민족기民族旗 게양 및 독립가 고창高唱 허가.

3. 일본인의 난폭한 태도를 고칠 것.

일본 측의 장교가 이것을 '해군'의 편지지에 타이프를 쳐서 아오키에게 건넸다. 아오키는 다시 이 요구서를 도조에게 건넸다. 물론 도조는 곧 그 배경을 조사했다. 해군이 이 독립운동의 배후에 끈을 대고 있는 것은 아닌지 의심했던 것이다. 결국 해군의 젊은 사관과 민간인이 독립운동을 열심히 응원하고 있다는 것을 알아차린 도조는 늘 그렇듯 헌병에게 그들의 동태를 감시하라고 명했다.

독립을 허락한다는 도조의 말 속에는 이 세 가지 정도의 정책마저 인정하지 못하는 일본의 점령지 행정의 파탄이 놓여 있었던 것이다. 만약 도조가 '동아 해방의 아버지'가 되기를 열망하고 있었다면 승자의 교만을 버리고 독립운동 투사의 말에 귀를 기울여야 했을 것이다. 영국과 네덜란드의 강압적인 식민지 정책을 비판하면서, 실제로는 일본도 그것을 답습하고 있는 것은 아닌지 스스로 반성했어야 옳다.

하지만 도조는 육군 장교에게 요구서의 사실 여부를 확인하게 했을 뿐, 오히려 독립운동이 오래 지속되다 반일운동으로 전화轉化하지 않도록 엄중하게 못을 박았을 따름이다.

약 일주일 동안 동아 각국 방문을 마치고 돌아온 후 도조의 언동에는 미미하긴 하지만 변화가 있었다. 이전보다 맹주의식盟主意識이 더욱 강화되었던 것이다. 그는 식탁을 둘러싼 비서관들에게 말했다.

"대동아 10억 민족의 지도자라는 마음을 지닐 것. 즉 어머니가 자손의 먹을거리를 걱정하듯이 제국은 그것을 더욱 깊이 염두에 두지 않으면 안 된다."

또 이렇게 말하기도 했다.

"각국의 지도자들을 만났는데, 나는 군인이라 외교는 전혀 모른다고 얘기했다. 하지만 지성至誠을 모르는 국민은 이 세상에 없다고 믿는다고 말하자 알았다고 했다."

각국의 지도자들이 자신의 말과 일본 정신을 충분히 이해했음에 틀림 없다고 덧붙였던 것이다. 그리고 도조는 바모와 보스의 애국자다운 언동을 칭찬했다.

하지만 아시아 각국이 가장 깊은 관심을 보인 것은 자국의 독립이었다. 각국의 지도자들도 자국의 독립을 위해 일본이 좋은 동반자가 되는 한에서는 그 나름대로 일본에 예를 다했다. 그러나 일본과 함께 대동아공영권을 확립하고자 하는 것 이상으로 '친일'을 생각하는 지도자는 한 사람도 없다는 것을 도조는 전혀 몰랐다. 거기까지는 미처 생각이 미치지 못했던 것이다.

나에 대한 반역은 폐하에 대한 반역이다

승리란 밸런스의 문제

역사 연표를 보면 1943년 여름이 제2차 세계대전의 전환점이었다는 것을 알 수 있다.

추축국의 열세는 분명해졌고, 연합국의 승리는 의심의 여지가 없었다. 북아프리카에서 독일군과 이탈리아군이 연합군에 쫓겼고, 7월에는 이탈리아령 시실리 섬에 연합군이 상륙했다. 7월 하순에는 무솔리니가 반정부파의 정치공작으로 실각하고 퇴역군인 바돌리오Pietro Badoglio(1871~1956)가 수상 자리를 이어받아 철저한 저항을 주장했지만 그 목소리에는 힘이 없었다. 독일도 예전과는 반대로 소련군으로부터 습격을 받고 있었다. 태세를 갖춘 연합군이 국내 전시산업을 정비하여 전선으로 속속 항공기와 함선을 보내기 시작하면서 물량의 차이가 뚜렷해졌다.

일본군의 패퇴도 물량 차이 때문이었다. 솔로몬 군도의 섬은 하나씩 사라졌고, 중부 솔로몬과 살라마우아의 방위선도 무너졌다. 렌도바Rendova · 문다Munda · 콜롬방가라Kolombangara 등의 섬들도 일본군의 손을 떠났다.

전장의 주도권은 미군이 쥐고 있었다.

다음으로 어디를 전장으로 삼을까, 어느 정도의 전력을 투입할까. 모든 것이 미군의 생각대로 정해졌다. 일본군은 미군이 선택한 전장으로 허둥대며 달려갔고, 그곳에 병력과 물자를 보급하지 않으면 안 되었다. 보급에 나선 선대船隊가 미군 잠수함의 공격을 받아 침몰했다.

당시(1943년 7월) 선박의 할당량은 육군용 118만 3천3백 톤, 해군용 167만 7천1백 톤, 민수용 273만 9천6백 톤이었다. 민수용은 국민생활에 필요한 것으로 간주되는 3백만 톤을 밑돌고 있었다. 그러나 육해군의 할당량은 종전에 비해 모자라지 않았는데, 이 사실은 일본이 국민생활을 무시하고 물량소모전에 휘말리고 있었다는 것을 말해준다.

하나의 작전이 실패하고 전투에 질 때마다 민수용 할당량은 줄어든다. 그리고 그것이 국민생활로 고스란히 되돌아온다. 국무는 통수에 간섭할 수 없다는 원칙이 있는 한, 통수의 요구에 응하여 선박을 제공하지 않을 수 없다. 양자의 대립은 머잖아 숨길 수 없는 단계에 도달할 터였다. 게다가 통수의 책임자는 전황이 호전되지 않자 내심 초조해하면서도 국무 쪽으로부터 추궁을 당하지나 않을까 두려워했고, '통수권'이라는 방패 뒤에 몸을 숨긴 채 상세한 전황은 통수 사항에 관련된 것이라 하여 설명을 하지 않았다. 그래도 이 시기에 이르러 군령부는 대함大艦과 거포만을 내세우다가는 미군 항공기에 격침될 것이 뻔하기 때문에 항공 주력 작전으로 변경하지 않으면 안 된다는 반성을 하고 있었다. 그것은 미드웨이의 패전을 교훈으로 삼고 있었다.

8월 2일 열린 대본영-정부연락회의에서는 〈1944년 국가동원계획 책정에 관한 건〉을 채택했다. 여기에서 "전쟁 지도상의 요청에 기초하여 미영 전력을 압도할 만한 직접 전력 가운데 항공 전력의 비약적인 증강을 중심으로 국가가 총력을 기울여 철저하게 전력을 강화한다"라고 국가의 모든 것을 전력화戰力化할 것을 주장하면서, "직접 전력 가운데 항공 전력의 비약적 증강을 도모하는 것을 일차적 목표로 삼는다"고 명문화했다. 즉 항공 주력 작전으로 전환할 것을 처음으로 밝혔던 것이다.

이 무렵의 항공기 생산은 육해군 합쳐 월 1천1백 대 정도로 육군은 6백 대, 해군은 5백 대를 할당받고 있었다. 그러나 이것만으로는 통수부의 요구를 충족시킬 수 없다. 그래서 이 연락회의를 계기로 항공기 증산 태세에 노력을 기울이기로 했던 것이다. 항공 주력 방침은 국민에게는 더욱 궁핍한 생활을 강요하는 것이었다. 항공기 증산은 모든 산업보다 우선한다고 하여 국민동원에도 박차를 가했고, 학도동원도 한층 진척되었다.

전황이 악화됐을 때야말로 지도자의 자질을 물을 수 있다고 한다. 그

신센구미

원래는 에도 시대 말기에 교토에서 바쿠후에 반대하는 세력을 단속하는 경찰 활동에 종사한 후, 구 바쿠후군의 일원으로서 보신전쟁(戊辰戰爭)에서 싸운 치안부대 겸 군사조직을 가리킨다.

렇다면 도조는 어떻게 변모했을까.

그의 상반되는 성격이 일상의 집무 속에 반영되었다. 하나는 세심함이었다. '공부, 창의, 노력'이라는 말이 도조의 입에서 흘러나왔다. 그는 군 내외 연구자들의 이야기를 들었고, 자신도 다양한 아이디어를 제시했다. 예를 들면, 제1연대장 시절의 군의관이었던 마쓰자키 요松崎陽(생몰년 미상)는 이때 육군성의 어떤 연구소에 근무하고 있었는데, 어느 날 도조의 부름을 받았다. 그에게 부여된 주제는 동일한 시간 안에 두 배의 작업 능력을 발휘할 수 있는 인간 개조와 뇌파를 개량하여 사고를 최대한으로 확대하는 것이 가능한 인간 연구였다. 또 항공본부 총무부장 엔도 사부로遠藤三郎(1893~1984)는 "소수로 다수를 격파할 방책을 생각해보라"는 명령을 받고 항공 전력을 재검토한 후 답신했다. 그 주안점은 최신예 전투비행단을 편성하고, 이를 '신센구미新選組*'라 하여 전투 지역을 자유자재로 비행하게 한다는 것이었다. 기술 관련 장교는 관저로 불려가 1940년부터 진행되고 있는 원자폭탄 연구에 박차를 가하라는 명령을 받기도 했다.

말 그대로 사후약방문식의 대응이 시작되었던 것이다.

도조의 신경은 날카로워졌고, 감정의 진폭은 커졌다. 호불호를 발언의 핵심으로 삼기 시작했다. 대신의 복장에까지 간섭을 했다. 눈앞의 사실을 용인하는 자나 심약한 소리를 하는 자는 가까이하지 않았다. 당사자가 졌다고 말하기 전까지는 패한 것이 아니다. 설령 객관적으로 지고 있다 해도 그것을 인정하지 않는 한 그 사실은 존재하지 않는 것이다.

도조의 초조감은 새로운 대상으로 확대되기도 했다. 무솔리니의 칠칠치 못한 태도를 한탄하고, 이탈리아의 국민성을 매도했으며, 미영의 국민성에는 증오감을 불태웠다. "독일의 국민성은 시시콜콜 간섭하기를 좋아하는 듯하다. 이래서는 안 되기 때문에 독재를 해서라도 국민을 이끌려는 것이리라. 대개 말과 실정은 반대가 아닌가. 예컨대 영미인이 박애를 말하는 것은 그만큼 잔혹하기 때문이다"라고 하며 말을 마칠 때면 "일본에는 폐하가 계시기 때문에 우리들은 참 다행"이라고 덧붙였다.

정신론으로 기우는 도조의 말에는 맥락도 없고 근거도 없었다. 오로지 기대를 바탕으로 하고 있을 뿐이었다. 그것은 수상에게 어울리지 않는 행태였다.

그는 걸핏하면 천황을 끌어들였다. 그것이 이 시기 도조의 두 번째 특징이었다. 천황과 직결되기를 바라는 것은 도조의 성격에서 주요 부분을 차지하고 있었는데, 전황이 악화되면서 그는 당당하게 그것을 공언하기에 이른다. 단적으로 말하자면 천황의 위엄을 빌려 집무에 임했다. 천황은 전황의 악화를 걱정하고 있다고 말하기도 하고, 뭔가 안심시켜드릴 방법을 찾고자 한다고 말하기도 했다. 예컨대 비서에게 다음과 같은 의견을 내비쳤다.

"각료회의를 궁중에서 열고 싶다. 그뿐만 아니라 무엇보다 폐하께서 안심하시도록 배려하지 않으면 안 된다. 폐하가 계신 곳 가까이에 총리대신실을 두고, 통수 관계 수뇌부도 그곳에 들어가 언제나 일이 있을 때 아뢴다면, 민활하게 폐하 곁에서 보필과 보익補翼의 임무를 달성할 수 있을 것이다."

실제로 9월 들어서 궁중을 설득하여 매주 화요일과 목요일의 각료회의를 궁중에서 열기로 결정했다. 이것이 '친정親政의 결실을 거두는' 구체적인 방책이라는 것이었다.

이렇듯 상반되는 도조의 성격에 더해서 그 주위에 있는 자들은 곤란한 얘기는 하지 않게 되었다. 그런 일이 잦아지자 구체적인 이름을 거론하며 "도조의 측근은 사간삼우四奸三愚"라고 헐뜯는 소리도 들려왔다. 통수부는 육군성 막료에게 말해봐야 국장이나 육군상에게 전달되지 않는다는 데 불만을 품었다. 그렇지만 이것은 하급 막료들만이 질책을 들을 문제가 아니었다. 불쾌한 정보를 들으면 도조는 금세 기분이 언짢아져서 마치 보고하러 온 막료에게 책임이 있는 것처럼 질타했기 때문이다. 이리하여 도조의 주위로부터 간언을 하는 인사들이 사라졌다.

1943년 후반부터 1944년에 걸쳐 미영군은 라바울·수마트라·버마에서 공세를 가할 것이라고 통수부는 예측했다. 특히 전략상 중요한 라바울을 목표로 할 것이라고 생각했다. 라바울 사수를 지상명령으로 간주한 군령부는 이곳에 1개 사단을 파견할 필요가 있는 것으로 판단하고, 상하이에 집결해 있는 제17사단을 파견해 줄 것을 참모본부에 요구했다. 참모본부는 동의했고, 이 사실을 육군성에 전했다. 이른바 통수와 관련된 사후보고에 지나지 않았다. 그런데 도조는 여기에 이론을 제기했다. 그는 참모본부의 참모에게 생각하고 있던 모든 것을 쏟아부었다.

"전쟁을 지도하는 입장에서 보나 육군의 사기에 비춰보나 군령부가 말하는 대로는 할 수 없다. 그 동안의 경위를 잘 따져보면, 완전히 군령부의 말에 속기만 한 것이 아닌가. 늘 육군이 고립되면 해군은 보급을 약속하고서도 실행하러 오지 않았다."

육군과 해군 싸움의 제일보였다.

군령부도 도조에 대한 불신을 감추지 않았다.

"방위계획이 어긋나고 말았다. 이미 사무 단계에서는 이야기가 끝난

게 아닌가."

　몇 번의 말다툼 끝에 쌍방은 제17사단의 일부를 파견하는 선에서 타협했다. 하지만 도조에게도, 통수부에도 이 사건은 상처로 남았다. 미군의 공세를 예측하고 그때마다 수비대 파견을 결정해서는 임기응변식의 대응에서 한 발짝도 나아가지 못한다. 이 단계에서는 어디를 어떻게 지킬 것인지가 애매했다. 그리고 그 애매함은 통수부가 거시적인 전략을 갖고 있지 않다는 것을 의미했다.

　도조는 그것을 확실히 알고 있었다. '도대체 통수부는 무엇을 하고 있단 말인가.' 도조의 가슴 속은 부글부글 끓어올랐다. 전략에 필요하다는 이유로 항공기와 선박을 요구한 대로 내달라고 버티는데, 통수부는 작전행동을 개시할 때마다 어이없이 그것을 바다 쓰레기로 만들어버리는 게 아닌가.

　그런 분노를 밑에 깔고 그는 전쟁의 전망을 메모수첩에 적었다. 1943년 9월 7일자 메모에는 '문득 떠오른 생각'이라고 적혀 있다.

　"(1)전쟁은 점차 심각한 지구전 양상을 띠게 될 것이다. 마침내 전장에서 대규모 작전 즉 결정적이고 탁월한 작전은 피아彼我 모두 바랄 수 없는 상황에 이르렀다. (2)국민정신과 식량확보가 최후의 승리를 결정하게 될 것이다. 따라서 국내의 단결, 대동아의 단결과 함께 국내는 물론 각 지역에서 급속한 자급 태세를 확립하는 것이 급선무다."

　하지만 이 전쟁에서 최종적으로 승리할 수 있을지 여부는 도조도 잘 몰랐다. 그랬기 때문에 같은 날의 메모에는 또박또박 다음과 같이 적혀 있다.

　"위기존망의 순간에 승리란 밸런스의 문제이다."

　밸런스란 무엇을 가리키는 것일까. 육군과 해군의 대립, 정치와 통수의 상극, 또는 도조 자신과 반反도조 인물의 역관계. 틀림없이 이 모든 것을 포함하고 있었을 것이다. 그리고 이 메모를 쓰고 나서 이틀 후 커다란 밸런스의 변화를 인정하지 않으면 안 되었다. 국내에서는 정치와 통수가 괴리되고, 국외에서는 추축국 일각이 와해되기 시작했던 것이다.

9일 이른 아침, 이탈리아가 무조건 항복했다는 소식이 외무성에 전해졌다. 즉각 연락회의와 각료회의를 열어 대응책을 검토했다. 어느 회의에서나 이 충격적인 사실에 침묵이 흐를 뿐이었다. '미영군이 상륙한 것만으로 항복한 것은 너무 약해빠진 게 아닌가. 더구나 사전에 일본과 독일의 양해도 구하지 않다니'라는 생각이 출석자들의 공통된 인식이었다. 게다가 이탈리아가 연합군에 무기를 몰수당했고, 그것이 대독일전의 유력한 무기로 바뀌었다는 것이 분명해지면서 연락회의의 공기는 급격하게 나빠졌다. 적과 내통했는지도 모른다는 말이 오갔다.

"무조건 항복이란 곧 말을 바꾼 침략행위이다. 일본 주재 이탈리아 대사 같은 자를 우대할 것이 아니다."

도조는 격노했고, 연락회의에서는 이날 이후 이탈리아를 적국으로 취급할 것을 결의했다. 그래도 도조의 분노는 가라앉지 않았다. 그는 억지를 부리듯이 이렇게 말했다.

"뭔가 개운치 않던 것이 없어지니 상쾌하군. 대체로 이탈리아란 나라는 배신의 나라여서 참 곤란했는데, 지금부터는 사방에서 비난의 소리를 듣게 되겠군. 독일은 힘들겠지만 부담을 털어버렸으니 오히려 잘됐는지도 몰라."

이탈리아 항복 후, 일본은 독일과 협의하여 "바돌리오 정부의 배신은 삼국동맹조약에 조금도 영향을 주지 않을 것"이라는 성명을 발표했다. 더욱이 히틀러가 유폐되어 있는 무솔리니를 구해내고 무솔리니가 바돌리오 정부에 대항하여 파시스트 공화국 정부를 세우자, 즉각 일본도 이를 승인했다. 따라서 형식상으로는 삼국동맹이 지속되게 되었다.

절대국방권 구상

그렇지만 이탈리아의 항복은 군사상 밸런스가 붕괴하는 것이기도 했다. 통수부는 다시금 전쟁 내용을 상세하게 검토했다. 그 과정에서 남동태평양의 국지적인 전투에서 전력을 소모했을 뿐이니, '절대국방권絶對國防圈'을 설정하고 국내외의 전시태세를 다지자는 의견이 힘을 얻었다.

참모본부 직원이 이 안을 가지고 왔을 때 도조는 흔쾌히 찬성했다. 조금은 사태가 진전될 것이기 때문이다.

9월 30일 열린 어전회의는 약 다섯 시간 동안 토의를 계속한 끝에 두 가지 방침을 채택했다. 〈금후 채택해야 할 전쟁 지도 대강〉과 〈'금후 채택해야 할 전쟁 지도 대강'에 기초한 당면 긴급조치에 관한 건〉이 그것이다. 전쟁 지도 대강은 1943년과 1944년 안에 전국戰局의 대세를 결정할 것을 목적으로 설정했다. 이를 위해 절대국방권의 불패 태세를 주창하면서 그 지역을 다음과 같이 정했다.

"제국은 전쟁 수행상 태평양 및 인도에서 절대적으로 확보해야 할 요지를 치시마千島, 오가사와라小笠原, 내남양內南洋 중서부, 서부 뉴기니, 순다Sunda, 버마를 포함하는 권역으로 한다. 전쟁이 종결될 때까지 권역 내 해상교통로를 확보한다."

이 국방권을 방위하기 위해 라바울, 중동부 뉴기니, 외남양外南洋 방면은 내버려두고, 국방권 안의 지역에서 수비를 굳혀 미군을 맞받아친다는 구상이었다. 이를 위해 1944년 중반까지 강력한 방벽防壁을 완성하기로 했다. 어전회의에서 결정한 또 다른 건 〈당면 조치〉는 방벽 완성에 요구되는 선박과 항공기를 만드는 데 필요한 구리, 알루미늄 등 재료의 목표 숫자를 명문화한 것이었다.

"육해군은 10월 상순까지 총 25만 톤(9월 징용분 포함)을 증징增徵한다. 9월 이후의 육해군 선박의 상실에 대해서는 총 30만 5천 톤 이내에서 다음 달 초반까지 보전한다." 나아가 "금후의 병비兵備"로서 1944년도에 육해군의 소요 비행기 대수를 5만 5천 대로 한다고 결정하기도 했다. 도조는 이 숫자를 천황 앞에서 약속했다. 추밀원 의장 하라 요시미치原嘉道(1867~1944)가 "정부에서는 당면한 4만 대라는 노력 목표를 확실히 받아들일 수 있는가"라고 질문하자, 도조는 자신에 찬 어조로 "비상한 결의로 해내겠습니다"라고 대답했다.

하지만 실제로는 어떠했을까. 이때 연간생산능력은 1만 7천~1만 8천 대가 한계였기 때문에 상당히 무리한 숫자였다. 이 근거가 애매한 것은 실은 상층부의 안색을 살피기에 바쁜 하급 막료들이 주먹구구식으로 계산했기 때문인 것으로 밝혀진다. 이때 어전회의에서는 4만 대로 절대국방권을 사수할 수 있는가라는 점도 무성하게 논의되었다. 그러자 군령부 총장 나가노 오사미는 "반드시 확보한다는 결의는 있지만 승부는 시운時運에 달려 있기도 합니다. 독소전의 추이를 보아도 초기의 예상대로 진행되지 않고 있습니다. 앞으로 어떻게 될지 전국戰局의 전도를 확신할 수는 없습니다"라고 대답했다. 군령부의 자신 없는 태도에 회의 분위기가 바뀌었고 하나같이 할 말을 잃었다. 그것을 털어버리기라도 하듯 도조가 발언했다.

"원래 제국은 자존자위自存自衛를 위해 어쩔 수 없이 일어선 것입니다. 제국은 독일의 존재 유무에 상관없이 최후까지 싸워나가지 않으면 안 됩니다. 전국의 여하를 불문하고 전쟁 목적을 완수한다는 결의에는 변함이 없습니다."

그러나 그렇게 말해도 회의 분위기는 침체 상태를 빠져나오지 못했다. 개전 이래, 진정한 전쟁 목적을 처음으로 확인하는 듯한 회의 분위기에 참석자들은 당혹스러워하고 있었다. 동아 해방의 맹주라는 의식은 이미 어디론가 사라져버렸다.

"작전상의 요구에 비춰 보면 5만 5천 대가 필요합니다. 그러나 국력을 걸어도 할 수 없을 때에는 어쩔 수 없이 기동력을 이용하여 부족한 수를 채우고, 목적 달성에 노력했으면 합니다."

참모총장 스기야마 겐이 수습하고 나서면서 분위기는 진정되었다. 항공기 4만 대를 생산하겠다는 도조의 약속만이 출석자들에게는 구원이었다.

이 무렵 항공기 생산을 둘러싸고 육군과 해군이 대립하고 있었다. 양자 모두 하루라도 빨리, 한 대라도 많이 항공기를 손에 넣고 싶어서 미쓰비시비행기와 나카지마비행기에 예산을 선불로 지급하기도 하고, 상대방의 생산 공정에서 일하는 노동자를 빼내기도 하는 등 서로 밀고 당기며 안간힘을 쓰고 있었다. 기종의 선정도 운용도 육해군이 제각각이었고, 대량생산의 조직도 작업 순서도 갖춰져 있지 않았다.

우선 육해군에서 조정하여 자재를 적당하게 배분하고 공정을 정비하는 것이 필요했다.

"항공기와 선박만을 생산 관리하는 조직, 군수성軍需省이 필요하다."

그것이 기구 조직을 점검한 후 도조가 내린 결론이었다. 육군과 해군 사이에서는 "군수성에서 은혜를 원수로 갚을 것"이라는 경계심이 일었지만, 11월 1일을 기하여 기획원과 상공성 여기에 육해군의 항공병기총국을 더해 군수성을 만드는 것으로 의견을 모았다. 도조는 자신이 군수상 자리에 앉아 항공기 생산을 진두지휘할 심산이었다.

군수성 설치를 앞두고 모든 국민생활은 항공기 증산, 선박 증산 태세로 향했다. 〈학도전시동원체제확립요강〉이 공식 결정되면서 학생들은 군수공장에 동원되어 일해야만 했다. 그러나 과장된 대본영 발표와는 달리 국민의 사기도 가라앉기 시작했다. 내무성 경보국의 보고서는 경제활동 부진과 노동의 강화로 국민들 사이에 구속감拘束感이 강해지고, 생활필수물자의 부족, 배급기관의 불비不備로 암시장의 물가가 폭등하여 국민들의 불만이 높아지고 있다고 인정했다. 노동자 사이에서도 결근과 사보타주, 염전적厭戰的 또는 반전적인 낙서와 유언비어가 늘었고, 도조는 그들이 증오하는 대상이었다. 공공건물에서는 "도조는 바보 같은 놈", "도조를 죽여라"와 같은 종류의 낙서도 어렵지 않게 찾아볼 수 있었다.

그렇지만 국민 대다수는 "힘내라! 적도 반드시 죽는다"라는 표어 아래 아직까지는 국가의 방침에 충실했다. 미영에 대한 증오를 북돋우기 위해 생활 속에서부터 서구적인 것을 없애라는 국가의 명령이 충실하게 지켜졌다. 변호사 마사키 히로시正木ひろし(1896~1975)의 개인잡지 『가까운 곳에서』에는, 전차 안에서 의학서를 읽고 있던 의학생을 보고 어떤 사람이 "적성국의 책을 읽지 말라"며 그 책을 쳐서 떨어뜨리는 삽화가 소개되어 있다. '볼 수 없고, 들을 수 없고, 말할 수 없는' 폐쇄집단으로서 국민의 에너지는 뒤틀린 채 내부에 충만해 있었던 것이다. 그리고 이 에너지가 이번에는 항공기 생산으로 향하게 되었던 것이다.

마사키 히로시는 역시 『가까운 곳에서』에서, 인간은 감정의 동물이기 때문에 언론을 통제해도 감정을 통제할 수는 없다고 말했다. 확실히 일본의 지도자들은 언론만이 아니라 감정까지 통제하기 위해 기를 쓰고 있었다. 그러니까 그들은 모든 것을 의심하는 무서운 귀신이었다.

일본을 겨냥한 미국의 방송 내용이 도조의 책상에 놓였을 때 그가 취한 태도는 좋은 사례라 할 수 있다. 미국의 방송은 의식적으로 반정부운동을 크게 보도하고 있었는데, 이를 본 도조는 초조해하면서 "적성국 정보에 따르면 일본에 그들의 동지가 있다고 말하고 있지 않은가. 보조를 흐트러뜨리는 자는 단호하게 단속하지 않으면 안 된다. 내무성이 저렇게 미적지근해서는 곤란하다"라며 독설을 퍼부었다. 그리고는 헌병사령관 가토 하쿠지로를 불러 더욱 확실하게 단속하라고 명했다.

전황에 관한 정확한 정보와 지도자의 대응, 그것은 국가의 최대 기밀로 간주되고 있었다. 통수부와 도조, 시마다의 주변에 있는 육해군의 막료만이 정보의 중추에 있었다. 각료에게도 알리지 않았다. 각료는 육해군의 하인에 지나지 않았기 때문이다. 물론 중신에게도 정보를 알리지 않았다. 개전 이래 두 달에 한 번 꼴로 중신회의가 열리기는 했지만, 여기에서 보고를 하는 육해군의 막료는 신문에 실린 것을 조금 바꾸어 전달함으로써 중신들에게 굴욕감을 주었을 따름이다. 일찍이 요나이 미쓰마사米內光政(1880~1948) 수상의 비서관을 지낸 사네마쓰 유즈루實松讓(1902~1996)의 증언에 따르면, 요나이는 "왜 정확한 내용을 알려주지 않는가. 우리들의 발언을 억누르려고 그런단 말인가"라며 개탄했다.

1943년 가을에 들어서면서 중신들 사이에서 비밀스런 이야기가 오가기 시작했다. 아들과 조카사위가 통수부의 중추에서 일하는 오카다 게이스케가 그 중개자였다. 그는 전황이 예사롭지 않다는 것을 중신들에게 전한 다음, "도조라는 사람은 정말이지 자기반성이라고는 모르는 남자여서" 난감하다는 뜻의 말을 덧붙였다.

오카다의 호소에 요나이 미쓰마사, 와카쓰키 레이지로若槻禮次郎(1866~

1949), 히로타 고키廣田弘毅(1878~1948)가 응했고, 중신들이 도조를 만나 얘기를 하고 싶어한다는 내용의 초대장을 보냈다. 그런데 그날, 혼자 왔으면 한다는 요청을 무시하고 도조는 각료와 장교를 데리고 나타났다. 오카다는 계획이 실패했다는 것을 알았다. 도조는 오카다의 제안 이면에 자신에게 반대하는 움직임이 있다는 것을 눈치 채고 기선을 제압했던 것이다.

그러나 정확한 정보를 알려달라는 중신들의 호소는 반도조운동의 계기가 되었다. 고노에도 여기에 자극을 받았는지 기도 고이치에게 편지를 보내, 일본이 패전의 길을 걷고 있는 것은 통제파 막료가 구상하고 있는 혁명 계획 때문이라고 단언하면서 도조야말로 그 원흉이라고 못박았다. 황도파와 관계가 깊은 고노에의 입장에서 보자면, 통제하에 놓인 오늘날 일본의 현상은 마치 공산주의 체제와 다를 바가 없었다. 더구나 이 편지는 황도파인 아라키 사다오荒木貞夫, 마사키 진자부로, 야나가와 헤이스케, 오바타 도시로와 고노에의 접촉이 깊어지고 있다는 것을 뒷받침하고 있었다.

요시다 시게루吉田茂(1878~1967)는 오카다와 고노에의 집을 찾아와, "현 정부는 영미 격멸이니 뭐니 하면서 영미인을 귀축鬼畜처럼 생각하게 하는데, 이런 방침으로는 화평에 이른다 해도 영미에 대한 정부의 태도가 갑자기 바뀔 것이기 때문에 국민은 납득하지 못할 것"이라는 외무성 원로 시데하라 기주로幣原喜重郎의 말을 전했다. 또 오카다는 요시다를 통해 히가시쿠니노미야와 접촉하기도 했다.

히가시쿠니노미야는 그의 일기에 도조가 전쟁 지도와 국민 지도에서 잘못을 저질렀다고 적었는데, 여기에서 역사적인 1차 자료로서 전후에 공간된 『히가시쿠니노미야 일기』의 부정확한 부분을 지적해두기로 한다.

이 일기에는 '도조의 사설 비서관 와카마쓰若松華遙가 찾아오다'는 구절이 종종 눈에 띈다. 이것만 보면 마치 와카마쓰 아무개라는 사람이 역사상 중요한 역할을 담당한 듯하다. 그러나 와카마쓰가 도조의 비서였다는 흔적은 없다. 교토의 염색업자인 그는 황족으로 집에 드나들었는데, 도조 내각이 성립하자 그의 전기傳記를 쓰고 싶다고 하면서 아카마쓰 사다오를 찾아왔고, 그 후 가끔씩 도조의 집에 머물렀다. 그와 도조의 관계는 두세 번 만난, 그것도 인사를 나누는 정도에 지나지 않았던 것이다.

그런 와카마쓰가 『히가시쿠니노미야 일기』의 한 축을 이루고 있지만, 이것도 상경할 때마다 아카마쓰나 도조의 집에 머물면서 도조에 관한 이야기를 듣고, 그것을 부풀려서 히가시쿠니노미야에게 전한 것에 불과하다. 와카마쓰가 말한 내용은 거의 대부분이 도조의 생각과 상반되며, 따라서 그는 단순한 염탐꾼이었을 가능성이 높다는 것이 도조의 집안과 측근들의 추측이다.

오카다·고노에·히로타·요나이·히가시쿠니노미야 그리고 고노에와 가까운 황도파 장교. 반도조 움직임은 아직 몇 개의 점에 지나지 않았지만 머잖아 면으로 확대될 터였다. 해군 내부의 반도조 감정은 반도조라는 기치 아래 응집했고, 대영미전 필패론을 주장하던 막료가 힘을 되찾아 화평교섭 플랜을 가다듬을 정도였다. 의회에서도 익찬정치회를 지도하는 마에다 요네조와 오아사 다다오의 도조 편향적인 태도를 비판하는 소리가 조금씩 들리기 시작했다. 띄엄띄엄 들려오는 전황 악화 소식이 계기가 되었던 것이다.

내대신 기도 고이치는 이 무렵 톨스토이의 『전쟁과 평화』를 읽고서 전쟁에는 국민의 단결이 필요하다는 것을 새삼 절감하고 있었다. 그런데 그의 집에도 반도조 움직임이 빈번히 찾아들었다. 그는 도조를 바꿀 필요는 없다며 오카다와 고노에의 움직임을 무시하고 있었다. 결국 도조를 경질하기 위해서는 내대신의 협력이 필요했고, 따라서 언젠가는 모든 움직임이 그에게 집중되리라는 것을 그는 충분히 알고 있었다. 하지만 그는 국민의 단결을 위해 아직 도조의 역할이 적지 않다고 생각하고 있었던 것이다.

중신·외무성·해군·의회의 움직임의 단면은 도조의 귀에도 들어왔다. 고노에의 집을 지키고 있던 헌병은 그런 움직임을 집요하게 감시했고, 중신에게는 호위를 한다는 명목으로 감시자가 붙었다. 그들로부터 보고를 들을 때마다 도조는 초조했고, 뭔가 천황의 위엄을 이용할 수 있는 방법을 궁리했다. 천황의 행행行幸에 자신이 수행할 것을 희망했으나 궁내대신 마쓰다이라 쓰네오松平恒雄(1877~1949)에게 거절당했다. 그러자 그는 "궁중의 생각은 현실에 입각한 것이 아니다"라며 화를 냈다. 지금 천황과 자신의 직접적인 연결을 방해하는 것은 궁중의 낡은 체질 때문이라는 말이다. 이에 대해서도 도조는 불만을 품지 않을 수 없었던 것이다.

나카노 세이고의 자결

1943년 10월 21일. 이날 도조는 두 가지 감정을 상징적으로 보여주었다. 오전 중 신궁 외원外苑에서 열린 학도출진식에서는 비가 내리는 가운데 연단에 서서 대학 깃발을 세우고 행진하는 대학생들을 보고 울었다. 그리고 오후, 경시청 특고과가 동방동지회, 근황동지회 회원 백 수십 명을 쿠데타 미수라는 날조된 혐의로 체포했다는 소식을 듣고 웃음을 흘렸다. 이 가운데 동방동지회를 주재하는 중의원 의원 나카노 세이고中野正剛가 포함되어 있었기 때문이다.

도조 타도를 모의했다는 이유로 나카노 세이고를 국정문란죄를 적용하여 검속했으면 한다는 것이 도조의 희망이었지만, 해당 사실이 없어서 유언비어 유포 혐의로 검거하게 했던 것이다.

지금 도조에게 나카노는 눈엣가시 같은 존재였다. 이대로 내버려두었다가는 의회에서 무슨 말을 할지 모른다며 두려워했다. 그래서 26일부터 열리는 제83차 제국의회 개회 전에 그 움직임을 막아야겠다고 생각했다. 그런데 경시청에서 보내온 보고는 나카노의 혐의를 딱 부러지게 뭐라고 말할 수 없다는 것이다. 의회 소집일 전날 그러니까 10월 25일 밤, 도조는 내무상 안도 기사부로, 사법상 이와무라 미치요岩村通世(1883~1965), 검사총장 마쓰자카 히로마사松阪廣政(1884~1960), 경시총감 스스키다 요시토모薄田美朝(1897~1963), 도쿄헌병대장 시카타 료지를 수상 관저로 불러 나카노 세이고를 어떻게 처리할 것인지 상의했다. 이때 도조는 전시에 준하여 법해석을 해야 한다며 마쓰자카와 스스키다를 다그쳤다.

"경시청의 보고 정도로는 신병을 구속하여 의회 출석을 막는 것은 불가능합니다."

마쓰자카는 거부했고, 스스키다도 동조했다. 그러자 도조는 시카타에게 의견을 물었다. 시카타는 즉각 "제가 어떻게 해보겠습니다"라고 답했다. 그것은 의회에 출석하지 못하도록 죄상을 만들어내겠다는 의미였다. 그리고 26일 이른 아침, 나카노의 신병은 헌병대로 옮겨졌고, 시카타는 심복 오니시 가즈오大西和男에게 "두 시간 안에 자백을 받아내라"고 명했다. 오전 중에 구류 수속을 밟지 않으면 나카노의 등원을 저지할 수 없기 때문이었다.

오니시와 나카노가 무슨 대화를 나눴는지는 분명하지 않다. 하지만 어느 헌병대 관계자에 따르면, 오니시는 나카노의 아들을 소집하여 최격전지로 보내겠다고 협박했다. 아내와 장남, 차남을 최근 3년 사이에 잃은 나카노는 놀라지 않을 수 없었다. 그리하여 헌병대의 뜻을 따르는 듯한 증언을 했다는 것이다. 1977년 나카노와 가까이 지냈던 인물이 기후岐阜에 살고 있는 시카타를 찾아내 협박하듯이 증언을 요구했지만, 그는 부들부들 떨 뿐 상세한 이야기를 결코 꺼내지 않았다고 한다.

이날 밤, 자택으로 돌아온 나카노는 옆방에서 시카타와 또 한 명의 헌병이 감시하고 있었지만 그들 몰래 자결했다.

이 소식은 개회 중인 의회에도 전해졌다. 원인은 분명하지 않지만 저렇게 호기로운 나카노가 자결한 것은 도조의 압력이 있었기 때문이라며 수군댔다. 소문은 점점 부풀어서, 도조가 나카노에게 '불충한 놈'이라고 호통을 쳤다는 둥, 일본도를 건네며 암암리에 자결을 권했다는 둥 갖가지 이야기가 은밀하게 퍼졌다. "도조라는 사람은 무슨 일을 저지를지 모른다"는 두려움을 노골적으로 말하는 자도 있었다.

요요기代代木에 있는 나카노의 집을 찾아온 의원은 고작 18명 정도였다. 도조의 보복을 두려워했기 때문인데, 아니나 다를까 헌병대가 나카노의 집을 촘촘히 둘러싸고 있었고, 헌병대의 눈길이 무서워 도중에 되돌아간 사람도 많았다.

나카노의 자결 소식을 들은 도조도 놀랐다. 정치적 행동을 틀어막아야겠다는 생각이 엉뚱한 결과를 낳고 말았기 때문이다. 신문기자와 의원이 자결의 배경을 확인하려고 넌지시 질문을 하면, 그는 불쾌한 표정으로 "나카노의 편을 드는 것이냐"며 호통을 쳤다. 의회에 출석한 도조는 웃음도 띠지 않고 성의 없이 답변했다. 그것이 또 의원들의 반감을 샀다.

"누가 저 사내의 목에 방울을 달 것인가."

의원들은 이렇게 쑥덕거렸지만 의회 안에 그런 일을 할 만한 위치에 있는 사람은 없었다. 그 대신 소문만 무성했다. 도조의 베갯머리에 나카노의 유령이 나타났다는 둥, 동방동지회 회원이 심야에 긴자銀座 거리에 '메이키米機를 무찔러라! 에이키英機를 무찔러라!●'는 벽보를 붙였다는 둥 다양한 소문이 떠돌았다.

이 의회의 회기는 3일간이었는데, 도조는 연일 궁에 들어가 상주했다. 10일 후에 열릴 대동아회의의 진행 상황을 천황에게 전하기 위해서라지만 실제로는 나카노 자결의 진짜 원인을 천황에게 알리지 않기 위한 방어용 상주라는 소문이 파다했다. 이 소문에는 확실히 사실이라 생각할 만한 구석이 있었다.

11월에 접어들었다. 1일에 군수성이 발족했다. 도조는 "기획원과 상공성의 업무가 군수성으로 이관될 것인데, 생산 행정에 지장이 없도록 더욱 분발하기를 바란다"고 말했다. 3일, 즉 메이지절明治節●인 이날, 도조로서는 경사스러운 무대의 서막이 올랐다. 만주·국민정부·태국·필리핀·버마·자유인도의 대표가 대동아회의에 참석하기 위해 도쿄에 모였다. 그들은 먼저 수상 관저에서 열린 파티에 참석했다. 분수와 생화로 장식하고 7개국 국기를 두른 관저의 식당으로 국민정부의 왕징웨이, 만주국의 장징후이張景惠(1871~1959), 필리핀의 호세 라우렐José Paciano Laurel(1891~1959)이 수행원과 함께 들어왔다. 그때마다 도조는 그들의 손을 잡고 서로를 소개해주었다. 이어서 태국의 왕족 완 와이타야콘Wan Waithayakorn(1891~1976), 버마의 바모 수상이 들어왔다.

도조는 태국 대표로 피분 수상이 와주기를 바랐다. 그러나 건강상의 이유로 출석할 수 없다는 통지가 있었고, 그 대신 완 와이타야콘이 참석했던 것이다. 현지의 일본군에서는 피분이 일본을 방문하지 않은 것은 전황이 추축국에 불리하게 돌아가고 있기 때문이며, 이런 시기에 국내를 떠나면 입장이 미묘해질 것이기 때문이라고 전해왔다. 하지만 그런 사실을 알고 싶지 않은 듯 도조는 완 와이타야콘과 악수를 했다.

바모는 조금 늦게 식당에 도착했는데, 그는 훗날 자서전에서 이 파티의 풍경을 다음과 같이 묘사했다.

"모임은 대단히 감동적인 분위기 속에서 이뤄졌다. […⋯] 도조 수상은 상냥한 표정을 지으면서도 예리하게 관찰했고, 잘난 척하지도 않고 회장의 분위기를 지배했으며, 피로를 잊은 채 우리들을 맺어주었다. 그가 이 역사적인 순간과 그 속에서 수행하는 그의 역할에 관하여 충분히 자각하고 있었음이 분명하다."

그리고 도조는 찬드라 보스가 들어오자 웃음을 띠며 몇 번씩이나 악수를 했다. 보스는 붙임성 좋게 이것은 "하나의 가족 파티"라고 말하면서 대동아공영권을 찬양했다. 이 말을 듣고 도조는 더욱 즐겁게 웃었다. 도조와 보스의 대화가 가장 활기찼다.

다음날 신문은 이 파티를 대서특필했다. '동아 각국을 지도하는 제국'의 이미지가 국민의 사기를 높일 수 있도록 배려한 것이었다. 국민의 카타르시스를 자극하는 이 기사는 정보국의 명령에 따른 것이었다.

대동아회의는 11월 5일과 6일 이틀 동안 제국의회 의사당에서 열렸다. 의장석에는 도조가 앉았고, 회의는 처음부터 끝까지 일본 측이 주도했다. 도조 자신이 가장 득의만만해한 것은 아마도 이때였을 것이다. 수상 자리에서 물러난 후 그는 대동아회의에 대해 몇 번씩이나 이야기했고, 1945년 9월 자살미수사건을 일으켰을 때 그의 응접실로 뛰어든 미군 헌병의 눈을 처음으로 쏘아본 것은 이 회의에서 찍은 사진이었다.

회의 초반, 도조는 언제나처럼 카랑카랑한 목소리로 "영미가 말하는 세계평화란 곧 아시아에서 식민지 착취의 영속화와 그에 따른 이기적 질서의 유지를 뜻한다"고 말하고, 일본은 아시아의 해방자이며 독립을 원조하는 구세주라고 역설했다. 이는 루스벨트와 처칠을 향한 발언이기도 했다. 이어서 각국의 지도자가 연설했다. 라우렐은 "중국이 속히 통일을 이루고, 3억 5천만 인도 민중이 보스 씨의 지도 아래 완전히 독립하여 다시는 영국의 지배로 돌아가는 일이 없기를 희망한다"고 말했다. 버마의 바모도 이에 동의했다. 라우렐의 연설 가운데 일본 군부의 점령지 행정을 비판하는 부분이 있었지만, 이상하게도 도조는 그 말뜻을 알아듣지 못했다.

다음날 6일, 자유인도 임시정부를 대표하여 보스가 발언했다. 인도 민족은 영국 제국주의에 저항하여 자유를 쟁취하지 않으면 안 된다고 말한 후, "오카쿠라 덴신岡倉天心(1863~1913)과 쑨원孫文(1866~1925)의 이상이 실현되기를 희망한다"며 발언을 마무리했다. 웅변에 능했던 그는 이 전쟁을 자국의 독립운동 및 아시아의 해방과 결부시켰고, 일본의 자존과 자위를 위한 것만은 아니라고 선언했다.

보스의 연설이 끝나자 도조가 발언권을 얻었다. 그로서는 참 진기하게도 사뭇 연극배우 같은 표정으로 메모를 읽었다. "제국 정부는 인도 독립의 제1단계로서 목하 제국군이 점령 중인 인도령 안다만 제도Andaman Islands 및 니코바르 제도Nicobar Islands를 가까운 시일 안에 자유인도 임시정부에 예속시킬 용의가 있음을 이 자리에서 천명한다"는 도조의 말을 들은 보스의 표정에는 지나칠 만큼 기쁜 빛이 가득했다. 그는 자유인도 임시정부 간부들과 서로 어깨를 끌어안았다. 그것은 그의 스케줄이 성공했다는 의미였다. 일본에 오자마자 그는 도조에게 자유인도 임시정부가 안다만 제도와 니코바르 제도에 진출할 수 있도록 허가해달라고 호소했고, 이 말을 들은 도조는 이날 오전 중에 연락회의를 열어 급거 보스의 신청을 받아들이기로 결정했던 것이다. 국토를 갖고 있지 않았던 자유인도 임시정부는 이리하여 처음으로 자국의 영토에 발을 들여놓게 되었다.

6일 밤, 대동아회의가 끝난 후 대동아회관에서 리셉션이 열렸다. 연회실 벽에는 모자이크 스타일로 대동아공영권 지도가 그려져 있었는데, 일본의 세력 범위는 적색 타일을 이용해 한층 도드라져 보이도록 처리되어 있었다. 미려한 모자이크 문양에 각국 대표들은 탄성을 질렀다. 그러나 자국이 일본의 세력 범위로서 마치 속국처럼 보이게 하는 이 지도를 보고 말을 꺼내지는 못했지만 불쾌한 생각을 한 것은 당연했다. 대동아회관 지배인 미카미 료조三神良三는 이 리셉션에 모인 각국의 지도자들이 한결같이 떨떠름한 표정을 짓고 있다는 것을 알아챘다. 일본의 고관은 미소를 띠고 접대를 했지만 왕징웨이를 비롯해 장징후이, 라우렐, 바모, 완 와이타야콘 모두 몹시 초췌한 표정으로 뭔가 괴로워하고 있는 것처럼 보였다. 미카미는 자신의 저서에서 장징후이의 경우는 이 회의를 얕보는 듯한 태도였다고 말한다.

이 회의가 끝난 후 도조의 입에서는 종종 다음과 같은 말이 흘러나왔다.

"모든 기회를 통해 대동아회의 공동선언을 통달하고, 그것을 구현하기 위해 힘쓰지 않으면 안 된다."

공동선언은 다섯 개 항목으로 이루어져 있었다. "대동아 각국은 협동하여 대동아의 안정을 확보하고, 도의에 기초한 공존공영의 질서를 건설한다"는 말로 시작하여, "대동아 각국은 만방과의 교의交誼를 돈독히 하고, 인종적 차별을 철폐하며, 널리 문화를 교류하고, 나아가 자원을 개

방함으로써 세계의 진운進運에 공헌한다"는 말로 끝난다. 도조는 집무실 책상에서 몇 번이고 이 선언을 꺼내 읽으면서 "역사적 문장"이라고 중얼거렸다. 그런 그였기 때문에 남방군 일부에서 점령지 행정에 잘못이 있다는 보고가 들어오면 대동아성에서 사람을 보내 선언 내용을 실시할 것을 독려하기도 했다.

훗날 스가모구치소에서 적은 메모에서 그는 점령지의 불상사와 군정 비판은 의외로 참기 어려웠다고 대동아회의 공동선언의 정신을 반론의 근거로 삼아 지적했다. 하지만 아무리 정신이 고매하다 해도 현실이 부패했다면 그것은 정신의 부패로 간주되어도 어쩔 도리가 없었다.

허망한 정신론으로 기울다

대동아회의에서 미사여구로 채색된 공동선언이 채택되고 있을 무렵, 미군의 반격은 더욱 거세지고 있었다. 미국은 태국·버마·필리핀을 일본의 우산 아래에서 끌어내기 위해서는 일본을 군사력으로 압도하는 것 말고는 방법이 없다는 것을 자각하고 있었다. 그런 까닭에 미국의 작전 활동은 한층 치열하게 전개되었다.

이 무렵 미군의 잠수함은 집중적으로 일본의 수송선을 노렸고, 항공모함 기동부대는 중부 태평양을 기습했으며, 마침내 절대방위권 내부에도 깊이 침입하기에 이르렀다. 그리고 공격 대상으로 정한 섬에는 육해공군이 총공세를 펼쳤고, 그 섬을 점령한 여세를 몰아 다음 섬 공격에 나섰다. '징검다리 작전' 또는 '개구리 작전'으로 불리는 이 전략에 일본군은 속수무책이었다.

11월 중순, 미군은 길버트 제도의 마킨Makin, 타라와Tarawa 등에 상륙했다. 마킨의 일본군 수비병 7백 명은 미군 6천 명과 3일 동안 전투를 벌인 후 전멸했고, 타라와에서는 4천8백 명의 일본 병사 중 17명을 남기고 전멸했다. 미군은 이해 초반에는 이 섬들을 공격할 전력을 갖고 있지 않았으나, 이때에는 상륙작전을 수행하는 데 충분한 공격용 항공모함과 전차양륙정戰車揚陸艇을 보유하는 수준에 도달해 있었다. 물량의 차이가 점차 두드러지고 있었던 것이다.

"항공기를, 배를……."

이런 소리가 통수부에 가득했다. 작전의 실패를 은폐하기라도 하듯이 그 목소리는 높아졌다.

하지만 군수성은 이제 막 설립된 참이어서 아직 충분한 생산능력을 갖추고 있지 못했다. 그렇기는커녕 겨우 일에 착수할 준비를 마친 데 지나지 않았다. 군수상에 도조, 군수차관에 기시 노부스케, 총동원국장에 시이나에쓰 사부로椎名悅三郎(1898~1979), 군수성 부설 항공병기총국 장관에 엔도 사부로, 총무국장에 오니시 다키지로大西瀧次郎(1891~1945)가 취임하여 당장 1944년 4월부터 진행될 생산계획을 재검토했다. 1944년 7월까지 1943년 9월의 2.1배에 달하는 항공기 생산, 즉 월간 3천8백 대를 목표로 할 것을 결의했다.

1943년 연말, 도조는 전국의 군수공장을 돌아보았다. 일요일에는 군수성에 가서 숙직 직원이 군수공장과 연락을 제대로 하고 있는지를 조사했다. 어느 곳의 어느 공장이나 하루 종일 가동하고 있었는데, 그런 와중에 공장장에게 세세한 질문을 퍼부으며 메모를 했고 여관에 돌아와서는 그것을 정리했다. 늘 그랬듯이 각 공장의 생산량 수치를 달달 외웠다. 집무실 책상에 군수공장 일람표를 붙여놓고 작업이 어느 정도 진행되고 있는지를 보는 것이 일과였다. 항공기 생산은 점차 늘어서 11월에 1천782대였던 것이 12월에는 2천69대가 되었다. 더욱이 1944년에 들어서는 매월 2천5백 대 이상을 생산하게 되어 목표치에 가까워지고 있었다.

한편 1943년에서 1944년에 걸쳐 구축함·잠수함·수송함·상륙용 주정舟艇 수송선의 생산이 비약적으로 늘었다. 생산 공정이 간소화되었고 능률은 향상되었다. 항공기도 함정도 완성하자마자 전선으로 운반되었다.

인력과 자원과 시간이 군수생산에 투입되었다. 그러는 동안 생활필수품 생산은 극도로 나빠졌고, 국민의 성전의식聖戰意識은 무뎌졌다. 굳이 말하자면 국민들 사이에서 전쟁이란 것이 이렇게 괴로울 줄 몰랐다는 생각이 들끓기 시작했던 것이다. 동양경제신문 논설위원 이시바시 단잔石橋湛山(1884~1973)은 적절하게도 이렇게 썼다.

"전쟁에 대한 우리 국민의 인식은 러일전쟁 때와 다를 게 없다. 그들은 다만 당국을 신뢰하여 당국이 하는 대로 맡겨두면 머잖아 러일전쟁 때 그랬던 것처럼 일본해의 적 함대 섬멸전이 재현될 것이고, 그러다 보면 대동아전쟁은 어렵지 않게 우리의 대승으로 끝날 것이라고 쉽게 생각했다."

하지만 만주사변과 중일전쟁이 계속되는 동안 전쟁의 불길이 자신들의 생활 주변에 이토록 영향을 주리라고는 생각하지 못했다. 독일과 미국에서는 군수생산뿐만 아니라 사치품까지 적당히 생산해서 국민의 소비 의욕을 만족시켰지만, 일본의 지도자는 내핍을 호소할 뿐 오로지 군수생산에만 열을 올리고 있었다. 그래서 열이 한번 식으면 저항 의욕은 급속히 사라지고 말 터였다.

특히 암거래 물자의 횡행, 불공정한 배급이 항전 의욕을 감퇴시켰다. 이 무렵 서민들 사이에서는, "오랜 전쟁에 지쳐 물자 배급도 생각처럼 이뤄지지 않을 것이고 물가도 올라 생활이 어려워질 것이며 결국 일본은 지고 말 것"이라는 이야기가 반은 공공연하게 떠돌았다. 군수공장 일이 힘들어지고 생활이 어려워질수록 도조와 천황을 비판하는 풍문이 국민들 사이에 점점 널리 퍼지기 시작했다. 그것을 억누를 수 있는 것은 아무것도 없었다.

1943년도 막바지에 접어든 어느 날이다. 수상 관저의 식당에서 아카마쓰, 히로하시, 가노오카 세 비서관과 도조의 사위 고가 히데마사古賀秀正(1919~1945)가 도조를 둘러싸고 있었다. 육군대학 재학 중인 고가가 곧 졸업하고 근위사단으로 돌아오게 되는 것을 축하하며 저녁식사를 하면서 군인의 마음가짐에 대해 말해줄 참이었다.

도조는 내심 고가가 맘에 들었다. 장남과 둘째 아들은 근시여서 육사에 들어가지 못했지만 셋째 아들이 육사에 입학하여 그의 기분도 그나마 괜찮은 편이었다. 그리고 네 명의 딸 가운데 둘째를 육사 17기 동기생의 셋째 아들 고가 히데마사에게 시집을 보냈던 것이다.

"현상이 너무나 법령에 얽매여 있는 것처럼 생각됩니다만 이래서는 안 되는 게 아닙니까?"

아직 스물여덟 살밖에 되지 않은 고가는 거리낌 없이 장인에게 물었다. 다른 사람이 그랬다면 화를 낼 질문이었지만 도조는 그것을 허용했다.

"전쟁을 수행하고 있는 지금, 현행 법률이 허점투성이라는 것은 누가 봐도 뻔하다. 예를 들어 현행법으로는 공습경보가 발령된 상황에서 절도죄를 저지른 자를 사형에 처할 수 없다. 이것은 큰 결함이다. 아마도 메이지의 선각자들은 일본 정신을 잘 알고 있으면서도 구미법歐美法을 채택했을 것이다. 제국대학이라는 곳에서는 이런 법률을 가르치고 있을 따름이다."

결국 일본 정신의 계승자는 육군뿐이라는 말이었다. 고가가 천황기관설을 비판하자 도조도 고개를 끄덕이며 다음과 같이 말했다.

"헌법학자는 헌법론을 획일적으로 말하지만 보필의 책임이란 간단명료하다. 좋은 것은 폐하의 은덕으로 돌려야 하고, 나쁜 것은 모두 대신을 비롯한 보필자의 책임으로 남는다고 생각하면 그만이다."

물론 사적인 대화이기 때문에 이것으로 도조의 정치 감각을 판단할 수는 없다. 그러나 도조가 이 정도로 조잡한 감각의 소유자였다는 것은 기억해야 한다. 천황의 적자赤子라고는 하지만 국민 중에는 무례한 자도 있지 않겠느냐고 물으면, "폐하께서는 일시동인의 마음으로 일억 국민을 똑같이 인자하게 대하신다. 나쁜 아이일수록 더 사랑하실 것이라고 생각한다. 이들을 바로잡는 것이 일본 법률의 존재 이유이다"라고 대답하기도 했다.

도조를 중심으로 모인 그들의 대화는 이렇듯 알맹이 없는 내용으로 헛되이 겉돌기만 했다. 이런 대화를 관저 식당에서만 나눈 것이 아니다. 각료회의에서까지 이런 이야기가 오갔다. 정신력이라는 말이 각료들의 귀에 경쾌하게 울리고 있었던 것이다. 이 해의 표어 '나가자 일억 국민 불덩어리가 되어!'라든가 '한 대라도 많이 비행기를!'이라는 슬로건을 결정했을 때 지도자들의 기분도 도조가 고가와 비서관들에게 내보인 정신 구조와 정확하게 일치했다.

자유주의적 평론가 기요사와 기요시淸澤洌(1890~1945)는 『암흑일기』에서 "굉장히 추상적이다. '불요불굴, 노력과 공부를 응집하여 그 책무를 관철해야 한다'는 식이다. 도조는 또 예의 설교를 통해 이런 말을 되풀이한다"고 말하는데, 이는 도조의 훈시에 지친 국민의 기분을 대변한다.

1944년 들어 1월 21일부터 시작된 의회에서 행한 도조의 시정연설 내용은 다음과 같았다. 지금까지 시정연설에서 빠지지 않았던 전황에 대한 자화자찬이 사라지고 형용구形容句만이 개미행렬처럼 이어진다.

"한 사람이 능히 열 사람을 죽이고야 마는 황군 장병 앞에 불령하게도 도전해오는 미영군의 앞길은 암담하기 짝이 없으며, 그들을 기다리는 것은 다만 최후의 패배일 뿐입니다. 이러한 전선 장병의 용전감투勇戰敢鬪에 호응하여 일억 국민은 더욱 분기해야 할 것입니다.", "궁극적으로 대동아전쟁에서 승리를 획득할 것이라고 확신합니다. 말씀드릴 것까지도 없이 전쟁은 필경 의지와 의지의 싸움입니다. [……] 최후의 승리는 어디까지나 최후의 승리를 굳게 믿고 끝까지 투지를 잃지 않는 자에게 돌아올 것입니다. 최후에 승리하느냐 패배하느냐는 정말이지 종이 한 장 차이입니다.", "이렇게 적과 아군 모두 지칠 대로 지친 상황에서는 필승의 신념이 흔들리고 한 걸음이라도 빨리 투지를 잃어버리는 쪽이 당연히 패배의 길을 갈 것입니다. 이렇게 볼 때 세계에서 제일가는 국체를 가진, 절대로 패배하지 않는 제국을 향해 적대행위를 하는 나라들이야말로 진정 가련하다고 하지 않을 수 없습니다. 3천 년 이래 영광을 간직해온 황실을 받들고 있는, 야마토 민족의 진충보국盡忠報國의 정신력은 어느 나라와도 비교할 수가 없습니다. 그리고 자존과 자위를 위해 어쩔 수 없이 떨치고 일어선 이번 대동아전쟁에서 이 힘은 그 무엇이든 태워버리지 않고서는 멈추지 않을 기세로 나아가고 있는 것입니다. 위험이 가까이 다가오면 다가올수록, 곤란이 눈앞에 쌓이면 쌓일수록 우리 일억 국민의 정신력은 더욱 치열해지고 있는 것입니다."

이것을 시정연설이라고 할 수 있을까. 마치 마음을 진정시키려는 황국 소년의 푸념처럼 들리지 않았을까. 그럼에도 의회에서는 큰 박수 소리가 길게 이어졌다. 그랬다. 전황이 나빠지고 많은 국민이 죽었다 해서 전쟁

에 진 것은 아니다. 목전의 현실은 모두 승리의 날까 **에니웨톡**
서태평양의 마셜 군도
에 속해 있는 일군의
섬. 에니웨톡은 1948~
1952년 미국의 원폭실
험장이었다.

지 이어질 과정에 지나지 않는다. '전쟁이 악화되고 있
다'는 것은 그 말을 내뱉은 순간에만 사실일 따름이다.
도조가 볼 때 제국에 패전이라는 말은 없었다. 의식과
육체가 소멸할 때까지 목전의 현실을 인정하지 않을
것이기 때문에 그것은 있을 수 없는 일인 셈이다.

지도자들 사이에서는 궤변과 흡사한 이런 논리가 지배적이었다. 목전
의 사실을 인정한 자에게는 '비국민'이라는 딱지가 붙었고, 이들은 곧 전
장이나 감옥 또는 정신병원으로 실려 갔다.

사술詐術을 이용한 참모총장 겸임

객관적으로 보면 전황은 악화되어 이미 전쟁의 개념을 벗어나 있
었다.

1월에는 뉴기니 방면의 사이도르Saidor에 미군이 상륙, 2월에 들어서면
서부터는 콰잘레인Kwajalein과 에니웨톡Eniwetok* 환초環礁가 공격을 받아
일본 수비병은 전멸 상태에 빠졌다. 마셜 군도에서도 미국의 공습이 시
작되었다. 미군의 목표가 트럭 섬이라는 것은 쉽게 알 수 있었다. 그래
서 도조는 미군의 급습 소식을 들을 때마다 "해군은 확실한 트럭 섬 수비
전략을 생각하고 있지 않는 것이냐"면서 이것을 확인했다.

말하자면 이 섬은 일본의 '진주만'이었다. 연합함대사령부가 있는 절
대국방권의 요충으로 전진기지였다. 이곳을 잃어버리면 전략은 뿌리째
무너진다. 트럭 섬 수비는 해군이 맡고 있었다. 연합함대 사령장관 고가
미네이치古賀峯一(1885~1944)는 트럭 섬 공격에 대비하여 2월 15일 팔라
우Palau로 사령부를 옮겼다. 해군 제4함대와 육군 제52사단이 그곳을 지

키고 있을 뿐이었다. 2월 17일 이른 아침, 미군이 항공모함의 비행기를 동원해 공격해왔다. 18일에는 트럭 섬에 결집해 있던 함선이 공격을 받았다. 일본군의 지휘는 혼란에 빠졌고 수비는 어이없이 무너졌다. 일본군은 함선 침몰 9척, 특수함선 침몰 3척, 수송선 침몰 34척, 항공기 270대 대파, 사상자 약 6백 명이라는 타격을 입었다. 그리고 트럭 섬 보급을 담당하고 있던 수송선 2척이 침몰하면서 1만 1천 명의 병력이 사망했다. 고작 이틀 동안의 전투에서 당한 피해가 극심했기 때문에 일본군은 미군의 함선을 한 척도 격침할 수 없었다. 일미 해군의 군사력 차이는 더욱 뚜렷해졌다.

2월 29일 피해 실상을 파악한 군령부는 너무 심각한 타격에 안색을 잃었다. 훈련을 마치고 이제 막 제일선에 투입된 항공기 60대가 전멸하고 항구 안에 있던 함선이 침몰하면서 다음 작전이 정체되고 말았던 것이다. 게다가 치명타를 가하기라도 하듯 남중국해에서 유조선 5척이 침몰했다는 전보가 들어왔다. 싱가포르를 출발한 유조선은 1944년 들어서 잇달아 가라앉긴 했지만 한 번에 5척이 침몰한 예는 없었다. 이무렵 미국의 전략은 유조선을 격침시켜 일본의 존립 기반을 뒤흔들어 놓는 것이었다. 그래서 잠수함부대가 의식적으로 유조선을 노리고 있었던 것이다.

일본에서는 수송선단 호위함정이 부족했다. 남중국해에서 유조선 5척을 호위한 함정도 고작 1척이었다. 유조선 5척이 한꺼번에 침몰하면서 국내의 생산체제는 근본부터 흔들렸고, 항공기 생산 속도는 단숨에 떨어졌다.

18일 밤, 트럭 섬의 수비대가 궤멸했다는 보고가 도조에게 전해졌다. 도조는 머리를 감싸고 생각에 빠졌다. 크나큰 충격에 몸을 떨고 있는 모습이 비서관들에게도 분명하게 보였다.

도조는 "생각할 게 좀 있으니까 중요한 일이 아니면 연락하지 말라"고 말하고 니혼마日本間의 집무실로 들어갔다. 딱 한 번 아카마쓰가 전황을 기록한 참모본부의 보고서를 가지고 오라는 명령을 받았다. 도조는 서류를 한 장 한 장 열심히 들여다보고 있었다. 두 시간 후, 다시 한 번 아카마쓰가 불려갔다. 책상 위의 서류를 정리하라는 명령을 받았는데, 그때 도조는 이렇게 말했다.

"이봐 아카마쓰, 육군상과 참모총장을 겸하는 것에 대해서 자네는 어떻게 생각하는가?"

비서관으로 일하는 동안 도조로부터 의견이 어떠냐는 말을 들어본 적이 전혀 없었기 때문에 그는 긴장했다. 더구나 그 내용이 군령과 군정을 겸한다는, 말하자면 헌법에 저촉할 법한 생각이었고, 야마가타 아리토모, 가쓰라 다로, 데라우치 마사타케마저도 시도한 적이 없는 권력의 장악이었다.

"중대한 일이라고 생각합니다만 이런 상황에서는 방법이 없지 않겠습니까?"

"그래? 자네도 그렇게 생각한단 말이지."

도조는 만족스러운 듯 고개를 끄덕였다. 메이지 이래의 관례를 무너뜨리는 일인지라 도조도 공포감에 쫓기고 있는 것이라고 아카마쓰는 생각했다.

관저의 거실에 육군성 간부 세 사람이 모였다. 도미나가 교지富永恭次 육군차관, 사토 겐료 군무국장, 니시우라 스스무 군사과장. 그들에게도 도조의 결의가 전해졌고, 결의를 실천에 옮기기 위해 사전 공작을 하라는 명령이 떨어졌다. 전황의 악화는 통수의 실수 때문이고, 이래서는 정치가 통수에 휘둘리기밖에 더하겠는가. 항공기와 선박 증산에 힘을 쏟아도 그것을 잇달아 잃어버리는 것은 왜인가. 이러한 사태에 이른 이상 국무와 통수의 합체로 위기 상황을 극복해야 하지 않겠는가.

"물론 이것은 헌법 공포 이래 일찍이 없었던 중대사이다. 하지만 지금의 상황은 이런 조치를 통해서만 극복할 수 있다. 그래서 나의 인격을 육군상 도조 히데키와 참모총장 도조 히데키로 구분하여 성의껏 집무에 몰두할 작정이다. 그렇게 하면 아무런 지장이 없을 것이다."

인격을 이분하는 것, 그것이 도조가 스스로를 납득시킨 논리였다. 세 사람은 이 논리에 수긍했고, 도조의 명에 따라 정치와 군사의 요직에 있는 자들을 설득하기 위해 관저에서 흩어졌다. 오후 9시가 지난 시간이었다.

세 사람이 설득 작업에 들어섰을 무렵, 도조는 아카마쓰, 히로하시, 가노오카 그리고 1943년 11월 육군상 비서관이 된 이모토 구마오 등 비서관 네 명에게 다시금 마음가짐에 대해 설명하고 있었다. 저항이 만만치 않을 것이니 측근부터 잘 단속하라는 말이었다.

"미영을 상대로 한 전쟁이기 때문에 쉽지 않으리라는 것은 당연히 각오하고 있지만, 우리의 발을 잘라 적의 생명을 끊고 또 우리의 배를 갈라 적의 생명을 끊을 각오가 필요한 때이다. 전황이 점차 격렬해질수록 비서관은 한층 침착하고 냉정하게 일에 임하지 않으면 안 된다."

"실은 금일과 같은 상황이 더 빨리 올 것이라고 각오하고 있었습니다."

이모토가 이렇게 말했고 가노오카도 덧붙였다. 두 사람은 실제로 이런 상황에서 정치와 통수를 하나로 아우르는 지도가 없이는 국면을 타개할 수 없다고 생각했다.

"조만간 함대 결전의 때가 올 것이라고 생각합니다. 지금의 방위선에서 적을 물리치지 않으면 안 된다고 생각합니다."

트럭 섬을 잃으면 일본이 불리한 상황에 처하게 되리라는 것을 비서관들도 알고 있었다.

"지금의 방위선에서 적을 물리치면 그보다 좋은 일이 없겠지만, 설령 현재의 방위선을 잃는다 해도 결코 주저앉는 일은 없을 것이다."

도조는 여유를 보이기라도 하듯 이렇게 답했다. 그리고 가노오카에게 시마다 해군상이 군령부총장을 겸임할 수 있도록 해군성에서 사전 공작을 펼치라고 명했다.

비서관들에게 마음의 일단을 전한 후 도조는 궁중으로 갔다. 그는 기도 고이치에게 "트럭 섬에 대한 적의 공격작전은 우리의 전황에 불리하게 작용하고 있으며, 그 방면의 준비 상황에 비춰볼 때 쉽게 해결되지 않을 사태라고 생각합니다. 한층 더 일억 결집에 대한 시책의 필요성을 통감하고 있습니다"라고 전제한 다음, 자신의 복안을 설명했다. 그 내용은 다음과 같다.

통수를 강화하기 위해 스기야마 참모총장의 사임을 구하고 자신이 그 자리에 앉는다. 하지만 자기 혼자서는 책임을 다할 수 없기 때문에 두 명의 참모차장을 두어 각각 작전과 후방 병참을 담당하게 한다.

"해군에는 간섭할 수 없기 때문에 육군의 방침을 전하는 선에서 멈추기로 하겠습니다. 그러나 군령부총장을 경질하고 해군상이 이를 겸임하도록 하는 것이 좋겠다고 생각합니다."

기도는 놀랐다. 그러나 도조는 이에 개의치 않고 말을 이어나갔다.

"또 하나 새로 제안할 게 있습니다."

새로운 제안의 내용은 이러했다. 통수부는 상시 궁중에서 집무하고,

통수부의 두 총장도 궁중에서 집무하도록 한다. 그리고 국정에서는 가야 대장상, 이와무라 사법상, 야마자키 농상상, 핫타 운수상 등을 경질하고, 이시와타 소타로石渡莊太郎(1891~1950)를 대장상, 다카하시 산키치高橋三吉(1882~1966)를 사법상, 우치다 노부야內田信也(1880~1971)를 농상상, 고토 게이타五島慶太(1882~1959)를 운수상으로 주청奏請하고 싶다. 천황 친정의 결실을 거두기 위해 앞으로도 각료회의는 궁중에서 연다.

이것은 적어도 세 가지 점에서 헌법에 저촉하는 중요한 문제였다. 통수부가 궁중에서 집무하는 것은 도조의 입장에서는 천황에게 상세한 내용을 전해 안심시키기 위해서라지만, 그러다 보면 당연히 천황의 뜻이 통수부에 반영된다. '군림하되 통치하지 않는다'는 틀 안에 천황을 머무르게 하고 싶다는 생각을 갖고 있던 기도는 이 제안에 깜짝 놀랐다. 그것만이 아니다. 기도는 도조가 천황의 배후에 숨음으로써 사태의 책임을 회피하고자 하는 것처럼 생각하기도 했고, 천황의 측근인 내대신과 시종무관장 직무까지 빼앗을지도 모른다며 두려워하기도 했다. 당연하게도 천황을 국무와 통수의 실질적인 지위로 끌어들이고자 하는 '궁정혁명'으로 받아들였다.

기도는 도조의 제안 가운데 참모총장 겸임과 내각 개조에 한정하여 승낙하고 그 외에는 보류한다고만 답했다. 다음날인 19일 오전, 기도는 천황을 만나 도조의 제안을 전했다. 그러자 천황은 참모총장 겸임은 통수권 확립이라는 헌법 내용에 저촉하는 게 아니냐고 묻고 재고하라고 명했다. 기도는 이 말을 도조에게 알렸다. 『기도 고이치 일기』에는 "수상은 폐하의 뜻을 충분히 고려하고 있다고 했다. 엄정하게 이 점을 구분하여 취급하겠다고 말했고, 또 금일의 전쟁 단계에서는 정치가 작전을 따르는 모양새를 취하면 폐해가 없을 것으로 믿는다고 말했다"고 적혀 있다. 기도는 도조의 이 말을 천황에게 전했지만 천황의 의심은 가시지 않았다. 결국 도조 자신이 직접 상주하게 되었다.

오후 2시, 도조는 천황에게 상주했다. 이때 어떤 대화가 오갔는지는 분명하지 않지만, 도조는 아마도 정치와 통수를 명확하게 구별하여 직무에 임하겠다고 말했을 것이다. 그리고 추측건대 천황은 결국 도조의 제안에 동의했을 것이다.

천황의 보증을 얻은 후 도조와 그 측근은 바쁘게 움직이기 시작했다.

육군차관 도미나가는 스기야마를 찾아가 도조의 참모총장 겸임에 동의해주었으면 한다고 말했다. 당돌한 제안에 스기야마는 할 말을 잃고 고개를 저었다. 그는 건군建軍 이후 지켜온 전통을 파괴하는 일이 아니냐며 저항했다. 스기야마의 완강한 자세를 보고 도미나가는 일단 물러섰지만, 다시 스기야마를 방문해 이번에는 삼장관회의三長官會議의 개최를 주장했다. 물론 도미나가는 도조의 뜻을 따르고 있었다. 더욱이 이 동안에 삼장관 중 한 사람인 야마다 오토조山田乙三(1881~1965) 교육총감을 설득하여 도조의 참모총장 겸임을 인정하게 했다. 삼장관회의는 2 대 1로 스기야마의 의견이 지는 것을 의미했다. 스기야마는 물론 이런 사전 공작을 몰랐다.

해군상 시마다에게도 도조의 복안이 전해졌다. 그러자 시마다는 자신은 사임하고 도요다 소에무豊田副武(1885~1957)와 가토 다카요시加藤隆義(1883~1955) 등을 추천했다. 이는 도조의 뜻에 반하는 것이었다. 도조는 시마다를 관저로 불러 해군에서도 시마다가 군령부총장을 겸임하지 않으면 균형이 맞지 않는다고 설득했다. 도조의 눈짓에 따라 움직이는 사람으로 알려진 시마다는 결국 도조의 설득을 받아들였다. 『기도 고이치 일기』에 따르면, 오후 5시 30분, 도조가 시마다 해군상은 유임하기로 결심했지만 결정을 하루만 유예해주었으면 한다고 전해왔다. 또 기도의 일기에는 "스기야마 총장은 승낙했다는 연락이 있었다"고 적혀 있다. 기도는 천황에게 이 결과를 상주했다.

여기에서는 『기도 고이치 일기』가 정확하다고 가정하기로 하자. 그렇다면 도조는 기도에게 거짓 보고를 한 셈이 된다. 스기야마는 도미나가에게 저항했고, 이 단계에서는 삼장관회의도 열리지 않았기 때문이다. 그런데도 왜 거짓 보고를 했을까. 기도에게 보고하는 것은 천황에게 전하는 것이기도 하다. 천황에게 거짓 보고를 한다는 것은 도조에게는 상상하기 어려운 황공한 행위가 아니었던가.

만약 도조를 변호하려는 눈으로 보면 도미나가가 도조에게 거짓 보고를 했다고 생각할 수도 있을 것이다. 하지만 오후 7시부터 시작된 삼장관회의의 토론을 보면 도미나가에게 책임을 지울 수는 없다. 도조가 반은 협박투로 스기야마를 설득하고 있기 때문이다.

"오랫동안 전통을 유지해온 변함없는 규칙을 파괴하는 일"이라는 스기야마의 말을 도조는 "어려운 상황 하에서는 어쩔 도리가 없다"며 일축했다. 만약 스기야마를 설득하지 못한다면 천황을 속였다는 비난을 피하기 어렵다. 바로 그것을 두려워하고 있었기 때문에 틀림없이 억지를 부려가며 설득했을 것이다.

삼장관 회의의 말다툼에 대해서는 참모본부 제1부장 사나다 조이치로가 회의가 끝난 후 스기야마에게 직접 확인하고 내부 자료로 정리했다. 이 자료에서 중요한 구절을 인용하면 다음과 같다.

"독일의 통수도 히틀러 총통의 생각과 통수부의 생각이 일치하지 않았기 때문에 스탈린그라드에서 일을 그르쳤습니다. 이것을 참고하여 반드시 재고해주시기 바랍니다."

"히틀러 총통은 병졸 출신이고 나는 대장입니다. 싸잡아 얘기해서는 곤란하지요. 수상으로서도 금일까지 여러 정책 가운데 군의 일에 대해서도 충분히 생각해왔습니다. 그 점은 걱정하지 마십시오."

"그렇지만 한 사람이 두 가지 일을 할 때 아무래도 서로 배치되는 경우가 있을 것입니다. 어느 쪽에 힘을 쏟으시겠습니까?"

"아니, 그 점은 염려하지 마십시오."

"나쁜 사례는 장래까지 남습니다. 이것이 전례가 되어 수상이 총장을 겸할 생각을 하게 되지는 않을까요?"

"그런 일은 없을 겁니다. 나는 대장이고 참모총장도 현역 대장입니다. 그 둘을 겸하는 것이지요. 현역이 아닌 자는 할 수 없는 일이 아닙니까."

"그렇지 않습니다. 현역이 아닌 자라 해도 법령을 바꾸면 가능한 일이 아니겠습니까."

"미증유의 이번 대전쟁에서 상도常道를 바꾸어서라도 전쟁을 승리로 이끌 길이 있다면 뭐든 해야만 합니다."

"그건 아닙니다. 당신이 그런 일을 한다면 육군 내부가 조용해지지 않을 것입니다."

"그렇지 않습니다. 문구文句를 들고나오는 자가 있다면 바꾸어도 좋습니다. 문구는 중요하지 않습니다."

둘의 대화는 겉돌기만 한다. 그러자 도미나가가 끼어들었다.

"그렇다면 총장의 동의를 얻지 않고 대신이 상주했다면 총장께서는 단독 상주를 하시겠습니까?"

스기야마는 고개를 끄덕였다. 그러나 이것은 도조가 가장 두려워하는 방법이었다. 기도를 통해 스기야마가 양해했다고 천황에게 보고한 것이 뒤집어지게 된다. 도조는 필사적으로 다음과 같이 말했다.

"폐하는 나의 마음을 이미 알고 계십니다. 총장이 단독 상주한다면 나는 나의 생각을 번복하지 않으면 안 됩니다. 어떻게든 총장의 동의를 얻을 수 없겠습니까?"

도조가 여기까지 말하자 야마다 오토조가 끼어들었다. 그는 여기까지 밀고 왔으니까 변칙적이긴 하지만 인정하지 않으면 안 될 것이라며 도조를 옹호했다.

스기야마는 자신이 고립되어 있다는 것을 자각하지 않을 수 없었다. 게다가 천황이 이미 도조에게 동의를 표시하고 있는 듯한 표현에 스기야마는 깨끗하게 자신의 입장을 철회했다. "전시하 특례로 이번에만 이런 조치를 취한다는 조건으로 동의하겠습니다. 폐하께도 이 점을 아뢰고 기록에도 남겨두었으면 합니다"라고 말했는데, 그는 간신히 이 점에 대해서만 도조의 약속을 받아냈다.

그 후 참모총장실로 돌아온 스기야마는 차장 하타 히코사부로秦彦三郎(1890~1959)와 사나다 조이치로, 아리스에 세이조有末精三(1895~1992), 누카다 히로시額田坦(1895~1976) 세 부장에게 경과를 보고했다. 사나다는 입장과 신념을 천황에게 전하는 게 좋겠다고 말하고, 상주안上奏案을 보낼 것을 스기야마에게 권했다. 그리고 21일 오전 10시, 스기야마는 사나다가 작성한 상주문을 가지고 천황을 만났다.

"듣건대 가열苛烈한 대전 하의 특례로서 폐하께서 이미 이번 취지를 허락하신 줄 압니다. 군의 입장에서도 일이 중차대한지라 '이번에 한정된 특례, 비상한 조치이지 결코 상도常道는 아니라는 뜻'을 명확하게 해주셨으면 합니다."

그러자 천황이 말했다.

"그대가 우려하는 점에 대해서는 짐도 생각이 같다. 도조에게도 그 점은 분명히 해두었다. 도조도 그 점은 충분히 알고 있다고 해서 안심했다. 그대도 말했듯이 비상한 변칙이긴 하지만 이번에만 그렇게 할 터이니 서로 협력하여 일을 잘해나가도록 하라."

피로에 지친 국민

도조의 참모총장 겸임에는 석연치 않은 움직임이 보인다. 스기야마는 하타 차장과 세 명의 부장에게 삼장관회의의 경과를 보고하면서 "도조 육군상은 본일(20일) 상주할 것"이라고 덧붙였다. 결국 스기야마는 도조가 이날 '참모총장도 동의했다'고 천황에게 전할 것으로 생각하고 있었던 것이다. 그런데 『기도 고이치 일기』에서는 이날도 그 다음날도 도조가 상주했다는 기록을 찾아볼 수 없다. 왜일까. 상주할 필요가 없었던 것이다. 19일 저녁에 이미 '스기야마가 양해했다'고 상주했기 때문이다.

또 하나 의문이 있다. 군무국장 사토 겐료는 18일 저녁 무렵 관저로 불려가 도조로부터 참모총장 겸임에 관한 말을 듣고 군 내부의 주축이 되는 자들을 설득하는 작업에 나섰다. 이것은 『비서관 일기』을 보아도 분명히 알 수 있지만, 한 걸음 양보한다 해도 사토 역시 19일에는 이 사실을 알고 있었을 것이다. 도미나가가 이날 스기야마를 설득하고 있기 때문이다. 그런데 이상하게도 전후에 발간된 사토 겐료의 저작에는 착오인지 자의적인지는 모르지만 분명히 잘못된 부분이 몇 군데 있다. 우선 다음과 같은 구절이 그러하다.

"21일 아침, 등청登廳하자 도미나가 차관이 다급하게 나를 불러 말했다. '대신께서 훌륭한 일을 하셨다네. 스기야마 씨를 사임시키고 자신이 참모총장을 겸한다는 거야. 해군도 나가노 씨를 사임시키고 시마다 해군대신이 군령부총장을 겸한다더군.' 나도 놀라 '그래요?'라고 했을 뿐, 잠시 말도 나오지 않았다. '차관께서는 동의하셨습니까?' '아니야. 아무런 상담도 없었네. 오늘 아침 대신이 불러 갔더니, 이렇게 결정했으니 즉시 사무적 절차를 밟으라고 하더군. 이는 굉장한 일이어서 참모본부에서는 시끄러울지도 모르지. 하지만 중요한 때이니까 자네도 주의하여 선처해 주게.' 나는 가슴이 꽉 막히는 듯한 느낌이었다." (『사토 겐료의 증언』)

사토와 도미나가는 마치 이날(21일) 처음 안 것처럼 말하고 있다. 하지만 과연 그럴까. 왜 사토는 18일, 19일, 20일에는 몰랐던 것처럼 써야 했던 것일까. 헌법의 근간과 관련되는 중대사를, 도조를 중심으로 도미나가와 사토가 치밀하게 계획하고 가다듬었다는 것을 이 측근은 전후에도 계속 충실하게 은폐하려 했다고 한다면 지나친 말일까. 평생 동안 도조를 위해 충실하게 일할 것을 맹세한 사토는 한 걸음 더 나아가 참모총장 겸임의 계기가 트럭 섬 파멸만으로는 약하다고 생각했는지 "마리아나와 캐롤라인 방기, 필리핀 섬 결전론"을 꺼내들고서, 통수부는 필리핀 섬 결전에 저항할 것이기 때문에 통수부의 권한을 장악하여 통수와 국무의 일체화를 도모하려 했던 것이라고 말한다. 그리고 이 필리핀 섬 결전론은 사토가 도조에게 얘기를 꺼낸 것으로 도조가 그 의견을 받아들였다고 말한다. 하지만 도조가 필리핀 섬 결전론자였다는 증거는 어디에도 남아 있지 않다. 석연치 않은 경과가 여기에 있다.

추측건대 도조의 참모총장 겸임은 허위와 사술로 가득 찬 쿠데타였다.

2월 21일 도조는 참모총장에 취임했다.

"인격을 둘로 나눠 생각한다. 육군상이 참모총장을 겸임하는 것이 아니라 도조 히데키가 겸임하는 것이다."

그는 취임을 하면서 이렇게 스스로를 타일렀다. 처음 얼마 동안 참모본부에 들어갈 때는 군복에 참모 견장을 붙였고, 육군성에서는 그 견장을 뗐다. 그때마다 제도가 사람을 부리는 것이 아니라 사람이 제도를 부리는 것이라고 말했다.

첫 업무는 두 명의 차장을 임명하는 것이었다. 하타 히코사부로는 유임, 중부군 사령관 우시로쿠 준後宮淳(1884~1973)을 또 하나의 차장 자리에 앉혔다. 우시로쿠는 도조와 동기인 육사 17기생이어서 '정실인사'라는 비판이 일었다. 해군도 육군을 따라 시마다가 군령부총장을 겸했고, 차장은 2인제로 이토 세이이치는 유임, 새롭게 해군 항공본부장 쓰카하라 니시조塚原二四三(1887~1966)가 취임했다. 시마다의 경우도 후시미노미야伏見宮를 후원자로 삼아 나가노 오사미의 반대를 억누르고 얻어낸 겸임이었다. 하지만 해군 내부에서는 국무와 통수의 합체에 대한 반발이 강했고, 그것은 도조를 맹종하는 시마다를 향한 비판으로 바뀌어 3개월 후에 구체적으로 나타나게 된다.

"통수권의 독립을 범하는 짓이다", "이것저것 다 겸임하고서는 일을 제대로 할 수가 없다", "독재열獨裁熱에 홀려 있다", "도조 막부 시대다." 도조를 비방하는 말은 육군 내부에서도 난무했다. 전선의 사령관과 사단장에게는 특히 평판이 나빴다. 통수의 사무화事務化, 다시 말해 작전 활동이 정치에 종속되는 것은 참을 수 없다는 것이다. 이들의 비판 중에는 확실히 부당한 것도 있었다. 도조 개인에 대한 혐오의 분위기 속에서 그것은 일정한 움직임을 보였다. 도조는 그런 비판에 신경을 곤두세웠다. 육군성 내부에서까지 헌병이 활보했고, 도조에게 간언하러 왔던 의원이 돌아가는 길에 신병을 구속당하는 일이 벌어지기도 했다. 이런 과정에서 도조의 인기는 추락에 추락을 거듭했다.

국민 사이에서도 도조에 대한 평판이 나빠졌다. 그것은 참모총장 겸임 때문만이 아니었다. 전황의 악화와 항공기 증산에 동반한 노동 강화, 일상생활에 필요한 소비물자의 결핍에 따른 생활의 어려움, 여기에다 헌병이 국민 사이에 들어와 협박과 공갈을 일삼는 것이 나쁜 평판에 박차를 가했다. 본래 도조에게만 향할 것은 아니지만 국민의 불만은 도조만을 겨냥했다. 항간에서는 다양한 소문이 꼬리에 꼬리를 물었다. 5만 엔이나 되는 미국제 피아노를 단돈 50엔만 주고 샀다는 둥, 관저에서는 매일 저녁 고기를 먹는다는 둥, 요정에서 주색에 빠져 있다는 둥 근거 없는 소문이었지만, 그 범위는 염전厭戰 분위기에 비례해서 넓어지고 있었다.

1월부터는 매년 4개월의 학도근로동원이 의무로 부과되었다. 3월에는 대극장과 요정이 폐쇄되었다. 방공체제강화를 외치는 소리가 높아졌고, 국민은 각자의 영역에서 전쟁협력에 나서야 했다. 저축이 장려되었다. 14세에서 25세에 이르는 미혼 부인도 군수공장에 동원되었다. 대정익찬회 산하 애국반이 온 나라 구석구석까지 파고들었고, 상호감시는 한층 강화되었다. 국가의 의사에 반하는 생각을 가진 자에게 이 나라의 제도는 '노예제도'나 다를 게 없었다.

참모총장을 겸임한 그날 열린 연락회의에서 도조는 1월부터 통수부가 요구해온 중부 태평양 방면의 방비防備 강화를 위한 선박 증징增徵을 국력을 고려하여 10만 톤으로 결정했다. 그리고 조금 망설이는 듯하더니 "앞으로는 작전계획을 세울 때 국력과의 밸런스를 염두에 두고 검토할 것"이라고 발언했다. 그는 이날부터 총장실에 틀어박혀 전황 파악에 골몰했다.

그사이에도 미군의 공격은 계속되고 있었다. 마셜 군도 콰잘레인 섬에서도 일본군은 쫓기고 있었고, 일본군이 점령한 섬은 미국에 의해 절단된 형태를 띠게 되었다. 지도를 펼치면서 도조는 억지스런 말을 할 따름이었다.

"일이란 생각하기 나름이다. 적의 배후에 우리의 기지가 있다고 생각하면 된다. 기회를 보아 양쪽에서 공격하면 된다."

총장이 되고 나서 얼마 지나지 않아 도조는 참모본부의 작전계획을 좌관급佐官級 장교들이 입안하고 있다는 점을 비판하기 시작했다. 항공기를 주력으로 한 전쟁지도에서는 이 클래스가 군사지식을 가장 많이 지니고 있었을 터이지만, 도조에게는 그것이 상급자의 태만으로 비쳤다. 그는 참모본부의 부장들에게 "위로부터 방침을 명시하고 아랫사람은 그것에 응하여 움직이기만 하면 된다"고 훈시했다. 작전부장 사나다 조이치로에게는 태평양 방면의 방위선 확보를 지상명령으로 삼으라고 명했고, 장교들에게도 이와 관련된 복안을 검토하라고 일렀다. 이리하여 이번에는 도조의 군사적 능력이 시험대에 오르게 되었다. 결국 이후의 군사작전에 대해서는 도조도 책임을 지지 않을 수 없게 되었기 때문이다.

미군은 쉴 새 없이 공격을 퍼부었다. 라바울은 고립되었고, 자그마치 11만 명에 이르는 병사들이 뉴아일랜드섬을 포함한 남동 방면에 꼼짝없이 갇혔다. 맥아더가 지휘하는 미 군단은 뉴기니 해안을 따라 징검다리를 놓듯이 공격을 퍼부었고, 니미츠함대는 마셜 제도를 공격했다. 이런 공격 앞에서 일본군의 열세는 사실에 눈을 감지 않는 한 누가 보더라도 분명했다. 3월 하순에는 내남양內南洋의 팔라우가 미군 기동부대의 공격을 받아 선박 30척, 함정 7척, 항공기 2백 대가 격파되었다. 물론 대본영에서는 일본군의 손해는 경미한 것으로 축소하고 미군의 피해는 부풀려서 발표했다.

도조는 아주 바빴다. 참모총장으로서 남방 통수 조직을 일원화하여 뉴기니, 필리핀 작전을 남방총사령부에서 관장하도록 했고, 본토를 떠나서라도 독자적인 작전행동이 가능하도록 한다는 생각을 토대로, "필리핀을 최종적이고 절대적인 총결산 지역으로 삼아 육해군이 동시에 정면작전을 펼치고 또 항공기를 철저하게 집결·운용함으로써 공륙총합결전空陸總合決戰"에 나선다는 방침을 결정했다. 절대국방권은 이미 완전히 무너져 있었다.

다른 한편, 3월에서 4월에 걸쳐 육군은 제31군을 편성하여 연합함대사령장관의 지휘 아래 두고 캐롤라인, 마리아나 작전을 위해 대기하라고 명했다. 데라우치 히사이치 남방군 총사령관이 국가존망의 위기가 임박했다는 내용의 격문을 뿌렸는데, 말 그대로 긴박한 상황에서 배수의 진을 친 작전이기도 했다. 도조가 분주했던 것은 이 작전에 열중했기 때문이 아니다. 군수상軍需相으로서 잇따른 항공기와 선박의 손실을 채워 넣기 위해 증산에도 책임감을 가져야만 했기 때문이다. 마치 '도조 혼자 치르는 전쟁'이라도 한 것처럼 움직이지 않으면 안 되었다. 작전 계획, 항공기와 선박 생산, 국민 감시, 국내 전시체제 정비, 의회와의 절충 등등 그의 일정은 분 단위로 나뉘어 있었다.

항공기 생산은 그가 가장 많이 신경을 쓰는 일이어서 시간이 나는 대로 군수공장을 돌았다. 2월에 2천 60대, 3월에 2천711대를 생산했다. 이렇듯 3천 대에 가까운 항공기 생산은 국민의 모든 능력과 생활을 희생한 결과이기 때문에 이미 한계에 도달한 것이 분명했다. 군수공장에 갈 때마다 낭비되는 게 없는지 둘러보았다. 예컨대 화력발전소를 시찰하다가 보일러 불이 잿속에서 타고 있으면 갑자기 석탄이 낭비되는 것 아니냐며 큰소리를 치기까지 했다. 그러나 공장 간부들은 밤에 불을 꺼트리면 다음날 아침 보일러가 식어 도리어 많은 석탄을 써야 하는데도, 난데없이 호통을 치는 것을 보니 마치 아무것도 모르는 어린아이 같다며 내심 도조를 경멸했다.

군수공장에서 행한 연설에서는 '필승의 신념'이나 '생사를 건 격렬한 경쟁의 시기'와 같은 말이 난무했다. "일본의 특징은 세 가지이다. 황실 중심의 충용한 병사, 황실 중심의 일억 국민 결집, 황실 중심의 가족제도와 이웃의 공조가 그것이다"라고 하며 이것이 있는 한 일본은 패하지 않는다고 목소리를 높였다. 또 군수공장의 중역에게는 지금까지의 회사 기구는 너무 서양식이므로 앞으로는 생각을 바꾸어 "가족공동체라는 마음으로 경영에 임하라"고 주문하기도 했다.

4, 5월에 이르러 국민의 인내는 한계에 도달했다. 항공기 생산이 대폭 줄어들었다. 실태 조사에 나선 군수성 항공병기총국은 그 원인이 학도와 징용자가 민간기업의 사장과 주식을 위해 일하는 것을 납득할 수 없다는 것, 감시하는 군인이 필요 이상으로 윽박을 지른다는 것, 숙련공이 부족하다는 것 등에 있다는 것을 알았다. 병기총국 장관 엔도 사부로遠藤三郎 (1904~1971)가 민간회사를 군의 공창工廠으로 바꾸어야 한다고 제안했지만 도조는 제도나 기구의 문제가 아니라 일본 정신의 결여, 패배주의자 때문이라며 일축했다. 도조에게서는 더 이상 조직원리나 합리적 규범 따위는 찾아볼 수가 없었다.

포위되는 도조 인맥

태평양 방면의 전황이 예기치 않은 방향으로 흘러가고 있을 때 어떻게든 낭보가 전해지기를 기다리고 있던 도조가 가장 큰 기대를 건 것은 버마방면군의 임팔Imphal● 진공이었다. 참모총장이 된 지 얼마 지나지 않아 도조는 진공 작전 개시를 명했는데, 원칙대로라면 그의 이러한 태도는 모순으로 가득 찬 것이었다. 이 시기에 전선을 확대해봐야 보급 가능성도 없는데다가, 1941년 9월 대미영란 전쟁 지도 계획 책정 당시에는 전선을 인도까지 넓히지 않는다는 양해가 있었다. 1943년 여름까지만 해도 도조 자신마저 임팔 작전에는 반대했었다.

그런데 왜 갑작스럽게 태도를 바꾸었을까. 여기에는 정치상의 이유가 있었다. 찬드라 보스에 대해 관심을 갖고 있었기 때문이다. 그는 비서관에게 "저런 애국자에게 보답하는 것도 일본의 사명일 것"이라 말했고, 작전 수행이 임박해서는 버마방면군 사령관 가와베 마사카즈河邊正三(1886~1965)에게 "인도 독립 추진의 배후를 확립하기 위해서"라고 말하기도 했다. 그는 보스에게 휘둘리고 있었던 것이다.

3월 상순 임팔 공략 작전을 개시한 일본군은 태평양전쟁 초기에 그러했듯이 서전은 화려하게 장식했다. 3월 하순 도조는 이 보고를 듣고 희색을 띠며 대본영 보도부장 마쓰무라 도이쓰松村透逸를 불러 "이것은 중대한 뉴스다. 즉각 대본영에서 발표하라"고 명했다. "인도 국민군 지원에 나선 아군은 3월 중순 국경을 돌파하여 인도 국내에 진입했다"는 것은 이 시기 대본영 발표에서 볼 수 있는 단 하나의 정확한 뉴스였다. 하지만 4월에 들어서면서 일본군은 보급 때문에 고통을 겪었고, 제공권을 가진 영국군과 인도군이 결성한 연합군에 맞서 괴로운 전투를 치러야 했다. 갑자기 대본영 발표는 자취를 감췄다.

도조가 임팔 진공에 희색을 띠다가 곧 떨떠름한 표정으로 바뀌었다는 소식은 참모본부 장교들을 통해 어렵지 않게 관민 지도층에게도 흘러들어갔다. 기요사와 기요시는 『암흑일기』에 이렇게 적었다.

"임팔 공격은 처음에는 비밀리에 진행되었다. [……] 그런데 국경을 돌파했다는 소식에 반향이 좋았다. 서아시아 쪽에서도 그런 뉴스가 들려오다보니 이번에는 도조 자신이 마음이 동하여 진두에 서서 선전을 명령했다고 한다. 잘 알지도 못하면서 눈앞의 현상에 쉽사리 움직이는 도조에게 어울리는 이야기다."

서재에 틀어박혀 있던 한 평론가의 귀에도 도조의 초조감이 전해질 정도로 세간에는 이 이야기가 널리 알려져 있었던 것이다.

반反도조의 목소리는 높아지고 있었지만 1944년 초까지는 아직 구체적인 행동을 보이는 자가 없었다. 도조의 권세에 공포를 느끼고 있었기 때문이다. 그런데 4월 무렵부터 중신들 사이에서 조금씩 움직임이 보이기 시작했다. 오카다 게이스케·와카쓰키 레이지로·요나이 미쓰마사·히로타 고키·히라누마 기이치로平沼騏一郎(1867~1952)·고노에 후미마로·아베 노부유키 가운데 오카다와 고노에가 각각의 인맥 속에서 움직였다. 도조만이 아니라 육군과 도조 정부의 고문격인 도쿠토미 소호德富蘇峰(1863~1957)에 대한 비판이 허용되지 않는 상황에서 오카다와 고노에의 움직임은 그 터부를 깨는 싹이 될 터였다.

1943년이 저물 무렵, 고노에의 주선으로 다카마쓰노미야高松宮의 '정보원' 역할을 하고 있던 호소카와 모리사다細川護貞(1912~2005)가 우선 각계의 지식인들과 접촉하기 시작했다. 호소카와는 고노에의 사위이자 개인비서였다. 고노에는 천황에게 실정實情을 전하는 루트로서 호소카와를 다카마쓰노미야 곁에 두고, 다카마쓰노미야를 통해 도조에 대한 비판적 여론을 천황에게 알리고자 했던 것이다. 그리고 그 자신도 히가시쿠니노미야를 만나 도조는 지도력을 상실했기 때문에 물러나는 것이 마땅하다는 동의를 받아냈다.

호소카와는 고노에의 뜻에 따라 충실하게 움직이고 있었다. 전후 그가 쓴 『정보, 천황에게 전달되지 않다』에는 저간의 사정이 충분히 서술되어 있다.

이 책에 따르면 체신성 공무국장 마쓰에 시게요시松前重義(1901~1991)는 일미 물량비교 숫자를 거론하며 전쟁이 어렵다는 것을 호소카와에게 전했고, 육군 내부에서는 전술 전문가이자 참모본부 고문이기도 한 사카이 고지가 "반드시 패배할 것이다. [……] 최후의 병사 한 명까지 싸우는 것은 국가의 멸망이기 때문에 지금 당장 항복하는 게 낫다"고 말하기도 했다.

호소카와의 행동반경은 점차 이케다 시게아키池田成彬(1867~1950)와 오바타 도시로에게까지 이르렀고, 육군 내부에서도 적극적으로 호소카와에게 통보를 해주었다. 물론 그가 모은 정보에는 진위가 뒤섞여 있었다. 도조가 어떤 소장少將에게 득의양양하게 훈시를 했다든가 히스테리를 일으켜 물건을 집어던졌다는 얘기가 섞여 있었다. 그러나 설령 그것이 거짓이라 해도 도조의 주위에서 그런 정보가 흘러나오는 것은 도조 정권의 기초가 흔들리고 있다는 증거였다. 아울러 참모총장 겸임 이래 해군과 도조 사이에 마찰이 생겨 항공기 배분과 해군성 출입기자 신묘 다케오新名丈夫(1906~1981)의 호출을 둘러싸고 대립이 고조되고 있었기 때문에, 도조의 기반은 느리긴 하지만 조금씩 약해지고 있었던 것이다. 호소카와의 귀에는 들어오지 않았지만 스기야마 겐까지 가까이 지내는 정치가와 군인에게 노골적으로 불만을 털어놓았다.

"전황을 만회하기 위해서는 자신이 총장을 겸임하는 방법밖에 없으므로 물러나달라는 말을 들었다. 내가 거절하자 그래서는 전쟁의 책임을 질 수 없으므로 내각을 포기하는 수밖에 없다고 말했다. 나는 도각倒閣의 책임을 질 수 없어서 어쩔 수 없이 사직했다. 그것이 진상이다."

스기야마 겐에게 이 말을 들은 내무상 유자와 미치오湯澤三千男(1888~1963)는 도조가 거짓말을 했다는 사실을 알고 반감을 가졌다. 외무상 시게미쓰 마모루마저 "다카마쓰노미야 전하께서 시국을 우려하고 있다"는 호소카와의 말에, 외무상의 일에 참견하는 도조는 정말로 지긋지긋한 사람이라고 대답했다고 한다.

이 무렵 다카마쓰노미야는 천황을 만나 "도조로는 안 된다"고 상주했다. 호소카와는 자신의 책에서 "다카마쓰노미야 전하는 도조로는 안 된다고 폐하께 말씀드렸다. 대안이 있느냐는 물음에 야나가와 헤이스케 중장을 추천하셨다"고 말하는데, 실제로 천황은 이 상주 내용을 기도 고이치에게 털어놓았다. 『기도 고이치 일기』에는 천황이 "다카마쓰노미야가 도조를 대신하여 육군에서 야나가와를 기용했으면 어떻겠느냐고 하던데 어떻게 생각하는가"라고 하문했다는 내용이 적혀 있는데, 이때 기도는 곧바로 고노에를 만나 "이런 하문은 곤란합니다. 누가 제안한 것일까요?"라고 물었다. 물론 기도는 그것이 고노에에게서 나왔다는 것을 알고 있었다. 기도는 아직 도조를 옹호하는 입장에 있었던 것이다. 기도는 2년 반 전에 도조를 추천했던 터라 입장이 미묘했다. 그는 자신의 입장을 감안하면서 당분간 정세의 추이를 지켜보기로 했다.

본래대로라면 도조는 충분히 고립감을 맛보아야만 했다.

헌병대에서 보내오는 보고서에는 고노에와 오카다 그외 중신들의 행동이 상세하게 적혀 있었다. 그들이 종종 만나서 정보를 교환하고 있다는 것도 그 보고서에 포함되어 있었다. '호위'라는 명목의 감시로는 이야기의 내용까지 알 수 없다는 것이 초조감을 부채질했다. 회합 후에는 헌병이 참석자 한 사람 한 사람을 상대로 이야기 내용을 탐문한다. 열성적인 헌병은 마루 밑에 숨어 이야기를 듣기도 한다. 전화는 물론 도청하고 있다. 그래도 정확한 내용은 좀처럼 파악할 수가 없다.

이제 중신들의 움직임은 도조의 적개심을 불러일으킬 뿐이었다. '천황의 신임이 있는 이상은 전권을 위임받은 것이다. 위임수탁자인 자신에게 반대하는 것은 천황에게 반대하는 것이고, 천황에 대한 반역이다'라고 굳게 믿고 있는 도조의 투지는 한결같이 뜨겁게 불타오르고 있었다. 고립감 따위는 조금도 맛보지 못했다.

그가 "이 전쟁을 지도하는 자는 나밖에 없다. 그 사실에 절대적인 자신감을 갖고 있다"고 국무상 오아사 다다오와 비서관에게 말한 것도 이를 뒷받침한다. 아니 그렇게 생각함으로써 자신의 투지를 불태우고 있다고 말할 수도 있겠지만, 이런 '투지'의 밑바닥에는 그에게 실상을 전하는 측근이나 부하가 없었다는 사실이 놓여 있다.

5월 1일, 도조는 육군대학에서 강연을 마치고 돌아오는 길에 고지마치麴町에 있는 사위 고가 히데마사의 집에 들렀다. 운전수에게 기다리라고 말하고 집으로 들어갔다. 둘째 딸과 이런저런 얘기를 나눈 후, 먹과 벼루를 가져오라고 말했다. 그리고 "지금의 심경"이라며 갱지에 이렇게 썼다.

가을도 저무는데 이 길에는 가는 사람도 없구나

바쇼芭蕉(1644~1694)의 하이쿠였다. 그는 다시 한 번 암송하고 나더니 "이 길이라는 것은 사람의 길이다. 바쇼는 깊은 가을 길에 의탁하여 사람의 길을 말하고 싶었을 것이다"라고 설명했다. 그리고 이 하이쿠 옆에다 "사람은 무심하게 길을 만나고, 길은 무심하게 사람을 만난다"라고 썼다. 자신은 무사無私한 입장에 있는데도 세간에는 중상과 모략을 일삼는 사람들이 있다. 그들이야말로 사욕을 부리는 자들이 아니겠느냐는 말이었다.

"세상 사람들의, 아니 역사의 훼예포폄毀譽褒貶을 도외시하고라도 대동아전쟁의 완수에 전력을 다할 작정이다."

도조는 이렇게 말하고 자리에서 일어섰다. 그런데 더욱 몸조심하시라는 딸의 말에 그는 다시 한 번 붓을 들어 다음과 같이 썼다.

혼란스러울 때면 이 몸을 부리시라는 말
문득 생각해내시고 이 몸을 부리시네

육친의 격려에 도조는 새삼 즐거워하면서 수상의 자리에 앉아 전쟁지도를 계속하겠다는 결심을 굳혔던 것이다. 그 딸은 이때 아버지의 표정은 피로해 보였고, 얼굴에는 전에 없이 심약한 그림자가 드리워져 있었던 듯하다고 말한다. 이 시기 도조가 미묘하게 변화하고 있는 것을 육친들은 눈치채고 있었던 것이다.

또 도조의 둘째 누이동생의 아들인 야마다山田玉哉는 육군성 병무국 장교로서 학도 동원을 담당하고 있었다. 그런 그가 한번은 도조에게 관저로 불려가 밑도 끝도 없이 얻어맞았다. 도조의 막내 누이동생의 집에 놀러가서 하녀의 손을 잡았는데, 비록 그것이 장난이었다 하더라도 용납할 수 없다는 게 구타의 이유였다. 사소한 일 때문에 관저까지 불려가야만 하는가. 야마다는 불만이었다. 그러나 이때 야마다는 도조의 눈에 눈물이 어린 것을 보았다. 고독한 나머지 어떻게든 불만을 터뜨리고 싶었던 것이라 생각하고 그는 구타를 참아냈다고 한다.

고독감이 적막한 감정을 낳았고, 도조는 그것을 감추려 했지만 내심 감출 수가 없었던 것이다.

또 도조는 군수공장에서 행한 연설에서는 설령 혼자 남는다 해도 내 길을 간다는 말을 즐겨 하곤 했다. 그런데 다른 한편으로 요시다 쇼인吉田松陰(1830~1859)의 "천심과 인심이 하나가 되면 백만의 적도 두렵지 않다"는 구절을 자주 사용하기도 했다. 그래서 그 연설은 듣는 사람에게 기묘한 인상을 주었다.

그는 점점 더 정신론으로 기울게 되었고, 아케노明野 비행학교를 시찰할 때에는 열대여섯 살 먹은 소년들에게 "적의 비행기를 어떻게 격추시킬 것이냐"고 물었다. 이 물음에 소년들은 기관총으로, 고사포로 격추시키겠다고 대답했다. 그러나 도조는 고개를 저었다. 그건 답이 아니라는 것이다. 한 소년이 "저의 기백氣魄으로 격추시키겠습니다"라고 대답했을 때야 도조의 표정이 환해졌다. 그것이 정답이라는 뜻이었다.

그러나 비행학교 교관이나 하사관이 그런 대답에 만족스러워한다면 미담이 될 수도 있겠지만, 전쟁을 지도하고 있는 최고책임자가 소년들과 이런 시기에 이런 대화를 나누는 것은 확실히 국민을 모욕하는 것이라 말할 수 있다. 전쟁을 냉철한 눈으로 바라보면서 사태 수습에 힘을 쏟아야만 하는 때, 그는 오로지 자신의 충족감을 얻기 위해서 시간을 허비하고 있었던 것이다.

뿐만 아니라 그는 궁내성을 들락거리느라 시간을 낭비하기도 했다. 궁내성 한쪽 구석에서는 통수부가 집무하는 건물을 증축하는 공사가 진행되고 있었는데, 천황의 슬하에서 통수 관련 업무를 보겠다는 그의 소원이 점차 현실이 되어가는 것을 확인하기 위해서 그렇게 들락거렸던 것이다. 참모본부와 군령부의 작전과만이 이곳으로 옮겨와 작전계획의 입안부터 실시까지 자초지종을 천황에게 보여주어 안심시킨다는 것이었다.

웨한타통
' '은 광둥성의 다른 이름으로 여기서는 광둥성 성도(省都)인 광저우를 가리킨다. 漢 은 한커우이다. '漢打通' 작전은 남부 중국에서 광저우와 한커우를 연결하는 통로를 뚫기 위한 것이었다.

이 시기 두 가지 대규모 작전에 착수하고 있었다. 하나는 '일호一號' 작전으로 일본 본토 폭격을 저지하기 위해 중국 광시성의 구이린桂林과 류저우柳州를 일본군의 수중에 넣는다는 목표 아래 실시되었다. 이 작전의 성공과 함께 5월 하순부터는 새롭게 '웨한타통 漢打通•' 작전이 개시되어 일본군은 중국 내부로 들어가 있었다.

다른 하나는 천황 앞에서 통수부가 연구하여 정리한 '아호あ號' 작전이었다. 마리아나, 서부 캐롤라인을 포함하는 중부 태평양 방면, 서부 뉴기니, 필리핀 남부 등을 결전 지구로 선정하고, 여기에서 해군 결전 병력을 중심으로 반격작전을 전개하여 적에게 철저한 타격을 가함으로써 그들의 진공 계획을 무산시킨다는 것이었다. 이 작전을 채택하면서 도조는 마리아나 확보에는 자신이 있으며, 적이 트럭 제도諸島를 군사적으로 이용하지 못하게 하겠다고 천황에게 약속했다.

'아호' 작전의 약속을 지키는 것이, 설령 지도자들 사이에서는 고립되어 있지만, 천황과 도조의 신뢰관계를 굳건히 하는 끈이 될 터였다. 천황의 신임이 무너지면 즉각 이 자리에서 물러나겠노라고 호언장담한 도조의 입장에서 볼 때, 지금 이행해야만 하는 약속은 어떻게든 이 작전에 성공하여 전황을 더 이상 악화시키지 않는 것이었다.

그런데 두 작전의 추이를 예견하기라도 하듯 임팔 진공이 정체 상태에 빠져들었다. 영국과 인도 연합군의 반격 앞에 사상자는 늘어났고, 전장에서는 군사령관과 사단장이 대립하여 복명과 항명과 사욕이 뒤엉킨 싸움을 벌였다. 그 결과 이 전투는 일개 사령관의 오기와 탐욕을 내세운 우열愚劣한 전쟁으로 변질되고 있었다. 참모차장 하타 히코사부로는 현지로 가서 전장을 시찰하고 작전행동을 멈출 것인지 이어갈 것인지에 대해 분석했는데, 이미 이 작전은 성공 가능성이 없다는 판단을 내린 터였다. 참모본부 회의에서 하타는 완곡한 표현을 사용하여 "작전 성공의 공산公算이 낮아지고 있다"고 보고했다. 도조에게 작전 실패로 인한 충격을 주지 않고 전달하기 위해 이런 느슨한 표현을 사용했다고 하는데, 사실은 도조의 기분을 상하게 하고 싶지 않았던 것이다. 그런데 이것이 도조의 심기를 건드렸다.

"어디에서, 어떻게 성공의 공산이 적다는 말인가. 뭔가 비관할 만한 일이라도 있는가?"

도조는 하타의 보고를 듣고 화를 삭이지 못했다. 참석자들은 멍한 표정으로 한 마디도 하지 못했고, 회의는 그대로 끝이 났다. 참모본부 전쟁지도반 다네무라 사코種村佐孝(1904~1966)는 『대본영 기밀 일지』에 이렇게 적었다.

"이 작전의 성공에 정치적으로도 많은 기대를 걸고 있었기 때문에 마음에 들지 않았던 것일까. [……] 참모총장이 어떤 뜻으로 이렇게 말했는지는 모르지만 모두가 있는 데서 참모차장을 질책하는 그의 태도는 경솔하다. 분노를 감춘 채 멍한 표정으로 잠자코 있던 하타 참모차장은 모든 사람 앞에서 체면을 잃고 말았다."

회의가 끝난 후 집무실에서 "곤란하게 됐다"며 머리를 싸안는 도조를 본 참모본부 부원의 눈은 반드시 호의적이지만은 않았다.

6월에 접어들면서 임팔 작전의 실패는 한층 분명해졌다. 영국과 인도 연합군은 다시금 전력을 정비하여 일본군에 공세를 가했다. 일본군은 식량 부족, 질병, 탄약 고갈 등 무엇 하나 싸울 만한 조건을 갖추고 있지 않았다. 이곳에서도 병사들은 버림받고 있었다.

통수부의 작전실이 완성되긴 했지만 도조가 의도했던 상태는 아니었다. 참모본부와 군령부의 작전담당 참모는 매일 오전 이 작전실에서 근무했지만, 실제로는 업무가 생각처럼 진행되지 않았기 때문에 며칠 후 처음 상태로 돌아갔다.

확실히 육해군 작전담당자들 사이의 연락은 잘 이뤄졌지만, 참모본부와 군령부 모두 각 부서 간의 정보 교환은 도리어 정체되고 말았다. 게다가 전지戰地에서 연락 사항을 가지고 돌아온 전선부대의 참모는 이곳저곳에서 보고를 하지 않으면 안 되었고, 그 결과 업무가 정체되는 경우가 많았다. 당시 작전담당 참모로 일했던 어떤 사람의 말에 따르면, 몇몇 사람이 며칠 동안 이 작전실을 사용했을 뿐 이곳에 오랫동안 앉아 있는 자는 없었다.

그외에 도조의 명령에 따라 만들어진 궁내성의 집무실과 대기실은 이용하는 사람이 전혀 없었다. 통수부의 참모들은 마음속으로, '천황폐하를 안심시켜드린다'는 도조의 행동원리는 천황과 같은 지붕 아래에서 집무하는 것이라는 어린아이에게나 어울리는 감각에 기초하고 있다며 비웃고 있었던 것이다.

무대에서 사라지는 날

'아호' 작전의 실패

내대신은 천황의 사적인 상담역으로 특별히 헌법상 정해진 권한은 갖고 있지 않다. 1885년 이토 히로부미가 내각 제도를 만들 때, 태정대신 산조 사네토미三條實美(1837~1891)의 처우를 고려하여 마련한 자리이다. 처음에는 천황의 의문에 답하고 천황에게 상주하러 오는 보필자를 응대하는 일을 맡았다. 현실 정치에 직접 관여하지 않는다는 것을 원칙으로 하고 있었지만, 조칙 등 궁정의 문서사무를 처리하고 천황에게 주청奏請하는 이들의 창구 역할을 하는 위치에 있었기 때문에 점차 그 힘이 커졌고, 쇼와 10년대(1935~1944)에는 천황제를 보완하는 중요한 자리로 변질되어 있었다. 특히 원로 사이온지 긴모치西園寺公望(1849~1940)가 노령으로 후임 수반 결정의 주도권을 내놓으면서 내대신의 사회 아래 수상 경험자(중신)를 모아 중신회의를 열었고, 여기에서 후임 수상을 결정하는 것이 관례가 되었다. 이런 관례는 1940년 7월 제2차 고노에 내각 성립부터 1945년 4월 스즈키 간타로鈴木貫太郎 내각 성립까지 계속되었다.

천황기관설 반대론자들은 천황을 둘러싼 간신들을 표적으로 삼았는데, 그들이 가장 먼저 창끝을 겨눈 대상이 바로 내대신이었다. 기도 고이치는 그런 반대론자들의 주장을 "천황을 일개 기관처럼 간주하고서 정치를 해서는 안 된다, 천황 스스로 친정을 하여 호령號令을 내리면 그만이다, 고다이고 천황後醍 天皇(1288~1339)처럼 하면 된다"며 일축했다.

도조가 기도를 성가시게 생각하고 그에 대해 비서관에게 푸념을 털어놓은 것은 1944년 5월부터 6월에 걸쳐서이다.

"아무리 생각해봐도 기도가 전하는 폐하의 생각은 실제로 상주했을 때 느낀 내용과 다를 때가 있다. 이런 시기에는 역시 폐하와 직접 연결되지 않으면 안 된다."

천황에게 국정책임자의 의사를 정확하게 전달하는 것이 내대신의 역할임에도 기도는 그 역할을 수행하고 있지 못하다는 말이었다. 여기에 이르러 도조는 천황 친정을 생각하고 있었던 것이다. 실제로 도조는 꺼림칙한 생각을 감출 수가 없었다. 중신, 해군, 궁중의 반도조 일파가 성가시게 중상모략을 일삼으면서 발목을 잡고 있다. 언젠가 그것이 천황의 귀에 들어갈지도 모른다.

"나는 물러날 생각이 없다. 폐하의 신임이 있는 한 물러나지 않을 것이다."

반도조 일파 사이에서 도조의 표정이 창백한 걸 보면 자살할지도 모른다는 소문이 무성하다는 보고를 들은 그는 얼굴을 붉히며 이렇게 소리쳤다. 해군성 교육국장 다카기 소키치高木 盾(1893~1979)를 중심으로 하는 반도조 그룹은, 궁중에 통수부 합동집무실을 두자는 도조의 주장이 해군을 육군에 흡수하는 것을 의미하고, 그런 일은 국군 창설 이래 없었다며 불안하게 생각했다. 게다가 시마다가 도조의 뜻을 받아들여 군령부총장을 겸임하면서 그들의 분노는 증폭되었고, 요나이 미쓰마사와 오카다 게이스케 두 중신을 통하여 시마다가 겸임을 그만두도록 설득했다. 그때마다 시마다는 도조를 찾아가 고충을 호소했다. 도조는 "폐하의 신임이 있는 이상 그만둘 필요가 없다"며 시마다를 격려했다.

하지만 '신임이 있다'고 생각하는 도조의 논리는 너무나도 자기편의적인 것이었다. 천황의 신임을 잃는 것은 천황으로부터 물러나라는 의사표시를 듣는 것이다. 그런데 천황은 헌법상 "신임하지 않으니 물러나도록 하라"는 말을 할 수가 없으며 지금까지 그렇게 말한 적도 없다. 결국 도조의 말대로라면 종신 총리대신이 되는 것도 가능하다.

그러나 도조 자신은 그런 것을 자각하지 못했다.

그의 머리에는 '물러나고 싶다'고 말하는 것은 천황의 신임을 배반하는 '대권침범'이라는 '소박한' 의식밖에 없었다.

천황과 직접 연결되어야 한다고 생각하고 있던 도조는 내대신 기도 고이치뿐만 아니라 궁내성 관료들에게도 울분을 털어놓았다. 그는 비서관에게 "궁내성 관리들은 뭐든 관례 하나만을 내세운다. 그놈들은 폐하를 자기들만의 것으로 생각하고 있음에 틀림없다"고 투덜댔다. 또 다음과 같이 말하기도 했다.

"연락회의만 해도 그렇다. 우리들은 폐하의 슬하에 있는 통수부의 일원이기 때문에 마음속으로는 폐하께서 가볍게 출석하시는 것이 옳다고 생각한다. 그런데 궁중에서는 아니나 다를까 이것도 행행行幸이니까 내대신 이하 궁내성 관료들을 이끌고 가야 한다면서 군도를 차고 흰 장갑을 낀다. 매사 그런 식이다."

아이러니하게도 그의 증오의 대상은 전황의 악화에 비례하여 천황의 측근에게까지 미쳤다. 그의 머릿속은 오로지 천황에 대한 생각으로 가득 찼다. 거기에는 일찍이 '천황 측근의 간신'을 배격해야 한다고 주장했던 2·26 사건의 청년 장교들이 권력자에게 품은 것과 같은 사고형태가 자리 잡고 있었다. 스스로가 권력자임에도 불구하고 그의 심정은 메이지유신 전후 재야 지사의 그것과도 흡사했다.

1944년 5월 현재 기도 고이치는 반도조 쪽에 있지 않았다. 오카다와 고노에가 호소하는 것은 너무 감정적인데다가 특별한 해결책도 없었기 때문에 천황에게 전하지는 않았다. 저자세로 움직이다가 육군으로부터 패전주의자라거나 '천황 측근의 간신'이라는 비난을 듣는 것을 그는 두려워했다.

그런데 5월 하순을 지나 6월로 들어선 시점에 기도는 고노에와, 사이온지 긴모치의 비서였던 하라다 구마오原田熊雄(1888~1946)에게 도조에 대한 혐오감을 드러내기 시작했다. 바로 도조가 기도의 발언이 천황의 의사가 아닐지도 모른다고 의심하기 시작한 때이다. 호소카와 모리사다는 자신의 저서에 이렇게 적었다.

"최근 기도 후작 역시 어쩔 수 없이 도조 수상의 언동에 신경을 쓰는데, 그때마다 '저것이 폐하의 뜻인가'라고 반문하듯이 말하며 '나도 늙어가는 모양'이라고 했다."

아마도 두 사람 사이가 상당히 험악해지고 있었던 것이리라. 만약 기도가 반도조 쪽으로 돌아서면 도조 내각의 지지기반은 사라지고 만다. 그럼에도 불구하고 도조가 기도에게 저항한 것은, 천황에게 '기도든 자기든' 하나를 택하라고 압박할 속셈 때문이었는지도 모른다.

참모본부 총장실 벽에 붙여놓은 지도에서 일본군의 점령지역이 줄어들고 있었다. 2년 반쯤 전에 일본군이 쾌속 진격했던 길은 이제 철퇴撤退와 옥쇄玉碎의 길로 바뀌고 있었다.

5월부터 6월에 걸친 미군의 공격을 따라가 보면 마리아나 제도가 다음 목표가 되리라는 것은 쉽게 상상할 수 있었다. 마리아나 제도 가운데 사이판·티니언Tinian·괌은 절대국방권의 요충지였기 때문에 육해군 공동으로 방어태세를 갖추고 있었다. '아호' 작전을 충분히 준비했다 하여, 특히 육군은 사이판 방어에 자신감을 갖고 있었다.

참모본부의 참모들은 적이 사이판에 상륙한다 해도 2, 3개월은 버틸 수 있기 때문에 그 사이에 해군이 적 함대를 격멸하면 된다고 군령부 참모에게 큰소리쳤다. 하지만 사이판의 방어 실태는 그렇게 강고하지 않았다. 방위부대는 여기저기서 불러 모았고, 게다가 시멘트 부족으로 개인호만 팠을 뿐 대포도 포탄도 한정되어 있었다. 육지요새는 해군함정보다도 강하다는 신화에 기대 육군성과 참모본부의 막료들은 이 방위선을 '도조 라인'이라 부르며 불패를 믿으려 했던 것이다.

6월 11일과 12일 순양함 인디애나폴리스를 중심으로 한 미국의 대함대—상륙공격부대 13만 명, 함재기艦載機 9백 대, 6백 척이 넘는 함대—가 사이판·티니언·괌의 일본군 비행장을 공격했고, 13일과 14일에는 사이판 앞바다에 있던 미군 전함과 순양함 그리고 구축함이 대규모 공격을 가했으며, 15일에는 해병대원 2만 명이 상륙했다. 사이판의 일본군 수비대 3만 명은 미군의 상륙작전을 7월 이후로 예측하고 작전준비를 6월 하순으로 상정하고 있었기 때문에 통일된 행동을 취할 수가 없었다. 일본군은 결국 지상에 있던 항공기 대부분을 잃었다.

17일, 도요다 소에무 연합함대 사령장관은 오자와 지사부로小澤治三郎(1886~1966)가 이끄는 기동부대에 '아호' 작전 발동을 명했다. "우리 결전 병력의 대부분을 집중하여 [……] 일거에 적 함대를 격멸함으로써 적의 반공反攻 기도를 좌절"시키는 것이 목적이었다.

오자와가 이끄는 기동부대는 사이판으로 향했다. 3척의 경輕항공모함을 중심으로 한 윤형진輪形陣의 전위부대가 앞장섰고, 각각 3척의 항공모함을 중심으로 한 윤형진의 주력부대 둘이 그 배후를 따랐다. 그러나 동진東進하는 일본 함대를 미군 잠수함이 발견했다. 미군은 대규모 기동함대를 편성하여 사이판 서방에서 오자와 부대를 기다리고 있었다.

도쿄의 대본영에서는 오자와 제독이 지휘하는 기동부대의 동향을 예의 주시하고 있었다. 도조도 시마다도 곧 시작될 해전이 일본의 명운을 결정하리라는 것을 알고 있었다. 일본의 함재기와 지상기地上機가 동시 공격으로 적의 항공모함들을 격침하고 이어서 전함과 순양함이 적의 수송선단과 그 지원 군함을 공격하면, 사이판의 일본군 수비대는 상륙한 적군을 섬멸할 수 있을 터였다.

하지만 이 작전에서 패한다면 어떻게 될 것인가. 항공모함과 항공 병력의 손실만이 아니라 사이판을 빼앗기면 중부 태평양의 요지를 적의 손에 넘겨주게 되어 초기의 '전과'를 단숨에 잃고 만다. 특히 미국의 새로운 장거리폭격기 B-29를 위한 항공기지가 사이판을 중심으로 한 마리아나제도에 건설되면 일본 본토는 폭격권 안에 들어가게 된다. 이미 6월 15일에는 중국 청두成都에서 B-29 약 20대가 날아와 기타큐슈北九州의 공업지대를 습격했다. 피해는 미미했고 폭격기 중 가까이를 격추 또는 격파했지만, 이 본토 공습이 서일본 전역의 국민에게 준 충격은 적지 않았다.

"이 정도의 사태는 예상해야만 한다. 모기가 무는 것과 같은, 진흙길에서 진흙이 튀는 것과 같은 일이다."

도조는 이렇게 말하면서 내무성 보고가 너무 과장됐다고 비판했다. 각료회의에서 내무상 보고가 과장된 것도 현지 지휘관이 종합적으로 판단할 수 없었기 때문이라고 질책했다.

중국에서 B-29 20대가 날아온 것만으로도 심리적 충격이 이렇게 큰데 사이판에서 본토 폭격이 가해질 경우 국민의 동요가 얼마나 클지는 충분히 예상할 수 있었다. 그리고 그것은 일본의 최종적인 패배로 이어지리라는 것도 어렵지 않게 예측할 수 있었다. 일본의 지도자들은 이 냉엄한 사실에 대해 이리저리 생각하면서 태평양의 한 점에 눈길을 모으고 있었다.

　6월 19일 일본 함대와 미군 함대가 조우했다. 오자와 제독은 두 번에 걸쳐 340대의 공격기를 출격시켰다. 선제공격으로 단숨에 결말을 지을 생각이었다. 그런데 같은 날 아침, 육상항공부대가 미군의 집요한 공격을 받아 괌과 트럭의 항공부대는 이미 기능을 상실한 상태였다. 그 때문에 '아호' 작전의 목표, 즉 모함항공부대와 육상항공부대가 일체가 되어 펼치기로 한 항공 결전 구상은 어이없이 무너져버렸다.

　일본군은 항공모함 탑재기만으로 싸울 수밖에 없었다.

　미군에게는 고성능 레이더가 있었고 그것이 일본군 공격기의 접근을 포착했다. 450대의 전투기가 대기하고 있었다. 일본군의 제1차 공격대는 이 요격망에 걸려들었고, 간신히 이를 돌파한 공격기도 전함에서 쏘는 대공 포화를 맞고 격추되었다. 겨우 4분의 1이 모함으로 돌아왔다. 제2차 공격대는 더욱 참담했다. 기량이 미숙한 탑승원이 원거리 공격에 나선 것 자체가 무리이기도 했지만, 거의 대부분이 미군의 공격으로 격추되었다.

　항공 병력만이 아니라 항공모함 쇼카쿠翔鶴와 다이호大鳳는 어뢰를 맞고 불타올랐다. 침몰시킬 수 없는 항공모함으로 불리던 다이호가 어뢰 한 발에 불타올랐다는 것은 해군 수뇌부에게는 충격이었다. 항공모함 즈이카쿠瑞鶴로 옮겨 탄 오자와는 다음날인 20일 다시 공격을 가하기 위해 전력을 점검하다가 함재기가 1백 대로 줄었다는 사실을 알고 경악했다. 더욱이 이날 저녁 미군은 일본의 기동부대에 공격을 가해, 항공모함 지요다千代田와 즈이카쿠의 비행갑판을 파괴했고 히요飛鷹를 불태웠다. 도요다 연합함대 사령장관은 여기에 이르러 전군의 철퇴를 명했지만, 일본

해군은 이미 3척밖에 없는 대형 항공모함 가운데 2척과 395대가 넘는 함재기 그리고 4백 명 가까운 조종사를 잃은 후였다. 미국 기동부대에 피해다운 피해를 주지 못했을 뿐만 아니라 결전을 앞두고 어느 누구도 상상하지 못했을 정도의 참패였다.

6월 20일 오후 4시 45분, 대본영은 '사이판 섬 부근 12일 이후 금일까지의 전과'를 발표했는데, 그것은 전함 1척과 순양함 2척이 격침되고, 항공모함 4척 이상, 전함 2척, 순양함 4척, 수송함 6척, 미상 1척이 격파되었으며 항공기 3백 대 이상이 격추되었다는 내용으로, 말미에 "우리 측 선박과 비행기에 상당한 피해" 운운하는 글자가 자그맣게 적혀 있었다. 이 발표에는 일본군이 상당한 타격을 입긴 했지만 미국에 심대한 피해를 주었다는 뉘앙스가 담겨 있었고, 이것만 보는 한 일본군의 패배가 승리로 바뀌어 있었다. 대본영 발표를 흔히 허위와 과장의 대명사라고 하는데, 그중에서 가장 두드러진 예라 할 수 있는 것이 이 발표이다.

대본영 발표문의 원안은 작전행동을 주도하는 쪽에서 작성한다. '아호' 작전은 해군이 주도하는 작전이었으므로 원안은 군령부에서 작성했다. 그리고 참모본부로 보냈다. 이때 참모본부의 부원 대다수는 이 작전 결과를 그대로 발표해야 한다고 말했다. 그러나 그렇다고 해서 그들이 국민에게 진상을 전하고자 했던 것은 아니다. 해군 주도의 작전이 실패하기를 애를 태우며 기다리고 있던 참모본부의 부원이 화풀이 삼아 진상의 공표를 주장했던 것이다.

도조는 참모본부 부원들을 진정시켰다. 그는 다음과 같은 논리로 부원들을 설득했다.

"이 작전은 군령부의 작전이긴 하지만 연합함대가 중심이 된 작전이므로 여기에서 발표 내용에 왈가왈부할 수 없다. 해군은 미드웨이 해전 이

후 최대의 패전을 맛보았다. 참 딱한 노릇이다. 그들이 말하는 대로 했으면 좋겠다."

도조로서는 해군에 은혜를 베풀 심산이었던 것이다. 이제는 체면이 그들의 행동원리였다.

임박한 독일의 패전

'아호' 작전의 좌절은 해군 수뇌부를 곤혹스럽게 했다. 부랴부랴 열린 수뇌회의에서는 본토 폭격 저지라는 지상목표를 위해 사이판 탈환 작전에 나서야 한다는 점에서 시마다와 해군차관 사와모토 요리오, 군령부 차장 이토 세이이치의 의견이 일치했다. 그런데 군령부의 작전참모는 항공모함과 항공기의 손해가 크다는 것을 이유로 작전 중지를 요구했다. 6월 23일과 24일 이틀 동안 육해군 통수부가 의견 조정에 나섰다. 도조는 2개 사단의 증원부대를 보내 사이판 확보를 도모해야 할 것이라고 주장했다. 그러나 그러기 위해서는 10일 간의 제공권이 필요한데 항공모함과 항공기를 상실한 지금 상태에서는 목적을 달성할 수 없다는 의견에 밀려 단념할 수밖에 없었다. 이리하여 일본은 사이판을 방기하게 되었다.

도조와 시마다는 천황을 배알하고 이 결론을 상주했다. 천황은 이것을 재가하지 않은 채 판단을 보류하고서, 전쟁이 시작된 이후 처음으로 원수회의를 열라고 명했다. 그러나 후시미노미야, 나시모토노미야梨本宮, 나가노 오사미, 스기야마 겐 등 원수들이 모여 협의를 해도 사태를 우려하는 말만 오갈 뿐 건설적인 의견이 나올 리 없었다. 결국 두 총장은 상주를 통해 어쩔 수 없이 사이판을 포기할 수밖에 없다는 것을 천황에게 전했다.

천황의 초조감은 도조를 혼란스럽게 했다. 7월 24일 자 『고노에 일기』에는 기도 고이치와 고노에의 대화 내용이 기술되어 있다. 이 일기에 따르면 기도는 고노에에게 연합함대가 궤멸적인 타격을 입었다고 말한 후 다음과 같이 이야기했다.

사역
네 명의 주요 인물을 가리키는 듯한데 그들이 누구인지는 분명하지 않다.

"어젠가 그젠가 아카마쓰 사다오(수상 비서관)가 마쓰다이라 야스마사(내대신 비서관장)를 찾아와서 '수상은 적당한 사람이 있다면 그만두실 생각이다'라고 하기에, 마쓰다이라는 '그만두든 그만두지 않든 그것보다 사역四役*의 짐을 가볍게 하는 게 어떻겠느냐'고 말했던 듯하다. 그런데 그 다음날 도조가 나를 찾아와서 예전과 달리 잔뜩 기가 죽어 한 시간 넘게 아무 말도 하지 않고 있다가 결국 요령부득인 채 돌아갔다."

확실히 도조는 망연자실한 상태였다. 그러나 그는 내심으로는 물러날 생각이 없었다. 아카마쓰가 넌지시 기도의 주변을 타진한 결과를 듣고 그런 느낌을 더욱 강하게 가졌다. 설령 도조가 그 자리를 떠난다 해도 차기 수반의 구체적인 인선이나 전쟁 처리에 대해 기도는 아직 생각하고 있지 않다고 판단했기 때문이다. '아직 진 게 아니야'라고 생각하며 도조는 비서관들에게 이렇게 털어놓았다.

"마리아나 제도의 전황은 하늘이 우리 일본인에게 주신 계시啓示다. 이래도 정말로 진지하게 나서지 못하겠느냐고 말하고 있는 것이다. 일본인이 진정으로 힘을 내지 않으면 이보다 더한 하늘의 계시가 있을 것이다."

그리고 원망願望인지 뭔지 알 수 없는 말투로 중얼거렸다.

"일본인은 막다른 골목에 내몰리면 요까짓 게 뭔데 하면서 놀라운 힘을 발휘하리라는 것을 나는 믿어 의심치 않는다. 정말이지 지금이야말로 우리의 저력을 보여줄 때이다. 벽이 없다고 생각하고 머리를 부딪쳐야지 벽이 있는 것을 알고 겁을 먹어서는 곤란하다."

그의 의욕은 커져만 갔다. 하지만 지도자가 이런 말을 내뱉는 것은 현실도피에 지나지 않았다. 특공대를 창안해낸 정신구조는 이런 생각에 바탕을 두고 있었다.

사이판 함락 소식은 지도자들 사이에 바로 알려졌다. 육군 내부의 중견 막료가 고노에, 히가시쿠니노미야, 다카마쓰노미야를 비밀리에 방문하여 전쟁에서 이길 가능성이 없으며, 도조를 경질하지 않으면 안 된다고 호소했다. 일찍이 일본군이 싱가포르와 마닐라를 함락시켰을 때는 환성을 지르다가 지금 자신의 도시가 전쟁의 불길에 노출되자 갑자기 겁쟁이가 되는 것은 도조가 말하는 의미와는 다른 의미에서 비겁한 짓이었다.

오카다 게이스케는 중신들 중에서도 반도조적 성향이 가장 강했다. 그는 가끔 중신회의에 출석하는 도조의 성난 목소리에 진저리를 쳤다. 게다가 그는 풍부한 정보원情報源을 가지고 있었다. 장남과 의리 있는 조카 그리고 사위가 통수부와 기획원에 있었기 때문에 그는 전황 악화와 관련된 보고를 들을 수 있었다. 전형적인 해군 군인인 그는 시마다가 도조가 말하는 대로 군정과 군령을 겸임하고 있는 것을 특히 싫어했다. 6월에 들어서면서부터 그의 행동은 정력적으로 바뀌었다. 두 명의 해군대장 요나이 미쓰마사와 스에쓰구 노부마사末次信正(1880~1944), 후시미노미야, 다카마쓰노미야, 기도 고이치를 만나 군령과 군정을 분리해야 하며, 평판이 나쁜 시마다를 바꾸지 않으면 안 된다고 말했다. 그리고 요나이를 해군대신으로, 스에쓰구를 군령부총장으로 발탁해야 한다고 덧붙였다.

기도는 이 사실을 도조에게 알리는 게 나을 것이라고 생각했다. 그는 아카마쓰 사다오를 불러 시마다의 평판이 나쁘니까 경질하도록 도조에게 전하라고 명했다. 아카마쓰의 보고를 접한 도조는 기도의 요구를 일축했다. 그리고 오카다는 마리아나 해역의 작전이 진행되고 있을 무렵 그러니까 6월 16일, 시마다를 찾아가 군령과 군정의 겸임을 그만두고 요나이와 스에쓰구를 현역으로 복귀시키는 게 어떻겠느냐는 의견을 개진했다. 도조밖에 의지할 사람이 없던 시마다는 곧장 수상 관저로 달려갔지만, 도조는 오카다의 제안을 거부하라고 명했다.

이리하여 6월 상순부터 중순에 걸쳐 진행된 오카다의 반도조 책동은 실패로 끝나고 말았다. 오카다와 몰래 내통하고 있던 해군 군인들의 실망은 깊었다. 그들 중에는 도조를 암살하기 위해 민간 우익과 접촉하는 자도 있었다.

이 무렵 도조 암살 소문은 파다하게 퍼져 있었다. 고노에마저 작가 야마모토 유조山本有三(1887~1974)에게 도조 암살을 암시하기까지 했는데, 이런 소문이 한번 퍼지기 시작하자 반도조를 입에 올리는 것을 꺼리는 공기는 점차 엷어졌다.

헌병대의 정보도 이전과 달리 도조에게 원활하게 전달되지 않았다. 당시 도쿄헌병대 특고과장이었던 오타니 게이지로大谷敬二郎는 헌병대 내부에도 반도조 감정이 흐르고 있었으며, 소극적인 사보타주가 있었다고 지적한다. 물론 암살 기미가 있는 듯하다는 소문은 도조의 귀에도 들어갔다. 육군상 비서관 이모토 구마오는 도조의 침실 옆에서 권총을 머리맡에 두고 군복 차림으로 잠을 갔다. 자객이 난입하면 응사할 태세를 갖추고 있었던 것이다.

사이판 함락 소식을 전해 들은 오카다 게이스케는 해군성 교육국장 다카기 소키치와 짜고 시마다 경질 운동을 다시 펼치기로 했다. 다카기는 해군성 간부 중에서 노골적으로 도조에게 반기를 든 막료였다. 그는 직접 반도조나 반시마다를 내세우지 않고, '사이판 탈환'을 대의명분으로 삼아 6월 21일부터 22일에 걸쳐 다카마쓰노미야, 스즈키 간타로, 요나이 미쓰마사를 찾아다니며 설득했다. 이에 호응하여 오카다도 스즈키, 다카마쓰노미야, 후시미노미야와 의견을 나누었고, 25일에는 기도를 찾아가 시마다 경질을 요구하면서 후시미노미야가 천황을 배알할 수 있도록 배려해달라고 부탁했다. 시마다의 열렬한 지지자인 후시미노미야를 통해 천황 앞에서 반시마다 움직임을 이야기하게 하는 것이 그의 노림수였다.

그러나 기도는 그의 부탁을 거절했다.

그런데 사이판 탈환이 무리라고 말할 정도로 악화된 전황은 오카다와 다카기가 생각하고 있던 것 이상으로 해군 내부에 반시마다 감정을 불러일으켰다. 전황 악화에 대한 불만이 '희생양'을 요구하고 있는 상황에서 시마다가 그 제물로 선택되었던 것이다.

"사태를 방치해서는 안 된다. 이런 시기에 발목을 잡고 늘어지다니 당치도 않다."

오카다의 움직임을 봉쇄하기 위해 도조는 육군차관 도미나가 교지, 참모차장 하타 히코사부로와 우시로쿠 준, 군무국장 사토 겐료를 불러모아 대책을 논의했다. 도조의 속셈은 더 이상 자신을 함부로 대하는 자들을 가만두지 않겠다는 것이었다. 이때에도 도조의 뜻을 충실하게 대변하고 있던 사토가 오카다를 구금해버리자고 말했다. 그러나 도조는 그의 의견을 받아들이지 않았다. 오카다를 비롯하여 도각운동倒閣運動을 펼치고 있는 자들을 증오하기는 했지만, 섣부르게 손을 댔다가는 반발이 클 것이라는 점을 그는 경계하고 있었다. 나카노 세이고의 자결과 그 파문이 그에게는 하나의 교훈이 되었던 것이다.

결국 오카다를 불러 경고를 하기로 했다. 오카다를 돕고 있던 다카기에게는 해군 쪽에서 위협을 가하게 하여 움직임을 봉쇄하고자 했다. 6월 27일 아침 아카마쓰가 오카다를 방문했다. 그는 다음과 같이 경고했다.

"수상을 만나 사과하고 앞으로는 자중하여 책동으로 보일 수 있는 행동에 신중을 기하라는 뜻을 확실히 말해두고자 합니다."

아카마쓰에 따르면 오카다는 수긍했다. 그 후 아카마쓰는 사와모토 요리오 해군차관을 찾아가 오카다와 도조가 화해할 것이라는 전망을 피력했다. 오카다의 움직임을 비판적으로 보고 있던 사와모토는 그것을 환영한다고 말했다.

그날 오후 오카다가 도조를 만나러 왔다. 그는 완곡하게나마 불미스런 움직임에 대해 몇 번씩 사과했다. 그러나 오카다는 해군부 안에서 시마다에 대한 평판이 좋지 않고 그러다 보니 해군부를 장악할 수도 없다면서 해군상 교체를 요구하는 것을 잊지 않았다. 오카다는 그의 회상록에서 "결투라도 하고 싶은 기분이었다"고 말한다. 도조는 이런 시기에 정변政變이 있어서는 국가를 위해 좋을 게 없다며 오카다의 제안을 거절했다. 그리고 매섭게 쏘아보면서 이렇게 말했다.

"지금 주의해야 할 것은 반전 책동입니다. 첫 번째는, 고노에를 중심으로 한 평화운동, 둘째는, 아무개를 비롯한 불순세력의 움직임, 셋째는, 각종 도각운동입니다. 당신은 이들에게 이용당하고 있다는 것을 잘 알아두기 바랍니다."

그리고 또 다음과 같이 덧붙였다.

"조심하지 않으면 곤란한 결과를 초래할 것입니다."

말 그대로 협박이었다. 훗날 오카다는 자신의 회고록에서 이때 폭력적인 위협을 느꼈다고 고백한다.

도조가 말하는 '아무개를 비롯한 불순세력의 움직임'이란 이시와라 간지와 동아연맹의 움직임을 가리키는데, 도조는 이 인맥과 오카다의 접촉을 두려워하고 있었던 것이다. 물론 도조는 모르고 있었지만 6월 초에 이시와라 간지를 스승으로 모시고 있던 쓰노다 도모시게津野田知重(1917~1987)가 참모본부로 전근해 왔다. 쓰노다는 도조 암살 이외에 방법이 없다고 생각하고 동지들 사이를 움직이고 있었다.

한편 오카다는 훗날 히라누마 기이치로와 고노에를 찾아가 도조와 자신의 회담 모습을 전한다. 히라누마는 이 자리에서 도조가 국민의 원망을 사고 있는 지금은 천황이 성단聖斷을 내려야 할 때라고 말했다. 오카다도 이에 동조하면서 고노에가 기도에게 이 사실을 잘 전해주었으면 한다고 부탁했다. 고노에는 오카다를 돌려보낸 뒤 그로서는 참 드물게도 어떻게 이 사태를 타개할 것인지 생각한 끝에 자신의 생각을 정리한 의견서를 기도에게 제출했다. 이 의견서의 전문前文에는 "육해군 당국자들 모두가 패전하고 말 것이라는 결론에 이르렀음에도 지금은 이것을 공언할 용기가 없는 상황"이라고 적혀 있다.

도조는 이러한 움직임에도 아랑곳하지 않고 표면적으로는 의기양양한 태도를 취했다. 오카다를 만난 다음날, 주일독일대사 하인리히 슈타머가 전황 예측을 청취하기 위해 관저를 찾아왔다. 도조는 미국은 사이판 전황에서 중대한 사실을 감추고 있는데 그것은 전장 지역과 기지가 떨어져 있다는 점을 숨기는 것이라고 큰소리치면서 이렇게 결론지었다. "결국 미국의 기지와 기지 사이에 우리 기지가 남아 있는 것이 현재 상황입니다. 미영은 선전을 잘하기 때문에 약점을 감춘 채 발표하지만 이

점을 빼고 판단하는 것은 잘못입니다." 냉정한 현실주의자로 알려진 슈타머는 도조의 이 말에 맞장구를 치고 돌아갔다고 한다.

이 시기 독일의 패전은 사태를 꿰뚫어보는 자에게는 기정사실이었다. 동부전선에서는 소련군의 반격으로 잇달아 패배했고, 서부전선에서도 혹독한 공격을 받고 있었다. 전년 12월의 카이로회담과 그 뒤에 이어진 테헤란회담에서 스탈린의 의향에 따라 제2전선이 결정되었는데, 이제 그것이 효력을 나타내고 있었다. 6월 4일, 미군과 이탈리아 국민의 공격으로 독일군이 로마에서 쫓겨났다. 6일에는 연합군이 노르망디에 상륙하면서 협공 태세는 한층 확고해졌다. 독일 국민의 염전 감정은 정점에 달했고, 군인, 정치가, 실업가, 지하에 잠복해 있던 사회당, 공산당이 손을 잡고 히틀러 암살을 계획하는 상황에 이르렀다. 이미 히틀러는 절망적인 상태에서 자기파멸에 빠져들기 일보 직전이었다. 그에게는 민족이나 역사에 대한 전망이 없었다.

그러나 어리석게도 일본은 아직도 이런 독일을 믿고 있었다. 독일이 머잖아 신병기를 개발하여 전황을 일변시킬 것이라는 신화에 사로잡혀 있었던 것이다.

상황에 절망하고 있던 히틀러와 달리 도조는 정신론에서 구원을 찾았다. 그는 언제가 될지 무엇이 될지는 모르지만 엄청난 힘이 작동하여 전황을 만회할 수 있을 것이라고 믿었다. 그것이 천황에게 충성을 맹세한 일본인의 저력이라는 것이다. 도조의 그것은 지도자에게는 불필요한 바람이었다.

반도조 움직임이 선에서 면으로 확산된 것은 7월 6일부터이다. 이날 익찬정우회 의원회의가 열렸다. 전날의 사이판 옥쇄가 입에서 입으로 전해졌고, 의원들은 흥분한 기색이 역력했다. 도조의 뜻에 따라 의회를 움직이고 있는 마에다 요네조와 오아사 다다오도 젊은 의원들의 반도조 불길을 끌 수가 없었고, 결국 완곡하게 도조를 비판하는 결의문을 인정하지 않을 수 없었다. 오히려 이 회의에서 도조를 옹호하고 나서는 사람은 구경꾼들 속에서 어쩔 줄 모르는 꼴이었을 뿐만 아니라 혈기왕성한 젊은 의원들은 혈판장血判狀을 돌리며 반도조를 위한 의사통일을 약속하기도 했다.

이 소식은 도조의 협력자였던 쓰쿠모 구니토시, 미요시 히데유키 등을 통해 호시노 서기관장에게 전해졌으며 도조의 귀에도 들어갔다.

"의원 나부랭이가 무슨 소리를 하는 거야!"

도조는 격노했고, 헌병대는 반도조 발언을 한 의원을 즉각 불러들여 위협했다. 의원들도 헌병대가 너무나도 사정을 잘 알고 있다는 데 놀랐고, 의회 내부에 통보자가 있다는 것을 알았다. 도조에 대한 원성은 더욱 높아졌다.

젊은 의원들의 혈판장은 비밀리에 기도에게 전달되었다. 그때 기도는 시게미쓰 마모루 외무상과 종전의 방향을 어떻게 모색할 것인지에 대해 이야기를 나누고 있었다. 더욱이 쓰키치의 레스토랑에서는 해군성의 다카기 소키치가 국무상 기시 노부스케와 만나고 있었다. 아직 도조를 떠받들고 있던 기시는 도조 내각을 개조하자고 했지만 다카기는 동의하지 않았다.

이제 너나 할 것 없이 반도조의 방향을 모색하기 시작했다. 특히 기도는 모인 정보가 대부분 반도조 움직임과 관련되어 있다는 데 놀라 그 자신도 그 일파와 함께할 것이라는 뜻을 분명히 말하지 않으면 안 되겠다고 생각했다. 다카마쓰노미야의 저택에서 저녁식사를 함께하면서 새삼 천황을 보필하는 책임이 얼마나 무거운지 이야기했다. 또 그는 중신이 함께 상주할 기회를 주었으면 한다는 고노에의 전언을 듣고, "도조에게 사직을 권고하는 것에 찬성하며 적당한 기회를 기다리고 있다"고 대답했다. 그는 정치학자 야베 데이지矢部貞治(1902~1967)와도 만났다. 다양한 내각 경질 케이스와 헌법의 관계를 확인하기 위해서였다. 야베는 내대신의 상주에 의한 정치 전환은 궁중 쿠데타에 관련되며, 결국 국내사정의 압박이나 도조의 자발적인 퇴진 말고는 경질할 방법이 없다고 말했다.

기도는 시게미쓰, 기시, 안도 기사부로 내무상 등 도조 내각의 각료들과도 비밀리에 만나 의견을 교환했지만 효과적인 방책이 없다는 것을 알고 초조해하지 않을 수 없었다.

도조는 반도조 그룹이 점차 확산되어 급기야 자신의 발밑까지 다가온 것이 내심 불안했다. 신경질적으로 사람을 대했고, 자신의 뜻에 맞지 않은 의견에는 노골적으로 불쾌한 표정을 지었다. 그것이 또 적을 늘리는 원인이었다. 예컨대 미나미 지로·아라키 사다오·마쓰이 이와네松井石根(1878~1948)·스에쓰구 노부마사·요나이 미쓰마사 등 육해군 대장회大將會 멤버들이 '사이판 탈환'을 결의하고 도조와 시마다를 찾아왔을 때, 도조는 "알겠습니다"라고만 말하고 내쫓아버렸다. 정치지도의 제일선에 있지도 않으면서 쓸데없는 소리만 한다는 태도가 역력했다. 그들은 도조의 이런 태도에 분개했고, 더욱더 도조로부터 멀어졌다.

각료회의에서도 안도 기사부로가 수상의 생각은 모두가 지나치게 낙관적이라고 비판하면서 도조와 말다툼을 벌이는 상황에까지 이르렀다.

도조는 관저에 도미나가·사토·아카마쓰·우시로쿠·하타 등을 불러 모아 육군의 태도를 확인했다. "놈들의 움직임은 패전으로 몰아붙이는 짓이다. 사이판 함락 정도로 패전주의자가 되어서야……"라든가 "개전시 수상의 경질은 패전을 상정한 것이나 다름없다"는 의견이 그들의 생각이었다. 사토와 도미나가가 반도조에 적극적으로 동조하고 있는 중신을 각개 격파하여 위압을 행사하게 되었고, 중신들의 집을 찾아가 못을 박기도 했다.

"도조를 무너뜨리면 패전으로 이어질 것이며, 그럴 경우 패전의 책임은 모두 당신들에게 있다."

하지만 이것은 역효과를 낳았다. 오카다도 고노에도 더 깊은 반도조 감정을 품게 되었던 것이다.

도조 또한 육군 출신 중신인 아베 노부유키를 관저로 불러 머리를 숙였다.

"반정부적 움직임이 중신들 사이에서 활발하다는 정보가 있습니다만 이것은 패전으로 이어진다고 생각합니다. 각하의 힘으로 꼭 이런 움직임을 억눌러주시기 바랍니다."

그런데 이제까지 도조의 뜻을 거스른 적이 없었던 아베는 이 말에 수긍하지 않았다. 오히려 해군 내부에서 '시마다를 경질하라'를 목소리가 강하다는 것을 시사했다. 아베는 익찬정치회 의원들의 목소리도 설명하기 시작했다. 도조는 아베의 설명을 흘려들었지만, 자기 마음대로 다루었던 아베에게서 이런 말을 듣는다는 것만으로도 충격은 적지 않았다. 아베를 돌려보낸 후 그는 혼자 생각에 잠겼다. 그리고 "육해군이 하나가 되어 전황을 타개하고 나아가 국민의 협력을 구하기 위해 천황의 칙어를 주청한다"는 결론을 끌어냈다.

7월 12일 도조는 반도조 운동을 억누르기 위한 육해군 수뇌회담을 제창했고, 육군 측에서 도조와 우시로쿠, 해군 측에서 시마다와 쓰카하라 니시조 네 사람이 모였다. 그러나 요나이, 스에쓰구, 오카다로부터 압력을 받고 있던데다 군령부 안의 중견 막료들로부터도 사직권고를 받고 있던 시마다는 무기력했고, 그 때문에 도조는 여기에서 물러서면 일본에서 이탈리아 바돌리오 정부의 출현을 허용하는 꼴이 될 것이라고 역설했다. 그러자 시마다는 기운을 차렸다.

겨우 시마다를 설득한 후 도조는 시게미쓰 외무상을 불러 강력 내각을 만들고 싶다는 뜻을 전하고, 대동아상을 겸임해달라고 요청했다. 이것이 시게미쓰에게는 매력적인 자리라고 생각하고 있었던 것이다. 시게미쓰는 이 요청에는 아무런 대꾸도 없이 정국에 대한 개인적인 의견을 피력했는데, 정치 일반의 일신을 꾀하여 민심 장악에 힘을 쏟아야 한다는 것이었다.

도조에게는 뜻밖의 의견이었다. 이제 그의 의견에 수긍하는 자가 아무도 없었다. 에두른 표현이긴 하지만 시게미쓰 역시 협력할 수 없다는 얘기를 하고 있는 셈이다. 포위되고 있다는 것이 분명해졌다. 이날 밤 도조는 자신의 집무실에서 발본적인 대책으로 이 사태를 넘어서지 않으면 안 된다고 생각했다. 그의 주위에는 그의 정책에 대해 조언을 해줄 유능한 인물이 없었다. 혼자 고민한 끝에 그가 도달한 결론은 대폭적인 양보를 제시하는 안이었다. 그렇게 하지 않으면 그의 내각이 연명할 수 없다는 것을 알고 있었던 것이다.

그의 안은 다섯 개 항목으로 이루어져 있었다. '육해군의 진정한 협력 일치' 항목에서는 육해군이 동일 장소에서 집무할 것을 주장했다. '대본영의 강화' 항목에서는 기존 구성원에 육군참모총장과 해군군령부총장, 육군상과 해군상, 외무상 그리고 새로 입각할 국무대신 2명을 더하고,

내각도 대본영의 의향에 따르기로 했다. '내각개조' 항목에서는 군수상을 경질하고, 총리급 국무대신 2명 즉 요나이 미쓰마사와 아베 노부유키를 입각시키기로 했다. '각료회의의 쇄신' 항목에서는 앞으로는 각료회의도 국책 심의의 장이 될 수 있도록 바꾸기로 했다. 지금까지는 군령에 대한 간섭을 막는다는 이유로 각료는 전쟁의 진상을 제대로 알지 못한 채 도조의 명령에 따라 업무를 소화할 따름이었던 것이다. '중신의 취급' 항목에서는 참의제參議制의 운용을 고려하기로 했다. 결국 중신들의 이야기에 더욱 신중하게 귀를 기울이겠다는 말이다.

이 다섯 가지 정책은 얼핏 일관된 것처럼 보이지만 사실은 모순으로 가득 차 있었다. 대본영의 구성원을 변경하기 위해서는 법적인 절차가 필요했고, 그 대본영에서 정책을 결정하다 보면 사실상의 계엄령 치하나 다름없는 상태가 된다. 게다가 대본영을 국가의 최고기관으로 삼는다면서 각료회의를 국책 심의의 장이 될 수 있도록 바꾼다는 것은 논리상 일관성이 없었다. 모든 일을 잔재주를 부려 처리하고자 한 것이 이 안이었는데, 실은 이 항목들 중에 중요한 문제가 포함되어 있다는 것이 나중에 밝혀지게 된다.

중신들의 도각 공작

7월 13일 오후 1시, 도조는 내대신실로 기도를 찾아가 앞의 다섯 가지 항목을 보였다. 『기도 고이치 일기』에 따르면, 이 자리에서 도조는 "국내 정세를 깊이 고찰해보니 반전 및 염전 분위기와 통수에 대한 비판 등이 있는데 이러다가는 정변을 야기하여 자칫 잘못하면 즉시 패전으로 이어질 우려가 있다. 이는 진실로 신하의 절개를 다하는 것이 아니라고 생각한다. 차제에 사이판 함락의 책임 문제는 잠시 용서를 구하고 더욱

더 전쟁 완수에 매진하기로 결의한다"라고 말했다. 이렇게 말한 다음 다섯 가지 항목을 제시했다.

다섯 항목에 대해 끝까지 다 들은 뒤 기도는 곧바로 이렇게 물었다.

"참모총장과 군령부총장은 역시 육군상과 해군상이 겸임하는 것입니까?"

도조는 고개를 끄덕였다.

"통수의 확립은 필요한 일인데, 이 상태로 가다가는 비판이 더욱 거세질 것입니다. 더욱이 시마다의 평판이 나빠서 해군의 사기 앙양 따위는 바랄 수도 없다는 말이 들립니다. 또 하나, 중신과 지도자층의 동향을 적확하게 파악하지 않으면 안 됩니다."

이 세 가지 사항을 피력한 다음 기도는 왜 이런 말을 하는지 그 이유를 설명했다. 오늘날의 문제는 일개 내각의 문제가 아니라 자칫 잘못하면 성덕聖德에 대한 비판으로 이어질 것이라면서 우려를 표시했다.

"부수적인 작전에 매달리다가 전쟁의 장래를 어찌할 것이냐 또는 도조 한 사람에게 국가의 운명을 맡겨도 괜찮으냐는 풍설을 종종 듣는 까닭에 의견을 말해보았습니다."

도조의 실수는 천황의 책임으로 이어질 우려가 있으며, 궁중 주변 사람들은 그것을 불안해하고 있다고 기도는 정직하게 고백했던 것이다. 기도의 말을 들은 도조는 잔뜩 겁을 먹었다. 그 말에 천황의 의사가 포함되어 있을 것이라고 생각했기 때문이다.

"통수 겸임은 재고해도 좋습니다. 그러나 시마다의 경질을 받아들이는 것은 결국 하급 막료에게 굴복하는 것을 뜻합니다. 그랬다가는 2·26 사건 이전의 육군의 상태로 돌아갈지도 모릅니다."

도조의 대답이었다. 기도는 자신이 피력한 세 항목을 검토하라고 말했다. 두 사람의 대화는 이렇게 끝났다.

관저로 돌아온 도조의 얼굴은 창백했다. 그는 천황의 신임을 잃었다고 생각했다. 도미나가와 사토를 집무실로 불러, 기도가 들이민 세 항목은 어쩔 수 없이 받아든 것인데 천황의 뜻을 담고 있는 듯하며 따라서 내각에만 관련된 것은 아니라고 설명했다.

"정말로 기도의 발언이 성의聖意를 담고 있는 것인지 아닌지 직접 확인해보시는 게 어떻습니까?"

사토가 반론을 제기하자 도조도 마음을 바꿔 기도가 천황의 뜻인 것처럼 말한 것에 지나지 않을지도 모른다고 생각했다. 사토가 덧붙였다.

"폐하께 가서서 저를 물러나게 하려는 움직임이 있는데 폐하의 의도는 어떠신지 물어보시는 게 어떻겠습니까?"

도조는 천황을 배알했다. 기도에게 전했던 자신의 안을 피력하고 그것에 대한 기도의 생각을 말한 다음, 조심스럽게 천황의 뜻을 확인했다.

이때 천황과 도조 사이에 어떤 말이 오갔는지는 자료가 없어서 확인할 길이 없다. 그러나 천황은 오후 7시 자신의 회답을 기도에게 말했다. 『기도 고이치 일기』에 따르면 회답의 내용은 다음과 같다.

"첫째, 통수의 확립에 관하여. 차제에 확실히 해두지 않으면 크게 흔들릴 우려가 있으니 고려하도록 하라. 둘째, 시마다의 경질에 관하여. 도조는 부하가 감히 경질을 요구한다고 말하지만 부하뿐만 아니라 후시미노미야 원수가 움직인 사실도 있지 않느냐. 셋째, 중신 운운에 관하여. 앞의 두 항목에 비하면 문제가 아니라고 생각한다."

이 기록에 근거하여 미루어보면 천황은 완곡하게 기도의 말을 인정했다고 말할 수 있다. 아니, 기도가 천황의 생각을 조금 다듬어서 정리한 다음 도조에게 전했다고도 추측할 수 있다. 물론 미묘한 차이는 있다.

기도의 말에는 넌지시 도조의 퇴진을 촉구하는 의미가 담겨 있는 데 비해, 천황의 말에는 국무와 통수의 겸임을 중지시키고 시마다의 사임을 권하는 뜻이 강하게 배어 있다. 반드시 도조를 퇴진시키겠다는 의도가 포함되어 있다고는 말할 수 없다. "중신 운운 [……] 문제가 아니다"라는 말은 그것을 뒷받침한다.

궁중에서 돌아온 도조는 천황에게 들은 대로 참모총장과 군령부총장에 전임을 두고 시마다의 사임을 인정하는 것으로 이 상황을 타개하기로 했다. 도조는 시마다를 관저로 불러 그의 손을 잡고 눈물을 흘리며 사임을 요구했다. 이틀 전에는 육해군 수뇌회담을 열어 공동보조를 취하기로 약속했었는데 이제 그것을 번복하지 않으면 안 된다는 것이 도조가 흘린 눈물의 의미였다. 시마다는 두말없이 도조의 제안을 받아들였고, 오히려 이 난국에 계속 수상직을 수행해야 할 도조에게 동정을 표했다. 그것은 시마다의 진심이기도 했다.

14일 아침 도조는 '시마다 경질'이라는 자신의 안을 상주했다. 천황이 어떻게 답했는지는 분명하지 않다. 하지만 이 상주 후 참모총장, 군령부총장, 해군상 인사를 어떻게 할 것인지 그리고 중신을 어떤 방식으로 입각시킬 것인지가 그의 관심사로 떠올랐다. 여기에서 실패하면 그의 입각은 와해될 터였다.

한편 도조가 천황에게 상주했다는 소식은 기도로부터 고노에에게, 고노에로부터 중신들에게 전해졌다. 그들 사이에서 도조의 정권 집착에 넌더리가 난다는 의미의 말들이 오갔다. 예컨대 고노에는 호소카와 모리사다에게 이렇게 탄식했다.

"실로 후안무치라고 해야 할지, 미치광이라고 해야 할지 모르겠습니다. 아무리 폐하께서 물러나라는 말씀은 하시지 않았다고 하더라도 통수에 완벽을 기하기 위해서라는 말씀으로 불신임을 표시하신 것인데, 그 말을 듣고도 태연한 것을 보면 놀라지 않을 수 없습니다."

고노에의 입장에서 보면 천황의 말은 '신임하지 않는다'는 의사표시였다. 둔감한 도조는 그것을 알아차리지 못했으며 이는 그가 보필의 자리에 있는 자의 조건을 결여하고 있다는 증거라는 것이 고노에의 생각이었다. 그뿐만 아니라 그는 도조야말로 국체를 파괴하는 자라고 생각하기도 했다. 고노에와 중신들은 연명을 위해서라면 무슨 일을 저지를지 모르는 도조의 성격을 두려워했다. 특히 도조의 뜻을 받아 천황이 칙어를 발하여 전황이 곤경에 처한 시기에 더욱 긴밀하게 협력하라고 호소하는 사태라도 벌어진다면, 반도조 움직임은 그대로 반란죄로 이어질 것이다. 그 때문에 그들은 온 힘을 다하여 도조와 천황의 결합을 느슨하게 하지 않으면 안 된다고 생각했다. 그것은 기도의 입장을 미묘하게 했다.

이 무렵 해군 사정장관 야마자키 이와오山崎巌(1894~1968)가 기도를 방문했다. 그는 만약 도조가 칙어의 주청을 신청하더라도 그것을 천황에게 전달하지 말아달라고 호소했다. 기도도 그 제안을 받아들였다. 야마자키는 다카기 소키치를 중심으로 한 해군 막료들의 '칙어 주청 저지' 운동의 의도에 동조했는데, 이 운동은 중신인 스즈키, 오카다, 요나이에게도 전해졌다. 그리고 학계 지도자는 야베 데이지가, 고노에는 쇼와연구회의 고토 류노스케後藤隆之助(1888~1984)가 설득하기로 결정되어 있었다.

그런데 도조가 내각개조를 통해 연명을 도모하려 한다는 것이 분명해지면서 이들 루트에서는 어떤 방식으로 내각개조를 저지할 것인지를 검토했다. 다카기를 비롯한 해군 막료들은 후시미노미야에게 함께해줄 것을 적극 요청했다. 시마다가 자신은 군령부총장에 머물고 해군차관 사와모토 요리오를 해군상으로 밀겠다고 하자 그들은 이 문제를 상의하기 위해 후시미노미야에게 갔다. 후시미노미야는 막료들의 설득대로 그렇게 하는 것은 시마다 노선의 계승에 지나지 않는다고 하여 시마다의 안을 거부했다. 그러나 막료들의 힘은 아직 약했고, 나가노 오사미 등의 위령威令이 일정한 힘을 갖고 있어서 어떤 식으로든 도조에게 협력하게 되었다. 참모총장은 우메즈 요시지로梅津美治郎(1882~1949), 군령부총장은 시마다, 그리고 해군상은 구레吳 해군기지 사령장관 노무라 나오쿠니野村直邦(1885~1973)가 맡기로 결정되었고, 이를 상주하여 재가를 받았던 것이다.

이리하여 도조 내각의 연명은 중신의 성공적인 입각 여부에 따라 좌우되기에 이르렀다. 그 때문에 도조와 반도조파의 움직임은 이 한 가지 문제를 둘러싼 권력투쟁의 양상을 띠게 되었던 것이다.

도조는 군무국장 사토 겐료를 불러 아베 노부유키가 입각하도록 설득하라고 명했다. 아베는 사토의 설득을 즉석에서 받아들였다. 이어서 도조는 해군의 막료를 통해 요나이 설득을 시도했다. 하지만 요나이는 쉽게 수긍하지 않았다. 도조는 몰랐지만 아베를 제외한 중신들 사이에서는 입각을 권유해도 거부한다는 합의가 이루어져 있었던 것이다.

이것은 중신들이 도조 내각을 무너뜨리겠다는 의사를 명확하게 표시한 것이기도 했다. 7월 16일 저녁 무렵, 고노에와 히라누마가 기도를 찾아와 도조 내각을 총사직시키라고 압박했다. 그러나 기도는 그들의 요구를 천황에 전달할 수 없다며 거절했다. 두 사람이 돌아간 후 이번에는 도조가 내각개조의 골자를 설명하러 기도를 찾아왔다. 이때 도조는 각료인 기시 노부스케와 시게미쓰 마모루, 여기에 익찬정치회 간부인 오아사 다다오와 마에다 요네조까지 비밀리에 반도조 움직임을 보이기 시작했다는 것을 알고서 초조해하고 있었다. 그랬기 때문에 이번 내각개조에서는 국무상 자리에 기시 대신 후지와라 긴지로藤原銀次郎(1869~1960)를 앉히고, 의회에서도 마에다 요네조와 시마다 도시오島田俊雄(1877~1947)를 입각시킨다는 이른바 내각강화안을 제시했다. 도조는 아베 및 요나이와도 계속 교섭을 진행하여 협력을 구하고 싶다고 기도에게 호소했다. 하지만 기도에게 이렇게 호소하면서도 그는 이 개조 계획에 자신감을 갖고 있다는 것을 암시하기도 했다. 그는 '전가의 보도'를 지니고 있었던 것이다.

도조는 17일 중으로 기시를 퇴진시키고 요나이를 입각시켜 언제나처럼 전격적으로 개조 계획을 실행에 옮기려는 생각을 하고 있었다. 그는 그것이 지도력을 과시하는 것이라는 자부심마저 갖고 있었다. 아무리 요나이가 완강하다 해도 해군 측이 나서서 설득하면 결국은 입각할 것이라고 안이하게 생각하고 있었던 것이다. 기시의 퇴진은 그것보다 훨씬 쉬울 터였다. 왜냐하면 도조 내각 성립 후 얼마 지나지 않아 연료청燃料廳에서 오직汚職 사건이 있었는데, 그 일에 대한 책임 때문에 상공대신 기시가 진퇴 여부를 물었을 때, 도조는 사퇴하지 말라며 만류한 적이 있었다. 더욱이 기시와 호시노 사이에는 만주국 이래 뿌리 깊은 감정적 대립이 있었음에도 도조 자신이 그 두 사람을 훌륭하게 키웠다고 생각하기도 했고, 기시의 경우 여러 가지로 특별히 돌봐주었다는 자부심까지 갖고 있었다. 그래서 기시가 자신의 말을 듣지 않을 리가 없다고 생각했던 것이다.

기도와 헤어져 관저로 돌아온 도조는 자신의 개조 계획이 머잖아 성공할 것이라 믿고 기분이 좋았다. 후지와라 긴지로에게는 친임식親任式 때

입을 모닝코트를 준비해두라고 전했을 정도이다. 여기에서 도조가 조금만 더 통찰력이 풍부했더라면 기도의 흉중을 간파했을 것이다. 기도는 중신들의 반도조 연합전선을 알고 있었고, 기시 노부스케와 시게미쓰 마모루와도 계속 정보를 교환하면서 도조에 대한 불신감이 확산되고 있다는 것을 충분히 확인한 터였기 때문에, 도조의 낙관적인 전망에 반쯤은 아연하여 귀를 기울이고 있었던 것이다.

17일 아침 도조는 기시를 관저로 불러 당연한 일이라는 듯 사직을 촉구했다. 그러자 기시는 도조의 기대에 반하여 예상치도 못했던 말을 했다. 그는 "거국일치내각이 가능하다는 보증이 없는 한 사직할 수 없다"고 말한 다음, "잠시 시간을 주면 기도 내대신과 상의하겠다"고 덧붙였다.

이게 무슨 말인가. 도조는 곤혹스러웠다. 기르던 개에게 손을 물린 듯한 기분이었다. 기시가 물러간 후 도조는 측근들을 불러 모았다. 그리고 헌병대에 기시를 종일 감시하라고 명하고, 도미나가와 호시노에게는 유력자를 찾아가 정보를 수집하라고 전했다.

기시는 두 시간 정도 지나 다시 관저로 와서 도조와 이야기를 나누었다. 그는 사표 제출을 거부하고, 개조가 마무리되기까지 국무상으로서의 발언권을 보류한다고 말했다. 도조의 제안을 거부하겠다는 얘기다. 이와 관련하여 『기시 노부스케 회상록』(『마이니치신문』 연재)에는 이렇게 적혀 있다.

"전쟁이 진행되는 상태를 보면 더 이상 도조 내각의 힘으로는 어떻게 해볼 수가 없다. 따라서 차제에 총리가 사임하고 새로운 거국일치내각을 만들어야 한다는 것이 나의 원칙이다."

기시의 배반은 도조뿐만 아니라 육군성 군무국의 간부들까지 분노의 소용돌이로 몰아넣었다. 그들은 기시의 전화를 도청하고 최근 2, 3개월 동안의 행동을 추적하는 등 다양한 정보를 수집해왔다. "기시와 기도는 한 몸인 듯하다. 기시는 다른 중신과도 연락을 취하면서 후원을 얻고 있다", "내대신 비서관장 마쓰다이라 야스마사의 말과 지금까지 들어온 헌병대 정보 그리고 경시청 정보를 종합하면 기시의 배반을 짐작할 수 있다. 역시 오카다와 그 일당이 원흉이다", "기시는 내각 안에서 자폭할 각오를 하고 있다"와 같은 내용이었다.

기시에 대한 사직 권고가 암초에 걸린 것과 마찬가지로 요나이 미쓰마사의 설득도 진전되지 않았다. 해군성 군무국장 오카 다카즈미, 오아사 다다오, 이시와타 소타로가 적극적으로 설득했지만, 요나이는 입각 요청에 결코 응하지 않겠다는 다른 중신들과의 약속을 지켰다. 요나이의 배후에서는 설득에 넘어가지 않도록 해군의 반도조 막료가 경계를 늦추지 않고 있었다. 마지막으로 사토 겐료가 요나이의 집을 찾아가 위압했다.

"당신은 도조 내각이어서 입각하지 않는 것입니까, 아니면 어떤 내각에도 입각할 생각이 없는 것입니까?"

"어떤 내각에도 입각할 생각이 없소."

요나이는 선선히 대답했다.

여기에서 도조의 연명책은 정체되었다. 17일 저녁 도조는 도미나가, 사토, 아카마쓰 등 심복 장교들을 육군상 관저로 불러 모아 대책을 협의했다. 그들의 분노는 깊었다. "국적國賊들을 체포하라"는 격한 말이 몇 번이나 터져 나왔다. 기도와 중신은 천황 측근의 간신이므로 그들을 피해 직접 천황을 설득하자는 방안도 제시되었다. 민간우익을 이용하여 기시에게 압력을 가해 사표를 쓰게 하자는 안도 나왔다. 이어서 육군 병력을 동원한 쿠데타에 가까운 방법도 궁리했지만 그랬다가는 국내의 마찰이 너무 클 것이라는 결론이 나와 흐지부지되고 말았다. 그런데 이들이 대책을 협의하고 있던 자리에 새로운 정보가 전해지면서 도조는 갑자기 힘이 빠지고 말았다.

그 정보란 중신 아베 노부유키가 보내온 것으로, 히라누마의 집에서 열린 중신회의 결과 거국일치내각을 수립할 필요가 있으며, 일부 각료의 교체로는 아무런 역할도 할 수 없다는 결론을 끌어냈다는 내용이었다. 아베는 "여기에 저항한 사람은 자신밖에 없었고 전원의 견해는 하나로 집약되었다. 이 방침 아래 기도를 통해 상주하게 될 것이다"라고 전해왔다. 도조 내각에서는 인심을 장악할 수 없다는 것이 그들이 내민 비장의 카드였고, 처음부터 중신들은 입각 의사 따위는 갖고 있지 않았다는 것도 분명해졌다.

부하들의 격노를 아랑곳하지 않고 도조는 사의를 굳혔다. 천황에게는 중신의 입각을 약속했음에도 그것이 무리라는 점을 이유로 내세웠다.

"폐하께서 신임한다는 말씀을 하시지 않은 이상 이 자리에 머물 수 없다."

그리고 분하다는 듯 이렇게 덧붙였다.

"중신들의 배척 때문에 어쩔 수 없이 퇴진하게 되었다. 어렵사리 개조 계획을 꺼냈는데 그것을 방해하다니 말도 안 되는 소리다."

그날 밤 도조는 가족에게 짐을 정리하라고 명했다. 마치 자신의 집인 것처럼 착각하고 살아온 2년 10개월의 관저 생활을 접어야 한다는 생각에 그는 다시금 중신들을 향해 저주의 말을 퍼부었다. 하지만 지금까지 그랬던 것처럼 자기 성찰의 말은 그 어디에서도 찾아볼 수 없었다.

육군성과 참모본부에서 사라진 도조 색채

　　이날 밤부터 다음날 아침에 걸쳐 "도조가 내각을 그만두기로 결정했으며, 내일 아침 10시 각료회의를 열어 사표를 제출할 예정"이라는 소문이 퍼졌다. 하지만 그것을 도조 특유의 거짓 정보라 하여 의심하는 자도 많았다.

　　다음날 18일, 도조는 사의 절차를 밟아 행동을 개시했다. 우선 궁중의 천황에게 사의를 고하기로 했는데 그것은 서기관장 호시노 나오키의 시사示唆에 따른 것이었다. 거기에는 물러나겠다는 뜻을 들은 천황이 "좀 더 정권의 자리에 앉아 전쟁완수에 노력하라"며 도조의 사의 번복을 촉구할지도 모른다는 기대가 감춰져 있었다.

　　천황을 배알하기 전 제1휴게소에서 기다리고 있던 도조는 기도와 대화를 나누었는데 이때에도 사의를 비쳤다. 그때 주고받은 말이 『기도 고이치 일기』에 다음과 같이 적혀 있다.

　　"정변을 원만하게 수습하기 위해 후임 수상에 대해 생각하신 바가 있으면 말해달라고 했더니 수상은 이렇게 답했다. '이번 정변에 대해서는 중신의 책임이 크다고 생각합니다. 따라서 중신에게는 이미 복안이 있을 것이기 때문에 감히 자신의 의견을 피력하지 않겠습니다. 다만 황족 내각 등을 고려할 경우 육군의 황족은 염두에 두지 않았으면 좋겠습니다.'"

　　육군의 황족이란 히가시쿠니노미야를 가리키는데, 육군 황족을 염두에 두지 말라는 도조의 말은 히가시쿠니노미야를 후임 수상으로 상정하고 있던 각 중신들에 대한 즉각적인 보복이었다. 그 후 도조는 천황에게 사의를 전했다. 그가 궁중에서 돌아와 호시노에게 털어놓은 바에 따르면 이때 천황은 특별한 언급 없이 "그래?"라고 말했을 따름이다. 그것이 맞다면 천황도 도조의 사의를 기정사실로 받아들이고 있었던 셈이다. 결국 천황을 향한 도조의 호소는 실패하고 말았던 것이다.

총사직을 결의하고 사표를 정리하는 각료회의는 오전 10시부터 시작되었다. 도조는 메모를 꺼내 떨리는 목소리로 읽어나갔다. 중신의 음모와 내각의 통일되지 못한 움직임 때문에 총사직한다는 것이 그 내용이었는데, 말미에 "패전 책임은 중신에게 있다"고 덧붙였다. 여기에는 격정에 휩쓸린 도조의 사고가 그대로 드러나 있었다. 각료들은 얼마 동안 말없이 도조의 모습을 바라보았다. 이윽고 시게미쓰 외무상이 입을 열었다.

"거국일치체제를 정비하기 위해 총사직을 단행한다는 데는 이의가 없지만, 지금 성명으로는 국내에 분열이 있을 듯하고 대외적으로도 좋지 않을 것입니다."

다른 각료들도 이 의견에 찬성했다. 도조에게 가담하는 각료는 없었다. 이리하여 도조의 성명은 발표하지 않기로 했다. 도조는 이제 완전히 힘을 잃어버린 것이다.

오전 11시 40분, 도조는 궁궐에 들어가 각료 전원의 사표를 제출했다. 이렇게 도조 내각은 무너졌다. 전쟁에서 이겨 국민의 환호 속에서 이 자리를 떠나기를 바랐던 그의 취임 이래의 꿈은 이 순간 허망하게 사라졌다. 이것이 2년 10개월에 걸친 재임 기간의 결말이었다.

관저로 돌아온 도조는 한동안 의자에 앉은 채 생각에 잠겨 있었다. 그의 불만은 중신들과 내각의 기시와 시게미쓰에게 있었다. 그는 이놈들에게 제대로 한 방 얻어맞았다고 중얼거렸다는데, 그만큼 원한은 깊었다. 그리고 그는 수상 자리를 떠날 때 육군상 자리도 그만두어야 한다고 결심하고 있던 그때까지의 생각을 굳이 입에 올리지 않은 채 육군상 자리

친보식
천황이 관리를 보직에
임명하는 의식으로 궁
중에서 열렸다.

는 마음만 먹으면 유지할 수도 있다고 생각했다. 그것
이 개전시에 육군상이었던 자의 책임이라고 명쾌하게
결론내렸다.

이날 오후 도조와 교육총감 스기야마 겐, 그리고 참모총장 취임을 앞
두고 있던 우메즈 요시지로 세 사람이 모여 차기 육군상을 누구로 할 것
인지 논의했다. 우메즈가 이런 때 도조 대장이 유임하는 것은 적당하지
않으며 스기야마 원수가 그 자리에 취임하는 것이 좋다고 주장했다. 도
조는 대답을 애매하게 얼버무렸다. 세 사람의 논의는 아무런 결론도 얻
지 못했다. 그러나 이 무렵부터 육군성 안에 자리 잡고 있던 도조 인맥의
중견장교들이 "육군상은 도조가 계속 맡기로 했다"든가 "도미나가를 육
군상으로 결정했다"는 말을 퍼뜨렸고, 그것이 궁중과 중신들 사이에 조
심스럽게 확산되고 있었다. 도조 계열의 중견장교가 근위사단을 움직여
의회와 궁중을 포위할 것이라는 소문도 의식적으로 퍼뜨렸다.

오후 4시부터 시작된 후임 수반을 결정하기 위한 중신회의는 이러한
불온한 정세 속에서 열렸는데, 전쟁 중이니만큼 정치적 수완을 갖춘 육
군 군인이 수상에 취임하는 것이 바람직하다고 하여 데라우치 히사이치,
고이소 구니아키小磯國昭(1880~1950), 하타 슌로쿠畑俊六(1879~1962) 순으
로 이름이 올랐다. 이 보고를 들은 천황은, 때마침 우메즈 참모총장의
친보식親補式●을 수행하기 위해 궁궐에 와 있던 도조에게 데라우치가 취
임하면 작전상 무리가 없겠는지 물어보라고, 시종무관장 하스누마 시게
루蓮沼蕃(1883~1954)에게 명했다. 하스누마의 질문에 도조는 이렇게 대답
했다.

"제일선의 총사령관 자리는 하루도 비울 수 없습니다. 내지의 정치 정
세 때문에 전선에 영향을 주다 보면 사기가 떨어지고 말 것입니다."

즉 도조는 데라우치에 반대하며 고이소를 수반으로 하는 것이 바람직하다고 암시했던 것이다.

이 말은 그 후에도 줄곧 도조를 이야기할 때마다 인용되곤 한다. 기도, 기시, 데라우치 등 이른바 조슈벌에 속하는 사람들 때문에 실각해야 했던 도조가 분풀이를 하기 위해 데라우치 수반을 저지했다는 것이다. 사실 도조는 기시와 기도가 조슈벌이라는 친교 때문에 데라우치 내각을 획책하고 있는 것은 아닌지 내심 불안해하고 있었다. 따라서 그의 입장에서 보자면 이 행동이 완전히 표적을 빗나간 것이라고는 말하기 어렵다. 그러나 이 소문은 도조의 행동을 불안과 시기猜忌 속에서 포착함으로써 도조의 정치적 교활함을 부각시키려 한다는 것도 부인하기 어렵다.

또 도조의 의향을 확인해보라고 말했다고 해서 천황이 도조를 신뢰하고 있었다고는 할 수 없다. 우메즈의 친보식 때 도조가 육군상처럼 앉아 있는 것을 보고 놀란 천황이 기도를 불러 도조가 육군상 자격으로 저 자리에 있는 것이냐며 의심의 눈길을 거두지 않았기 때문이다. 더구나 하스누마 시종무관장 밑에서는 시종무관 야마가타 아리미쓰山縣有光(1903~1982)가 비서관인 아카마쓰 사다오와 이모토 구마오의 사주를 받아 도조를 어떤 식으로든 육군에 남겨두자고 호소해왔다. 이 말을 듣고 곤혹스러워하던 하스누마는 마지못해 도조를 불러 군사참의관으로 남는 게 어떻겠느냐고 타진했다.

"모든 공직을 떠나 일개 야인이 되고 싶습니다. 폐하께서 부르시기만 한다면 설령 예비역이 되어서라도 제일선에 나아가 군무를 보고자 합니다. 출처진퇴出處進退만은 깨끗하게 하고 싶은 것이 제 신념입니다."

도조는 이렇게 대답했다. 이것이 아카마쓰와 이모토의 공작 때문이라는 것을 알고 도조는 "쓸데없는 짓 하지 말라"며 화를 냈다. 하지만 이상하게도 도조는 이미 짐도 정리하고 비서관들에게는 사임할 것을 약속했으면서도 겉으로는 그것과 완전히 다른 태도를 취하고 있었다.

천황의 대명을 받은 고이소는 전후에 자서전 『가쓰야마 고소葛山鴻爪』를 썼는데, 이 책에서 그는 다음과 같이 말한다.

"먼저 수상 관저로 도조 수상 겸 육군상을 찾아가 '도대체 왜 사임하신 겁니까. 전쟁의 종결은 시작했을 때의 보필자가 책임져야 하는 것이 아닙니까?'라고 물었다. '여러 가지 사정이 있지만 무엇보다 중신들과 일부 의원들 때문입니다. 내각 안에서도 아무개 대신 같은 자는 이들 편입니다. 그런 전직 관료에게는 전관예우를 하지 않았으면 좋겠습니다.' [……] 필자(고이소)는 다시 '저는 생각하는 바가 있어서 육군상 겸임을 신청하지 않을 것입니다만 당신은 혹시 육군상으로 남을 생각이 있습니까?'라고 물어보았다. 그러자 '삼장관의 협의를 끌어내지 않는다면 지금으로서는 어떤 대답도 할 수 없습니다'라고 말한 것을 보면 반쯤은 유임 의지가 있는 듯했다."

이때 고이소는 다음과 같은 충고를 덧붙였다.

"당신이 계속 육군상으로 남는 것은 전반적인 관계를 보아도 별 도움이 안 될 것이며, 당신 개인을 위해서도 적절하지 않다고 생각합니다. 단념하는 게 좋을 것 같습니다."

이 말을 듣고 도조는 아마도 자신의 역할이 끝났다는 것을 알았을 것이다. 7월 20일 고이소 내각의 발족이 발표되었고, 그것을 보충하기라도 하듯 정보국이 도조 내각 총사직의 전말을 신문에 발표했다. 정보국은 "인심을 새롭게 하고 강력하게 전쟁 완수에 매진할 필요성을 통감하면서, 널리 인재를 구해 내각을 강화하고 모든 수단을 강구하여 이를 실현하기 위해 노력했지만……"이라 하여, 총사직이 본의에 따른 것이 아니라는 의미를 담고자 했다. 실은 바로 이 성명이 도조가 각료회의에서 읽은 메모였던 것이다. 각료회의에서는 발표할 수가 없어서 육군성이 반대를 무릅쓰고 정보국으로 하여금 발표하게 한 것인데, 이렇게 보면 도조의 진의가 어디에 있었는지 정말로 애매해진다.

이 성명은 의회, 중신, 육해군 내부의 반도조파의 비웃음을 자아냈다. 도조는 더 이상 정상적인 감각을 갖고 있지 않다고 야유하는 자도 있었을 정도이다. 중의원 사무총장이었던 오키 미사오大木操(1891~1981)가 1969년에 간행한 『오키 일기』에는 이 성명에 대한 신문기자, 의원, 관료들의 반응이 소개되어 있다.

"오늘 아침 발표된 글은 정말로 형편없다. 그 원문은 더욱 지독하다. 원문 중에 중신의 협력을 구했지만 끝내 얻어낼 수 없었다 운운하는 구절이 있었는데, 너무 어이가 없다고 판단하여 삭제하고 내보냈다. 그것도 강요에 따른 것인 듯하다"(『요미우리신문』 기자), "정보국의 발표는 어이가 없다. 도조의 신념이 바로 저러하다. 중신의 협력을 얻지 못했으며, 음모 때문에 무너졌다고 믿고 있다. 도조의 수준이 어느 정도인지 분명히 알 수 있다"(내각 참사관), "여자에게 반해 눈이 어두워진다고들 하지만 정말 저렇게 믿는 것일까. 우리들의 동지라는 사람이 얼마나 그것에 주의를 기울였는지 모르지만 결국 핵심을 간파하지 못했다"(익찬정치회 의원).

전황 악화와 강권 정치의 책임을 지고 물러난 것인데도 도조는 그것을 조금도 이해하지 못하고 있다는 말이다. 그러나 도조 자신은 진심으로 이 성명대로라고 생각했다. 모든 것은 중신에게 책임이 있다고 믿었던 것이다.

고이소 내각이 발족한 지 얼마 지나지 않아 도조는 비서관 몇 명과 함께 송별연을 열었다. 처음에는 "신내각에 비판적인 움직임을 보이지 않도록……. 내 기분을 이해해주었으면 한다"고 말했지만, 이윽고 눈물 섞인 목소리로 "어찌됐든 제군은 각각의 임무에 따라 국가를 위해 봉사하기 바란다"고 하면서 자신에 대한 비판이나 중상에 대해서는 노골적으로 불만을 드러냈다. 그리고 회식을 하는 동안 분하다는 듯이 몇 번이나 이렇게 중얼거렸다.

"사이판을 잃은 것 정도로 두려워해서는 안 된다. 더구나 전쟁에서 기회는 미묘하게 찾아온다. 그래서 모든 수단을 동원하여 내각개조에 노력했지만, 중신들의 배척 때문에 어쩔 수 없이 퇴진을 결심했다."

입술을 깨물고 눈물을 흘리며 그리고 중신들을 비난하면서 도조는 관저를 떠났다. 그는 비서관들이 요구하는 대로 '자처초연自處超然' '인처애연人處靄然' '무사징연無事澄然' '처사앙연處事昂然' '득의담연得意淡然' '실의태연失意泰然'이라고 휘호를 해주었는데, 그것은 그의 정신 상태와 정확히 반대였다.

도조의 퇴진 무렵 독일에서는 육군 장교들에 의한 히틀러 암살 미수 사건이 발생했다. 회의실 책상 아래 설치된 폭탄은 히틀러에게 가벼운 상처만 입혔다.

이와 마찬가지로 일본에서도 참모본부의 쓰노다 도모시게가 동아연맹 계열의 유도 선수 우시지마 다쓰쿠마牛島辰熊(1904~1985)와 짜고 이시와라 간지 등과 상의한 다음 도조 암살 계획을 세우고 있었다. 결행일은 7월 25일, 궁중에서 각료회의에 오고 가는 길목을 노려 비밀병기를 투척할 예정이었다. 도조를 쓰러뜨리고 종전終戰 내각을 세우는 것이 결행자들의 속셈이었다. 이에 대해 우시지마 다쓰쿠마는 이제야 무거운 입을 열어 증언한다.

"이를 위해 야마가타에 계신 이시와라 선생에게도 상담을 하러 갔습니다. '정 그렇다면' 하면서 양해해주셨습니다. 오바타 도시로, 가토 간지加藤完治(1884~1967), 아사하라 겐조淺原健三(1897~1967)에게도 털어놓았습니다. 나와 쓰노다는 제국을 구하기 위해 종전은 피하기 어려우며 도조 암살은 필요한 일이라고 생각했습니다."

이 계획은 쓰노다를 통해 미카사노미야三笠宮와 다카마쓰노미야에게도 전해졌다. 종전 내각을 만들기 위해 천황에게 영향을 미칠 수 있는 방법을 찾고 있었던 것이다. 그러나 현실은 계획이 실행에 옮겨지기도 전에 무너지고 있었던 것이다.

참모본부의 장교가 이런 계획을 입안할 정도였기 때문에 육군 내부 특히 남방군, 지나파견군, 관동군의 사단장과 참모들 사이에서는 도조에 대한 비판이 최고조에 도달해 있었다. 물론 그것은 사이판 함락에 따른 전황의 악화를 도조를 증오하는 것으로 해결하고자 하는 굴절된 심리 때문이기도 했지만 도조는 그것을 조금도 생각하려고 하지 않았다. 그러나 지도자는 그것을 숙명으로 삼지 않으면 안 되었던 것이다.

도조 퇴진 후 얼마 동안 육군성 내부에서도 도조계 중견장교와 반도조계 중견장교가 세력을 다투고 있었다. 스기야마 육군상 아래에서 인사권을 장악한 것은 지금까지 도조 육군상에게 찬밥 대우를 받아온 중견장교들이었다. 그들이 도조 증오의 직접적인 대상으로 삼은 것은 육군차관 도미나가 교지와 군무국장 사토 겐료였다. 그중에서도 인사국장을 겸임하고 있던 도미나가는 자신의 지위를 남용하여 공갈과 협박을 가하는 유형의 인간이었기 때문에 육군성과 참모본부의 막료들은 그를 눈엣가시처럼 여기고 있었다.

스기야마 육군상은 참모총장 해임 때 겪었던 불쾌한 기억을 잊지 않고 진작부터 도미나가 추방 계획을 세우고 있었다. 결국 도미나가가 육군성의 공용차를 도조의 사용차私用車로 이용하게 했다는 사실을 문제 삼아 그를 제4항공사령관으로 내쫓는 데 성공했다.

물론 이것이 추방 이유가 될 정도의 일이 아니라는 것을 모르는 사람은 없었다. 하지만 이때는 이미 군이 스기야마를 설득하려고 하는 자도 없었다.

도미나가에 이어 사토도 지나파견군 참모부장으로 쫓겨났다.

한편 남아 있는 도조 계열 장교에 대한 비난도 거세졌다. 예컨대 도조 퇴진 후 몸을 다쳐 1개월 정도 입원했던 아카마쓰는 당분간은 도조식 집무를 인계하기 위해 군무과장 자리에 앉아 있었는데, 그는 육군성과 참모본부의 회의에서 고이소로부터 "저기에 아직도 도조 잔당이 있다"는 야유를 듣기도 했다. 이미 육군성과 참모본부에는 아카마쓰 이외에 회의에 참석할 만한 막료도 없었던 것이다.

매달 한 번 궁중에서 열리는 중신회의에 참석하는 육군 출신 중신들을 위해 육군성에서는 자동차를 보냈는데, 도조의 집에는 이 자동차마저도 의식적으로 보내지 않았다. 이처럼 육군성 내부에는 도조를 무시하는 분위기가 역력했던 것이다.

중신회의가 열리던 날 아카마쓰에게 전화가 걸려왔다. 도조였다. 잠시 망설이는 듯하더니 자동차를 보내달라고 말했다. 그때마다 군무과장의 자동차가 요가에 있는 도조의 집으로 달려갔다. 그리고 그것이 관례가 되어 있었는데, 이 일이 상징하듯이 도조의 시대는 이제 완전히 끝났다고 말할 수 있는 시점에 이르렀다. 자신이 만든 시대에 의해 도조는 노골적으로 복수를 당하기 시작했던 것이다.

잔인한 종언이라고 말할 수 있을 것이다. 하지만 도조는 확실히 '대일본제국'의 최종주자라는 지위에 있었다. 그것은 그가 물러나고 나서 서서히 분명해질 터였다.

제4장

세뇌된 복역자

승조필근

4월 25일까지, 인내의 시간

권력자는 그 자리를 떠난 후 얼마나 고독해질까. 도조는 그것을 맛보지 않을 수 없었다.

세타야구 다마가와요가의 자택에 갇힌 도조에게 1개월 동안은 군인, 의원, 관료가 위로의 말을 전하러 왔다. 그러나 8월도 중반을 넘어서는 시점에 이르자 문을 두드리는 사람은 아무도 없었다. 도조의 부하도 찾아오지 않았다. 도조에 대한 반감이 각계에 충만해 있었기 때문에 그런 도조를 가까이하다가는 오해를 살 우려가 있었던 것이다.

도조는 60세였다. 그의 인생에서 처음으로 맨몸으로 살아가지 않으면 안 되었다. 그의 성격은 여기에서도 분명하게 드러났다. 자신의 마당에 만든 채마밭에서 호미질을 하거나, 현관 옆의 서재나 응접실에서 독서를 하거나, 열심히 신문을 읽고 눈에 띄는 부분을 메모수첩에 옮겨 적거나,

그렇지 않으면 아내와 세 딸, 그리고 경시청과 헌병대에서 파견된 경호원과 잡담을 하는 것이 일상생활의 전부였다. 때로는 와카和歌나 한시를 훑어보기도 했다.

지금 내 손에는 당시 도조의 메모수첩이 있다. 각 페이지가 충·효·인·의·예로 구분되어 있으며, 여기에 후지타 도코藤田東湖(1806~1855), 사이고 다카모리西鄕隆盛(1828~1877), 라이 산요賴山陽(1781~1832)의 노래를 적어 넣었다. '충'으로 구분된 페이지에는 다음과 같은 와카가 적혀 있다.

자신을 위해 임금을 생각하는 것은 불충한 짓

임금을 위해서는 자신의 몸을 잊어야지

—다이난코大楠公(1294?~1336)

하루를 살면 하루의 목숨

대군을 위해 다하는 우리의 가풍

—다치바나노아케미橘曙覽(1812~1868)

이 와카는 천황을 생각하고, 거기에서 자신이 살아갈 근거를 찾으며, 그것을 잃으면 생의 의미가 소멸되고 만다는 자각을 보여준다. 천황과 접촉할 수 없다는 것이 그의 적막감의 원인이었다.

메모수첩에는 "그 자리를 물러나는 지금 그대의 훈적勳績과 노고를 짐은 깊이 치하하며, 시국이 더욱 중대해지고 있으니 군무軍務에 한층 정려精勵하여 짐의 믿음에 부응하도록 하라"는, 7월 20일 참모총장을 그만둘 때 천황이 내린 칙어가 한 글자 한 글자 오른쪽이 끌려올라간 듯한 글자체로 적혀 있고, 〈대동아공동선언〉도 작은 글자로 적혀 있다.

그는 이것들을 지긋이 바라보면서 다시 한 번 반추한다. 그것이 신민의 의무라고 생각했던 것이리라. 아무런 결실도 없이 하루하루가 지나갔다.

외출하는 것은 한 달에 한 번 열리는 중신회의와 대장회의 때뿐이었다. 그런 때 도조의 주위는 조용했다. 출석자들은 인사는 했지만 깊은 대화는 나누지 않았다. 도조의 명령조의 말투를 싫어하고 도조를 백안시하는 것이 이 무렵의 당연한 분위기였기 때문이다.

한층 깊어진 고독감을 안고 그는 자택으로 돌아왔다. 그리고 텅 빈 마음을 채우기라도 하듯 이웃집 의사 스즈키를 찾아가서는 잡담에 열중했다. 스즈키의 눈에 도조는 언제나 쓸쓸해 보였다. 대화 틈틈이 도조는 이런 말을 흘렸다.

"누가 뭐라 하든 나는 잘못한 게 없어. 지금 변명해봐야 아무 소용이 없겠지만……."

스즈키에게는 몇 번이나 이런 말을 하는 도조의 모습이 이상하게 비쳤다.

'나는 잘못한 게 없다'고 말하지 않으면 안 될 정도로 도조를 바라보는 사람들의 눈길은 냉정했다. 이와 관련하여 스즈키는 1959년 어느 주간지에 "소외당한 자의 슬픔을 견디고 있는 듯한 시선이었다"고 썼다.

도조는 네 종류의 신문을 구독하고 있었다. 매일 아침 순순히 그 신문들을 탐독했다. 그가 알 수 있는 정보라는 것은 정보국이 통제하고 있는 신문을 통해서였다. 그것을 지금 그는 게걸스럽게 읽을 따름이었다. 예전에는 모든 전황이 그에게 집중되었지만 지금은 허식虛飾으로 가득 찬

뉴스를 아무 맛도 모른 채 되씹을 뿐이었다.

1944년 가을, 전황은 악화되고 있었지만 신문은 여전히 전의戰意를 앙양하기 위해서라며 진실을 은폐했다. 실제 상황은 처참했다. 9월 27일, 괌과 티니언 두 섬에서 일본군 전멸. 10월 19일, 가미카제특별공격대 편성. 10월 20일, 미군 레이테 섬에 상륙. 그리고 레이테 해전에서 연합함대는 괴멸 상태에 이른다.

이러한 군사적 패배 앞에서 그는 여전히 정신론에 빠져 있었다. 1944년이 저물 무렵, 그는 메모수첩에 '우감偶感'이라는 제목 아래 이렇게 쓴다.

"자유자재로 살리고 죽일 수 있는 예리한 칼을 아군이 손에 쥐기 위해서는 소리도 형체도 없이 적의 심리를 완전히 지배하여 적으로 하여금 보지도 듣지도 못하게 하는 경지에 이를 필요가 있다. 이와 관련하여 손자孫子는 지극히 미미微微해서 무형無形에 이르고 지극히 신묘해서 무성無聲에 이르는 까닭에 적의 목숨을 좌우할 수 있다고 말했다. 싸움이란 무력에만 의존해서는 이길 수가 없다. 곧 타민족이 정신적으로 우리에게 공명한다면 무력에 의한 정복보다 유력한 정복이 가능할 터이다."

이게 무슨 말일까. 그에게는 이제 정신론으로 기울기 십상인 범용한 일개 국민의 감각밖에 남아 있지 않았던 것이다. 만약 조금이라도 냉정한 눈을 가졌다면 이 전쟁의 패배를 쉽게 간파했을 텐데도, 현실을 직시하려 하지 않고 밑도 끝도 없이 성전완수聖戰完遂를 외칠 뿐이었다. '현실'이란 내가 인정하지 않는 한 존재하지 않는다고 생각하는 몽상가의 그것이었다.

그런데 이 무렵 육군성 내부에 "고이소 내각은 힘이 없으므로 도조 내각을 수립해야 한다"고 주장하는 일파가 있었다고 한다. 그들은 도조에게 육군의 극비정보를 보냈다고도 하는데, 현재 남아 있는 '도조 메모'에는 이와 관련된 기록이 보이지 않는다. 도조는 자신들의 시대가 지나갔다는 것을 은연 중 자각하고 있었던 것이다.

1945년이 밝았다. 설날 특집으로 꾸며진 신문은 비명 소리로 가득했다. "연두의 여론을 좇아 폐하께서 전선 장병에게 야전식량을 보내주시다", "오키나와를 맹공격한 특공대의 핵심 야마모토 비행대에 표창장을 수여해달라고 상주"와 같은 기사 제목에서 알 수 있듯이 천황의 자비, 천황을 위한 죽음을 맹세하는 충절이 강조되었다. 정말이지 일본 전역에서 인간폭탄을 만들어내고자 하는 의도가 지면에 넘쳐흘렀다.

1월 18일 열린 최고전쟁지도회의에서는 본토결전 즉응태세 확립과 전군의 특공대화를 결정했다. 국토의 나무 한 그루 풀 한 포기까지 싸울 것을 결의했다. 하지만 그것은 국민을 향한 허풍이었다. 육군성과 참모본부의 막료회의에서는 이미 항공전은 무리라는 것을 냉철한 숫자를 통해 확인하고 있었다.

항공기 생산은 계속 줄어들어 1945년 1월에는 목표량 2천260대 가운데 완성된 것은 3분의 1인 809대에 지나지 않았다. 물자도 없고 노동력 동원도 둔화된 상황에서 생산체제는 이미 마지막 가쁜 숨을 몰아쉬고 있었다. 객관적으로 보면 전쟁 종결을 구체화하지 않으면 안 되는 상태였다.

2월 3일, 미군은 마닐라에 진출했다. 일본군은 국지적인 저항을 되풀이했을 뿐 힘도 제대로 못쓰고 이 요충지를 잃었다.

이 시기에 이르러 고이소 구니아키 수상을 비롯한 일본의 지도자들은 눈앞에 세 가지 길이 있다는 것을 알아야만 했다. 그들이 믿고 있는 국체 2천6백 년의 파괴자로서 굴욕을 감내하고 패전을 받아들일 것인가. 전황 악화를 뒤집을 무기를 생산할 것인가. 아니면 지금까지 그랬던 것처럼 상황의 흐름에 맡긴 채 대증요법으로 위기를 넘어설 것인가. 가장 손쉬운 방법은 세 번째 길을 걷는 것이었고, 고이소는 이 길을 선택했다.

천황 역시 상황의 악화에 곤혹스러워하고 있었다. 각종 자료를 분석한 바에 따르면 천황은 첫 번째 길과 세 번째 길을 오가며 흔들리고 있었다. 천황은 자신이 결단을 내리는 데 참고할 심산으로, 중신을 불러 의견을 듣고 싶다고 기도 고이치에게 말했다. 그래서 기도는 중신들이 천황에게 문안을 올리는 형식으로 의견을 아뢰기로 했다. 2월 7일부터 사나흘 간격으로 한 사람씩 궁중으로 불러 정세에 대한 사견을 피력하도록 했다.

히라누마 기이치로平沼騏一郎는 전쟁 시책을 중점적으로 수행해야 한다고 말했다. 히로타 고키廣田弘毅는 대소련 공작에 관해 의견을 개진했다. 고노에는 상주문을 제출했다. 이 상주문에서 그는 전쟁이 장기화하면 공산혁명의 위험성이 높아질 터이므로 육군 내부의 통제파를 일소할 필요가 있다고 말했다. 숙군肅軍이야말로 당면한 급선무라는 것이다. 와카쓰키 레이지로若槻禮次郎는 평화회복은 보편적 의견이지만, 전쟁을 계속하는 것이 불리하다는 사실을 적이 깨닫는 시기를 기다릴 수밖에 없다고 말했다. 중신은 아니지만 특별히 부름을 받은 마키노 노부아키牧野伸顯(1861~1949)는 화평의 시기를 선택하기보다 전국戰局을 유리하게 하는 것이 선결과제라고 말했다. 오카다 게이스케岡田啓介는 전쟁종결과 육해군의 협력이 필요하다고 대답했지만 구체적인 방안을 말할 수는 없었다.

정보가 막혀 있어 사태의 악화에 관하여 제대로 아는 게 없는 노인들, 고노에를 빼고는 모두가 70대인 노인들은 뭐 하나 유효한 의견을 내놓지 못했다. 그들은 허둥대기만 할 뿐 어찌할 바를 몰랐다. 다만 국체의 직접적인 파괴자가 될 것을 두려워하고 있을 따름이었다.

도조가 중신 가운데 마지막으로 천황 앞에 나아간 것은 2월 26일이다. 도조가 궁중에 들어온 것은 반년 만이었다. 전날 B-29 150대에서 투하된 폭탄이 황거를 덮쳐 건물 몇 채가 무너져 있었다. 그것이 도조의 전투심을 자극했다. 천황 앞에 선 도조는 이미 흥분을 감출 수 없는 상태였다.

옆에 서 있던 시종장 후지타 히사노리藤田尚德(1880~1970)는, 이때 도조의 기세가 현역 시절의 오만함을 보는 듯했다고 전후에 발간된 그의 저서에서 증언하고 있다.

천황은 도조에게 "그 후 건강하게 지내고 있는가?"라고 물었다. 도조는 몸을 바로하고 상주할 기회를 주셔서 감사하다고 대답했다. 그리고 호주머니에서 메모를 꺼내더니 읽기 시작했다. 요 며칠 동안 적어두었던 것이다. 참모본부 전쟁지도반 다네무라 사코種村佐孝(1904~1966)로부터 군사정세에 관해 전해 듣고 그것을 바탕으로 자신의 생각을 정리한 것이었다. 대체로 보아 육군이 도조의 입을 빌려 스스로의 의사를 표시하고자 한다는 내용이다.

"지식계급의 필패론必敗論은 정말 유감입니다."

천황도 후지타 히사노리도 이 말을 듣고 도조가 어떤 의견을 내놓을지 알아챘을 것이다. 도조는 다음과 같이 강조했다. 2월 4일 열린 얄타회담에서는 처칠, 루스벨트, 스탈린 모두 일본에 대해 언급하지는 않았지만 실제로는 미국과 소련 사이에 양해사항이 있었을 것이다. 그렇기 때문에 태평양 방면의 전황은 일소중립조약이 효력을 잃는 4월 25일이 고비가 될 것이다. 미국은 조약을 파기시키기 위해 필리핀을 압박하고 타이완, 오키나와, 상하이에 손을 뻗쳐 일본의 움직임을 봉쇄함으로써 세력을 과시하려 할 것이다.

"우리나라 입장에서 보자면 4월 25일까지 급속한 변전變轉이 일어날 것이라고 확신합니다. 우리나라의 전비戰備는 절반의 성공, 절반의 실패 상태에 있는 것으로 보입니다. 낙관할 수는 없습니다만 그렇다고 해서 비관적이라고 할 수도 없습니다."

도조의 말인즉슨 미군의 공격은 지금이 최정점이라는 것이다. 생산력 측면에서 보면 일본도 저하하고 있지만 미국도 가능성의 한계에 도달했다는 것이 근거이다. 그러나 근거를 뒷받침할 만한 자료는 아무것도 없다.

도조는 "미군이 전함 1척, 항공모함 1척을 늘린다고 해서 그것을 따라 할 필요는 없으며, 일본군은 한두 대의 비행기와 폭약 그리고 쾌속정으로 대항하면 된다"고 말하기도 했는데, 그것은 때마침 편성되기 시작한 가미가제특공대를 염두에 둔 것이었다.

도조는 작전에 대해서도 자신의 의견을 피력했다. 이에 대해서는 훗날 후지타가 기도 고이치에게 말한 것으로 알려져 있다. 『기도 고이치 관계문서』에는 이렇게 적혀 있다. "작전지역은 미국 본토로부터 8천 킬로미터, 우리 본토로부터 천 수백 킬로미터* 떨어져 있고, 보급 가능성은 거리의 제곱에 반비례한다. 이를 고려하면 우리나라는 작전상으로도 여유가 있다는 것을 알 수 있다."

이 시기에 이르러서도 도조는 여전히 작전지역론을 펼치고 있었다. 내각 총사직 전에도 슈타머 독일대사에게 이런 주장을 되풀이했었는데, 실제로 미군은 많은 수송선을 기지로 보내 보급작전을 성공적으로 수행하고 있었기 때문에 도조의 전망은 번지수를 잘못 짚은 것이었다. 거리가 짧다는 것이 도대체 무슨 이점이란 말일까. 보급능력은 거리의 '제곱'에 반비례한다고 해도 일본에는 보급에 동원할 항공기도 선박도 없었다. 게

본토로부터 천 수백 킬로미터
이오지마를 기점으로 한 듯하다.

문관
시종장은 문관이다.

다가 이어지는 본토 폭격은 보급의 요지인 생산지대를 겨냥하고 있었다.

훗날 후지타는 자신의 회고록에 도조가 보고를 하는 동안 천황의 표정도 불만스런 기색으로 바뀌었다고 기록했다. 또 일곱 명의 중신 가운데 유독 도조만이 의연히 고집을 부리는 것을 보고 분노가 치밀기도 했다고 적었다. 해군 출신인 이 문관*은 도조를 마음속 깊이 증오하고 있었던 것이다.

도조의 입장에서 보자면 지고 있는 것은 현실이 아니다. 그것은 인정하지 않는 한 존재하지 않는다. 지식계급의 비전론은 피아彼我를 객관적으로 파악한 다음 내린 결론이었지만 도조는 그것을 인정하지 않았다. 그에게 패배란 있을 수 없는 일이었다. 아마도 개전 당시 수상으로서 도조는 현실을 인정하고 싶지 않았을 것이다. 천황에게 '아직 진 게 아닙니다. 승기를 잡을 수 있습니다'라고 전하는 것이 그의 책임이자 객관적으로는 책임 회피이기도 하다는 미로 속에 도조는 놓여 있었던 셈이다. 그는 역시 가장 손쉬운 길을 별 생각 없이 걸어가고 있는 것에 지나지 않던 것이다.

이런 때에도 전장에서는 병사가, 본토에서는 비전투원이 죽어가고 있었다. 하지만 그의 생각은 여기에 미치지 못했다.

도조는 이 상주에서 국내 문제까지 거론하고 나섰다. 화평공작을 비판하는가 하면 국민생활은 그렇게 고통스럽지 않다고 말했다. 지금 해야 할 일은 대본영을 천황 휘하에 두는 것이며, 각료회의도 궁중에서 열어야 할 것이라고 말했다. 자신이 퇴진한 후 각료회의가 과거처럼 수상 관저에서 열리고 있는데 이는 납득할 수 없는 일이라고 했다. 후지타 히사노리는 점점 불쾌해졌다. 천황이 화평으로 기울고 있는데도 이를 이해하려 하지 않고 국민의 염전사상을 나무라기만 한다며 분개했다.

결국 한 시간 남짓 도조는 강경론을 토하고 궁중을 빠져나왔다. 도조의 상주 내용은 곧 궁중 그룹과 의회에도 알려졌다. '여전히 완고하고 무책임한 도조'라는 수식어가 따라다녔다. 해군 내부에서는 "판단은 안이하고 군사적 전망에 이르러서는 일방적인 궤변"이라는 말이 오갔는데, 이것은 형식을 바꾼 육군 비판이었다.

도조의 상주에 대해 누구보다 놀란 사람은 고노에 후미마로였다. 그는 도조의 의견을 밀고 나가면 패전에 이를 것이고, 그 결과 현실에 존재하는 기구나 조직이 무너질지 모른다며 두려워했다. 고노에는 실체가 없는 강경론을 내세우는 군인의 배후에서 공산혁명의 의도가 싹트고 있다는 점을 우려했다. 그런 그는 앞뒤 가리지 않고 내달리다가 결국 스스로 붕괴하고 마는 군인의 정신구조가 공산주의자에게 교묘하게 이용될 가능성이 충분하다는 것을 알고 있었다. 고노에는 도조의 상주에서 그것을 느꼈던 것이다.

그런 의미에서 고노에는 확실히 역사를 투시하는 눈을 갖고 국체 파괴를 간발의 차이로 저지한 중신이었다고 할 수 있다. 이는 그가 본능적으로 자신의 출신계층을 보호, 유지할 능력을 갖고 있었다는 말이기도 하다.

도조를 배척하는 움직임

4월 25일까지만 전황을 견디면 미군의 공격은 정치상의 역할을 다하고 약화할 것이라는 도조의 의견은 무엇을 토대로 한 것이었을까. 사실 이것은 육군이 무선통신을 통해 엿들은 얄타회담의 내용을 낙관적으로 전달한 것에 지나지 않았다. 무엇보다 전황의 추이가 그것을 증명한다.

3월 17일 이오지마硫黃道 주둔 일본군은 전멸했고, 4월 1일 미군이 오키나와 상륙을 개시했다. 더욱이 3월 10일 이후에는 B-29가 대대적으로 일본 본토를 습격, 도시에 무차별 융단폭격을 퍼붓기 시작했다. 미군이 남방루트, 즉 타이완항로를 봉쇄하면서 식료품과 군수물자가 일본으로 들어오지 못했다. 게다가 B-29의 폭격으로 국내의 생산지역이 파괴되어 일본은 이미 궤멸상태에 빠져 있었다. 이처럼 타격을 받았는데 4월 25일까지만 참으면 된다는 말을 어떻게 믿을 수 있을까. 4월 26일이 오면 갑자기 부흥이라도 할 수 있다는 말일까. 4월 들어서면서 정세는 더욱 나빠지고 있었다.

4월 5일 소련은 일소중립조약을 연장하지 않겠다는 방침을 통고해왔고, 이에 호응하여 미군의 공격은 한층 치열해졌다. 이날 고이소 내각은 국면을 타개할 대책을 마련하지 못하고 총사직했다. 육군의 비협조적인 태도에 골머리를 앓고 있던 이 내각의 총사직은 표면상으로는 충칭공작의 실패와 레이테에서 루손으로 이어지는 전선에서 잇단 군사상의 패배 때문인 것으로 보이지만, 실제로는 전쟁을 종결하는 방향으로 나아갈 것인지 아니면 본토결전으로 상황을 타개할 것인지 양자 간의 선택에 실패했기 때문이었다. 정부, 통수부, 궁중, 의회 등의 다양한 목소리를 하나로 묶어내지 못한 채 결국 정권을 내놓지 않으면 안 되었던 것이다.

차기 수반은 누구로 할 것인가. 4월 5일 저녁 무렵, 궁중에서 중신회의가 열렸다. 내대신 기도 고이치의 인사가 끝나자마자 도조가 발언권을 요청했다. 그는 여전히 4월 25일에 얽매여 있었다. "전시에 내각을 자주 바꾸는 것은 바람직하지 않습니다. 특히 4월 25일 열릴 예정인 샌프란시스코회의가 중대한 시점이라고 생각합니다. 이 때문에라도 이번 내각은 마지막 내각이 되지 않으면 안 됩니다."

도조는 끝까지 싸워야 한다는 의견과 무조건 항복을 감수하고 화평을 맺자는 의견 중 어떤 것을 택할지 먼저 의논할 필요가 있다고 말했다. 히라누마 기이치로와 추밀원 의장 스즈키 간타로鈴木貫太郎가 이 제안에 찬성했다. 하지만 오카다, 고노에, 와카쓰키는 중신회의의 목적은 후임 내각의 수반을 정하는 것일 뿐 그런 권한은 갖고 있지 않다며 반대했다. 미묘한 회의였다. 도조는 본토결전을 고집하는 육군 내 철저항전파의 총의를 대변했고, 고노에와 오카다를 중심으로 한 궁중 그룹이 이에 대항하는 구도가 처음부터 형성되었던 것이다.

그런데 이 점은 애매모호하게 놔둔 채 인선에 들어갔다. 히라누마가 스즈키 간타로를 추천했다. 스즈키 자신과 도조를 제외하고 전원이 찬성했다. 스즈키는 "군인이 정치의 전면에 나서는 것은 나라를 망치는 일"이라며 고사했고, 도조는 육군대장 하타 슌로쿠畑俊六를 추천했다. 추천 이유는 도조의 감각을 여실하게 보여준다.

"전쟁의 추이를 생각할 때 예단은 금물입니다. 적은 초조해하고 있습니다. 엉뚱한 작전을 펼칠지도 모릅니다. 본토의 일각에 손을 댈지도 모릅니다. 국내 방위가 중점이기 때문에 국무와 통수가 일체를 이루는 것이 바람직하며, 그렇기 때문에 육군을 주체로 하여 인선을 고려해야 합니다."

물론 중신들은 도조의 육군지상주의적인 주장을 듣고 얼굴을 찌푸렸다. 이 전쟁이 이런 결말에 이른 것은 육군 탓이 아닌가. 육군에 대한 불만과 도조에 대한 불만이 하나가 되어 도조를 고립시키려는 분위기가 회의장에 가득 차 있었다.

기도가 국민의 신뢰를 얻을 수 있는 듬직한 내각을 만들기 위해 스즈키를 수반으로 추천하자면서 회의를 끝맺으려고 했을 때 도조가 한마디 덧붙였다.

"국내가 전쟁터로 바뀌려는 이때 깊이 주의를 기울이지 않으면 육군이 외면할 우려가 있습니다. 육군이 외면하면 내각은 붕괴할 것입니다."

늘 그랬듯 도조의 협박이라고 할 수 있지만 이 발언을 들은 중신들은 격노했다. 기도가 "그런 징후가 있습니까?"라며 언성을 높이자 도조는 "없는 것도 아닙니다"라고 대답했다. 기도는 다시 강한 어조로 "이런 상태에 처한 지금 반군적反軍的 분위기가 강합니다. 국민이 외면할 것입니다"라고 말했다. 오카다의 말투도 거칠어졌다.

"이처럼 중대하고도 곤란한 시국에 대명을 받들지도 모르는 사람을 외면하다니 이 무슨 말입니까. 국토방위는 육해군의 책임이 아닙니까."

도조는 변명 비슷한 말을 남기고 도망치듯 회의장을 빠져나올 수밖에 없었다. 도조는 애매모호하게 입을 놀렸다. 도조의 고립은 육군의 고립을 의미했고, 도조의 완고한 견식은 그대로 육군의 의견으로 받아들여졌다. 도조와 육군은 논리가 전혀 통하지 않는 무리라는 비판이 중신들 사이에서 반쯤은 어이없다는 표정과 함께 오갔다.

중신들이 강하게 결속하여 스즈키로 하여금 대명을 받들게 하자고 결의한 후 회의는 끝이 났다. 예기치 않게 도조에 대한 반발이 그들을 하나로 묶는 역할을 한 셈이다.

스즈키는 즉시 조각에 착수했다. 그때 스기야마 육군상이 육군 측의 요망을 세 가지로 정리하여 스즈키에게 전했다.

"끝까지 전쟁을 완수할 것. 육해군의 일체화를 실현할 수 있는 내각을 꾸릴 것. 본토결전 필승을 위해 육군이 기획한 시책을 실행할 것."

여기에는 이 조건을 받아들이지 않으면 육군상을 추천하지 않겠다는 의미가 포함되어 있었다. 도조를 앞세운 육군 수뇌부의 공갈이라고도 할 수 있을 것이다. 스즈키는 이에 수긍했다. 그러자 육군은 항공총감 아나미 고레치카阿南惟幾(1887~1945)를 추천해왔다. 4월 7일 스즈키 간타로 내각이 성립했는데, 이 내각은 이 의향을 받아들여 성전을 완수할 것이라는 성명을 발표했다. 스즈키 편에서 변호하자면 이는 그 자신의 본래 생각에 반하는 것이었다.

일본의 지도자들은 불가사의한 존재였다. 그들은 마음속으로는 이 전쟁에서 승리할 가능성이 없다는 것을 알고 있었다. 그랬기 때문에 수상 추대를 위한 중신회의에서 도조에게 야멸찬 태도를 취했던 것이다. 그런데도 실제 정치 쪽에 서면 그들은 '성전완수'라는, 가장 무난하고 용기를 필요로 하지 않는 정책을 채택할 따름이었다. 상황의 흐름에 몸을 맡길 뿐 이 국면에서는 '치욕적'이라고 말할 수 있는 정책을 공공연히 채택할 용기는 보여주지 못했다.

그 대신 도조에 대한 증오를 부채질함으로써 그들은 어렵사리 자기를 만족시켰다. 그것은 육군에 대한 원한을 도조라는 개인에게 전가하는 것에 지나지 않았다. 스즈키 내각이 출범하고 나서 얼마 지나지 않아 그것을 상징적으로 보여주는 사건이 일어났다.

고이소 내각 성립 이후 대본영-정부 연락회의를 대신하여 새롭게 최고전쟁지도자회의가 발족했었다. 수상·외무상·육군상·해군상·참모총장·군령부총장 총 6인이 이 회의의 구성원이었고, 이들은 매주 두 차례씩 정기적으로 회의를 열어 국책을 결정했다.

이 회의에서 스즈키 수상이 앞으로는 중신들도 여기에 참석하게 하겠다고 말했다. 그런데 조건이 있었다.

"단, 중신 중에 전前 내대신 마키노 노부아키를 포함하고, 도조 대장에게는 참석을 삼가달라고 말하는 게 어떻겠느냐는 방안이 히라누마 추밀원장으로부터 제출되었습니다."

도조를 공식석상에서 배제하겠다는 뜻이다. 도조가 참석하면 회의는 분란에 휩싸일 것이고, 또 그의 의견에는 건설적인 내용이 포함되어 있지 않다는 것이 출석을 거부하는 이유라는 뉘앙스였다. 아나미 육군상은 이 의견에 반발하면서 화난 목소리로 스즈키를 힐난했다. 도조와 사이가 그다지 원활하지 않았던 아나미에게도 이 제안은 잔혹하게 비쳤던 것이다.

"도조 대장만을 제외하는 것은 사형선고와 마찬가지입니다. 초기 작전 당시 누가 도조 대장을 원망했고 누가 비방했습니까. 이제 와서 이런 말을 하는 것은 말도 안 됩니다."

요나이 해군상도 이 주장에 동의했다. 그렇게까지 도조를 밀어붙일 필요는 없다는 것이다. 결국 추밀원을 대표하여 히라누마 의장만 특례로 어전회의에 출석하기로 하는 선에서 이 논란은 끝이 났다.

그러나 도조 자신은 아나미의 노력으로 자신의 긍지를 지킬 수 있게 된 경위를 알지 못했다. 도조가 육군 선배들에게 취했던 태도, 중신들에 대한 모멸적인 대응 등이 이번에는 부메랑이 되어 자신에게 돌아왔는데, 그것을 아나미가 몰래 수습했다는 사실을 그는 몰랐던 것이다. 설령 알았다 하더라도 지금의 그에게는 입술을 깨물 여유조차 없었을 것이다.

이 무렵 작성한 그의 메모를 보면 변함없이 강경한 이야기가 적혀 있는데 그는 그렇게 함으로써 스스로를 줄곧 격려했던 듯하다. 에도 시대 미토번水戸藩 번주藩主 도쿠카와 미쓰쿠니德川光ß (1628~1701)가 남긴 격언 "작은 일에 조심하라. 큰일에 놀라지 마라"는 말이 몇 번이나 적혀 있고, 그 곁에 다음과 같은 딱 한 마디 말이 씌어 있다.

"큰일이란 오늘 바로 지금 일어나고 있는 일이다."

6월에 들어서면서부터 전투는 더 이상 전쟁이라고 할 수 없는 지경으로 치달았다. 일본군은 오키나와에서 부분적으로 저항하고 있었지만, 6월 하순에는 압도적인 물량을 자랑하는 미군 앞에 전멸했다. 육군은 본토결전에 대비하여 미군의 기동부대에 반격을 가하지 않고 병력을 온존하는 방침을 택했다.

사태의 결말은 분명했다. 추축국 쪽의 상황을 보면 무솔리니는 이탈리아 민중에게 처형당해 로마의 광장에 거꾸로 매달렸고, 히틀러는 베를린 관저의 지하에서 자살했다. 그리고 독일은 5월 7일 무조건 항복을 선언했다. 이제 연합군이 싸울 상대는 일본뿐이었고, 압도적인 물량이 일본에 투입되고 있었다.

이 무렵에 이르면 4월 25일이 고비가 될 것이라는 도조의 전망은 전혀 근거가 없다는 것이 누가 보더라도 명확해졌다. 미군의 공세는 더욱 거세졌고, 5월 이후 도쿄와 오사카 폭격은 훨씬 격화되었다. 공격이 멈출 징후 따위는 전혀 찾아볼 수가 없었다.

그러나 도조는 전망이 나빠진 것과 관련하여 천황에게 사과할 생각을 하지 않는다. 예측이 빗나갔지만 그것은 자신의 책임이 아니라는 태도였다. 중신이라는 존재가 그 정도의 의미밖에 지니지 못했던 것일까.

6월과 7월, 도조의 하루 생활은 B-29의 폭격으로 방공호에 들어가는 것과 천황의 몸을 염려하는 것이 전부였다. 폭격 후 요가用賀의 주민들은 가끔씩 전 수상이 불을 끄고 있는 것을 볼 수가 있었다.

7월 26일, 미국의 대일방송은 트루먼, 처칠, 장제스가 일본의 항복조건을 정한 포츠담선언을 발표했다. 13개 항목으로 이루어진 이 선언은 일본의 비군사화와 민주화를 골자로 한 것으로, 여기에는 "일본국 영역 내 여러 지점들은 우리가 지시하는 기본적 목적을 달성하기 위해 점령할 것이다", "일본국 군대는 완전히 무장을 해제하도록 한다", "우리는 일본인을 민족으로서 노예화하거나 국민으로서 멸망시킬 의도를 갖고 있지는 않지만 우리의 포로를 학대한 자를 포함하여 모든 전쟁범죄인에 대해서는 엄중한 처벌을 가할 것이다" 등의 내용이 포함되어 있었다.

일본 정부는 이 선언을 무시하기로 했지만, 그것을 공표하지 않으면 사기가 떨어질 것이라는 육군의 의견을 받아들여 스즈키 수상은 28일 열린 기자회견에서 "포츠담선언을 묵살한다"고 언명했다. 그것은 다시금 세계를 향해 전쟁을 계속할 것이라는 뜻을 공표한 것이기도 했다.

8월 6일 이후 두 가지 새로운 상황이 발생했다. 하나는 소련의 참전이고 다른 하나는 히로시마와 나가사키에 원폭을 투하한 것이었다. 여기에 이르러 천황은 종전 의사를 도고 외상을 통해 스즈키 수상에게 전했다. 그것은 스즈키도 바라던 바였다.

히로시마에 신형 폭탄이 투하되었다는 소식을 들었을 때 도조는 그것이 원자폭탄이라는 것을 금방 알아챘다. 그는 1943년 중반에 육군성 병기본부에 시급히 원자폭탄을 연구 개발하라는 명령을 내린 바 있었고, 그때 미국이 상당히 일찍부터 원폭 연구에 착수했다는 것을 알고 있었기 때문이다. 그러나 그는 미국이 개발한 원자폭탄은 히로시마와 나가사키에 투하된 두 발밖에 없다고 생각하고 있었다. 한 발을 제조하는 데 적어도 10년은 걸린다는 보고를 받았기 때문이다. 그는 사태가 이 이상 악화되지는 않을 것이라고 생각했는데 그의 상황 판단은 언제나 그러했다.

8월 9일 오후 11시 45분부터 10일 오전 2시 30분까지 궁중의 방공호에서 열린 어전회의에서는 포츠담선언 수락 여부를 둘러싸고 격론이 벌어졌다. 아나미 육군상은 "일억 국민이 옥쇄하여 죽음 속에서 살길을 찾아야 한다"고 말했고, 우메즈 참모총장도 "무조건 항복은 영령에 대한 예의가 아니다"라며 본토결전론에 미련을 두었다. 하지만 그들 이외의 지도자들은 군령부총장 도요다 소에무豊田副武를 제외하고 국체를 지키는 것이 받아들여진다면 선언을 수락할 수밖에 없다고 생각하고 있었다. 히로시마와 나가사키에 투하된 신형 폭탄 앞에서는 그것밖에 길이 없다고 생각했던 것이다. 두 시간 남짓 격론이 오간 끝에 스즈키 수상의 요청을 받은 천황이 수락 의향을 밝혔고, 결국 포츠담선언을 수락하기로 결정되었다.

아나미와 우메즈도 이 수락이 스위스를 통해 연합국에 전해지도록 하겠다는 정부의 조치를 묵인했다. 하지만 불가사의하게도 육군 수뇌부는 정부의 의사와 다른 뜻을 담은 〈성전 완수를 위한 육군대신 고시告示〉라는 통지문을 산하 전 부대에 하달했다. 이것은 육군의 국책 결정에 대한 곤혹과 미련을 보여주는 예라 할 수 있는데, 본토결전파는 이를 통해 더욱 활발하게 움직였고, 헌병대는 화평을 입에 올리는 지도자들에게 한층 더 압박을 가하기 시작했다.

이날(8월 10일) 오후 1시부터 궁중에서는 중신회의도 열렸다. 국책을 결정하는 데 중신들의 의견도 들어야 했기 때문이다. 이때 모인 7명의 중신들은 사태를 받아들일 뿐 별다른 인식도 없이 멍한 상태에서 어전회의의 결정을 추인했다. 한 사람씩 천황을 만나 자신의 의견을 피력하기로 했지만 그들은 고작 '국체호지國體護持'를 사수한다는 발언만을 되풀이했다. 도조는 어전회의의 결정이 천황의 판단을 토대로 한 것이기 때문에 일절 항변을 하지 않겠다고 맹세했다. 그 자신은 육군 지도자들과 마찬가지로 포츠담선언 수락에 반대했지만 '승조필근承詔必謹●'을 입에 올린 이상 그 생각을 가슴 속에 담아둘 수밖에 없었다.
그것이 신하로서 취해야 할 자세라는 것이었다.

"저에게도 의견이 있긴 합니다만 폐하께서 결단을
내린 이상 어쩔 도리가 없다고 생각합니다."

천황 앞에서 그는 이렇게 말했다. 그런 다음 그는 "껍질을 잃어버린 소
라는 그 몸도 죽어버립니다. 따라서 국체호지를 가능하게 하기 위해서는
무장해제를 해서는 안 됩니다"라고 덧붙였다. 무장이야말로 안전의 기
반이고 군대를 잃어버린 국가는 생각할 수 없다는 의미였다. 그러나 이
때 천황이 도조의 의견에 어떻게 답했는지는 분명하지 않다.

상주를 마친 후 도조는 육군성 자동차를 타고 다마가와요가에 있는 자
택으로 돌아왔다. 그리고 이날을 기점으로 그는 공식적인 입장에서 국책
결정에 참여할 수 없게 되었다. '중신, 육군대장, 군사참의관'이라는 그
의 직함이 더 이상 기능할 수 없게 된 것이다.

10일 후 일본의 해외 방송은 비밀리에 '포츠담선언 수락' 사실을 내보
냈다.

패전의 날

정책 결정의 중추인 군무과 장교들은 어전회의의 결정을 알고 있
었지만, 지금까지 나무 한 그루 풀 한 포기까지 성전 완수에 나설 것이라
고 말해왔던 까닭에 이제 와서 전쟁을 종결한다고 결정한 것 자체에 불
만을 품었다. 그랬기 때문에 육군성과 참모본부의 책임자들이 어전회의
의 결정을 감추고 성전 완수에 더욱 매진하자는 방침을 흘리자 본토결전
파 장교들은 힘을 얻었던 것이다.

'도조 히데키'라는 이름은 그런 사람들의 마지막 희망이었다. 그들이

"도조라면 이런 식으로 끝내지는 않을 것"이라고 생각한 것도 당연하다. 어찌 됐든 개전 이래 중견장교들은 싸움을 멈춘다는 생각 따위는 털끝만큼도 하지 않았기 때문이다.

그들은 도조에게 연락을 취했다. 어떤 루트를 통해 연락을 했는지는 알 수 없지만, 그것은 "화평파를 감시해서라도 포츠담선언을 수락하게 해서는 안 된다"는 내용이었다. 하지만 이에 대한 도조의 대답은 "폐하의 명령을 위반해서는 안 된다"는 것이었다.

중견장교들의 눈에는 저렇게 전쟁 계속을 외치던 권력자가 '어느 시점'을 계기로 태도를 싹 바꾼 것이 이상하게 비쳤을 것임에 틀림없다. "만약 천황이 포츠담선언 수락을 열심히 주장하고 있다면 그것은 간신들이 천황의 뜻을 왜곡하고 있기 때문"이라며 도조는 자신들의 계획에 동의를 표시할 것이라고 그들은 생각하고 있었던 것이다. 그런 생각을 가진 지도자는 도조밖에 없다는 것을 그들은 알고 있었다. 11일 밤부터 육군성 군무과 장교들은 비밀리에 쿠데타 계획을 세웠는데, 그 가운데 몇 사람은 이처럼 도조에게 기대를 걸었다가 배반당한 자들이었다.

장교들의 움직임을 본 도조는 아나미 육군상을 만나 '승조필근'을 설파할 결심을 했다. 육군성에 연락했더니 아나미가 12일에는 분명히 미타카三鷹에 있는 자택으로 돌아올 것이라고 했다. 이 말을 듣고 도조는 호위 경관 하타케야마 시게토《山重人와 둘이서 미타카까지 걸어가기로 했다. 빨리 아나미를 만나 자신의 의견을 전하지 않으면 안 된다. 그는 초조감에 사로잡혀 있었다.

이날 저녁 무렵 아나미가 미타카의 자택으로 돌아온 것은 참 오랜만이었다. 나중에 밝혀지겠지만 아나미는 종전으로 혼란해지면 자결이라는 형식으로 책임을 질 작정을 하고 가족에게 이별을 고하러 왔던 것이다.

아나미가 자택으로 돌아온 지 얼마 지나지 않아 마쓰오카 요스케松岡洋右 (1880~1046)가 찾아와 아나미와 한 시간가량 이야기를 나누었다. 왜 마쓰오카가 찾아왔을까. 그것은 육군성 군무국의 중견장교들이 마쓰오카에게 아나미를 방문해달라고 부탁했기 때문인데, 이 단계에서 중견장교들은 마쓰오카를 수반으로 하는 철저항전 내각을 기획하고 있었던 것이다. 그러나 아나미는 마쓰오카의 설득을 받아들이지 않았다. 마쓰오카가 돌아간 후 육군성 군무국에서 두 명의 장교가 아나미를 찾아와 포츠담선언 수락에 반대할 것을 역설했다. 아나미의 부인인 아나미 아야阿南綾의 증언에 따르면 그들은 밤중까지 그 집에 머물렀다.

그런데 도조가 호위 경관과 함께 미타카에 있는 아나미의 집에 도착한 것은 이미 13일에 접어든 시간이었다. 이때의 모습을 아나미의 처남으로 육군성 군무과 소속 중좌였던 다케시타 마사히코竹下正彦(1908~1989)는 다음과 같이 증언한다.

"분명히 도조 대장이 찾아왔다고 하더군요. 그런데 시간이 너무 늦은데다 응대하러 나온 하녀가 도조 대장을 몰라보고 보통 사람이 만나러 온 것으로 생각했던 듯합니다. 그래서 이야기가 어긋났고 도조 대장은 그냥 돌아갔습니다. 얼마 후 이 말을 들은 아나미 아야(다케시타의 누나)가 뒤쫓아 가서 미타카역 부근에서 따라잡았습니다. 자택으로 가자고 말했지만 도조는 아나미 씨가 쉬고 있을 테니 괜찮다며 돌아갔습니다."

결국 도조는 이날 아나미를 만나지 못했다. 도조가 마쓰오카 내각 옹립을 획책하는 중견장교들의 뜻을 받아 갔다는 견해도 있지만 그것은 이 사건을 보아도 잘못이라는 것을 알 수 있을 것이다. 도조가 여기저기 불에 탄 도쿄 시내를 걸어서 자택으로 돌아온 것은 13일이 밝아올 무렵이었다. 그는 가족들에게 "아나미는 분명히 알아줄 것"이라고 말했다

한다.

12일 연합국의 회답이 외국 방송과 외국 통신사를 통해 전해졌다. 회답 내용은 "항복한 순간부터 천황과 일본국 정부의 국가 통치는 연합군최고사령관의 제한 아래 놓인다"는 것과 "최종적인 정부 형태는 일본 국민의 의사에 따라 결정한다"는 것이었다. 일본어 번역으로 채 5백 자가되지 않는 이 회답 속에 일본의 운명이 응축되어 있었다.

오전 8시 반, 스즈키 수상과 도고 외무상 그리고 요나이 해군상은 이회답이 불만스럽긴 하지만 더 이상 교섭을 끌어봐야 결렬되는 길밖에 없을 것이라 생각하고 수락을 결의했다. 그러나 우메즈와 군령부총장 도요다 소에무는 천황 앞에 나아가 수락에 반대할 것을 상주했다. 그들은 대본영이 일본어로 옮긴 번역문에는 "연합군최고지휘관에게 종속되어야할 것"이라고 명기되어 있는데, 이는 일본이 속국이 된다는 것을 의미한다는 이유를 들었다. 그러나 천황은 스즈키, 도고, 요나이의 편에 섰다.

각료회의는 요동을 쳤고 결론은 나지 않았다. 즉시 수락하자는 각료들과 재검토하자는 각료들 사이의 격론은 그치지 않았고, 결국 공식 회답이 오면 다시 각료회의를 열어 태도를 결정하기로 했다. 13일 그 회답이왔고 이를 받아 최고전쟁지도회의가 관저에서 열렸다. 하지만 수상, 외무상과 육군상의 대립이 수습되지 않아 좀처럼 결론에 이르지 못했다. 미국의 방송은 일본이 고의로 회답을 늦추고 있다며 비판했고, 즉각 회답을 하지 않으면 도쿄 폭격을 가할 것이라고 경고했다.

다른 한편 미군기는 포츠담선언과 연합군의 회답을 일본어로 적은 삐라를 도쿄를 중심으로 대량 살포하여 일본 국민과 지배층을 분리시키는작전을 펼쳤다.

이것이 육군 내부의 철저항전파를 한층 더 자극했다. 육군성 군무국 군사과장 아라오 오키카쓰荒尾興功(1902~1974), 군무과의 이다 마사타카井田正孝(1912~2004), 이자키 지로椎崎二郎(1911~1945), 하타나카 겐지畑中健二(1912~1945) 등 좌관급이 중심이 된 철저항전파의 초조감은 깊어졌고, 그들은 아나미에게 긴급비상조치의 일환으로 구체적인 병력 사용 허가를 요구했다. 그들의 계획은 동부방면군과 근위사단을 동원하여 궁중과 화평파를 차단하고, 국체호지를 보증받을 때까지 항복하지 않는다는 것이었다. 아나미는 이 쿠데타 계획에 동의하지 않았고, 우메즈는 전혀 관심을 보이지 않았다. 그 때문에 중견장교들의 계획은 특별한 '생명체'처럼 움직이기 시작했다.

8월 14일 오전 10시, 천황은 스기야마, 하타 슌로쿠畑俊六, 나가노 오사미永野修身 등 원수 세 사람을 궁중으로 불러 종전 결의를 전하고, 육해군과 함께 이에 따르라고 명했다. 11시 30분부터는 천황이 소집한 어전회의가 열렸다. 이 자리에서 천황은 포츠담선언을 수락하겠다는 결단을 내리고 조서의 문안을 작성하라고 명했다. 뒤이어 열린 각료회의에서 조서의 문안을 검토했다. 아나미는 어전회의의 결론을 육군성과 참모본부에 전하기 위해 각료회의를 중단하고 육군성으로 돌아가 수뇌부 회의를 열었다. 육군 수뇌부는 만장일치로 어전회의의 결정에 따르기로 결의했다. '육군의 방침'이라는 제목의 이 결의문에는 단 한 줄 "황군은 어디까지나 성단에 따라 행동한다"고 적혀 있을 뿐인데, 아나미 육군대신, 우메즈 참모총장, 도이하라 겐지土肥原賢二(1883~1948) 교육총감이 여기에 서명함으로써 전 육군의 의사를 대표했다.

8월 14일 오후 2시 40분은 천황의 뜻에 따라 육군이 특별한 '생명체'로서 움직이지 않겠다고 맹세한 순간이다.

이 결정은 도조에게도 전해졌다. 도조 퇴진 후, 참모본부 전쟁지도반 소속 참모 다네무라 사코種村佐孝가 육군 내부의 움직임을 그때그때 전해 주었는데, 이때에도 전쟁지도반의 참모가 이 소식을 전한 것으로 보인다. 육군의 첩보기관이 도조에게 상시로 정보를 제공했다고 말하는 사람도 있지만 이와 관련해서는 현재 확실한 증거가 없다.

도조 자신도 "황군은 성단에 따라 행동한다"라는 말에 수긍했다. 아니 그에게는 독자적인 사상이라 할 만한 것이 없었다. 그의 모든 행동은 성단에 따른 것이었을 뿐이다. 그는 옷차림을 갖춘 다음 이치가야에 있는 육군성으로 가기로 했다. 아나미 육군상을 만나 승조필근의 뜻을 전하고, 위급한 때일수록 더욱 분투하라고 격려를 해줄 생각이었다.

가족들이 전하는 바에 따르면, 14일 저녁 무렵부터 밤까지 도조는 육군성에서 아나미 육군상을 만났고, 내친김에 근위사단 사령부로 가서 사위 고가 히데마사 대위를 만나 자중할 것을 요구했다. 당시 육군성 장교의 기록이나 각종 저작에서는 도조가 육군성을 방문했다는 기록을 찾아볼 수 없다. 결국 이 시기 포츠담선언을 수락하기로 결정한 육군성 수뇌들에게 도조의 존재는 별다른 의미가 없었다고 말할 수 있다.

밤늦게 집으로 돌아온 도조는 가족에게 아나미도 자신의 방문을 기뻐했다고 말했다. 그리고 고가를 만나 폐하의 조칙을 받들어 자중하라고 했다면서 "아무것도 걱정할 게 없다"고 전했다.

이날 고가를 방문한 것은 도조에게 일말의 불안이 있었기 때문이다.

전날 오후 고가가 갑자기 도조의 집으로 돌아왔다. 평소 사단에서 숙박할 때에는 집에 돌아오는 일이 없었기 때문에 가족들은 생각지도 않게 집으로 온 그를 보고 의아해했다. 고가는 지하실 방공호에서 한 살짜리 아들을 안고서 아내와 처제에게 이렇게 말했다. "이제부터는 어떤 바람이 불어오더라도 앞만 보고 걸어갈 것이야. 무슨 일이 있으면 즉시 규슈의 본가로 가도록 해. 알았지?" 그리고 "내 머리카락과 손톱이 있느냐"고 물었다.

바로 그때 도조를 찾아온 손님이 있었다. 그래서 고가는 도조에게 가볍게 인사만 하고 다시 사이드카를 타고 사령부로 돌아갔다. 고가가 돌아간 후 도조는 가족으로부터 그가 "머리카락과 손톱이 있느냐"고 말했다는 얘기를 듣고, 큰 소리로 "뭐라고?"라며 반문했다. '죽음을 각오하고 있다', '군 내부의 쿠데타에 가담하고 있는지도 모른다'고 생각했던 것이다.

근위사단 사령부를 찾아가 고가를 만났을 때 두 사람 사이에 다음과 같은 말이 오갔던 것으로 추측된다.

"군인은 무슨 일이 있어도 폐하의 명령대로 움직여야 해. 폐하의 뜻을 받들어 삼가고 조심하지 않으면 안 돼."

"저도 그렇게 생각하고 있습니다. 안심하십시오."

틀림없이 도조는 집요하게 승조필근을 역설하고 고가는 그의 말에 수긍하는 장면이 연출되었을 것이다. 그러나 아이러니하게도 이로부터 10시간 후에 고가가 자결하게 될 것이라고는 둘 다 생각하지 못했을 것이다. 훗날 도조의 집으로 고가의 최후를 전하러 온 군인은 다음과 같이 설명했다고 한다(공식 역사와는 약간 차이가 있다).

이때 고가는 복잡한 입장에 처해 있었다. 전날 요가에 있는 도조의 집에서 돌아왔을 때 육군성 군무국 소속 중견장교들이 그를 기다리고 있었다. 계획대로 근위사단을 움직이기 위해 사단 참모를 설득하러 온 것이었다. 참모실에서는 작전명령 문서가 놓여 있었다. 그들은 협박에 가까운 어조로 고가를 설득하기 시작했다.

"육군의 지도자는 폐하의 뜻을 따를 뿐이라고 말하지만 그러나 과연 항복하는 것이 폐하의 뜻에 부합하는 것일까. 더욱이 선언 수락은 천황 위에 새로운 힘이 가해지는 것을 의미한단 말이야."

고가는 혼란스러웠다. 그러나 괴로워하던 끝에 그는 도장을 찍었다고 한다.

14일 밤부터 15일 아침에 걸쳐 천황이 포츠담선언을 수락했다는 내용을 담은 옥음방송용 녹음 음반을 탈취하기 위해 사단 사령부와 육군성 군무국의 중견장교들이 행동에 나섰다. 하지만 그들의 생각과 달리 동부 방면군도 궐기하지 않은데다 근위사단 참모의 명령서까지 연대장에게 발각되는 바람에 육군 내부에 아무런 영향도 미치지 못한 채 싱겁게 좌절되고 말았다.

이 사건으로부터 5년 후, 참모본부 소속이었던 어느 군인이 수기 『추억의 기록』을 비밀리에 도조의 집으로 보냈다고 한다. 거기에 고가의 유언이 적혀 있었다. 이 군인은 14일 밤 대본영에서 숙직을 서고 있었다. 그는 사건이 일어나자마자 시종무관과 대본영 사이의 연락 임무를 맡아 궐기한 장교들의 동정을 세세히 살피고 있었다. 수기의 내용은 다음과 같다(원문은 고가의 아들이 소장하고 있다).

"궁중수비대본부 뒤쪽 제방 위에 올랐다. 고가 참모는 조용한 목소리로 이런 말을 되풀이했다. '실은 저는 어제 요가에 있는 장인 댁을 다녀 왔습니다. 장인께서는 군인은 무슨 일이 있더라도 폐하의 명령대로 움직여야만 한다고 간절히 말씀하시더군요. 나는 반드시 그러겠으니 안심하시라고 대답하고 사령부로 돌아왔습니다(저간의 사실관계에 대해 수기 집필자는 약간 착오를 범하고 있다). 돌아와 보니 군무과 직원들이 작성한 서류가 놓여 있었고, 거기에는 사단 명령이 기안되어 있었습니다. 이 서류에 저의 도장만 찍혀 있지 않더군요. 선배 참모들이 연대하여 도장을 찍는데 저만 빠질 수는 없었습니다. 장인의 말을 거역한 것이 못내 후회스럽습니다. 제가 감당할 수 있는 것이라면 어떤 책임이라도 지겠습니다. 기회가 있으면 저의 진심을 제 아내에게 전해주십시오.'라고 말하는 고가의 눈에 눈물이 흐르고 있었다. 나도 함께 울었다."

수기에 따르면 이런 말이 오간 것은 15일 오전 6시였다. 쿠데타 계획은 이미 실천에 옮겨지고 있었다. 실패를 바라면서 궐기에 가담했던 고가는 자기의 신조와 모순되는 행동으로 나아갔고, 그 깊은 균열 때문에 괴로워하고 있었던 것이다. 이때 그의 나이 28세였다.

15일 아침 라디오 방송은 전 국민에게 정오에 중대한 발표가 있을 예정이니 라디오를 들으라고 호소했다.

정오 직전 도조의 가족은 다다미 열 장이 깔린 방에 있는 라디오 앞에 앉았다. 군복을 입고 정좌한 도조 뒤에 아내 가쓰가 앉았고, 딸 네 명과 손자 한 명, 그리고 하녀와 호위 병사, 지금은 도조의 사설 경호원이기도 한 전 경관 하타케야마 시게토 등이 모여 있었다. 이윽고 천황의 목소리가 흘러나왔다. 그 목소리는 몇 분 만에 사라졌고, 아나운서가 '패전'에 이르기까지 경과를 담담하게 설명하기 시작했다. 흐느끼는 소리가 들렸다. 흐느낌은 호위 경관과 헌병을 시작으로 가족들에게 퍼졌다.

도조는 고개를 숙이고 있었다. 5일 전에 종전을 알고 있었다고는 해도 그것이 현실이 되자 적잖이 낙담했다. 그 후 도조는 어떤 행동을 취했을까. 『문예춘추』(1974년 6월호)에 가쓰가 쓴 글 「전후의 길은 멀었다―도조 집안 폭풍 속의 20년」이 실려 있다. 이 글에서 가쓰는 이렇게 회상한다.

"조칙을 듣고 남편이 '종전까지 일사봉공—死奉公했고 이제부터는 폐하의 명령대로 꿋꿋이 재건에 봉공할 것이다. 봉공의 방향이 다를 뿐 의의는 조금도 다르지 않다'라고 가족들에게 가르쳤다."

만약 이것을 도조의 본심이라고 한다면 무책임하다는 소리를 들어도 어쩔 수가 없다. 정치 지도자로서 자신의 책임은 어떤 것이었을까. 설령 그 자신은 의식하지 못했다 하더라도, 천황을 따른다고 하면서 실제로는 천황에게 모든 책임을 떠맡길 의도를 갖고 있었던 것은 아닐까.

한 시간 후, 근위사단 참모장으로부터 도조에게 전화가 걸려왔다. 참모장은 고가가 자살했다는 소식을 전했다.

그는 둘째 딸에게 이렇게 말했다. "단단히 각오해라……. 히데마사는 자살한 것 같다."

이때 도조는 고가가 쿠데타 계획에 관여했다는 생각은 하지 못했다. 패전을 인정할 수 없는 장교가 육체를 소멸시킴으로써 의사표시를 한 것으로 받아들였다. 고가의 시신은 자루로 싸여 있어 얼굴만 볼 수 있었다. 그 사체는 사단 귀빈실에서 할복한 다음 목구멍에 권총을 쏴 절명했다는 보고를 뒷받침하고 있었다. 청년 장교가 자신의 육신을 쏜 권총은 유품으로서 도조에게 전달되었다.

시신을 따라온 참모 한 사람이, 고가가 전날 밤부터 벌어진 불온한 움직임에 가담했으며 그에 대한 책임을 지고 자결했다고 조심스럽게 말한 순간, 도조는 응접실 소파에 털썩 주저앉았다. 그의 눈은 초점을 잃었다. 잠시 후 그는 참모에게 "폐를 끼쳐 미안합니다"라고 정중하게 사과했다. 하지만 그 후 도조는 인간으로서 고가에 대해 언급한 적은 있어도 군인으로서 말한 적은 없었다고 한다. 천황의 명령을 어기는 대권침범大權侵犯은 도저히 용인할 수 없었던 것이다. 그날 밤에 열린 임시 장례식은 기묘할 정도로 조용한 분위기 속에서 진행되었다.

15일 밤부터 16일, 17일, 18일까지 도조의 집에는 방문객이 줄을 이었다. 육해군 장교, 민간우익, 학생들은 격정을 토하듯이 도조에게 의견을 말했다. 어떤 장교는 "궁성을 중심으로 다시 한 번 싸우지 않으면 안 됩니다. 본토 방위 태세는 지금 막 정비되었습니다"라고 말했고, "결전 내각을 만들어 끝까지 싸웁시다"라고 말하는 관료도 있었다.

그러나 그들은 도조의 냉담한 대답을 듣고 돌아가야만 했다.

"대명을 받든 이상 폐하의 뜻에 따라 봉공하지 않으면 안 된다. 폐하를 떠난 일본은 힘이 없다. 그것이 일본인이라는 것이다. 지금은 마음을 새롭게 하여 국내의 일치단결을 모색할 때다."

혈기가 넘치는 군인에게는 다음과 같이 말하기도 했다. 설득력을 지녔는지 여부는 별도로 하더라도 확실히 순간적인 언어의 아름다움이 엿보이는 말이다.

"젊은 사람이 참기 어려운 현상을 보고 피가 끓는 것도 당연하다. 그 마음을 모르는 바 아니지만 대명을 받든 후에는 과거의 이런저런 사정을 떨쳐버리고 폐하의 뜻을 따르지 않으면 안 된다. 무장해제를 당한 무인武人의 심정은 충분히 알고도 남는다. 마음이 있고서야 칼도 있고 총도 있다. 설령 무장을 할 수 없더라도 마음의 무장은 영원히 잃지 말아야 한다. 자신의 마음속 무장은 결코 해제당하지 않을 것이다."

또 이렇듯 격정적인 목소리와는 별도로 도조를 탄핵하는 목소리가 거세지리라는 것을 그는 예상하고 있었다. 20일 전후부터는 도조의 집으로 자살을 권하거나 죽이겠다는 내용의 협박장이 날아들어 말 그대로 산더미처럼 쌓였다. 나중에 스가모구치소에 있을 때 그는 어떤 사람에게 이탈리아의 무솔리니처럼 린치를 당할까 두렵다고 고백했는데, 확실히 그런 분위기가 고조되고 있었다.

20일이 가까워지면서 헌병 열 몇 명이 도조의 집 주위를 호위했다. 표면적으로 그것은 불온한 계획을 가지고 찾아오는 군인을 내쫓기 위해서였지만, 실제로는 도조 자신에 대한 테러를 경계하기 위해서였을 것이다. 도조도 눈치를 챘는지 응접실에 틀어박힌 채 밖으로 나오려 하지 않았다. 그리고 갑자기 생각난 듯이 복도 아래 파놓은 방공호를 모래흙으로 메웠다. 미군이 일본에 오면 당연히 이 집에도 찾아올 터인데 그때 자택의 방공호가 발견되는 것은 굴욕적인 일이라고 생각했기 때문이다. 그로서는 태연자약하게 그들을 대응하고 싶었던 것이다.

그가 열중한 또 하나의 작업은 육군대학 시절부터 적어온 메모와 노트를 태워버리는 것이었다. 그 속에는 역사적인 자료가 될 만한 것이 많았고, 특히 육군상 겸 수상 재임 중에 작성한 집무 메모는 개인의 비망록이 아니라 일본의 역사를 이어가는 중요한 자료가 될 터였다. 그것도 모두 마당에서 불태웠다. 연기는 사흘 동안이나 피어올랐고, 40년 가까이 써온 그의 방대한 메모수첩은 허망하게도 재로 변했다. 도조의 눈을 피해 가족이 두세 권 빼낸 것이 남겨졌을 뿐인데, 이 책에서도 그 메모수첩을 참고자료로 삼았다.

메모수첩만이 아니라 교우록交友錄도 이때 소각되었다. "이쪽에서 먼저 나서서 만날 필요는 없다. 만나러 오는 자만이 진정한 벗이다"라고 도조는 가쓰에게 말하기도 했다. 두 가지 일을 끝낸 뒤 도조는 가족을 불러 모아 다음과 같이 자신의 심경을 털어놓았다.

"나는 개전 당시 수상이었기 때문에 상상도 할 수 없는 파도가 밀려올 것이다. 나는 충분히 대응할 수 있지만 가족에게는 피해를 주고 싶지 않다. 그리고 포츠담선언에서는 전쟁책임자 처벌을 주장하고 있다. 나는 그것도 감수할 것이다. 어쩌면 미국으로 끌려갈지도 모른다. 그것도 각오하고 있다. 그 때에는 당당하게 출두하여 의견을 말할 작정이다. 너희들도 도조의 딸로서 어려움이 있겠지만 앞을 향해 걸어가라……."

그리고 그는 다음과 같은 말을 몇 번이고 되풀이했다.

"도조 히데키의 공과 죄에 대해서는 백 년 후 역사가의 판단을 기다리겠다. 그 때에는 알아줄 것이다. 나는 그러리라고 믿는다……."

고노에 또한 가까운 사람들에게 이와 같은 말을 하고 있었다. 요컨대 일본의 지도자들이 의지할 수 있는 세계는 백 년 후라는 추상적인 세계에 지나지 않았던 것이다.

도조의 자살 미수

전후 첫 내각인 히가시쿠니노미야 내각 하에서 육군성은 종전 업무를 수행하는 행정조직으로 바뀌었는데, 그 구체적인 방향은 전혀 명확하지 않았다. 점령군이 어떤 태도를 취할 것인지를 알 수 없었기 때문이다.

8월 15일을 경계로 정치와 군사의 중추에 있던 인물들의 자결이 잇달았다. 예를 들어 도조 내각에서 문부상을 지낸 하시다 구니히코橋田邦彦(1882~1945)와 군사참의관 시노즈카 요시오篠塚義男(1884~1945) 등이 개전 책임을 지고 자결했다. 육군상 아나미 고레치카는 15일 이른 새벽에 자결했다. 장성급 군인의 자결은 십수 명에 이르렀다.

그리고 이런 일들이 보도될 때마다 도조의 자결도 당연하다는 분위기가 조성되었다. 외지에서 귀환한 좌관급 장교가 패전 책임을 지고 자결하라고 권유한 적도 있다. 그러나 도조는 "죽는 것보다 살아 있는 것이 낫다. 조금 더 생각할 시간을 달라"고 대답했다. 그 말대로 이 무렵 도조는 죽을 생각을 하지 않았다.

이전의 측근 가운데 처음으로 도조의 집을 찾아와 그를 보살핀 사람은 비서관이었던 히로하시 다다미쓰廣橋眞光(1902~1997)이다. 내무성 관리로 돌아가 있던 그는 도조의 상담 상대가 되었다. 도조 집안에 있던 도검刀劍이나 하사품의 은닉을 지시하고 가족의 피신에 대해서도 조언했다. 도조를 둘러싼 정세가 악화되고 있다는 것을 알고 있었기 때문이다.

히로하시는 〈비서관 일기〉에 이렇게 적었다.

"조칙을 받든 후 대장의 기분은 후련한 듯하다. 최후의 봉공을 다할 것이며, 적의 태도에 따라 어떻게든 진퇴를 결정할 것이라 했다. 국가를 위해 가능한 한 폐하의 성덕을 손상하지 않도록 어떤 상황에든 응할 결의를 확실히 다지고 있다. 이를 위해 집안 걱정을 없앨 생각으로 차남 이하를 분가시키기로 했다. 차남은 분가했으며 셋째 아들은 장녀의 양자로 들여보냈다. 셋째 딸과 넷째 딸만을 가족으로 두고 규슈에 있는 가쓰 부인의 고향으로 보내기로 했다. 도쿄에서는 가쓰 부인과 둘이서 적이 어떤 태도로 나올지 기다리게 되었다."

8월 27일 도조는 딸 넷을 규슈의 다가와에 있는 가쓰의 친정으로 보냈다. 도쿄의 집에는 헌병과 경관 그리고 가쓰와 시중드는 여성이 남았다. 홀가분해진 도조는 이를 계기로 가슴 속에 담아둔 이야기 일부를 털어놓았다. 그는 이 무렵 왕성하게 보도되고 있던 독일의 뉘른베르크재판을 의식하고 있었다. 일찍이 독일 정부의 요인이었던 사람이 연합군 검사가 그를 규탄하자 몸을 움츠리고 있다는 기사를 읽을 때마다 도조의 불안은 커져만 갔다. 이런 상황에서 그는 이따금씩 다음과 같은 말을 내뱉었다.

"전쟁책임자라고 말한다면 내가 모든 것을 떠맡아 국가를 위해 최후의 봉공을 할 것이다. 연합군은 전쟁범죄인이라고 말하는데 그런 말은 전혀 받아들일 수 없다.”

하지만 '국가를 위해 봉공한다'는 것은 구체적으로 어떤 것이었을까. 8월 말부터 9월 초까지 그 자신도 그것이 무엇인지 결정하지 못한 상태였다. 포츠담선언에 적혀 있는 대로 전쟁책임자 처벌이 자기 자신을 대상으로 하고 있다는 것은 의심하지 않았지만, 그것에 어떻게 응할 것인지는 충분히 알고 있지 못했다.

눈앞에는 그의 뜻에 따라 실행할 수 있는 '자결'이라는 방법이 있다. 육친으로부터도 그렇게 하라는 목소리가 높았다. 9월 초에 차남이 가족과 함께 찾아와 "함께 자결하자"고 강하게 요구한 적이 있다. 그때 도조는 다음과 같은 말로 차남을 진정시켰다.

"내 일은 내게 맡겨라. 너희들 젊은이는 이제부터 시작될 일본의 건설에 필요하다. 죽어서는 안 된다. 만약 그래도 어쩔 수 없다면…… 3년만 기다려라. 그동안에 생각이 바뀌지 않는다면 죽어도 좋다."

사실 '3년만 기다려라'라는 말에는 자결을 거부하겠다는 의미가 포함되어 있었다. 차남에 이어 셋째 아들도 찾아왔다. 육군사관학교에 다니고 있던 이 청년은 패전으로 삶의 버팀목을 잃고 종일 소리 내어 울었다. 때늦은 청년의 울음소리는 원통함으로 가득 차 있었다. "이제부터는 일본 건설을 위해 봉공할 것"이라며 도조는 이 청년을 위로했다. 둘째 아들과 셋째 아들의 망연자실한 마음 상태는 당시 일본의 평균적인 청년의 그것과 다르지 않았다. 도조는 그것을 필사적으로 달래는 것이 자기 역할이기라도 한 것처럼 위로하고 또 위로했다.

8월 30일 맥아더가 파이프 담배를 피우며 아쓰기비행장에 내렸고, 9월 2일에는 도쿄만에 정박 중인 미주리 호에서 항복조인식이 거행되었다. 항복문서 조인과 함께 연합군최고사령관에 의한 일본의 점령 및 관리가 개시되었고, 천황과 일본 정부의 권한은 이 문서에서 허용하는 범위 안에서만 기능할 수 있게 되었다. 최고사령관, 즉 맥아더가 간접적으로 통치하는 국가가 되었던 것이다.

도조는 연합군이 어떤 대응책을 취할 것인지 불안한 눈길로 지켜보았다. 적이 어떤 태도로 나올지를 더욱 구체적으로 생각하지 않으면 안 되었다. 하지만 도조가 생각하고 있는 '적의 태도'란 결국 일찍이 수상이었던 자에 대한 태도를 의미하는 것이었던 듯하다. 무례하고 오만하게 굴면 거기에 대항하겠다는 것이다. 그가 생각하고 있는 프라이드란 그런 것이었다. 그리고 거꾸로 매달린 무솔리니의 사체가 사진으로 보도된 것을 보고, "추악한 사체는 되고 싶지 않다"며 사후의 일을 염려하는 투로 말하기도 했다.

맥아더의 일본 통치가 보도되고 나서부터 도조의 집에는 분노한 서민들의 투서가 더욱 늘었다. "너 때문에 자식이 죽었다", "할복하여 국민에게 사죄하라", "빨리 자결하라."와 같은 투서의 문구를 보고 도조는 불안해했다. 특히 도조를 두렵게 한 것은 전쟁미망인이 쓴 "당신에게는 아들이 셋이나 있어도 전사한 사람이 하나도 없지 않느냐"는 글이었다. 장남은 만주국의 경관, 차남은 항공기 전문가였기 때문에 징병되지 않아서 그렇다 라고 도조는 힘없이 중얼거렸다.

전쟁 중에도 이런 소문이 있었다. 도조는 그것을 염려하여 병무국에 "장남을 징병하라"고 재촉했다고 한다. 장남은 도조에게 끝까지 반발했고, 종전 시에도 "지금까지 한 번도 아버지 덕을 본 적이 없다. 종전 후에는 도조의 자식이라는 이유로, 손자라는 이유로 괴롭힘을 당했다. 도대체 무슨 인연으로 도조의 자식 따위로 태어난 것일까"라며 푸념을 늘어놓았다고 한다. 그런 장남을 도조도 경원시했다. 장남의 내면에서 당시 일본인의 차가운 시선을 느꼈기 때문일까.

연합군은 요코하마에 임시청사를 두고 일본 통치를 위한 구체적인 정책을 실시했다. 그런데 일본 측 공사 스즈키 다다카쓰鈴木九萬(1895~1987)의 저서에 따르면 총사령부는 분명히 일본인이 생각하는 것 이상으로 전범 문제를 중시하고 있었다. 미국 국내의 여론을 잠재우기 위해서라도 그것은 필요한 사항이었다는 것이다. 총사령부가 9월 상순 전쟁책임자 수십 명을 체포할지도 모른다는 소문을 들은 스즈키는 이를 히가시쿠니노미야 내각의 시게미쓰 외무상에게 전했다. 시게미쓰는 총사령부에 점령 정책과 전범 체포 등은 일본 정부를 통해 수행했으면 한다고 요청했다.

시게미쓰 루트를 통해 이 정보는 도조에게도 전해졌다. 도조의 이름이 리스트의 맨 위에 놓일 듯한데 이 점 양해해달라는 것이었다. 올 것이 왔다고 생각한 도조는 이를 받아들였다. 그리고 새롭게 도조의 가슴 속에 갈등이 밀려왔다. 자신의 이름으로 포고한 〈전진훈〉의 일절 "포로가 되어 굴욕을 당하지 말고 깨끗하게 죽음을 선택하라"는 말에 그 자신이 구속되기 시작한 것이다.

9월 5일 무렵부터 10일까지 도조의 가슴 속은 요동치고 있었다. 〈전진훈〉대로 자결할 것인가, 아니면 전쟁책임자로서 깨끗하게 연합군의 재판을 받을 것인가. 그는 어떻게 해야 할지 결정을 내리지 못하고 있었다. 하지만 연합군이 자신을 형사범처럼 연행할 경우에는 저항하거나 자결을 하리라고 생각했다. 그것은 그 자신의 체면과 소심함이 낳은 결론이기도 했다. 일찍이 이시와라 간지石原莞爾, 오자키 유키오尾崎行雄, 나카노 세이고中野正剛, 그리고 중신들에게 오만한 태도를 취한 것도 그 체면과 소심함 때문이었는데 그는 지금도 그런 성격에 휘둘리고 있었다. 그는 이미 재판에서 천황에게 책임이 없다는 것을 진술할 수 있는 사람은 자신밖에 없다는 생각을 방기하고 있었다.

그는 몰래 유서를 썼다. 사람을 통해 도쿠토미 소호德富蘇峰에게 첨삭을 의뢰했고, 이렇게 작성한 유서를 책상 서랍에 보관했다. 유서는 〈영미인에게 고함〉(4백 자), 〈일본 동포 국민 제군〉(480자), 〈일본 청년 제군에게 고함〉(4백 자) 등 세 통으로, 여기에서 그는 전쟁 책임은 미국에 있으며, 일본은 신국神國이어서 불멸할 것이라고 주장했다. 평소 그의 생각이 응축되어 있었던 셈이다.

덧붙이자면 이 유서는 훗날 유나이티드 프레스United Press의 호프라이트 기자에 의해 1952년 『중앙공론』에 공표되었다. 법학자 가이노 미치타카戒能通孝(1908~1975)는 이 잡지에서 "그는 결과는 말하지 않은 채 '정리공도正理公道는 나에게 있다'고 역설할 뿐이며, 국민에게 명령하고 '청년 제군'에게 훈계하는 듯한 심경을 패전 후에 이르기까지 여전히 지니고 있었다. 바로 여기에서 도조식 무책임론의 내용을 충분히 아니 그 이상으로 찾아볼 수 있다"고 비판했다. 그것이 당시 일본인의 평균적인 생각이었다.

유서와 함께 도조는 또 하나 그에게 어울리는 일을 주도면밀하게 준비했다. 이웃집 의사를 찾아가 심장의 위치를 확인하고 그곳에 먹으로 동그라미를 그렸다. 그리고 목욕탕에 들어갈 때마다 동그라미를 다시 그렸다.

'도조가 자결을 각오한 것 같다.'

어떤 루트를 통해서인지 분명하지 않지만 이 소문은 육군성에까지 전해졌다. 물론 이 소문에는 도조 정도의 지위에 있었던 사람이라면 자결해야 마땅하다는 의미도 포함되어 있었다. 아니 환영하는 목소리마저 있었다. 그러나 육군성과 참모본부의 요직에 있는 자들은 이 소문을 불길한 것으로 받아들였다. 천황을 면책하기 위해서는 이 사람을 죽여서는 안 된다는 공통의 이해가 있었기 때문이다. 9월 10일, 시모무라 사다무下村定(1887~1968) 육군상이 관저 귀빈실로 도조를 불러 자결할 생각을 그만두라고 설득한 것도 이 때문이었다.

"군사재판에서는 전쟁 책임의 소재를 추궁할 것인데 그것에 대해 말할 수 있는 사람은 당신밖에 없습니다. 아니, 당신이 없으면 심리審理도 대단히 불리해질 것입니다."

도조의 대답은 애매했다. 시모무라에게는 도조가 태도를 결정하지 못하고 있는 것으로 비쳤다. 그래서 시모무라는 비장의 카드를 꺼냈다. 그것이 도조의 약점이라는 것을 알고 있었던 것이다.

"만일 폐하께 누를 끼쳐드리는 사태라도 발생한다면 그것이야말로 송구스럽기 짝이 없는 일이 아니겠습니까?"

말문이 막힌 도조는 잠시 생각에 빠져 있다가 대답했다.

"무슨 말인지 알겠네. 그러나 나에게는 또 한 가지 이유가 있지. 그건 바로 〈전진훈〉이야. 나는 포로가 되느니 깨끗하게 죽음을 선택하라고 말해왔네. 그것이 마음속에서 중요한 위치를 차지하고 있단 말이야."

하지만 시모무라는 어쨌든 자결을 해서는 안 된다고 역설했다. 천황을 위해 당신의 생명이 필요하다는 논지였는데, 이 말에 충족감을 느낀 도조는 "다시 생각해보겠다"고 대답하고 자택으로 돌아갔다.

이날 미국인 기자 두 명이 취재차 도조의 집을 찾아왔다. 그들은 육군성 자동차에서 내린 도조를 둘러쌌다. "패배한 장수가 무슨 할 말이 있겠습니까"라며 도조는 입을 다물었지만 그들은 집요하게 들러붙었다.

결국 마당에 의자를 갖다놓고 즉석 기자회견을 강요했다.

이 신문기자들은 2~3일 안에 총사령부가 전쟁책임자 체포에 착수할지도 모른다는 정보를 쥐고 있었다. 그리고 신문기자들 사이에서는 맥아더가 이 문제에 적극적이지 않다며 불만이 적지 않았는데, 이런 상황에서 이들은 일본 전쟁책임자의 맨얼굴을 세계에 알려 전쟁책임자를 추궁하게 하겠다는 의도도 갖고 있었다.

"개전 책임은 누구에게 있다고 생각하십니까?"

"여러분은 승리자입니다. 지금은 여러분이 그 책임자를 결정할 수가 있습니다. 하지만 지금부터 오백 년, 천 년이 지난 후 역사가는 다른 판정을 내릴지도 모릅니다."

"당신은 미국에서 천황 다음으로 잘 알려져 있는 사람입니다."

"좋은 의미에서 그렇습니까, 아니면 나쁜 의미에서 그렇습니까?"

가끔 기자들은 웃었고 도조도 웃었다. 이런 문답을 되풀이하는 동안 기자들은 '일본의 히틀러' '동양의 나폴레옹'이라고 생각하고 있던 선입관과 다른 인상을 받았던 듯하다. 그 인상을 "때로는 강철같이 차가운 표정으로, 때로는 마음속에서 우러나는 웃음으로 기분의 변화를 표현하면서 말했다"고 세계에 타전했다. 미국인 기자들도 도조에게 호감을 가진 듯한 뉘앙스를 기사 안에 담았다.

그러나 이것은 도조에게는 명예스러운 일이 아니었다. 개전 책임에 대해 질문을 받았으면 도조도 루스벨트처럼 자신이 믿고 있는 부동의 신념을 솔직하게 말하고, 그로서는 일본의 입장을 강조하지 않으면 안 될 터였다. 그의 서재 겸 응접실 책상 서랍 속에는 유서가 들어 있고 거기에는 전쟁 책임이 루스벨트에게 있다고 적혀 있었지만, 그런 얘기도 그의 입에서는 나오지 않았다. 계급장을 떼어버린 지금 그는 놀라울 정도로 소심하고 쇠약한 인간으로서 적국의 신문기자 앞에 선 채 꼼짝달싹 못하고 있었을 뿐이다.

다음날 11일, 여느 때처럼 오전 5시에 기상한 도조는 글을 쓰기도 하고 열심히 신문을 읽기도 했다. 어제 있었던 미국인 기자의 방문과 시모무라 육군상의 호출은 연합군이 취할 움직임의 전조처럼 생각되었고, 그 때문에 도조는 긴장하고 있었다.

오전 10시가 넘은 시각, 두 사람이 도조를 찾아왔다. 아카시바 야에조 赤柴八重藏(1892~1977)와 오노우치 히로시小野打寬였다. 아카시바는 본토 방위를 담당하고 있던 제53군 사령관으로 종전을 맞이했다. 오노우치는 핀란드공사관 주재 무관이었는데, 전쟁 말기에 귀임歸任하여 그 무렵 핀란드가 소련에 패퇴했을 때의 모습을 도조에게 들려준 적이 있었다. 마당에 의자를 내놓고 세 사람은 한참 동안 이런저런 잡담을 나누었다. 1977년 5월 아카시바는 이때의 모습을 다음과 같이 증언한다.

"고가 대위에 관한 이야기만 나누었을 뿐 전쟁에 대해서는 언급하지 않으려 했습니다. 그것이 이 무렵 우리들 사이의 예의였지요. 나 자신은 육사 간사여서 고가와는 사제관계이기도 했기 때문에 특히 도조와 많이 이야기를 주고받았습니다. 그런데 이날 도조의 표정에는 일찍이 육군대신 시절의 무서운 느낌이 사라지고, 깨달음의 경지에 들어선 듯한 온화함이 감돌고 있었습니다. 고가에 관해 이야기할 때에는 눈물을 보이기까지 하더군요. 정오가 가까운 시간에 우리들은 의자에서 일어섰습니다. 당시에는 식사 시간에 다른 사람의 집을 떠나는 것이 예의였으니까요."

도조는 문 앞까지 두 사람을 배웅했다. 그때 좁은 길에 주차해 있는 지프 세 대에 미국인 기자인 듯한 사람 몇 명이 타고 있는 것이 보였다. 배웅하는 사람이나 배웅을 받는 사람이나 그것이 무엇을 의미하는지 쉽게 알아챘다.

응접실로 돌아온 도조는 이 집에 살고 있는 세 사람을 불러 모았다. 가쓰와 하녀에게는 미리 얘기해둔 대로 친척집으로 가라고 명했고, 도조 자신은 호위병 하타케야마 시게토와 둘이서 이 집에 틀어박힐 준비를 하기 시작했다. 도조는 응접실로 들어갔고, 하타케야마는 집 안의 모든 자물쇠를 채운 채 안쪽 거실에서 사태의 변화를 기다렸다.

오후 1시가 지나자 지프가 잇달아 집 근처에 멈춰 섰다. 신문기자와 총을 어깨에 맨 헌병 30여 명이 도조의 집 주위를 배회했고, 어떤 자는 집 안으로 들어와 유리창 너머로 실내를 들여다보기도 했다.

'왜 아무 말도 하지 않는 것일까?'

도조는 고개를 갸웃거렸다. 그는 연합군이 체포하러 왔다고 생각했지만, 그보다 먼저 사살되어버리지나 않을까 두려워했다. 그러기 전에 자살하자고 마음을 굳힌 그는 절차를 밟았다. 먼저 응접실이 죽음의 장소로 어울리는지 최후 점검을 했다. 오랫동안 사용해온 책상과 의자와 서류꽂이. 소파 뒤에는 등신대에 가까운 초상화가 있고, 책상에는 그의 마음이 의지해온 대동아회의 사진이 펼쳐져 있었다. 그리고 응접 세트 테이블에 유언장을 두고 권총 두 자루와 단검 한 자루를 나란히 놓았다. 그런 다음 방 한쪽 구석에 대장 견장과 훈장 여섯 개가 달린 군복을 접어놓고, 그 옆에 군도 세 자루를 세웠다. 그것이 제국 군인의 최후를 지키는 무대장치였다.

미군은 오후 4시가 가까워지면서 행동을 개시했다. 고급장교용 지프 두 대가 현관 앞에 멈춰 서자 헌병 몇 명이 내렸다. 그들은 지금까지 감시를 하고 있던 병사들을 지휘하여 현관과 응접실 주변을 에워쌌다. 헌병대장 폴 크라우스 중령이 현관문을 두드렸다. 이와 동시에 저택을 에워싸고 있던 미국 병사들이 일제히 총을 조준했다. 그들도 총격전을 각오했던 것이다.

현관문 노크 소리를 듣고 도조는 사위 고가의 유품인 권총을 테이블 위에 놓았다. 그는 아마도 군복을 최후의 의상으로 입고 싶었을 것이다. 그는 반팔 셔츠에 카키색 승마바지 차림으로 응접실 창문을 열고 "체포 증명서를 가지고 있느냐"고 물었다. 그러자 헌병 한 명이 서류를 보여주었다. 도조는 "지금 현관문을 열겠다"고 말한 다음 창문을 닫고 열쇠를 채웠다. 군복으로 바꿔 입을 시간이 없었다. 나중에 도조가 스가모구치소에서 말한 바에 따르면, 이후 그는 소파에 앉아 왼손에 권총을 쥐고 동그라미 표시를 한 곳을 셔츠 사이로 확인한 다음 고가가 남긴 권총을 발사했다. 그러나 왼손잡이인데다 발사 순간에 권총이 위로 들리는 바람에 탄환은 심장을 빗겨갔다.

한 발의 총성은 미국 병사들을 놀라게 했다. 그들은 도조와 그의 호위병들이 절망적인 싸움을 걸어올 것이라고 생각했다. 즉각 응사에 나서 집 안으로 몇 발의 탄환을 쐈다. 그런데 안에서는 응사를 하지 않는다. 몇 사람이 현관을 무너뜨리고 들어가 권총을 손에 든 채 응접실 문을 부쉈다. 응접실 안에 들어선 헌병들은 흥분한 목소리로 영어를 내뱉었다.

이때 가쓰는 이웃집 마당에서 농사꾼 아낙네 차림으로 그 상황을 엿보고 있었다. 집 안에서 한 발의 총성이 울려 퍼졌고, 이에 대응해 헌병들이 마구 총을 쏘아댔다. 그 후 소란이 자택을 지배하고 있는 것을 알고 그녀는 각오를 다졌다. 군인다운 죽음을 맞이하기를……. 이렇게 합장했다. 남편이 그렇게 죽어갔을 것이라고 확신한 그녀는 마당을 빠져나왔다. 높은 곳에서 길을 따라 내려오니 여기저기에 지프가 서 있고, 대기하고 있던 헌병이 무전기에 매달려 있는 모습이 눈에 띄었다. 지프 안에 기관총이 어지럽게 쌓여 있었다. 만약의 경우에 대비해 미국 병사가 기관총으로 맞대응할 각오를 하고 있었던 것이라고 생각했다. 그것은 물론 남편을 향한 '대응'이었을 것이다. 그녀는 불쾌한 상념을 억누를 수가 없었다.

그러나 이때 가쓰에게는 남편을 따라 죽을 생각이 전혀 없었다. 그런 의미에서 도조 부부는 일본적인 정서와 거리를 둔 지점에 서 있었던 셈이다.

전쟁에 대해 모든 책임을 질 것

민주주의에 감탄하다

응접실로 뛰어든 몇 명의 헌병은 안락의자에 기대 머리를 떨어뜨린 채 거친 숨을 몰아쉬고 있는, 일찍이 적국의 수상이었던 사람을 보았다. 응접실 문과 대치라도 하듯이 그의 소파가 놓여 있었고, 전 수상은 아직 권총을 움켜쥐고서 침입자를 향해 금방이라도 방아쇠를 당길 것 같은 표정을 지었다. 대장 폴 크라우스 중령이 "쏘지 말라"고 외치자 그의 손에서 권총이 떨어졌다.

그 순간부터 이 응접실은 환자 한 사람이 놓인 수술실의 모습과 다르게 없었다. "의사를 불러!"라고 영어로 소리치는 자, 도조의 맥박을 짚어보는 자, 능숙하게 붕대를 꺼내는 자…….

이러한 일련의 광경을 목격한 일본인이 딱 한 사람 있다. 『아사히신문』 출판국 기자 하세가와 유키오長谷川幸雄가 바로 그 사람이다. 그가 이곳에 있었던 것은 정말 우연이었다. 외국인 기자의 부탁으로 도조의 집을 안내하러 왔다가 이 사건을 목격했던 것이다. 그는 크라우스 중령의 뒤를 따라 응접실로 숨어들었다. 기자 특유의 재빠른 눈길로 실내를 훑어보았다. 소박한 방이었다. 방 한쪽 구석에 일본도와 군도가 쓸쓸하게 놓여 있다. 이어서 그는 도조의 곁으로 가서 한때 권세가 하늘을 찌를 듯했던 남자의 표정을 찬찬히 살펴보았다.

창백한 피부에 얼굴은 땀에 젖어 있고, 물이 솟구치듯 가슴에서 피가 쏟아져 나와 바닥으로 떨어진다. 죽음이 임박한 것처럼 보인다. 도조의 손은 맥박을 짚어보려 하는 사람의 손을 몇 번이나 뿌리쳤다.

미국인 기자가 "도조가 뭔가 말하려 한다"며 하세가와의 팔꿈치를 찔렀다. 하세가와는 도조의 입에 귀를 대보았다.

하세가와 유키오는 그때의 상황을 이렇게 전한다. "작은 목소리여서 알아듣기가 어려웠지만 무슨 말인가를 자꾸 되풀이하더군요. 그것이 '한 방에 죽고 싶었다'는 말이라는 것을 알아채고 나도 복창하듯이 '한 방에 죽고 싶었다'고 소리쳤습니다. 그러자 그 역시 군인이었던 탓이겠지만 이 대답이 마음에 들었는지 띄엄띄엄 15분 정도 말을 이어나갔지요. 나는 신문기자로서 도조라는 군인을 좋아하지는 않았지만, 이 현장에 입회한 것이 묘한 인연이라는 것을 깨달았습니다."

하세가와는 이때 있었던 일의 전말을 『문예춘추』 1956년 8월호에 「도조 할복 목격기」라는 제목으로 발표했다. 이 글에 따르면 이때 도조가 한 말은 다음과 같았다. "한 방에 죽고 싶었다. 시간이 걸린 것이 유감이다. [……] 대동아전쟁은 정당한 싸움이었다. 국민과 대동아 민족에게는 정말로 안타까운 일이다", "법정에 선 전승자 앞에서 재판 받기를 바라지 않는다. 오히려 역사의 정당한 비판을 기다리겠다. 할복을 생각하긴 했지만 자칫하면 실수할 수가 있다", "천황폐하 만세. 몸은 비록 죽더라도 호국의 귀신이 되어 최후를 마치고 싶다."와 같은 내용이었다.

도조의 이 말은 하세가와의 특종으로 세계에 알려졌다. 그런데 책상 위에 놓인 유서를 압수한 총사령부는 "유언 내용은 재판을 거부하기 위해 자결한다는 것이었다"고 간단하게 발표했을 따름이다.

도조의 집 가까이에 있는 에바라병원在原病院의 의사가 응접실로 불려왔다. 이 의사는 "손을 쓰기에는 이미 늦었다"며 진료에 힘을 쏟지 않았다. 본인이 죽을 각오를 하고 있는 이상 그 생각을 존중하겠다는 심산이었다. 그러나 연합군은 "도조를 죽게 놔둬서는 안 된다"는 생각을 갖고 있었다. 보고를 받은 맥아더는 즉시 의사를 파견했고, 이 의사가 자신의 엄명을 철저히 이행하기를 바랐다. 맥아더는 도조를 도쿄재판의 주역에 앉히겠다는 생각을 하고 있었던 것이다.

당시 맥아더는 도조와 그 각료들을 포로학대 등의 죄를 적용하여 B급 전범으로 처리하고, 미국이 독자적으로 재판을 해야 한다고 본국에 집요하게 요청하고 있었다. 그런데 〈미국공립문서관문서〉에 따르면 미국 정부는 이 요청을 거부한다.

미국인 의사가 달려와 응급처치를 한 다음, 도조는 요코하마의 혼모쿠本牧에 있는 미 육군 가설병원으로 옮겨졌다. 소학교 강당을 개조한 병실에서는 의사와 간호사가 딱 달라붙어서 간병을 했고, 11일 심야에 이르러 여섯 번째 늑골과 일곱 번째 늑골 사이를 꿰뚫은 탄환이 심장에서 약간 벗어나는 바람에 치명상을 피할 수 있었다는 사실을 알았다. 도조가 유동식流動食을 거부하고 있다는 것이 알려졌으며, 미국인 병사의 피를 수혈 받아 회복기에 접어들었다는 것도 발표를 통해 알려졌다.

다음날부터 신문과 라디오에서는 도조의 자결 미수 소식을 냉담한 어조로 전했다. 여기에는 역시 이 무렵에 자살한 스기야마 겐 부부의 훌륭한 할복자살과 비교할 때 "무사로서의 마음가짐이 없다"거나 "연극일 것이다"라는 냉소, 무시, 조롱이 담겨 있었다. 도조의 주변에 있었던 자들은 도조가 평소에 "물러날 때와 죽을 때가 가장 중요하다"고 큰소리치는 것을 들어왔다. 그들은 도조가 말만 그럴싸하게 했을 뿐 실제로는 의지가 약해 철저하게 마무리하지 못한 것으로 받아들였고, 행동의 규범을 갖지 못한 인간에게서 공통적으로 볼 수 있는 실태失態로 간주했다. 기도 고이치는 도조의 자결 미수에 관해 자신의 일기에서 아무런 언급도 하지 않았고, 중의원 사무국장이었던 오키 미사오大木操는 『오키 일기』에서 "미수라니 이 무슨 일인가"라고 썼으며, 호소카와 모리사다細川護貞는 "일본의 체면을 구겼다. 이런 소심한 사람의 지도 아래 있었다니⋯⋯"하면서 힐책하기까지 했다. 맥아더의 책상에는 감정이 섞인 목소리로 "도조를 사형에 처하라"고 요구하는 편지가 산더미처럼 쌓였다.

가까운 친척의 집에 몸을 숨기고 있다가 이 소식을 들은 아내 가쓰는 주위에 있는 사람이 도조에게 단도를 건네 스스로 목숨을 끊게 하기를 원했다. 자결 미수는 그녀에게도 불만이었던 것이다. 훗날 그녀는 무사의 패기가 있다면 그렇게 해주기를 원했다고 말했다. 그런 불만을 품고 그녀는 규슈에 있는 친정으로 돌아갔다.

여기에서 한 가지 덧붙이기로 한다. 지금도 도조 히데키가 헌병이 쏜 총에 맞았다고 믿는 사람이 있다. 이유는 간단하다. 군인은 평소부터 자결 방법을 철저히 배워왔기 때문에 정말로 죽을 생각이었다면 관자놀이에 총을 쏴 즉사했을 것이라는 말이다. 도조 정도 되는 사람이 최후에 비열하게시리 자결 미수 따위를 저지를 리가 없다는 것이다. 하지만 결론적으로 말하자면 이런 사람들은 아직도 도조 히데키를 환상 속에서 바라

보고 있는 데 지나지 않는다. 도조는 확실히 스스로 목숨을 끊으려 했으나 실패했던 것이다.

도조의 자결 미수는 일본 정부를 경악시켰다. 정부에 통고도 하지 않고 갑자기 헌병이 체포하러 간다는 것은 곤란한 일이었기 때문에 시게미쓰 외무상은 총사령부와 교섭하여 앞으로는 일본 정부를 통해 신병을 구속하겠다는 약속을 받아냈다. 이때 연합군은 39명을 체포할 예정이었다.

전쟁책임자의 신병 구속이라는 측면에서도 도조의 자결은 새로운 국면 속에서 받아들여졌다. 무리수를 두어가면서 체포를 하다 보면 일본인은 자결로 그것에 답한다는 교훈을 얻었던 것이다.

도조의 병실을 처음으로 방문한 일본인은 외무성의 스즈키 다다카쓰였다. 그가 정부를 대표하여 병문안을 왔다고 알리자 도조는 "나는 더 이상 살고 싶은 생각이 없다. 제8군사령관 아이켈버거R. L. Eichelberger(1886~1961) 중장이 직접 병원에 와서 세심하게 보살펴주어 어떻게 감사를 드려야 할지 모르겠다"고 말했다. 그날부터 10월 7일 상처가 치유되어 오모리大森에 있는 수용소로 옮겨지기까지 스즈키는 몇 차례 도조를 방문했는데, 그는 도조의 언동이 점차 변화했다고 증언한다. 그가 두 번째 방문했을 때 도조는 "죽는 것은 그만두기로 했다. 법정에서 소신을 말하고 전쟁책임을 지고 싶다"고 말했고, 자신에 대한 일본 정부의 무관심한 태도에도 불만을 드러냈다. 그 대신 "미국 장교는 훌륭한 덕성을 갖추고 있다"거나 "우리 육군에서는 병문안을 온 사람이 아무도 없다"고 말하기도 했다.

이는 상황에 따라 쉽사리 생각을 바꿔버리는 도조 특유의 무정견 때문이었다. 사상이나 세계관이 없는 까닭에 그저 상황에 반응할 따름이었던 것이다.

오모리수용소로 옮겨가서도 그는 미국에 대한 소박한 공명共鳴을 피력했다. 이 수용소에는 이미 도조의 자결 시도 후 구속된 32명의 지도자들이 거주하고 있었다. 도조가 이곳으로 들어오고 나서도 얼마 동안 예전의 지도자들은 '최고권력자'에게 차가운 시선을 보냈고, 도조도 그들과 섞이려 하지 않았다. 도조보다 먼저 수용되어 있던 하시모토 긴고로는 자신의 시집에서 그러한 도조의 모습을 "도조 전 총리 아픈 몸을 이끌고 입소하다. 걷는 모습을 보며 비애를 느낀다"고 적었다.

이 수용소에는 점령 직후 총사령부의 명령을 거부했다는 이유로 잡힌 현역 관료와 군인도 징벌의 의미로 수용되어 있었다. 패전 당시 참모본부 총무과장이었던 사카키바라 가즈에 原主計 대좌도 그런 사람 중 하나였는데, 그가 지나파견군 시절에 아카마쓰의 친구였다는 것을 알고 도조는 오로지 그만을 대화상대로 삼았다.

이때 나눈 대화를 메모해두었던 사카키바라는 교묘하게 수용소에서 자신의 메모를 가지고 나왔는데, 여기에는 도조의 반성이 새겨져 있었다. 그는 통수권 독립은 결과적으로 잘못이었으며 이 때문에 군 내부에서 하극상의 풍조가 만연했다고 말하고, 그것이 육군의 횡포로 연결되었다고 자성한다. 나아가 그는 미국의 민주주의에 대하여 듣기에 민망한 의견을 피력한다.

"치료를 받는 동안 나를 옆에서 돌봐준 미국의 헌병은 참 훌륭했다. 사회의 움직임에도 상당한 견식을 갖추고 있었다. 교육 수준이 높았기 때문일 터인데, 국민에게 알려서 자각을 하게 한 다음 이들을 장악하면 힘이 된다. 미국식 민주주의의 힘은 바로 여기에 있었던 것이다."

이어서 일본도 이런 방향으로 개선할 필요가 있다는 말을 덧붙인다. 그리고 부연하기라도 하듯이 일미교섭에 대해서도 반성한다.

"일미 양국은 동아 안정의 기반을 확립하기 위해 마음을 열고 직접 교섭하여 화평을 길을 용감하게 모색해보아야 하지 않았을까."

지도자의 이러한 초보적인 자성의 목소리를 공표하기에는 당시로서는 파문이 너무나 컸다. 사카키바라가 도조의 양해를 얻어 가지고 나온 이 메모를 공표한 것은 실제로 29년이 지난 1974년이었다. 너무나도 소박한 도조의 자성은 개전 당시 수상의 말이라 하기에는 조심스럽지 못한 내용을 담고 있었기 때문이다. 관계자들이 두려워한 것처럼 이 정도의 인식도 없이 전쟁에 돌입했다면 그것은 상당히 중대한 문제로 받아들여질 수밖에 없었다.

오모리수용소는 전시에 포로수용소로 사용되었던 건물인데, 아이러니하게도 일본의 지도자들은 바로 이곳에 갇히는 몸이 되었다. 그러나 그들의 생활이 그렇게 부자유스럽지는 않아서 낮에는 철조망 안을 자유롭게 걸어 다니는 것이 허락되었다.

그때 과거의 지도자들은 여기저기에서 그룹을 만들어 일상적으로 이런저런 이야기를 나누었다. 도조는 이런 그룹에 끼지 않고 혼자서 책을 읽었다. 다른 수용자들도 도조에게 말을 걸려고 하지 않았다. 도조가 고립되어 있다는 것은 누가 보더라도 명확했던 것이다.

자유롭게 차입할 수 있었기 때문에 규슈에서 상경한 도조의 장녀가 친척집에 머물면서 수용소를 오가며 물건들을 들여보냈다. 신문과 잡지를 비롯하여 일용품, 의류, 그리고 가끔씩 도조가 좋아하는 토란조림 등이 들어왔다. 차입 물건을 나누면서부터 도조와 옛 군인들 사이의 교류가 조금씩 재개되었다. 정치가나 관료보다도 역시 군인과의 교우가 시작되었던 것이다. 하시모토 긴고로는 자신의 일기에 "차입 물건을 나에게 나누어주면서 도조는 자신을 위로하는 태도를 보였다"고 적었다.

10월과 11월 전쟁책임자들이 속속 이 수용소로 들어왔다. 12월 2일에는 각계 지도자 59명을 체포하라는 명령이 떨어졌고, 6일에는 기도 고이치와 고노에 후미마로를 비롯한 9명에게도 출두명령이 내렸다. 고노에는 출두 전날 밤 자살했는데, 일본의 지도자층은 총사령부가 궁중 그룹을 포함하여 천황 가까이까지 체포자를 늘려가는 것을 보고 깊은 충격에 빠졌다.

총사령부는 최종적으로 1천5백 명 이상을 체포할 태세였다. 그럴 경우 오모리수용소가 비좁아질 터이기 때문에 스가모에 있는 형무소를 개량하여 새로운 전범수용소로 사용하기로 하고 A급과 BC급 전범을 이곳에 수용할 것을 결정했다. 이송일은 12월 8일, 그러니까 일본이 진주만을 공격한 날로 잡혔다.

연합군총사령부는 이런 식으로 짓궂게 상대를 괴롭히는 일을 좋아했고, 특히 도조에게는 철저하게 모멸적인 태도를 취했다.

예를 들면 이러하다. 도조의 방은 44호실이었다. 지문을 채취한 시간은 오후 2시 20분. 4년 전 이날 워싱턴에서 주미대사 노무라와 구루스가 헐에게 최후통첩을 건넨 시간이었다. 도조는 이를 치료했는데 기공사는 그 틀니에다 'Remember Pearl Harbour'의 머리글자를 따 'RPH'라고 새겨 넣었다. 음식물을 씹을 때마다 'RPH'라는 글자가 위아래로 움직였다. 도조의 생명은 이 각인에 의해 보증된다는 야유를 담고 있었던 것이다. 물론 도조는 이 사실을 몰랐다.

연합군에 의해 개조된 스가모구치소는 난방설비를 갖추고 빛이 잘 들도록 유리창을 늘리는가 하면 형광등을 다는 등 환경이 정비되었다. 이 때문에 세간에서는 '스가모호텔'이라고 불리기도 했다. 그러나 수용자를 취급하는 방법은 가혹했다. 종종 이 구치소를 방문한 미국인 기자가 대우가 너무 좋다고 본국에 타전한 적도 있긴 하지만, 수용자를 취급하는 방법에서 친절과 동정은 사라졌다. 스가모구치소 운영을 담당하고 있던 미군은 다른 연합국을 배려한다는 측면에서도 이곳에서 발생할지도 모르는 불상사를 몹시 두려워했던 것이다. 말하자면 수용자들은 전쟁범죄자로 취급받게 되었던 셈이다.

차입 물품 검사는 더욱 엄중해졌다. 독극물이 섞여 있지 않은지 조사했고, 용변을 볼 때도 감시의 시선을 피하지 못했다. 도조의 방에는 60와 트짜리 알전구가 종일 켜져 있었고, 30분마다 헌병이 들어와 담요를 뒤집어쓰고 있는 도조를 쿡쿡 찌르며 반응을 확인했다. 가족이 보낸 편지는 사진으로 촬영한 후 전해주었다. 도조는 적국의 수상으로서 헌병들의 인기를 끌었는데, 그들은 기념품으로 간직하기 위해 이 악명 높은 지도자의 비품, 비누, 칫솔, 수건 등을 훔쳤다.

종종 소지품과 의복을 검사하면서 독극물을 지니고 있는지 조사했다. 그때마다 옛 지도자들은 젊은 헌병에게 쭈글쭈글한 맨몸뚱이를 드러내보여야만 했다. 또 수용자들에게 일기를 쓰는 것이 허락되었다. 그래서 도조는 그의 인생 대부분 동안 그랬던 것처럼 매일 밤 그날의 일을 적었다.

지금 내 옆에는 그의 자필 일기(1945년 12월부터 다음해 10월까지)가 놓여 있다. 그는 이 구치소에서 10개월 동안 메모를 적었는데 그 내용은 신변잡기에 지나지 않는다. 일기의 첫 페이지에 '자연'이라는 제목으로 네 가지 마음가짐이 적혀 있는데, 그것은 그 자신이 구치소에서 언동의 규범으로 삼을 것을 맹세한 내용이다. 그 내용은 8월 15일 이후 굴절을 겪어온 그의 심리가 가까스로 하나의 방향을 발견하고 그곳을 향하여 걸어가기 시작했다는 것을 말해준다. 도조는 '도조 히데키'로 돌아간 것이다.

"(1)전쟁에 대해 모든 책임을 질 것. 특히 성상 폐하께 책임이 돌아가지 않도록 모든 힘을 다하고 또 다른 관료들을 비롯한 여러 사람들의 책임을 경감할 수 있도록 적극적으로 노력할 것. (2)생사를 초월하여 일에 임할 것. 평소의 언동도 여기에서 시작하여 세상 사람들의 신뢰를 얻을 것. 죽음은 삶의 완성이라는 것을 잊지 말라. (3)구미인歐美人 앞에 당당한 태도를 취하고 조금이라도 퇴영적인 기분에 사로잡혀서는 안 된다. (4)재판이 동아 국민에 대한 구미인의 전횡, 동아 국민의 궁핍상, 이를 타파하기 위한 우리 제국이 보인 의로운 마음을 세계에 분명히 알릴 절호의 기회라는 것을 잊지 마라. 재판의 내용 따위는 물을 것이 못 된다."

도조 조서의 내막

스가모구치소로 옮기면서부터 도조는 또 사람을 접하지 않게 되었다. 식사 때 같은 동의 수용자들과 함께 그릇과 찻잔을 들고 일렬로 서서 수프나 빵을 배급받으면 그대로 혼자서 감방으로 돌아갔다. 오후 산보 시간에는 열을 지어 마당을 걸었지만 웬일인지 도조는 열에서 벗어나 혼자 걸었다. 도이하라 겐지와 시마다 시게타로嶋田繁太郎가 구령 소리를 내지르며 걷는 것과 대조적으로 도조는 아무 말 없이 걸어 다녔다.

운동이 끝나면 삼삼오오 무리를 지어 담소를 나눴지만 그는 거기에도 끼지 않았다. 그는 옛 동료들로부터 벗어나 담배를 피우면서 장녀가 차입해준 책 특히 나쓰메 소세키 저작집을 탐독했다. 그의 인생에서 문학 작품을 들여다본 것은 이것이 처음인데 그것도 문학을 좋아하는 장녀의 권유에 따른 것이었다.

비가 오는 날이면 수용자들은 오락실에서 카드나 트럼프, 장기를 즐겼다. 이 방에 도조가 얼굴을 내밀면 어색한 공기가 감돌기 일쑤였지만 이에 아랑곳하지 않고 도조는 대국 장면을 자못 심각한 표정으로 바라보곤 했다. 자신의 내각에서 서기관장을 지낸 호시노 나오키가 권유를 해도 함께 어울리려 하지 않았다. 그리고 밤이 오면 천성적인 꼼꼼함으로 그날 일어난 일들을 노트에 적었다. 그 노트에는 딸에 대한 절절한 그리움이 적혀 있었다. '도조 히데키'라는 고유명사가 증오의 대상인 시대에 둘째 딸, 셋째 딸, 넷째 딸이 고통을 겪고 있지는 않은지 염려했다. 딸들에게 보낸 편지에는 "역경 속에서도 행복을 느끼도록 하라"는 내용이 반드시 포함되어 있었다. 그의 일기에는 자작시도 몇 편 씌어 있다.

아버지도 없이 쓸쓸하게 지내는구나 내 자식들이여
　　어머니와 함께 다시 올 봄을 기다리고 있겠지

이 세상을 잠시 잠들었다 가는 곳이라 생각하지만
　　부모와 자식이 한 시대에 살고 있다는 것을 누가 모를까

딸에 대한 생각만이 아니라 아버지 히데노리도 그의 추억 속에 되살아났다.

아버지 돌아가신 지 몇 년이 지났는가
　　지하에 가면 당신을 만날 수 있겠지

돌아가신 아버지 생각에 방황하면서

어떠시냐고 물어도 아무런 대답이 없네

그의 일기장에는 신문에 보도된 기사에 대한 감상도 적혀 있다. 일기를 쓰면서 그의 감정이 정리된 경우도 있었다. 예를 들면 다음과 같다.

"12월 17일 월요일 맑음. (1)오늘에야 비로소 미군 아무개 하사관의 호의로 트렁크 하나를 전달받았다. 그 안에는 다행스럽게도 일본복과 양복 한 벌, 짧은 하카마(겉에 입는 주름 잡힌 일본식 하의), 구두, 덧양말 그리고 연초 약간, 희망했던 물건들이 거의 들어 있다. 어쩐지 가족의 정성이 깃들어 있는 듯하다. 이것만 있으면 이곳 생활도 대체로 부자유스럽지는 않을 것이다. (2)오늘부터 외부와 소식을 주고받는 것, 신문과 잡지를 입수하는 것이 금지되었다. 가족의 소식을 알 수 없어 곤란하긴 하지만 어쩔 도리가 없다. 단, 가족에게 소식을 전하는 것은 종래와 같이 허용된다고 한다. (3)고노에 공이 어젯밤에 스스로 목숨을 끊었다는 얘기를 들었다. 나로서는 그의 심중을 이해할 수 있을 뿐만 아니라 온전히 죽은 것이 부럽기만 하다."

또 18일자 일기에는 이렇게 씌어 있다.

"오늘부터 취사, 분배, 청소 등 가벼운 노무勞務를 부여받았다. 나는 오늘 첫 번째로 조식 분배를 담당했다. 인원에 따라 적당하게 과부족 없이 나눠주는 것이 제일의 기술이다. 커피를 분배할 때 처음에는 눈대중으로 나눠주었는데 마지막에는 남기고 말았다."

이처럼 일기는 그 자신의 전쟁책임론에서 커피 분배에 이르기까지 치밀한 성격을 보여주는 기술로 가득 차 있다. 여기에는 모든 것을 평면적으로 바라보는 도조의 성격이 집약되어 있다.

스가모구치소로 옮기고 나서 얼마 지나지 않아 극동 군사재판소 검사국 소속 검사들은 이곳에 있는 방에서 수용자들을 취조하기 시작했다. 그들은 복잡한 일본의 정치형태에 대한 연구와 심문을 병행했는데, 도조를 심문한 사람은 아일랜드 출신 존 피헤리John W Feehery였다.

9개국조약
1922년 2월 6일 미국·벨기에·영국·프랑스·중국·이탈리아·일본·네덜란드·포르투갈 등 9국 사이에서 워싱턴 회의의 일환으로 조인된 조약. 중국의 주권, 독립, 영토적·행정적 안전 존중, 중국에서의 상공업상의 기회균등, 세력범위 설정의 금지 등을 약조하였다.

12월 21일 피헤리는 도조를 처음으로 심문했다. 이때 그는 "당신은 회상록을 쓰고 있느냐?"고 물었고, 도조는 "그럴 생각은 없다"고 대답했다. 검사국에서는 도조에게 회상록을 쓰게 하고 그것을 재판 자료로 이용할 생각을 하고 있었던 것이다.

검사국은 대일이사국對日理事國 11개국에서 온 38명의 검사로 구성되어 있었다. 수석검사는 미국의 키난이었다. 그는 12월부터 유라쿠초有樂町 일각에 있는 빌딩에 국제검사국을 설치하고 활동을 시작했다. 하지만 키난은 일본의 정치형태를 잘 이해하지 못했다. 그래서 일본 측에서 정치의 중추에 있었던 자를 그들 쪽으로 끌어들일 필요성을 느끼기 시작했다.

1월 14일부터 수용자들에 대한 본격적이고 집요한 심문이 시작되었다. 이날 도조의 일기에는 '취조 개시'라고 적혀 있고, 그 내용을 "팔굉일우와 침략, 만주사변과 지나사변의 발단, 9개국조약˚ 및 부전조약不戰條約˚과의 관계, 다나카 대장의 상주" 등으로 나누어 설명하고 있다. 심문 내용이 쇼와 초기(1920년대 중반)부터 시작되었던 것이다. 세상에서는 새로운 시대가 약동하고 있을 때 심문실에서는 일본의 침략의 역사를 점검하고 있었다.

부전조약

켈로그–브리앙 조약이라고도 한다. 1928년 8월 27일 미국의 국방장관 프랑크 켈로그 (Frank Billings Kellogg)와 프랑스 외무부 장관 아리스티드 브리앙 (Aristide Briand)의 발기에 의하여 파리에서 15개국이 체결한 전쟁 규탄 조약으로서, 서문과 전문 3장으로 이루어져 있다.

이해 1월 1일 천황은 신격부정선언神格否定宣言을 발표했다. 1월 4일 연합군총사령부GHQ는 관공직에서 군국주의자 추방을 명확히 하고, 국가주의적 경향이 있는 27개 단체에 해산을 명했다. 그러나 해를 넘기면서 당분간 신문을 보는 것이 금지되었기 때문에 도조는 이런 움직임을 알지 못한 채 "천수天壽! 만세도록 국가의 안녕을 기원한다"며 이해를 맞이하고 있었다.

취조가 시작된 날 그가 무엇을 느꼈는지는 적혀 있지 않다. 하지만 피헤리의 질문 순서를 따라가 보면 그가 가장 중시한 것이 '다나카 대장의 상주'였다는 점을 알 수 있다.

이것은 보통 '다나카 비망록'이라 불리는 것으로, 1928년 9월 교토에서 범태평양회의가 열렸을 때 중국 대표가 당시의 수상 다나카 기이치田中義一가 천황에게 상주한 글이라면서 토의할 것을 요구한 자료이다. 이 비망록의 내용은 유럽에서 귀국한 다나카가 일본은 만주를 세력 아래 두어야 하며 나아가 몽골을 손 안에 넣은 다음 시베리아로 진출해야 한다고 말했다는 것이다. 그러나 이때 중국 측이 제시한 이 자료가 가짜라는 것을 알고 당시의 외무차관 아리타 하치로有田八郎 등이 중국 측을 설득하여 회의에 가지고 나오는 것을 막았지만, 중국 측은 이미 이 문서를 영문으로 번역하여 영국과 미국 등에 배포를 끝낸 상태였다. 그 때문에 이 문서는 그 후에도 일본을 비판할 때마다 심심찮게 이용되곤 했다.

그리고 지금 또 다시 검사국에서는 이 비망록에 관심을 보였고, 일본이 이미 쇼와 시대에 접어들면서부터 중국에 대한 무력진출을 기도하고 있었다는 예증으로서 이것을 제시했다.

이 질문에 도조는 어떻게 대답했을까. 그의 일기에는 답변 내용이 적히지 않았다.

　피헤리의 도조 심문은 일본인 2세인 통역관을 사이에 두고 진행되었는데, 예를 들어 다음과 같은 문답이 오갔다.

　"당신이 수상, 육군상이 되기 이전의 역대 내각의 정책에 대해 당시의 수상으로서 이것을 시인하는가 아니면 부인하는가?"

　"제국의 제도에 따라 이전 내각의 정책에 관해서는 그 책임자가 따로 있을 것이다. 나로서는 시인할 수도 있고 시인하지 않을 수도 있다."

　"태평양전쟁은 부전조약을 위반한 것이 아닌가. 만주사변과 지나사변도 그렇다. 이것을 사변이라고 칭하는 것은 일본 정부에 부전조약의 구속을 받지 않으려는 의도가 있었기 때문이 아닌가?"

　"그렇지 않다. 대동아전쟁의 원인은 영미 측의 도전으로 제국의 생존이 위협당한 데 있다. 따라서 당연한 자위권 발동이다. 조금도 조약의 구속을 받을 일이 아니다. 만주사변과 지나사변은 지나 측의 부정행위 때문에 발발한 것이며, 이 역시 자위행위自衛行爲인 까닭에 구속을 받을 이유가 없다."

　2월에 진행된 10회 가까운 심문에서 피헤리가 심혈을 기울여 물은 것은 '다나카 비망록' 다음으로 진주만 공격에 대해서이다. 여기에는 일본의 기습공격 책임을 도조에게 떠안기려는 노골적인 의도가 있었다. 진주만 공격에 관한 심문에서는 다음과 같은 문답이 오갔다.

　"최후통첩 교부가 지연된 것을 명확히 알고 있었는가?"

　"당시에는 정확하게 교부된 것으로 생각하고 있었다. 그런데 종전 후 그렇지 않았다는 것을 최근 신문을 보고 처음 알았다. 그러나 내가 책임을 지지 않겠다는 것이 아니다. 그 책임을 충분히 질 생각이다."

　"노무라 대사로부터 늦어졌다는 것을 전혀 듣지 못했는가?"

"처음에는 확실히 정해진 대로 건넸다고 생각했다. 그런데 외무성과 해군 쪽의 이야기를 듣고 꼭 그렇지는 않은 듯하다고 생각했다. 하지만 노무라 대사 일행이 교환선交換船을 타고 돌아왔고, 그들의 보고를 받았을 때에는 역시 확실하게 전했다고 생각했다. 그런데 종전 후 정부의 신문 발표를 보고 시간상 늦었다는 것을 알았다."

피헤리는 불만스런 표정으로 도조의 답변을 들었다. 만약 도조의 말이 사실이라면 도조에 관한 정보회로는 아주 애매해지고 만다. 도조가 그 정도로 허약한 입장에 있었단 말인가. 피헤리는 고개를 갸웃거렸다. 두 사람의 생각 차이가 뒤얽히면서 진행된 심문은 어전회의의 모습, 제2차 및 제3차 고노에 내각에서 도조와 고노에의 의견대립으로 이어졌고, 질문은 서서히 본질에 관한 부분으로 접어들었다.

3월 5일에는 다음과 같은 문답이 오갔다.

"천황은 평소 폭력을 사용하거나 자기의 의견을 다른 사람에게 강요하지 않겠다고 말했다는데, 그 점에 대한 당신의 생각은 어떤가?"

"평화애호에 관한 폐하의 뜻이 강하다는 것, 일을 수행할 때 협조와 중용을 존중한다는 것은 잘 알고 있었다."

"그렇다면 대동아 건설에 폭력을 사용했다는 것은 천황의 뜻에 어긋나는 것이 아닌가?"

"우리는 폐하의 평화애호 정신을 잘 이해하고 이를 중심으로 하여 정치에 임해야 한다고 생각했다. 전쟁은 영국과 미국이 제국의 생명을 위협했기 때문에 발발한 것이다. 본래는 폭력으로 대동아 건설을 수행할 생각이 없었다. 그러나 전쟁 개시 후에는 전쟁에서 이기는 것을 목표로 삼았다. 그것이 동아에서 영미를 축출하여 동아의 민족을 행복하게 하는 일이라고 생각했기 때문이다."

이 심문 내용은 모두 '도조 메모'에서 인용한 것이다. 거기에 포함되어 있는 도조의 생각이나 의도를 에누리해서 듣는다 해도, 그의 대답에는 일관된 점이 있었다.

도조는 12월 8일자 일기에 쓴 '자계自戒'를 지켰다. 그는 천황의 권한을 묻는 질문이 나오면 완강하게 모든 것을 자신의 책임으로 돌렸다. 그의 마음은 이미 체념한 상태였으며, 종교서를 읽으면서부터 머릿속에 '다른 세계'를 구축하기 시작했다. 그리고 천황에게 책임을 지우지 않도록 대답하는 것 그 자체에 새삼 도취되었고, 그것을 '다른 세계'와 현실을 연결하는 가교로 삼았다.

2월 중순부터 다시 신문 차입이 허용되었는데, 그 후에 쓴 3월 23일자 일기를 보면 그의 마음이 때때로 흔들리고 있었다는 것을 알 수 있다.

"혼마 마사하루本間雅晴 중장의 사형 확정. 맥아더 사령관이 집행 명령을 내렸다고 한다. 혼마 중장을 생각하면 애석한 마음을 금할 수 없다. 나쓰메 소세키의 다음과 같은 하이쿠를 생각하다. '바람에게 물어보라 어느 나뭇잎이 먼저 떨어지는지를.'"

3월 중순 피헤리의 질문은 대동아성 설치, 대동아공영권 건설, 인도 독립 지원 등에 집중되었다. 이와 함께 다른 수용자의 발언 중에서 도조와 관련된 부분에 대해 그 자신의 감상이 어떤지를 묻기도 했다. "다른 수용자들의 증언에 따르면 당신은 각료회의에서 무력에 호소해서라도 정책을 실행해야 한다고 강경하게 주장했다는데, 사실인가?"라는 질문에는 뭐라 대답했을까. 이에 대해 도조는 아무것도 적어놓지 않았다. 그런데 이 질문이 있었던 날 그는 의무실에서 약을 가져다 먹었다. 옛 각료들의 배신에 상당한 충격을 받았기 때문일 것이다.

3월 하순부터는 국무와 통수에 관한 심문으로 접어들었다. 통수권 독립을 어떻게 정의할 것인지를 둘러싸고 두 사람은 설전을 벌였다. 끝으로 피혜리는 동정의 뜻을 담아 이렇게 물었다.

"그렇다면 이른바 통수권 독립이라는 것은 국정 운용상 장해障害가 되리라는 것을 총리가 되기 전에는 생각해본 적이 없는가?"

"첫째, 총리가 된 후 국정 전반에 관한 책임을 지게 되면서부터 통감했다. 둘째, 나는 원래 정치가가 아니라 군인이기 때문에 군인의 입장에서 통수권의 독립이 필요한 것으로 생각해왔다. 이 생각은 지금도 변함이 없다. 다만 그 조정에 관해서는 곤란을 느끼게 되었고, 깊이 반성해야 할 점이 있다는 것을 알았다."

이렇게 대답했을 때 도조의 마음에는 대일본제국 헌법이 지닌 최대의 결함인 '통수권 독립'에 대한 초조감이 자리 잡고 있었을 것이다. 스가모 구치소에서 도조가 한 발언을 보면 이 부분이 자주 되풀이되고 있기 때문이다.

그 후 피혜리는 삼국동맹과 국가총동원체제에 대해 물었고, 4월 들어서는 포로 학대와 관련해 심문했다. 중일전쟁부터 시작된 포로 학대와 학살 증거를 잇달아 제시하면서 그 책임이 누구에게 있느냐고 다그쳤다. 도조는 머리를 감싸 쥐고 생각에 잠길 뿐 아무런 대답도 하지 않았다. 〈군인칙유軍人勅諭〉나 〈전진훈戰陣訓〉의 정신은 그런 행위를 용인하지 않았다는 말만 몇 번씩 중얼거렸을 뿐이다.

피혜리도 도조가 곤혹스러워하는 모습을 보고 포로 학대 사실을 몰랐을 것이라고 생각했다. 바로 그 무렵 신문은 "흐리멍덩한 상태의 도조가 중요한 기억을 상실"했다고 대서특필했다. 피혜리는 이 뉴스가 검사국에서 나온 것이 아니라 외무성에서 흘렸을 가능성이 있다고 말하면서 도조를 위로했다. 피혜리는 또 관민 가릴 것 없이 당시 일본 사회에서 도조에 대한 증오가 확산되고 있다는 점을 단편적으로 말하곤 했는데, 여기에는 구치소에 있는 것이 오히려 도조 자신의 신변 안전에 유리하다는 뉘앙스가 포함되어 있었다. 물론 도조는 이 뉘앙스를 이해하지 못했다. 그에게는 국민이 자신을 어떻게 생각하는지는 그다지 중요하지 않았다. 오로지 자신의 심리 속에 갇혀 있었을 따름이다.

만약 구치소가 아니라 자택에 있었다면 도조는 살해되었을 가능성이 높다. 실제로 1946년 봄 도조에 대한 증오는 정점에 도달해 있었다. 라디오 프로그램 〈진상은 이렇다〉는 그때까지 감춰져 있던 전쟁 전과 전시하의 사실을 반은 과장되게 전하면서, 군인이 악인이며 그 정점에 도조가 있다는 식으로 방송했다. 도조 역할을 맡은 성우에게는 협박장이 다발로 날아들었고, 그 때문에 자주 배역을 바꿔야만 했다.

인민재판을 모방한 전범규탄대회가 히비야에서 열렸고, 이 자리에서는 과거 지도자들의 이름이 하나씩 호명되었다. 물론 도조와 그의 아내 가쓰의 이름은 맨 앞에 있었다.

사람들이 다마카와요가에 있는 도조의 집을 찾아와 위협하는 일이 끊이지 않았다. 도조의 자결 미수 후 얼마 동안 이 집은 무인지경이었다. 기다렸다는 듯이 빈집털이가 들어와 비품들을 쓸어갔다. 어떤 대학생은 거리에서 '도조의 집 견학 코스'를 안내하겠다고 미군 병사를 유혹했다. 그리고 이곳으로 데리고 와서는 관광요금을 가로챘다. 관광단이 돌아갈 때마다 이 집의 가구와 세간이 사라졌다. 적국의 수상이 사용하던 물건을 기념품으로 가지고 간 것이다. 게다가 분풀이를 할 목적으로 이 집에 침입한 자는 세간을 부수는 것으로 분풀이를 대신했다.

3월 들어 가쓰와 셋째 아들이 도쿄로 돌아왔지만 이 집은 이미 사람이 살 곳이 아니었다. 옛 부하들이 교대로 이 집에 숙박하면서 불의의 틈입

자들을 상대해야 했다. 부하 가운데 핵심적인 인물은 중국전선에서 돌아온 아카마쓰 사다오였다. 도이土井로 이름을 바꾼 그는 도조를 지지할 사람을 찾으러 다녔다. 그의 도조 지원 요청에 응답한 사람은 대의사 쓰쿠모 구니토시津雲國利, 시즈오카신문사 사장 오이시 고노스케大石光之助 (1896~1971), 우익활동가 미우라 기이치三浦義一(1898~1971) 등이었는데, 그들은 다만 경제적 지원을 제안했을 따름이다. 도조는 장녀로부터 이와 같은 경과에 대해 전해 듣고서도 무관심했다. 그는 오로지 가족의 안녕을 바라면서 걱정을 털어놓을 뿐이었다.

4월 상순, 51회에 이르는 피헤리의 심문이 끝났다. 그 후 22일 대소전의 작전과 방침 그리고 삼국동맹에 관한 소련 검사의 질문을 마지막으로 모든 심문은 끝이 났다. 이날 도조는 장녀의 부탁을 받고 휘호를 했는데, 자신의 심중을 내보이기라도 하듯이 '칙천무사則天無私'라고만 적었다. 나쓰메 소세키의 '칙천무사'를 흉내 낸 것이다.

"하늘을 본받고 나를 버린다. 이것이 나의 심경이다."

휘호를 한 후 그는 장녀에게 이렇게 말했다. 이 말에는 세간에 퍼져 있는 자신에 대한 악감정을 염두에 두지 않겠다는 심정이 담겨 있었다. 그는 조금씩 자신의 역할을 이해하고 있었던 것이다.

피고로서의 도조

패전 후 처음 맞이하는 천황의 생일날, 수용자들은 큰 방에 모여 궁성을 향해 경례하고 '기미가요'를 제창한 후 성수만세聖壽萬歲를 삼창했다. 천황이 인간선언을 발표하면서 그들이 지탱하고 있던 신격화는 부정되었다. 그러나 수용소 안에서는 그런 것이 금기시되었다.

이날 저녁식사를 마친 후, 이곳에 수용된 28명에게 한 방에 모이라는 명령이 내려왔다. 28명의 명단은 다음과 같다.

[육군 군인] 아라키 사다오荒木貞夫, 도이하라 겐지土肥原賢二, 하시모토 긴고로橋本欣五郎, 하타 슌로쿠畑俊六, 이타가키 세이시로板垣征四郎, 기무라 헤이타로木村兵太郎, 고이소 구니아키小磯國昭, 마쓰이 이와네松井石根, 미나미 지로南次郎, 무토 아키라武藤章, 오시마 히로시大島浩, 사토 겐료佐藤賢了, 스즈키 데이이치鈴木貞一, 도조 히데키東條英機, 우메즈 요시지로梅津美治郎 [해군 군인] 나가노 오사미永野修身, 오카 다카즈미岡敬純, 시마다 시게타로嶋田繁太郎 [외교관] 히로타 고키廣田弘毅, 시게미쓰 마모루重光葵, 시라토리 도시오白鳥敏夫, 도고 시게노리東鄕茂德 [관료] 호시노 나오키星野直樹, 가야 오키노리賀屋興宣, 마쓰오카 요스케松岡洋右 [내대신] 기도 고이치木戸幸一 [중신] 히라누마 기이치로平沼騏一郎 [민간우익] 오카와 슈메이大川周明

그들이 지금 군복이나 신사복 대신 몸에 걸치고 있는 것은 지저분한 수인복囚人服이었다. 한 방에 모인 그들은 서로 몇 개월 만에 대면한다는 것을 알았지만 처음에는 각자의 수인복을 보고 표정이 굳어졌다. 하지만 얼마 지나지 않아 도조에게 무토와 사토가 반갑게 말을 걸어왔다. 그러나 그들은 곧 헌병에게 제지당했고 명령에 따라 정렬해야만 했다. 그리고 장교의 다음과 같은 말을 들어야 했다.

"극동국제군사재판소 검사국은 금번 귀하들을 A급 전쟁범죄인으로 기소하기로 결정했으며, 이제 명령에 따라 각자에게 기소장을 수교手交한다."

한 명씩 일본어와 영어로 작성된 두툼한 기소장을 건네받았다. 그중에는 학생이 졸업증서를 받을 때처럼 반듯한 자세로 고개를 숙이는 자도 있었다.

"본 기소장에서 언급하는 기간(1928년부터 1945년까지 18년간)에 일본의

소인
형사 소송에서, 하나의
공소장으로 여러 개의
범죄를 기소할 때 각각
의 범죄 사실을 기재하
는 각 항목.

대내정책과 대외정책은 범죄적 군벌에 의해 지배되었
고 또 지도되었다"는 구절로 시작되는 기소장에서는
28명의 피고를 군벌 그 자체이거나 군벌의 공동모의
에 가담한 자로 단정했다. 그리고 여기에는 총 50개
항목의 소인訴因* 중 각 피고의 책임에 따라 30개 항목
에서 40개 항목을 근거로 기소한다고 적혀 있었다.

도조의 경우 50개 항목이 모두 적용되었다. 하지만 장구평 사건(소인
25), 노몬한 사변(소인 35), 난징 사건(소인 45), 광둥 공격(소인 46), 한커우
공격(소인 47) 등 5개 항목에 대해서는 책임을 묻지 않았다. 결국 1937년,
1938년에 소련 및 중국과 벌인 전투를 제외하고 모든 소인이 그와 관련
된다는 말이다.

독방으로 돌아와 기소장을 읽은 도조는 '검사 측의 의도가 노골적이
며, 기소장은 반론의 여지가 많다'고 생각했다. 다분히 검사 측에서는 국
무와 통수를 충분히 이해하지 못했음에 틀림없다. 무토 아키라나 사토
겐료 같은 사람이 이곳에 와 있다면, 개전 당시 참모본부 차장 다나베 모
리타케田邊盛武나 작전부장 다나카 신이치田中新一도 당연히 스가모구치소
에 있어야 한다. 그리고 일본 육군의 내부 사정을 조금이라고 안다면 육
군차관 기무라 헤이타로가 정책 결정에 전혀 관여하지 못했으리라는 것
을 간파했을 터이다.

도조뿐만 아니라 기소장을 읽은 사람 모두가 이런 의심을 품었을 것이
다.

기소장에서 통수 부문 책임자들이 책임을 면한 것은 틀림없이 대통령
아래 모든 권한이 집중되어 있는 미국의 정치형태를 그대로 일본에 적용
했기 때문이다. 게다가 중견막료가 기소된 이면에는 개전 당시 육군성

병무국장이었던 다나카 류키치를 협력자로 포섭하는 데 성공한 키난 검사의 작전이 있었다.

다나카는 개인적인 원한 때문에 기소명부 작성에 손을 빌려주었다. 그는 이미 이때부터 군벌을 비판한다는 명목으로 자신이 구술한 것을 신문기자가 필기한 저작을 잇달아 간행하여 육군의 내부고발자로서 인기를 모으고 있었다.

키난이 다나카를 주목한 이유는 1942년 9월 도조와 충돌하여 예비역이 되었다는 것, 무토에게 개인적인 반감을 갖고 있다는 것 두 가지 때문이었다. 반은 협박으로 다나카를 검찰 측 증인으로 만들어낸 키난은 다나카를 포함하여 일본인 지도자의 무절조無節操와 무정견無定見에 기가 질려 있었다. 그들은 모든 것을 의심하고 두려워하는 자가 되어 서로 책임을 떠넘기기에 급급했다. 키난은 다나카를 이용하면서도 그에게 마음을 터놓지 않았는데, 훗날 술회하고 있듯이 두 명의 피고만은 높이 평가했다.

"히로타와 도조, 이 두 사람은 쓸데없이 변명하지 않는다. 다시 말해 죽음을 각오하고 있는 것이다. 더욱이 질문을 하지 않는 한 결코 대답하려 하지 않는다."

이런 두 사람을 기소장대로 재판할 것인가. 키난은 이 점이 조금 불안했다.

도쿄재판이 이치가야에 있는 옛 육군성 건물에서 시작된 것은 1946년 5월 3일부터이다. 법정에는 50개국에서 온 신문기자, 카메라맨이 몰려들었다. 세계가 주시하는 법정이었다. 법정 정면에 판사단석, 오른쪽에 검사단석, 왼쪽에 변호인석. 판사단석을 마주보고 피고인석. 그것을 둘러싸기라도 하듯 귀빈석과 기자석이 있고, 2층에는 방청석이 마련되어 있었다. 어두운 강당에는 샹들리에가 가설되었고, 바닥에는 양탄자가 깔려 있었다. 말하자면 연극 무대에서 볼 수 있는 장치로 가득 차 있었다.

28명의 피고가 법정에 들어선 것은 오전 11시 15분이었다. 그들은 너무 밝은 조명 때문에 눈을 껌벅거리며 천천히 지정된 자리에 앉았다. 카메라맨의 플래시는 도조를 겨냥하고 있었다. 앞줄 가운데 앉은 도조의 오른쪽 옆에는 미나미 지로, 왼쪽 옆에는 오카 다카즈미, 뒤쪽에는 오카와 슈메이가 앉았는데, 그들은 도조를 향한 플래시가 눈부신지 시선을 떨어뜨리고 있었다. 이날 도조는 누구보다 돋보이는 스타였다. 지난 해 9월의 자살 미수 이후 공식적으로는 처음으로 모습을 보였던 것이다. 도쿄방송국OAK의 라디오 프로그램 〈진상은 이렇다〉에서는 "도조 대장은 위장 자살을 시도한 것입니까"라는 국민의 질문에 "대장은 정말로 죽을 작정이었습니다. 하지만 그것이 잘되지 않았던 데 불과합니다"라고 조소 섞인 대답을 내놓았다. 그 조소가 지금 도조의 모습을 쏘아보고 있는 것이다.

시게미쓰 마모루는 『스가모 일기』에서 조금은 빈정거리는 말투로 이렇게 말한다. "도조 대장은 언제나 인기를 몰고 다니는 사람이어서 출발 전에 이미 사진반의 표적이 되었다. 버스가 육군성 건물에 도착하자마자 미국과 일본의 사진기자들의 맹폭격을 받았다."

피고가 착석하자 윌리엄 웹William Webb 재판장이 개정을 선언했다. 그후 키난이 검사를 재판관에게 소개했다. 그리고 휴식시간을 가졌다. 오후 2시 30분부터 재개된 법정에서는 검사단의 기소장이 낭독되었는데, 얼마 지나지 않아 이상한 광경이 펼쳐졌다. 도조의 뒤쪽에서 파자마 차림으로 합장을 하고 있던 오카와가 손바닥으로 도조의 머리를 때린 것이다. 도조는 불쾌한 표정으로 뒤돌아보았는데, 오카와가 정신적 밸런스가 무너져 그런 행동을 했다는 것을 눈치 챘는지 무시해버렸다. 그러자 오카와는 다시 도조의 머리를 때렸다. 오카와는 법정에서 끌려나왔다. 그리고 그는 이날 이후 두 번 다시 법정에 나오지 않았다.

어찌 됐든 저 정도의 권력자가 뒤통수를 얻어맞았다는 것은 좋은 화제거리였다. 도조를 야유하는 뉴스가 세계를 들쑤셨다. 그러나 도조의 일기에는 이 불쾌한 사건에 대해서는 단 한 줄도 적혀 있지 않다.

5월 6일, 공소장의 죄상을 인정하는지 여부를 묻는 절차가 진행되었다. 도조는 다른 피고들과 마찬가지로 "소인 전부에 대하여 [……] 나는 무죄를 주장합니다"라고 대답했다. 도조 특유의 높은 목소리로 한 음절 한 음절 끊어서 이렇게 말했다고 신문은 전했다. 그다음 변호인단 단장 기요세 이치로清瀬一郎와 키난이 법정의 합법성을 둘러싸고 논쟁을 벌였다.

기요세는 말했다.

"일본은 포츠담선언에서 제시한 조건에 따라 항복한 것이므로 연합국도 이를 준수해야만 한다. 먼저 법정은 평화에 대한 죄, 인도人道에 대한 죄에 관해서는 재판할 권한이 없다. 둘째, 대동아전쟁 전에 일어난 일에 대해서는 여기에서 재판할 수 없다. 셋째, 일본은 태국과 전쟁 상태에 있지 않았다. 이를 감안한다면 몇몇 소인은 명백히 소거할 수 있다."

키난이 즉각 반론했다. "일본의 항복은 무조건적인 것이다. [……] 특별선언과 항복문서는 연합군사령관이 항복조건을 유효하게 하기 위해 그가 적당하다고 생각하는 바를 행할 권한을 갖고 있다고 분명히 밝히고 있지 않은가."

결국 변호인 측에서 제기한 안건은 각하되었고, 6월 24일부터 검사 측의 논고가 시작되었다.

이런 논란이 벌어지고 있는 동안 피고석에 앉은 과거의 지도자들은 다양한 태도를 취했다. 뭔가를 스케치하는 사람, 팔짱을 끼고 묵상에 잠긴 사람, 전혀 관심이 없는 표정으로 옆자리에 앉은 사람과 이야기를 나누는 사람. 그 가운데 도조의 모습은 방청석의 눈길을 끌었다. 아무리 사소한 것이라도 듣고야 말겠다는 듯 때로는 귀에 손을 대면서 쉴 새 없이 메모를 적고 있었기 때문이다. 이 메모가 너무나 상세해서 나중에 기요세는 "당신은 길을 잘못 들었군요. 군인이 되기보다 법률가가 되었더라면 좋았을 텐데"라고 말했는데, 확실히 법정은 꼼꼼한 그의 성격을 되살리는 자리가 되었던 것이다.

기자석에서는 이렇듯 성실한 도조의 모습이 실소를 자아내기도 했는데, 그러는 동안 "도조는 결코 방청석을 돌아보지 않았다"고 한다. 다른 피고들은 법정에 들어서면 방청석에 앉아 있는 육친을 발견하고는 손을 흔들었다. 하지만 도조는 그 어떤 순간에도 방청석을 보려 하지 않았다. 줄곧 앞을 향하고 있을 뿐이었다. 죽음을 각오했기 때문에 정서적인 감정을 잃어버려서 그랬을 것이라는 말도 있었고, 국민의 증오의 눈길이 두려워서 그랬을 것이라는 소리도 있었다. 그러나 그렇지 않았다.

상황이 설정되면 무턱대고 노력하는 천성적인 성격이 드러난 것에 지나지 않았다. 그리고 피고석에 앉아 있는 자들은 노령이다. 결심結審까지 체력이 버텨줄지 알 수 없다. 마쓰오카는 지팡이에 의지해 걸었고, 나가노와 우메즈도 기운이 없었다. 도조의 일기에는 다음과 같이 적혀 있다.

"마쓰오카의 병세가 너무 좋지 않다. 오래 견디지 못할 것이다. 오카와의 병도 정신분열증으로 확인되었다. 참 딱한 노릇이다."

결국 심신이 모두 건강한 자신이 솔선하여 반론하지 않으면 안 된다는 의욕으로 가득 차 있었던 것이다.

"모든 책임은 나에게 있다고 말하고 싶다. 하지만 검사 측의 표현에도 납득할 수 없는 점이 있다. 그것에 대해서는 내가 하나하나 반론을 하고 싶다."

스가모구치소 면회실에서 쇠창살을 사이에 두고 마주앉은 기요세에게 도조는 이렇게 부탁했다. 그러나 그런 논리는 재판에서는 통용되지 않는 다는 말을 듣고 그는 마지못해 자신의 주장을 철회했다. 도조의 이러한 표현 속에는 굴절된 권력자 의식이 깃들어 있고, 어떻게든 순교자가 됨 으로써 모종의 정치적 거래를 하고자 했으며, 그리하여 재판을 형해화形 骸化할 수 있을 것이라 생각했다고 말하는 사람도 있다.

도조와 기요세는 전쟁 중에는 특별한 관계가 아니었다. 혁신구락부革 新俱樂部의 대의사였던 기요세는 오히려 육군과 거리를 두고 있었다. 그 러나 도쿄재판의 법정이 열리자 기요세는 변호인단의 일원으로 주로 육 군과 관련된 피고를 변호하게 되었다. 그 후 각 피고와 그들의 가족이 잇달아 새로운 변호인을 지정하고는 기요세를 떠났지만 도조의 변호를 맡아줄 사람은 없었다. 그래서 그대로 기요세가 도조의 변호인이 되었 던 것이다.

그 후 개정한 지 얼마 지나지 않아 미국인 변호인을 임명해도 좋다는 방침이 내려왔고, 총사령부에서는 몇 명을 소개했지만 도조는 이를 거부 했다. 기요세가 설득하자 도조는 "이 전쟁은 자위전쟁自衛戰爭이자 동아 민족의 해방전쟁이라는 점과 천황에게는 아무런 책임이 없다는 점을 인 정해주는 것을 조건"으로 제시했다. 그것을 받아들인 사람이 조지 블루 웨트George Blewett였다.

이 쾌활한 미국인 변호사는 도조의 제안을 받아들이면서 "그 조건에 따라 변호를 해나가겠지만 형을 줄여줄 수는 없다"고 확실히 말했다. 그러자 도조는 "그런 건 이쪽에서도 바라지 않는다"고 했는데, 그는 도조의 대답이 맘에 든다면서 악수를 청했다. 이리하여 기요세가 주임 변호인이 되고 블루웨트가 그를 보좌하여 도조를 변호하게 되었다.

키난의 논고가 이어지는 동안 두 변호인과 도조 사이에서는 다음과 같은 협의가 진행되고 있었다.

"검사 측은 만주사변에서부터 구체적으로 추궁할 듯합니다. 여기에서 다시 한 번 당신의 생각을 확인해두고 싶습니다."

"아닙니다. 내가 글로 정리하여 당신에게 제출하지요. 조금씩 써서 당신에게 건네고 그것을 바탕으로 진술서 같은 것을 작성하고 싶습니다. 지금까지 검사의 심문을 받고 그들의 인식이 어떤지도 알았으니까요."

"이 재판을 총 16막 정도로 이루어진 연극이라고 한다면 당신은 대략 10막쯤에 등장할 것입니다. 전반부, 중반부, 후반부 가운데 후반부의 첫머리가 될 터이므로 차분히 변론의 내용을 음미하는 것이 좋습니다."

"그렇다면 시간은 충분하군요. 가족의 말을 들으니 아카마쓰와 이모토 등이 나를 위해 애써주겠다고 했다는데, 선생 쪽에서도 분명하지 않은 점은 그들에게 물어보기 바랍니다."

아카마쓰 사다오와 이모토 구마오는 고지마치麴町에 있는 기요세의 사무소에 묵으면서 도조의 변호 자료 작성에 힘쓰고 있었다. 이것은 상당한 자금을 필요로 하는 일이었다. 두 사람은 도조 내각 시대의 각료와 측근을 만나 자금을 요청했다. 하지만 도조라는 이름을 꺼내기만 해도 얼굴을 돌리는 자가 많았다. 그들은 새삼 인정과 세태의 변화를 실감해야 했다.

키난의 모두 논고에 이어 각국의 검사단은 일본 정책의 침략성을 도마 위에 올렸다. 수많은 증인이 불려나왔고 많은 자료가 제출되었다. 만주국 황제 푸이溥儀(1906~1967), 미국인 선교사 페기가 일본 군국주의를 매도했다. 증인들은 군국주의적인 교육제도 아래에서 군부가 어떻게 학문에 관여했는지, 보도기관이 어떻게 정부의 선전기관 노릇을 했는지 등을 상세하게 말했다. 국민에게 처음으로 알려지는 사실도 많았다. 1931년의 3월사건, 10월사건이 그 예이다.

국민의 분노의 대상은 '육군'과 '도조 히데키'로 응축되었다. 증오, 원망, 매도가 그에게 퍼부어졌다. 웹 재판장의 재판 진행 방식도 그 점을 의식하고 있었다. 그것이 도조로서는 불만이었고, 그는 일기에 "보통의 재판에서처럼 잔머리를 굴리는 것은 유감"이라고 써서 마음을 달랬다.

7월 5일, 법정에 한바탕 소란이 일었다. 몸을 웅크린 채 눈을 내리뜨고 증인석에 앉은 사람은 다나카 류키치였다. 그는 만주국은 일본의 꼭두각시였다고 단언하고, 피고와 만주국의 관계를 진위를 뒤섞어 증언했다. 그리고 도조에 관해서는 다음과 같이 말했다.

"당시 도조 중장이 만주국의 참모장으로 부임한 후부터 개발 5개년 계획이 급속히 진행되었습니다. 그리고 비적匪賊이 만 명 이하로 줄어 치안은 안정되었습니다. 이와 함께 만주국의 정치, 경제, 국방은 급속히 발전했습니다. 물론 만주국의 인사는 도조 참모장의 승낙을 받지 않고는 결정할 수 없을 정도였습니다."

다나카의 증언은 3일 동안 계속되었다. 그는 이 증언에서 유능한 관리야말로 악질적인 식민지주의자였다고 규탄했다. 자신의 충실한 부하, 온갖 감언이설로 자신에게 빌붙던 군인, 병무국장 자리까지 앉았던 자에게 배반당한 도조는 다나카를 두고 "은혜를 모르는 놈"이라며, 법정의 휴식 시간에 몇 번이나 호통을 쳤다. 그리고 이날의 일기에 큼지막한 글씨로 "다나카의 증언은 정말로 의외"라고 휘갈겨 썼다.

그러나 다나카를 향한 도조의 분노는 너무나도 이기적이었다. 다나카의 능력을 평가하여 그 자리에 앉힌 것이 아니라 자기 앞에서는 고개도 들지 못하는 이 사람을 이용하기 위하여 도조는 그를 그 자리에 앉혔던 것이다. 다나카에 대한 분노는 그런 인물을 중용한 자신의 무능을 간접적으로 인정한 셈이었다.

다나카의 증언은 도조뿐만 아니라 다른 피고들을 놀라게 했다. 시게미쓰는 자신의 일기에 "다나카 류키치 소장 증언대에 올라 센세이션을 일으키다"라고 쓴 다음, "증인이 피고석을 가리키며 범인은 저 사람이라고 말할 정도로 천박하다"고 적었다.

나중에 도조는 구치소 운동장에서 사토 겐료에게 "내가 다나카와 도미나가 교지(그는 제14항공군 사령관이었음에도 불구하고 전선을 이탈했다)를 잘못 봤다"고 하면서 분노를 감추지 않았다고 한다.

7월 말 법정에서는 난징 학살을 다뤘다. 증인의 사실 증언을 듣고 사람들은 전율을 금치 못했다. 강간, 살인, 방화, 약탈. 너무나 처참해서 법정은 쥐 죽은 듯 조용했다. 피고들은 고개를 숙였고, 간혹 몸을 떠는 자도 있었다. 도조는 메모하던 손길을 멈추고 시선을 천장으로 향한 채 한 점을 응시하고 있었다. 시게미쓰는 일기에 "귀를 막지 않을 수 없는 추태다", "그 진술이 너무 잔혹하다. 아아, 성전!"이라 적었다. 그러나 이 무렵 도조의 일기에는 일상적인 잡다한 얘기가 적혀 있을 따름이다. 하지만 그는 분명히 동요하고 있었고, 그래서인지 띄엄띄엄 일기를 썼다.

난징 학살에 이어 9월과 10월에는 포로 학대도 이따금씩 다뤄졌다. 그때마다 피고들은 고개를 숙였는데, 이 무렵부터 도조는 법정의 추이로 보아 자신이 사형에 처해질 것을 각오한 듯하다. 그가 적고 있던 신변잡기는 10월 초를 마지막으로 펜이 멈춰 있다. '나'를 되돌아볼 시간적 여유가 없다는 것을 알아챘기 때문일 것이다.

법정이 열리지 않는 날이면 구치소에서는 운동 시간이 주어졌는데, 그때에도 맨발에 게다를 신은 도조는 담뱃갑을 손에서 놓지 않은 채 나머지 한 손을 호주머니에 넣고 운동장을 돌았다. 그것은 그의 심리적 갈등을 잘 보여주는 행동거지였다. 그런 모습을 비꼬기라도 하듯 피고들은 그에게 '땡중'이라는 별명을 붙여주었다. 또 그는 사람들과 어울려 담소를 나눌 때면 "빨리 처리해주면 좋겠다"며 목덜미를 어루만졌다. 다른 피고들에게 자신이 단단히 각오하고 있다는 것을 내비치기도 했던 것이다.

진술서의 모두冒頭

법정이 열리는 날이면 피고들은 오전 6시 30분에 일어나 가벼운 식사를 하고, 구치소 입구에 집결하여 이치가야행 버스에 올랐다. 스가모에서 메지로를 거쳐 이치가야로 갔다. 법정에서 폭로되는 사실 중에는 양심을 괴롭히는 예가 많았음에도, 피고들은 두 가지 측면에서 이 법정이 열리는 날을 즐거운 마음으로 기다렸다.

하나는 어찌 됐든 법정에 가기까지 버스 안에서 부흥하고 있는 거리를 볼 수가 있었기 때문이다. 그것이 단조로운 구치소 생활에서는 맛볼 수 없는 자극이었다. 그리고 또 하나는 법정 건물 오른쪽에 있는 대기실에서 가족과 면회를 할 수가 있었기 때문이다. 케너지 헌병대장은 가족이 대기실 응접실로 들어와 직접 피고들을 면담할 수 있게 했다. 그리하여 피고의 가족은 재판을 방청하기 위해서가 아니라 휴식 시간에 피고를 만날 수 있으라는 기대를 안고 법정에 오게 되었다.

9월 들어 도조는 이 대기실에서 가쓰와 장녀를 면담했다. 도조는 "나는 건강하니까 안심하라"고 말하고, 후쿠오카에서 도쿄의 여학교로 전학한 두 딸이 괴롭힘을 당하지는 않는지 염려했다. 그리고 가쓰로부터 둘째 딸의 아들이 "할아버지"라는 말을 할 수 있게 됐다는 얘기를 듣고 기뻐했으며, 셋째 딸(16세)과 넷째 딸(14세)이 고학으로 학교를 다니고 있는 얘기를 듣고 눈물을 흘렸다.

이 면담이 신문기자에게 알려지면서 가쓰와 장녀는 이치가야에 자주 다닐 수는 없게 되었다. 두 사람에게 신문기자는 두려운 존재였다. 만난 적도 없는데 회견기를 싣기도 하고, 자신들이 한 말을 걸핏하면 곡해하여 보도했기 때문이다. 도조의 가족이 하는 말은 한결같이 사과의 뜻을 담고 있었다. 사과를 해서 분노한 사람들의 마음이 누그러뜨릴 수 있다면 그것은 하늘이 부여한 운명이라고 말했지만, 거기에는 감정의 한계도 없지 않았다.

법정에서 벌어진 논전은 삼국동맹·일미교섭·태평양전쟁으로 이어졌다. 도조의 심문조서는 대부분 기소장에 포함된 내용을 담고 있었는데, 검사 측은 대체로 군부에 책임을 전가하기 위해 그 조서를 이용했다.

11월 들어 일미교섭의 경위가 밝혀지면서 법정은 더욱 긴박해졌다. 검사 측은 태평양전쟁이 피고들에 의해 어떻게 계획되었는지를 입증하기 위해 광범위한 증인과 자료를 동원했다. 특히 미국의 검사는 공동모의를 뒷받침하기 위해 "오랜 기간에 걸쳐 계획적으로 기도했다"는 주장에 부합하는 사실을 선택하여 제시했다. 스팀슨, 그루, 헐의 진술서도 제출되었는데, 진술서에서 그들은 모두 일본의 침략사侵略史를 피력했고 특히 헐은 일본 육군의 호전성을 비판했다.

도조는 공동모의는 황당무계하다면서 네 가지 반론을 메모용지에 적었다. 그중에는 "우리나라에는 전쟁 개시를 위한 계획 또는 음모를 목적으로 하는 비밀결사가 없으며, 전쟁은 당국이 결단을 내림으로써 개시된 것이다. 이것이 우리나라와 독일의 기본적인 차이이다"라는, 좀처럼 의미를 알 수 없는 항목도 포함되어 있다.

법정에는 연말도 연시도 없었다. 한해가 저물고 새해가 밝은 것을 생각하게 하는 일이라고는 1946년의 마지막 법정이라 하여 피고 전원이 법정 현관에서 기념촬영을 한 것과 다음날 아침식사에 제공된 떡국뿐이었다.

해를 넘겨 1월 5일, 군령부총장이었던 나가노 오사미가 폐렴으로 급사했다. 전년 6월 마쓰오카 요스케가 사망했으니까 28명 가운데 두 명이 빠졌고, 한 명(오카와 슈메이)은 입원 중이었다.

1월 24일, 2백 일에 걸친 검사 측의 논고가 끝났다. 제1막의 막이 내린 것이다.

이어서 27일부터 변호인단이 변론에 들어갔다. 법정의 위법성을 이유로 공소 각하를 주장하는 의견과 피고의 석방을 요구하는 의견이 잇달아 제출되었지만 모두 기각되었다. 2월 24일, 변호인단을 대표하여 기요세 이치로가 일반 문제, 만주 및 만주국, 중화민국, 소연방, 태평양전쟁 등 5개 부문에 관해 3시간에 걸쳐 모두冒頭 변론을 했다. 이 변론에서 그는 일본의 역사는 자존과 자위로 일관한 역사라는 점을 강조했다.

예컨대 그는 공동모의 따위는 없었다면서 이렇게 말했다.

"원래 피고들은 연령도 다르고 각자가 처한 상황도 달랐습니다. 어떤 사람은 외교관이고 또 어떤 사람은 저술가였습니다. 따라서 그들 전부가 특수한 목적 아래 회합할 기회를 갖는다는 것은 있을 수 없는 일이었습니다. [……] 음모단陰謀團을 만들어 이러한 수단(무력행동)으로 전 세계, 동아, 태평양이나 인도양, 지나, 만주를 제패하기 위해 공동모의를 한 사실은 없습니다.”

그리고 태평양전쟁의 원인에 관해서는 다음과 같이 육군 군인의 생각을 그대로 되풀이했다.

“첫 번째 원인은 경제적 압박이었습니다. 두 번째 원인은 우리나라가 사활을 다투고 있는 상대인 장제스 정권을 원조한 것입니다. 세 번째 원인은 미국과 영국 그리고 네덜란드령 인도네시아가 중국과 제휴하여 우리나라의 주변을 포위하는 형태를 취한 것입니다.”

이런 진술이 이어지는 동안 피고석의 공기는 미묘했다. 누가 보더라도 도조의 얼굴에는 기쁜 빛이 감돌았다. 그는 로이드 안경을 전등에 비추며 천장의 한 점을 응시하고 있었다. 일본의 정책에 침략성이 없었다는 대목에 이르러서는 미소를 지었고, 만족스러울 때면 늘 그랬듯이 턱을 당기고 고개를 끄덕이는 포즈를 취했다. 그리고 한 마디라도 놓칠세라 메모수첩에 연필로 뭔가를 열심히 적었다.

그러나 시게미쓰 마모루, 히로타 고키, 도고 시게노리 등 외무성 출신 피고는 눈살을 찌푸렸다. 그들은 만주사변 이후 전쟁 정책에 반대하거나 소극적이었고, 그것을 제지하기 위해 노력한 자들이었다. 그들은 기요세의 변론에 그런 내용이 포함되어 있지 않은 것을 이상하게 생각했다.

기요세는 진술을 마친 후 기자들에게 “이 진술을 통해 일본 정신이 올바르다는 것을 재판장과 전 세계 사람들에게 납득시키고 싶습니다. 이것은 우리들의 의무입니다”라고 말했는데, 외국에서는 반감이, 국내에서는 반감과 공명이 교차했다.

그 후 피고 측에서는 반증증거反證證據를 제시했고, 증인도 적잖이 출석했다. 2월 하순부터 8월까지 반년 동안, 변호인단은 모든 증인을 모아 증언시키려고 시도했다. 군인·관료·학자·일반 서민이 증언대에 섰다. 그러나 거의 대부분이 피고의 주위에 있었던 자들이어서 동료들을 서로 감쌌기 때문에 변호인의 의도와 달리 그들의 증언은 신빙성을 결여한 것으로 받아들여졌다. 법정이 이완상태에 빠질 정도로 피고들을 추종하는 무미건조한 증언까지 있었다.

중일전쟁·대소 관계·삼국동맹으로 증언이 이어졌고, 1947년 8월 들어서부터는 태평양전쟁에 대한 반증이 시작되었다. 이 단계에 이르러 도조는 이상할 정도로 긴장해서 기요세에게 다음과 같은 말을 내뱉기도 했다.

"태평양전쟁 이외의 전쟁을 재판하는 것은 이상하다. 우리나라는 태평양전쟁에서 항복한 것이다. 만주사변, 장구펑 사건, 노몬한 사건, 그리고 태국, 포르투갈, 프랑스령 인도차이나의 전쟁 범죄는 해당하지 않는 게 아닌가."

기요세는 당황해서 주의를 주었다. 도조의 긴장은 기요세에게도 부담이었던 것이다. 더욱이 도조는 다른 사람들의 일반 변론이 끝난 다음 마지막으로 자신이 직접 증언대에 서고 싶다고 말하기까지 했다. 그러자 기요세는 도조에게 브레이크를 걸기 시작했다. 만약 도조가 증언대에 설 경우 피고들 사이에 균열이 생기리라는 것은 충분히 예상할 수 있는 일이었다. 도조는 국가 변호에 얽매여 있었던 반면 외무성 출신 피고들은 개인 변호를 바라고 있었기 때문이다. 법정에서는 이미 육군성과 외무성, 해군성과 외무성, 참모본부와 육군성의 대립이 생겨나고 있었다. 변호인단 측에서는 진주만공격은 속임수가 아니라 전보 해독에 시간이 걸렸기 때문이라고 말하려 했지만, 외무성에서는 군령부가 전보 발신을 의도적으로 지연시켰기 때문이라고 주장하면서 대립한 것이 그 전형적인 예이다.

더 이상 대립이 깊어지지 않도록 하기 위해 도조에게 모든 피고를 대표하는 변론의 장을 마련해주어서는 안 된다는 것이 기요세의 생각이었다. 기요세는 자신이 도조의 변호인이긴 하지만 실제로는 제어 역할을 담당하지 않으면 안 된다는 것을 자각하고 있었다.

도조는 일반 변론에 나서는 것은 단념했지만 그 대신 진술서 집필에 더욱 공을 들였다. 진술서를 통해 검사단의 모든 소인에 반론을 가할 생각이었던 것이다. 그는 몇 번씩이나 진술서의 전문前文을 썼다가 지웠다. 결국 첫머리를 "나는 종전 후 자결을 결심했으나 그 후 심경에 변화가 있어 변명할 기회를 얻게 된 점 감사드린다"라고 할 작정이었다. 이어서 온갖 고생을 다 했음에도 불구하고 전쟁에 패해 '삼천 년' 역사를 더럽힌 것은 "황공하옵게도 늘 평화를 애호하시는 폐하의 책임도 아니며, 나의 지도 아래 애국의 열성에 불타 온 나라가 하나가 되어 희생을 견디며 활동한 국민의 죄도 아니고, 나의 지도 아래 일한 동료 여러분의 책임도 아니다. 전적으로 개전 당시 최고책임자였던 나의 책임이다"라는 말을 중심에 놓으려 했다. 진술서 전체에 가득 찬 자학적 표현에는 오히려 전시 하 절정에 있을 때와 상통하는 뉘앙스가 포함되어 있는 듯했다.

일반 변론에서 개인 반증으로 옮긴 것은 법정에서 여름의 모습이 사라질 무렵이었다. 9월 11일, 영어 알파벳순으로 아라키 사다오부터 시작되었다. 법정에는 오랜만에 긴장감이 감돌았고, 각 피고가 기소된 사실에 어떤 증인을 내세우고 어떤 증거를 제출하여 반론할 것인지에 관심이 집중되었다. 그런데 9월 11일에는 아라키보다 도조 쪽에 기자석과 방청석의 눈길이 쏠렸다. 이날 발행된 『아사히신문』은 칼럼을 통해 도조의 계명戒名이 정해졌다고 보도했는데, 그것은 도조가 죽음을 각오하고 있다는 것을 뒷받침하는 것으로 이해되었기 때문이다.

그러나 도조는 늘 그랬던 것처럼 방청석에는 눈길도 주지 않은 채 정면이나 천정을 바라보거나 메모를 했다. 도조는 자신의 초췌한 모습을 보고 싶어 하는 사람들의 호기심 어린 눈길을 외면했다.

아라키에 이어 도이하라 겐지, 하시모토 긴고로, 하타 슌로쿠 순으로 반증이 진행되었다. 용지 부족으로 두 면만 발행하던 조간 신문들은 점차 관심을 잃었고, 어지간히 충격적인 사실이 아니면 재판 내용을 기사화하지 않았다. 하지만 법정을 출입하는 기자들 사이에서는 개인 반증이 시작된 후 피고들의 태도가 미묘하게 바뀌고 있다는 말이 오갔다. 훗날 『아사히신문』 법정기자단이 정리한 책에서는 피고들을 세 유형으로 나누어 분석한다.

(1)자신의 생애에 도덕적인 신념을 갖고 그것을 법정에서 토로하는 한편 책임도 감수하는 유형. 아라키 사다오, 마쓰이 이와네, 시마다 시게타로, 하시모토 긴고로, 오카 다카즈미 등이 그러했다. (2)일본의 정책과 자신의 신념을 합치시켜 검찰 측과 계속 대립한 피고. 이타가키 세이시로, 무토 아키라, 도조 히데키가 그러했다. (3)모든 것을 변호인에게 맡기고 자신은 의욕을 보이지 않는 유형. 책임을 느낀다고만 말하는 히로타 고키, 재판에 관심을 보이지 않는 히라누마 기이치로, 법정 작전상 발언할 필요가 없다고 말하는 시게미쓰 마모루, 운명을 감수하겠다고만 말하는 미나미 지로가 이 유형에 속했다. 그 외에 호시노 나오키, 가야 오키노리, 기무라 헤이타로, 시라토리 도시오, 사토 겐료, 기도 고이치

는 완전히 독자적인 태도로 각자의 인생관에 입각하여 스스로를 변호했다. 그중에는 처음부터 끝까지 책임을 회피하는 자도 있었다. 그러나 그들이 공통적으로 자각하고 있는 것이 있었다.

이 무렵 연합군의 점령정책이 비군사화와 민주화에 집중되어 있는 사회 정세 속에서 일본에서 처음으로 사회당 정권이 탄생하고 있었다. 1947년 4월 25일 치러진 중의원 선거에서는 사회당 143석, 자유당 131석, 민주당 126석의 세력 분포를 보였고, 가타야마 데쓰片山哲(1887~1978)가 요시다 시게루吉田茂(1878~1967) 내각을 대신하여 새 내각을 짜고 있었다. 더욱이 5월 3일에는 무력방기武力放棄를 명시한 신헌법이 시행되었고, 이에 따라 천황은 상징으로서만 국사國事에 관여할 수 있게 되었다. 피고들은 이러한 정세에 별다른 관심을 보이지 않았다. 그들은 신문을 읽을 때마다 일본이 '좌경화'하고 있다는 것을 알고 서로 우려를 나타내긴 했지만, 그러나 그런 것에 신경을 쓰기보다 눈앞의 법정에서 자신의 생을 불태우지 않으면 안 된다는 각오를 다지고 있었다.

도조는 어떠했을까. 그는 사회 정세의 추이에 전혀 관심을 기울이지 않았다. 스가모구치소와 이치가야의 법정, 이 두 세계에만 그의 존재이유가 있다는 것을 알고 있었던 듯하다.

개인 변호가 이타가키에서 가야로 넘어갈 무렵, 키난이 미국인 기자에게 천황에게는 전쟁 책임이 없다고 발언했다. 이 뉴스가 세계 각국에 타전되었고, 그것이 다시 일본으로 되돌아왔다. 일본의 신문들은 이 소식을 1면에 대서특필했다. 키난은 다음과 같이 말했다.

"천황 및 주요 실업가를 전범으로 간주하여 재판에 넘겨야 한다는 의견도 있었지만, 장기간 조사한 결과 이런 의견에는 정당한 이유가 없다는 것이 확실해졌다."

물론 이것은 키난의 의도적인 발언이었다. 법정이 시작된 후부터 키난은 자주 미국을 드나들며 본국 정부와 협의를 해오고 있었다. 뉘른베르크재판과 도쿄재판에 모순이 생기지 않도록 할 것과 미국 정부가 태평양전쟁 후 미소 냉전 구도 하에서 일본을 우산 아래 둘 것을 염두에 둔 협의였다. 미국 정부는 천황을 법정에 끌어들이거나 그 책임을 묻는 것은 일본 국민을 자극할 것이라는 방침을 맥아더에게 전했고, 키난에게도 그런 방향에서 법정을 이끌 것을 요청했다. 키난은 그 방침에 따라 충실하게 움직였다.

그 자신과 미국의 최대 관심사는 천황을 면책하여 새롭게 상징이라는 지위에 두고 그것을 이용하여 일본 통치를 용이하게 한다는 국무성 내 지일파知日派 그룹의 의향을 현실화하는 것이었던 셈이다.

그러나 오스트레일리아 사람인 재판장 웹은 그 견해와 다른 입장에 서 있었다. "종전을 결정하고 실행한 천황은 개전에 있어서도 같은 역할을 한 것이 아닌가. 그렇다면 천황은 전쟁 책임을 면할 수 없다"고 생각한 그는 천황의 책임을 법정에서 논할 기회를 엿보고 있었다. 영국, 프랑스, 소련의 판사도 이 생각을 공유하고 있었는데, 키난은 그것을 억제할 필요성을 느끼고 있었다. 그것이 미국인 기자를 향한 교묘한 발언으로 나타났던 것이다. 게다가 그 시기를 고려하면 키난의 발언은 가야에 이어 개인 반증을 시작하는 기도 고이치와 도조 히데키를 의식한 것이기도 했다. 키난의 진의는 기도와 도조에게 전쟁 책임을 떠안기는 것이었다. 두 사람의 책임 속에 천황의 책임을 포함시키겠다는 의도인 셈이다.

신문에서 이 기사를 읽었을 때 이상하게도 도조의 마음은 평온했다. 그는 이 발언을 하나도 빠뜨리지 않고 메모수첩에 필사했고, 매주 한 번씩 허용되는 외부로 보내는 편지에 "이제 안심하고 재판을 기다린다"고 써서 가족에게 보냈다. 이 무렵 법정에 제출할 진술서는 이미 마무리되어 있었다. 몇 번에 걸쳐 고쳐 쓰긴 했지만 진술서에서 그는 '천황에게는 책임이 없다'는 표현을 집요하게 되풀이했다.

지금 내 옆에는 도조가 진술서를 마무리할 때까지 적어놓은 메모가 놓여 있는데, 여기에는 다음과 같은 말이 넘쳐난다.

"빛나는 삼천 년 역사를 더럽힌 것에 대해 개전 당시 최고책임자로서 책임을 통감하는 바이다", "종전을 맞이하여 발포하신 조칙을 받들고 또 패전을 맞이하여 신령께 봉답奉答하신 지존至尊의 흉중을 삼가 깊이 헤아리며, 일찍이 여러 차례 옥음을 접할 광영을 베풀어주셨으니 진실로 황송하여 몸 둘 바를 모르겠다."

이 문맥에 흐르고 있는 감정이 바로 키난의 '정치'와 해후하는 것이었다.

시게미쓰 마모루의 관찰에 따르면 키난의 발언 후 도조는 눈에 띌 정도로 자주 얼굴에 웃음을 짓곤 했다. 그리고 시게미쓰의 일기에는 이렇게 적혀 있다.

"키난이 기도에 대한 반대신문에서 개전 당시 기도와 도조의 관계를 추궁한 다음 자리에 앉아 도조를 쳐다보았다. 그 질의응답이 끝났을 때 도조는 뭔가 가소롭다는 듯이 웃었다. 키난이 이것을 눈치 챘고 두 사람은 얼굴을 마주보고 싱글벙글 웃었다. 이것이 이심전심이라는 것이다."

두 사람 모두 자신의 생각이 상대방의 생각과 만났다는 것을 알아챈 셈이다. 수석검사와 피고의 의미 있는 웃음, 재판은 그 웃음을 현실로 바꾸기 위한 무대에 지나지 않는다는 것을 그들은 마음속 깊이 이해하고 있었다고 말할 수 있다.

상징으로서의 죽음

키난 검사의 초조감

기도 고이치는 경력이 보여주듯이 꼼꼼한 성격의 평범한 관료이다. 1931년부터 1945년 12월까지 그는 하루도 거르지 않고 일기를 썼다. 관료 특유의 고지식함 때문이다. 법정에 제출된 이 일기는 천황이 누구를 만났는지, 누가 정치의 중추에 있었는지를 극명하게 보여준다.

천황의 책임을 묻는 입장에 있었던 영국의 아서 코민즈 카Arthur S. Comyns Carr(1882~1965) 검사는 이 일기를 바탕으로 기도를 심문하기 시작했다. 그는 루스벨트가 친히 보낸 전보를 어떻게 취급할 것인지를 둘러싸고, 천황에게 화평의 의사가 있었는지 여부를 확인하고자 했다. 이것이 바로 카 검사가 문제 삼은 것이었다.

이 심문이 진전되는 것을 두려워한 키난은 카를 대신하여 굳이 검사석에 앉아 기도를 심문하기 시작했다. 누가 보아도 부자연스런 법정이었다. 게다가 기도의 변론 중에서 천황의 책임과 관련된 부분이 드러나면 질문을 보류하고, "하룻밤만 더 생각해보라"며 수수께끼 같은 말을 했다. 이러다 보니 법정에 입회한 모든 사람들은 연합국이 '천황을 심판하지 않겠다'는 입장에 있다는 것을 알게 되었다. 법정은 복잡한 의도가 뒤얽힌 채 움직이기 시작했던 것이다.

키난은 맥아더에게 명령 받은 대로 억지스런 법정 전술을 구사하는 한편 이면에서도 필사적으로 일을 꾸미기 시작했다. 그는 무엇보다 도조가 어떤 발언을 할 것인지 걱정했다. 시게미쓰가 말하는 '웃는 얼굴'의 의미를 도조는 알고 있을까. 불안이 점점 커지자 기요세에게 면회를 요청해 도조의 변호 내용을 뒤졌다. 그리고 도조가 진술서에서 모든 것이 자신의 책임이라고 단언하고 있다는 말을 듣고 안도했으며, 법정에서도 그대로 발언하기를 원했다.

하지만 그는 또 한 가지를 확실하게 보증 받고 싶어 했다. 그것은 검사다운 성격 탓이라고도 할 수 있겠지만 그 자신의 영달을 꾀한다는 의미도 갖고 있었다. 그래서 그는 요나이 미쓰마사를 통해 도조의 기분을 확인하려고 했다. 요나이는 변호인의 조수助手 시오바라 도키사부로鹽原時三郞에게 천황에게 폐를 끼치지 않도록 증언했으면 한다는 뜻을 전하기로 약속했다. 키난은 그 약속을 몇 번씩이나 고개를 끄덕이면서 들었다.

기도 고이치, 시마다 시게타로, 시라토리 도시오白鳥敏夫(1887~1949)에 대한 개별 반증이 이어지고 있을 무렵, 도조는 진술서 원고를 법정 대기실에서 기요세에게 건네고 있었다. 기요세는 그것을 사무소로 가지고 돌아와 아카마쓰 사다오와 함께 점검한 다음, 영문으로 바꾸기 위해 마루노우치 호텔에 임시로 머물고 있던 외무성 번역과 직원에게 보냈다. 그 과정이 몇 번 되풀이되었다. 이 작업이 끝나갈 무렵 도조는 시오바라로부터 요나이의 부탁에 관해 들었다. 물론 도조는 이것이 키난의 의뢰라는 것은 몰랐다.

"요나이는 정녕 모른단 말인가? 내가 수치심을 견디며 이렇게 살고 있는 것은 오로지 폐하께 책임을 지우지 않기 위해서라는 것을 몰라준단 말인가?"

도조는 이렇게 말하며 분노했고, 그 원통함을 가족에게 보낸 편지에서 몇 번이나 하소연했다.

도고에 대한 개별 반증이 막바지에 이르자 법정은 또 긴장감으로 술렁였다. 도조가 마침내 검사단에게 반증할 것이라는 소식이 세계 각국의 눈길을 끌었던 것이다. 신문기자는 기요세에게 도조의 심경에 대해 집요하게 물었고, 도조가 "다른 사람에게 폐를 끼치지 않을 것이다. 증인은 없다. 나 혼자 증언한다"며 의욕을 보이고 있다는 대답을 끌어냈다. 그리고 그것을 상당한 지면을 할애하여 보도했다. 그 보도는 도조 자신의 기분까지 한껏 부풀어 오르게 했다.

그런데 도조의 개인 반증이 시작되기 이틀 전, 시오바라가 도조를 찾아와 "천황에게 책임을 지우지 않도록 배려한 모의 문답을 했으면 한다"고 제안했다. 도조는 불만스런 표정으로 그 제안에 응했는데, 그 후에도 구치소 면회실에서 시오바라가 검사역을 맡아 몇 번씩이나 모의 응답을 했다.

"개전 결정은 천황이 명령한 것입니까?"

"아닙니다. 천황의 명령은 아닙니다."

"그렇다면 개전 결정은 당신이 한 것입니까?"

"그대로입니다."

"'그대로입니다'라는 대답은 뭔가 어색합니다. 혼자서 떠맡는 것은 상관없지만 혼자만 악역을 맡는 것은 좋지 않습니다."

시오바라는 말의 표현에 주의했다. 개전에 관해서도 협의를 거쳐 "내각과 군부의 최고기관이 부득이하게 개전을 결정했다", "천황은 '그러냐'고 말씀하셨다"라는 답변이 낫겠다는 쪽으로 정리했다. 시오바라는 마치 이 답변을 수행하기 위해 변호인의 말단에 이름을 올린 것처럼 보였다.

도조와 함께한 리허설이 성공적으로 끝났다는 것은 곧 요나이에게 전해졌고 요나이는 다시 키난에게 이 사실을 알렸다.

12월 26일 오후부터 도조의 개인 반증이 시작되었다. 이날은 아버지 히데노리의 명일命日이다. 그 인연에 그는 부르르 몸을 떨었다. 며칠 전

아내 가쓰가 면회를 왔을 때, 자신이 변호를 시작하는 날이 26일로 잡힐 가능성이 높으니까 메이지신궁과 야스쿠니신사에 참배를 했으면 좋겠다고 부탁했었는데, 뜻밖에도 아버지의 명일을 맞아 참배할 수 있게 됐다며 기뻐했다.

오후의 법정은 초만원이었다. 오후 2시 30분, 블루웨트가 "지금부터 도조에 대한 심리에 들어가기로 하겠습니다. 먼저 기요세 변호인이 모두 진술을 하겠습니다"라고 선언했다. 기요세는 변호의 대강을 설명하면서, 성가시게 다른 증인을 부르지 않고 도조 자신이 직접 증인으로 나설 것이며, 진술서는 일본이 계획적으로 영국·미국·네덜란드와 전쟁을 치른 것은 아니라는 것 등 일곱 가지 핵심 항목으로 나뉘어 있다고 말했다. 큰 틀에서 보면 국가 변호에 입각하고 있다는 점을 시사한 셈이다. 이어서 블루웨트가 도조의 진술서를 읽기 시작했다. 일주일 전에 인쇄를 마친 진술서는 장장 5만 자에 이르렀고, 타자본으로도 220쪽이었다. 그 진술서가 30일 오후까지 네 번 진행된 법정에서 계속 낭독되었다.

이날 도조는 국민복으로 말쑥하게 갈아입고 증인석에 앉아 블루웨트가 낭독하는 것을 몇 번씩이나 고개를 끄덕이며 듣고 있었다. 카메라맨이 그 모습을 집요하게 추적했다.

도조의 진술서는 타자본 형태로 검사단 및 기자단에 배포되었다. 그리고 27일과 28일 그 내용이 일본의 신문과 미국의 통신사에 소개되면서 비평의 대상이 되었다.

『아사히신문』 1면 톱기사 제목은 "천황에게는 책임이 없으며 어디까지나 '자위전自衛戰'이라고 주장"이었는데, 이것이 진술서의 내용을 가장 적확하게 파악한 것이었다. 그러나 당시 일본에는 이러한 논리와 내용을 받아들일 토양이 없었다. 오히려 지금 부정하지 않으면 안 되는 사실로서 국민 앞에 제시되었고, 결국 반면교사 역할을 담당해야 할 숙명에 놓여 있었다.

『아사히신문』 사설은 이러했다. "평화적이고 민주적인 국민으로 다시 일어서기 위해서는 과거 우리 군벌이 야기한 전쟁이 세계 평화에 얼마나 큰 죄악을 저질렀는지를 자각하고 그것을 개개인의 가슴 속에 새기지 않으면 안 된다. 도조의 진술서는 이를 위해서만 읽을 가치가 있다."

외국의 신문은 "강도 논리의 주장" "피에 미쳐 날뛰는 애국주의"라고 혹평했다. 예컨대 『뉴욕 타임스』는, 도조의 논법에 따르자면 중국도 조선도 타이완도 공격한 적이 없는 불쌍한 일본이 헐 장관의 강경한 통고 때문에 진주만을 공격하지 않을 수 없었다는 말이 된다고 비판했다. 이러한 비판은 연합국 각국의 평균적인 의견이기도 했다.

그러나 도조 자신은 이러한 비판에 끄떡도 하지 않았다. 일본의 신문이 진술서를 크게 보도한 것에 만족했고, 해외의 평판도 자위권에 관한 비판이라면 그다지 두려울 게 없다고 생각했다. 그는 다른 피고들에게 천황의 책임이 다시 불거지지만 않는다면 그 어떤 비판도 대수롭지 않다고 말했다.

12월 30일 오후 2시 30분 진술서 낭독이 끝났다. 그 후 잠시 휴식 시간이 있었는데, 그때 도조는 시오바라와 마지막으로 의견을 교환했다. 리허설대로 증언할 것을 확인한 것이다. 그리고 요구받은 대로 '고도신조색古道新照色'이라 휘호했다.

재개된 법정에서는 각 피고의 변호인들이 도조를 심문하기 시작했다. 그들은 자신이 맡은 피고의 책임을 경감하기 위해 도조로부터 유리한 발언을 끌어내고자 했다. 그런데 도조의 답변은 그들의 기대 이상이었다. 호시노 나오키의 변호인에게는 서기관장이라는 것은 조수와 같은 것이며 중요한 일은 나 혼자 했다고 말했고, 시마다의 변호인에게는 시마다가 내 정책을 적극적으로 지지한 것은 아니었다고 아무렇지도 않게 변명했다. 그러나 질문이 천황에게 미치자 도조는 흥분을 감추지 못했다. 기도 고이치의 변호인 로건Rogan으로부터 대명을 내릴 당시 천황의 말은 무슨 의미냐는 질문을 받고 이어서 고노에 내각 때 오이카와 해군상과 의견 차이가 있지 않았느냐는 지적을 받자 도조는 격앙했다.

"저는 폐하의 심정을 잘(힘을 주어) 알고 있었습니다. 일미교섭을 성공시키고 싶어 하는 심정을 잘(다시 힘을 주어) 알고 있었습니다. 저는 폐하의 심정을 정확하게 해석했다고 생각합니다."

목소리는 한층 높아졌고 물을 마시는 손은 떨렸다. 천황의 진의를 알고 있는 자는 자신뿐이며 자신의 이해야말로 가장 정확하다고 발언했다. 이 말은 다른 사람의 이해를 추인하는 듯한 질문은 참을 수 없다는 뜻을 담고 있었다.

물론 이러한 도조의 성격을 우려한 사람도 있었다. '나만이 이해하는 천황'이라는 말은 무의식적으로 천황에게 책임을 지우는 결과를 낳는다. 정치성을 결여한 인물, 자신의 발언이 몰고 올 정치적 파문보다 자신의 발언에 대한 스스로의 만족 여부만을 척도로 가진 이 남자. 여기에 생각이 미치자 키난은 이 남자가 리허설대로 연기할 것인지 다시금 불안해졌다. 그리고 그 불안은 적중했다.

12월 31일 오전 심문에서 로건이 "기도 고이치가 평화를 희망하는 천황의 뜻에 반하여 행동하거나 진언한 적이 있는가?"라는 질문을 도조에게 던졌다.

사실 이 질문은 깊은 의미를 담고 있었다. 결국 기도의 언동은 모두 천황의 의사가 아니냐는 것이다. 이에 대해 도조는 다음과 같이 답했다.

"그런 사례는 없습니다. 일본국의 신민이 폐하의 의지에 반하여 이러 쿵저러쿵하는 일은 있을 수 없습니다. 설마 일본의 문관이 그럴 리가……."

도조는 로건의 속임수에 보기 좋게 걸려든 것이다. 법정은 술렁거렸다. 웹 재판장이 "지금 대답에는 큰 의미가 있습니다"라고 강조했다. 기자석에서도 놀라는 소리가 흘러나왔고, 즉시 일본의 행동은 모두 천황의 의지에 따른 것이라고 세계에 타전했다.

키난은 창백해졌다. 휴식 시간에 이것으로 천황을 소추할 조건이 마련되었다는 검사단 내부의 보고를 들은 그의 표정은 더욱 창백해졌다. 키난은 일본인 비서 야마자키 세이이치山崎晴一에게 이 발언을 취소시키기 위한 대책을 마련해야만 한다고 말하고, "다나카 류키치를 불러들여!"라고 소리쳤다.

리허설이 실패로 돌아간 것이 키난은 못내 아쉬웠던 것이다.

오후 법정에서 키난은 자신이 직접 도조에게 도발적인 질문을 되풀이했다. 마치 '일본의 전쟁 책임은 당신 혼자 져야 한다'고 단정하는 듯한 질문 내용이어서, 법정에 있던 사람들은 키난이 수석검사로서 피고인인 도조에게 고압적으로 나가라는 말을 들었기 때문일 것이라고 생각할 정도였다.

"피고인 도조, 나는 당신을 대장이라고 부르지 않겠습니다. 일본에는 더 이상 육군이 없기 때문입니다. [……] 당신의 증언인지 의견인지는 잘 모르겠지만, 지난 3~4일 동안 증언대에 서서 당신의 변호인이 선서를 하고 읽은 진술서의 목적이 무엇입니까. 당신이 자신의 무죄를 주장하고 그것을 분명히 밝히고자 하는 의도였습니까. 아니면 일본 국민에게 제국주의와 군국주의를 선전할 의도로 그렇게 말한 것입니까. 어느 쪽입니까?"

이 질문에 대해 변호인 블루웨트가 이의를 제기했고 웹 재판장이 이를 인정했다. 키난이 초조해하고 도조가 곤혹스러워하는 가운데 이날의 법정은 끝이 났지만, 얼핏 키난의 질문에 도조가 멋지게 반박한 것처럼 보였다. 사정을 모르는 사람은 도조의 주장 앞에서 심판하는 쪽이 생기를 잃었다며 의기양양해했다. 하지만 사정은 그렇지 않았다. 키난은 천황의 책임과 관련된 질문을 피하면서 오로지 이날의 법정이 끝나기를 기다리고 있었던 것이다. 정말이지 그에게는 우울하기 그지없는 1947년의 마지막 날이었다.

도조의 개인 반증

수석검사 키난은 고이시카와小石川에 있는 옛 화족의 호화저택에 살고 있었다. 다나카 류키치가 이 저택으로 불려온 것은 설날 밤이었다. 훗날 그 자신이 쓴 수기에 따르면 이때 키난은 다음과 같이 말했다.

"어제 법정에서 도조가 한 답변은 천황이 유죄라는 증거로 제출될 것입니다. 법정 종료 후 소련의 골룬스키S. A. Golunsky 검사가 천황을 즉시 재판에 회부해야 한다고 강경하게 요구했습니다. 나는 성탄절에 다카마쓰노미야를 이곳으로 불러 천황은 무죄가 될 가능성이 높으니까 이를 천황에게 전해달라고 말했습니다. 그런데 이렇게 됐습니다. 이건 맥아더 원수의 의사에 반할 뿐만 아니라 내 생각에도 반합니다. 그러니 당신이 빨리 도조를 만나 이 답변을 취소하게 했으면 합니다."

다나카는 자신의 수기에서 그 후의 행동을 다음과 같이 설명한다. "그래서 나는 1월 2일 재판소로 가서 피고인 도조를 면회하고 그 뜻을 전했다. 그러나 도조는 완강하게 거절했다. 그는 '그것은 황실에 대한 나의 신념이기 때문에 취소할 수 없습니다'라고 말했다." 다나카는 별일 아닌 듯 이렇게 말하지만, 훗날 사토 겐료가 도조의 가족에게 말한 바에 따르면, 이때 도조는 다나카의 말에 전혀 귀를 기울이지 않은 채 "변절자가 무슨 할 말이 있겠는가!"라고 중얼거렸고, 다나카의 입에서 천황이라는 말이 나올 때마다 증오에 찬 눈으로 바라보았다.

다나카와 키난의 비서 야마자키는 궁내대신이었던 마쓰다이라 쓰네오 松平恒雄(1877~1949)를 찾아가 키난의 고민을 전했다. 그 자리에서 마쓰다이라는 기도의 자식으로 기도의 변호를 맡고 있던 변호사 기도 다카히코 木戸孝彦(1933~2000)에게 도조 설득을 의뢰하기로 했다. 부탁을 받은 기도는 1월 5일 열린 법정의 휴식 시간에 도조를 찾아가 앞서 한 말을 취소해 달라고 요청했다. 처음에는 떨떠름한 표정을 짓던 도조도 키난의 의향과 천황유죄론으로 기울고 있는 검사가 많다는 것을 알고 결국 그 요청을 받아들였다.

물론 이러한 사정은 다나카와 기도의 자료에 의거하여 파악한 것이며, 도조 자신은 자신의 발언이 왜 비난의 대상이 되어야 하는지 자각하고 있지는 않았다. 다나카 류키치는 이 전말을 자신의 공이라며 의기양양하게 키난에게 보고했다.

1월 6일 열린 법정에서 키난은 시작부터 날카로운 질문을 던졌다. 도조가 발언을 잘할 것이라고 확신하고 있었기 때문이다. 2일과 5일 심문에서 그다지 중요하지도 않은 사실을 확인하거나 모순투성이 질문을 했다는 이유로 기자들 사이에서는 키난이 예상 밖으로 성실하지 못하다는 말들이 오갔다. 이런 얘기를 들은 키난의 마음은 적잖이 편치 않았을 터인데, 그와 같은 인상을 털어내기라도 하듯 이날 그가 던진 질문은 예리하게 일본 정치기구의 핵심적인 특징을 간파한 것이었다. 『키난 검사와 도조 피고』에 따르면 그 부분의 대화는 다음과 같다.

"1941년 즉 쇼와 16년 12월 당시에 전쟁 수행 문제와 관련하여 일본 천황의 입장 및 당신 자신의 입장 그리고 두 입장의 관계를 밝히면서, 당신은 이미 법정에서 일본 천황은 평화를 애호하는 사람이라는 것을 사전에 당신 쪽에서 알고 있었다고 말했습니다. 맞습니까?"

"물론 맞습니다."

"그리고 또 당신은 2, 3일 전에 일본 신민이라면 누구라도 천황을 명령을 따르지 않는다는 것은 생각할 수 없다고 말했는데, 그것도 맞습니까?"

"그것은 국민의 한 사람으로서 나의 감정을 말씀드린 것입니다. 책임 문제와는 별개입니다. 천황의 책임과는 별개의 문제라는 말입니다."

"그러나 당신은 실제로 합중국, 영국 및 네덜란드와 전쟁을 한 적이 없습니까?"

"나의 내각에서 전쟁을 결의했습니다."

"그 전쟁을 수행하지 않으면 안 된다는 것은, 그러니까 전쟁을 수행하라는 것은 히로히토 천황의 의사였습니까?"

"의사에 반한 것인지도 모릅니다만 어쨌든 나의 진언, 통수부와 기타 책임자의 진언에 따라 마지못해 동의하신 것이 사실일 겁니다. 하지만 폐하께서는 최후의 순간에 이르기까지 평화를 애호하시는 정신을 갖고 계셨습니다. 전쟁이 일어나고 나서도 그러하셨습니다. 폐하의 명확한 의사 표시는 1941년 12월 8일 내리신 조칙의 문구 가운데 분명하게 나타나 있습니다. 더욱이 그것은 폐하의 희망에 따라 정부의 책임 아래 넣은 말입니다. 거기에는 정말로 부득이한 일이며 짐의 의사가 아니라는 의미의 말씀이 적혀 있습니다."

이 대답을 들은 키난은 '헐 노트'에 관한 질문으로 옮겨갔다. 그는 그다지 중요하지도 않은 문구를 끌어와서 도조에게 질문을 했다. 도조의 입에서 자신이 천황을 설복시켜 전쟁에 이르게 했다는 말이 확실하게 나온 이상 키난의 질문은 또다시 날카로움을 잃어버렸던 것이다. 그는 언제든 질문을 그만두어도 상관이 없었던 셈이다.

1월 7일, 도조의 변론이 끝나자 판사단을 대표하여 웹 재판장이 몇 가지 의문을 제기했다. 그중에는 다음과 같은 질문이 포함되어 있었다.

"증인 이외에 몇 명이 천황에게 미국 및 영국에 선전포고를 하자고 진언했습니까?"

이 질문을 듣고 도조는 순간적으로 움찔했지만, 신중하게 대답하지 않으면 안 된다고 생각하고 말을 골라가면서 대답하기 시작했다. 이런 신중함은 듣는 사람들에게 의심스런 느낌을 불러일으켰는데, 이는 그의 대답에 작위적인 의미가 있었기 때문인지도 모른다.

"연락회의, 어전회의, 중신회의, 군사참의관회의에서 신중하게 심의한 결과 자위상自衛上 부득이하게 전쟁을 하지 않으면 안 된다는 결론에 도달했고, 이 결론에 따라 일본은 개전을 결정한 것입니다. 그리고 최후의 결정에 관하여 폐하를 직접 뵙고 말씀드린 사람은 나, 육군참모총장, 군령부총장이었습니다. 나와 두 총장은 일본의 자존을 온전히 하기 위해서는, 쉽게 말하자면 살기 위해서는 전쟁 말고는 다른 길이 없다고 말씀드렸습니다. 그리하여 폐하의 가납嘉納을 받았던 것입니다."

웹은 더 이상 추궁하지 않았다. 천황을 법정에 끌어들이는 것은 불가능하다는 사실을 알고 있었기 때문이다. 그것을 보증하기라도 하듯 맥아더는 이날 심문이 끝난 후 비밀리에 웹과 키난을 불러, 도조의 증언으로 분명해진 것처럼 천황에게는 책임이 없으며 따라서 천황을 기소할 수 없

센류
하이쿠와 같은 형식인
5 · 7 ·5의 3구 17음으
로 된 단시(短詩).

다고 말했다. 웹은 쓰디쓴 벌레를 씹은 표정으로, 키난은 희색을 감추고 그의 말에 몇 번이나 고개를 끄덕였다.

한편 도조도 심문의 결과에 충족감을 맛보고 있었다. 마음속에 꺼림칙하게 남아 있던 것을 털어놓았고 천황에게 책임이 돌아가지 않도록 응답을 했다고 생각하면서, 그는 스가모로 돌아오는 버스의 지정석, 즉 둘째 줄 안쪽에 앉아 미소를 지을 정도였다.

신문기자가 집요하게 요구하자 도조는 기요세를 통해 이렇게 대답했다.

"야스쿠니신사의 영령들과 전화戰火를 입은 분들의 입장에서 말할 작정입니다. 만약 허락된다면 두 가지 희망사항이 있습니다. 하나는 이 전쟁은 30년 전으로 거슬러 올라가 논의되어야 한다는 것이며, 다른 하나는 상대방 정부도 심리의 대상이 되어야 한다는 것입니다."

이는 그의 속마음을 그대로 보여주는 말이라 아니할 수 없다.

어깨가 가볍구나 이제 염라대왕에게 가는 것일까

이날 일기에 그는 하이쿠인지 센류川柳ˆ인지 알 수 없는 시를 적었는데, 그 후 그는 "이날로 나의 역할은 끝났다"는 내용의 시를 하루에도 몇 편씩 읊어댔다.

도조가 퇴장한 후 법정은 다시 이완상태로 돌아갔다. 도조 다음으로 우메즈 요시지로가 반증에 나섰고, 이어서 법정에 제출된 자료의 정당성을 둘러싸고 검사와 변호사가 논쟁을 벌였다. 늙은 피고들 중에는 긴장이 풀렸기 때문인지 앉아서 꾸벅꾸벅 조는 자도 있었다.

그렇지만 법정에 나오는 일이 고통스러웠던 것은 아니다. 법정의 대기실에는, 1948년 들어서부터 연합국 측 헌병대장 켄워시Kenworthy의 조치에 대해 비판의 목소리가 높아지면서 철망이 쳐지긴 했지만, 가족을 만나는 즐거움이 남아 있었다. 그런데 스가모구치소의 감시는 엄격했다. 검사의 논고가 시작될 때 불상사가 일어날지도 몰라 신경을 곤두세우고 있던 구치소에서는 독약 소지 여부를 조사한다는 명목으로 구강·귀·음경·항문까지 철저하게 검사했다. 변호인과 직접 서류를 주고받는 것도 금지되었다. 그러나 법정에 나와 있는 동안에는 그런 고통으로부터 벗어날 수 있었다.

스가모구치소의 미국인 장교들 사이에서는 긴장감이 지배적이었고, 도조의 방만은 몇 명의 장교가 하루 종일 감시했다.

2월 19일부터 시작된 검사의 논고는 각 피고의 책임을 매도하는 말 일색이었다. 3월 3일부터는 변호인 측에서 이 논고를 반박했다. 각 피고의 변호인은 각각의 소인訴因에 정면으로 맞섰다. 도조만은 스스로 변론에 나섰다. 그는 대동아 정책은 세계평화를 위한 정책이고 대동아선언은 대서양선언과 맞먹는 것이라고 하면서, 일본에는 군벌이 존재한 사실이 없다고 힘주어 말했다. 이를 두고 시게미쓰는 일기에 "죽음을 앞두고 싸우는 용자勇者의 풍모"라고 적었다.

4월 16일, 법정은 모든 심리를 마치고 판결을 언도하는 날까지 휴정을 선언했다. 안도와 낙담이 엇갈리는 피고들을 싣고 빗속을 달려 스가모로 돌아온 버스는 여느 때와 달리 정면 현관이 아니라 뒤쪽 입구에 멈췄다. 그것은 구치소 생활이 더욱 엄해질 징조였다. 피고들은 알몸으로 뢴트겐 검사와 항문 검사를 받았고, 지금까지와는 달리 안쪽에 있는 제1동의 2층으로 옮겨졌다. 방의 배치도 바뀌었다. 중앙에 도조, 그리고 기도,

시마다, 도고 순이었다. 도조로부터 멀어짐에 따라 요직에서 멀어지는 것을 뜻했기 때문에 신경질적인 피고는 형기의 무게 순일 것이라고 수군거렸다.

이날 이후 중앙에 수용되어 있는 피고에 대한 감시가 더욱 엄격해졌다. 도조에게 호감을 갖고 있지 않은 미국인 장교 중에는 담요를 뒤집어쓰고 있는 도조를 신경질적으로 발로 차는 자까지 있었다. 도조의 법정 변론에 호감을 갖지 않은 병사도 있었는데, 그들은 모멸 섞인 태도로 도조를 대하면서 기분을 풀었다.

도조는 시게미쓰에게 "이런 취급을 받으니 일찌감치 목을 매달리는 게 나을 것"이라고 불평했다. 날마다 자존심에 상처를 입으면서 그의 분노는 안으로 향하고 있었다.

미군이 스가모구치소의 운영을 담당하고 있는 상황에서 이때 만약 A급 전범인 피고가 자살이라도 한다면 미국이 다른 10개국으로부터 책임을 추궁당할 수밖에 없다. 게다가 그들에게는 괴로운 경험이 있었다. 전년 10월 뉘른베르크재판에서 사형판결을 받은 괴링Hermann Göring(1893~1946)이 감시가 소홀한 틈을 타 캡슐에 든 청산가리를 마시고 자살했다. 항문과 신발 밑창에 이 극약을 감춰두고 있었던 것이다. 이것이 교훈이 되었다. 그리고 그들은 일본인은 자살을 미화하는 민족이라고 생각했기 때문에 더군다나 감시를 소홀히 할 수 없었다. 담배는 제공했지만 성냥은 주지 않았다. 일주일에 한 번이나 두 번씩 허용하는 마당 산책도 중앙에 판자를 깔아놓고 그 위를 밟고 돌아다니는 것으로만 제한했다. 판자에서 벗어나면 주의를 주었는데 그것은 못이나 유리를 모아 흉기로 사용할지도 모른다는 우려 때문이었다.

피고들은 자신들의 생사를 결정하는 판결 언도 날짜에 대해 이런저런 소문을 들었다. 5월 하순에는 7월 무렵이 될 것이라는 소리를 들었고, 6월에 들어서면서부터는 8월 이후가 될 것이라는 얘기를 들었다. 이처럼 아무런 근거도 없는 협박이 이어졌다. 7월 중순에는 미국인 장교가 11월이 될 것이라고 했다는 말을 그대로 믿기도 했다.

그들의 즐거움은 하루 한 시간 정도 허용된 상호방문과 한 달에 한 번 45분 동안 가족을 면회하는 것이었다. 누군가가 매달 초 가족 면회 날짜를 지정했고, 면회를 할 때면 면회실이 북적거렸다. 면회가 끝난 다음에는 편지를 통해서만 가족과 의견을 나눌 수 있었다. 피고는 매주 한 번밖에 편지를 보낼 수 없었지만 외부에서는 얼마든지 가능했기 때문에 피고의 가족 중에는 매일 편지를 쓴 사람도 있었다.

도조의 집안에서는 네 명의 딸이 종종 편지를 썼다. 일상생활, 장래의 포부, 아버지에 대한 사모의 정이 그 주요 내용이었지만, 도조가 보내온 편지는 지극히 현실적인 이야기로 채워져 있었다. 자신이 죽은 후 가족의 생활을 염려하여 딸에게는 넌지시 "자활의 길을 찾으라"거나 "이제 영어가 필요한 시대이니 영어를 공부하라"고 말하기도 했다. 그것은 도조의 마음속에서 미국을 호의적으로 바라보는 시선이 형성되고 있었다는 것을 뒷받침한다.

또 하루에 한 시간 정도 허용되는 상호방문 때에는 육군을 중심으로 하는 그룹과 외무성을 중심으로 하는 그룹으로 나뉘었고, 그의 부하였던 무토 아키라와 사토 겐료가 자주 도조를 찾아왔다. 여기에서 그들이 무슨 대화를 나눴는지는 자료가 없어서 확실하지 않다. 다만 재판의 진행이나 내용에 대한 불만을 이야기했을 것이고, 예상되는 형기刑期와 관련하여 들리는 소문을 전했을 것이다. 도조의 경우 신문에 보도되는 정치정세에는 그다지 관심을 갖지 않았던 듯하다. 사형을 각오하고 있던 도조에게 스가모구치소는 미래를 바라보는 곳이 아니라 과거를 되돌아보고 저승 여행을 준비하는 곳이었기 때문이다. 이 무렵부터 도조는 급격하게 종교적인 문제에 눈을 뜨기 시작했다.

"교수형Death By Hanging"

스가모구치소의 교회사敎誨師 하나야마 신쇼花山信勝는 40대 중반의 불교도로 도쿄 대학 문학부 교수였다. 그는 도조가 처음 불당에 얼굴을 내민 날의 일을 뚜렷하게 기억하고 있다. 도조의 메모에 따르면 이날은 1946년 3월 16일 토요일이다. "제국대학 문학부 교수 하나야마 박사의 설법을 듣다"라고만 적혀 있을 뿐 특별한 감개는 찾아볼 수 없다.

"이날 내가 불당에 들어갔을 때 도조 씨는 맨 앞줄에 로이드 안경을 쓰고 죄수복을 입은 채 앉아 있었습니다. 어찌 됐든 한때 지도자였기 때문에 이곳에 모인 BC급 전범들도 도조 씨를 흘끔흘끔 바라보고 있더군요. 그러나 그 시선에는 특별한 의미가 있는 것이 아니었습니다. 도조 씨가 어떤 사람인지 궁금해하는 눈길이었지요. 고개를 끄덕이면서 내 설법을 듣고 있었는데, 그 모습을 보았을 때 나는 그가 진지하게 듣고 있으며 불법佛法을 아는 사람이라는 인상을 받았습니다. 그러한 첫인상은 끝까지 바뀌지 않았습니다."

학도 출진을 독려하기 위해 도조가 도쿄 대학에 강연을 하러 갔을 때 교수들 중에서는 특별한 재능을 가진 인물이 아니라 평범한 군인이라고 말하는 사람도 있었는데, 불당에서 본 도조는 그런 선입관이 잘못일지도 모른다고 생각할 정도로 침착했다고 하나야마는 증언한다.

그 후 도조는 법정에 시간을 할애하고 진술서를 정리하느라 불당에 얼굴을 내밀지 못했다. 하지만 1948년 봄이 지나면서부터 그는 종종 불당에 모습을 나타냈다. 하나야마가 처음 보았을 때의 침착한 모습 그대로였다. 그리고 6월이 지나면서 도조는 불교 관련 서적을 차입해달라고 말했고, 『쇼신게°강찬正信偈講贊』이나 하나야마의 저작 『백도白道°에서 살아가며』를 열심히 읽었다.

불교 서적을 정독하면서 도조는 하나야마에게 마음을 열었다.

"제 어머님도 오구라에 있는 절 출신입니다. 어렸을 때는 어머님의 가르침에 따라 두 손을 모은 적도 있었습니다."

이렇게 말하는 도조에게서 정치에 대한 관심은 찾아볼 수 없었다. 자신의 가족을 생각하거나 죽음을 초월한 세계를 구하고 있을 따름이라고 하나야마는 생각했다. 권세를 자랑하던 지도자도 그의 앞에서는 고뇌하는 인간에 지나지 않았다. 하나야마에게는 도조가 그러한 인간의 소박한 모습을 있는 그대로 드러내고 있는 것처럼 보였다.

판결언도가 가까워짐에 따라 하나야마는 새로운 위구심을 가졌다. 25명의 피고들이 동요하여 혼란스러운 정신상태를 보인다면 이야말로 종교가인 그 자신의 치욕일 뿐만 아니라 급기야는 세계 각국의 비웃음을 살지도 모른다고 생각했던 것이다. 연합군총사령부에서 8월 2일부터 판결문 번역을 담당하는 미국인 9명과 일본인 26명이 도쿄 시바芝에 있는 핫토리하우스에 모여 번역 작업에 들어간다고 발표했을 때, 하나야마는 극형이 예상되는 피고에게 집중적으로 법어를 강설해야겠다고 생각했으며, 특히 도조의 경우 종교적인 경지에 들어서 판결을 받아들이기를 원

쇼신게
정토진종의 핵심적 가르침을 담은 게송(偈頌).

백도
불교 정토종에서는 사바세계와 극락세계 사이에는 강이 놓여 있고 그 중앙에 작은 다리 하나가 놓여 있다고 말하는데 이 다리가 백도이다. 백도의 오른쪽 강에는 역류하는 물결이 그려져 있는데, 탐욕을 상징한다. 다리 왼쪽에는 불타고 있는 강이 그려져 있는데, 분노와 증오심 등을 상징한다. 백도를 건너가야 할 사람 뒤로는 맹수가 쫓아오고 있다.

했다. 그렇게 만드는 것이 그의 역할이라는 점을 강하게 자각하고 있었던 것이다.

하나야마가 교회사가 되기로 마음먹은 것은 동료 교수로부터 연합군이 스가모구치소의 사형수를 위해 불교 승려를 찾고 있다는 소식을 들었기 때문이었다. 30대에서 40대인 자, 특정 종파에 관계없이 종교의 모든 교의敎義를 이해하고 있는 자, 영어를 할 수 있는 자, 이 세 가지 조건이 필요했으며, 물론 전쟁에 가담한 자는 제외되었다. 모든 조건이 하나야마를 위해 준비되어 있었던 셈이다.

그는 주저 없이 교회사가 되기로 결심했다. 이력서를 가지고 스가모구치소를 찾은 날, 구치소장 하디 대령과 기독교 교회사 클레멘스 중위는 수용 전범의 90퍼센트가 불교도여서 일본 정부에 인선을 요구했지만 아무도 추천해주지 않는다며 불만을 털어놓았다. 그리고 미국 유학 경험도 있고 미국인의 종교심을 이해하고 있는 하나야마는 당장이라도 스가모로 와달라는 부탁을 받았다. 교회사라는 존재를 경시하는 일본 정부의 태도에 하나야마는 다시금 얼굴을 붉혔다. 메이지 이래 그 어떤 종교 정책도 갖지 않은 일본의 해묵은 폐단이 드러난 것이라고 생각한 것이다. A급 전범들은 종교를 능욕했을 뿐만 아니라 그 의미를 알려고도 하지 않고 탄압만을 일삼아왔기 때문에, 죽음을 눈앞에 둔 인간으로서 종교로부터 잘못에 상응하는 복수를 당해도 할 말이 없었다. 그들이 발광을 하든 이성을 잃고 허둥거리든 상관이 없다. 그것이 그 인간이 살아온 흔적을 상징한다. 하나야마는 의식하지 못했을 테지만, 그가 피고들을 종교적인 경지에 도달하도록 설교해야겠다고 생각하면 생각할수록 역설적이게도 일본 불교가 만감이 교차하는 가운데 복수를 하는 구도가 형성되었던 것이다.

8월 하순 불당에서 A급 전범 25명만을 대상으로 한 법회가 열렸다. 하나야마가 법의法衣를 갖춰 입고 들어서자 25명은 사적인 얘기도 나누지 않고 그냥 앉아서 피로에 지친 눈길을 던졌다. 그들은 판결을 걱정하면서 두려워하고 있었던 것이다. 독경을 시작으로 하나야마는 B급 및 C급 전범의 이야기, 불법승의 구도적 생활에 관한 이야기를 이어나갔다. 묵상하고 있는 자, 이런저런 생각을 하고 있는 자, 열심히 듣고 있는 자. 꼼짝 않고 하나야마의 눈을 바라보고 있던 도조는 열심히 듣는 자들 중 한 사람이었다.

법어가 끝나자 도조는 "미안합니다만 요시카와 에이지吉川英治(1892~1962)의 『신란親鸞』을 차입해주실 수 있겠습니까"라고 말했다. 『신란』을 읽고 싶다는 말은 그의 고뇌가 진정되기 시작했다는 것을 뜻한다. 하나야마에게는 환영할 만한 상태였다. 이 책이 하나야마에게 되돌아왔을 때 도조를 필두로 25명의 서명이 적혀 있었다. 도조가 그들에게 그 책을 읽도록 권했던 것이다. 서명의 필체에는 삶과 죽음 사이에 놓인 피고들의 정신적 동요와 그런 어중간한 상태에서 벗어나고 싶다는 초조감이 배어 있는 것처럼 보였다.

판결 선고일은 여전히 분명하지 않았다. 핫토리하우스의 번역 작업이 늦어지고 있는 듯했고, 9월이 지나 10월에 들어서서도 법정이 재개될 징후는 보이지 않았다. 시간이 지남에 따라 구치소의 경계만은 엄중해지고 있었는데 그것도 피고들의 신경을 지치게 했다. 그들을 위해 하나야마는 법회 횟수를 늘려달라고 제안했고 소장은 이를 받아들였다.

10월에 들어서면서부터 법회는 매주 두 번 정도씩 진행되었다. 10월 하순의 법회에서 하나야마는 다음과 같이 말했다.

"최후의 순간까지 생명을 아까워하고, 주어진 시간을 이용하여 말해야 할 것을 말하고 써야 할 것을 써서 왕생을 이루는 것이 바로 영원히 사는 길입니다. […] 몸은 죽어도 그 정신은 영원히 삽니다."

그러자 피고들은 이제까지와 다른 반응을 보였다. 지금까지는 법회가 끝나면 곧장 불당에서 물러났는데 이날에는 전원이 불단 앞으로 나와 합장을 하고 나서 빠져나갔던 것이다. 특히 도조는 큰 몸짓으로 합장을 계속하면서 불단 앞을 떠나지 않았다. 하나야마의 법어가 그의 정신세계에 상당한 영향을 끼쳤던 것이다.

11월 4일 법정이 재개되었다. 이날 신문은 "피고는 마음의 준비를 하고 있다"는 하나야마의 담화를 게재했다. 확실히 피고들은 종래 이치가야로 갈 때와는 다른 감개를 갖고 있었다. 시게미쓰의 경우 그의 일기에 "길 곳곳에 국화가 활짝 핀 것을 보다. 길가의 풍경은 전과 다를 리 없건만 지금 내 마음에는 왠지 새롭다"라고 적었을 정도이다. 오전 9시 30분부터 웹 재판장이 판결문을 낭독하기 시작했고, 피고들은 자신의 이름이 나올 때마다 리시버를 지그시 누르면서 그 의미를 확인하려 했다.

웹이 판결문을 5분의 1가량 낭독한 지점에서 이날 법정은 문을 닫았다. '본 재판소의 설립 및 심리'를 비롯하여 '태평양전쟁' '기소장의 소인訴因에 관한 인정' '판결' 등 10개 항목으로 이루어진 판결문은 1천212쪽에 달하는 방대한 분량이었다. 낭독은 5일, 8일, 9일, 10일로 이어졌는데, 날이 지남에 따라 피고들은 절망감에 빠져들었다. 일본의 침략 정책이 세계평화에 큰 죄를 지었다는 기조 아래, 일본 육군을 중심으로 하여 정부가 공모자가 된 것으로 파악하고 그 과정에서 각 피고가 어떻게 정책을 지지하고 실행했는지를 논하고 있었기 때문이다. 검찰 측의 논고를 전면적으로 채택하고 있었던 것이다.

6일과 7일에는 법정이 열리지 않았다. 독방을 상호 방문한 피고들은 낮은 목소리로 육군 관계자들은 극형에 처해질 것이라고 예상했다. 도조의 사형을 의심하는 자는 없었고, 그 때문인지 그의 방을 찾아오는 자도 없었다. 도조 역시 자신의 방에 틀어박혀 있었다. 구치소의 헌병은 육군의 피고 중에서도 기무라 헤이타로, 사토 겐료 등은 개전 당시 일개 막료로 별다른 실권을 갖고 있지 않았기 때문에 형이 가벼울 것이며, 외무성 출신인 히로타 고키, 도고 시게노리, 시게미쓰 마모루 등은 그보다 훨씬 덜할 것이라고 위로 삼아 말했다. 하지만 그 말은 피고들의 정신 상태를 누그러뜨리지는 못했다. 7일 오후 산책에서는 모두가 아무 말 없이 판자 위를 걸을 따름이었다. 도조만이 멈춰 서서 하늘을 우러러보면서 중얼거렸다.

"푸른 하늘을 바라보는 것도 이것이 마지막인가……."

하지만 그 말에 맞장구를 치는 사람은 아무도 없었다.

웹 재판장의 낭독은 11일 하루를 꽉 채우고 나서야 끝이 났다. 이날 휴식 시간에는 특별히 가족면회가 허용되었다. 피고의 가족이 대거 법정 대기실로 몰려와 쇠창살 너머로 대화를 나누었다. 무죄를 믿고 있는 피고의 대면은 밝았고, 극형을 각오하고 있는 자의 면회에는 눈물이 흘렀다.

이날 아내 가쓰와 넷째 딸이 도조를 만났다. 도조는 "첫째, 재판이 순조롭게 진행되어 천황 폐하께 폐를 끼치지 않은 것, 둘째, 건강하게 살아온 것, 셋째, 스가모에서 종교를 만난 것을 기쁘게 생각한다"고 말한 다음 이렇게 덧붙였다.

"미국으로 끌려가 그곳에서 처형될 줄 알았는데 어찌 됐든 일본에서 처형되어서 좋다. 게다가 미국의 손에 처형되는 것은 예상하지 못한 기쁨이기도 하다……."

여기에는 군인으로서 적국의 손에 처형되는 것은 기쁨이고 지도자로서는 무솔리니처럼 공산주의자에게 체포되어 총살당하지 않은 것이 백번 낫다는 의미가 포함되어 있다. 도조의 목소리는 높았고 '처형'이라는 말이 나올 때마다 주위의 눈은 일제히 도조를 향했다.

법정에서 돌아오는 버스 안의 분위기는 침통했다. 평균연령이 60대 후반에 이르는 피고들은 내일 어떤 판결이 내려질지 불안해하면서도 이 불안정한 생활에 종지부를 찍는 것을 기쁨도 두려움도 아닌 복잡한 심경으로 기다리고 있었다. 이날 웹의 판결문에서는 도조 내각의 성립을 공동모의의 완성으로 파악하고, 도조가 개전을 결의했다는 점을 반복해서 강조했다. 그리고 포로를 학대했다는 사실을 집요하게 비판했다. 이를 통해 도조의 극형은 예상할 수 있었지만 기타 피고에게 어떤 판결이 내려질지는 알 수가 없었다. 그들이 불안해한 것도 이 때문이었다.

버스가 스가모에 도착하면서 불안은 더욱 깊어졌다. 자기 방의 벽, 방석, 담요, 비누에 이르기까지 모두 새것으로 바뀌어 있었다. 개인 물건인 서적도 노트도 신문도 치워졌고, 최소한의 생활에 필요한 것만 놓여 있었다. 이날 밤 어느 독방에서는 기이한 소리와 함께 흐느끼는 소리가 흘러나왔다고 한다.

11월 12일은 아침부터 따가운 햇살이 내리쬐는 날이었다. 이치가야 다이의 언덕에 서 있는 법정의 현관 입구에는 재판의 판결을 직접 눈으로 확인하려는 사람들이 늘어서 있었다. 방청인 중 70퍼센트는 학생이었는데, 그들은 가치관을 역전시킨 이 전쟁의 결말을 지켜보고자 했던 것이다.

나머지 방청석은 피고들의 가족으로 채워졌다. 그중에는 하루도 빠짐없이 방청하러 나온 히로타 고키의 딸도, 마쓰이 이와네의 아내도, 무토 아키라의 아내도 포함되어 있었다. 도조의 둘째 아들과 셋째 아들도 처음으로 방청석에 앉아 있었다. 기자석에는 도쿄재판이 시작된 날과 마찬가지로 각국의 기자들이 얼굴을 내밀고 있었다.

오전 법정에서는 판결문의 마지막 부분이 낭독되었다. 정오 휴식 시간에는 응접실의 대기실에서 피고와 가족의 면회가 허용되었는데, 피고의 얼굴을 보고 눈물을 흘리지 않는 가족은 어디에도 없었다. 도조는 아내와 두 딸이 몸부림치며 우는 모습을 다른 피고들과 마찬가지로 곤혹스러운 듯 바라보기만 했다.

오후 1시 30분부터 열린 법정에서는 웹 재판장이 각 피고의 판결문을 읽었다. "침략전쟁을 수행하기 위한 공동모의는 최고도의 범죄"이며 이러한 "공동모의에 참가하거나 가담한 자는 유죄"라 하여 25명의 피고 전원에게 유죄 결정이 내려졌다. 마쓰이 이와네와 시게미쓰 마모루를 뺀 전원을 공동모의에 가담한 것으로 단정했다. 오후 3시 30분 판결문 낭독이 끝나고 피고들은 대기실로 돌아갔다. 그다음에는 한 사람씩 이름순으로 호명하여 판결을 언도했다.

먼저 아라키 사다오가 대기실에서 헌병에게 끌려 들어왔다. 그는 몇 분 후에 되돌아왔는데 그대로 대기실 구석에 놓인 의자에 앉혀졌고 호위 헌병이 그 곁에 섰다. 그의 표정에는 아무런 변화가 없었다. 이어서 도이하라 겐지가 끌려나왔다. 그가 대기실로 돌아오자 옆에 있던 헌병이 입구 가까이에 있는 외투걸이에서 도이하라의 코트를 챙긴 다음 그것을 입히려고 옆방으로 데리고 갔다. 대기실 안에 있던 사람들은 그것이 무엇을 의미하는지 쉽게 알아차렸다. 사형선고를 받은 자는 별실로 옮겨졌던 것이다.

하시모토, 하타, 히라누마는 대기실 구석에 앉았고 호위 헌병이 그들을 지켰다. 그러나 히로타는 별실로 사라졌다. 그리고 호시노 나오키가 불려나갔는데 그는 대기실을 나서기 전 도조에게 다가와 인사를 했다. 도조 정권 아래서 지배인 역할을 하던 그는 두 손을 무릎에 대고 깊숙이 머리를 숙였다.

"신세 많이 졌습니다. 이제 이별이군요."

"자네까지 이런 곳에 끌려오게 하다니 정말 미안하군."

호시노는 대기실에 남은 쪽이었다. 그 후 이타가키, 마쓰이, 무토, 기무라가 대기실에서 사라졌다. 도고가 돌아왔고 도조 차례가 되었다. 그러나 그가 두 번 다시 이 방으로 돌아올 수 없으리라는 것은 누구나 알고 있었다. 등을 곧게 편 도조는 평소와 다름없이 그들의 시야에서 사라졌다. 도조는 두 손을 뒤에 모으고 법정으로 들어섰다. 40명에 가까운 카메라맨이 일제히 일어서 도조를 뒤쫓았다.

도조는 자리에 앉아 헤드폰을 쓰고 머리를 가볍게 왼쪽으로 돌려 천장을 올려다보았다. 웹이 "교수형Death By Hanging"이라고 외쳤다. 도조는 가볍게 고개를 끄덕이며 표정을 누그러뜨렸다. 그리고 헤드폰을 벗은 다음 얼굴을 들어 방청석을 둘러보았다. 처음이자 마지막으로 방청석을 향해 던진 시선이었다. 2층 한쪽 구석에서 둘째 아들과 셋째 아들을 발견했는지 잠깐 눈길을 멈추더니 두세 번 고개를 끄덕인 다음 법정에서 사라졌다. 그 순간 법정에서는 형용하기 어려운 떠들썩한 소리가 들렸다.

몸 상태가 나빠 법정에 나오지 못한 가야, 시라토리, 우메즈는 자리를 비운 상태에서 종신형을 언도받았다. 피고 전원에 대한 선고가 끝나자 법정에 다시 소란이 일었다. 그것이 2년 6개월에 걸친 재판의 종막이었다. 그런 분위기를 재촉하기라도 하듯 웹 재판장이 최후 선언을 했다.

"이것으로 극동국제군사재판소를 폐정한다."

1948년 11월 12일 오후 4시 12분, 보복으로 가득 찬 의식의 종언이었다.

종교적 경지에 도달하다

일곱 명이 빠져나간 대기실에는 안도의 공기가 흘렀지만 교수형을 선고받은 일곱 명의 방 역시 그러했다. 우메즈의 변호인이었던 블래크니Ben Bruce Blakeney(1908~1963)는 자신의 힘이 부족했던 점을 사과하기 위해 방에 들어갔다가 그들이 특별히 흥분한 기색도 없이 둥글게 둘러앉아 담소를 나누고 있는 것을 보고 놀랐다. 그뿐만 아니라 블래크니를 알아보고는 도조가 7명을 대표해서 인사하는 것이라고 말한 다음, "미국인 변호사로서 힘써주셔서 감사드립니다"라며 고개를 숙였다. 이어서 기요세도 이 방에 들어왔는데 그때 도조는 다음과 같이 말했다.

"그 무엇보다 이 재판으로 천황폐하께 폐를 끼치지 않게 될 것이 명백해져서 안심했습니다. 전쟁 책임은 내가 전적으로 질 작정이었는데 이렇게 당시의 각료 여러분에게 폐를 끼치게 되어서 미안하게 생각하고 있습니다……."

기요세는 도조가 이 판결에 만족하고 있다는 것을 알았다. 실제로 도조는 비탄에 잠기지도 않았고 증오를 품지도 않았다. 다른 여섯 명은 어찌 됐든 그로서는 당연한 것으로 각오하고 있었던 죽음을 확인한 것에 지나지 않았다.

일곱 명은 특별히 준비되어 있던 버스를 타고 스가모로 돌아왔다. 이날부터 그들의 감방은 제1동 3층의 7~13호실로 바뀌었다. 2층의 피고들은 제3동으로 옮겼기 때문에 제1동에 머무는 사람은 일곱 명뿐이었다. 처형일 전에 자살을 시도할지도 몰라 감시는 한층 엄중해졌다. 죽을 날까지 죽여서는 안 되는 기묘한 시간을 공유하게 된 것이다. 그래도 다음 날부터는 오후와 밤 두 차례 짧은 시간이나마 헌병의 감시 아래 상호 방문이 허용되었다. 도조가 최초로 한 일은 기무라와 무토의 방을 찾아가 사과하는 것이었다.

"이렇게 말려들게 해서 미안하네. 자네들이 사형선고를 받으리라고는 생각하지 못했어."

이 말에 그들은 재판소가 육군성에서 공동모의가 이뤄진 것으로 곡해하여 육군상, 차관, 군무국장을 그 장본인으로 지목했을 것이라면서 도조를 위로했다. 그러나 한 차례 그런 말을 한 다음에는 더 이상 얘기를 꺼내지 않았고, 하나야마가 넣어준 불교 관련 책을 읽으면서 자성하는 시간을 중요시하게 되었다.

사형선고를 받은 자가 자신의 육체를 대의大義를 위해 바치는 심경으로 바뀌어가는 징후였다. 그것은 자신의 죽음을 역사 속에 자리매김하고 싶다는, 다시 말해 순교자가 되기를 바라는 간절한 마음에서 비롯된 의식이었다고 말할 수 있을지도 모른다.

이 판결이 선고되기까지 판사들 사이에 어떤 갈등이 있었는지 언급해둘 필요가 있다. 결국 이 재판은 '미국의, 미국에 의한, 미국을 위한' 재판이었기 때문이다.

그런데 사형수들이 순교자가 되고 싶어 하는 정신 상태에 빠져드는 것을 두려워한 사람은 실은 판사단 측에도 있었다. 웹은 "천황의 책임을 면해주고 도조를 사형에 처하면 이른바 군주를 위해 신하가 죽는다는 점만이 부각될지 모른다"고 말하고, 사형수는 죽어도 조직은 그대로 남을 것이며 결국 새로운 복수밖에 낳을 게 없을 것이라고 강조했다. 이 재판에는 승자의 복수의 논리가 자리 잡고 있는데 여기에는 희생양이 필요하다는 것, 그 희생양은 패자의 눈에 '순교자'로 보일 것이고 결국 끝나지 않을 증오가 다시 시작될 것이라는 말이었다. 하지만 그의 의견은 묵살되었다.

그러나 웹은 자신의 의견과 네덜란드, 인도·프랑스·필리핀의 소수의견을 법정기록에 남기는 것만은 인정해달라고 요구했고 결국 다른 판사들의 승낙을 받아냈다. 그 결과 법정기록이 변호인 측에 전달되었을 때부터 소수의견도 조금씩 세간에 알려지게 되었다.

소수의견은 다양했다. 필리핀의 하라냐Delfin Jaranilla 판사처럼 다수의견보다 강경한 의견을 낸 사람이 있는가 하면, 네덜란드의 롤링B.V.A Rolling 판사와 프랑스의 베르나르Henri Bernard 판사처럼 재판소의 적법성에 의문을 제기하면서 법정이 맥아더의 도구 노릇을 한 것은 아닌지 의심스러우며, 재판 내용을 보아도 너무나 자의적으로 증거가 제출되었다고 비판하고 동시에 천황의 면책에 비판을 가하는 사람도 있었다. 검사 측에서 제출한 자료 3천280건 중에는 자료라는 이름에 어울리지 않는 것까지 포함되어 있었기 때문에 이 의견은 설득력을 지니고 있었다. 하지만 이런 목소리는 모두 미국의 의향에 따라 무시되었다.

다른 한편 인도의 팔Radhabinod Pal 판사의 판결문이 있다. 일본어 번역문으로 1천290쪽에 달하는 이 판결문은 소수의견을 낸 판사들의 의견과도 달랐다. 그는 이 판결문에서 전쟁이 언제부터 국제법상의 범죄가 되었는가, 개인의 책임은 어디까지 물어야 하는가라는 물음 중심으로 법정의 모습, 재판의 기술技術, 일본 근대사를 분석한 다음, 격조 높은 문구를 동원하여 전쟁불가피론을 상세하게 호소했다.

"오랜 기간 집념 어린 보복의 추적을 당해왔기 때문에 정의의 이름으로 호소하는 것은 허용될 수 없다. 세계는 진실로 관대한 아량과 이해에 기초한 자비심을 필요로 한다."

팔 판사 역시 '희생양'을 만들어서는 안 된다고 말하고 전승국의 도량을 요구했다.

팔의 판결문은 인류 보편의 원칙으로 가득 차 있었지만 거기에는 일본의 실제 사정에 관하여 정확하게 이해하지 못한 점도 포함되어 있었다. 그는 "여론은 대단히 활발했고 사회는 그 의사를 효과적으로 실현하기 위한 수단을 조금도 빼앗기지 않았"으며, "그들은 처음부터 끝까지 여론을 따랐고 전쟁 중에도 여론은 정말로 활발하게 그 역할을 다했다"고 썼다. 많은 자료를 독파하고 많은 증인을 만났다고 팔은 말했지만, 자료는 모두 공식 간행된 것이었고 증인은 시대의 지도자들이어서 그가 시대상황을 제대로 파악하지 못한 것도 어쩌면 당연했다. 그는 일본의 여론이 폐쇄되어 있던 상황을 전혀 간파하지 못했던 것이다. 따라서 팔의 판결문은 본인의 의사와는 별도로 하나의 살아 있는 생명체처럼 움직일 위험성을 안고 있었다. 그것은 지금까지도 사라지지 않고 있다. 아니 역으로 그 위험성은 교묘하게 악용되고 있다고까지 말할 수 있다.

팔의 판결문은 변호인을 통해 일곱 명의 전범에게도 전해졌다. 물론 일곱 명 모두 희색을 띠며 팔이 자신들의 의사를 충분히 이해하고 있다고 말했다. 특히 도조는 "언젠가 이 주장이 세계에서 인정받게 될 것입니다. 나는 그 때를 위한 초석입니다"라고 되풀이했다. 아이러니하게도 팔의 판결문은 도조의 죽음에 새로운 '순교자'로서 명분을 제공하는 역할을 하기도 했던 것이다.

하나야마 신쇼가 구치소 측의 양해를 얻어 일곱 명을 개별적으로 만난 것은 판결 선고로부터 5일이 지난 11월 17일 오후였다. 마지막으로 불당에 들어온 도조는 미군 작업복 차림에 장교 세 명을 대동하고 있었다. 그의 왼손은 장교의 오른손과 수갑으로 연결되어 있었다. 지금까지 다른 여섯 명이 두 명의 장교를 대동했던 것과 비교하면 도조는 특별대우를 받고 있었던 셈이다.

하나야마가 가족의 전언을 한 마디씩 음미하듯이 전하자 도조는 오른 손을 들어 양해해달라는 신호를 보냈다. 그 팔에 염주가 채워져 있었다. 그리고 호주머니에서 메모수첩을 꺼내더니 가족에게 전하고 싶다면서 평생 변한 적이 없는 특유의 목소리로 조문條文을 읽듯이 읽기 시작했다.

"처엇째", 그는 목청을 길게 끌며 큰 소리로 말했다.

"첫째, 건강 상태 지극히 양호하며 정신 상태 또한 평정하다는 것. 둘 째, 하나야마 선생의 가르침을 받고 있다는 것. 셋째, 하나야마 선생이 최후를 지켜봐주기로 한 것에 대해 차남이 감사 인사를 할 것. 넷째, 판 결 후 제1신을 보냈는데 도착했는지 여부. 다섯째, 16일에 면회허가원을 내라고 하기에 가쓰와 딸 네 명의 이름을 적어 제출했다. 이것은 면회 인 원수에 제한이 있었기 때문이다. 여섯째, 지난번 판결에서는 재산몰수 와 관련된 언도는 없었다. 따라서 유일한 재산인 요가의 집은 계속 사용 할 수 있다."

하나야마는 전 수상의 신경이 얼마나 세심한지를 다시 한번 느꼈다.

"그 외에 사형에 임하는 감개를 문장으로 적은 것이니 받아주시기 바 랍니다."

이렇게 말하고서 도조가 건넨 서면에는 '하나야마 선사에게 진술할 요 건'이라는 제목 아래 네 항목이 적혀 있었다.

"모든 책임을 내가 지지 못하고 많은 동료들이 중죄에 처해지게 된 것 을 괴롭게 생각한다. 본 재판으로 폐하께 누를 끼쳐서는 안 될 것이다", "패전 및 전화戰禍 때문에 울고 있을 동포를 생각하니 죽어서도 그 책임을 다하지 못할 것을 한탄하지 않을 수 없다", "재판 판결 그 자체에 대해서는 지금 말하고 싶지 않다. 세계 지식인들의 냉정한 비판을 거쳐 일본의 진의가 무엇이었는지를 알아줄 시대가 올 것이다", "생각건대 그 사람들(전사자, 사상자, 전쟁피해자 및 그 유가족)은 뜨거운 마음으로 나라를 위해 죽고 나라를 위해 모든 것을 다한 자들이다. 전쟁에 대하여 죄가 있다면 그것은 우리들 지도자의 죄이지 그들에게는 추호도 죄가 없다"라는 것이 그 내용이었다.

이외에 포로 학대와 같은 황군 병사의 행위도 최종적으로는 자신의 책임이므로 스가모에 수용되어 있는 BC급 전범과 그 가족을 배려해달라고 호소하고, 말미에 "지금 사형선고에 따라 죽음을 맞이하면서 마음에 남아 있는 고충을 호소한다"고 쓴 다음 '히데키英機'라고 서명했다.

그러나 도조의 이 호소가 국민에게 받아들여질 시대가 아니라는 것을 하나야마는 알고 있었다. 그런 줄 알면서도 어떤 형태로든 공표하겠다고 약속하자 도조는 안도의 빛을 띠며 곧바로 요설을 늘어놓았다.

도조의 이 유서는 '하나야마'로 대표되는 종교세계의 승리와 대일본제국 지도자의 무참한 패배를 의미한다. 만약 그들이 흔들리지 않는 신념을 갖고 대일본제국의 귀추歸趨를 담당했다면 안이하게 종교적 경지에 이를 수는 없었을 터이다. 최후의 순간까지 긍지를 갖고 '저항'했어야 하며, 사형선고를 받았다 하더라도 예컨대 다음과 같이 외쳤어야 했다.

'나의 사형은 나의 국가가 다른 국가에 도전한 이념의 패배를 의미하지 않는다. 이것은 역사의 한 단면에서 빚을 청산한 것에 지나지 않는다. 나를 재판한 여러분들도 언젠가는 재판을 받을 날이 올 것이다.'

그들에게 내세울 게 있었다면 이런 말을 남기고 가야 했을 것이다. '나'

에게로 돌아온 죽음은 대일본제국에 대한 모독이었다고 말할 수 있을지도 모른다.

이제 도조는 정치와 군사의 세계에서 벗어나 종교의 세계를 배회하고 있을 따름이었다. 그랬기 때문에 그는 정치와 군사에 대해서 할 말이 없었던 것이다. 종교의 경지를 이해했다고 말한 순간부터 그는 일개 겁 많은 사형수가 되고 말았다고 할 수 있다.

예를 들어 그는 하나야마에게 빌린 불경 안에서 '신信'이라는 글자가 열세 번 사용되었다고 말한 적이 있는데, 하나야마는 그것을 도조가 처형장을 의미하는 '주산카이단十三階段'을 의식하고 있기 때문인 것으로 받아들였다. 두 사람의 대화는 나라奈良에 있는 대불大佛에까지 미쳤다. 대불 아래 무한의 세계가 있다는 하나야마의 말에 도조는 고개를 끄덕이면서 별 생각 없이 이렇게 중얼거렸다.

"지구상의 제왕이란 사실 보잘것없는 것이지요."

이 대화는 그 후 도조의 주변 사람들 사이에서 문제가 되었다. 천황에게 충성을 맹세했음에 틀림없는 도조가 그것을 내팽개친 게 아니냐는 얘기였다. 결국 하나야마가 "이것은 종교상의 말입니다. 부처에 비하면 크지 않다는 의미지요. 천황폐하의 지위를 가볍게 본다는 뜻은 조금도 없습니다"라고 해명하고 나서야 일단락되었다. 하지만 가족과 측근들은 점점 깊이 종교로 빠져드는 도조가 얼마 남지 않은 시간에 자신의 궤적을 부정하는 것은 아닌지 두려워했으며, 이 때문에 그들과 하나야마 사이에 미묘한 균열이 생기기 시작했던 것이다.

11월 20일, 도조와 가족의 특별면회가 허용되었다. 판결 선고 후 곧 처형될 것이라는 소문이 돌고 있었기 때문에 가쓰와 네 명의 딸은 이것이 마지막 면회가 될 것이라고 생각했다. 재심 신청은 전날까지였고, 일

엔분릉
엔분(延文)은 일본 남북
조시대 연호의 하나.
1356년부터 1360년에
이르는 기간을 가리킨
다.

부 피고의 변호사가 재심을 신청했지만 도조는 사실 관계의 잘못을 정정해달라는 신청에만 동의했기 때문이다.

이날 면회에서 가족은 도조에게 '제왕이란 보잘것없는 것'이라는 말이 무엇을 뜻하는지 확실하게 알려달라고 부탁할 생각이었다. 그러나 실제로 얼굴을 맞대자 그것을 잊어버리고 울기만 했다. 오히려 도조 쪽에서 나라의 재건을 위해 힘을 다하라고 가족들을 격려했다. 그리고 이 해 봄부터 써온 와카 2백 수와는 별도로, 세상과 이별하는 노래로 남기고 싶다면서 다음 네 수를 낭독했다.

임금을 생각하는 마음 어찌 변할 수 있으랴

천대千代를 지키리라 넋이 되어서라도

때를 만나니 흩어지는구나 요시노의 산벚꽃

엔분릉延文陵* 아래 맺힌 슬픔을 견디며

계속될 것을 믿으며 흩어지나니

뭐라 대답할 말이 없구나

국민의 아픈 마음 헤아리면서

끝없이 거니는 나의 상념이여

이 네 편의 시는 판결 선고 후에 읊은 것인 듯하다.

"나의 심경은 이 노래에 다 들어 있다. 행복하게 살아라."

그는 이렇게 말하고 헌병에게 이끌려 옥사로 사라졌다.

도조 가족의 면회로부터 며칠이 지난 어느 날, 신문은 아주 간단하게 11개국이 회원으로 참가하는 대일이사회對日理事會가 열려, 재심 요구에 응하자는 인도와 네덜란드의 의견을 각하하고 판결은 공식적으로 지지를 받았다고 전했다. 아울러 맥아더가 11월 중에 사형을 집행하라는 명령을 내렸다고 덧붙였다.

'나'에게 침잠하다

이 기사를 본 하나야마는 긴장했다. 스가모구치소 장교들의 근무 배치와 처형장 설치를 넌지시 살펴온 그는 처형이 29일 월요일로 잡혔다는 것을 알아냈다.

이날 하나야마는 모닝코트를 걸치고 구치소에 들어섰다. 그리고 불당으로 두 사람씩 불러 집행 소식을 슬며시 알려주기로 했다. 도조와 무토를 불당으로 부른 것은 오후 2시였다. 무토는 도조가 어려운 듯 그의 뒤에 앉아 하나야마의 이야기를 듣고 있었다.

두 사람은 사후의 소망을 말했다. 도조는 "안경, 틀니, 염주를 가족에게 보내주십시오"라고 말했고, 무토는 머리카락을 가족에게 전해달라고 부탁했다. 그러나 저녁 무렵 하나야마는 헌병으로부터 오늘은 그만 돌아가도 좋다는 말을 들었다. 처형 중지라는 의미였다.

하나야마가 스가모에서 이케부쿠로池袋로 나와 세이부센西武線으로 갈아타려고 할 때 신문기자들이 그를 에워쌌고 하나야마는 "오늘은 집행일이 아니었습니다"라고 말했다. 그가 자택으로 돌아오는 것은 사형집행이 없었다는 것을 뜻한다. 신문기자들은 그것을 기준으로 삼고 있었던 것인데, 그때 하나야마는 신문기자들 틈에서 도조의 딸이 눈물을 훔치고 있는 것을 보았다.

이튿날인 30일, 맥아더는 형 집행을 연기한다고 발표했다. 그 이유를 분명히 제시하지는 않았지만, 도쿄재판에 관여했던 미국인 변호사가 미국으로 돌아가 연방최고재판소에 "연합군최고사령관의 명령으로 설치된 극동국제군사재판소는 미국의 입법부에 의해 설치된 것이 아니다"라는 이의신청을 냈고, 이에 대한 심리가 이어지는 동안에는 형을 집행하지 않는다는 미국 정부의 뜻을 받아들여 맥아더가 성명을 발표했던 것이다.

이의신청은 12월 6일에 수리되었다. 하지만 사형수 일곱 명의 가족들은 이런 사정을 모르고 있었다. 앞으로 3주간 처형은 없다는 사실만이 구원이었다. 그러나 그사이에 사태가 급변할지도 모른다. 안도감은 곧 불안감과 뒤섞였다. 한편 일곱 명의 사형수는 이것을 반기지 않았다. 그들의 정신 상태는 극도로 흥분되어 있었기 때문이다. 연기 소식을 들은 도조는 손을 치켜들고 "빨리 끝내주기 바란다. 이런 상태는 이미 충분하다"며 소리를 질렀다.

12월의 면회일은 일곱 명 모두 1일을 희망했는데, 사형수들도 가족들도 이날이 마지막 면회가 되리라는 것을 의심하지 않았다. 그러나 의외로 그들은 눈물도 흘리지 않고 담담한 태도로 면회에 임했다. 도조의 경우 아내 가쓰와 딸 넷이 그를 만나러 왔는데, 그 자리에서 주고받은 것은 신앙에 관한 이야기뿐이었다. 다음날 2일, 하나야마가 도조와 대화할 때 도조는 이렇게 말했다.

"어제 딸들과 신앙에 관해 충분히 이야기했는데 젊은이들은 신불神佛의 구별을 확실히 이해하고 있지 못하더군요. 아내는 알고 있었습니다만……."

그리고 "집행을 질질 끄는 것은 정말 싫은데 이것도 생각하기 나름이겠지요"라고 감정을 억제하면서 자신의 생사에 아무런 관심도 없는 것처럼 얘기했다.

"나는 감사하고 있습니다. 부처님이 아직 신심이 부족하다고 말하는 것 같습니다. 『쇼신게』와 함께 『삼부경三部經』도 읽고 있는데, 이것은 여러 번 읽어도 좋더군요. 정치가도 인생을 생각하는 이상 읽어둬야 할 것입니다. [……] 결국은 욕欲, 욕이 문젭니다. 나라의 욕이 전쟁으로 이어집니다. 욕을 해결하기 위해 석가가 나와 설법하신 것입니다. 스가모구치소에 들어와 처음으로 이것을 발견했습니다."

도조의 표정에서는 투쟁심을 찾아볼 수 없었다. 긴장했을 때 씰룩거리며 경련하는 버릇도 없어졌고, 얼굴에는 웃음만이 감돌고 있었다. 더 이상 신문도 읽지 않는 듯하고, 사회 정세에는 전혀 관심을 보이지 않았다. 오로지 스스로의 내면에 침잠해 있었던 것이다. "선생, 내 유서는 두 통입니다. 하나는 공사公事에 관한 것이고 다른 하나는 가족에게 보내는 것입니다"라고 전제한 다음, 그는 자신이 써둔 유서의 내용을 흘리는 것이 즐거움이라도 되는 것처럼 이야기를 이어나갔다.

"이리저리 많은 생각을 했습니다만 나처럼 행복한 사람은 없는 것 같습니다. 첫째는, 고위직을 두루 섭렵한 것, 둘째는, 지금 이렇게 종교를 믿게 된 것, 셋째는, 무엇이든 자유롭게 이야기할 수 있는 것입니다. 얼마 지나지 않아 죽을 것이기 때문에 아무런 거리낌없이 말할 수 있습니다. 그런 의미에서 무엇이든 말할 수 있는 입장이기 때문에 군사상의 일도 덧붙여두었습니다. 공사에 관한 유서를 정서하는 일은 당신에게 맡겨두겠습니다만, 당신과 기요세 그리고 블루웨트 세 사람이 함께 읽어주셨으면 합니다. 아울러 가능하면 이것을 지식인들이 참고할 수 있도록 해주시기 바랍니다. 가족에게 쓴 유서는 장례식과 가사에 관한 것이며, 특히 신앙에 관한 것을 여기에 충분히 써두었습니다."

종교가로서 하나야마는 도조의 내면에서 번뇌가 최후의 싸움을 벌이고 있는 것을 간파했다. 도조의 가치관은 여전히 낡은 시대에 머물러 있었지만, 그것이 부정된 지금 그는 거듭 새로운 사명감을 찾고 있었던 것이다. 그리고 12월 중반의 만남에서 도조가 "이런 노래를 지었습니다"라며 와카를 읊었을 때, 하나야마는 도조의 흉중에서 벌어지고 있는 싸움을 다시금 확인할 수 있었다.

> 지금은 어느덧 마음에 걸린 구름도 없고
> 마음은 여유롭게 서쪽으로 내달리네

눈을 감고 시를 낭송하는 도조의 표정에는 종교의 세계에 들어선 인간에게서 볼 수 있는 특유의 희열이 가득했는데, 그런 다음 그가 중얼거린 것은 다음과 같은 말이었다.

"인간은 무상하게 죽어가는 생물입니다……."

솔직한 말이었다. 솔직했기 때문에 가슴 속은 혼란스러웠던 것이다. 미국의 군목軍牧도 일곱 명의 사형수 가운데 단기간에 급격하게 신앙의 경지로 기운 사람은 도조 히데키라고 말한 바 있지만, 그것은 오히려 그가 새로운 사명감을 찾기 위해 많은 생각을 쏟아부었다는 것을 말해준다. 하나야마의 입장에서 보면 "이런 노래가 자꾸 입에서 흘러나옵니다"라고 말하며 낭송하는 도이하라 겐지 쪽이 한 걸음 더 혼의 세계로 들어가 있는 것처럼 비쳤다.

12월 21일 오후 10시가 지난 시각, 일곱 명의 사형수는 2인 1조가 되어 군목 사무실로 불려갔다. 방에서 나올 때는 늘 그렇듯이 그들은 수갑으로 호위 장교와 연결되어 있었다. 사무실 중앙에 구치소장 핸드워크 대령, 그의 왼쪽에 부관, 오른쪽에 통역이 있었다. 핸드워크는 먼저 맥아더가 보낸 통지서라고 말한 다음, "맥아더 원수로부터 형을 집행하라는 명령을 받고 이를 본인에게 전달한다. 형은 1948년 12월 23일 오전 0시 1분에 집행될 것이다"라고 사무적으로 전했다.

이날 이른 아침 본국 정부에서 맥아더 앞으로 보낸 통지서는 연방최고재판소 법정이 신청을 각하하고 도쿄재판소 법정의 합법성을 추인했다는 내용이었다. 사태는 다시 지난날로 돌아갔다. 맥아더는 대일이사회를 소집하여 사형집행을 확인하기 위해 미국·오스트레일리아·소련·중국의 대표가 입회할 것을 요구했다. 그 사실이 곧 스가모구치소로 전달되었던 것이다.

통역이 설명하는 동안 도조는 한 마디 한 마디에 고개를 끄덕였다. 통역이 끝나자 왼손을 들어 "오케이, 오케이"라고 말했는데, 거기에는 감사의 뜻이 담겨 있는 것처럼 들렸다. 핸드워크가 "뭐 바라는 게 없느냐"고 묻자 도조는 잠시 생각에 잠겼다. 앞서 여섯 명은 "특별히 없다"고만 대답했기 때문에 그 동작은 방에 있는 사람들에게 기이한 느낌을 주었다.

얼마 후 도조는 "앞으로 시간이 얼마 남지 않았으니까 너그러운 마음으로 감시해주었으면 한다"면서 자신을 감시하고 있는 장교의 모욕적인 태도에 불만을 표시했다. 그런 다음 "일본식 식사를 한 번 하고 싶다. 한 번쯤은 먹고 싶은 심경이다"라고 말했지만, 그가 이때 정말로 하고 싶었던 말은 그런 것이 아니었던 듯하다. 그는 몸을 꼿꼿이 세우더니 재빠르게 이렇게 호소했다.

"소장님, 특별히 당신에게 부탁합니다만, BC급 수용자의 가족은 대단히 딱합니다. 이 사람들이 생활을 꾸려 나갈 수 있도록 편의를 봐주십시오. 예를 들어 임금을 달러보다 엔으로 환산하여 가족에게 보내는 것도 생각해주십시오."

미국에서는 수형자의 노동은 벌의 구성요인이어서 임금이 지불되지 않는다. 따라서 그 자리에는 도조의 제안을 이해할 수 있는 사람이 아무도 없었다. 거꾸로 도조의 제안은 그들에게 경멸을 뜻하는 것으로 비쳤다.

"도조라는 사람은 참으로 어이없는 말만 하더군요. 마치 초등학생 같았습니다."

그 자리에 입회했던 부관은 어지간히 화가 난 듯 훗날 하나야마에게 몇 번이나 이렇게 말했다.

"각하는 자신이 전쟁 책임자라고 생각하면서 전쟁 희생자의 가족을 걱정했던 것입니다."

하나야마의 대답에 부관은 자꾸만 고개를 갸웃거렸다. 지도자라면 뭔가 대단한 말을 하지 않았겠느냐는 것이다. 그로서는 도조의 성격을 이해할 수 없을 것이라고 하나야마는 생각했다.

12월 22일은 하나야마에게는 그의 인생에서 시간적으로나 정신적으로나 가장 분주한 날이었다. 그는 아침부터 불당에 앉아 있었다. 도이하라를 시작으로 영어 알파벳순에 따라 1시간씩 면담을 해야 했기 때문이다. 오후에 도조가 들어왔을 때 그의 피로는 정점에 달해 있었다.

"지금은 마음이 깨끗하게 씻긴 듯한 심경입니다."

도조는 일방적으로 이렇게 말하고 하나야마에게 유품을 부탁했다. 그런 다음 자신의 마지막 모습을 가족에게 전하고 싶다, 형 집행 후 둘째

아들이 메이지신궁과 야스쿠니신사를 찾아가 나를 대신하여 참배했으면 한다고 말했다. 그러고는 또 와카를 읊었다.

환상회향
정토종의 중요한 교의(教義) 중 하나. 정토에 태어난 후 다시 이 세상에 돌아와 모든 중생을 교화하기를 원한다는 뜻이다.

"지금은 떠나가도 다시 이 땅으로 돌아오리라 나라에 보답할 일이 있다면…… 환상회향環相回向*의 노래입니다. 언젠가 다시 부처가 되어 돌아올 것입니다."

하나야마는 메모를 하며 '이 사람도 신앙을 갖고 나서는 좋아졌구나'라는 감개를 느끼고 있었다.

"내 아버지의 명일命日은 12월 26일입니다."

갑자기 도조는 화제를 바꿨다.

"장인의 명일은 12월 29일입니다. 그리고 23일에 형이 집행되면 사흘 간격으로 명일이 돌아오는 셈이지요. 이것도 다 인연일 겁니다."

그렇게 말한 다음 마음속에 노래가 떠올랐는지 눈을 감고 낭송하기 시작했다. 그의 입에서도 자연스럽게 노래가 흘러나오게 되었던 것이다.

　　아버지의 명일인가 부르는 소리 가깝구나 저무는 가을

하나야마는 서둘러 받아 적었다. 그런데 도조는 "바로 지금이 내가 죽기에 가장 좋은 시기라고 생각합니다"라며 다시 화제를 바꾸었다. 그러더니 "첫째, 국민에게 사죄한 것. 둘째, 일본 재건에 헌신한 것. 셋째, 폐하께 누를 끼치지 말고 마음 편히 죽는 것. 넷째, 교수형으로 죽는 것. 다섯째, 내 몸이 이미 늙었다는 것. 여섯째, 금전상의 불명예스런 의심이 풀린 것. 일곱째, 단숨에 죽는 것. 종신형에 처해졌다면 평생 번뇌에 시달렸을 것"이라고 조목조목 말했다.

"여덟 번째가 가장 중요한데요, 신앙을 가져 아미타의 정토에 왕생할 수 있게 된 것, 이 여덟 가지 때문입니다."

하나야마는 서둘러 메모를 했다. 시선을 들자 도조가 메모를 하는 그의 손을 가만히 바라보고 있었다. 이리하여 1시간의 면회시간이 끝났다. 불전에 합장한 다음 물러가면서 도조는 아무렇지도 않은 표정으로 물었다.

"형장은 어디입니까?"

일곱 명 중에서 처형장의 위치를 물은 사람은 도조뿐이었다. 그는 제1동에서 1백 미터쯤 떨어진 안마당 쪽, 정문에 가까운 형장을 창 너머로 잠시 바라본 다음 불당에서 나갔다. 하나야마는 뭐든 알고 싶어 하는 그의 성격을 보여주는 듯하다고 생각했다.

오후 5시, 일곱 명의 독방에 석식이 배달되었다. 쌀밥에 된장국, 생선구이, 고기가 최후의 식단이었다. 도조가 마시고 싶어 한 일본 술은 없었다.

그리고 오후 7시부터 또 개인면회가 시작되었다. 독방 안에 담요를 몇 겹씩 접어 자리를 만들고 거기에 피고가 앉는다. 곁에 헌병이 선다. 열어놓은 철문 바깥쪽에 의자가 놓이고 거기에 하나야마가 앉는다. 그의 옆에도 헌병이 서 있다. 최종단계에서 벌어질지 모를 불상사를 우려하여 손이 닿는 범위 안에서는 만나지 못하게 하는 것이다.

히로타, 마쓰이, 무토와 면담하고 도조의 방으로 옮긴 것은 오후 9시 30분이었다. 그는 20매 정도의 괘지罫紙를 건네려 했지만 헌병이 막아서면서 사령부에서 검토를 마친 후 전하라고 했다. 그래서 도조가 괘지의 내용을 읽고 하나야마가 메모를 했다.

12월에 들어서면서부터 쓰기 시작했다는 유서는 도조 자신의 정치적인 자성自省으로 가득 차 있었다. 하지만 그것은 물론 이 시대에 바로 적용할 수 있는 발상은 아니다. 그것을 알면서도 그는 자신의 생을 지탱하는 심지가 자기성찰에 있다고 생각하고 싶었는지도 모른다. 12항목에 이르는 '공사용公事用 유서'에는 서로 어긋나는 부분도 있는데, 굳이 시대와 맞물리는 구절을 찾는다면 다음과 같다.

"일본은 미국의 지도에 기초하여 무력을 전면적으로 포기했다. 이것은 현명한 일이었다. 다만 세계의 모든 국가가 전면적으로 무력을 제거한다면 더할 나위 없겠지만, 그렇지 않을 경우에는 도적이 날뛰게 될 것이다. 나는 전쟁을 근절하기 위해서는 인간에게서 욕심을 없애지 않으면 안 된다고 생각한다", "마지막으로 군사적 문제에 관해서 한 마디 하겠다. 우리나라 종래의 통수권은 잘못되었다. 저래서는 육해공군이 일치된 행동을 취할 수 없다. 병역제도에 대해서는 징병제가 좋은지 용병제가 좋은지 잘 생각해보지 않으면 안 된다" 정도의 내용이 있다.

왜 통수권이 문제인지, 어디가 어떻게 잘못되었는지, 자신의 생각은 무엇인지 등등에 대해서는 언급하지 않은 채 통수권이 잘못되었다고만 지적하는 것은 지나치게 방관자적인 태도라 할 수 있지만, 그러나 도조에게는 이 이상 깊이 추구할 여유가 없었음에 틀림없다.

하나야마는 도조에 이어 이타가키, 기무라, 도이하라와 면회를 마쳤다. 그 후 그는 모닝코트 위에 법의를 걸치고 제1동 1층 1호실로 달려갔다. 그곳이 임시 불당이었다.

하나야마가 물을 담은 컵 일곱 개와 포도주 잔 일곱 개를 준비하고 나서 얼마 지나지 않아 도이하라, 마쓰이, 무토, 도조가 2층에서 내려왔다. 오후 11시 40분이었다. 네 사람의 모습을 본 하나야마는 할 말을 잃었다. 그들의 모습이 너무나도 이상했기 때문이다. 양손에 수갑이 채워져 있었고, 그 수갑은 양쪽 넓적다리에 묶인 채 고정되어 있었다. 정장 차림으로 죽음을 맞이하고 싶다는 그들의 희망은 받아들여지지 않았다. 그들은 미군 작업복을 입고 있었고, 작업복의 등과 어깨에는 'PRISON'의 약자인 'P'자가 박혀 있었다. 그것이 그들의 최후 의상이었다. 신발은 미 육군 병사들이 신는 편상화, 양쪽 발목에는 족쇄가 채워져 있었다. 당당한 모습이라고는 전혀 찾아볼 수가 없었다.

양쪽에 서 있는 장교는 평소와 달리 몸집이 큰 사람으로 바뀌어 있었다. 연합군의 경계가 엄중한 것은 뉘른베르크에서 얻은 교훈 때문이다. 뉘른베르크에서는 카메라맨이 처형장에 들어와 처형 장면을 촬영하게 했었다. 그런데 피고는 흥분 상태에 빠졌고 그 결과 난폭하게 행동하는 모습이 그대로 세계에 보도되었다. 이것은 사자死者에 대한 모독이라 하여 하나야마는 총사령부에 호소했고, 스가모에서는 카메라맨을 들이지 않기로 했다. 그러나 일곱 명이 착란 상태에서 난폭해질 것을 우려하여 칭칭 얽어매는 것만은 잊지 않았다. 적어도 네 명은 난폭하게 행동할 징후를 보이지 않았다.

임시 불당에서 최후의 의식이 거행되었다. 하나야마가 향에 불을 붙여 네 사람에게 건넸고, 네 사람은 그것을 향로에 꽂았다. 마지막 이별의 글을 쓸 수 있도록 준비해둔 붓과 벼루를 내밀면서 하나야마는 이름만이라도 써달라고 말했다. 네 사람은 움직일 수 없는 오른손에 붓을 쥐고 도이하라, 마쓰이, 도조, 무토 순으로 서명했다.

이어서 하나야마는 포도주 잔을 들어 네 사람의 입에 댔다. 미국인 장교가 넣어준 포도주였다. 그들은 포도주를 벌컥벌컥 마셨다. "맛있군." 도조만이 이런 말을 했다. 하나야마가 『산세이게三誓偈*』의 일부를 독경했다.

호위 장교가 처형장으로 가자고 재촉했다. 그때 누가 먼저랄 것도 없이 만세를 부르자고 했고, 무토가 도조에게 선창하라고 권했다. 그러자 도조는 마쓰이에게 선창을 부탁했다. 마쓰이는 그의 선배 격이다. 마쓰이의 선창으로 "천황 폐하 만세!"를 세 번 불렀다. 이어서 "대일본제국 만세!"를 삼창했다. 양손을 아래로 떨어뜨린 채 부른 만세였다.

이 무렵 '만세'는 미국인이 혐오하는 소리였기 때문에 아무 데서나 들을 수 있는 것이 아니었다. 그러나 네 명의 장군은 미국인 앞에서 삼창을 한 것에서 만족을 느끼는 듯했다. 대일본제국의 '대'도 '제국'도 소멸한 상황에서 죽음의 순간까지 대일본제국밖에 생각하지 못하는 그들을 보고 하나야마는 다소 위화감을 가졌다.

만세삼창 후 네 사람은 양쪽에 선 병사에게 "수고했다. 고맙다"라고 말했다. 그런 다음 하나야마의 손을 쥐더니 뜻밖에도 다음과 같은 말을 했다.

"선생, 여러 가지로 신세 많이 졌습니다. 국민 여러분께 인사 전해주십시오. 가족도 잘 이끌어주시기 바랍니다. 선생도 몸 건강하시기를……."

입구의 문이 열렸다. 장교가 앞장서고 하나야마와 미국인 교회사가 나란히 나갔다. 도이하라, 마쓰이, 도조, 무토가 그들을 따랐고, 그리고 장교 몇 명이 또 그 뒤를 이었다. 하나야마가 "나무아미타불"이라며 합장하자 네 사람이 따라 했다. 하나야마는 하늘을 보았다. 별이 무수하게 흩어져 있는 밤, 정말이지 그들을 장송하기에 잘 어울린다고 생각했다.

처형장 창문으로 전등 불빛이 흘러나오고 있었다. 그런데 두툼한 커튼

산세이게
흔히 『시세이게(四誓偈)』라고 한다. 시세이게는 무량수경 중 법장 비구가 스승에게 48가지 소원을 말한 후, 그 소원의 목적을 개진하면서 거듭 맹세한 것이다. 정토진종에서는 『산세이게』라고 부르기도 한다.

이 드리워져 있어서 내부를 들여다볼 수는 없었다. 문이 열렸지만 하나야마와 교회사의 입장은 허용되지 않았다. 그러나 실내에 밝은 라이트가 켜져 있고 네 개의 계단이 중앙에 설치되어 있는 것을 엿볼 수는 있었다. 네 사람은 다시 한 번 하나야마의 손을 잡았다. 도조는 염주를 풀어 하나야마에게 건넸다. 그리고 몸을 굽힌 듯한 자세로 처형장으로 들어갔다.

그 후 하나야마와 교회사는 지금 온 길을 되돌아갔다. 다음에 처형당할 사람들을 맞이할 준비를 해야 했기 때문이다. 30, 40미터쯤 걷다가 별이 빛나는 하늘을 쳐다보았다. 그때 처형장에서 쿵 하는 소리가 들렸다. 반사적으로 시계를 보았다. 오전 0시 1분이었다.

이타가키, 히로타, 기무라도 같은 의식을 마치고 담담하게 형장으로 사라졌다.

총사령부 발표에서는 네 사람의 사망 시간이 오전 0시 7분에서 13분까지라고 했는데 그것은 6분에서 7분 동안 그들이 가사상태에 있었다는 것을 의미한다.

그 후 하나야마는 처형장 내부로 불려 들어갔다. 일곱 명은 일곱 개의 관에 가로놓여 있었다. 그는 각각의 관 앞에서 염불을 외며 명복을 빌었는데, 그 누구의 얼굴에서도 고통의 흔적은 보이지 않았다. 평상심 그대로 죽음을 맞이한 일곱 명을 보고 하나야마 자신은 감명과도 가까운 기분을 맛보았다.

그러나 그들은 사상가나 정치가가 아니라 메이지 이후 근대 일본이 낳은 소심하고 앞뒤 맥락을 모르는 관료에 지나지 않았다는 것이 뜻밖에도 죽음 직전에 이르러 고스란히 드러났다.

이들 일곱 사람은 처형장에서 어떤 태도를 취했을까. 미국 측 입회인이었던 맥아더의 보좌관 윌리엄 시볼트는 자신의 저서 『맥아더와 함께』

에서 그들이 낮은 목소리로 기도를 했다고 말한다. 죽음 직전까지 '나무아미타불'을 외웠던 것이다.

단니쇼
가마쿠라 시대 후기에
씌어진 불서(佛書).

도조 히데키의 두 번째 죽음

오전 2시 5분, 구치소를 빠져나온 두 대의 트럭이 전속력으로 서쪽을 향해 달려갔다. 일곱 개의 관을 요코하마에 있는 시립 구보야마화장장久保山火葬場으로 옮기기 위해서였다. 연합군총사령부 보도부는 오전 1시에 이미 형이 집행되었다고 간단하게 발표했는데, 오전 4시 임시뉴스에서는 상세하게 그 내용을 전했다. 도조의 집에서는 전날 밤부터 가족과 아카마쓰 사다오, 히로하시 다다미쓰 등이 불단 앞에서 공양을 드리고 있었다. 그들은 이 임시뉴스를 듣고 처음으로 도조가 처형되었다는 것을 알았다.

불단에는 도조의 계명 '光壽無量院釋英機'가 걸려 있었다. 생전에 하나야마 신쇼가 지어준 계명인데 도조도 이를 받아들였다. '光'은 지혜를, '壽'는 목숨을 의미하므로 '光壽無量'이란 지혜와 목숨이 끝이 없다는 것을 나타내며, '釋'은 석가세존의 가르침을 받은 자라는 뜻이다.

23일이 밝을 무렵부터 일찍이 부하였던 이들과 변호인이 도조의 집을 찾아와 향을 피웠다. 저녁 무렵에는 다른 유족을 돌아보고 온 하나야마가 도조의 집으로 달려왔다. 피로와 흥분으로 그는 떨고 있었다. 그것이 도조의 최후를 말해주기라는 하는 듯하여 모여 있던 사람들은 더욱 깊이 비탄에 빠져들었다. 오열과 통곡이 그 방을 가득 채웠다. 하나야마도 눈물 어린 표정으로 도조의 최후를 보고한 다음 유서를 전했다.

"각하께서는 이렇게 말씀하셨습니다. 재판에서 기요세가 보여준 헌신적인 노력에 깊이 감사하며, 블루웨트의 호의에도 고마움을 전한다. 기요세는 일본의 입장에서 모든 힘을 쏟았으며, 블루웨트는 변호사로서 의무를 다했을 뿐만 아니라 가족의 일까지 돌봐주었다. 하나야마 선생은 인생 문제에 대하여 가르침을 주었으며, 그의 가르침에 따라 진여眞如의 세계를 볼 수 있었을 뿐만 아니라 불도佛道를 이해할 수 있었다. 가족들은 정신적 타격이 크겠지만 부처의 자비 아래 천수를 누리기를 바란다. 불도는 결국 부처의 이름을 외는 것과 『단니쇼歎異抄』*의 제1장만으로 충분하다는 것을 배웠다.”

처형 다음날, 연합군총사령부는 A급 전범용의자 19명을 석방하겠다고 발표했다. 아울러 앞으로는 군사재판을 중지할 것이라고 약속했다.

여기에서 말하는 19명은 아베 겐키安培源基, 안도 기사부로安藤紀三郎, 아모 에이지天羽英二, 아오키 가즈오青木一男, 고토 후미오後藤文夫, 혼다 구마타로本多熊太郎, 이시하라 히로이치로石原廣一郎, 이와무라 미치요岩村通世, 기시 노부스케岸信介, 고다마 요시오兒玉譽士夫, 구즈 요시히사葛生能久, 니시오 주조西尾壽造, 오카와 슈메이大川周明, 사사카와 료이치笹川良一, 가즈마 야키치로順磨 吉郎, 다다 하야오多田駿, 다카하시 산키치高橋三吉, 다니 마사유키谷正之, 데라지마 겐寺島健을 가리킨다.

다다와 혼다는 옥중에서 병사하고 17명이 스가모구치소에서 출소했다. 그들의 출소는 그렇게 놀라운 소식으로 받아들여지지 않았는데, 그들의 사회복귀가 앞서 7명의 처형과 교환하는 형식으로 이루어진 것이나 다름없었기 때문이다. 그들 중에는 전후 일본의 정치에서 친미노선을 이어가기로 연합군총사령부와 서약한 자까지 있었다고 하며, 도조와 육군에 모든 책임을 뒤집어씌우는 발언을 하고 스스로는 면죄를 받거나 도조와의 부분적인 대립을 마치 전체의 대립인 것처럼 치장하여 자신의 정치적 입장을 보완한 자도 있었다. 인간성이 의심스러운 추악한 책임전가였다.

신문과 라디오에서도 일곱 명의 처형 소식을 전했는데, 그들의 죽음으로 군국주의가 일소되었다는 식의 보도였다. 알리바이를 증명하기라도 하듯 증오와 모멸에 가득 차 일곱 명을 비방하는 무절조無節操한 논의도 있었다. 일곱 명을 비방하는 것이 모든 것을 면죄하는 듯한 의도적 논조는 무반성적이고 무자각적인 국민심리를 배양할 따름이었다. 머잖아 일곱 명 중에서 도조만이 '보통명사'로 전화轉化하는 것은 그런 배양의 결과라고 말할 수 있다.

도조 히데키의 명예도 기본적 인권도 가차 없이 짓밟혔다.

예컨대 어느 유력 신문이 24일자 조간에 "유아의 마음을 가진 도조—만족스럽게 죽음의 길로, 밤새 기도한 가쓰코 부인"이라는 제목으로 센세이셔널하게 보도한 기사를 지적할 수 있다. "이날 가쓰코 부인은 모든 면회를 거절하고 혼자 조용히 명복을 빌고 있었는데 특별히 본지 기자에게 다음과 같은 말을 들려주었다"고 전제한 이 기사에 따르면, 가쓰는 도조는 이미 어린아이의 심경에 도달해 있었으며 앞으로는 도조의 유족으로서 남에게 뒤지지 않고 살아가겠노라고 말했다. 이 기사를 쓴 여성 기자 마쓰다 아무개는 그날 저녁 무렵 이 신문을 들고 부랴부랴 사죄를 하러 갔다고 한다. 또 그녀는 판결 선고 다음날에도 도조 부인의 수기라 하여 "남편의 정신적인 생명은 패전과 동시에 끝났습니다. 지금은 육체적 생명의 유무는 문제가 되지 않습니다. 남편도 죽음을 원할 것이고, 우리는 가족이기 때문에 남편이 원하는 것은 결국 가족이 원하는 것입니다" 운운하는 기사를 날조했다. 이날도 정정을 요구하는 가족에게 "남성과 어깨를 나란히 하려면 이런 식으로 특종을 잡는 수밖에 없습니다"고 제멋대로 말하면서, 문제를 키우지 말아달라고 간청하고 돌아갔다고 한다.

이런 종류의 기사는 곳곳에서 눈에 띄었다. 도조와 무용가 아무개가 정을 통했다는 둥 연일 호화롭게 놀았다는 둥 근거도 없는 이야기가 넘쳐났고, 외지의 어느 포로수용소에서는 사상개조를 위한 손쉬운 방법으로서 도조를 주색과 금전을 목적으로 일본 인민을 기만한 비열한 무뢰한으로 조작해냈다.

1948년 12월 29일. 처형으로부터 일주일이 지난 음력 섣달 초하루, 자유당의 오아사 다다오大麻唯男가 도조의 집을 방문했다. 그는 대정익찬회의 간부로 도조의 뜻을 받아 의회를 움직인 의원이었다. 불전에 합장한 후 그는 낮은 목소리로 말했다. 그때 도조 집안에서 적어놓은 메모가 남아 있다.

오아사 다다오 씨 내방담來訪談

요시다 수상이 "도조의 일에 대해 듣고 싶다"고 했다면서 (오아사 씨가) 전해준 이야기.

요시다: "욕하는 것은 들었지만 칭찬하는 것은 듣지 못했다. 그 얘기를 듣고 싶다."

오아사: "왜?"

요시다: "폐하가 이렇게 말씀하셨다. '도조는 진직眞直한 인간이다. 아무개(어떤 선배의 이름을 상상하셨음에 틀림없다고 오아사는 말했다)는 마물魔物이다'라고. 이 말을 듣고 더욱 도조 씨에 관한 이야기가 듣고 싶어졌다."

이리하여 이런저런 이야기를 나눴다.

물론 천황은 도조가 어떻다고 직접 말하지는 않았다. 하지만 대명강하大命降下와 수상 재임 당시의 실상을 토대로 추측하건대 도조를 결코 가볍게 보지는 않았다고 말할 수 있다. 교수형 판결이 내려진 날 천황이 집무실에서 눈물을 글썽였다는 얘기도 있다. 그것이 가족에게는 구원처럼 생각되었던 것이다.

그런데 처형 후 얼마 지나지 않아 총사령부는 다른 BC급 사형수와 마찬가지로 일곱 명의 사체도 다비식을 마친 다음 그 유골이 태평양에 뿌려질 것이라고 발표했다. 이 발표는 예상된 것이었다. 11월 하순의 일이다. 도조 가쓰는 블루웨트와 함께 총사령부를 찾아가 맥아더 앞으로 처형 후 유체를 돌려받았으면 한다는 내용의 탄원서를 제출했지만, 이에 대해 총사령부 측에서는 아무런 답변도 하지 않았다. 또 처형 당일 하나야마가 총사령부 소속 장교에게 유골 반환을 요구했으나 이 역시 받아들여지지 않았다. "일본 측에 돌려주면 곧바로 신사를 만들어 영웅 취급을 할 것이기 때문에 곤란하다"는 것이 그 이유였다. 하나야마는 이때 미국 정부가 신경질적인 반응을 보인다는 것을 짐작할 수 있었다고 한다.

따라서 유골이 어떻게 처리되었는지는 분명하지 않지만, 미군기에 의해 도쿄 만東京灣에 뿌려졌다는 설이 유력하다. 하지만 유골의 일부는 비밀리에 발굴되었다. 도쿄재판 당시 변호사 중 한 사람이었던 산몬지 쇼헤이三文字正平(1890~1988)와 요코하마의 고젠지興禪寺 주지 이치카와 이유市川伊雄, 그리고 구보야마화장장 대표 도비타 비젠飛田美善 세 사람이 처형 다음날 소각장을 파헤쳐 유골을 모은 다음, 그것을 시즈오카현 아타미시 이즈 산에 있는 고아칸논興亞觀音에 몰래 감추었다고 한다. 고아칸논은 마쓰이 이와네가 앞장서서 세운 관음상으로, 중국인에 대한 속죄를 상징하는 것이었다.

1952년 4월 강화조약의 발효에 따라 일본이 '독립국'이 되면서 유족들도 이 유골을 조금씩 나눠가질 수 있게 되었다. 그 후 1959년 9월, 이즈에 '칠사七士의 비'가 건립되었다. 수상을 역임한 요시다 시게루가 이 비에 서명했고, 뒷면에는 일곱 명이 죽기 직전에 쓴 서명이 새겨져 있다. 이곳을 관리하는 주지는 여기를 참배하는 자도 있는 반면 지금도 정기적으로 일곱 명을 원망하는 무서명 협박장이 날아든다고 말한다.

1960년에는 역시 도쿄재판 당시 변호사였던 산몬지 쇼헤이, 하야시 이츠로林逸郎, 기요세 이치로 등에 의해 아이치현 하즈초幡豆町의 산가네산三ヶ根山 국립공원 꼭대기에 '순국칠사의 비'가 건립되었고, 유골 일부도 이곳으로 옮겨졌다. 이곳은 한쪽으로는 지타 반도知多半島를, 다른 한쪽으로는 미카와 만三河灣을 바라보고 있다. 이런 지리적 위치는 태평양에 뿌려진 유골을 되돌아오게 한다는 의미를 포함하고 있다. 이 비석을세우는 일에도 요시다 시게루가 많은 힘을 쏟았다.

1978년 가을, 이들 일곱 명은 은밀히 야스쿠니신사에 합사되었다. 이사실은 1979년에 들어서 처음으로 밝혀졌는데, 국민감정은 이를 계기로더욱 뚜렷하게 둘로 나뉘었다. 일련의 움직임을 통해 이들 일곱 명은 또다시 시대에 휘둘리게 되었다고 말할 수 있을 것이다. 아니 착실하게 그런 시대가 가까워지고 있다고 말해도 좋다.

도조 히데키가 군인으로서 살았다면 그는 아투 섬에서, 과달카날 섬에서, 사이판 섬에서, 이오지마에서, 오키나와에서, 히로시마와 나가사키에서, 그리고 본토 폭격에서 죽어간 3백만 명 중 한 명으로서 죽음을 맞이했을 것이다. 어쩌면 그 자신도 그러기를 희망했을 것이다.

하지만 결국 그는 처형까지 기다리지 않으면 안 되었다. 군인이자 정치가였기 때문에 이는 당연한 귀결이었다. 그것은 도조에게도 불행한 일이었지만 도조를 지도자로 받든 국민에게도 그 이상의 불행한 사태였다고 말할 수 있다.

1948년 12월 23일 오전 0시 1분, 도조는 64세를 일기로 생을 마감했다. 그러나 어느 날엔가 '도조 히데키'는 다시 한 번 죽을 것이다. 그로 상징되는 시대와 그 이념이 다음 세대에 의해 극복될 바로 그때 그는 정말로 죽을 것이다.

도조 히데키를 정중하게 매장하는 것은, 다시 말해 공과 죄를 물어 매장하는 것은 다음 세대에 부여된 권리이자 의무이다. 하지만 그것이 언제일까. 이를 위해 얼마나 많은 시간이 필요할까. 물론 나로서도 확인할 길이 없으며, 나의 시대에는 그런 일이 일어나지 않을 것이다.

| 참고문헌 |

도조 히데키 전기

伊藤峻一郎, 『至誠・鐵の人, 東條英機傳』(天佑書房, 1942)

小田俊ど, 『戰ふ東條首相』(博文館, 1943)

箆東陽, 『世界の英傑 東條英機』(皇道世界維新研究所, 1943)

佐藤賢了, 『東條英機と大東亞戰爭』(文藝春秋新社, 1960)

ロバ... ト J. C. ビュ... ト... /木下秀夫譯, 『東條英機』 上・下(時事通信社, 1961)

秋定鶴造, 『東條英機』(經濟往來社, 1967)

東條英機傳記刊行會編, 『東條英機』(芙蓉書房, 1974)

일기・전기・회고록・개인전집

岡田啓介述, 『岡田啓介回顧錄』(每日新聞社)

若槻禮次郞, 『古風庵回顧錄』(讀賣新聞社)

重光葵, 『巢鴨日記』(文藝春秋新社)

小磯國昭, 『葛山鴻爪』(丸の內出版會)

矢部貞治, 『近衞文ß』(讀賣新聞社)

參謀本部編, 『杉山メモ』上・下(原書房)

宇垣一成, 『宇垣日記』(みすず書房)

荒木貞夫, 『風雪五十年』(芙蓉書房)

原敬, 『原敬日記』(みすず書房)

ロバ... ト シャ... ウッド/村上光彦譯, 『ル... ズヴェルトとホプキンズ』(みすず書房)

ジョセフ C. グル... /石川欣一譯, 『滯日十年』(每日新聞社)

『失はれし政治: 近衞文ß 公の手記』(朝日新聞社)

世川護貞,『情報天皇に達せず』上・下(磯部書房)

鹽原時三郎,『東條メモ: かくて天皇は救はれた』(東京ハンドブック社)

藤田尙德,『侍從長の回想』(講談社)

木戸幸一,『木戸幸一日記』

『木戸幸一關係文書』(東京大學出版會)

東久邇稔彦,『東久邇日記』(德間書店)

有馬賴寧,『七十年の回想』(創元社)

種村佐孝,『大本營機密日誌』(ダイヤモンド社)

東鄉茂德,『東鄉茂德外交手記: 時代の一面』(原書房)

毎日新聞社圖書編輯部編,『太平洋戰爭秘史: 米戰時指導者の回想』(毎日新聞社)

コ... デル ハル,『ハル回顧錄』(朝日新聞社)

村田省藏,『比島日記』(原書房)

佐藤賢了,『大東亞戰爭回顧錄』(德間書店)

津久井龍雄,『私の昭和史』(創元社)

永田刊行會編,『秘錄永田鐵山』(芙蓉書房)

板垣刊行會編,『秘錄板垣征四郎』(芙蓉書房)

梅津美治郎刊行會編,『最後の參謀總長梅津美治郎』(芙蓉書房)

河邊虎四郎,『市ケ谷臺から市ケ谷臺へ』(時事通信社)

高木清壽,『東亞の父石原莞爾』(金剛書院)

塚本誠,『或る情報將校の記錄』(中央公論事業出版)

東久邇稔彦,『一皇族の戰爭日記』(日本週報社)

松田重義,『二等兵記』(東海大學出版會)

正木ひろし,『近きより』(弘文堂)

前田米藏傳記刊行會編,『前田米藏傳』(前田米藏傳記刊行會)

マ... クゲイン,『ニッポン日記』(筑摩書房)

石原莞爾全集刊行會編,『石原莞爾全集』(石原莞爾全集刊行會)

高木　吉,『自傳的日本海軍始末記』(光人社)

遠藤三郎,『日中五十年戰爭と私』(日中書林)

藤原銀次郎述,『藤原銀次郎回顧八十年

西春彦,『回想の日本外交』(岩波新書)

大木操,『大木日記』(朝日新聞社)

松岡洋右傳記刊行會編, 『松岡洋右: その人と生涯』(講談社)

牛島辰熊傳記刊行會編, 『志士牛島辰熊傳』(私家版)

大谷敬二郎, 『憲兵: 自傳的回想』(新人物往來社)

山田風太郎, 『戰中派不戰日記』(講談社)

岡義武, 『山縣有朋』(岩波新書)

岡義武, 『近衛文ß』(岩波新書)

今村均, 『私記一軍人六十年のど哀歡』(芙蓉書房)

實松讓, 『新版米內光政』(光人社)

星野直樹, 『時代と自分』(ダイヤモンド社)

佐藤賢了, 『佐藤賢了の證言』(芙蓉書房)

矢次一夫, 『昭和動亂秘史』上・中・下(經濟往來社)

武藤富男, 『社說三十年: わが戰後史』(キリスト 신문사)

片倉衷, 『戰陣隨錄』(經濟往來社)

J. ボッタ... /江崎伸夫譯, 『マレ...の虎: 山下奉文の生涯』(恒文社)

平沼騏一郎回顧錄編纂委員會編, 『平沼騏一郎回顧錄』(學陽書房)

일본 육군·군인 관련 문헌

› 崎鷺城, 『陸軍の五大閥』(軍事研究社, 1915)

東條英敎, 『陸軍應用例』(兵事雜誌社, 1908)

帝國飛行協會編, 『航空年鑑』(帝國飛行協會, 1939)

『陸軍成規類聚』(1916)

陸軍士官學校編, 『陸軍士官學校寫眞帖』(1911)

今村文英, 『陸軍幼年學校の生活』(靑年圖書出版, 1943)

永島不二男, 『國防の先覺者物語』(若い人社, 1943)

桑木宗明, 『陸軍五十年史』(　書房, 1943)

和田龜治, 『陸軍魂』(東水社, 1942)

帝國在鄕軍人會編, 『帝國在鄕軍人會三十年史』(帝國在鄕軍人會本部, 1944)

竹田敏彦, 『日本陸軍名將傳』(室戶書房, 1943)

下村定, 『八・一五事件』(弘文堂)

日本近代史料研究會編, 『日本陸海軍の制度・組織・人事』(東京大學出版會)

谷壽夫, 『機密日露戰史』(原書房)

高橋正衛, 『昭和の軍閥』(中公新書)

『統帥綱領』(建帛社)

伊藤正德, 『軍閥興亡史』(文藝春秋新社)

伊藤正德, 『帝國陸軍の最後』(文藝春秋新社)

中村國男編, 『日本陸軍秘史』(番町書房)

大谷敬二郎, 『軍閥』(圖書出版社)

今西英造, 『昭和陸軍派閥抗爭史』(傳統と現代社)

馬場健, 『軍閥暗鬪秘史』(協同出版社)

松下芳男, 『日本軍制と政治』(くりしお出版)

松下芳男, 『近代日本軍人傳』(柏書房)

『追悼錄』(陸士第二十四期生會)

飯塚浩二, 『日本の軍隊』(東京大學協同組合出版部)

高山信武, 『參謀本部作戰課』(芙蓉書房)

≪山淸行, 『東京兵團』上・下(光風社書店)

高宮太平, 『昭和の將帥』(圖書出版社)

全國憲友會連合會編纂委員會編, 『日本憲兵正史』(全國憲友會連合會本部)

태평양전쟁 관련 문헌

陸軍省報道部編, 『大東亞戰爭』(陸軍省, 1941)

大東亞戰爭年史編纂室編, 『大東亞戰爭第一年』(1943)

同盟通信政經部編, 『必勝の大道』(同盟通信社, 1943)

朝日新聞社調査部編, 『米公文書に見る對日謀略をあばく米國への判決』(朝日新聞社, 1943)

朝日新聞社調査部編, 『大東亞戰爭展望』一～七(朝日新聞社, 1942～1944)

內務省編, 『昭和十七年全國に對する侍從御差遣と銃後國民の感激の狀況』(內務省, 1942)

大川正士, 『大東亞建設史: 世界は日本の大戰果をどう見たか』(三崎書房, 1942)

大日本言論報國會編, 『世界觀の戰ひ』(同盟通信社出版部, 1943)

米國戰略爆擊調査團編, 『證言記錄太平洋戰爭史』一～五(日本出版共同)

伊藤正德, 『人物太平洋戰爭』(文藝春秋社)

外務省編, 『終戰史錄』(新聞月鑑社)

高木　吉, 『太平洋海戰史』(岩波新書)

林克次郎, 『太平洋戰爭日誌: 米國側發表』(共同出版社)

日本外交學會編, 『太平洋戰爭原因論』(新聞月鑑社)

『太平洋戰爭への道』一～七・別卷(朝日新聞社)

大鷹正次郎, 『奇襲か謀略か』(時事通信社)

歷史學研究會編, 『太平洋戰爭史』(東洋經濟新報社)

石川信吾, 『眞珠灣までの經緯』(時事通信社)

史料調查會編, 『太平洋戰爭と富岡定俊』(軍事研究社)

田中隆吉, 『日本の敗因を衝く』(靜和堂)

田中新一, 『大戰突入の眞相』(元元社)

服部卓四郎, 『大東亞戰爭全史』(原書房)

奧村房夫, 『日米交涉と太平洋戰爭』(前野書店)

重光葵, 『昭和の動亂』上・下(中央公論社)

讀賣新聞社編, 『昭和史の天皇』一～三十(讀賣新聞社)

參謀本部編, 『敗戰の記錄』(原書房)

妹尾正彦, 『日本商船隊の崩壞』(損害保險事業所)

ウインストン チャ...チル/毎日新聞飜譯委員會譯, 『日本の勝利と悲劇』(毎日新聞社)

兒島襄, 『太平洋戰爭』上・下(中央公論社)

ウィリアム クレイブ/浦松佐美太郎譯, 『大日本帝國の崩壞』(河出書房)

長文連, 『敗戰秘史: 戰爭責任覺え書』(自由書房)

中野五郎, 『かくて玉碎せり』(日本弘報社)

ロバ...ト A. シオポ...ルド/中野五郎, 『眞珠灣の審判』(講談社)

防衛廳戰史室編, 『大本營陸軍部: 大東亞戰爭開戰經緯』(朝雲新聞社)

宇垣纏, 『戰藻錄』(原書房)

新名丈夫編, 『海軍戰爭檢討會議記錄』(毎日新聞社)

富岡定俊, 『開戰と終戰』(毎日新聞社)

松村透逸, 『大本營發表』(日本週報社)

富永謙吾, 『大本營發表の眞相史』(自由國民社)

保科善四郎, 『大東亞戰爭秘史』(原書房)

林三郎, 『太平洋戰爭陸戰概史』(岩波新書)

伊藤正德・富岡定俊・稻田正純, 『實錄太平洋戰爭』一～七(中央公論社)

쇼와 역사 관련 문헌

『現代史資料』一〜四五(みすず書房)

安藤良雄編著, 『昭和政治經濟史への證言』(每日新聞社)

明石博隆・松浦總三編, 『昭和特高彈壓史: 庶民にたいする彈壓』(太平出版社)

ねず まさし, 『天皇と昭和史』上・下(三一書房)

黑田秀俊, 『昭和言論史への證言』(弘文堂)

中谷武世, 『戰時議會史』(民族と政治社)

田中申一, 『日本戰爭經濟秘史』(田中申一日本戰爭經濟秘史刊行會)

高宮太平, 『順逆の日本史』(原書房)

富田健治, 『敗戰日本の內側』(古今書院)

池田純久, 『日本の曲り角』(千城出版)

星野直樹, 『滿洲國槪史』(ダイヤモンド社)

藤本弘島, 『踊らした者: 大本營報道秘史』(北信書房)

滿洲帝國政府編, 『滿洲建國十年史』(原書房)

ハ... バ... ト ファイス/赤羽龍夫譯, 『ニッポン占領秘史』(讀賣新聞社)

田中隆吉, 『日本軍閥暗鬪史』(靜和堂)

野村正男, 『平和宣言第一章』(日南書房)

花山信勝, 『平和の發見』(朝日新聞社)

作田高太郎, 『天皇と木戶』(平凡社)

岩淵辰雄, 『現代日本の政治論』(東洋經濟新報社)

馬場恒吾, 『近衛內閣史論: 戰爭開始の眞相』(高山書院)

金澤誠編著, 『華族』(講談社)

來栖三郎, 『日米外交秘話』(創元社)

山本勝之助, 『日本を亡ぼしたもの』(評論社)

平泉澄, 『日本の悲劇と理想』(原書房)

大森實, 『戰後秘史: 禁じられた政治』(講談社)

藤 準二, 『天皇とともに五十年』(每日新聞社)

극동국제군사재판 관련 문헌

朝日新聞法廷記者團編, 『東京裁判』上・下(東京裁判刊行會)

東京裁判研究會編, 『共同研究 パ... ル判決書』(東京裁判研究會, 1966)

兒島襄, 『東京裁判』上・下(中央公論社)

近藤書店出版部編, 『キ... ナン檢事と東條被告: 極東國際軍事裁判法廷に於ける一問一答全文』(近藤書店)

林克郎, 『鬪魂: 橋本欣五郎』(私家版)

清瀬一郎, 『秘錄東京裁判』(讀賣新聞社)

菅原裕, 『東京裁判の正體』(時事通信社)

瀧川政次郎, 『東京裁判を裁く』(東和社)

기타 관련 문헌

岩手縣編, 『岩手縣史』(1963)

『南部史(全)』(1911)

『日本地理年鑑』(國勢社, 1942)

盛岡市編, 『盛岡市史』(1950)

衆議院編, 『議會制度七十年史』, 『七十八帝國議會衆議院委員會議錄』ほか戰時議會, 委員會議事錄

德富蘇峰, 『日本を知れ』(東京日日新聞社, 1943)

吉野山莊, 『鄕土を出でし岩手の人〟』(野山莊)

聯合國最高司令部民間情報教育局編, 『眞相箱』(コスモ出版社)

春原昭彦, 『日本新聞通史』(現代ジャ... ナリズム出版會)

『日本外交史の諸問題』1(日本國際政治學會)

三宅正一, 『激動期の日本社會運動史』(現代評論社)

松浦總三, 『占領下の言論彈壓』(現代ジャ... ナリズム出版會)

三神良三, 『丸の內夜話』(新文明社)

エリ・エヌ・フタコフ/ソビエト外交研究會譯, 『日ソ外交關係史』(西田書店)

石原莞爾研究會編, 『石原莞爾はこう語った』(石原莞爾研究所)

米國務省編, 『大戰の記錄: 獨外務省の機密文書より』(讀賣新聞社)

大串兎代夫, 『臣民の道精講・戰陣訓精講』(歐文社, 1942)

千葉京樹, 『南部藩能樂史』(盛岡寶生會)

大宅壯一編, 『日本のいちばん長い日: 運命の八月十五日』(文藝春秋新社)

山本有三, 『濁流』(每日新聞社)

잡지 자료

加藤周一, 「東條の狂言」(『文藝春秋』, 1948年 4月號)

中野三郎, 「首相東條英機傳」(『日本』, 1941年 12月號)

阿部眞之助, 「東條英機傳」(『文藝春秋』, 1952年 12月號)

長谷川幸雄, 「東條ハラキリ目撃記」(『文藝春秋』, 1956年 8月號)

星野直樹, 「憲兵司令官東條英機」(『人物讀本』, 1955年 6月號)

高宮太平, 「東條對天皇」(『文藝春秋』, 1956年 10月號)

「天高く大將は肥ゆ」(『朝日グラフ』, 1945年 11月 11日)

「東條元首相の横顔」(『勞fl 文化』, 1954年 12月號)

小島謙太郎, 「獨裁者東條英機の暗殺計劃」(『人物往來』, 1957年 1月號)

鹽原時三郎, 「東條英機の死刑: 惡夢の記錄」(『日本週報』, 1956年 8月號)

東條勝子, 「東條家嵐の二十年」(『文藝春秋』, 1964年 6月號)

平野素邦, 「初めてあかす東條家の終戦から處刑の日まで」(『現代』, 1969年 9
月號)

佐藤賢了, 「東條英機と東京裁判」(『民族と政治』, 1970年 1月號)

青野季吉, 「東京裁判を目にいれる」(『前進』, 1948年 2月號)

高松棟一郎, 「東條, 裁きの脚光にたつ」(『サンデ... 毎日』, 1948年 1月 25日)

柳井恒夫・ファ... ネス・淸瀬一郎, 「東京裁判の舞臺裏(座談會)」(『文藝春
秋』, 1952年 5月號)

荒畑寒村, 「帝國主義日本の斷罪」(『前進』, 1948年 12月號)

B・ブレイクニ... , 「戰犯裁判と世界平和」(『改造』, 1954年 12月號)

田中隆吉, 「かくて天皇は無罪となった」(『文藝春秋』, 1965年 8月號)

横田喜三郎, 「東京裁判にみる國際的反省」(『中央公論』, 1948年 9月號)

鈴木貞一, 「東京裁判への疑問」(『經濟往來』, 1960年 1月號)

田 „ 宮英太郎, 「東條英機のロヤリズム」(『經濟往來』, 1963年 2月號)

기타 잡지 · 신문 자료

『歷史と人物』(1972年 6月號, 1973年 4月號, 1973年 8月號, 1978年 8月號,
1979年 8月號)

『日本の告白』(1953年 臨時增刊號)

『日本の悲劇』(1952年 臨時增刊號)

『偕行』(1959年 2月號, 1972年 1月號ほか)

『丸』(1960年 1月號, 1975年 2月號ほか)

『新聞硏究』(1957年 7月號, 1975年 1月～3月號)

『中央公論』(1938年 7月號)

『文藝春秋』(1938年 7月號, 1952年 5月號, 1965年 8月號)

『サンデ… 毎日』(1952年 中秋特別號)

『政經指針』(1955年 7月號)

『Collier's』(1950年 5號, 6號)

『豫算』(1956年 4月號)

『日本春秋』(1976年 6月號, 7月號)

『人物往來』(1956年 12月號)

『日本週報』(1959年 臨時增刊號)

『中央公論』(1947年 2月號, 1952年 5月號, 1956年 1月號, 1965年 8月號)

『アサヒグラフ』(1945年 12月 17日號, 1948年 1月 28日號, 1948年 12月 1日號)

『流動』(1975年 1月號)

『東京朝日新聞』『東京日日新聞』(1938年 12月～1948年 12月分)

미발표 사료

『東條メモ』(1943년, 1944년 수상 재임 시 도조의 수첩)

『東條口供書の下書きメモ』(스가모구치소에서 쓴 것)

『東條日記』(1945년 12월 8일부터 1946년 10월 15일까지 스가모구치소에서 쓴 일기)

赤松貞雄・廣橋眞光・鹿岡圓平,『秘書官日記』

泉可畏翁,『東條將軍資料』

佐〃木淸,『佐〃木淸手記』

谷田勇,『日本陸軍の派閥と其の抗爭』

취재 대상자

赤柴八重藏, 赤松貞雄, 石井秋穗, 泉可畏翁, 今澤榮三郎, 今西英造, 井本雄男, 牛島辰雄, 遠藤三郎, 大谷敬二郎, 岡忠男, 岡部長章, 金子智一, 川島虎之輔, 木戶幸一, 佐〟木清, 實松讓, 鈴木貞一, 瀨能諄一, 高木淸壽, 竹下正彦, 谷田勇, 東條カツほか東條家關係者, 中谷武世, 中野雅夫, 西春彦, 長谷川幸雄, 花山信勝, 〟三郎, 林秀澄, 原四郎, 春原昭彦, 廣橋眞光, 松崎陽, 三國直福, 美作太郎, 三宅正一, 武藤富男, 藪本正義, 山田玉哉, 吉田仁作, 岩手縣立圖書館, 國會圖書館憲政資料室, 大宅文庫

이 밖의 취재 대상자 중에는 일찍이 도조 히데키의 측근이었거나 당시 요직에 있었던 사람들 20여 명이 더 있으나 이들은 익명을 희망했기 때문에 이 명단에는 포함시키지 않았다.

문헌자료도 집필할 때 직접 참고하지 않은 것은 표기를 생략했다. 또 일종의 원칙으로서 전전(戰前), 전시(戰時)에 간행된 문헌에 한해서만 간행연도를 밝히기로 한다.

도조 히데키는 개성이 없는 범용凡庸한 제국 군인의 범위를 벗어나지 못하며, 정치가로서 사상도 이념도 정견도 없었다는 논의를 전후 많은 논자들이 지적하고 있다. 이렇듯 평범한 인물이 저 난국을 이끌지 않으면 안 되었다는 것이 일본의 비극이었다고 논자들은 말한다.

하지만 과연 그랬을까.

이 논자들이 빠뜨리고 있는 것은 도조를 낳은 역사적 토양이다. 그들은 흔히 도조를 허울 좋은 하눌타리처럼 피었다 스러진 지도자라고 결론짓고는 기타 지도자의 경륜이나 정책에 대해서는 눈을 감는다. 이 책에서 몇 번이나 말했듯이 도조는 '대일본제국이라는 신여神輿'를 멘 최종주자였다. 최종주자는 어쩔 수 없이 이전 주자의 투영이자 근대 일본의 제도적 모순을 비추는 '거울'이었다. 그 점을 나는 다시 한 번 분명히 해두고자 한다.

집필을 마무리하고 보니 아직 몇 가지 충분히 서술하지 못한 점이 있는 듯하다. 도조와 관련된 몇몇 삽화는 뒷받침할 증거가 충분하지 않아서 삭제해야만 했다. 상권 간행 후(『저자 서문』참조 옮긴이) 도조에 관한 자료가 있다고 연락한 사람도 있었다. 이것저것 마음에 걸리는 것이 없진 않지만 나의 의도는 상당 부분 망라하고 있다고 생각하고 일단 붓을 놓는다.

약 5년 동안 나는 도조 히데키를 추적해왔는데, 그사이 여러 가지 일을 겪었다. 어떤 직함도, 연줄도, 소개도 없었기 때문에 취재는 아주 어려웠다. 관계자를 수소문하여 취재 요청을 해도 감감무소식인 적도 있었다. 그러나 몇 번씩 편지가 오간 후에야 겨우 취재에 응해주는 사람들이 늘어났다. 그리고 조금씩 도조의 실상에 가까이 다가갈 수 있었다.

취재에 응해준 분들에게 다시 한 번 감사의 뜻을 전하고 싶다. 그 가운데 몇몇 분은 여러 차례 면담에 응해주었고 당시의 양상을 가르쳐주었다. 총 60시간이나 할애해준 분도 있다. 그밖에 익명을 조건으로 취재에 응해준 사람들의 호의를 나는 잊지 않고 있다. 그들의 도움이 없었다면 도저히 이 책을 마무리할 수가 없었을 것이다.

취재 대상자 중에는 그 후 세상을 떠난 분들도 있다. 진심으로 명복을 빈다.

나와 기본적인 인식이 다르다는 것을 전제로 취재에 응해준 분들에게도 감사드린다.

이 책을 간행하기까지 몇 가지 불쾌한 일도 있었다. 그런 벽을 넘어 출판할 수 있게 된 것은 전통과현대사의 이와오 히로시嚴浩, 오노 마사오大野雅夫, 하야시 도시유키林利幸, 무라노 가오루村野薫 네 분의 격려와 조언이 있었기 때문이다. 거듭 감사를 표한다.

끝으로 사적인 것 하나 덧붙이고 싶다. 도조 히데키에 대해 쓰겠다고 생각한 내가 자료목록을 만들고 도조의 연보를 작성하는 등 기초 작업을 시작했을 무렵, 나의 큰딸은 유치원을 졸업하고 소학교에 들어갔다. 그 딸이 올해 봄 6학년이 된다. 이 책의 마지막 작업인 '인명색인'을 만들 때 딸도 일부분 도와주었다. 새삼 시간의 흐름을 느끼면서 이 세대는 나의 세대를 어떻게 받아들일지 잠시 감개에 젖는다.

1980년 1월 9일 이른 새벽

호사카 마사야스

2005년 6월과 7월 몇몇 미디어로부터 도조 히데키의 인물상에 관해 이야기를 듣고 싶다는 취재 요청을 받았다. '전후 60년'이어서였는지 이 해에는 쇼와사에 대한 관심이 높아진 것처럼 보였다. 그렇지만 그 관심도 지극히 표면적으로 쇼와사의 실상을 확인하는 선을 넘어서지 못했다.

7월의 일이다. 어떤 신문사에서 역시 도조에 관한 이야기를 듣고 싶다고 했다. 나는 표면적인 질문에는 대답하고 싶지 않다며 거절했다. 그때 도조 히데키를 재평가하려는 움직임도 있다는 기자의 말을 듣고 나는 왠지 불안했다.

최근 일본 사회의 축이 흔들리고 있다는 느낌을 지울 수 없다. 역사적 사실을 확인하기보다는 안이한 태도로 상황을 두루뭉술하게 이야기하는 인식(예컨대 자학사관과 같은 말의 범람 등)이 활개를 치고 있으며, 그 조류에 편승하여 "도조는 도쿄재판에서 일본을 정당화하는 주장을 했다"든가 "일본은 침략전쟁을 한 것이 아니"라는 등 수상한 논의가 당당하게 전면에 등장하고 있다. 그런 구도 속에서 도조 히데키를 재평가해야 한다는 잘못된 논의가 힘을 얻고 있는 것이리라.

이러한 착오 자체가 역사를 계승하는 이 나라의 자세가 얼마나 수상쩍은지를 뒷받침한다고 생각한다. 무엇을 어떻게 재평가한다는 것일까. 외람된 말이지만 꼭 이 책을 한번 읽어주기 바란다.

이 책을 쓴 지 25년의 세월이 지났다. 이 책을 쓸 때 나는 마흔 살이었다. 쇼와라는 시대를 후세에 전해야겠다고 생각한 나는 나의 세대(1946년 4월에 소학교에 입학한 전후민주주의 세대의 제1기생)에서 가장 악명 높게 기억되고 있는 도조 히데키의 실상을 추적해보겠다고 다짐하고 관계자를 찾아다니며 글을 썼다. 이 책이 간행되었을 때 처음으로 나를 찾아온 사람은 독일의 통신사 기자였다. 그는 "당신은 도조를 모르는 세대인데도 이 인물에 대해 쓸 생각을 했군요"라고 말했다. 독일의 다음 세대가 히틀러에 대해 쓰는 일은 있을 수 없다고 한 것이 인상에 남아 있다. 나는 "도조는 싫지만, 그리고 6년 가까이 조사해오면서 더욱 싫어졌지만, 그럼에도 그를 통해 근대 일본의 실상을 더듬어 교훈을 얻고 싶었습니다"라고 대답한 것으로 기억하고 있다.

도조 히데키는 일본에도 그랬지만 구미에서도 더욱 관심을 끌고 있는 듯했다. 지난 25년 사이에 미국의 코넬 대학을 비롯하여 몇몇 대학 도서관과 연구기관에서 이 책을 구입했다는 소식을 들었고, 가끔 해외 미디어에서 도조에 관해 다음 세대로서 어떻게 생각하느냐는 내용의 설문조사 용지를 보내온 적도 있었다. 일본의 침략 대상이었던 아시아의 여러 나라에서도 도조는 일본 군국주의와 하나인 것으로 받아들여지고 있으며, 필리핀의 저널리스트로부터 그 복잡한 감정을 전해 듣기도 했다. 중국에서도 마찬가지이다.

이 책을 쓰고 나서도 나는 도조 히데키라는 지도자에 대한 관심의 끈을 놓지 않았다. 그 후에도 많은 옛 군인과 관료, 황족, 도조 집안 주변 인물들로부터 이야기를 들어왔다. 이 책에 기술하지 않은 새로운 사실, 예컨대 사이판 함락 직전 도조는 신형무기(원자폭탄) 개발을 이화학연구소의 니시나 요시오仁科芳雄 연구실에 재촉했다는 것, 맥아더는 도조를 A급 전범으로 재판할 경우 사형 판결이 내려지지 않으면 곤란하다는 이유를 들어 미군 단독으로 B급 전범으로 재판할 의지를 갖고 있었다는 것, 맥아더에게 많은 일본인으로부터 투서가 날아들었는데 그 내용은 대부분 도조에 대한 원망이었다는 것, 전후 나와 같은 세대인 도조 집안의 손자들이 학교와 지역사회에서 극단적인 박해를 받았다는 것 등도 알게 되었다.

또 쇼와 시대에서 헤이세이 시대로 바뀐 지 얼마 지나지 않아 쇼와 천황의 독백록이 공개 간행되었는데, 이 책을 보고 천황이 "도조라는 인물"을 비교적 호의적인 눈으로 보았다는 것도 알았다. 그러나 천황은 "헌병을 너무 지나치게 이용"하거나 "어쨌든 평이 좋지 않은" 부하를 부리는 것 등이 도조에 대한 평판을 떨어뜨렸다는 것도 알고 있었다. 많은 직무를 겸임한 것 또한 바람직하지 않았다고 지적하기도 한다. 생각건대 천황은 도조를 동시대 군사 지도자들 중에서는 뛰어난 편에 속하는 인물로 보고 있었던 듯하다. 역시 헤이세이 시대에 들어선 후 있었던 일이다. 어떤 월간지 편집자로부터 1938~1939년 무렵 도조 자신이 작성한 대학노트 다섯 권을 입수했으니 읽고 분석했으면 한다는 의뢰를 받은 적도 있다.

육군차관과 항공본부장으로 근무할 때 확실히 도조는 신문을 오려붙인 다음 거기에 자신의 감상을 적는 등 그의 성격을 잘 보여주는 스크랩

북을 만들었다. 히틀러, 루스벨트, 처칠의 연설(신문에 소개된 것)은 모두 오려서 대학노트에 붙이고, 자신이 공명하는 곳에는 옆줄을 그었다. 예를 들면 1939년 4월 28일에 있었던 히틀러의 국회 연설(『도쿄아사히신문』은 1면의 반을 할애하여 이 연설을 소개했다)의 경우 다음과 같은 부분에 굵은 옆줄이 그어져 있다.

"독일 정부의 최고목표는 일본, 독일, 이탈리아 삼국이 더욱 긴밀한 관계를 수립하는 것이다. 그것은 다름이 아니라 독일이 삼국 간의 자유와 독립의 유지 및 문화의 보유를 한층 올바른 세계질서 건설에 필요한 가장 강력한 요소로 간주하고 있기 때문이다."

일련의 스크랩을 해석하고 나서 나는 먼저 도조가 '일영동맹인가 일독이日獨伊동맹인가', '지나인의 분석', '미국의 태평양침략사' 등 영국, 미국, 중국을 비판하는 연재기사에 관심을 보였다는 것을 알 수 있었다. 영국의 스파이가 도쿄에 있다는 식의 첩보에 대한 관심이 컸다는 것도 알 수 있었다. 관동군헌병사령관 체험이 첩보나 모략에 대한 뒤틀린 관심을 부추겼다고 해도 좋을 것이다.

나 자신의 체험도 덧붙여둔다. 약 10년 전부터, 도조와 스가모구치소에서 같은 방을 썼다고 자칭하는 노인이 몇몇 신문의 지방판 등에서 '경로의 날'에 화제가 된 적이 있는데 그때 나도 코멘트를 해달라는 요구를 받은 적이 있다. 자신이 BC급 전범 중 한 사람이었다고 주장하는 이 노인은 도조와 같은 방을 썼기 때문에 그의 심경을 들을 수 있었다고 했다. 핵심은 도조를 예찬하는 말이었던 듯하다. 나는 스가모구치소에서 도조가 헌병에게 어떻게 감시당했는지 얘기하면서 같은 방을 쓴 사람이 있을 리 없다며 웃어버렸지만, 그럼에도 몇몇 신문의 지방판에는 그 노인에 관한 기사가 실렸던 것으로 기억한다. 특히 2005년은 전후 60년이 되는 해이기도 해서 의도적으로 만들어낸 이런 종류의 이야기가 제멋대로 떠돌아다니고 있다.

그 노인이 그렸다는 스가모구치소의 방 도면이라는 것을 보여주었는데, 전화가 설치되어 있는 것을 보고 나는 할 말을 잃었다. 이런 조치는 맥아더의 온정이었다는 것이다.

이런 웃지 못할 에피소드가 최근 의도적으로 날조되고 있다. 내게는 아무래도 그런 작업을 하는 '세력'이 있는 것처럼 보인다.

이 책을 간행한 지 25년이 흐르는 동안 앞서 언급한 바와 같이 새로운 사실도 발견되고 거짓 에피소드도 떠돌아다니고 있지만, 이 책의 골격이나 기술 내용에는 아무런 영향이 없다. 오히려 내가 이 책에서 호소한 관점이나 발견한 사실 등은 더욱 강고해졌다고 생각한다. 도조를 직접 알지 못하는 세대에 속하는 사람으로서 도조를 바라보는 시점은 이러한 것이라고 나는 여전히 주장하고 싶다. 집필 당시에는 역사적으로 도조를 바라보는 데 신경을 썼는데, 현재도 나의 시점은 그때와 다르지 않다는 것을 덧붙여두고자 한다.

문고로 간행하면서 밝혀둘 게 있다. 처음에 단행본으로 간행된 이 책은 한 번 분슌문고文春文庫로 발행되었었다. 1988년의 일이다. 그러나 현재는 절판되었다.

분슌문고로 발행되었을 때 군인의 계급과 경력, 전투 상황 등을 다시 점검했는데 몇 군데 잘못이 있었다. 그동안 작가인 한도 가즈토시半藤一利 씨를 비롯하여 전사戰史에 밝은 연구자의 의견을 듣고 확인할 수가 있었다. 잘못을 바로잡은 다음 다시 한 번 검증을 거치면서 정밀하게 확인 작업을 했다. 이 책은 역사적 사실은 하나지만 해석은 다양하다는 나의 생각에 따라 짜여졌다. 나는 이 책이 완성판이라고 생각한다.

분순문고에서도 언급했지만 이 책을 집필하는 과정에서 도조 가쓰 부인은 많은 시간을 할애해 취재에 응해주었다. 가쓰 부인은 남편 도조 히데키와 역사상의 도조 히데키 사이에 명확한 선을 긋고 있었다. 이 책의 시점을 가쓰 부인은 납득하기 어려울 터이지만 그것을 허용할 도량은 갖추고 있다고 생각한다. 1982년 5월 29일, 가쓰 부인은 잠들 듯이 생을 마감했다. 91세였다. 가쓰 부인은 원래 문학책을 좋아하는 니혼여자대학 국문과 학생이었다. 도조와 결혼하면서 역사의 이면을 보게 되었던 것인데, 인상적이게도 사실에 대한 증언 그 자체는 대단히 정확했다.

또 내대신이었던 기도 고이치 씨는 몸 상태가 좋아지면 취재에 응하겠다는 회답을 받았지만 결국 만나지 못했다. 그러나 측근(기도 씨와 일상적으로 접촉했던 인물)에게 질문 항목을 건네라는 말을 듣고 질문지를 보냈다. 그리고 질문 항목에 관하여 상세한 회답 메모를 받았다. 이 책에서는 그러한 메모를 일부 인용했다는 점도 덧붙여두고 싶다. 이러한 역사적 인물 몇 명을 만나 이야기를 듣고 자료를 제공받은 것은 나에게는 행운이었다. 이 책의 말미에 수록한 취재 대상자는 대부분 사망했다. 익명을 희망했던 사람들도 모두 세상을 떠났다. 이 책을 꾸리는 데 협력해준 많은 사람들에게 다시 한 번 감사드린다.

또 하나 사적인 감상을 덧붙이고 싶다. 이 책의 「저자 후기」에 얘기했던 큰딸이 지금은 30대 중반이 되었다. 도조 히데키 따위는 모른다고 말하는 세대이며, 쇼와사 그 자체를 피부로 느끼고 있을 리도 없다. 그러나 '지식'으로서 도조 히데키를 아는 나이에 접어든 20대 전반에 딸의 친구들이 이 책을 읽는다는 얘기를 듣고 나는 남다른 기쁨을 맛보았다.

그리고 자식 세대에서 손자 시대로 이어지면서 이 책이 읽힌다면 더없이 기쁠 것이다.

문고판으로 다시 발행하여 그런 기회를 갖게 해준 지쿠마쇼보筑摩書房 문고편집부의 아오키 신지青木眞次 씨에게 고마움을 전한다. 아울러 여러 가지로 힘을 보태준 이 출판사의 이토 마사아키伊藤正明 씨와 유바라 호시湯原法史 씨에게도 감사의 마음을 전하고 싶다.

2005년 9월

호사카 마사야스

저자
호사카 마사야스保阪正康

1939년 홋카이도 삿포로 시에서 태어났다. 도시샤 대학 문학부 사회학과를 졸업한 뒤, 일본 근대사, 특히 쇼와사의 실증적 연구에 뜻을 두고, 각종 사건 관계자를 취재하면서 역사 속에 묻힌 사건과 인물에 관한 르포르타주를 썼다. 개인잡지 『쇼와사 강좌』(연 2회 간행)를 중심으로 한 일련의 쇼와사 연구로 기쿠치 간(菊池寬) 상을 수상했다. 주요 저작으로 『쇼와 육군 연구』 『지치부노미야』 『요시다 시게루라는 역설』 『쇼와사의 일곱 가지 수수께끼』 『저 전쟁은 무엇이었는가』 『정치가와 회상록』 등이 있다.

옮긴이
정선태鄭善太

1963년 전북 남원에서 태어났다. 서울대학교 국어국문학과 및 같은 대학원을 졸업했으며, 현재는 국민대학교 국어국문학과 교수로 재직하고 있다. 저서로 『개화기 신문 논설의 서사 수용 양상』 『심연을 탐사하는 고래의 눈』 『근대의 어둠을 응시하는 고양이의 시선』 『한국근대문학의 수렴과 발산』 『시작을 위한 에필로그』 『제국과 민족의 교차로』(공저) 등이 있으며, 역서로 『동양적 근대의 창출』 『일본문학의 근대와 반근대』 『가네코 후미코』 『일본어의 근대』 『지도의 상상력』 『생활 속의 식민지주의』 『창씨개명』 『일본 근대의 풍경』(공역) 『삼취인경륜문답』(공역) 『일본 근대사상사』(공역) 『조선의 혼을 찾아서』(공역) 『기타 잇키』(공역) 『검은 우산 아래에서』(공역) 등이 있다.

도조 히데키와
제2차 세계대전

리커버판 1쇄 발행 2022년 8월 26일

지은이 호사카 마사야스
옮긴이 정선태
펴낸이 최용범

편집 김정주, 양현경
마케팅 윤성환
디자인 김규림
관리 강은선
인쇄 ㈜다온피앤피

펴낸곳 페이퍼로드
출판등록 제10-2427호(2002년 8월 7일)
주소 서울시 동작구 보라매로5가길 7 1322호

이메일 book@paperroad.net
페이스북 www.facebook.com/paperroadbook
전화 (02)326-0328
팩스 (02)335-0334
ISBN 979-11-92376-09-7 03910